《故宫珍本丛刊》精选整理本丛书

阴阳五要奇书（中册）

佐元直指

[明]刘伯温著

三白宝海

[元]幕讲禅师著

乾隆庚戌年姑苏乐真堂藏版

李峰标点、注释

海南出版社·海口

图书在版编目（CIP）数据

阴阳五要奇书：郭氏元经、璇玑经、阳明按索、佐元直
指、三白宝海、八宅明镜／（晋）郭璞等著；李峰标点、
注释 . -- 海口：海南出版社，2006. 1 (2024. 12 重印).
（《故宫珍本丛刊》精选整理本丛书）
  ISBN 978-7-5443-1467-1

Ⅰ.①阴⋯ Ⅱ.①郭⋯ ②李⋯ Ⅲ.阴阳五行说 – 迷
信术数 – 古籍 – 中国 Ⅳ.B992.1

  中国版本图书馆 CIP 数据核字 (2005) 第 142456 号

阴阳五要奇书（中册）：佐元直指　三白宝海
YINYANG WUYAO QISHU (ZHONGCE): ZUOYUANZHIZHI
SANBAIBAOHAI

海南出版社出版发行
总社地址：海口市金盘开发区建设三横路 2 号
北京地址：北京市朝阳区黄厂路 3 号院 7 号楼 101 室
邮　　编：570216
网　　址：http://www.hncbs.cn
电　　话：0898–66812392　010–87336670
读者服务：张西贝佳
责任编辑：张　雪
经　　销：全国新华书店
印刷装订：河北盛世彩捷印刷有限公司
出版日期：2006 年 1 月第 1 版　　2024 年 12 月第 6 次印刷
开　　本：880 mm×1 230 mm　1/32
印　　张：上册 23.25　中册 20　下册 17.5
字　　数：1400 千字
书　　号：ISBN 978-7-5443-1467-1
定　　价：168.00 元（全三册）

《阴阳五要奇书》中册目录

佐元直指

原书序

三白宝海

原书序

卷首

卷上

佐元直指

乾隆庚戌年重刊

陰陽五要奇書

一集 郭氏元經　　　晉郭璞先生著

二集 璇璣經　　　　晉趙載先生著

三集 陽明按索　　　明陳復心老人著

四集 佐元直指　　　明劉伯溫先生著

五集 三白寶海　　　元慕講禪師著

附八宅明鏡

附救貧竈卦

板藏姑蘇胥門外樂真堂

原书序

《佐元直指》图解序

【原文】盖不佞束发受书举子业外,即旁搜百家言,若阴阳星律理数诸书,间得一寓目,思之至忘寝食云。一日从王父箧中探得刘伯温先生《佐元直指赋》一篇,喜而叹曰:"世固有抽玄抉秘如文成者乎? 古称通天地人曰儒,公真其人也,翼运名世不虚耳!"遂时真案头展玩,王父觉而督过之,悉迁去,嗣后始降心习铅椠,然意忽忽如有失。每忆昔人,不见异人,必见异书之言,未尝不津津技痒也。迨释褐潭阳,意彼中书肆甲天下,当有异书以稍偿夙愿,竟访之不得。比量移长安,又束于官守,兢兢剧署,应接都废。癸亥冬,得请归省侍养之暇,一意探奇,而江山人孟隆始挟种种奇书以进,《佐元直指》其一也。余阅之,顿还旧观赋为经,以发天人之奥,图解十卷为传,直阐赋中所未悉。即山人初仅存六卷以观,余最后遍搜散帙,阅三岁始克全。嗟乎! 龙剑之合,固自有时哉。夫以文成构思草昧,岂非示趋避之宜以前民用,乃传录者竟掩为枕中之秘,恣意割裂,不绝如线,而孟隆能苦心雠辑,出夜光于海底,可不谓公之忠臣哉。亟命剞劂,公之同好,不敢坐视此书之淹没无传也,然此特一班耳。《直指》中引用《元经》《璇玑》诸书,世多不经见。即山人亹亹若悬河,倘悉出其箧中之藏,安知不益以发吾覆而获睹天地之大全乎。由斯以谈,宁直异书,即谓山人为今之异人也亦可!

古歙汪元标撰。

【注解】释褐潭阳:释褐是脱去布衣换上官服之意。潭阳,长沙古为潭州,当是在长沙作官。

亹亹:音伟,指诗文及谈吐有吸引力,动听。

　　《佐元直指》虽署名为刘伯温撰,但刘伯温抑郁而终,临死前把所读之书尽交皇上,并叮嘱子弟不得研读,故伯温无书,此事世人皆知。因此,此书当属假托伯温之名伪撰无疑。细阅其义,实属《郭氏元经》与《璇玑经》之注解,老调重弹,并无新意,故此三本书应属同一人所伪造,究其内容,大多不合义理。

卷首

佐元直指赋

【原文】盖闻两仪判而人物生,一气分而星煞起,二至乃阴阳之数限,四时为天地之纪纲。别五行以入用,会八卦而区分。乾坎艮震,属阳神之健旺;巽离坤兑,为阴德以顺承。——四神属阳,造葬宜乎阳也。四神属阴,造葬宜乎阴也。

【注解】两仪:语出《系辞上》:"《易》有太极,是生两仪。"虞翻曰:"太极太一,分为天地,故生两仪。"天为阳,地为阴,所以两仪即阴阳。

二至:即冬至、夏至。冬至为极阴之时,虽阴气极盛,但已至顶峰,旺极而衰,阳气渐生。夏至为极阳之时,虽阳气极盛,但也至顶峰,盛极而衰,阴气渐生。我们知道,太阳照到北回归线上,已到最北边而往南返,这个时候北半球就称之为"夏至",即太阳到此而止,阳气到此而至,因太阳回返,故阴气渐生。相反,太阳照到南回归线上,是已到最南边而往北返,北半球人称其为"冬至",即太阳到此而止,阴气到此而至,因太阳回返,故阳气渐生。这就是"二至乃阴阳之限数"的理论根据。

四时:即春、夏、秋、冬四季。孔子曰,《易》始于太极,太极分而为二,故生天地;天地有春夏秋冬之节,故生四时。万物春生、夏长、秋收、冬藏,春秋易节,寒暑往来,四序顺布,岁功成焉。万物生死而有序,天地循环而有节,故云四时为天地之纪纲。

五行:金、木、水、火、土。其生为金生水、水生木、木生火、火生土、土复生金。其克为金克木、木克土、土克水、水克火、火克金、金复克木。天下万物,莫不属于五行之体,而五行生克,乃天下万物吉凶生损之象。选择之术,就是要择出有利于所用各种五行的最吉时间,所以云"别五行而入用。"

八卦:乾、坎、艮、震、巽、离、坤、兑。其方位,乾居西北、坎居正北、艮居东北、震居正东、巽居东南、离居正南、坤居西南、兑居正西。其五行,乾兑属金,坎属水,艮坤属土,震巽属木,离属火。其于人,乾为老父、坎为中男、艮为少男、震为长男,此为四阳卦。坤为老母、巽为长女、离为中女、兑为少女,此为四阴卦。阳卦为刚,故曰健旺。阴卦体柔,故云顺承。

原注"四神为阳,造葬宜阳;四神属阴,造葬宜阴"之说不妥。大凡术数,均以阴阳中和为美。孤阳不生,纯阴不长,就是言阴阳不能偏盛偏枯。以术数之根太极图为例:

此图白代表阳、黑代表阴,阳中一黑点是阳中含阴,阴中一白点是阴中藏阳,是不以纯阳、纯阴为本。又如四象,乾兑为太阳,坤艮为太阴,巽坎为少阳,震离为少阴,均以一阴一阳为应配,又何有纯阳、纯阴之说?《易》曰"一阴一阳之为道",是言阴阳相互依存、相互变易,并未主张纯阳、纯阴之说。阴阳宅风水中虽有"净阴净阳"一说,但实属伪法,古今名家均置之不论,实践中亦未见人运用。如丙龙巳山亥向,杨筠松取己巳年、己巳月、壬午日、壬寅时,三合兼临官,又丙龙禄在巳。

按,此局丙龙巳山均属阴,取午日寅时为阳。杨公为刘氏葬癸未亡命,申山寅向,用戊申年、丙辰月、壬申日、甲辰时,六年后,其子登科。记曰:"癸未禄何如?申辰合出子。"按,此局申山,申隶坤,属阴,但取申年月日时皆阳,均不拘阳神用阳,阴神用阴之说。再析原文,本是言阴阳、四时、五行、八卦之本义,并未涉及用法,原注之论,实属脱题。

【原文】大要阴阳不驳,偏宜旺相得时。阳取相助,阴取旺资。阳资阴以昌,阴求阴以旺。

【注解】此节最后一句"阴求阴以旺"与全节之意不符,应是"阴求阳以旺",原文有误,特说明。

读完此节,上节原注阳神取阳,阴神取阴之误自明。

【原文】观水火于逆顺,辨节候之浅深。——火主南,水主北,司二至之顺逆也。六气之中有进气、正气、退气之浅深。

【注解】水者,子也,于节令为冬至,冬至阳气渐生,阳气顺行,故《奇门遁甲》冬至后顺布六仪,九星日飞宫法亦顺布九星,故为顺。火者,午也,于节令为夏至,阴气渐生,阴气逆行,故《奇门遁甲》夏至后逆布六仪,九星日飞宫法亦逆布九星,故曰逆。

节候:一节为十五天,一候为五天。这里的候并非指一年七十二候的候,而是气候之候。如春季,正月木长、二月木旺、三月木衰。夏季四月火长,五月火旺,六月火衰。假如木日用事,正月木临官、二月为木旺、三月木衰,根据节候之深浅,而辨所用五行之旺衰。

六气:请参阅本书中册第11面。

【原文】三八龙神,以化气演其休咎;二四方位,用正气察其盛衰。——三八廿四山须用化气五行变运,论造葬年月日时纳音生克之休咎。二四,八卦也,正气,五行也。

【注解】三八相乘为二十四,云二十四山。二四相乘为八,合八卦。化气是以选择之年月日时论,如天干甲己化土,乙庚化木等;地支申子辰合而化水,亥卯未合而化木等均是。论八方,论二十四山,均以正五行论,因地不可化故。原文二十四山须用化气,五行变运纳音等说,与地主静不能变易之理不合,不可为据。详参后注。

【原文】天干化合无凭，地支纳音有准。用支合煞，最怕暗冲；用干克煞，最宜明旺。——支合煞不要冲支，干克煞要干得令。

【注解】天干化合：甲己相合可化土，乙庚相合可化金，丙辛相合可化水，丁壬相合可化木，戊癸相合可化土。《素问·天元纪大论》曰："甲己之岁，土运统之。乙庚之岁，金运统之；丙辛之岁，水运统之；丁壬之岁，木运统之；戊癸之岁，火运统之。"此即以天干化合论五运的理论根据。算命术中的十干合化却不同，其理认为十干虽合，但有化与不化之别。化神喜旺忌衰，化神得月令之旺气或临官之气可化，化神有根或临死绝休囚之地不化。如丁壬化木，在寅卯未亥月中可化，其他月中不化，如果丁火坐巳、壬水坐子谓之有根也不化，或名假化。详参下表：

化否　化类 月令	甲己化土	乙庚化金	丙辛化水	丁壬化木	戊癸化火
寅	不化	不化	不化	化	化
卯	不化	不化	不化	化	不化
辰	化	不化	化	不化	不化
巳	不化	化	不化	不化	化
午	不化	不化	不化	不化	化
未	化	不化	不化	化	不化
申	不化	化	化	不化	不化
酉	不化	化	不化	不化	不化
戌	化	不化	不化	不化	化
亥	不化	不化	化	化	不化
子	不化	不化	化	不化	不化
丑	化	化	不化	不化	不化

因为十干合有化与不化、真化与假化之分，所以本书云天干

化合无凭。细查选择诸法,以十干化合论者,除五运六气外,再无他法。造命虽讲究合官、合财、合禄之说,却不甚重十干化气。天德合、月德合等亦只言合气,并不言化气,所以十干化合并无实际用处。

地支纳音,以本年五虎遁之法,排出本年十二支之天干,以其干支论纳音。即甲子乙丑海中金,丙寅丁卯炉中火之类。详参《郭氏元经·五行运用篇第二》。

支合:有三合局与六合之分。

六合:　　子与丑合　　　　寅与亥合　　　　卯与戌合
　　　　　辰与酉合　　　　巳与申合　　　　午与未合

三合局:申子辰三合水局　　巳酉丑三合金局
　　　　亥卯未三合木局　　寅午戌三合火局

支冲:　　子午相冲　　　　丑未相冲　　　　寅申相冲
　　　　　卯酉相冲　　　　辰戌相冲　　　　巳亥相冲

干克:甲乙木克戊己土,丙丁火克庚辛金,壬癸水克丙丁火。庚辛金克甲乙木,戊己土克壬癸水。须要注意的是,天干只能克天干,不能克地支,如甲乙木不能克辰戌丑未土等。如果在本干坐下,又主能克,如甲辰、乙未等是。

得令:令是时令,即节气。如甲乙木用春季、丙丁火用夏季、戊己土用辰戌丑未月、庚辛金用秋季、壬癸水用冬季是得令。得令则天干有气,制煞有力。还有一种叫得地。如甲寅、乙卯、丙午、丁巳、戊辰、戊戌、己未、己丑、庚申、辛酉、壬子、癸亥等日,干支同类得地支之助是也,虽失令亦是天干有气,制煞有力,但不如得令力强。

选择中有许多凶煞,若地支逢之,宜合宜化、宜制宜伏;天干逢煞,宜制宜合。如果合中逢冲,则其合被破,凶煞仍在。若天干无力,不能制伏凶煞,灾祸仍应,均为不吉之象,故忌。此论为选择之正论,定要细心领悟。如甲年以壬申为金神,宜取子水合申化水为用,但子临午方,或年月日时中逢午,午冲子不能合申,其杀仍在之类是。又如用壬癸制丙丁独火,若用亥子月,壬癸得令,制火有力;若巳午月则壬癸气绝,丙丁力强,壬癸不能克制丙丁独火者是。

【原文】三煞勿会本方,堆干要堆本位。——合本方则损人财,堆本位则增福泽。

【注解】三煞:劫煞、灾煞、岁煞。详参《璇玑经·郭氏致用口诀(附)》。

三煞为至凶之神,宜坐不宜向,修方更忌,若修造,必须制伏。制伏之法,详参《郭氏元经·三元年禁篇第二十》。如果飞宫三煞临修作之方,叫会本方;或飞宫三煞归本位,也叫会本方,其凶尤烈,故云"勿会本方"。

堆干,是指吉神会聚,如堆禄格之类是。如壬龙作子山午向,杨筠松取四癸亥,盖四亥乃壬龙禄地,又四癸禄到子山是。又如杨筠松为丙午生人造酉山卯向屋,用辛巳年、辛丑月、辛未日、辛卯时,以四辛干堆禄于酉山是。

大凡择吉,凶神归宫为有力,发凶尤狠,故宜将其置于死绝之地。吉神归宫堆聚为有力,其吉尤速,宜将其拨至生旺之方,此为选择不移之法也。

【原文】月建轮山,吊替中须防刑害;太岁伏煞,生旺处尤畏空亡。——月建入中宫轮山方,怕与太岁刑害;岁君制煞,怕太岁落空亡。

【注解】刑害即十二支三刑、六害,详参《郭氏元经》"审刑害篇第八"和"支干刑害篇第十"。

空亡:　甲子旬中戌亥空亡　　甲午旬中辰巳空亡

　　　　甲戌旬中申酉空亡　　甲辰旬中寅卯空亡

甲申旬中午未空亡　　甲寅旬中子丑空亡

吊替：以月建入中宫顺布干支至当年太岁地支曰吊，再以吊得干支入中宫顺布至当年太岁之方叫替，或以修方论吊替亦可。

太岁为一年之主，为君，故又名岁君。月建司一月之权，为臣。故月建吊替之神与当年太岁刑冲克害，叫作犯岁君，是以下犯上、以臣犯君，必主凶灾，修方及开山立向最忌。至于用太岁伏煞怕落空亡之说却不敢苟同，因太岁主一年之事，虽用事之日、月落空亡，但太岁不空。盖所空之日，均在一年之中，不会在一年之外，太岁又何能空？即使目前逢空，或落死绝，填实之日，得令之时，亦可为用，若以空论，与太岁之意不符。

【原文】演五天五气之金精，推三元三白之帝驾。——五气喜金精到穴，白星乃三元帝驾，宜到山。

【注解】五天五气：金木水火土五行之气。金精太极，据说始自唐时的丘延翰，由《鳌头通书》的作者熊宗立推行，所以该书卷八有详细注解。本书后亦有"五气金精图"一节，详参后章。

三元三白：古人认为，每隔180年，太阳系中的九大行星就会直列在一条线上，这个时候，因受九星气场影响，地球上必会有一次大的变动，所以把180年作为一大元。而180年正好是三个六十花甲，古人便把这180年分为三元。即第一个花甲子为上元，第二个花甲子年为中元，第三个花甲子年为下元。天上九星中每隔二十年，土星与木星交会一次。因受土木星气场之影响，地球上就会出现一次小的变动，所以古人把二十年分为一运。180年中有九个二十年，所以一大元中共有三元九运。九运之表现是用主星来代替的，即一白、二黑、三碧、四绿、五黄、六白、七赤、八白、九紫。古人认为，这九星中的一白、六白、八白为吉星，这就是本书"推三元三白之帝驾"的理论根据。实际上，九星颜色之说，出自神龟背上，一点近尾白、九点紫近头、二黑点在背之右、四碧点在背之左等。然神龟背上之点虽有颜色，但未标明何色吉，何色凶。后有紫白为吉，余色为凶，皆为后人臆造。试想黄色本是吉祥之兆，皇家定为御用之色，何以五黄反为至凶？绿色代表生命，代表青春，何以反凶？而白色代表凶杀、代表死亡，凡人亡故，均挂孝穿白，乃至凶之色，又何为吉？于理不通。所以，玄空飞星中的九星吉凶是以旺气、生气、进气、辅气为吉，死气、退气为凶，较三白为吉之说，生动活泼，更合情理。关于三元的天文常识请参阅本书下册《八宅明镜》第55面。

【原文】雷霆局取逆顺之相加，尊帝星遁周流之正到。——雷霆局中以血刃起子顺行，而逆布者为逆局。以血刃起丑逆行，而顺布者为顺局。二局之中，均取太阳、金水、奇罗、紫气四吉星顺布交会。尊帝二星乃天河转运局中星也，周遁之法，一日一宫，三时一周天也，逆行不息，故曰转运。

【注解】雷霆顺逆局及用法详见本书卷三注，尊帝二星详见本书卷四。

【原文】禄马到山，切须有气。——假如庚辰岁命，用甲申为禄马，木元属水，秋冬为禄马有气，不宜落空亡。如五虎遁得甲申是庚辰岁命禄马，甲申旬中空午未于坤离二宫是。

【注解】禄即十干禄，岁命皆同。甲禄寅、乙禄卯、丙戊禄巳、丁己禄未、庚禄申、辛禄酉、壬禄亥、癸禄子。

驿马：申子辰驿马在寅，巳酉丑驿马在亥，亥卯未驿马在巳，寅午戌驿马在申。

本书驿马以纳音论，如庚辰岁命，庚禄在申，以年五虎遁十二月支，申得甲申、纳音井泉水，水生于秋而旺于冬，故云秋冬有气；不知申金至冬，金气泄于水，反是休囚无气，故凡论驿马有无气，均以正五行论为准，纳音五行为非，见本册第122面。

原文"甲申旬中空午未于坤离二宫是"句有误。离宫为午之正位,言空尚可,然坤宫有未坤申三山,修未山未方为空,若修申方,反是禄马本位,大吉之方,何言为空?所以大凡论空,均应以山向修方地支论,绝不能论宫。如甲寅旬中寅实丑空,虽均隶艮宫,旬首与旬空,吉凶大相径庭,万勿被宫位混淆。

【原文】贵人值向,且要无刑。——如壬癸生人,以卯为贵人,月建入中宫见卯入坎,为子刑卯也。明刑不害,暗刑不宜。明刑则四课日时刑也。

【注解】十个天干都有阴阳两个贵人,见《郭氏元经·二遁贵人篇第六》。

贵人虽为至吉之神,但宜临生旺之方,方为有力,若临刑冲死绝空亡之地,亦为无用。如壬水以卯木为阳贵,卯木临寅卯亥未方为有气,大吉。若临子方为刑,临午方为死,临申方为绝,临酉方为冲;若岁命是壬子,卯木正逢空亡等,均为无气,不吉反凶。详参卷五各节评注。

【原文】六十日为一气,进则盈也。——冬至后六十日为一气,雨水后六十日为二气,谷雨后六十日为三气,属阳。夏至后六十日为四气,处暑后六十日为五气,霜降后六十日为六气,属阴。此一年之六气,管三百六十日,初为进气,中为正气,末为退气,各以五行化气推之。在进气为福,退气为祸无用。

【注解】此节是言六气。六气是根据六十花甲中六旬相配的。法以一气运于甲子旬,二气运于甲戌旬,三气运于甲申旬,四气运于甲午旬,五气运于甲辰旬,六气运于甲寅旬,随天而左旋。一元甲子、二元丙子、三元戊子、四元庚子、五元壬子,随地而右转。是以即元起运,即运行气,气有消长,运有顺逆,用以消息天地,察理阴阳。由此可知,一年的岁气是由六气统领,一年的周期则始于大寒。古人把一年六气分为"风木、寒水、湿土、燥金、君火、相火"六气。其顺序则是厥阴风木为初之气,少阳相火为二之气,太阴湿土为三之气,少阴君火为四之气,阳明燥金为五之气,太阳寒水为六之气。六气又有二种,一是主气,一是客气,主气是一年六气之常令,因静而不动,故称地气,主以述常。客气是一年之动令。因不断变化,故称天气,客以测变。如此客主加临而察变化。下面将主气、客气,作一简单介绍。

一、主气

斗纲二十四节图

　　主气的周期为一周年,每气含四个节气,各主六十日零八十七刻半(古代计时,一天为一百刻),六气二十四节气成一岁,共有三百六十五日二十五刻。六气按周天度算,斗建从丑

主气图

牛开始,至卯中结束,主春分前六十日又八十七刻半,从前一年十二月大寒开始,经立春、雨水、惊蛰至二月之春分,是厥阴风木初之气。此时阳气始动,风化流行,发生万物以应乎春。斗建从卯中开始,至巳中结束,主春分后六十日又八十七刻半,从二月春分开始经清明、谷雨、立夏,至四月之小满,是少阴君火二之气。此时乃君德之象,不同炎热,暑化暄行,以应早夏。斗建从巳中开始,至未中结束,主夏至前后各三十日又四十三刻有奇,从四月小满开始,经芒种、夏至、小暑,至六月之大暑,是少阳相火三之气。此时臣幸君位,炎暑化行,以应长夏。斗建从未中开始,至酉中结束,主秋分前六十日又八十七刻半,从六月大暑开始,经立秋、处暑、白露,至八月之秋分,是太阴湿土四之气,此时云雨湿化,以应乎秋。斗建从酉中开始,至亥中结束,主秋分后六十日八十七刻半,从八月秋分开始,经寒露、霜降、立冬,至十月之小雪，是阳明燥金之五气，此时清凉燥化，以应初冬。斗建从亥中开始，至丑中结束，主冬至前后各三十日又四十三刻有奇，从十月小雪开始，经大雪、冬至、小寒，至十二月之大寒结束，是太阳寒水之六气，此时严凝寒化，以应严冬。

二、客气

客气的周期是十二年，不仅主管每年的各个节气，而且还可概括全年。客气也分为六气，时间节令与主气同。但因客气与主气之层次秩序不同，六气又名曰司天、在泉、上左、上右、下左、下右。其排列次序则先三阴而后三阳，即厥阴、少阴、太阴、少阳、阳明、太阳。客气的表现方式和推算方法，是根据十二地支化气，即地支与六气五行相配合。配合之后，便是子午少阴君火，丑未太阴湿土，寅申少阳相火，卯酉阳明燥金，辰戌太阳寒水，巳亥厥阴风木。也就是说：

凡是子午之年，均是少阴君火司天。

凡是丑未之年，均是太阴湿土司天。

凡是寅申之年，均是少阳相火司天。

凡是卯酉之年，均是阳明燥金司天。

凡是辰戌之年，均是太阳寒水司天。

凡是巳亥之年，均是厥阴风木司天。

知道客气六运司天的时间，就会排出每气中六气的位置。《素问·五运行大论》中说："天地者，万物之上下，左右者，阴阳之道路。……上下者，岁之上下见，阴阳之所在也。左右者，诸上见厥阴，左少阴、右太阳；见少阴，左太阴、右厥阴；见太阴，左少阳、右少阴；见少阳，左阳明、右太阴；见阳明，左太阳、右少阳；见太阳，左厥阴、右阳明。所谓面北而定其位，言其见也。……何谓下？厥阴在上，则少阳在下，左阳明，右太阴。少阴在上，则阳明在下，左太阳，右少阳。太阴在上，则太阳在下，左厥阴，右

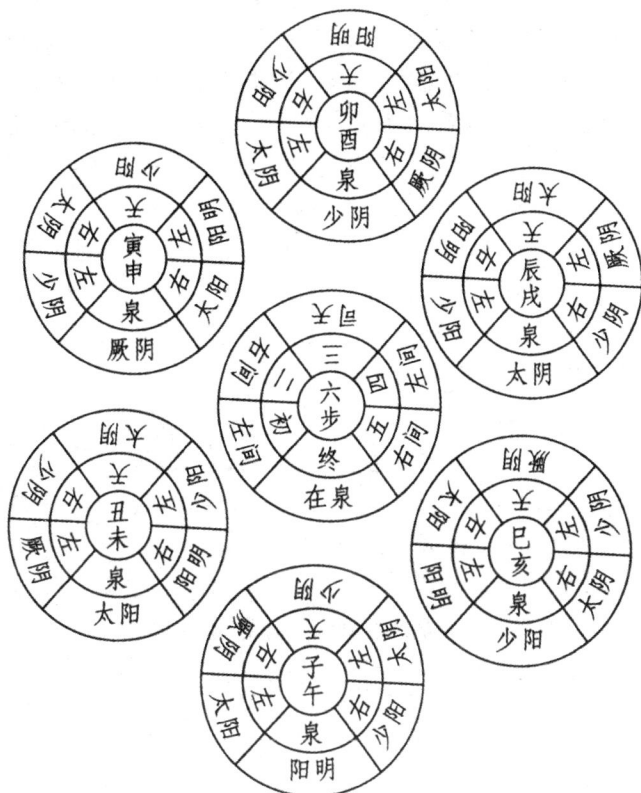

客气司天在泉间气图

阳明。少阳在上,则厥阴在下,左少阴,右太阳。阳明在上,则少阴在下,左太阴,右厥阴。太阳在上,则太阴在下,左少阳、右少阴。所谓面南而命其位,言其见也。"见"客气司天在泉间气图"。

　　从这个图中可以看出,《素问》中所谓的上下左右,即是图内南北东西的位置。面南面北,是指从南方或从北方的位置上司图。面北而命其位是指司天在上位南方，从面北为标准而指其左右，则东南是司天右间，西南是司天左间。面南而命其位，是指在泉在下位北方，以面南为标准指其左右，则东北是在泉的左间，西北是在泉的右间。图之上三气是上半年，由司天所主，即岁半以前，天气主之；图之下三气是下半年，由在泉所主，即岁半以后，地气主之。

客气的循行开始于地之左间，为初之气，其日期时刻与主气相同。天之左间为二之气，司天为三之气，天之右间为四之气，地之右间为五之气，在泉为终之气。依上论，特将六十花甲中各年客气六气方位录下，以供参考。

　　　巳亥十二年：厥阴风木司天，左少阴，右太阳；
　　　　　　　　　少阳相火在泉，左阳明，右太阴。

　　　子午十二年：少阴君火司天，左太阳，右厥阴；
　　　　　　　　　阳明燥金在泉，左太阳，右少阳。

　　　丑未十二年：太阴湿土司天，左少阳，右少阴；
　　　　　　　　　太阳寒水在泉，左厥阴，右阳明。

　　　寅申十二年：少阳相火司天，左阳明，右太阴；
　　　　　　　　　厥阴风木在泉，左少阴，右太阳。

　　　卯酉十二年：阳明燥金司天，左太阳，右少阳；
　　　　　　　　　少阴君火在泉，左太阴，右厥阴。

　　　辰戌十二年：太阳寒水司天，左厥阴，右阳明；
　　　　　　　　　太阴湿土在泉，左少阳，右少阴。

三、客气交六气时日（见下面的表）

四、二十四山气运

凡克择卜吉者，不可不明地中生气，若寅甲卯乙之山，风森所治之地，凡造葬克择者必须风木气临之时，生旺之候，以取年月日时，以合风木生气旺相者，发福非常，主出人厚忠贤才，富贵

客气交六气时日表

六气节令	始 / 终（年支）	申子辰年	巳酉丑年	寅午戌年	亥卯未年
厥阴风木	大寒、立春雨水、惊蛰	初之气始于寅初终于子正	初之气始于卯正终于子一十二刻半	初之气始于寅初终于午正	初之气始于亥初终于酉正
少阴君火	春分、清明谷雨、立夏	二之气始于丑六十七刻终于戌正	二之气始于卯初终于丑正	二之气始于午中终于辰正	二之气始于酉六十二刻终于未中
少阳相火	小满、芒种夏至、小暑	三之气始于亥初终于酉中	三之气始于寅初终于子末八十刻	三之气始于巳初终于未正	三之气始于申初终于未正
太阴湿土	大暑、立秋处暑、白露	四之气始于酉六十刻终于未正	四之气始于午八十七刻终于戌正	四之气始于午初终于丑正	四之气始于午三十七刻终于辰正
阳明燥金	秋分、寒露霜降、立冬	五之气始于申初终于午正	五之气始于亥初终于酉正	五之气始于寅初终于子末	五之气始于卯初终于卯正一十二刻
太阳寒水	小雪、大雪冬至、小寒	六之气始于午正终于辰正	六之气始于酉六十二刻终于未正	六之气始于子末终于戌正	六之气始于卯初终于丑正四刻

久远。若风木之气休囚克制者，必主人丁亏损，贵财耗散，物业渐消，灾祸迭至。余气皆同。据此意将二十四山气运总结于下：

寅甲卯乙巽五山，正气属木，为厥阴风木主守之位，为苍天生气，自大寒日起到惊蛰末止。合寒水令为得势，发福无替，在巳亥岁为司天客气。造葬者用亥卯未寅年月日时，大吉；丑戌次吉。此山天运庚年为孤，丁年为虚，庚寅、丁卯二年为平气，吉。

巳丙二山为少阴君火，自春分初至立夏末，合风木令为得势，发福无替，在子、午岁为司天客气。

午丁二山为少阳相火，自小满初至小暑末，赤天长气主之，合风木令为得势,发福无替,在寅申岁为司天客气。以上四山为四火山,造葬用寅午戌巳年月日时大吉,辰丑次吉。此四山天运丙年为孤,癸年为虚,凶。丙寅、癸丑年为平气,吉。

艮坤辰戌丑未六山属土,太阴湿土主守之位,黄天化气主之,自大暑初至白露末,合相火令为得势,发福无替,在丑未岁为司天客气。造葬用申子辰亥年月日时大吉,戌午未次吉。此六山天运壬年为孤,己年为虚,凶。壬辰、壬戌、己丑、己未年为平气,吉。

申酉庚辛乾五山正气属金,阳明燥金主守之位,自秋分日至立冬末,素天收气主之,合湿土令为得势,发福无替,在卯酉岁为司天客气。造葬用巳酉丑申年月日时大吉,卯未辰次吉。此五山天运戊年为孤,乙年为虚,凶。戊申、乙酉年为平气,吉。

亥子壬癸四山正气属水,太阳寒水主守之位,自小雪初至小寒末,玄天藏气主之,合燥金令为得势,发福无替,在辰戌年为司天客气。造葬用申子辰亥年月日时大吉,戌午未次吉。此四山天运甲年为孤,辛年为虚,凶。甲子、辛亥二年为平气,吉。

以上六气,生、舒、长、化、收、藏,乃二十四山之主气,各应其时,遇坐山、修方与其六气节候相符而得避孤虚,造葬者有大吉之兆。须要注意的是,此二十四山论六气,只用正五行,切忌用洪范五行,犯之大误人而且损德。

论化气者,乃天运行之气;墓气者,地运行之气。天运有孤、虚、平、复之岁,地运有克、泄、和、生之时。宜避孤虚克泄,而取平复和生之候,则遇天时之吉、地理之生气,阳基阴宅,其吉祥长发。

以上二十四山主气,依其年月节候,按其临山,取生旺有气、德合、禄马、贵人、三奇、尊帝、太阳、太阴、金水二星,则任意造作。勿误信《通书》编定某月用某鸣伏造坟,某日用某四柱造屋,置生旺于不顾,用休囚而误。

五、各年主气客气流行

子午二年,少阴君火司天,阳明燥金在泉,火胜金衰,皇极属水,壬子、壬午。

初气大寒至惊蛰,主气厥阴风木,客气太阳寒水,土气受邪。

二气春分至立夏,主气少阴君火,客气厥阴风木,金气受邪。

三气小满至小暑,主气少阳相火,客气少阴君火,金气受邪。

四气大暑至白露,主气太阴湿土,客气太阴湿土,水气受邪。

五气秋分至立冬,主气阳明燥金,客气少阳相火,金气受邪。

六气小雪至小寒,主气太阳寒水,客气阳明燥金,火气受邪。

卯酉二年,阳明燥金司天,少阴君火在泉,金胜火衰,皇极属木,乙卯、乙酉。

初气大寒至惊蛰,主气厥阴风木,客气太阴湿土,土气受邪。

二气春分至立夏,主气少阴君火,客气少阳相火,金气受邪。

三气小满至小暑,主气少阳相火,客气阳明燥金,金气受邪。

四气大暑至白露,主气太阴湿土,客气太阳寒水,水气受邪。

五气秋分至立冬,主气阳明燥金,客气厥阴风木,木气受邪。

六气小雪至小寒,主气太阳寒水,客气少阴君火,火气受邪。

辰戌二年,太阳寒水司天,太阴湿土在泉,土胜金衰,皇极属土,甲辰、甲戌。

初气大寒至惊蛰,主气厥阴风木,客气少阳相火,金气受邪。

二气春分至小满,主气少阴君火,客气阳明燥金,金气受邪。

三气小满至小暑,主气少阳相火,客气太阳寒水,火气受邪。

四气大暑至白露,主气太阴湿土,客气厥阴风木,土气受邪。

五气秋分至立冬,主气阳明燥金,客气少阴君火,金气受邪。

六气小雪至小寒,主气太阳寒水,客气太阴湿土,水气受邪。

丑未二年,太阴湿土司天,太阳寒水在泉,土胜水衰,皇极属土,己丑、己未。

初气大寒至惊蛰，主气厥阴风木，客气厥阴风木，土气受邪。

二气春分至小满，主气少阴君火，客气少阴君火，金气受邪。

三气小满至小暑，主气少阳相火，客气太阴湿土，水气受邪。

四气大暑至白露，主气太阴湿土，客气少阳相火，水气受邪。

五气秋分至立冬，主气阳明燥金，客气阳明燥金，水气受邪。

六气小雪至小寒，主气太阳寒水，客气太阳寒水，火气受邪。

寅申二年，少阳相火司天，厥阴风木在泉，火胜金衰，皇极属水，戊申、戊寅。

初气大寒至惊蛰，主气厥阴风木，客气少阴君火，金气受邪。

二气春分至小满，主气少阴君火，客气太阴湿土，水气受邪。

三气小满至小暑，主气少阳相火，客气少阳相火，金气受邪。

四气大暑至白露，主气太阴湿土，客气阳明燥金，木气受邪。

五气秋分至立冬，主气阳明燥金，客气太阳寒水，火气受邪。

六气小雪至小寒，主气太阳寒水，客气厥阴风木，土气受邪。

巳亥二年，厥阴风木司天，少阳相火在泉，火胜金衰，皇极属水，辛巳、辛亥。

初气大寒至惊蛰，主气厥阴风木，客气阳明燥金，木气受邪。

二气春分至小满，主气少阴君火，客气太阳寒水，火气受邪。

三气小满至小暑，主气少阳相火，客气厥阴风木，金气受邪。

四气大暑至白露，主气太阴湿土，客气少阴君火，水气受邪。

五气秋分至立冬，主气阳明燥金，客气太阴湿土，木气受邪。

六气小雪至大寒，主气太阳寒水，客气少阳相火，火气受邪。

受邪即受伤，如主客气皆火，金气受伤。若主气为木，客气为土，则主气受伤。若主气为水，客气为木，水生木旺，土气受伤。余皆类推。

受邪之气，古人认为应该避忌。如金受邪，忌用纳音金日，即甲子、乙丑、壬申、癸酉、庚辰、辛巳、甲午、乙未、壬寅、癸卯、庚戌、辛亥诸日。此说不妥,既然前言二十四山宜用正五行,而受邪之说也宜用正五行,何以至此反用纳音五行,以致五行混乱?如前云火旺时宜用寅午戌巳年月日时,金气受伤,必火气旺盛,而辛巳、壬寅、甲午、庚戌诸干支皆助旺火,应以吉论,又何以反忌,自相矛盾?所以大凡忌避,只忌正五行庚辛申酉,纳音可以不论。

至此,六气之说,简单注完,有兴趣者,可参看《鳌头通书·卷八》《象吉通书·卷三》及青岛出版社出版今人刘杰所著《中国八卦运气》等书。

【原文】六十时为一局,满方超焉。——上中下三元之中,各以六十时为率,无令多少。如冬至十一月十七日甲子亥时交节,其日自子时至戌皆为大雪下局,交亥方用冬至上元。满六十时至己巳日戌时末,方用中元,遁则节气不差。三元得正而祸福验矣。

【注解】六十天为一花甲日,六十个时辰也为一花甲,六十个时辰正好是五天,古人便把五天称为一候。一个节气约十五天,正好是三候。古人又把一个节气中的三候称为三元,即第一候为上元、第二候为中元、第三候为下元。《奇门遁甲》中一候为一局,而每一局必须排完六十个时辰,此即六十时为一局之意。但每一个节气并非正好是十五天,平均每个节气中都要多出两个多时辰,多出的时辰叫作"超",累计超过九天以上,则重新起本节之局,叫作"置闰"。须要注意的是,"置闰"必须是在芒种、大雪两个节气之中,其他节气中多出再多也不能"置闰"。

【原文】三奇临得使之宫,择日合乎禄马。——三奇即乙丙丁,遇六甲得使之宫,择日取禄马贵人到宫,随奇发福。

【注解】三奇、得使:《奇门遁甲》中的格局,《烟波钓叟歌》曰"三奇得使诚堪使",即乙奇加甲戌、甲午,丙奇加甲子、甲申,丁奇加甲辰、甲寅。因为奇门是以六甲为符使的,甲木最忌庚金克制，而乙能合庚，丙丁火可以制庚，故以乙丙丁为三奇。奇门之法是以五日为一局，选择借之，则是以四个节气为一局，俗称"八节三奇"，详见《璇玑经·三奇发用第十》。

【原文】八门临不迫之位，选时助乎丙丁。——门无迫，五凶亦吉。门犯迫，三吉亦凶。

【注解】八门：《奇门遁甲》中的开、休、生、伤、杜、景、死、惊八门。其中开休生二门为吉，伤杜景死惊五门为凶。

门迫：《奇门遁甲》中的一种格局。《烟波钓叟歌》曰："宫制其门不为迫，门制其宫是迫雄。"经曰"吉门被迫，则吉事不成；凶门临迫，则凶事尤甚。"何为迫？即克也。如开门是金，震三、巽四为木，开门加临震三巽四，金克木是门迫。由此理，八门之各门迫如下：

开门金，临震三宫木，巽四宫木；休门水，临离九宫火；生门土，临坎一宫水；景门火，临乾六宫金，兑七宫金，此为吉门被迫，主吉事不成。

伤门木，杜门亦木，临艮八宫土，坤二宫土；死门土，临坎一宫水；惊门金，临震三宫木，巽四宫木，此为凶门被迫，凶灾尤甚。

凡犯门迫，不论吉门还是凶门，均以凶论，本书之意与奇门相似，但"门无迫，凶门亦吉"之说却与奇门义理有违。奇门认为，门生宫为和，宫生门为义，若逢吉门者为吉合义理，若逢凶门，则凶气被生，何吉之有？于理不合。

【原文】太阳正照，先求合朔藏神。——此历数太阳也，合朔藏神之妙，每月以所躔之宫，取宫时为藏神，对宫为合朔。如秋分后十一日躔寿星之次在辰，用辰时为藏神，用戌时为合朔。

【注解】太阳正照，即太阳所临之方。以二十四山论，郭守敬《授时历》认为，每月中气前后各七日共十三日为天干之位，月中后七天之外，太阳改躔之日方为地支。如正月雨水中气前后各七日太阳躔壬,雨水后八九日改躔之次方为子,此时太阳正照壬子方,对照丙午方,若三合照则艮丙寅戌方。详请参阅本册《三白宝海》第 320 面。

【原文】乌兔迭临,只重玄堂入庙。——金乌,太阳也;玉兔,太阴也。照临山向,更玄堂入庙为吉。得金星入中宫,乌兔分南北,名玄堂入庙。例图具载于后,以便查览。

【注解】此七政四余选择之法,以太阳、太阴为最吉之神,详见本书卷三"乌兔元堂入庙"。

【原文】差方禄马,要合日辰;金柜库楼,并同岁贵。——如甲禄在寅,五虎遁丙寅到艮,则用丙寅日时合出为妙。库楼帝星,若与太岁禄贵同到山方,吉不可言。

【注解】差方禄马与贵人禄马不同,其起例仿《奇门》,阳局逆布三奇,顺布六仪;阴局顺布三奇,逆布六仪。以天罡为正马,以太阳、传送为正禄,以太阴、神后为贵人。凡禄马贵人到处,则以吉论,余方为凶。详见本书卷五"差方禄马贵人"。

金柜(亦作匮)、库楼:详见本书卷六"金柜库楼图"。

【原文】天纲天极,内局尊帝之名;龙德福德,游年岁星之主。凶潜伏矣,吉莫大焉。——纲极为天河转运尊帝二星之行驾帝星也,龙福为行年太岁主宰。

【注解】古人认为,天是围绕北极星旋转的,北极星居紫微垣中,共有五星,其中第二颗星称为"天帝",乃周天星主,极为尊贵,若地上上应其星幸临,则极为吉庆。其起法也比较繁冗,详见本书卷四"天河尊帝星""纲纪帝星"诸节。

【原文】试言起造之良规,细审向家之通利。——起造之法,只取山运生旺。凡吊替之吉星,并星杀之凶位,俱以向为主。如向上不犯凶神凶杀为吉,言人从向而入也。

【注解】起造神杀,只以向为主之说不妥。《选择宗镜·论扶山》曰："居城市者宜补坐山，与补龙法同。阳居坐山颇重，与阴地不同。"又云："坐山不必补，但宜扶起，不宜克倒，克倒则凶。何谓扶起？坐山有吉星照之，无大凶煞占之，而又八字相合，不冲不克，即扶也。如坐山与龙同气，则补龙即为补山。如壬癸龙坐子向午，龙与山皆属水，用申子辰局可也。倘龙与山不同气，则只以补龙为主，而坐山有吉星，无凶煞即妙。"这就告诉我们两个道理，一是阳居以坐山为重，并非本文所云"以向为主"。二是坐山神煞也要注意，并非亦仅"以向为主"。盖因向虽可能是大门之方，人均从大门出入（有许多阳宅，大门并非在向），但坐山之方乃人居住及活动之方，比向方尤为重要。

　　起造修方之说，因动工规模、方位不同，神杀宜忌也有区别。如果新造房屋，叫作开山立向，则只论开山立向之吉神凶杀，不必论年、月、日的修方神煞。如果原来有主屋，想在屋后修造，叫作修山，并非开山，则只忌开山凶神及年月中的修方凶神，至于向上，只要不犯当年太岁及冲太岁，余不必论。如果在住屋前修造，则叫作修向，并非立向，只忌向上凶神及年月中的修方凶神，坐山亦只忌太岁及太岁冲破之方，余亦不忌。如果修方并非坐山、朝向及中宫，则只忌年月修方神煞，山向年月神煞则皆可不论。开山立向及修方神煞宜忌，《通书》中均列得明明白白，是皆有所忌，本书却视而不顾，但云"以向为主"，是舍大取小，不可为据。大凡修造，一定要分清是开山立向，还是修山、修向、修中宫或修方，方可根据其宜忌择日趋吉避凶，万勿混淆。

　　【原文】四吉五辰，定造主行年之运；三元四白，审山方逐岁之星。——四吉则四神吉将，五辰则命前五辰，三元则紫微大卦，四白乃三元三白九紫也。

　　【注解】四吉五辰：择吉中有以命前五辰为正宅选择吉凶者，法以正宅的纳音五行"长生、帝旺、冠带、临官"四位为吉，所以叫四吉五辰。如造主本命为乙丑，命前五辰为庚午，庚午纳音为土，土长生在申、沐浴在酉、冠带在戌、临官在亥、帝旺在子、衰在丑、病在寅、死在卯、墓在辰、绝在巳、胎在午、养在未。衰至养皆凶，沐浴为败亦不取，故只有四神为吉是。

三元四白：九星中只有一白、六白、八白三种；一般选择家九星中多以三白为吉，九紫火为次吉，余五星为凶，故称为紫白，所以"四白"应包括"紫白"。紫白有年、月、日、时四种飞星局，故云要逐岁细审。详参本书卷二"命前五辰四吉"。

【原文】岁命二贵并临，诸凶摄伏；年月旺神全到，百福骈臻。雷霆结局增福泽，禄马临山旺子孙。——雷霆结局者，乃行年太岁雷霆星与所作之山合局，主增福禄。所作之山向星凶，行年凶，加之为祸。

【注解】岁命二贵详参本书卷五"禄马贵人要生旺有气""元经禄马贵人""天星禄马贵人"诸节。雷霆局则详参本书卷三"雷霆顺逆局""年升元合气"诸节。

【原文】再论葬埋不同造作。涓山运当令旺之时，寻亡命临极富之下。——山音当令旺发福，亡命合极富星尤佳。（此极富星乃谷将星。）

【注解】埋葬择吉，宜坐山旺相，虽为至理，然补龙更为重要，因葬以脉为主也。所以《宗镜》言先择地，次择吉年月日时以补龙，为千古不易之论，因葬乘一线生气之故。如卯龙亥山巳向，古人取四辛卯，葬辛巳亡命，取四辛以扶辛命，四卯以补卯脉，又合亥山，又冲动辛命之酉禄也。又如亥龙壬山丙向，杨筠松取辛亥年、庚子月、丙申日、丙申时，后出丞相。此以申子亥水局补亥龙而用三合兼临官局。再如辛龙壬山丙向，赖布衣取辛酉年、辛丑月、辛酉日、癸巳时，巳酉丑三合局，又三辛金局补辛龙。此类古课甚多，故知古人葬以补龙为主，扶山次之。

而本书弃龙脉只论坐山,是舍重取轻,舍本逐末。

　　龙脉山运之当令旺相,应以正五行论,以洪范五行及坐山论生旺皆非。参见《璇玑经·璇玑大理歌》。

　　【原文】金鸡鸣,玉犬吠,乃捉煞白星。——捉煞星即与金盘局同,其星至十四位吉凶互见。

　　瓦婢簸,木奴歌,是唅龙黄道。——唅龙黄道是以年、月、日、时上起青龙,轮十二位坐向,俱得黄道,大利造葬。

　　阴和阳畅,日暖风温。——深言唅龙星,得合气于山家也。

　　【注解】黄道只有以月取黄道日,以日取黄道时,并无黄道年、月,特更正。黄道日时的起例取法及义理请参阅《郭氏元经·黄黑二道篇第六十二》。

　　【原文】大凡修造营为,精察归元花甲。——归元花甲即《璇玑》归宫花甲也。

　　【注解】归元:金木水火土五行之气各归生旺之方者是。如火得寅午戌及丙丁甲乙巳卯,金得巳酉丑及庚辛申乾等是。详参《璇玑经·六甲归宫第八》。

　　【原文】帑星卦例,金盘局中,虽不能召吉致祥,解可使藏神没煞。——帑星八卦之纳甲,金盘局与鸣吠同。

　　【注解】帑星起例以八卦纳甲为准,详见本书卷六"帑星图"。

　　【原文】母仓,天赦同二德,始有依归。——二星要二德辅佐,则得福。

　　【注解】母仓:详参《璇玑经·母仓第七》。

　　天赦:详参《郭氏元经·天赦篇第六十一》

　　天德与月德:详参《郭氏元经》"天德篇第十四"和"月德篇第十五"。

　　【原文】金水奇罗合三白,允叨辅佐。——三白乃三元中之三白,雷霆上局取之以助其吉。

【注解】金水、奇罗，皆雷霆局中神煞名称，详见本书卷三"雷霆顺逆局""年月日时合气"诸节。

【原文】天道人道之方，宜报灾病；天德月德之下，可散官符。天赦入刑宫，官刑难免；贵人临喜位，婚喜随来。——天赦入刑。如戊申临巽是也。

【注解】天道、人道方详参《郭氏元经》"天道篇第十六"和"人道篇第十七"。

官符：子年在辰、丑年在巳、寅年在午、卯年在未、辰年在申、巳年在酉、午年在戌、未年在亥、申年在子、酉年在丑、戌年在寅、亥年在卯，即三合前一辰是。若修造犯动其方，主有狱讼公事。宜天德或月德临其方修报，方可散讼息事。

天赦入刑：戊寅临巳、临申，戊申临巳、临寅，甲子临卯、甲午临午是。

【原文】吉星有气为福，凶曜逢囚无殃。会煞逢冲，死亡迭见；太岁遇煞，伤损频来。——五般会煞，如壬子到离，又逢午字冲战，则大凶。太岁一星属水，逢二黑来克，凶不可当。

【注解】五行生旺休囚，以克我者为绝气，又名煞气，如甲乙见庚辛申酉是。以我生者为休气，因泄我之气，故又名退气，如甲乙木见丙丁巳午是。以我克者为囚气，又名财气，如甲乙木见辰戌丑未戊己是。以生我者为印绶，又名进气，如甲乙木见壬癸亥子是。以与我比和者为旺气，如甲乙木见寅卯是。吉星宜临生旺之地，如甲乙临亥子寅卯之地，因其有力，其吉尤速，力量尤大。若吉星临死绝之地，则自身亦难保，何能助我为福，故云吉星有气为福。相反，凶曜为害我之杀，若临生旺之地，因其有力得助，故为祸尤速，为灾尤烈。若将凶曜拨至死绝之地，使其自顾不暇则不能为祸。故选择之道的精妙之处，就是使吉星有气，凶曜无力，以达到趋吉避凶，为人造福之目的。

九星值年太岁逢克为凶之说并不全然。九星共分九运，每运一星当值，又称作当令，为最旺之星，将来之气为生气，亦为吉星，余星皆为退气或死绝之气，不吉。玄空飞星看向星之法，以生入、克入为吉，以生出、克出为凶。如一白水运，一白为旺星，二黑土与三碧木为生气，若一白水值向，月令逢二黑土到为克入，主得意外之喜，大吉，万勿以凶论。特举二例说明。

一、上元一运山人杰之宅。

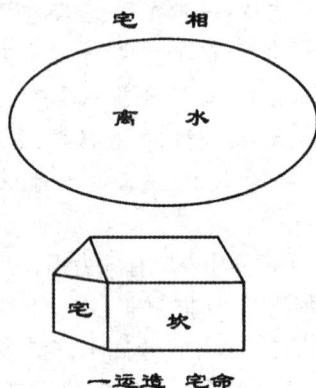

五六 九	一一 五	三八 七
四七 八	六五 一	八三 三
九二 四	二九 六	七四 二

宅相　　高水
宅坎
一运造 宅命

无锡斗门附近李巷者，是前清李秋亭先生之发宅。据传，李先生幼时甚寒苦，遵严父命，每晨向四野搜寻肥料一小篓以为常。后出外觅生计，俟有所获以慰高堂。行至苏城，偶过天益栈，倦行稍伫立。一京客向柜伙嘱办之事，柜伙未达客人之语意，打手势亦未了了。李却早已会意，以无锡语告之，客大喜，视彼如此解事，颇器重之，对之称谢而去。天益店主知其身世，而留用以应客。李先生为天生奇才，应付得当，举止异于常人，上等客都乐于接近。李合肥（李鸿章）来江苏，必寓天益，见此杰出之青年，特赏识之，不久拔擢其为吉林长官。中俄争界时，李先生对外有力，能尽守土之责，任满南归之日，地方士庶为立生祠。

其宅子山午向,一运翻新,向星一二三方均得水,永推为上元财富之宅。此宅之发贵,实得力于离方大水,先生显贵后,在常州另造第宅,此宅便由其兄住居。

诗曰:艮八离九与兑七,重重上水妙难述。

分明此地上元昌,一运之中人杰出。

按,此宅向星一白水为当运旺星。每逢上元甲子年,癸酉年,壬午年一白水入中,二月、三月和十一月、十二月都是一白水和二黑土飞临向首,一白水为比和,二黑土为克入,均主重重机遇,故有贵显之吉。

二、上元一运出人杰之宅。

五 六 九	一 一 五	三 八 七
四 七 八	六 五 一	八 三 三
九 二 四	二 九 六	七 四 二

无锡杨家圩王巷,王伯侯先生为前清上元一运中进学之老秀才,人品正直廉洁,为远近所推崇。精于书法,掷笔如龙飞凤舞,深得王颜柳米诸大名家下笔三昧,尤得力右军草书神韵。其最出色而最不可及处,为先生胸中别有丘壑,造化出新,自成一家,为有清一代之寿世健笔。先生住宅前,亦有一圆形水池,宅向与李秋亭发宅同。先生入泮之年,亦在上元首运,亦奇也。伯侯先生之长公子梦清,忠厚老成,业医济世。次公子竹三以商业起家,当欧战时,颜料业走俏,竹三先生既于颜料业中得到经济上特殊力量,又于多种实业颇多提倡,为吾乡实业界闻人之一。其在沪住宅虽未悉其详,但其在乡发宅,殊有足以记录之价值。

诗曰:圩田有发宅,上一利科名。

运三增富力,动得庆功成。

按:此宅运星及山向与例一同,故吉凶亦同。须要说明的是，本文云太岁一星为一白水，"逢二黑来克，凶不可当"。因九星中太岁一星皆入中，一入中永远不会逢二黑之克，只有月建或日时飞星方能逢太岁之飞星。然九星重运、重岁、重月令，日时极轻，故太岁逢克之说并非特别重要。

五般会杀：参《郭氏元经》第三十九篇至第四十三篇。

【原文】剑锋临旺地，断损牲财；岁禁遇生乡，定伤小口。犯年月独火之星，举家抢疬；值三季转杀之神，合宅凶危。

【注解】剑锋：详参《郭氏元经·剑锋重赙篇第二十五》。

岁禁：详参《郭氏元经·三元年禁篇第二十》。

独火：详参《郭氏元经》"年家独火篇第二十八"和"月家独火篇第二十九"。

转杀：详见本书卷六"四季转杀例"注解。

又：原文云"三季转杀"，"三"字当是"四"字之误，特说明。

【原文】月建中宫不遇，兄弟隔角；金神杀同火血，六畜迭遭。其余大小之星辰，悉由消息于吊替。

撮编凶曜，例纂吉神，使召吉有方，避凶得法，不惭豹管之窥，庸泄天机之秘，宗斯道者，体察力行，谨赋。

洪武壬午岁九月吉日，奉命征南进爵，封诚意伯器器子刘基，书于云阳行纛。

【注解】月建：月建即本月地支，若为杀者，则有小月建与大月建之分，详见《郭氏元经·非用术篇第六十四》。

金神：详参《郭氏元经·金神七杀篇第三十八》。

火血：详参《郭氏元经·月家火血篇第五十二》。

洪武壬午岁九月：此时间有误，洪武乃明太祖朱元璋年号，共三十一年，其中并无壬午年，壬午年应是惠帝朱允炆年号"建文"；此外刘基生于1311年，死于1375年，而此书所署日期却是刘基死后二十七年，该书为托名伪撰明矣。

卷一

论山运要归泊旺地的以化气五行为用

【原文】地辟于丑，冬至后以丑为岁首，金山墓于丑，水土山墓于辰，木山墓于未，火山墓于戌。每以所用月建，分冬夏二至顺逆，求各山之墓字，泊生旺有气之宫，吉。落死绝败墓无气之宫，纵得诸吉并临，亦不能为福。大凡造葬，先以山运飞泊为主，次以吉星加之，乃为得法。且如戊年四月作兑，以月建丁巳入中宫，顺寻乙丑墓到巽，巽中有巳，为金生之地，况又当令，作之发越必快。又如甲年四月作兑，以月建己巳入中宫，寻丁丑墓到巽，是水墓绝于巳，又退气，纵得太阳四月到兑主照，并诸吉照临，亦不能发，但平稳而已。五行各有忌宫，如金山墓忌震离二宫、木山忌巽宫、水山忌兑宫、火山忌震宫、土山忌坤宫，皆的不可犯，克择之要，此为先也。

各以墓下纳音为主，审求始得真诀。

【注解】原文所说山运，即《通书》中的墓龙变运，法以五虎遁得当年辰戌丑未四墓的干支，以其纳音论五行。但其一年的起点并非正月，因上年冬至以后，阳气已生，所以是以上年冬至节后起墓运。如甲己年，丑为金墓，遁得乙丑，纳音为金，金山便称为金运。辰为水土之墓，遁得戊辰，纳音为木，水土山便称为木运。未为木墓，遁得辛未，纳音为土，木山便称为土运。戌为火墓，遁得甲戌，纳音为火，火山在甲己年便称为火运。其山运旺相休囚，则以纳音五行与所临地盘相论。如本文例，金山戊年四月作兑，金山戊年墓在乙丑、纳音属金，以月建丁巳入中，乙丑飞临巽宫，巽宫有巳，为金生之地且当令，故吉。又如金山甲年四月作兑，金山甲年墓遁得丁丑，纳音属水，以月建己巳入中宫顺布,丁丑到巽,巽中辰为水墓,巳为水绝,故凶。关于二十四山龙墓运逐年逐月变化,请参阅本书"山运泊旺图"的注解。

论四课生旺的以正五行为用

【原文】五行生旺,各须有时。惟土分三等,有阴有阳,有半阴半阳,故《元经》曰"三等殊生"是也。艮土属阳,坤土属阴,辰戌求中宫,属半阳;丑未中宫,属半阴。艮旺立春之先,坤旺秋分之后,四墓于四季之下,各旺一十八日,此土之墓也。

木山旺于春季,除土旺一十八日之外,惟七十二日。又以冬至后一阳生处互论,自冬至至立春为进气,谓之向令;自立春至春分为正气,谓之得令;自春分至清明为旺气,谓之化令。

火山夏旺。自立春至惊蛰为进气,向令。自惊蛰至立夏为正气,得令。自小满至夏至为旺气,化令。夏至后火燥金流,物极必反,不可用也。

凡用火山,不宜大暑之后。

金山秋旺,自芒种至夏至为进气,向令。自夏至至立秋为正气,得令。自处暑至秋分为旺气,化令。

水山冬旺,自立秋至白露为进气,向令。自秋分至霜降为正气,得令。自立冬至冬至为旺气,化令。

凡化令之时,乃他山进气之际,克择之消息,务以财禄培根,禀得中和,斯能发福。若以官旺加之,谓之大旺,倾危而祸矣。

用日之法:向令取其生气,得令用其胎养气,化令取其财源,便是妙理。如春月清明前后作寅山为化令,取甲日用之,为甲禄在寅。财者,并四墓,并纳音土也。又如得令、向令不同,进气、化令有异。如春震山,甲乙辅之,甲向冬至而生旺,震向春分而正旺,乙向清明而化旺。克择之法,取其将化者补以财禄,正旺者培以根元,向旺益以胎息,自无大过不及,损益得中可也。(此系比例,非以清明可作乙山,春分后可作卯山也。)

【注解】五行生旺:《历例》曰:"立春木、立夏火、立秋金、立冬水,各旺七十二日。土于四立之前,各旺一十八日,合之亦为七十二日,总三百有六十,而岁成矣。"《考原》曰:"木长生于亥、火长生于寅、金长生于巳、水长生于申、土亦长生于申、寄生于寅。各由长生、沐浴、冠带、临官、帝旺、衰、病、死、墓、绝、胎、养,顺历十二辰。盖天道循环,生生不已,木方旺而火已生,火方旺而金已生,金方旺而水已生,水方旺而木已生。由长生而顺推,稚则必壮,盛则必衰,终而复始,迭运不穷,此四时之所以错行,五气之所以顺布也。"由此可知,生我之气为进气,也称相气。正旺之时为旺气,也称帝旺,得令。我生之气为泄气,也称退气,休气。克我之气为杀气,也称死气。我克之气为财气,也称因气。四季五行旺相休因见《郭氏元经·总分运用篇第七》。

本文以五行配二十四节气有误。二十四节气配二十四山见《阳明按索·卷首·论宫位》。

从五行与四季生死及二十四节气与二十四山的关系中可以清楚地看出,何五行旺于何节气,绝于何节气的准确时间。原文言甲生旺于冬至之后,卯旺春分,乙旺清明,与义理不合。盖小雪属亥山,木气长生,至子初生,不能言旺。木至清明,其气已衰,亦难言旺,与节令不合。况且甲卯乙同属木,生则同生、旺则同旺、衰则同衰,何有此生彼不生,此旺彼衰之别? 故与五行生旺之义不合。

原文又云"自无大过不及,损益得中可也"。此论初听,似觉甚正,八字推命之法就是以命局五行中和为美。再若细思,非也。推命是以人命八字五行推断,太过与不及均主不吉。而选择造葬则是以吉凶神煞判断,故吉神愈旺愈美,凶煞愈弱愈佳。且葬乘一线生气,必使生气强旺为美,所以造葬以补龙、扶山、相主为要,此趋吉避凶之大要。若使中和,则吉凶均无,选择之道又有何益?故古人必以生旺为美。三合局,地支一气,三合带临官等格,均为最佳格局。如卯龙作甲山庚向,杨筠松用乙卯年、己卯月、庚寅日、己卯时,皆用临官帝旺二字。卯龙作亥山巳向,葬辛巳亡命,古人取四辛卯,取四辛以扶辛命,四卯以补卯脉,又合亥山。丙龙作巳山亥向。杨筠松取己巳年、己巳月、壬午日、壬寅时,二合兼临官,又丙龙禄在巳。酉龙作酉山卯向,杨筠松取甲申年、癸酉月、丁酉日、己酉时,官旺局。以上古例,均是以禄旺为佳,故知古人是以补龙、扶山、相主之旺气为美,并不强调阴阳中和。

论月分司八卦方位不同

【原文】八卦之下,五行相同者,一月分上下而用之。相异者,分孟、仲、季而用之。如震山属木,甲乙相同,是为五行同也。一月之内,前半月司甲卯之半,后半月司卯乙之半。吊替神煞,此为避忌;运用吉神,亦此为定。且如甲卯乙之山,用日之法,要分刚柔,甲木刚,乙木柔。乙宜生旺之乡,甲宜财禄之地,此进气、退气之理。卯为四旺,与甲同取论。又如乾山,戌为阳土,亥为阳水,乾属阳金,各得三分,共成一月。如戌土冠带属阳,择季旺之节前九日内为当令之辰,阴阳俱吉。亥水临官,先属阳,择日辰之法,进气取其阴,退气取其阳。乾为先阴后阳之金,先取其旺而后取其相也。今将阴阳备录于后,以便克择云。

水山,阳先阴后,进气内取申酉戌为生气,正气化气后取亥子丑。木山,阳先阴后,进气内取亥子丑为生气,正气后取寅辰卯为乘气。土山,先后俱阴,进气正气之时以三方论,其生旺休废分阴阳三等用。金山,阴先阳后,进气内取申酉戌为生气,正气后取辰巳午未为乘气。火山,阴先阳后,进气内取巳午未为生气,正气后取寅卯辰为乘气。

五行分阴阳先后乃生成之理,惟土山俱阴,五行中又以阳土阴土半阴半阳三等互论,此取择日用时亦以方位论,学者详之。

【注解】 水山取申酉戌西方一气,亥子丑北方一气,西方金为印绶,北方水为临官、帝旺。木山取亥子丑北方一气为印绶,寅卯辰东方一气为临官、帝旺。金山取辰巳午未及丑土为印绶,取申酉戌西方一气为临官、帝旺。火山取巳午未南方一气为临官、帝旺,取寅卯辰东方一气为印绶,此皆补龙扶山之正法。因补龙扶山全看四柱地支,地支之力重于天干。有取四方一气者,如本文金山取申酉戌西方一气,三字中再择一字重复为合局。有取三合局者,如金山取巳酉丑金局。有三合兼临官者,如金局取巳酉丑加申字者是。也有取印绶局者,如水山取巳酉丑金局或地支皆申;火山取亥卯未木局或地支皆寅等,均为合法。惟土山之说,支离破碎。既云土山先后俱阴,又云有阴有阳,还有半阴半阳,惟土山俱阴等前后矛盾。殊不知不论阴土阳土,终归一土,岂有此生彼死,克此生彼之理?《选择宗镜》以艮坤辰戌丑未六山属土,生申、旺子、临官亥,喜寅午戌火局,辰戌丑未局及申子辰财局,忌金局泄,木局克,并举三例,兹介绍如下:

例1. 艮龙壬山丙向,杨筠松取辛亥年、庚子月、丙申日、丙申时,大贵。金精取庚申年、戊子月、庚申日、庚辰时三合局。

例2. 艮龙甲山庚向,杨筠松取丙辰年、丙申月、丙申日、丙申时,后发贵绵远。此不惟申子辰局,而四丙火生艮土,又艮宫纳丙。

例3. 艮龙癸山丁向,杨筠松取四丙申,五百日及第,支干一气格。艮土生申,又名四长生格,又四点丙火生艮土,又艮宫纳丙,四帮也,妙甚。

须要注意的是,此三例虽为艮龙,但例1、例3坐山属水,三合四生亦合水局,助坐山。例2坐山属木,三合水局生木,亦合扶山之义。

一月分上下而用之或分孟、仲、季各管十日而用之说,与周天十二月令不合。如本文所说震山之例,甲卯司上半月,卯乙司下半月,全是臆造。如果一宫只管一个月,一周八宫则只管八个月,其余四个月该由何宫去管?故凡推坐山生旺,只以本山论,其余二山不可计较。如乾宫统戌乾亥三山,戌为土、乾为金、亥为水,是本山正五行。时逢八月是土泄、金旺、水生,若坐山是戌为泄气,是乾则为旺气,是亥则为生气,决无各司十日之理。详参《郭氏元经·辨地将篇第四十五》。

山向穿山六甲龙论

【原文】干维极清,地支重浊,天常附地,地实包天。克择以天干地支常相依附,验之祸福有准。古人创制罗经,只十二支神为主。自殷国公因归藏以推卜,加入八干四维,共成二十四位,推洪范化气生克之理,于下布以六十龙为穿山遁甲,以备克择推墓运之由。其事其机,至微至著。夫以二十四位之下,统以六十花甲,谈阴阳者,一卦占三山,何说之谬哉,误之甚矣。择山向法,以子午针穿六十龙,依何宫坐定向取吉,以论变运。又以五虎遁六甲,以论冲克,则义全法备,实为全美。假如卯山,己丑年遁得丁卯到山,纳音属火,忌乙酉、乙卯入配太岁为凶。余仿此一例推之。

【注解】六甲龙:罗经中"透地六十龙",其用法与义理甘时望在《罗经密窍》中作了详细解释,特将其主要内容介绍如下。

一、地纪起甲子例

自甲至壬九数,故壬为九地之下。经曰:"万物之气,始生于壬。"壬者,妊也。壬为甲父,亥为甲母,故甲子起于壬字之末,以受父母生身旺禄之气,故为气将。甲子统领花甲,俱从中针,即四维八干之末左旋，次乙丑起于癸末，丙寅起于艮末之类。盖地支有十二，天干只有十，轮配至癸酉止，又从甲戌、乙亥起，以配完地支十二。故《天机素书》云"甲乙为补气之功"，正此谓也。如此地道顺行，循环轮配六十花甲，至癸亥止于壬字之首半矣。可见壬为九地，乃藏气之府，以始终甲子、癸亥，故为地纪。与中针十二，共为七十二候也。候即天之气候，运行以应平分六十龙。且甲子纳乾卦初九，乾为诸卦之首。禀坤六，六地阴之数，产于山谷之间，喜乐天门。甲子即乾，乾为天门，所以甲子配角，正合角入天门飞腾变化之妙，即乾坤交泰之道也。次乙丑配亢，丙寅配氏，丁卯配房之类，如此次序轮配六十甲子，至今值日禽星是也。以六甲节气分上中下三元，布演奇门，番禽倒将，以超神接气，正受拆补等局，飞遁六仪、三奇、八门，合卦取金水日月禽星聚临之宫，详四吉照映山方，三奇吉水朝穴，六仪贵禄盖照，子父财官生拱扶合，以为明师立穴取用选择之用也。然平分甲子，禀天地之气候，亦起于壬字之末。壬甲纳于乾，乾为天，天即气也。盖天之气均匀旋转，一日不增多，一时不减少。天有一定之理，故河洛主生成之数，周围密布，无杪芒空缺。所以合六十甲子，为平分六十龙以明天地之道。

二、误以七十二候交接空位为空亡说

向来见他处所制罗经内，载七十二候，俱误作七十二龙，其间乾坤艮巽，甲丙庚壬，乙辛丁癸共十二宫，原空其位，世人误以为空亡龙，不可用，往往皆昧是理而不知察，何哉？盖四维八干，坐镇旺禄之位，每月太阳日躔之次到此干维过宫交度，则气候自然有次序，无太过不及，而万物皆得气感而应，生生不息矣。左玄真人曰："凡选吉神临官，当以月将加时以取之。"月将即太阳，照临干维，诸吉星交会，则诸杀皆退伏矣，故谓之四杀没也。所谓杀者，由每年三合，建破满平定执，死墓绝胎养演出，俱为杀之类。四杀没者,乃诸杀遇此时正三、正四、初一、初二刻是。乾坤艮巽,甲丙庚壬,乙辛丁癸,共四十八刻,若诸杀遇此四刻,皆敛迹,谓之没也。此何以故?盖《授时历》内载,如遇正、四、七、十月,宜用甲丙庚壬时;二、五、八、十二月,宜用艮巽坤乾时;三、六、九三个月,宜用癸乙丁辛时;此为贵人登天门时,为四大吉时。时吉则诸吉神会聚,杀自没矣。《通书》所载贵人登天门时,以登明月将在亥,亥与乾同宫,故以乾为天门。然登明乃正月亥将,二月河魁将在戌,三月从魁将在酉,四月传送将在申之类。若是登明在乾亥为天门,其他河魁、从魁、传送在戌、在酉、在申,不与乾同宫,何以为天门乎?世人以讹传讹,皆不究心以观。《通书》所载阴阳贵人登天门图,实皆以乾坤艮巽并八干位而取,即四大吉时,四刻之位,非只以乾宫一字为天门,此又不可不明也。

凡取贵人,必遵太阳过宫到位,方为有力。太阳为君,诸贵吉神为臣,用此时四刻得太阳,诸吉聚临,谓之君臣庆会,故为贵人登殿,而到八干四维,乃太阳宫舍即为天门也。然七十二候内所虚干维十二位,谓之宫舍,犹行馆传舍之类,以待太阳月将降临,即如使相重臣,巡行到处,宣德布威,凶恶皆避。他诸吉神,如群僚良吏,祇候陪随也。如来龙是艮巽丙丁兑辛六阴龙,正直到头,常有宅坟坐向正丙、正巽、庚辛等类之正,常人言空亡之虚,今又乃羡其艮丙兑丁巽辛为六秀。前既以为空亡龙,似不宜犯之,今又复以为六秀最吉,是何其说不一,宁不自相矛盾乎!总之,无根之学,不解其机窍,故或以为非,或以为是,或以为凶,或以为吉,终无定见,随意支吾。岂知天地气运,循环运转,安有空缺间断之理哉。

选择家或用贵人登天门四大吉时,每年地支三合,诸杀遇此时刻皆没,虽然吉则吉矣,只能避此地杀耳。而自大挠造甲子以来至《授时历》中，皆以二十八宿轮流值使，周而复始，各有定例。各宿有吞啖、制伏等类，最关利害。论列至此，又不得不详言之。譬如角宿值日，其日倘用癸时，则子宫正三、正四刻，丑宫初一刻为癸时也。而是日用之角宿，能食女土蝠，虚日鼠，而为日禽所吞啖方位，来龙并坐次分金之禽是时刻用之，反为受害，又不可以贵人登天门之四大吉时而概取之也。若用丑初二刻，正值方位牛金牛，与角相合交好，又为吉矣。又如角宿直日，用未时正三、正四，申时初一、初二刻是四吉神，时遇方位井宿，能降伏角宿。《日禽》书云："井宿乃兽中之王，上山食虎豹，下海吃蛟龙。若龙穴遇之，乃为最吉。"每日值轮禽星所主灾祥极大，在天主风云雷雨，如毕主雨，箕主风；在地主分野，灾祥丰欠；在人事主生平休咎。日时吉凶之应有无穷变化之妙，学者宜深究而用之。

三、平分六十龙

河洛始以戊己为生成数之主，总理阴阳，分茅胙土，间历各宫，分方定位，皆居中宫尊位，生养万物，成始成终者也。犹岐伯所谓，脾土居中焦以分清浊，布化水谷精液，四肢得其健旺，则诸病不生矣。《玄教》亦云："戊己之门，号为玄牝之门，是为天地根。凡得之者，可与天地长存。"九天玄女曰："戊己阴阳二土，合成刀圭。"《三车》云："三才五行，皆不可失，处高下而得位，居四季而有功，金得之锋芒唯刚，火得之光明独照，木得之英华越秀，水得之波澜不泛，土得之稼穑腴丰。旺之不患，必能为山。山者，高也。散之不聚，必能为地。地者，厚也。用之无穷，生之罔极，乃为土也，故戊己功德最大。"盖戊己即五黄土。土为气之体，有土斯有气，气附土则行。地有吉气，随土而起。土即龙脉，真气钟灵结穴处，此为真土真穴。穴即五黄，五黄乃中央，黄帝纵横十五之主。而四方十五，犹如辅弼之臣，辅弼即砂水。朝案、罗城、明堂、水口、官鬼、托乐，自然左侍右卫，缠绕环抱，面面有情,高低相等,即群臣听命于君也。必与先天律吕等格局合法,此为峦头理气,体用相宜,必主富贵久远,人丁繁盛者矣。若是花假龙穴,自然砂水东走西窜,穿射反弓,明堂歪斜,众水分散等类,亦不与先天后天之理相合,切不可下,慎之、慎之!盖戊己各主五数,所以四维干支二十四位,皆尊戊己,各分为五位,均匀分布六十位,即河图周围六十之数,以应六十龙。河图数起于午,一九为阳,以戊子、戊午阳神,乃天地中分始终之主,即先天乾坤定位也。故甲丙戊庚壬阳干配子寅辰午申戌阳支,起于子阳宫;乙丁己辛癸阴干,配丑卯巳未酉亥阴支,起于丑阴宫。如此阴阳轮配十二宫辰,故戊子居子宫之正,己丑居丑宫之正,戊寅居寅宫正中之类。则戊己之德,显然恩及万方,生育无穷,故为平分六十龙,感受先天之元气,以应连山卦。故邵尧夫取乾一、兑二、离三、震四、巽五、坎六、艮七、坤八之数,顺逆次序加于本宫,合成六十卦,以配六十甲子龙。除乾坤二卦为直南极北极中分之正,坎离二卦为当日月之门,四卦故不为用也。《大定》云:"丑寅同宫,以寅为正月属春,丑为十二月属冬,乃始于春而终于冬,皆为艮卦所主。"一由艮起,十从艮终。《易》曰:"艮也者,万物之所以成始而成终者也。"郑玄曰:"连山者,象山出云,连连不绝。"艮寅乃正月建,为地道之始。正月天道在亥,禀天之元气左行,亥与乾同宫,亥即乾天之气,故寅亥相合,此为天元连山,即卦气与天地元气相合也,然后于万物生生结实而无尽藏也。邵子以乾坤为纯阴纯阳,得数之极则变。于乾为六阳极,故初九变阴成天风姤卦,以配戊午龙。次六二变成泽天夬卦,以配丙午龙。次九三变阴成火天大有,以配甲午龙。如此乾一、兑二、离三、震四之类顺配成卦,止于庚子颐卦。坤为六阴极,故初六变阳成地雷复卦,以配戊子龙。次六二变阳成山地剥,以配丙子龙。次六三变阳成水地比,以配甲子龙。如此坤八、艮七、坎六、巽五、震四之类,逆配成卦,止于庚午大过也。然戊子、戊午禀先天后天之正,得乾坤初动之气,故为姤复施生,则万物、万事皆由此成始而成终者也。

四、三七二八针分龙命诀

书云:"先将子午定山冈,次把中针来较量,更加三七与二八,莫与时师说短长。"此专言在四维八干正中,每干维一字

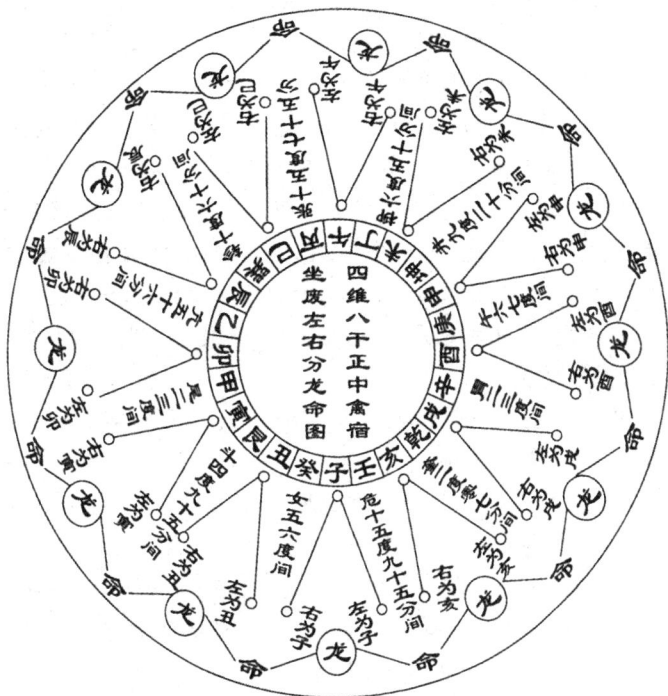

星分度图

分作十分,以五六分中间作为中针,以审来龙脉脊。少偏则为三七、二八,多偏则为四六、一九,而龙命以兹出焉。今人但知地

盘之形,不知地盘之理,用以测天步地考太阳之躔次,定时刻之正初,审气运之进退,察来龙之真伪,定坐向之准绳,是尤不可不深讨焉。如收乾龙入首,考其到头一节,细究龙脊,或正或偏,然后可以定来龙。龙定矣,则有龙命;命准矣,方遁其山运。不知来龙之命体,岂宜于某坐山变运为用哉!试以龙命言之,龙命者,即十二地支所属,如子、丑、寅、卯之类为龙命也,即以乾巽中针较之,乾中坐奎二度零七分,若偏右在奎三四五六度则为戌命。巽中坐轸十度六十分,若偏左在轸十九八度,则为巳命矣。又以壬官中针坐危十五度九十五分,间若偏左为子命,偏右则为亥命。丙中坐张十七度七十九分翼宿初度间,自壬官中针到奎宿二度止度,三十度俱为亥龙命。细审来龙入首,将罗经放在龙脊正中下针,准正子午。若龙脊线直壁宿八度,对轸宿七度,法以乾巽中针线路为主线,左之三分线,右之七分线,此为乾中偏左属亥,为龙命也;巽中偏右属巳,为龙命也。又如线在奎十二度,此为乾中偏右七分,属戌龙命;巽中亦偏右,属辰龙命也。余仿此。

五、秉气用诀

　　四维八干正中,即太阳过宫分阴分阳,间隔地支,以判来龙之命也。虽曰来龙为地气,必候天气将临之时,作用方召吉庆。盖地虽能生万物,使天之气一方二处不降于地,则万物何由而生也。如屋檐墙脚草木,未得活雨露者,草头必斜探出贪望雨泽,若无人力移种,枝叶必致焦枯而生机灭。正如美地,已得真穴,不按时候作用则无生息矣。如乾龙入首,自壁三度七十分起,至奎九度七十分止,共十五度有零,系霜降、立冬、小雪,九月五候、六候,十一月一候、二候,须查历日,某干某日时,太阳日时躔大火、折木将后,方是九月、十月天气降临,乃为天龙受天之气,方为得令。又如收亥龙入首,自壁宿七度起到壁三度八十分止,若交折木将后,方是十一月二、三、四、五候,此即亥龙坐山受此天气也。余仿此。

是故圣人因天时以明地理,制律吕以候天时,则土圭以辨方位,斯裁成辅相之道备矣。

又如壬宫中针,自危十五度起,至女五度止,共三十六度六十一分有零,是壬子癸龙,系是十一月六候天气主龙,看《授时历》太阳日躔星纪之次,一日至五日为一候,鹖鸟不鸣。应危十一、二、三、四、五度止,此壬龙坐山乘此五度地气,受此五度天气。又如星纪将后,六日至十日为二候,虎始交,上应危六、七、八、九、十度天气也。

又如癸宫中针,自女宿五六度间起,至斗四度九十五分间止,共三十度有零,是癸丑艮地气,系十二月六候,必交过玄枵一日至五日为一候,雁北乡,应牛宿六度九十分,女宿一二三四度之类,此为天气降临于地。凡造葬修方等事,此为天地交感,必主生生而无尽藏也。

六、欲识穿山虎,方行透地龙

如收亥龙,即亥为龙命。如在甲己年开山破土,以本年五虎遁起丙寅,至亥止得乙亥龙命。又如亥龙在乙庚年动作开山,以戊寅虎遁至亥止,遁得丁亥龙命,纳音属土,忌用日辰纳音木,并癸巳日冲克亥龙命。余仿此。

龙命以五虎遁者何也?《易》曰:"艮者,止也。"前乎此,则震巽木生离火,离火生坤土,坤土生兑乾金,兑乾金生坎水,坎水畏艮土在前克之陷而不能生,故艮为止也。天地生物之化,不能终止,终则复始,生生不息,故艮因而取为生门,生之为言育也。艮与寅同宫,艮为山,山即来龙也。艮即寅,寅为一岁之首,寅为虎,以正月建寅、二月建卯、三月建辰,此寅卯辰巳午未十二地支,俱为透地龙,此即某年用某五虎遁谓之穿山虎,遁至某地支为透地龙,以定来龙之命,此不辨而自明矣。故历伯韶曰"欲识穿山虎,方行透地龙",正此谓也。若来龙在四维八干,直来一二百步或三五十步无剥换,偏左偏右三七、二八、四六、一九,取直来到头者,此为干维不属地支,又不可在近穴取龙命。须看来龙于某处剥换,或左或右行度过峡以取之。如巽龙从左落为辰龙命,从右落为巳龙命。余仿此。

七、五虎遁龙命山运(每年以正月建遁起)

甲己起丙寅,乙庚起戊寅,丙辛起庚寅,丁壬起壬寅,戊癸起甲寅。详见下表。

月支 龙命 年支	甲己年	乙庚年	丙辛年	丁壬年	戊癸年
寅龙命	丙寅火	戊寅土	庚寅木	壬寅金	甲寅水
卯龙命	丁卯火	己卯土	辛卯木	癸卯金	乙卯水
辰龙命	戊辰木	庚辰金	壬辰水	甲辰火	丙辰土
巳龙命	己巳木	辛巳金	癸巳水	乙巳火	丁巳土
午龙命	庚午土	壬午木	甲午金	丙午水	戊午火
未龙命	辛未土	癸未木	乙未金	丁未水	己未火
申龙命	壬申金	甲申水	丙申火	戊申土	庚申木
酉龙命	癸酉金	乙酉水	丁酉火	己酉土	辛酉木
戌龙命	甲戌火	丙戌土	戊戌木	庚戌金	壬戌水
亥龙命	乙亥火	丁亥土	己亥木	辛亥金	癸亥水
子龙命	丙子水	戊子火	庚子土	壬子木	甲子金
丑龙命	丁丑水	己丑火	辛丑土	癸丑木	乙丑金

龙运飞遁以坐山正五行墓位,在冬夏二至交后分阴逆阳顺,以月建入中吊飞官,若临生旺贵禄之官,发福催官最速。若临死墓,选日时扶助,必不可使变运冲克龙命,此关系紧要,不可轻忽,载在《发微》等,《通书》可证。

假如癸未年十二月,壬山属水,墓在辰,本年遁见丙辰土,变运以乙丑月建入中宫,冬至后顺行,丙寅到乾,丁卯到兑,戊辰到艮,如此飞布,丙辰到坤,申未与坤同宫,乃土运长生遇太极、文曲贵人、天喜、青龙、月德合,此乃变运得令,为最。凡飞宫临贵禄,天月二德,诸吉聚会,必主速发富贵。若飞到中宫,冬至后寄在艮,夏至后寄坤。余仿此。又如己未年癸山属水,遁得戊辰变运属木,以正月丙寅入中宫顺飞,戊辰到兑,此为木入金宫受克,《五行大论》曰:"金逢春月,性柔体弱,见木而锋芒反钝。"此为得令之木与柔金辰酉相合,月建丙火生戊土,又取律吕寅生酉,酉生辰,乃得三生相合为妙。戊辰以酉为文魁贵人,支德合,此为变运飞泊吉位,又不可以木入金宫为受克。妙在五行变通,取生旺得令,不畏克制。余仿此。

八、逐年月变运飞宫定局(见下表)

运＼月	水土运 戊辰、庚辰 壬辰、甲辰 丙辰	火运 甲戌、丙戌 戊戌、庚戌 壬戌	木运 辛未、癸未 乙未、丁未 己未	金运 (冬至后) 乙丑、丁丑 己丑、辛丑 癸丑	金运 (夏至后) 丁丑、己丑 辛丑、癸丑 乙丑
交冬至后用此局 十一月	离	离	乾	乾	乾
十二月	艮	艮	中寄艮	中寄艮	中寄艮
正月	兑	巽	坎	兑	兑
二月	乾	震	离	乾	乾
三月	中寄艮	坤	艮	中	中
四月	坎	坎	震	巽	巽
五月	离	离	乾	震	震
交夏至后用此局 五月	坎	坎	巽	巽	巽
六月	坤	坤	中寄坤	中寄坤	中寄坤
七月	震	震	离	乾	乾
八月	巽	巽	坎	兑	兑
九月	中寄坤	中寄坤	坤	艮	艮
十月	乾	离	震	离	离
十一月	兑	坎	巽	坎	坎

九、龙命变运忌用冲克空亡等日

如甲子龙命，宜用卯丑未寅日，是贵人禄马在生旺吉辰，忌用庚午日，天克地冲，戌亥为空亡日，皆凶。虽亥是甲木长生日，切不可单用，必须四柱取亥卯未三合，此为贵人逢生旺乃吉。又宜申子辰巳酉日，乃甲子纳音金之长生禄旺三合，日主为最。变运仿此宜忌，审而选用。

昔杨公与霸上文婆下石冈地，冈龙来脉入首，葬化命系乙卯生，以罗经在龙脊正中准定，依线正值斗宿七度对井宿十一度，是艮宫中针偏左远寅六分，近丑四分，即丑为龙命，乘平分癸丑木龙贯穴，直天元连山无妄卦，扦癸山丁向，己丑火坐穴，庚子、庚午土分金，上应女宿三度，盖作用以艮脉为主。艮纳丙，取庚辰年开山破土，以庚寅虎遁得透地辛丑龙命，纳音属土。癸山以正五行属水，本年遁壬辰水变运，选用丙申月，丙申日时，俱是来龙纳甲浑天日辰，纳音属火，生助辛丑龙命土。且丙辰土，癸山龙命纳音水，谓之水土长生在申月日时，此为龙命得其生助也。……以月建飞宫寻见化命辛巳真马与诸吉贵神同到中宫，此为圣君贤相，上下同心。又为登殿入庙，君臣庆会，恩力极大，发福神速。取三丙申纳音火，生庚子土，分金土生辛丑龙命纳音金，金生乙卯化命水，水生平分癸丑木龙，木生己丑坐穴火，此得五行循环相继，生生不息之妙，必主发福绵繁也。乙卯亡命纳音水，克坐穴火为财，课云："一周三载财横生，文武挂朱衣，主大富大贵也。"时师不知龙命须观山之形势，或从左从右以罗经准正龙脊，收一线之生气贯穴，所谓"葬乘生气"，故以龙命为重也。苟不察地脉之根源，只看《通书》坐山变运一定死法，大失古人之意矣。本年癸山又是阴府太岁占山，忌用丙辛二字，犯之大凶，其祸莫救。杨公反用四丙字，何也？今人不究先贤之用法耳。盖虽用丙申，乃丙火病在申月日时，则丙火无气，以七月申金正为得令，且丙火沐浴在卯，乃行败地。杨公乃因辛丑土龙命，取丙干与辛龙丙辛作合而化水，与龙命土并癸山水俱长生在申，旺在子癸，此为生旺之水皆克丙干火，谓之阴府受制，故不畏也。此理详见《通书》并《天机素书》，可考焉。

　　凡龙命坐山，正值节候得令之时，或按律吕取其生助，此为天气下降，地德上载。又得天月二德贵禄，虽或被年份克制，亦不为害。如坐山或子龙命，在十一月交星纪月将后，系十一月三候荔挺出，乃天气应感于地；或在四月仲吕，取巳生子龙山，则六阳归一阴，隔八值取相生，虽被克制，不为灾咎。凡择吉必要按节候，或取龙命及二命贵禄吉课为主，则根深蒂固，必发福久远，子嗣绵繁矣。

　　如龙命脉属火，在于甲寅水年破土开山，乃水克龙命火，谓之年克山家，主宅长凶。故选用丙寅月，是火龙长生，又用丙戌日主纳音土，为龙命火之子，克甲寅水，谓之子救其母。且水在春月为泄气，又用庚寅木时，又盗水气，虽火龙命被水年所克，妙在盗气，生旺克制衰水，反为最吉。又如龙命属木，取申子辰壬癸亥子水以助之，或取水星升殿入垣，旺乐喜好是时是刻照临坐向，许动作方隅，速应祯祥。又如龙命克日辰为财，逢生旺之时，必主发福极速。若龙命得吉日生助与坐向分金坐穴，取五行循环相继，发福尤速，此择日紧要之诀也。余仿此。

　　尝考坐山变运以洪范五行论者，屡试不验。《通书》云："坐山变运，只以正五行为主。洪范变运，本当删去，姑存之以待知者察之，勿用。"又云："凡来龙不向正受，横来、斜落到头者，俱以来脉论龙命，不可以坐山论龙命。"王九峰老师秘授云："凡得有真龙真穴，欲葬造先定来脉，以本年五虎遁龙命，来龙是山川之生气，气即命也。"经曰"有气则有命"，故为龙命也。凡立向、观水口，专以坐山为主，配合消纳取格局出山收杀，至于何年吉变为凶，或何年凶变为吉，故变运以坐山为主也。盖龙命山运本一气相关，如人生之命，至于何年月兴发破败等类，皆系乎行运，遇贵禄财杀，生助克冲也。如石冈文婆地，得辛丑龙命，辛旺在申、禄在酉、贵人在寅午、马在亥、财在甲，文魁、催官星在子丑，黄甲、玉堂、天厨在甲午之类。然天地气运相应相感，一年行一周天，故山运一年轮一花甲也。文婆山运初年得壬辰，二年癸巳、三年甲午运，甲为辛龙命正财，又为壬运食禄，黄甲催官、天福等贵神管运，果葬后三年即发富贵。故课云："一周三载横财生，文武挂朱衣。"太阳一年行一周天为一周。

清地理名家纪大奎也对透地六十龙作了详细论述，特介绍《地理末学》有关章节如下：

一、透地六十龙

旧传透地六十龙者，所以格龙也。以六十甲子错排于正针之下，五亥属乾亥，五子属壬子，五丑属癸丑，为北方水龙。五寅属艮寅，五卯属甲卯，五辰属乙辰，为东方木龙。五巳属巽巳，五午属丙午，五未属丁未，为南方火龙。五申属坤申，五酉属庚酉，五戌属辛戌，为西方金龙。以正针壬子双山五行为用，然正针壬子双山，以四势五行论龙，诸书多不知，误以缝针壬子双山之三合五行一例论龙，而透地六十龙之义尽失矣。故欲明透地之法，当识四势之理也。

二、正针壬子双山四势龙说

壬子双山者，乾亥同亥，壬子同子之谓也。有缝针之壬子双山，有正针之壬子双山。缝针之壬子双山，五行主于会合，以亥卯未木局，寅午戌火局，巳酉丑金局，申子辰水局论三合者也，故双山皆十二支之正位。正针之壬子双山，五行主于分布，以亥子丑水方，寅卯辰木方，巳午未火方，申酉戌金方论四势者也，故双山皆十二支之始气。三合双山以生旺之气应砂水，其理显而易知。四势双山,以先至之气应龙,其理微而难识。盖以十二支正位论,乾在戌亥之间,艮在丑寅之间,巽在辰巳之间,坤在未申之间,为四隅之交界。以五行流布之气论,则乾艮巽坤当前后交代之际,前气之泄,即后气之始。以方生气论龙乃五气自然之理,故六十甲子率先半位,而亥壬子癸丑龙统于乾,寅甲卯乙辰龙统于艮,巳丙午丁未龙统于巽,申庚酉辛戌龙统于坤。《玉尺经》云"天柱发四维之气",旧注谓乾坤艮巽天地之四柱,处四势以行二十四龙之气,所谓"四势行气,八龙施生"者也。

三、透地六十龙贯穴说

正针壬子双山之四势五行既定,遂以六十甲子分布双山之下,以五亥属乾亥,五子属壬子,五丑属癸丑,谓之透地六十龙,亦曰平分六十龙,不知其所自起。愚谓六十甲子之用,惟先天经盘坐穴之法为正理。此外双山四势,只当以四方论五行流转之气,不必牵附六十甲子。推原昔人设此之意,或不过以此标双山十二官之位,如五亥为亥,五子为子之类而已,透地之名当以后人所加。所谓平分者,即先天坐穴六十甲子,平分一百二十位,取其各官向内一半以立穴。位虽一百二十,实则六十龙之平分,故曰平分六十龙。因其附列于缝针双山之下,遂化而为正针之双山,因以为透地六十龙之名。后人推求其说,辄谓平分之名,所以别于盈缩之故,此伪而又伪者耳。旧法于是有透地龙贯穴之说,以此入首龙之甲子论其纳音,一则取其与峡中或后节束气处之透地纳音相生比和为妙,一则取其与坐穴分金纳音相生比和为妙。后龙则以入首本脉之甲子论生克,坐穴则又兼以贯穴之甲子论生克,如己亥龙本属木,若取辛亥之龙气贯穴,则又属金之类是也。然旧法虽有此说,而实无当于精理,因其来已久,姑列于盘以存其旧,用法能合固妙,不合亦不足拘泥也。或又误以为此为坐穴立向之甲子,尤属舛错,甚至改用顺排,以带后天重卦,去其坎离震兑,以符六十甲子之数,以坐穴之卦推其子父财官、贵人禄马之在何方。又于一位之下,细分六爻,看所坐之爻得子父财官、贵人禄马以分吉凶。夫《易纬》六十候卦之法,去其坎离震兑也,彼盖以十二辟卦为纲,各以四卦辅之,故以坎离震兑为四时之主,虽非重卦本义,而无害于理。今以后天方位八卦之相荡为序,而欲去其四方之一卦,此不过妄诞之至极,而人亦信之,何也? 夫既有穿山甲子之带卦,又有盈缩甲子之带卦,又有壬初甲子之带卦,壬半甲子之带卦,子初甲子之带卦,百二十甲子之带卦,纷纷然以求其子父财官,则安往而非子父财官者,此庸陋欺世之最易见者,而人亦信之,又何也? 或又以此六十龙之子午,与中针之子午适合,谓邱杨此盘已具中针之理,而中针实由此而设。则不知中针之乾龙将属亥耶? 而庚戌、壬戌在焉将属戌耶? 而乙亥、丁亥在焉将分属戌亥耶? 则正针乾亥双山之四势井井,而何用此纷纷,添设者之骑墙不已耶? 此附会牵合之愈合而愈不合者,而人亦信之,又何也?

四、盈缩六十龙论

俗传盈缩六十龙者,借六十甲予以立名,而其用不系于甲子也。或谓透地龙,一名平分六十龙者,所以别于盈缩六十龙故。诸书多有宗盈缩六十龙者,谓其奇零不整齐,乃天地之奇,力辨六十龙之非,谓其板死不灵活。不知六十甲子,原属天地间整齐之数,与十二宫、二十四山一例,安得谓其板死而欲求奇零者以为灵活? 诸书谓盈以应度,缩以应候。尝试考之,天运参差之候,莫妙于气朔之盈缩。天地阔狭之位,莫妙于黄赤二道官分之针正,而盈缩龙所以然之,故均非此例。且以其盈缩之位,较之于度,与岁相为差等者不合;较之于度,与岁之与平地十二位阔狭相为差等者又不合。彼其所谓盈缩者,不过后人附会二十八宿五行界线。如角宿一度至四度属金,五度至十度属火,十一二度及亢一至四度属木之类，共六十一五行，或五度六七度之不等，随其盈缩，以六十甲子分隔之，不足其一，则以戊寅之七度，独兼火木之二位。此借甲子以处星度，既非浑天之气，而其五行长短之穿穴附会，又非天地自然之盈缩。其所应之度，既非天星自然之分度，而其所谓应候者，又系无关乎天时自然之气候，安所见其必当以此格龙消息砂水哉。旧传朱蔡用平分龙，是不可得而知，或又谓地理数书不当假朱蔡二儒之名以压倒诸人。然余考盈缩卦曜等说之相传，出于《丛珠瀛海》《天机素书》《金篆玉涵宝镜》等种种怪名之书，大都诡曲欺世之徒所为。而曾杨诸公显著之书，如《青囊》《玉尺》等所举双山四势，确然有合于平分六十甲子之理，而绝不见有一言一字合于盈缩六十者。然则朱蔡果用平分，岂非深得双山之旨耶？且朱蔡未尝不大享地理之福。惟其精于天道，故能审于地理。后人不知天道盈缩之所以然，徒见盈缩龙之说而骇之，遂以平分为板死，此学识浅陋之过也。至其遁卦翻曜，以穿山为本卦，以此为内卦，其谬与穿山卦例同，前已论之详矣。

五、子癸双山顺排六十龙带候卦论

或曰："壬子双山，平分六十龙之四势者是也。若夫子癸双山顺排六十龙之带京房候卦者，何义也？"曰："旧法子癸双山之说，以十二支分三元，子癸、午丁、卯乙、酉辛四宫为天元；丑艮、未坤、辰巽、戌乾四宫为地元；寅甲、申庚、巳丙、亥壬四宫为人元。殆取天开于子，地辟于丑，人生于寅之意。天开于子，而子初在壬半者，犹未开也，至子而后开。地辟于丑，而丑初之在癸半者，犹未辟也，至丑而乃辟。是壬半之子，亥气之余也。癸半之丑，子气之余也。艮半之寅，丑气之余也。故壬子双山者，始气之先兆也；子癸双山者，旺气之未终也。故四时之运，节气在壬子双山之间，中气在子癸双山之间，于是以六十候卦配之。而子半冬至之起中孚者,凡六日七分至子癸之间而得复,亦昔人所谓七日来复之一说者。故十二辟卦,皆适当双山同宫之中,此候卦之以中气为主,而双山三元之气,所以有似于天运者,人以此辨龙脉而定向水。盖地理变动,不可以一法拘,三元亦龙法之一端也。然六十候卦中,惟十二辟卦为十二月中气之真机,其辟卦各辅以四卦,推其卦画,绝无当以阴阳消息之理。且其以文配日之非,即使复卦自属一阳之统候,安得以之配六日,而所配之六日,又安得以其一日属阳,而其余五日之皆属阴?此《易纬》出于流时穿凿之说,而欲以此定所坐之卦,求其五亲之全备,与其某日某爻之吉凶占词,以为选择,抑又惑矣。至顺排六十龙之以甲子带颐,丙子带中孚,即源于《易纬》。稽览图本文,甲子卦气起中孚之言,且多至既不应子中之戊子,又不应子初之甲子,而以五子中第二位丙子应之。盖欲以子初起甲子者,合子癸双山五子同宫之数,而无奈其与中气卦候不能不互相谬戾,此天运气数不可以人意私智强为安排,类如是也。”曰:“然则奚取于三元之意也?”曰:“三元之法,虽非稽览图天地人三元之气本术,而其理有可以相通者。但此法以子癸双山分十二宫,正针二十四山一层中之所自具,本无藉于六十带卦之纷纷区别而后见。然则三元之说,虽近是而甲子之带卦则非也。”曰:“子癸双山六十龙之子午,与缝针之子午正合,故昔人有中孚冬至当正针之子中,戊子复卦当缝针之子中之说,然此则非缝针之所从出耶?”曰:“冬至之子中者,子中之半也。戊子之子中者,子半之中也,安得以两卦子中之似同而实不同者附会而倒观之耶。且三元之子癸同子,专重中气,以主候者也。缝针之壬子同子则合节气中气于一宫,为论天气之全局,故曰天盘,此其用之所以不同也。若以其子午之巧合,而谓其从此而出,则不知缝针之癸在五子五丑间者,当属之天元乎,属之地元乎?缝针之壬在五亥五子间者,当属之天元乎,属之人元乎? 凡此者,皆不可强为牵合者也。"

六、四势双山左右分起说

旧法以正针壬子双山平分六十龙格龙,而子癸双山三元格
龙之法,惟《宝照经》平洋龙法独专用之。盖平洋为冈阜旺气之
所展,故冈龙壬子双山用初气之始,平洋子癸双山用旺气之余,
而不复用初气之双山,理或然也。然平洋不兼用壬子双山,而冈
龙则可兼用子癸双山。盖冈龙局高而细,则左右旋转之形显,左
旋则气从左来,当以壬子双山论龙十二宫;右转则气以右来,当
以癸子双山论龙十二宫。故壬子双山,亥起于乾,而乾左统乎北
方之水龙而属水。癸子双山,戌归于乾,而乾统乎西方之金龙而
属金。坤艮巽之左右统龙,皆同此推。

是故元关左转,用左起之双山;元关右转,用右起之双山,此
四势行气,八龙旋生之妙义。故《青囊》之子母同类者,八干左
右,但有阴阳之分,而无五行之分。公孙同类者,四维左右,阴阳
分则五行亦分。譬人子孙宗支然,子母一支,而公孙则兼统众支
之象也。二十四山双双起者,如子龙也,来来则同壬而双起,右
来则同癸而双起。亥龙也,左来则同乾起,右来则同壬起,故曰
双双起。五行分布二十四者,如乾关左为阳水壬龙,右为阴金辛
龙;艮关左为阳木甲龙,右为阴水癸龙。四势五行,左右分布,而
二十四山八龙之势井然矣。以其有分龙之势而名之曰四势。时
师不知此义,故天下诸书亦未有此诀也。"或曰:"然则乾坤艮巽
入首之龙,于五行何以分? "曰:"以元窍分之。起关则论关,入
首则论窍。如乾在金水之间,金窍通则以金论,水窍通则以水论
也。"曰:"然则透地六十龙,亦当有左右之分? "曰:"然! 旧法之
透地六十龙,乃壬子双山左旋透地之六十龙也。若右转子癸双
山,则当用子癸六十龙,即旧传带候卦之六十龙也。以此甲子格
之,分为十二宫。今不列于盘者,六十甲子格龙本非至当之理。

盖龙但当以二十四论其五行,但当以左右双起之十二支论龙,其纯杂甲子纳音透地之纷纷,实无关乎地理之要。平分之列,虽存其名,精于地理者,并此盘去之可也,双何必以右旋透地并列于盘,为后人增一多事之阶哉!如欲用之,只就盘中透地龙一层,移针于壬丙之中以格之可矣。若平洋之地,则左右透地六十龙全无所用,去之可也。"

七、先天六十龙纳音五行

先天六十龙者,以六十甲子顺排先天经盘十二支之位,子位得五子,丑位得五丑,此六十甲子之正位,先天经盘之初制也。经盘十二位之云先天者,以十二官为天运流行之真机,而八干四维之加附,则后天方位之所配合也。干维未加之先,以此六十甲子坐穴,论其纳音。干维既加,于是分穿山七十二龙坐穴。然其干维中十二位之大空亡,恰当此六十龙两支之缝界,于纳音亦两无所属,于先天古法亦断不至于坐穴。其余六十位,与此六十龙虽不免阔狭之小有参差,而较其每位之中线,则皆与此六十龙之位分合,故即以此顺排六十甲子,纳于穿山之六十位,以并论其穴中之纳音,而此一层往往不设盘矣。然穿山甲子空隔十二位,六甲不相续,本非浑天纳音之气,特以其六十位之合线而纳之。故论其源流,则必考之此层,以见穿山纳音之本于先天干龙,而非出于穿山之七十二也。或有以此六十龙名之曰"胎骨",以之格龙论纳音者,然龙音当以透地论。透地用错排,此用顺排,甲丙戊庚壬,乙丁己辛癸者,定位之次也。子宫之甲子先至,寅宫之丙寅先至者,流转之序也。行龙之气应乎动,故以流转之序论纳音;坐序之气藏于静,故以定位之次论纳音,自然之理也,此法只论龙穴相生比和之理。或以纳音取生旺墓局为纳水之用者,以之折沟水则可,以论大水似不可也。后人又因先天之名,附会于邵子先天圆图,论其坐穴卦之冲和与否。夫先天卦象,摩荡浑

沦，而欲去其乾坤坎离以符甲子之数，其理固已不能吻合矣。又
以其外卦得震艮巽兑之上下二爻，阴阳相配，如剥、蛊、困、革之
类者，为冲和。得乾、坤、坎、离之上下二爻不相配，如复、姤、泰、
谦之类者，为不冲和。此愚妄无知之极，不足辨者，而人亦信之，
何也？纳音者先天之理也。河图中宫为五十，洛书地符之所由
衍。洛书逆转，先天逆应之，翕聚五行，为河图后天顺旋之本。
天衍之数，河洛中宫之所衍也。五行干支顺布六十，为河图后天
流行之机，以其数纳于大衍数中，应先天五行之序，以见流行之
必本于翕聚。故东嘉朱氏以纳音为归藏之易，其法以洛书地十
相涵，取干支策数。位一得九、位二得八、位三得七、位四得六、
位五得五、位六得四、得甲己子午九、乙庚丑未八、丙辛寅申七、
丁壬卯酉六、戊癸辰戌五、巳亥四之数。取干支所合配，于大衍
用数中除之，以中十之余取其子数。如余五得金，余三八得火之
类（按：余五为土，余三八为木，余四九为金，余一六为水，余二七
为火，原论有误），得五行凡六。又以亥子及巳午之间交互合数，
如前法取之，得五行凡二。盖亥子巳午，一阴一阳，动极静，静极
动之际，归藏翕聚之真机，故至此必交互相续，为纳音微妙之理
也。先天八卦五行，以金木水火土为序，纳音得此交互之法，则
五行次第正合先天之序，而周而复始亦凡八。而入五行之顺而
衍者，由于交互两五行之逆而藏，故曰：纳音者，乃先天之理也。

　　至此，六十透地龙之理论依据与用法全部注完，因六十龙属
于罗经用法之一，所以予以详细注解。

　　由上注可知，所谓透地六十龙，即以六十花甲纳音分布一
周，以贯顶之分金论纳音。其法为伪。纪大奎认为"旧虽有此
说，而实无当于精理"。古人既立二十四山，则山山有其五行，甲
乙寅卯巽属木，丙丁巳午属火，庚辛申酉乾属金，壬癸亥子属水，
辰戌丑未艮坤属土，补龙、扶山、立向之选择，就是依其正五行为

据。若用纳音分金，则一山有五种五行，如子山，甲子属金、丙子属水、戊子属火、庚子属土、壬子属木，若补龙扶山，是用火、用土？还是用金、用木？违背正五行生克之理。同时，忽而壬子双山，忽而癸子双山，古人立二十四山，子山即子山、癸山即癸山、壬山即壬山，壬山属阳、子山为阴，岂能合而为一，与古人二十四山之意亦不符。故云其为伪法，断不可信。

论吊替逆顺运用不同

【原文】吊宫者，以太岁入中宫顺行九宫，如太岁、本命、禄马、天月二德、阴阳的杀之类。替宫者，以本位星入中宫，再轮寻本元星辰，如太岁一星，三元白星，差方禄马之类。又分阴阳顺逆，察识好合吞食之理。且如冬至后一阳生，为阳局八卦用遁，依此顺行。如乾山始戌，中乾、末亥，分一月所用。夏至后一阴生，为阴局八卦用遁，依次逆行。如乾山始亥、中乾、末戌，分一月所用。《元经》《璇玑经》备载明白，永为定式，消息吉凶。以元宫为体，加临星杀为用。大要体克用，用生体为吉；用克体，体生用为凶。

如六白虽吉，入震巽为吞食，入坤艮为好合。九紫入坎为吞食，入震巽宫为好合。又如九星反复相加，谓之反宫，虽吉亦凶，此排山之说也。

又以卦气纳甲顺逆阴阳，不论五行同异，只以正卦为主，纳甲分于正卦之下。如坎癸申辰一山是也，一月之中，互相主照方位生旺休废。又以六甲归宫为用，更无他秘，学者详之。

【注解】吊替又名"调递"，其法始于《洛书》九宫，洛书图见《三白宝海·卷首·河图洛书》，关于吊替则请参阅《郭氏元经》第36面。

将洛书图各宫之点变成数字，则如下图：

四	九	二
三	五	七
八	一	六

从这个图上可以看出，中宫皇极之位数五，在九个数字中间也居正中，统帅八方，所以吊替之法从中宫开始。即以每年、每月的干支入中宫开始顺布，亦取太岁或月建镇守中宫，为本年或本月至尊之神，统帅天地间一年或一月所有神煞之义。

从五开始，顺数是六，六居乾，故第二步是乾。六后是七，七居兑，故第三步排兑。依此规律，第四步八在艮、第五步九在离、第六步一在坎、第七步二在坤、第八步三在震、第九步四在巽、第十步五复入中，周流之气，循环不息。

又有一说，以月建干支入中宫飞遁六十花甲曰"吊"，以太岁干支入中宫飞遁六十花甲曰"替"，以吊替所得干支与山向及修方干支论吉凶。如甲子命，己巳年修作。先以本命甲子入中宫飞布，各宫干支见下表：

东南	正南	西南
庚 辛 壬 寅 巳 申 丁 戊 己 巳 申 亥	乙 丙 丁 戊 未 戌 丑 辰 壬 癸 甲 戌 丑 辰	丁 戊 己 庚 酉 子 卯 午 乙 丙 卯 午
正东 己 庚 辛 丑 辰 未 丙 丁 戊 辰 未 戌	**中宫** 辛 壬 癸 甲 卯 午 酉 子 戊 己 庚 午 酉 子	**正西** 壬 癸 甲 乙 丙 寅 巳 申 亥 寅 庚 辛 申 亥
东北 甲 乙 丙 丁 午 酉 子 卯 辛 壬 癸 酉 子 卯	**正北** 丙 丁 戊 己 申 亥 寅 巳 癸 甲 乙 亥 寅 巳	**西北** 壬 癸 甲 乙 辰 未 戌 丑 己 庚 辛 未 戌 丑

从此表可看出,甲子本命禄马丙寅飞到七兑,辛未阳贵飞到三震,若造东西之山向屋,则非禄马、阳贵到山,即禄马、阳贵临向,主吉。再以己巳太岁入中宫布九宫,则成下表。

东　南 甲 乙 丙 丁 辰 未 戌 丑 　壬 癸 　戌 丑	正　南 庚 辛 壬 癸 子 卯 午 酉 　丁 戊 己 　卯 午 酉	西　南 壬 癸 甲 乙 寅 巳 申 亥 　庚 辛 　申 亥
正　东 癸 甲 乙 丙 卯 午 酉 子 　辛 壬 　酉 子	中　宫 丙 丁 戊 己 申 亥 寅 巳 　癸 甲 乙 　亥 寅 巳	正　西 戊 己 庚 辛 戌 丑 辰 未 　乙 丙 丁 　丑 辰 未
东　北 己 庚 辛 壬 亥 寅 巳 申 　丙 丁 戊 　寅 巳 申	正　北 辛 壬 癸 甲 丑 辰 未 戌 　戊 己 庚 　辰 未 戌	西　北 丁 戊 己 庚 酉 子 卯 午 　甲 乙 丙 　子 卯 午

从这个表中可以看出,甲子本命禄马丙寅到艮,阳贵辛未到兑,丁丑阴贵到巽。若己巳年修作此三方为真禄马真贵人方,余皆为活禄马活贵人之方,其力略逊于真禄马贵人。

从以上两种方法可以看出,后面所说吊替之法较合义理。而本文所云吊替之法是天有二日,年有二主,于理不合。

卷二

论命前五辰专以纳音取

【原文】五行生旺不同，祸福以向为准。命主造作杂忌，诸家泛论，汗牛充栋，靡有定理，不足凭也。惟有命前五辰纳音消息，且如乙丑金命，五辰得庚午土宅，乃生申、冠戌、官亥、旺子，为有气。又如甲戌火命，五辰得己卯土宅，生寅、冠辰、官巳、旺午，为有气。甲午金命，乙庚年五辰得丁亥土，生巳、冠未、官申、旺酉，为有气。惟土有三等，凡取四课生旺，以是为定。"六壬身运"备载《元经》《璇玑经》中，亦有浩繁处，不能尽合。但以太岁、月建入中宫，看本命旺神到处。次以太岁加本命行年，寻神后、功曹、胜光、传送，互到旺神之宫，便为大利。不合四神，不犯天罡、河魁之凶，但合旺神，涓命前五辰有气年月，可谓美利。此例简略易用，又能速福，学者详之。

【注解】命前五辰，即本命前第五位干支。如甲子本命，第五位干支是己巳；乙丑本命，第五位干支是庚午之类。因天干每隔五位均处于相合的地位，所以《郭氏元经》《璇玑经》称其为宅命，作为判断阳宅的重要依据。依此法，还衍生出宅神、宅墓等，但均无义理，见本书上册第239面与第394面。

纳音消息：命前五辰之宅命五行，并非是以正五行论，而是以纳音五行论生旺死绝。其五行具体是：

纳音金宅，生巳、冠带未、临官申、帝旺酉，为有气。

纳音火宅，生寅、冠带辰、临官巳、帝旺午，为有气。

纳音木宅，生亥、冠带丑、临官寅、帝旺卯，为有气。

纳音水宅，生申、冠带戌、临官亥、帝旺子，为有气。

惟纳音土却分为三等：

庚午、辛未、庚子、辛丑之土，生申、旺子、墓辰。

丙戌、丁亥、丙辰、丁巳之土，生巳、旺酉、墓丑。

戊寅、己卯、戊申、己酉之土，生寅、旺午、墓戌。

此论是根据九星紫白中有二黑土、五黄土、八白土三种土而来。《郭氏元经》又将其分为阴阳二土，具体是：

艮宫八白属阳土，庚子、庚午、丙辰、丙戌、戊寅、戊申属焉。

坤宫二黑属阴土，辛丑、辛未、丁巳、丁亥、己酉、己卯属焉。

中宫五黄土，冬至后属阳土，夏至后属阴土。

纳音五行，其法与正五行生克制化之理相悖，不可信。土有三等之说亦不可信。如上例，同是一土，忽而分为三等，忽而只有阴阳两种，既均为土，生则同生、死则同死、旺则同旺、衰则同衰，何以会彼生此死，此旺彼衰，与自然之理不合？且五黄忽而为阴、忽而为阳，自然岂有变性之理？详参《郭氏元经》"五行运用篇第二"和"阴阳二土篇第四"。

原文"甲午金命，乙庚年五辰得丁亥土"一句有误。甲午金命，前五辰宅命为己亥木，乙庚年宅命为互换，均不能遁得丁亥土，只有壬午年宅命是丁亥。

本命行年：男命一岁起丙寅顺行，二岁丁卯，三岁戊辰，四岁己巳，依此顺时针顺推。女命一岁起壬申逆行，二岁辛未，三岁庚午，四岁己巳，依此逆时针逆布。

神后即子，功曹即寅，胜光即午，传送即申，天罡即辰，河魁即戌。

六壬身运之法与五行生克制化之理不符。飞宫法均以本命及太岁禄马贵人为美，而禄马贵人又宜生旺，且忌冲克，决无只以子午寅申四神为美之理。如甲禄寅，见申为冲；癸禄子，见午为冲，是论吉还是论凶？故不合理。详参《郭氏元经·身壬用度篇第五十六》与《璇玑经·六壬运用第四》。

旺　神　例

【原文】金山命在戊申，生在艮、旺在离、衰在坤、败在兑、死在坎、官在巽。

火山命在丁酉，与上金山同。

木山命在壬寅，生在巽、败在离、冠在坤、旺在兑、绝在乾、死在坎、墓在艮、胎在震。

水山命在庚子，生在坤、败在酉、冠在乾、旺在坎、衰在艮、死在震、墓在巽、胎在离。

土山命在丙子，与上水山同。

上旺神当墓绝死败无气之宫，要择生旺冠官之年月四课乃吉。

【注解】要知本文所论之谬，先看五行生旺十二运表，请参《郭氏元经·总分运用第七》。

该表除土生寅不合义理，余皆符五行生旺之义，为一切术数所共用。而本文之义，不仅减去了病绝等四种，且生旺之义多与此理相悖。如金本生在巳，巳隶巽；旺在酉，酉隶兑；临官申，申隶坤；绝在寅，寅隶艮。本文以绝寅为生，以败午为旺，以临官申为衰，与五行生旺十二运完全相反。又如木生在亥，亥隶乾；临官在寅，寅隶艮；旺在卯，卯隶震；绝在申，申隶坤；胎在酉，酉隶兑。而本文则绝在乾亥，墓在艮寅，生在辰巽，冠带在申坤，旺在酉兑，亦与五行生旺十二运完全相反。如此违背五行自然生长之论，岂能为法？本文之说不可信。

【原文】命前五辰年月定例用有气年月。

金宅属阴，宜辰巳申酉未年月日时，在旺宫，大吉。

木宅属阳，宜亥丑寅卯戌年月日时到有气宫，吉。

水宅属阴，宜申酉戌亥子未午年月日时，吉。

土宅属半阴，宜申酉戌亥子未，半阳宜寅卯辰巳午丑年月日时,吉。

　　火宅属阳,宜寅卯辰巳午丑年月日时,吉。

　　凡造作年月,各以五行推之,从长生数至帝旺五位,皆为有气。衰至绝败五位,并为无气。胎养半吉。造作方向,竖柱上梁,合此年月,长生进益田宅人口,帝旺六畜获财,胎养进添人口,衰墓损人。

　　【注解】造作与葬埋四课,取坐山与龙脉长生、临官、帝旺、墓库年月日时,有补龙、扶山、相主之妙用。若取龙脉坐山衰绝死病之方,必生灾祸,此为正论。特将五行十二位所主吉凶应验摘录于下:

　　　长生：　　长生管取命长荣,日时重逢主性灵。
　　　　　　　　更得吉神相会遇,少年及第入王廷。

　　　沐浴：　　沐浴凶神切忌之,多成多败少人知。
　　　　　　　　男儿值此应孤独,女命逢之定别离。

　　　冠带：　　命逢冠带少人知,初主贫寒中主宜。
　　　　　　　　更得贵人加本位,功成名遂又何疑。

　临官、帝旺：　临官帝旺最为奇,禄贵同宫仔细推。
　　　　　　　　若不状元当及第,直须黄甲换新衣。
　　　　　　　　临官帝旺两相逢,业绍箕裘显祖宗。
　　　　　　　　失位纵然居世上,也须名姓达天廷。

　衰、病、死：　如若衰病死重逢,成败之中见吉凶。
　　　　　　　　若得吉神来救助,变灾为福始亨通。

　　　墓：　　　墓库原来是葬神,一为正印仔细论。
　　　　　　　　相生相顺无相克,富贵之中次第分。

　　　　　　　　（按：墓有三合为旺,无合为墓。）

　　　绝：　　　绝中逢旺少人知,却去当生命里推。
　　　　　　　　反本还原宜详辨,忽然迟否莫猜疑。

胎：　　胎神一位难为绝,克陷妻妾家道劣。

不惟朝暮走忙忙,羊食狼贪无以别。

养：　　胎养须宜细审详,半凶半吉两相当。

贵神相会应为福,恶煞重重见祸殃。

须要注意的是,以上论生旺十二运,是以龙脉或坐山及本命正五行论,并非是以本文所说之宅命论。纵观古例,皆宗正五行而不重本文之法,举例以说明:

例1.陶公与润州金山郑图起造巽山乾向屋,辛亥主命。用辛卯年、辛卯月、辛未日、辛卯时,后出四员大官,人丁大盛。盖四辛干与辛命比助身强,卯木与亥命邀成三合,又是辛金财局。四辛乃巽官纳卦,巽属木,三合木局以补山,故吉。

按:辛亥主命,宅命丙辰,纳音为土,以本文旺神例论,应是旺在丙子坎,死在震。而此局四课三见卯震,卯未邀亥又成木局,不凶反吉,说明宅命之说不合义理。

例2.昔曾公为饶氏造巳山亥向屋,主命壬午,用四己巳。盖己为壬命正官,己禄到午命。壬命贵在巳,壬禄在亥,四巳冲禄格,又合马在向上,吉。

按:壬午主命,宅命丁亥,纳音属土,以本文旺神例论,是墓在巽,巳隶巽,是年月日时皆逢墓气,然不凶亦吉,再说明宅命旺神之说不合义理。

婚姻安葬又宜禄宅年月日时

【原文】甲癸生人禄宅土,乙戊生人禄宅水,亥子申酉戌未年月有气,吉。

丙辛生人禄宅木,亥子丑寅卯五位有气,吉。

丁生人禄宅金,午巳申酉未辰六位有气,吉。

己庚生人禄宅火,寅午卯辰巳年月有气,吉。

禄宅者,乃禄前五辰,以生命五虎遁取禄前五辰,谓之禄宅,俱以纳音为主论也。

【注解】原注云本命之禄前五辰为禄宅,如甲木本命人,禄在寅,当年五虎遁是丙寅,禄前五位是辛未,纳音属土,故甲生人禄宅在土。乙木命人,禄在卯,当年五虎遁是己卯,禄前五位是甲申,纳音属水,故乙生人禄宅在水。丙火命人,禄在巳,当年五虎遁是癸巳,禄前五位是戊戌,纳音属木,故丙生人禄宅是木。丁火命人,禄在午,当年五虎遁是丙午,禄前五位是辛亥,纳音属金,故丁生人禄宅是金。戊土命人,禄在巳,当年五虎遁是丁巳,禄前五位是壬戌,纳音属水,故戊生人禄宅是水。己土命人,禄在午,当年五虎遁是庚午,禄前五位是乙亥,纳音属火,故己生人禄宅是火。庚金命人,禄在申,当年五虎遁是甲申,禄前五位是己丑,纳音属火,故庚生人禄宅是火。以上七干,禄宅均合其法无误,惟辛癸二命有误。原文云癸生人禄宅土,查癸禄子,当年五虎遁是甲子,禄前五辰是己巳,纳音属木,并非土。原文云辛生人禄宅木,查辛禄酉,当年五虎遁是丁酉,禄前五辰是壬寅,纳音属金,并非木。故此二者有误,特更正。

另:原局十干中无壬。壬生人禄在亥,当年五虎遁是辛亥,禄前五辰是丙辰,纳音属土,故壬命人以土为禄宅。

宅命之说,已是杜撰,无甚深义,禄宅之说,更加支离。既非坐山正五行,亦非本命禄马贵人,与以五行生克制化为择吉之理去之甚远,故不必拘泥。举例以说明:

例1.亥龙乾山巽向,曾公用四壬寅,后八子入朝。系丁亥亡命,取丁与壬合,以丁命言之为合官,又四点壬禄到亥龙,四寅与亥命合,又与亥龙合,妙甚。

按:以禄宅论,丁命人禄宅辛亥金,用午巳申酉未辰六位有气,吉。而此造恰用四寅,金绝在寅,不凶反吉,说明禄宅之论不合义理。

例 2. 杨公为饶州郭仲达葬祖山，戌山辰向，乙亥化命，用庚午年、丙戌月、壬午日、丙午时。后赏吏粮口食，禄之验也。

按：乙命禄宅甲申水。原文云宜亥子申酉戌未月，有气，吉。而此例却用三午一戌，非本文有气之支，亦吉不凶，再说明禄宅之说不合义理。

遍查古例，不合禄宅之说者甚多，偶有合者，亦与扶山相主巧合，决非此法之验。

修造制压神煞以太阳为主

【原文】修造制压神煞以太阳为主

造作易，修方难，尽古语也。宅长亦看命前五辰，合甲乙为青龙神入宅，合丙丁为明喜神入宅，合戊己为仓库神入宅，皆吉利，主招婚进喜，获财利，益人口。合庚辛为白虎入宅，合壬癸为盗贼入宅，主损血财，廿七个月内招官非灾祸。且如巳生人，丙寅年五虎遁得戊戌，巳命以戌为五辰，至戌得戊得戊戌，为仓库吉辰也。又如丁卯年，巳生命遁至戌得庚戌，为白虎入宅，凶也。行年得吉，又要年月三煞不犯造主本命的煞与本命官符，的煞与三煞交会，断定造主必亡之厄。本命官符与太岁三煞交会，主牢狱徒流之应。

既不犯巳上之凶，考勘历数太阳到处，涓四神没藏之神会作主真禄马贵人到方，无不获吉。

【注解】三煞：年月及本命的杀，并非前注劫杀、岁杀、灾杀之三煞。

官符：岁前四辰。子年起辰、丑年巳、寅年午、卯年未、辰年申、巳年酉、午年戌、未年亥、申年子、酉年丑、戌年寅、亥年卯。所理之方，兴工动土犯之，主有官府词讼之事。

天干共有十个，以甲乙丙丁戊己为吉，庚辛壬癸为凶之理不合十干之义。特录《三命通会》二节以明之。

一、论十干名字之义

天气始于甲干，地气始于子者，乃圣人究乎阴阳重轻之用也。著名以彰其德，立号以表其事，由是子甲相合，然后成纪，远可步于岁而统六十年，近可推于日而明十二时。岁运之盈虚，气令之早晏，万物生死，将今验古，或得而知之，非特是也。将考其细而知未萌之祸福，明其用而察向往之死生，则精微之义可谓大矣哉！是以东方甲乙、南方丙丁、西方庚辛、北方壬癸、中央戊己，五行之位也。盖甲乙其位，木得春之令，甲乃阳内而阴尚包之，草木始甲而出也。乙者，阳过中然未得正方，尚乙屈也。又云乙，轧也。万物皆解荸甲自抽轧而出之。丙丁其位火，行夏之令。丙乃阳上而阴下，阴内而阳外。丁其强适，能与阴气相丁。又云丙，炳也，万物皆炳然著见而强大。戊己其位土，行周四季。戊，阳土也，万物生而出之，万物伐而入之。己，阴土也，无所谓而得己者也。又云戊，茂也；己，起也，土行四季之末，万物含秀者抑屈而起也。庚辛其位金，行秋之令。庚乃阴干阳更而续者也。辛乃阳在下，阴在上，阴干阳极于此。庚，更故也；而辛，新也。庚辛皆金，金味辛，物成而后有味。又云，万物肃然，更改秀实新成。壬癸其位水，行冬之令。壬之言任也，壬乃阳生之位，壬而为胎，万物怀妊于壬，与子同义。癸者，揆也，天令至此，万物闭藏，怀妊于其下，揆然萌芽，此天之道也，以为日名焉。故经曰"天有十日，日六竟而周甲"者，此也。盖天地之数，甲丙戊庚壬为阳，乙丁己辛癸为阴，五行各一阴一阳，故有十日也。

二、论五行生成

天高寥廓，六气回旋，以成四时；地厚幽深，五行化生，以成万物，可谓无穷而莫测者也。圣人立法以推步者，盖不能逃其数。观其立数之因，亦皆出乎自然，故载于经典，同而不异，推以达其机,穷以通其变,皆不离于数内。一曰水、二曰火、三曰木、四曰金、五曰土者,成有所自也。

水,北方子位也,子者,阳之初,一阳数也,故水曰一。火南方之午位也,午者,阴之初,二阴数也,故火曰二。木居东方,东阳也,三者奇之,数亦阳也,故木曰三。金居西方,西,阴也,四者,偶之数,亦阴也,故金曰四。土应西南长夏,五者,奇之数,亦阳也,故土曰五。由是论之,则数以阴阳而配者也。若考其深义,则水生于一,天地未分,万物未成之初,莫不先见于水。故《灵枢经》曰:"太乙者,水之尊号,先天地之母,后万物之源。以今验之,则草木子实未就,人虫胎卵胎胚皆水也,岂不以为一。"及其水之聚而形质化,莫不备阴阳之气在中而后成,故物之小而味苦者,火之兆也。物熟则甘土之味也,甘极而反淡。淡,本也。然人禀父母阴阳生成之化,故先生二肾,左肾属水,右肾属火。火曰命门,火之因水而后见,故火曰次二。盖草木子实大小虽异,其中皆有两以相合者,与人肾同,亦阴阳之兆。是以万物非阴阳合体,则不能化生也,阴阳合体,然后而春生,而秋成,故次三曰木,次四曰金。盖水有所属,火有所藏,木有所发,金有所别,莫不皆因土而后成也,故次五曰土。木居于东、金居于西、火居于南、水居于北、土居于中央,而寄位四维,应令四季,在人四肢,故金木水火皆待土而后成,兼其土数五以成之。则水六、火七、木八、金九。土常以五之生数,不可至十者,土不待十以成,是生成之数皆五以合之。明大衍之数,由是以立,则万物岂能逃其数哉!

从上面论述中可以明白两个道理。一是十干代表着万物从生到死的整个过程,即五行生生不息之理。以四季而言,春生、夏长、秋收、冬藏。以人与万物而言,生于胚胎之水,埋于收藏之土,其中缺一不可。二是十干五行只代表从生到死的某一过程,并无吉凶之分。选择中以干支五行补龙、扶山、相主,只是使某种五行强旺的过程延长一些。而本文则武断地以甲乙丙丁戊己为吉,以庚辛壬癸为凶,五行中就摒弃了二种,实与义理不符。试想,古人择吉,庚辛壬癸年月日时尚且不忌,又何忌所谓宅命之干乎!故此说亦属臆造,不必拘泥。

试析四季,秋季归收,古人认为天地有肃杀之气。冬季终藏,天地有闭藏之气,此乃气机循环之理,本文借此而以庚辛壬癸为凶,实属荒诞。

本命的杀官符

【原文】本命的杀例。

如甲子生人,癸丑年本命的杀在兑。九月壬戌入中宫,遁得甲子又到兑,为年月的杀,犯此三煞极凶。

【注解】本命的杀之说不可信。如果本命与当年太岁及本月月建相冲,是岁命与岁月相犯,其凶自在其中。如果本命为当年太岁及月建吉神,则用之愈吉,何凶之有?如辛卯命,辛卯年、辛卯月、辛卯日、辛卯时修卯方或造卯山酉向屋,用四辛比肩扶命,用四卯补山,极为吉祥。本命之宫尚且可犯,飞官的命又何能为凶?故凡择吉,均以本命禄马贵人及补龙、扶山、相主为要,其神煞只要不犯岁月冲破,七杀攻身,枭印夺食,余均不必过于计较。详参《郭氏元经·吊官的命篇第二十三》。

按:原文本命的杀是寻本命干支,如甲子命,丙寅年修作,以丙寅入中,飞遁甲子,直到七轮后方见,其力全无,远不如直接用岁支有力。

【原文】本命官符例。

本命官符,如乙丑生人,甲子年修兑。丑生人以申为官符,乙丑年得甲申,以甲子入中宫,遁见甲申在兑,为犯本命官符,倘修兑方,又与太岁官符相会,官灾立至。若以吉星禄马太阳捉之,克日散讼。

【注解】官符前面已注,即岁前四辰是。如子年在辰,丑年在巳等是,取正月在午,二月在未、三月在申、四月在酉等,虽名称与岁官符不同,但取法一样,均是支前四辰,此类《通书》称之为地官符。其用法及报方见《郭氏元经·月家官符篇第三十一》。本文所说丑生人以申为官符者,《通书》称为天官符。其起例:

> 申子辰年在亥,巳酉丑年在申,
>
> 寅午戌年在巳,亥卯未年在寅。

《通书》曰:"天官符忌修方。申子辰年属水,水临官在亥,故以亥为天官符。巳酉丑年属金,金临官在申,故以申为天官符。寅午戌年属火,火临官在巳,故以巳为天官符。亥卯未年属木,木临官在寅,故以寅为天官符。"此取太岁三合五行临官之气,因三合本已旺,再逢临官,旺极为病,故宜避之。

《选择宗镜》曰:"以月建入中宫,顺飞九宫,遇本年天官符所占之字,为本月天官符,每宫占三位。"如本文所举例,丑年生人,申为官符,以当年太岁子水入中宫,遁得壬申到巽,是天官符当年在巽。本文所说甲申者,是以本命乙丑遁至申月得甲申,以当年太岁甲子入中宫,第三匝遁得甲申在兑。择吉中称第一匝遁至者为活天官符,本命五虎遁得者称为真天官符。然活官符本匝即至,真官符有时须三四匝,甚至五六匝方至,其力反不如活天官符大,故术家多用活天官符。其逐年逐月飞天官符表见《璇玑经·本命官符第二十六》。

此说亦不可信。大凡选择,以造命最精,造命之法,以补龙、扶山、相主、立向为要,补龙、扶山、相主,以三合临官为美,而此说却以临官为凶,与补龙扶山之义不符。

论埋葬专以坐山取吉

【原文】大凡埋葬亡命,先取山运飞泊有气宫,化命与日不相冲克,亡命不犯空亡,太岁一星、通天大煞、戊己都天、地支阴府、镇天杀、日宫大杀等凶,俱要避忌。

其极富星,五龙五库帝星,乌兔元堂,岁命禄马,俱要到山。诸凶星系埋葬所忌,不可轻忽。既得前吉,然后择雷霆顺局吉曜,扶助山运并坐下,中宫不必论。向恐犯前凶,而得真太阳正照,涓神藏煞没之日,又为吉也。今将吉日与分金合者,颁录于后,以为学者式。

乙辛丁癸子午卯酉坐向宜用:

　　　　壬申合丁巳丙,甲申合壬辰乙,
　　　　乙巳合丙子癸,丙申合乙壬癸,
　　　　壬寅合甲辰乙,甲寅合癸未丁,
　　　　戊寅合庚戌辛,庚申合辛酉乙。

乾坤艮巽辰戌丑未坐向宜用:

　　　　癸酉合辛巳巽,庚午合壬戌乾,
　　　　壬午合壬寅艮,丁酉合丙辰巽,
　　　　丙午合丁亥巽,己酉合庚申坤,
　　　　乙酉合丙子。

甲庚丙壬配寅申巳亥坐向宜用:

　　　　壬辰合壬辰,　甲辰合庚辰巳,
　　　　丙辰合甲申巳,己未合丙戌,
　　　　甲戌合戊子。

以上分金并金鸡鸣、玉犬吠、瓦婢簸、木奴歌吉。

【注解】空亡:天干只有十个,地支却有十二个,每一轮天干与地支相配,就会有两个地支配不到天干,这两个地支就是本旬中的空亡。因六十花甲天干要配六轮,所以又叫六旬空亡。具体见本册第8面。

　　查空亡时,首先看亡命在何旬中。如戊午亡命,以甲寅旬数,甲寅、乙卯、丙辰、丁巳、戊午,亡命戊午在甲寅旬中。甲寅旬中子丑空亡,如果坐山朝向恰好是子丑二宫,则是犯了亡命空亡,不利后代,故葬埋大忌。

　　太岁一星:共有两种,一种是本年岁支,一种是本年九星入中之星,本宫及吊宫均忌冲克。详参《郭氏元经·太岁一星篇第二十一》。

　　通天大煞:详参《璇玑经·葬埋通天煞第二十四》。

　　戊己都天和镇天杀:参《璇玑经·都天镇天杀第二十五》。

　　地支阴府:《起例》曰:"正阴府,甲己年艮巽、乙庚年兑乾、丙辛年坎坤、丁壬年乾离、戊癸年坤震。旁阴府,甲己年丙辛、乙庚年丁壬、丙辛年戊癸、丁壬年甲己、戊癸年乙庚。阴府三合,乙庚年巳丑、丙辛年申辰、丁壬年寅戌、戊癸年亥未"。其表于下:

年 方 杀名	甲	乙	丙	丁	戊	己	庚	辛	壬	癸
正阴府	艮	乾	坎	乾	震	艮	乾	坎	乾	震
	巽	兑	坤	离	坤	巽	兑	坤	离	坤
旁阴府	丙	壬	戊	甲	庚	丙	壬	戊	甲	庚
	辛	丁	癸	己	乙	辛	丁	癸	己	乙
阴府 三合		巳	申	寅	亥		巳	申	寅	亥
		丑	辰	戌	未		丑	辰	戌	未

　　阴府太岁取本年天干化气克山家之化气。《通书》曰:"甲己年月日时属土,克乾甲兑丁巳丑山;丙辛年月日时属水,克艮丙巽辛山;乙庚年月日时属金,克乾甲兑丁巳丑山;丁壬年月日时属木,克离壬寅戌山;戊癸年月日时属火,克震庚亥未山。"如甲己年月日时,化气属土,土克水,而水乃丙辛合化之气,艮纳丙,

巽纳辛,所以甲己年以艮巽二山为正阴府,丙辛二山为旁阴府。乙庚年月日时,化气属金,金克木,而木乃丁壬合化之气,兑纳丁,乾纳壬,所以乙庚年以兑乾为正阴府,以丁壬为旁阴府。丙辛年月日时化气属水,水克火,而火乃戊癸合化之气,坎纳戊,坤纳癸,所以丙辛年以坎坤为正阴府,以戊癸为旁阴府。丁壬年月日时化气属木,木克土,而土乃甲己合化之气。乾纳甲、离纳己,所以丁壬年以乾离为正阴府,以甲己为旁阴府。戊癸年月日时化气属火,火克金,而金乃乙庚合化之气,震纳庚,坤纳乙,所以戊癸年以震坤为正阴府,以庚乙为旁阴府。至于阴府三合者,则是以化气代表子午卯酉四正。如丙辛化水,申辰与其合而为水局等是。余类推。

除了年阴府外,还有月阴府。见下面的表。

阴府还有活阴府与死阴府之别。经云:“死的阴府生灾祸,活的阴府送财福。”安葬宜慎,修造则不拘。何谓活阴府?

坤壬乙申子辰六山,以丙辛为阴府,

如果山运变水,就是活阴府,主吉。

艮丙辛寅午戌六山,以丁壬为阴府,

如果山运变木,就是活阴府,主吉。

巽庚癸巳酉丑六山,以乙庚为阴府,

如果山运变金,就是活阴府,主吉。

乾甲丁亥卯未六山,以戊癸为阴府,

如果山运变火,就是活阴府,主吉。

如1985年乙丑,乙年正阴府在乾、兑。乙庚之年乾山运遁庚辰金,冬至后阴府乙庚化金,五行相同为活阴府。如果夏至后冬至前阴府化气丁壬为木,五行不同,则为死阴府。

又有一说,如果阴府单犯者不忌,双犯者才忌。如新造壬山丙向屋,用己巳年、壬申月、丙子日、丙申时。月犯阴府谓单犯壬一字,不忌。但壬水阴府为生,见子为旺,又会水局,是阴府太旺无制为祸,故造后未满百日即丧一口,故要分辨。

方位 神名 \ 月令		正	二	三	四	五	六	七	八	九	十	十一	十二
甲己年	正阴府	坎	离	坤	艮	兑	坎	离	坤	艮	兑	坎	离
		坤	乾	震	巽	乾	坤	乾	震	巽	乾	坤	乾
	旁阴府	癸乙	寅戌	乙庚	丙	甲丁	癸乙	寅戌	乙庚	丙	甲丁	癸乙	寅戌
		申辰	壬申	亥未	辛	己丑	申辰	壬申	亥未	辛	己丑	申辰	壬申
乙庚年	正阴府	坤	艮	乾	坎	乾	坤	艮	乾	坎	乾	坤	艮
		震	巽	兑	坤	坤	离	震	巽	兑	坤	离	震
	旁阴府	乙庚	丙	甲丁	乙癸	甲壬	乙庚	丙	甲丁	乙癸	甲壬	乙庚	丙
		亥未	辛	己丑	申辰	寅戌	亥未	辛	己丑	申辰	寅戌	亥未	辛
丙辛年	正阴府	乾	坎	乾	坤	艮	乾	坎	乾	坤	艮	乾	坎
		兑	坤	离	震	巽	兑	坤	离	震	巽	兑	坤
	旁阴府	甲丁	乙癸	甲壬	乙庚	丙	甲丁	乙癸	甲壬	乙庚	丙	甲丁	乙癸
		己丑	申辰	寅戌	亥未	辛	己丑	申辰	寅戌	亥未	辛	己丑	申辰
丁壬年	正阴府	乾	坤	艮	乾	坎	乾	坤	艮	乾	坎	乾	坤
		离	震	巽	兑	坤	离	震	巽	兑	坤	离	震
	旁阴府	甲壬	乙庚	丙	甲丁	乙癸	甲壬	乙庚	丙	甲丁	乙癸	甲壬	乙庚
		寅戌	亥未	辛	己丑	申辰	寅戌	亥未	辛	己丑	申辰	寅戌	亥未
戊癸年	正阴府	艮	乾	坎	乾	坤	艮	乾	坎	乾	坤	艮	乾
		巽	兑	坤	离	震	巽	兑	坤	离	震	巽	兑
	旁阴府	甲丁	乙癸	甲壬	乙庚	丙	甲丁	乙癸	甲壬	乙庚	丙	甲丁	乙癸
		己丑	申辰	寅戌	亥未	辛	己丑	申辰	寅戌	亥未	辛	己丑	申辰

制阴府之法有二:一是用枭印,二是用七杀。如乾山以乙庚为阴府。单犯乙字,则辛为七杀,癸为枭印。庚字则丙为七杀,戊为枭神。关于制"阴府太岁"再介绍一法如下。

《通书》曰:"旧说此煞惟忌山头,不忌作向修方,惟安葬不可犯。"又曰:"正阴府忌修阳宅,安葬不忌,旁阴府忌坐山修造,不妨用天月德,太阳到山制之。"《宗镜》曰:"旧说阴府单占坐山,以正五行之七煞克之,必阴府衰月,七煞旺相得令之月。如甲乙阴府属木,宜以庚克甲,辛克乙,然必七八月金旺木衰乃可制也。又,阴府生山者可制,为坐山所克者可制。若与坐山同类则不可制,制则克倒坐山,如震金山戊癸年为阴府,癸山震,戊受克于震,可制而修也。若兑木山乙庚年为阴府,乙克制也。若以丙克庚,则兑山伤矣。此皆指修山而言,若葬地,决不可犯。且克阴府即克岁君,岁君不可克也。"

阴府之义,本属纤远,义例甚明,术士不知其义,又以袭误传伪,遂名为臆说而不可解。如甲山,丁壬年为阴府,以丁壬属木克甲己之土也。丙辛山,甲己年为阴府,以甲己属土而克丙辛水也。《宗镜》引旧说乃曰"甲阴府属木,宜以庚克之"。将谓丁壬年用庚克甲山,则山已受太岁化气之克,何堪又受日正五行之克?将谓丙辛山,用庚克。甲年无论岁干不宜克,而克又非其所克。夫甲年之所以克丙辛山者,在土不在木,而欲以金克之,诚不解其何谓也。若其与坐山同类不可制之,旧说则专指克太岁而言,而五行亦不合。如兑山,乙庚年为阴府,乃以兑为属木,而谓以丙克庚伤兑山,则又以兑为属金。夫五行各有专属,理之自然,虽诸家取义不同,亦必自成一说,断无忽命为木,忽命为金之理。然曰克阴府即克岁君,犹知阴府之义在年不在山。若诸家通书从年起例所列阴府皆山,则所谓制阴府者皆克山,并未有知克岁君者也。至其曰正曰旁,诸说不一,大抵天干略近,卦义尤远。然观台官所传,及展转遗误之故,又似卦系正文。本节究之,五行之义,当以正五行为本,其有取化气者,必实有合化之义而后取之,兹乃舍正取化,又非逐年逆变,与五行之义亦不合,良不可为典要。世人不察,以其名为太岁,而即谓不可犯;以其名阴府,而即谓安葬凶,又无确切之法为之解说,多致疑畏误事。

　　阴府太岁之说,选择书均有辨谬,特介绍《钦定协纪辨方书》一节以说明。

　　《通书》丁壬年有离无乾,戊癸年有震无坤,无两不能化,其为遗漏无疑。又,纳甲之法,乾纳甲壬,坤纳乙癸,坎纳戊、离纳己。选择家以二十四山无戊己,则以坎纳癸、以离纳壬,而乾坤专纳甲乙。子午卯酉四山不用卦而用支,则以支之三合并纳于一卦,此乃二十四山纳甲之法。《通书》失阴府太岁之本义,而反卦以配干,乙庚年月丁壬伪丁甲,是因乾专纳甲而误也。丙辛年月,戊癸伪乙癸,是因坎纳癸,坤纳乙而误也。丁壬年少甲而己伪壬,是因遗乾而遗,又因离纳壬而误也。戊癸年有庚无乙,是因遗坤而遗也。可见古人原止用卦,后人以干附之,又失纳甲本义,以致多误。曰正曰旁,诸说不一。然卦从干来,用干犹属有理。至于纳甲三合,与两干合化全无干涉,则又附会,支离之尤甚而必不可从者,今图订正,庶晓然于作者之义。又,按十干化气,本诸《素问》逐年逆变,《洪范》五行又推意为墓龙变运,不取角轸而取墓库,不取干气而取纳音,要亦逐年逐变者也。阴府太岁则不论年而论山,甲山己山皆常属土,乙山庚山皆常属金,不待合而化,不随年而变,此亦拘迂之甚矣。且以甲山而论,正五行则属木,《洪范》五行则属水,阴府五行则属土,墓龙变运则又属火,或又属金。行止有五,而一山已占其四,一年月日时,而干支化气又占其四,求其不克,不亦难乎! 今用卦不用干,遵行已久,姑存其旧。用干虽有理,然其义本非亲切,故亦不取。

　　另,胡晖在《选择求真》卷九“阴府太岁”与“附诸家阴府总论”二节中也有辟谬,可供有兴趣者研究参考。

　　按,阴府之说,虽名曰起源于《黄帝内经·素问》中的五运六气,但与五运六气之义相去甚远。六气详参前注,五气可参后注,读后自明。细究其义,实与五行生克制化之理毫无干涉,多

属支离,故不可取。不合义理者,有以下几点:

一、五运六气之合化,是以四季之气而言,天气主动,合之可化。然阴府太岁是以坐山而言,地主静,是既不能合,更不能化的。如丙山即丙火,辛山即辛金,岂能将南方之丙山与西方之辛山强拉在一起合化耶!

二、古人立二十四山,山山有其正五行。如乙山为木,庚山为金,丁山为火,壬山属水,补龙扶山,均是根据其正五行而言。阴府太岁强以化气五行论,殊不知不论埋葬,还是造作,坐山只有一个,决无两个坐山之理,合亦不能,化又何来?

三、阴府太岁取本年天干化气克山家化气之意,如甲己年化土,克丙辛山化气水之类是。虽年月日时天干化气不能克坐山本向,尚可谓有据。然化气纳卦之说,却毫无义理。如甲己年化土,克艮、巽二山,因艮纳丙、巽纳辛故。殊不知艮山为土,巽山为木,若以一卦统三山论,则丑艮辰三山属土、寅巽二山属木、巳山属火,无一属水,又何能克?

四、纳卦则用纳甲可也,虽不合理,尚属一义。然又取纳甲三合,如是则申金辰土子水与丙辛合而化水,亥水未土卯木与丁壬合而化木,寅木戌土午火与戊癸合而化火,巳火丑土酉金与乙庚合而化金。五行中不仅去了土,且与纳甲之义不合,实无理。

五、阴府既为凶煞,凶则可也,且又有活的阴府与死的阴府之别,以活阴府为吉,死阴府为凶,又与本义不符,自相矛盾。

所以《钦定协纪辨方书》言其"附会支离之尤甚","拘迂之甚"。察其古例,常见虽犯阴府,仍以吉例传世,故知阴府之说不可为凭,举例以说明:

例1.《选择宗镜》"补龙古课"一节中云:辛龙乾山巽向,曾文迪取丁酉年、己酉月、甲申日、己巳时;又取己酉年、癸酉月、壬申日、乙巳时,三合兼临官。虽是阴府,金局制之无妨。

　　按：乾山以丁壬为阴府，第一例年柱见丁，第二例日柱见壬，均是犯了阴府，故取地支巳酉丑金局以制。此说实是附会。第一例丁为火，火能克金，第二例壬为水，金能生水，"制"从何来？且有丁无壬，有壬无丁，合亦不见，化又从何说起？殊不知此二例吉在以金局补辛龙，扶乾山，乃造命吉课，非制阴府之吉也。

　　例2. 亥龙乾山巽向，曾文辿用壬寅年、壬寅月、壬寅日、壬寅时，后八子入朝。

　　按：乾山阴府在壬丁，此例年月日时，四犯阴府且无制伏，然能发贵者，丁亥亡命四合壬官。四壬补亥龙，四寅合亥命，由此可知，阴府之说不合义理。

　　例3. 艮龙癸山丁向，杨筠松取四丙申，五百日及第，支干一气格。艮土生申，又名四长生格，又四点丙火生艮土。又艮宫纳丙，四帑也，妙甚。

　　按：癸山属火，阴府在丙辛，合而化水，此局癸山用四丙，亦是犯了阴府，然不凶反吉，再说明阴府之说不合义理。

　　此类实例，《翰林辑要》中收古例甚多，有兴趣者可参阅。

　　极富星，五龙五库帝星，乌兔元堂等，详见后注。

附　行　丧

　　【原文】金童撞命杀会吊杀，丧门等，的不可犯。

　　丧门杀：子年寅、丑年卯、寅年辰、卯年巳，余仿此。

　　上以月建入中宫求各年所占字到方。

　　金撞杀：　巳寅酉月——丙方，申子辰月——庚方，

　　　　　　　卯午戌月——甲方，亥未丑月——壬方。

　　上以月建入中宫，吊看所占字到何宫，若与吊宫丧门会合，大凶。行父丧六十日内损阴人，行母丧六十日内损阳人，的不可犯。

　　附天官符定例：

申子辰年亥上寻，巳酉丑年申上论。

亥卯未年居寅位，寅午戌年巳上真。

三合临官须仔细，犯之官事必频频。

　　【注解】丧门杀为凶神。何以为凶呢？因丧门居岁前二辰。还有一个凶杀名叫吊客，居岁后二辰，这两个凶杀之三合正好冲克太岁三合，故以为凶。如子年丧门在寅，吊客在戌，三合寅午戌冲太岁三合申子辰；丑年丧门在卯，吊客在亥，三合亥卯未冲太岁三合巳酉丑之类是。此说不可信，所谓三合冲克者，必须见子午卯酉四正方能冲合，若无四正则不能冲合，而丧吊二杀均无四正全逢之时。如若四课中见四正逢冲，则论冲太岁之凶可也，丧吊则属添足。丧吊全逢尚且不畏，而本文只单论丧门，义理更无。再论吊宫，纯属荒唐。如子年在寅，若为甲子年，岁禄在寅，三月与十二月调寅至乾亥，禄逢生合，岁逢长生，至吉之方，何能以刑丧论。再如卯年在巳，若是癸卯年，以卯巳为天乙贵人，又为驿马正财，又何凶之有？故丧门之说不能为据。详参《郭氏元经·丧门杀篇第五十九》。

　　金撞杀：金撞杀即前所谓金童撞命杀，顾名思义，撞命者，即撞上本命也。应是修造或葬埋之方与本命之支相撞，本文以四阳干之方为的，显然与杀名不符。《通书》中有以年月日时入中顺布九宫，修方或葬造山向逢本命吊神为撞命杀，今据其义，特将六十干支入中顺布八宫之表列于第79、80面，以供查找。

　　以上是以年月日时干支入中第一匝九宫分布干支，也有飞完九宫又连续遁宫者，直到寻到本命干支为至。须要注意的是，只以第一匝所犯为重，余皆可不究。至于犯本命之支吉凶者，却要活看。如甲寅生命，遇本命支即是命禄；丁酉生命，遇本命支就是逢天乙贵人，又何能论凶？详参《郭氏元经》"吊宫的命篇第二十三"和"太岁一星篇第二十一"。

生命年月日 ＼ 山方	乾	兑	艮	离	坎	坤	震	巽
甲子	乙丑	丙寅	丁卯	戊辰	己巳	庚午	辛未	壬申
乙丑	丙寅	丁卯	戊辰	己巳	庚午	辛未	壬申	癸酉
丙寅	丁卯	戊辰	己巳	庚午	辛未	壬申	癸酉	甲戌
丁卯	戊辰	己巳	庚午	辛未	壬申	癸酉	甲戌	乙亥
戊辰	己巳	庚午	辛未	壬申	癸酉	甲戌	乙亥	丙子
己巳	庚午	辛未	壬申	癸酉	甲戌	乙亥	丙子	丁丑
庚午	辛未	壬申	癸酉	甲戌	乙亥	丙子	丁丑	戊寅
辛未	壬申	癸酉	甲戌	乙亥	丙子	丁丑	戊寅	己卯
壬申	癸酉	甲戌	乙亥	丙子	丁丑	戊寅	己卯	庚辰
癸酉	甲戌	乙亥	丙子	丁丑	戊寅	己卯	庚辰	辛巳
甲戌	乙亥	丙子	丁丑	戊寅	己卯	庚辰	辛巳	壬午
乙亥	丙子	丁丑	戊寅	己卯	庚辰	辛巳	壬午	癸未
丙子	丁丑	戊寅	己卯	庚辰	辛巳	壬午	癸未	甲申
丁丑	戊寅	己卯	庚辰	辛巳	壬午	癸未	甲申	乙酉
戊寅	己卯	庚辰	辛巳	壬午	癸未	甲申	乙酉	丙戌
己卯	庚辰	辛巳	壬午	癸未	甲申	乙酉	丙戌	丁亥
庚辰	辛巳	壬午	癸未	甲申	乙酉	丙戌	丁亥	戊子
辛巳	壬午	癸未	甲申	乙酉	丙戌	丁亥	戊子	己丑
壬午	癸未	甲申	乙酉	丙戌	丁亥	戊子	己丑	庚寅
癸未	甲申	乙酉	丙戌	丁亥	戊子	己丑	庚寅	辛卯
甲申	乙酉	丙戌	丁亥	戊子	己丑	庚寅	辛卯	壬辰
乙酉	丙戌	丁亥	戊子	己丑	庚寅	辛卯	壬辰	癸巳
丙戌	丁亥	戊子	己丑	庚寅	辛卯	壬辰	癸巳	甲午
丁亥	戊子	己丑	庚寅	辛卯	壬辰	癸巳	甲午	乙未
戊子	己丑	庚寅	辛卯	壬辰	癸巳	甲午	乙未	丙申
己丑	庚寅	辛卯	壬辰	癸巳	甲午	乙未	丙申	丁酉
庚寅	辛卯	壬辰	癸巳	甲午	乙未	丙申	丁酉	戊戌
辛卯	壬辰	癸巳	甲午	乙未	丙申	丁酉	戊戌	己亥
壬辰	癸巳	甲午	乙未	丙申	丁酉	戊戌	己亥	庚子
癸巳	甲午	乙未	丙申	丁酉	戊戌	己亥	庚子	辛丑

生命年月日＼山方	乾	兑	艮	离	坎	坤	震	巽
甲午	乙未	丙申	丁酉	戊戌	己亥	庚子	辛丑	壬寅
乙未	丙申	丁酉	戊戌	己亥	庚子	辛丑	壬寅	癸卯
丙申	丁酉	戊戌	己亥	庚子	辛丑	壬寅	癸卯	甲辰
丁酉	戊戌	己亥	庚子	辛丑	壬寅	癸卯	甲辰	乙巳
戊戌	己亥	庚子	辛丑	壬寅	癸卯	甲辰	乙巳	丙午
己亥	庚子	辛丑	壬寅	癸卯	甲辰	乙巳	丙午	丁未
庚子	辛丑	壬寅	癸卯	甲辰	乙巳	丙午	丁未	戊申
辛丑	壬寅	癸卯	甲辰	乙巳	丙午	丁未	戊申	己酉
壬寅	癸卯	甲辰	乙巳	丙午	丁未	戊申	己酉	庚戌
癸卯	甲辰	乙巳	丙午	丁未	戊申	己酉	庚戌	辛亥
甲辰	乙巳	丙午	丁未	戊申	己酉	庚戌	辛亥	壬子
乙巳	丙午	丁未	戊申	己酉	庚戌	辛亥	壬子	癸丑
丙午	丁未	戊申	己酉	庚戌	辛亥	壬子	癸丑	甲寅
丁未	戊申	己酉	庚戌	辛亥	壬子	癸丑	甲寅	乙卯
戊申	己酉	庚戌	辛亥	壬子	癸丑	甲寅	乙卯	丙辰
己酉	庚戌	辛亥	壬子	癸丑	甲寅	乙卯	丙辰	丁巳
庚戌	辛亥	壬子	癸丑	甲寅	乙卯	丙辰	丁巳	戊午
辛亥	壬子	癸丑	甲寅	乙卯	丙辰	丁巳	戊午	己未
壬子	癸丑	甲寅	乙卯	丙辰	丁巳	戊午	己未	庚申
癸丑	甲寅	乙卯	丙辰	丁巳	戊午	己未	庚申	辛酉
甲寅	乙卯	丙辰	丁巳	戊午	己未	庚申	辛酉	壬戌
乙卯	丙辰	丁巳	戊午	己未	庚申	辛酉	壬戌	癸亥
丙辰	丁巳	戊午	己未	庚申	辛酉	壬戌	癸亥	甲子
丁巳	戊午	己未	庚申	辛酉	壬戌	癸亥	甲子	乙丑
戊午	己未	庚申	辛酉	壬戌	癸亥	甲子	乙丑	丙寅
己未	庚申	辛酉	壬戌	癸亥	甲子	乙丑	丙寅	丁卯
庚申	辛酉	壬戌	癸亥	甲子	乙丑	丙寅	丁卯	戊辰
辛酉	壬戌	癸亥	甲子	乙丑	丙寅	丁卯	戊辰	己巳
壬戌	癸亥	甲子	乙丑	丙寅	丁卯	戊辰	己巳	庚午
癸亥	甲子	乙丑	丙寅	丁卯	戊辰	己巳	庚午	辛未

卷三

雷霆顺逆局

【原文】雷霆太岁停星顺局图。

燥火火　凶 壬辛庚己 戌亥子丑	奇罗木　上吉 癸戊丁 未寅卯 丙乙甲 辰巳午	土潡土 戊丁壬 子丑申 辛庚己 酉戌亥	天罡金　吉 乙甲癸丙 卯辰巳寅
丙乙火　半吉 甲癸己戊 申酉卯辰 丁丙乙庚 巳午未寅 水潦水　凶 壬辛 子丑	金　奇　紫　太 水　罗　气　阳 伏　伏　伏　制 独　流　官　三 火　才　符　煞		台将土　半吉 壬丙辛乙 午子未丑 庚己戊丁 申酉戌亥 金水水　上吉 甲癸 寅卯
紫气木　上吉 辛乙庚甲己 卯酉辰戌巳 癸戊丁甲丙 亥午未寅申	血刃金　凶	太阳木　上吉	月孛火　凶 丙辛乙庚甲 戌巳亥午子 己癸戊丁壬 未丑申酉辰

甲子寻猪甲戌寅,甲申辰上好安身。
甲午本宫扶上马,甲辰申上好排轮。
惟有甲寅居戌上,逆求隔节去相寻。
遇丑将寅连接去,逢癸中央跳两辰。

不履子丑帝位路，就于年上起元正。

太岁住处起正月，顺寻用事之月，以所值之星入中宫顺行。如甲子二月用事，正月月孛，二月太阳，即以太阳入中宫，月孛乾甲，金水兑丁巳丑，周流八方，以定吉凶。

永定亥上起甲子，排定十二辰，即于本年上起正月，顺寻各用月之星入中顺行，看山方得何吉星，符合山运。此局专论到山，不论到向，各以乘旺气为主。

【注解】四气归玄论。

太阳、奇罗、紫气俱属木，东方木德星也。旺于立春至谷雨七十二日，寅甲卯乙四位受青阳之气。其太阳贵星，尊曜也；奇罗善星，吉曜也；紫气荣星，福曜也。凡建都设县，迁坟立宅，修作百事光明，天降吉祥，地崇珍宝。逢春旺气，入夏相气，秋乃囚气，不能兴发，冬休废，不为全吉。其春木星重正雷霆，曲直得趣，万物发生，诸事吉利矣。

丙乙火吉，月孛、燥火大凶，南方火星，夏受南方丙丁巳午之位，应立夏至小暑，旺七十二日。丙丁威武星也，乃南方丹天之气，主敷荣万物。凡建都设县，迁坟立宅，有天罡祯祥，赐官金帛之应。若犯月孛、燥火二星，主火焚仓舍，退财败灭，刑狱牵连，天雷击搏之应。如有犯宜投金水吉星在方报解之，反凶为吉也。

天罡金吉，血刃金凶，秋受庚申辛酉之位，应立秋至霜降，旺七十二日。天罡帝星刚正礼仪，乾乾不息，诚实万物，从革之道。凡诸用事应天恩宠爵，主命旌功勇义武烈之兆。若犯血刃，乃肃杀之道，摧锉万物，饿则食肉，渴则饮血，主格战伤损，非理官刑凶殃之兆也。

金水水吉，水潦水凶，各受北方亥子壬癸之位，应立冬至大寒，旺七十二日，其名玉泉星，又名翰苑星。凡建都邑诸事，主生俊义神童，文章之士，受官进爵，庶人进财产，大吉之兆。若犯水潦,主逃亡溺水,坠肿死伤,凶祸之变也。

台将土吉,土瘥土凶,受戊己辰戌丑未之位,每季旺十八日,共七十二日。台将元符星,生育万物,凡迁山立向等事,主君恩荣贵,子孙大富贵;若犯土瘥,招疫祸、毒损宅母、病肿之兆。

雷霆九宫排山定局

巽　四	中　五	乾　六
震　三	此排山掌诀定局,从一坎顺行向二坤,三震四巽至九离,周流九宫是也。	兑　七
坤　二		艮　八
坎　一		离　九

按:把此图若换成手掌,就可以清楚地看到,子丑二方为空处,并未利用,此即原文"不履子丑帝位路"之意。

知道了以上方法,就容易理解原文所谓"甲子寻猪甲戌寅"等是言:甲子年从亥上、甲戌年从寅上、甲申年从辰上、甲午年从午上、甲辰年从申上、甲寅年从戌上起正月。图中除子丑外,其余十支中均有干支,这个干支就是当年太岁停星之处,找出该停星处后,便从该处起正月顺排月令,数到用事月之方,便从用事月起血刃,逆行十二星,行至修造之方,再以修造方所值之星入中,逆行十二星,看所作之方值星论吉凶。如戊子年九月作丙向,从以上停星太阳图中查出戊子在未,便从未上起正月顺行,则二月在申、三月在酉、四月在戌、五月在亥、六月在子、七月在丑、八月在寅、九月在卯。然后从卯上起血刃逆行十二星,则寅上太阳、丑上月孛、子上金水、亥上台将、戌上天罡、酉上土瘥、申上奇罗、未上燥火、午上丙乙、巳上水潦。丙向寄巳,又将值巳丙之水潦入中宫逆行,是紫气在乾甲、血刃在兑丁巳丑、太阳在艮丙、丙纳于艮,故戊子年九月作丙向,是得太阳正到。余仿此推。

【原文】雷霆太岁停星逆局图。

燥火 壬辛 子丑	奇罗 辛乙庚甲己 卯酉辰戌巳 癸戊丁壬丙 亥午未寅申	土潦	天罡
丙乙 甲己癸戊 申卯酉辰 丁丙乙庚 巳午未寅	工工用千 用以顺局工 逆上，以 局万千下		台将 丙辛乙庚甲 戌巳亥午子 己癸戊丁壬 未丑申酉辰
水潦 壬辛庚己 戌亥子丑			金水 甲癸 寅卯
紫气 癸戊丁 未寅卯 丙乙甲 辰巳午	血刃 戊丁壬 子丑申 辛庚己 酉戌亥	太阳 乙甲癸丙 卯辰巳寅	月孛 丁壬辛乙 亥午未丑 庚己戊丙 申酉戌子

甲子寻台甲戌奇，甲申丙乙便相宜。

甲午之宫寻紫气，甲辰太阳定行移。

甲寅金水来相会，隔节逆行次第推。

跳过罡潦冤仇路，遇癸应须两越飞。

如遇丑寅连接去，本年住处起正期。

　　太岁住处起正月，以所值之星入中宫逆行，以纳甲论其向首，亦要合坐下吉凶之星以定祸福。如甲子年四月用事，以奇罗入中，燥火巽，丙乙震之类。此局专论到向，不论到山。

　　永定酉上起甲子，排定十二辰，即于本年上起正月，逆寻用月之星入中逆行,看向上得何吉星,向与山俱吉,方为全福。

【注解】台将即酉,奇罗即午,紫气即寅,太阳即子,金水即戌,丙乙即辰;"甲子寻台甲戌奇",是言甲子停星在台将酉,甲戌停星在奇罗午。余类同。"遇癸应须两越飞"是言排到癸上,从壬至癸,应跨越一宫。如癸酉在辰,甲戌越巳至午;壬午在亥,癸未越坎宫至寅等是。因在癸水前后均跳越一宫,故云"两越飞"。此局排法与上局同,只取逆布而已。

《璇玑经·雷霆合气第二十》也论及雷霆太岁,请参阅。

年月日时合气

【原文】年合气例并图。

十二星／山方　岁干	中宫	乾甲	兑丁巳丑	艮丙	离壬寅戌	坎癸辰申	坤乙	震庚亥未	巽辛
丁癸	孛	金	台	罡	漇	奇	燥	丙	漦
乙辛	阳	孛	金	台	罡	漇	奇	燥	丙
甲庚	刃	阳	孛	金	台	罡	漇	奇	燥
戊年	紫	刃	阳	孛	金	台	罡	漇	奇
	漦	紫	刃	阳	孛	金	台	罡	漇
丙	漇	漦	紫	刃	阳	孛	金	台	罡
	燥	丙	漦	紫	刃	阳	孛	金	台
	奇	燥	丙	漦	紫	刃	阳	孛	金
	漇	奇	燥	丙	漦	紫	刃	阳	孛
	罡	漇	奇	燥	丙	漦	紫	刃	阳
己年	台	罡	漇	奇	燥	丙	漦	紫	刃
丙壬	金	台	罡	漇	奇	燥	丙	漦	紫

甲庚血刃丙壬金,丁癸还将月孛寻。
六己三台戊紫气,乙辛年是太阳星。
时师会得幽微理,富贵祯祥指掌陈。

　　如甲庚年俱以血刃入中顺行，太阳到乾甲山，月孛到兑丁巳丑山，金水到艮丙山，皆取纳甲钓卦合山运。山运者，洪范五行也。占山年合气之图。

　　【注解】合气年寻太阳之法：甲己年坤上、乙庚年兑上、丙辛年坎上、戊癸年离上、丁壬年震上分别起血刃。

　　据此法，《璇玑经》中举一例：戊子年作癸山丁向，戊年离上起血刃，顺行至坎上得太阳，癸纳坎，是坐得太阳。月孛坤乙，金水震庚亥未，台将巽辛，天罡中，土㶇乾甲，奇罗兑丁巳丑。向得奇罗，逢木运并金纳音吉。

　　此例与本文之意不合。本文云"六己三台戊紫气"，是言逢戊之年紫气入中，依此顺布，则血刃乾甲，太阳兑丁巳丑，是太阳上吉之星到向。月孛艮丙，金水离壬寅戌，台将坎癸辰申，是坐山得台将半吉之星，与《璇玑经》举例不合，两法自相矛盾矣。

　　【原文】年升元值向例并图。

泊宫 / 星神 \ 年干	甲己年	乙庚年	丙辛年	丁壬年	戊癸年
血刃	兑丁巳丑	坎癸申辰	坎申坤乙	震庚亥未	离壬寅戌
太阳	艮丙	坤	坤震	巽	坎
月孛	离壬寅戌	震	震巽	中	坤
金水	坎癸申辰	巽	巽中	乾	震
台将	坤乙	中	中乾	兑	巽
天罡	震庚亥未	乾	乾兑	艮	中
土㶇	巽辛	兑	兑艮	离	乾
奇罗	中	艮	艮离	坎	兑
燥火	乾甲	离	离坎	坤	艮

　　升玄八卦少人知，甲己之年蛇是期（以上寄兑）。
　　但从孟春顺行度，住宫装卦定无疑。

乙庚坎上丁壬月（寄震），丙辛猴位永无违（寄坎），

戊癸直须探虎穴（寄离），并将血刃顺宫飞。

寻取卦头当位数，莫教容易泄天机。年升元值向之图（见上面）。

【注解】本图丙辛年有二法，是天有二日，家有二主，必有一伪。细查起例诗"甲己之年蛇是期"，蛇是巳，巳纳兑，故从兑上起血刃；"乙庚坎上丁壬月"，乙庚年从坎上起血刃，丁壬年从震上起血刃；"戊癸直须探虎穴"，虎是寅，寅纳离，故从离宫起血刃；"丙辛猴位永无违"，猴是申，申纳坎，当是从坎上起血刃。所以从坤上起血刃之法为伪。若依后法，则甲己年应从巽上起血刃，戊癸年该从艮上起血刃，而从坎上又为误。因本图均以纳甲论，故应遵纳甲而弃本宫。特说明。须要注意的是：年升元例十二星中少水潦、丙乙、紫气三星，与原设十二星之意不符。

【原文】月合气例并图。

星神 坐山 月干	甲己月	乙庚月	丙辛月	丁壬月	戊癸月
中	天罡	血刃	燥火	紫气	月孛
乾甲	土潦	太阳	丙乙	血刃	金水
兑丁巳丑	奇罗	月孛	水潦	太阳	台将
艮丙	燥火	金水	紫气	月孛	天罡
离壬寅戌	丙乙	台将	血刃	金水	土潦
坎癸申辰	水潦	天罡	太阳	台将	奇罗
坤乙	紫气	土潦	月孛	天罡	燥火
震庚亥未	血刃	奇罗	金水	土潦	丙乙
巽辛	太阳	燥火	台将	奇罗	水潦

丙辛燥火甲己罡，乙庚血刃入中央。

丁壬紫气戊癸孛，将入中宫飞九方。

以值月星入中宫,飞看何星到山方合气为吉。月合气之图（见上面）。

【注解】法以月建天干定值月入中之星,顺布九宫,星辰逆布。如月建天干为甲己,则以天罡入中;月建天干是乙庚,则以血刃入中。余月同。

【原文】月升元值向例并图。

月宫起刃逆寻去,寻作向宫得何星。

将星入中飞八宫,再看作向与方星。

如戊申年三月作卯向,得天罡到卯是。又如戊申年十月作丁向,得台将到丁是。升玄值向定月之图（见下）。

岁支＼月支		亥	子	丑	寅	卯	辰	巳	午	未	申	酉	戌
甲子 庚午 乙亥 辛巳 丙戌 壬辰 丁酉 戊申 癸丑 己未	亥	正	二	三	四	五	六	七	八	九	十	十一	十二
癸卯 甲寅	戌	二	三	四	五	六	七	八	九	十	十一	十二	正
乙丑 辛未 丙子 壬午 丁亥 戊戌 己酉 庚申	酉	三	四	五	六	七	八	九	十	十一	十二	正	二
丙寅 甲辰 癸巳 乙卯	申	四	五	六	七	八	九	十	十一	十二	正	二	三
壬申 戊子 庚戌 丁丑 己亥 辛酉	未	五	六	七	八	九	十	十一	十二	正	二	三	四
丁卯 癸未 乙巳 戊寅 甲午 丙辰	午	六	七	八	九	十	十一	十二	正	二	三	四	五
己丑 癸亥 庚子 壬戌	巳	七	八	九	十	十一	十二	正	二	三	四	五	六
戊辰 癸酉 己卯 甲申 庚寅 乙未 丙午 丁巳	辰	八	九	十	十一	十二	正	二	三	四	五	六	七
辛丑 壬子	卯	九	十	十一	十二	正	二	三	四	五	六	七	八
己巳 甲戌 庚辰 乙酉 辛卯 丙申 甲寅 丁未 庚午 癸亥	寅	十	十一	十二	正	二	三	四	五	六	七	八	九

血刃	亥壬	子癸	丑艮	寅甲	卯乙	辰巽	巳丙	午丁	未坤	申庚	酉辛	戌乾
太阳	戌乾	亥壬	子癸	丑艮	寅甲	卯乙	辰巽	巳丙	午丁	未坤	申庚	酉辛
月孛	酉辛	戌乾	亥壬	子癸	丑艮	寅甲	卯乙	辰巽	巳丙	午丁	未坤	申庚
金水	申庚	酉辛	戌乾	亥壬	子癸	丑艮	寅甲	卯乙	辰巽	巳丙	午丁	未坤
台将	未坤	申庚	酉辛	戌乾	亥壬	子癸	丑艮	寅甲	卯乙	辰巽	巳丙	午丁
天罡	午丁	未坤	申庚	酉辛	戌乾	亥壬	子癸	丑艮	寅甲	卯乙	辰巽	巳丙
土潒	巳丙	午丁	未坤	申庚	酉辛	戌乾	亥壬	子癸	丑艮	寅甲	卯乙	辰巽
奇罗	辰巽	巳丙	午丁	未坤	申庚	酉辛	戌乾	亥壬	子癸	丑艮	寅甲	卯乙
燥火	卯乙	辰巽	巳丙	午丁	未坤	申庚	酉辛	戌乾	亥壬	子癸	丑艮	寅甲
丙乙	寅甲	卯乙	辰巽	巳丙	午丁	未坤	申庚	酉辛	戌乾	亥壬	子癸	丑艮
水潒	丑艮	寅甲	卯乙	辰巽	巳丙	午丁	未坤	申庚	酉辛	戌乾	亥壬	子癸
紫气	子癸	丑艮	寅甲	卯乙	辰巽	巳丙	午丁	未坤	申庚	酉辛	戌乾	亥壬

飞星 坐山 / 星名	中	乾甲	兑丁巳丑	艮丙	离壬寅戌	坎癸申辰	坤乙	震庚亥未	巽辛
血刃	刃	阳	孛	金	台	罡	潒	奇	燥
太阳	阳	孛	金	台	罡	潒	奇	燥	丙
月孛	孛	金	台	罡	潒	奇	燥	丙	潒
金水	金	台	罡	潒	奇	燥	丙	潒	紫
台将	台	罡	潒	奇	燥	丙	潒	紫	刃
天罡	罡	潒	奇	燥	丙	潒	紫	刃	阳
土潒	潒	奇	燥	丙	潒	紫	刃	阳	孛
奇罗	奇	燥	丙	潒	紫	刃	阳	孛	金
燥火	燥	丙	潒	紫	刃	阳	孛	金	台
丙乙	丙	潒	紫	刃	阳	孛	金	台	罡
水潒	潒	紫	刃	阳	孛	金	台	罡	潒
紫气	紫	刃	阳	孛	金	台	罡	潒	奇

【注解】第88面的表表示十二月从何方起正月，详参前"雷霆太岁停星顺局图"即可明白。

第89面上部的表表示十二星到二十四山的月令。如甲子年正月血刃在亥,癸卯年二月血刃在戌等是。

第89面下部的表表示本年入中之星,及各山向之星,据此查找各向之星。

【原文】升元太阳合气值向定日例。惟日时最重。

分阴阳二局,以所得星入中宫。阳局顺行,阴局逆行,各以所用事之辰入中宫,却以吊卦看其口得何吉星到坐向,合气为吉。顺局看到山,逆局看到向。

阳日顺局例:

丑日血刃、子太阳、亥月孛、戌金水、酉台将、申天罡,

未土溽、午奇罗、巳燥火、辰丙乙、卯水溽、寅紫气。

阴日逆局例:

子日血刃、丑太阳、寅月孛、卯金水、辰台将、巳天罡,

顺局日	甲日己／乙日庚／丁日壬／丙日辛／戊日癸 子	丑	寅	卯	辰	巳	午	未	申	酉	戌	亥	
中宫	太阳	血刃	紫气	水溽	丙乙	燥火	奇罗	土溽	天罡	台将	金水	月孛	中宫
乾甲	月孛	太阳	血刃	紫气	水溽	丙乙	燥火	奇罗	土溽	天罡	台将	金水	巽辛
兑丁巳丑	金水	月孛	太阳	血刃	紫气	水溽	丙乙	燥火	奇罗	土溽	天罡	台将	震庚亥木
艮丙	台将	金水	月孛	太阳	血刃	紫气	水溽	丙乙	燥火	奇罗	土溽	天罡	坤乙
离壬寅戌	天罡	台将	金水	月孛	太阳	血刃	紫气	水溽	丙乙	燥火	奇罗	土溽	坎癸申艮
坎癸申辰	土溽	天罡	台将	金水	月孛	太阳	血刃	紫气	水溽	丙乙	燥火	奇罗	离寅壬戌
坤乙	奇罗	土溽	天罡	台将	金水	月孛	太阳	血刃	紫气	水溽	丙乙	燥火	艮丙
震庚亥未	燥火	奇罗	土源	天罡	台将	金水	月孛	太阳	血刃	紫气	水溽	丙乙	兑丁巳丑
巽辛	丙乙	燥火	奇罗	土源	天罡	台将	金水	月孛	太阳	血刃	紫气	水溽	乾甲
	丑日	子日	亥日	戌日	酉日	申日	未日	午日	巳日	辰日	卯日	寅日	逆局日

午土㾼、未奇罗、申燥火、酉丙乙、戌水潦、亥紫气。

如阳日入中宫从乾顺行，阴日入中宫从巽逆行，并取吉星到坐与向合气相生为美。

顺逆二局日合气图（见上面）。

顺局日论到山，逆局日论到向。

【注解】《通书》中载有日星起例诗诀：

丑上原来是血刃，太阳却在子宫停。

假如午日寻方道，便把奇罗入内行。

并云此是十二宫永定诗例，如丑日以血刃星入中宫顺飞，寻取山星方吉凶星为例。

从以上诗诀可知，《通书》雷霆日合气例并无阳顺阴逆之分，细思其理，地球绕太阳也无阳顺阴逆之说，故此书说法与自然之理不合，特说明。

【原文】时合气值法例。甲己时燥火，乙庚时太阳，丙辛时天罡入中。丁壬时月孛，戊癸时紫气，各以所用时之星入中，飞取吉星值山方为美。如甲子日、甲子时，以燥火入中宫顺布，丙乙乾，水潦兑，紫气艮、血刃离、太阳坎。子时从坎，即太阳值子癸时并到子癸山方。余仿此例推寻。

时合气值山图（见第92面）。

上雷霆逆顺局中，俱以太阳、金水、奇罗、紫气为吉。然顺局只论到山，逆局只论到向。山为地气，地气顺行，故用顺局。向为天气，天气逆转，故用逆局。坐向顺逆俱到，得合山合运，未有不速福者也。克择中此义最精微，玩熟自然得法。

【注解】十干取时到诗诀：

遁时一法少人知，甲己先从燥火时。

元始乙庚寻太阳，天罡原是丙辛奇。

月孛丁壬当位数，戊与癸合紫气推。

就中四局人难觅，识者终须赖指迷。

此法即天干逢甲己时，以燥火入中顺遁；逢乙庚时，以太阳入中顺遁；逢丙辛时，以天罡入中顺遁；逢丁壬时，以月孛入中顺遁；逢戊癸时，以紫气入中顺遁。

值星时\日干	甲己日中宫值时星	乙庚日中宫值时星	丙辛日中宫值时星	丁壬日中宫值时星	戊癸日中宫值时星
坎 子癸 时	甲 燥 太阳	丙 罡 水潦	戊 紫 台将	庚 阳 土潦	壬 孛 奇罗
艮 丑艮 时	乙 阳 奇罗	丁 孛 燥火	己 燥 月孛	辛 罡 紫气	癸 气 天罡
艮 寅甲 时	丙 罡 天罡	戊 气 紫气	庚 阳 太阳	壬 孛 月孛	甲 燥 燥火
震 卯乙 时	丁 孛 丙乙	己 燥 金水	辛 罡 血刃	癸 气 土潦	乙 阳 燥火
巽 辰巽 时	戊 紫 燥火	庚 阳 水潦	壬 孛 紫气	甲 燥 天罡	丙 罡 月孛
巽 巳丙 时	己 燥 土潦	辛 罡 金水	癸 气 丙乙	乙 阳 土潦	丁 孛 血刃
离 午丁 时	庚 阳 天罡	壬 孛 土潦	甲 燥 血刃	丙 罡 丙乙	戊 气 金水
坤 未坤 时	辛 罡 台将	癸 气 水潦	乙 阳 血刃	丁 孛 太阳	己 燥 奇罗
坤 申庚 时	壬 孛 金水	甲 燥 丙乙	丙 罡 土潦	戊 气 血刃	庚 阳 月孛
兑 酉辛 时	癸 气 太阳	乙 阳 金水	丁 孛 台将	己 燥 水潦	辛 罡 奇罗
乾 戌乾 时	甲 燥 台将	丙 罡 太阳	戊 气 奇罗	庚 阳 丙乙	壬 孛 水潦
乾 亥壬 时	乙 阳 台将	丁 孛 天罡	己 燥 紫气	辛 罡 燥火	癸 气 月孛

上表中值星每格中有四个字，左边第一个字是值时之天干。如甲己日子时，格中天干为甲，即甲子时。上边一个字者，是代表入中星，如甲子日甲子时上是燥字，即以燥火入中。下边二字者，即本山飞之星辰。如甲子日甲子时，以上边燥火入中顺遁。得太阳到子方，所以下边写太阳二字。

　　须要注意的是四正均以地支论宫,余皆以天干纳甲论。

　　例1. 甲子日甲子时,以燥火入中顺行,乾丙乙、兑水潦、艮紫气、离血刃、坎太阳,故上写燥火,下写太阳,是太阳到方,吉。

　　例2. 如甲己日乙丑时,上写阳字,便以太阳入中顺行,乾月孛、兑金水、艮台将、离天罡、坎土潦、坤奇罗、坤纳乙,故下写奇罗。余皆类推。

　　《象吉通书》有雷霆时到各山例,比较清晰,见下表。

星干＼山	中宫	巽时辛	乾时甲	酉巳时丁丑	艮时丙	午寅时壬戌	子申时癸辰	坤时乙	卯亥时庚未
甲	燥	台	丙	潦	气	血	阳	孛	金
乙	阳	丙	孛	金	台	罡	潦	罗	燥
丙	罡	阳	潦	罗	燥	丙	潦	气	血
丁	孛	潦	金	台	罡	潦	罗	燥	丙
戊	气	罗	血	阳	孛	金	台	罡	潦
己	燥	台	丙	潦	气	血	阳	孛	金
庚	阳	丙	孛	金	台	罡	潦	罗	燥
辛	罡	阳	潦	罗	燥	丙	潦	气	血
壬	孛	潦	金	台	罡	潦	罗	燥	丙
癸	气	罗	血	阳	孛	金	台	罗	潦

直符传音正杀

【原文】传音例诀。

　　　　传音一诀报君知,遁甲从寅五虎推。

　　　　逆走三元从艮发,吉凶逐一莫猜疑。

　　假如甲子年,遁得是丙寅,将丙寅从艮上逆行,遁至甲子到巽,乃本年传音到巽。又如乙丑年,遁得是戊寅,将戊寅从艮上逆行,遁至乙丑到乾,乃本年传音到乾。余类推。

　　此报吉报凶之将,不可轻犯。直符例诀:

直符急事疾如飞,天门甲子起星移。

顺走三元寻本日,凶吉传音一例知。

此赏吉罚恶之神,不可轻犯。

（天门）是乾,将甲子从乾上顺行,寻用事之日到宫是也。

传音直符总局图具后（见下）,传音上,直符下。

甲子 巽乾	乙丑 乾兑	丙寅 艮月	丁卯 坎离	戊辰 震坎
己巳 中坤	庚午 坎震	辛未 震巽	壬申 中离	癸酉 兑乾
甲戌 离兑	乙亥 中艮	丙子 兑离	丁丑 坎坎	戊寅 坤坤
己卯 巽震	庚辰 乾巽	辛巳 坤中	壬午 巽乾	癸未 乾兑
甲申 艮艮	乙酉 坎离	丙戌 乾坎	丁亥 艮坤	戊子 坎震
己丑 震巽	庚寅 中中	辛卯 兑乾	壬辰 震兑	癸巳 中艮
甲午 兑离	乙未 离坎	丙申 坤坤	丁酉 兑震	戊戌 离巽
己亥 坤中	庚子 巽乾	辛丑 乾兑	壬寅 坤艮	癸卯 巽离
甲辰 乾坎	乙巳 艮坤	丙午 坎震	丁未 震巽	戊申 艮中
己酉 坎乾	庚戌 震兑	辛亥 中艮	壬子 兑离	癸丑 震坎
甲寅 中坤	乙卯 兑震	丙辰 震巽	丁巳 中乾	戊午 巽乾
己未 离兑	庚申 坤艮	辛酉 巽离	壬戌 乾坎	癸亥 艮坤

【注解】从上图可看出,传音是从本年正月月建干支方逆行,寻本年太岁所在之宫。如庚辰年,从月建戊寅艮八宫逆行,己卯在兑,庚辰在乾,庚辰是当年太岁,便是当年传音之方。

直符即用事之日所在之宫。如辛亥日,从天门乾方起甲子,直至第六轮后,在艮方见辛亥,艮方就是辛亥日直符。

【原文】雷霆正杀。年照停宫月逆轮,顺前五位是雷殷。

官＼雷方＼月	亥宫	戌宫	酉宫	申宫	未宫	午宫	巳宫	辰宫	卯宫	寅宫
	甲子 庚午 乙亥 辛巳 丙戌 丁 戊申 癸丑 壬辰 己未	癸卯 甲寅	乙丑 戊戌 辛未 丙子 己酉 壬午 丁亥 庚申	丙寅 甲辰 乙卯 癸巳	己亥 壬申 丁丑 庚戌 戊子 辛酉	丁卯 乙巳 戊寅 癸未 甲午 丙辰	庚子 辛亥 己丑 壬戌	戊辰 丙午 癸酉 己卯 丁巳 甲申 庚寅 乙未	辛 壬子	己巳 甲戌 庚辰 乙酉 壬 丁未 戊午 丙申 癸亥
正	卯	寅	丑	子	亥	戌	酉	申	未	午
二	寅	丑	子	亥	戌	酉	申	未	午	巳
三	丑	子	亥	戌	酉	申	未	午	巳	辰
四	子	亥	戌	酉	申	未	午	巳	辰	卯
五	亥	戌	酉	申	未	午	巳	辰	卯	寅
六	戌	酉	申	未	午	巳	辰	卯	寅	丑
七	酉	申	未	午	巳	辰	卯	寅	丑	子
八	申	未	午	巳	辰	卯	寅	丑	子	亥
九	未	午	巳	辰	卯	寅	丑	子	亥	戌
十	午	巳	辰	卯	寅	丑	子	亥	戌	酉
十一	巳	辰	卯	寅	丑	子	亥	戌	酉	申
十二	辰	卯	寅	丑	子	亥	戌	酉	申	未

（原眉批）经云：太岁泊处须起正，逆寻用月即知情。

教君亥字顺轮转，卯字住处是雷神。

此是雷霆真正杀，造葬逢之必伤人。

庸愚不识误犯此，任尔金刚也化尘。

【注解】原眉批是对推雷霆正杀方法的注解。其法首先寻出当年太岁泊在何宫，便从该宫起正月，逆数到用事之月。再从该宫起用事月月支，顺数至卯字，卯字泊何宫，何宫便是该年月之雷霆正杀。如乙酉年十月己酉日作乾山巽向，乙酉年泊在寅宫，便从寅上起正月逆数，二月在丑、三月在子、四月在亥、五

月在戌、六月在酉、七月在申、八月在未、九月在午、十月在
巳。十月在巳,便从巳上起亥顺数,子在午、丑在未、寅在申、
卯在酉。卯字是雷霆杀,故乙酉年十月雷霆正杀在酉。

知道了雷霆正杀之方,便以该方星辰入中宫顺遁至山向或
修方,看其星以断吉凶。遁法与前同。

此外,《象吉通书》中还有"定行年灾宫"一节与断雷霆局吉
凶有关,一并介绍如下,供大家参考研究。

　　　　金忌火年并火月,瘟疫疾病皆流血。
　　　　木犯金方重犯金,兄弟灾伤更主刑。
　　　　水犯土时人必死,火须避忌北方神。
　　　　土忌东方甲乙木,疯邪黄肿丧其身。
　　　　两金两木并两火,水土双见主倾危。
　　　　双神未好重相见,祸祸重遭百事嗔。

何以"卯"为雷霆?因卯为二月,二月正是雷动之时。故《易
经》中卯为震,震为雷,所以以卯木所临之方曰雷霆正杀。

太阳:天上众星之主,地上生命之源。古人认为"太阳之精,
主生养恩德,人君之象"。每一日移一度,一周移三百六十度为
一年。以十二宫论,每宫三十日;以二十四山论,每山十五日。
所移过宫之时,以每月中气为准。

月孛,紫气:紫气为木星之余气,月孛为水星之余气。古有
七政四余推步法,是以太阳、太阴(月亮)、金星、木星、水星、火
星、土星为七政,以火星之余气罗睺,土星之余计都及月孛、紫气
为四余。《张果星宗》:"紫气二十九日行一度,大约二十九月一
宫,二十九年一周天。月孛九日行一度、九个月一宫、九年一周
天。"在天上,以北极星为定点,众星环绕拱照,七政为文臣,四余
为武将,共朝北极,如人臣之朝帝王。七政之星,历历在目,各有
轨迹,而四余则无法推算。《明·图书集成·历法典》论四余辨

天之行星,并无紫气;四余测验无象可明,推演无数可定,无理可据;元时著名天文学家郭守敬《历书》中亦未载四余。清汤若望奏曰:"罗睺即白道之正交,计都即中交,月孛乃月行极高之点,至紫气一余,无数可定,明史附会,今俱改。"南怀仁也奏:"罗睺、计都、月孛系推算之用,故载于七政之后,其紫气星无用处,不应造入。"由此知,月孛、紫气系前人误用,实并无此星。

综上所述,雷霆太阳局之法于理不合明矣。故杨筠松在"造命千金歌"中说:"六个太阳五个假,中间历数第一亲。"看太阳之法,只以真太阳度数为准,余皆非。但凡伪法,均借杨曾郭廖等名以惑人,愈是假者,愈言其精微玄妙,万不可被其所惑。另《璇玑经·雷霆合气第二十》也叙述了雷霆之法,可参阅。

乌兔太阳要合元堂入庙

【原文】乌兔乃太阴、太阳相对举而用之。太阳论山不论向,太阴论向不论山。如丙申年七月立秋后,用丙申日作癸山,得太阳到癸,太阴到丁,故吉。

此例惟子午癸丁壬丙山向可得阴阳相对照,仍要合元堂入庙,方能发福,例具于后。

乌兔分南北例。照八节前后甲子论。

冬至:丁卯、丙子、乙酉、甲午、癸卯、壬子、辛酉日合。

立春:己巳、戊寅、丁亥、丙申、乙巳、甲寅、癸亥日合。

春分:乙丑、甲戌、癸未、壬辰、辛丑、庚戌、己未日合。

立夏:甲子、癸酉、壬午、辛卯、庚子、己酉、戊午日合。

夏至:丁卯、丙子、乙酉、甲午、癸卯、壬子、辛酉日合。

立秋:己巳、戊寅、丁亥、丙申、乙巳、甲寅、癸亥日合。

秋分:乙丑、甲戌、癸未、壬辰、辛丑、庚戌、己未日合。

立冬:甲子、癸酉、壬午、辛卯、庚子、己酉、戊午日合。

元堂入庙例。

太岁、太乙（即太阴）、大耗、丧门、吊客、天定（即紫气）、官符、小耗、病符、天乙（即太阳）、金神、将军。

艮丙兑丁巳丑山，寅上起太岁顺行。震庚亥未，离壬寅戌山，申上起太岁顺行。乾甲山，巳上起太岁顺行。坎癸申辰、坤乙、巽辛山，亥上起太岁顺行。上顺布十二位，遇太乙、天定，天乙三位到山吉。

又金神年月例（即星马贵人）。

申子辰年月，亥上起金神顺行。

巳酉丑年月，申上起金神顺行。

寅午戌年月，巳上起金神顺行。

亥卯未年月，寅上起金神顺行。

上遇太乙、天定、天乙三位吉，余凶。

历数太阳临四维，用四维时临八干、十二支，用八干十二支时，乃为归垣合局，其诀一日只二时，妙甚。

【注解】乌兔：乌即金乌，为火之精，古人亦称太阳为金乌。兔即玉兔，为水之精，古人亦称月亮为玉兔。乌兔即太阴、太阳。

本文金神年月例与元堂入庙例不合。如兑丁巳丑山，寅上起太岁顺行，若以十二支顺布，金神在子；若以九宫顺布，第二轮金神在离，均不能临坤。金神即属乌兔十二神中之一，就应以十二神顺序论，不当另立别法，以致矛盾，故说明。

乌兔之法，既以日月及五星论，就应以七政四余为名，本书另立名目，与义不符。《璇玑经·乌兔太阳例第十八》中载有各星顺序："土、金、水、孛、罗、日、月、木、火"，阳顺阴逆，比本书要合义理，可参阅。

下将斗杓七政八节临方成下面的表，以供参考。

此图表用法：

用日／官位／节气									起土星之官位
甲子	乙丑	丙寅	丁卯	戊辰	己巳	庚午	辛未	壬申	
癸酉	甲戌	乙亥	丙子	丁丑	戊寅	己卯	庚辰	辛巳	
壬午	癸未	甲申	乙酉	丙戌	丁亥	戊子	己丑	庚寅	
辛卯	壬辰	癸巳	甲午	乙未	丙申	丁酉	戊戌	己亥	
庚子	辛丑	壬寅	癸卯	甲辰	乙巳	丙午	丁未	戊申	
己酉	庚戌	辛亥	壬子	癸丑	甲寅	乙卯	丙辰	丁巳	
戊午	己未	庚申	辛酉	壬戌	癸亥				
立春	艮	离	坎	坤	震	巽	中	乾	兑
春分	震	巽	中	乾	兑	艮	离	坎	坤
立夏	巽	中	乾	兑	艮	离	坎	坤	震
夏至	离	坎	坤	震	巽	中	乾	兑	艮
立秋	坤	震	巽	中	乾	兑	艮	离	坎
秋分	兑	艮	离	坎	坤	震	巽	中	乾
立冬	乾	兑	艮	离	坎	坤	震	巽	中
冬至	坎	坤	震	巽	中	乾	兑	艮	离

值方／时／日	子 酉	丑 戌	寅 亥	卯	辰	巳	午	未	申
甲己日	坎孛	坤月	震木	巽计	中土	乾罗	兑金	艮日	离火
乙庚日	兑金	乾罗	中土	巽计	震木	坤月	坎孛	离火	艮日
丙辛日	震木	坤月	坎孛	离火	艮日	兑金	乾罗	中土	巽计
丁壬日	离火	坎孛	坤月	震木	巽计	中土	乾罗	兑金	艮日
戊癸日	中土	乾罗	兑金	艮日	离火	坎水	坤月	震木	巽计

　　1. 到方求法。首先要知所用之日在何节内，冬至后为阳，顺数星辰；夏至后为阴，逆数星辰。图中用日与节气的交接点，即从该宫起土星，然后按节气分顺逆，以"土、金、气、罗、孛、日、月、计、木"之序逐一数去，直至所用之山向方，挨到何星，即以何星论吉凶。如1990年农历二月十二壬申日，当年正月初九立春，二月二十五春分。壬申日与立春交接点为兑，立春后为阳，所以从兑宫上起土星顺行。即：

　　土星在兑宫庚酉辛方,金星在艮宫丑艮寅方,紫气在离宫丙午丁方,罗睺在坎宫壬子癸方,月孛在坤宫未坤中方,太阳在震宫甲卯乙方,太阴在巽宫辰巽巳方,计都在中宫,

　　木星在乾宫戌乾亥方。

　　该日四吉是:金星在丑艮寅方,但丑山犯三杀,寅山犯日冲,故不用。乌兔太阳到甲卯乙三山,皆可用。太阴在辰巽巳三山,但犯日五黄,最好不用。木星在戌乾亥三山,但戌犯月三杀,亥犯年三杀,最好不用。

　　2. 用时表时,查时辰与日干之交接点属何星何宫,此即用时之星辰临宫。如上例壬申日各时辰临星如下:

　　子、酉时火星,丑戌时月孛,寅亥时太阴,卯时木星,辰时计都,巳时土星,午时罗睺,未时金星,申时太阳。

　　由此可知,该日卯、未、申之时最吉。寅亥时虽吉,但天未亮,不能用。

　　根据上义,特将每月七政临日制成下表,以供参考。

月首甲子、壬午二日木星顺挨								
木星	计都	土星	罗睺	金星	太阳	火星	水星	太阴
初一	初二	初三	初四	初五	初六	初七	初八	初九
初十	十一	十二	十三	十四	十五	十六	十七	十八
十九	二十	二一	二二	二三	二四	二五	二六	二七
二八	二九	三十						

月首乙丑、丙寅、庚辰、辛巳、辛丑、乙巳六日太阳逆挨								
太阳	金星	罗睺	土星	计都	木星	太阴	水星	火星
初一	初二	初三	初四	初五	初六	初七	初八	初九
初十	十一	十二	十三	十四	十五	十六	十七	十八
十九	二十	二一	二二	二三	二四	二五	二六	二七
二八	二九	三十						

月首丁卯、己卯、癸卯三日水星顺挨								
水星	太阴	木星	计都	土星	罗睺	金星	太阳	火星
初一	初二	初三	初四	初五	初六	初七	初八	初九
初十	十一	十二	十三	十四	十五	十六	十七	十八
十九	二十	二一	二二	二三	二四	二五	二六	二七
二八	二九	三十						

月首戊辰、己巳、壬寅、甲辰四日太阳顺挨								
太阳	火星	水星	太阴	木星	计都	土星	罗睺	金星
初一	初二	初三	初四	初五	初六	初七	初八	初九
初十	十一	十二	十三	十四	十五	十六	十七	十八
十九	二十	二一	二二	二三	二四	二五	二六	二七
二八	二九	三十						

月首庚午、庚子、丙午三日木星逆挨								
木星	太阴	水星	火星	太阳	金星	罗睺	土星	计都
初一	初二	初三	初四	初五	初六	初七	初八	初九
初十	十一	十二	十三	十四	十五	十六	十七	十八
十九	二十	二一	二二	二三	二四	二五	二六	二七
二八	二九	三十						

月首辛未日计都逆挨								
计都	木星	太阴	水星	火星	太阳	金星	罗睺	土星
初一	初二	初三	初四	初五	初六	初七	初八	初九
初十	十一	十二	十三	十四	十五	十六	十七	十八
十九	二十	二一	二二	二三	二四	二五	二六	二七
二八	二九	三十						

月首壬申、癸未、甲申、戊戌、己亥、丁未、戊申、壬戌、癸亥九日计都顺挨								
计都	土星	罗睺	金星	太阳	火星	水星	太阴	木星
初一	初二	初三	初四	初五	初六	初七	初八	初九
初十	十一	十二	十三	十四	十五	十六	十七	十八
十九	二十	二一	二二	二三	二四	二五	二六	二七
二八	二九	三十						

月首癸酉、丁酉、己酉三日火星顺挨								
火星	水星	太阴	木星	计都	土星	罗睺	金星	太阳
初一	初二	初三	初四	初五	初六	初七	初八	初九
初十	十一	十二	十三	十四	十五	十六	十七	十八
十九	二十	二一	二二	二三	二四	二五	二六	二七
二八	二九	三十						

月首甲戌、丁亥、己未三日太阴顺挨								
太阴	木星	计都	土星	罗睺	金星	太阳	火星	水星
初一	初二	初三	初四	初五	初六	初七	初八	初九
初十	十一	十二	十三	十四	十五	十六	十七	十八
十九	二十	二一	二二	二三	二四	二五	二六	二七
二八	二九	三十						

月首乙亥、丙戌、乙未、丙申、庚戌、辛亥、庚申七日太阴逆挨								
太阴	水星	火星	太阳	金星	罗睺	土星	计都	木星
初一	初二	初三	初四	初五	初六	初七	初八	初九
初十	十一	十二	十三	十四	十五	十六	十七	十八
十九	二十	二一	二二	二三	二四	二五	二六	二七
二八	二九	三十						

月首丙子日金星逆挨								
金星	罗睺	土星	计都	木星	太阴	水星	火星	太阳
初一	初二	初三	初四	初五	初六	初七	初八	初九
初十	十一	十二	十三	十四	十五	十六	十七	十八
十九	二十	二一	二二	二三	二四	二五	二六	二七
二八	二九	三十						

月首丁丑、戊寅、己丑、壬辰、癸巳、癸丑、甲寅、丁巳八日罗睺顺挨								
罗睺	金星	太阳	火星	水星	太阴	木星	计都	土星
初一	初二	初三	初四	初五	初六	初七	初八	初九
初十	十一	十二	十三	十四	十五	十六	十七	十八
十九	二十	二一	二二	二三	二四	二五	二六	二七
二八	二九	三十						

月首乙酉、辛酉二日火星逆挨								
火星	太阳	金星	罗睺	土星	计都	木星	太阴	水星
初一	初二	初三	初四	初五	初六	初七	初八	初九
初十	十一	十二	十三	十四	十五	十六	十七	十八
十九	二十	二一	二二	二三	二四	二五	二六	二七
二八	二九	三十						

月首戊子、甲午、壬子、戊午四日金星顺挨								
金星	太阳	火星	水星	太阴	木星	计都	土星	罗睺
初一	初二	初三	初四	初五	初六	初七	初八	初九
初十	十一	十二	十三	十四	十五	十六	十七	十八
十九	二十	二一	二二	二三	二四	二五	二六	二七
二八	二九	三十						

月首辛卯、乙卯二日水星逆挨								
火星	水星	太阳	金星	罗睺	土星	计都	木星	太阴
初一	初二	初三	初四	初五	初六	初七	初八	初九
初十	十一	十二	十三	十四	十五	十六	十七	十八
十九	二十	二一	二二	二三	二四	二五	二六	二七
二八	二九	三十						

月首庚寅、辛卯二日罗睺逆挨								
罗睺	土星	计都	木星	太阴	水星	火星	太阳	金星
初一	初二	初三	初四	初五	初六	初七	初八	初九
初十	十一	十二	十三	十四	十五	十六	十七	十八
十九	二十	二一	二二	二三	二四	二五	二六	二七
二八	二九	三十						

　　关于乌兔太阳，读者还可对照参阅《璇玑经·乌兔太阳第十八》。至此乌兔太阳用法全部介绍完毕，后者虽远比原文合理，然罗计气孛仍为误用，严格说来，并非正法。然远在唐代，能有此认识，已属难能可贵了。原文即以太阳、月亮及五行论吉凶，今仅具《象吉通书》把真太阳、太阴到各山分金日时摘录于

下,供大家选用。其余五星因过于复繁,拟在《张果星宗》《管规辑要》等天星书中详细介绍。

一、历数真太阳正到分金躔度定局。

冬至	小寒	大寒	立春	雨水	惊蛰
一日	一日	一日	一日	一日	一日
戊 二日	癸 二日	丁 二日	壬 二日	丙 二日	癸 二日
寅 三日	丑 三日	丑 三日	子 三日	子 三日	亥 三日
山 四日	山 四日	山 四日	山 四日	山 四日	山 四日
五日	五日	五日	五日	五日	五日
六日	六日	六日	六日	六日	六日
丙 七日	辛 七日	乙 七日	庚 七日	甲 七日	辛 七日
寅 八日	丑 八日	丑 八日	子 八日	子 八日	亥 八日
山 九日	山 九日	山 九日	山 九日	山 九日	山 九日
十日	十日	十日	十日	十日	十日
十一日	十一日	十一日	十一日	十一日	十一日
正 十二日	己 十二日	正 十二日	戊 十二日	正 十二日	己 十二日
艮 十三日	丑 十三日	癸 十三日	子 十三日	壬 十三日	亥 十三日
山 十四日	山 十四日	山 十四日	山 十四日	山 十四日	山 十四日
十五日	十五日	十五日	十五日	十五日	十五日

春分	清明	谷雨	立夏	小满	芒种
一日	一日	一日	一日	一日	一日
丁 二日	壬 二日	丙 二日	辛 二日	乙 二日	庚 二日
亥 三日	戌 三日	戌 三日	酉 三日	酉 三日	申 三日
山 四日	山 四日	山 四日	山 四日	山 四日	山 四日
五日	五日	五日	五日	五日	五日
六日	六日	六日	六日	六日	六日
乙 七日	庚 七日	甲 七日	己 七日	癸 七日	戊 七日
亥 八日	戌 八日	戌 八日	酉 八日	酉 八日	申 八日
山 九日	山 九日	山 九日	山 九日	山 九日	山 九日
十日	十日	十日	十日	十日	十日
十一日	十一日	十一日	十一日	十一日	十一日
正 十二日	戌 十二日	正 十二日	丁 十二日	正 十二日	丙 十二日
乾 十三日	戌 十三日	辛 十三日	酉 十三日	庚 十三日	申 十三日
山 十四日	山 十四日	山 十四日	山 十四日	山 十四日	山 十四日
十五日	十五日	十五日	十五日	十五日	十五日

夏至	小暑	大暑	立秋	处暑	白露
一日	一日	一日	一日	一日	一日
甲 二日	己 二日	癸 二日	戊 二日	壬 二日	丁 二日
申 三日	未 三日	未 三日	午 三日	午 三日	巳 三日
山 四日	山 四日	山 四日	山 四日	山 四日	山 四日
五日	五日	五日	五日	五日	五日
六日	六日	六日	六日	六日	六日
壬 七日	丁 七日	辛 七日	丙 七日	庚 七日	乙 七日
申 八日	未 八日	未 八日	午 八日	午 八日	巳 八日
山 九日	山 九日	山 九日	山 九日	山 九日	山 九日
十日	十日	十日	十日	十日	十日
十一日	十一日	十一日	十一日	十一日	十一日
正 十二日	乙 十二日	正 十二日	甲 十二日	正 十二日	癸 十二日
庚 十三日	未 十三日	丁 十三日	午 十三日	丙 十三日	巳 十三日
山 十四日	山 十四日	山 十四日	山 十四日	山 十四日	山 十四日
十五日	十五日	十五日	十五日	十五日	十五日

秋分	寒露	霜降	立冬	小雪	大雪
一日	一日	一日	一日	一日	一日
辛 二日	丙 二日	庚 二日	乙 二日	己 二日	甲 二日
巳 三日	辰 三日	辰 三日	卯 三日	卯 三日	寅 三日
山 四日	山 四日	山 四日	山 四日	山 四日	山 四日
五日	五日	五日	五日	五日	五日
六日	六日	六日	六日	六日	六日
己 七日	甲 七日	戊 七日	癸 七日	丁 七日	壬 七日
巳 八日	辰 八日	辰 八日	卯 八日	卯 八日	寅 八日
山 九日	山 九日	山 九日	山 九日	山 九日	山 九日
十日	十日	十日	十日	十日	十日
十一日	十一日	十一日	十一日	十一日	十一日
正 十二日	壬 十二日	正 十二日	辛 十二日	正 十二日	庚 十二日
巽 十三日	辰 十三日	乙 十三日	卯 十三日	甲 十三日	寅 十三日
山 十四日	山 十四日	山 十四日	山 十四日	山 十四日	山 十四日
十五日	十五日	十五日	十五日	十五日	十五日

二、真太阴斗母正到分金定局。

月\山	正	二	三	四	五	六	七	八	九	十	十一	十二
壬子山	初一	廿六	廿四	廿二	十九	十七	十五	十二	初十	初八	初五	初三
	初二	廿七	廿五	廿三	二十	十八	十六	十三	十一	初九	初六	初四
	初三	廿八	廿六	廿四	廿一	十九	十七	十四	十二	初十	初七	初五
乾亥山	初四	初一	廿七	廿五	廿二	二十	十八	十五	十三	十一	初八	初六
	初五	初二	廿八	廿六	廿三	廿一	十九	十六	十四	十二	初九	初七
辛戌山	初六	初三	初一	廿七	廿四	廿二	二十	十七	十五	十三	初十	初八
	初七	初四	初二	廿八	廿五	廿三	廿一	十八	十六	十四	十一	初九
庚酉山	初八	初五	初三	初一	廿六	廿四	廿二	十九	十七	十五	十二	初十
	初九	初六	初四	初二	廿七	廿五	廿三	二十	十八	十六	十三	十一
	初十	初七	初五	初三	廿八	廿六	廿四	廿一	十九	十七	十四	十二
坤申山	十一	初八	初六	初四	初一	廿七	廿五	廿二	二十	十八	十五	十三
	十二	初九	初七	初五	初二	廿八	廿六	廿三	廿一	十九	十六	十四
丁未山	十三	初十	初八	初六	初三	初一	廿七	廿四	廿二	二十	十七	十五
	十四	十一	初九	初七	初四	初二	廿八	廿五	廿三	廿一	十八	十六
丙午山	十五	十二	初十	初八	初五	初三	初一	廿六	廿四	廿二	十九	十七
	十六	十三	十一	初九	初六	初四	初二	廿七	廿五	廿三	二十	十八
	十七	十四	十二	初十	初七	初五	初三	廿八	廿六	廿四	廿一	十九
巽巳山	十八	十五	十三	十一	初八	初六	初四	初一	廿七	廿五	廿二	二十
	十九	十六	十四	十二	初九	初七	初五	初二	廿八	廿六	廿三	廿一
乙辰山	二十	十七	十五	十三	初十	初八	初六	初三	初一	廿七	廿四	廿二
	廿一	十八	十六	十四	十一	初九	初七	初四	初二	廿八	廿五	廿三
甲卯山	廿二	十九	十七	十五	十二	初十	初八	初五	初三	初一	廿六	廿四
	廿三	二十	十八	十六	十三	十一	初九	初六	初四	初二	廿七	廿五
	廿四	廿一	十九	十七	十四	十二	初十	初七	初五	初三	廿八	廿六
艮寅山	廿五	廿二	二十	十八	十五	十三	十一	初八	初六	初四	初一	廿七
	廿六	廿三	廿一	十九	十六	十四	十二	初九	初七	初五	初二	廿八
癸丑山	廿七	廿四	廿二	二十	十七	十五	十三	初十	初八	初六	初三	初一
	廿八	廿五	廿三	廿一	十八	十六	十四	十一	初九	初七	初四	初二

卷四

论天河转运尊帝内局帝星流行次第

【原文】天河转运尊帝之名，为天帝行宫之星，所到处为福最大。

年起例：上元、下元甲子起乾，中元甲子起坎顺行；月起例：阳年正月起艮，阴年正月起震顺行；月起例：冬至甲子起乾，夏至甲子起坎顺行；时起例：阳日子时起乾，阴日子时起坎顺行。

俱不入中宫，其大概相同。运用之法，先贤多隐秘不著于书，故世罕知之。其义一卦三山，止年家所用者，以月日时俱此取用，大不合理。如甲子阳年正月起艮，一月之内分占三山，每山各得十日。二月到离，乃四正之宫，又与四维之山同，故一月共管三山也。凡五行同者，一月共管。五行异者，一月分管。

用日之法，如甲子年正月丙寅日作艮，冬至后甲子起乾，乙丑兑、丙寅艮，其日尊星尚不在艮，只在丑；帝星不到坤，只到未。至第二轮甲戌尊星方到艮，第三轮壬午尊星方到寅，帝星方到申也。如五月用乙丑日，甲子起坎，乙丑坤，一轮尊星到申，帝星到寅。至第二轮甲戌日，尊星方到坤，帝星方到艮也。

用时之法，以五子遁看阳日、阴日用之。如丙寅日用寅时是阳日，子时起乾，丑时兑、寅时艮，顺局第一轮尊星只到丑，帝星到未。至第二轮戌时方到艮坤也。若丁卯日用寅时是阴日，子时起坎，丑时坤，寅时震，震管甲卯乙，逆局寅时是，第一轮尊星只到乙，帝星只到辛，至第二轮戌时尊星方到卯酉也。

二星五行无统属，各随花甲纳音定之，以取生旺。如夏至后己巳日作兑，纳音木当退气之时，不吉。癸酉日作坤，纳音金当进气之时，又正到坤位，申属金，大吉。能压伏一切之凶及速作福。仿此例推之。

【注解】尊星为北斗,帝星为南斗,再加西斗玉清,东斗玉印,四星如磨逆转,故称天河转运;《造命千金歌》云"四要尊星当六甲","天河转运为第一,官职从此出",皆言天河转运之吉。

一、年局歌诀:

上元甲子乾宫起,中元甲子坎宫推。

下元甲子依乾取,不入中宫寻支处。

太岁到处尊星是,岁君对处帝星居。

顺飞八宫游掌上,到山到方任施为。

依此法,帝星年局表见第109面上部。

二、月局。

月局要注意两个问题,一是要分阳年和阴年。甲己、丁壬、戊癸为阳年,正月起艮顺行;乙庚、丙辛为阴年,正月起震顺行。二是月令的分界以入节为主。即立春后为正月、惊蛰后为二月、清明后三月、立夏后四月、芒种后五月、小暑后六月、立秋后七月、白露后八月、寒露后九月、立冬后十月、大雪后十一月、小寒后十二月。千万不能以为正月初一即正月,二月初一即二月。依此法,帝星月局表见第109面下部。

三、日局(帝星日局表见第110面上部)。

四、时局(帝星时局表见第110面下部)。

有人认为,尊星每年芒种第四日会太阳于午宫二十八度,大雪第三日会太阳于子宫二十七度,其临幸地区工商蓬勃,建设突进。用以建宅,门高驷马,秀起文龙;用以安葬,子孙鑫斯,福泽绵长;用以修方,金石为开,如意吉祥;人命值之,禀中正之德,居显达之尊,威名服众,恩泽被人,富贵寿考。

尊星每年谷雨第十五日,会太阳于中宫二度,地区得其临幸,祥风霖雨,物富民康。用以建宅,崇基永固,大展鸿图;用以安葬,子孙繁昌,克享悠久;用以修方,迎祥纳福,长乐无疆;人命

方星＼年		甲子	乙丑	丙寅	丁卯	戊辰	己巳	庚午	辛未
		壬申	癸酉	甲戌	乙亥	丙子	丁丑	戊寅	己卯
		庚辰	辛巳	壬午	癸未	甲申	乙酉	丙戌	丁亥
		戊子	己丑	庚寅	辛卯	壬辰	癸巳	甲午	乙未
		丙申	丁酉	戊戌	己亥	庚子	辛丑	壬寅	癸卯
		甲辰	乙巳	丙午	丁未	戊申	己酉	庚戌	辛亥
		壬子	癸丑	甲寅	乙卯	丙辰	丁巳	戊午	己未
		庚申	辛酉	壬戌	癸亥				
中元	帝星	离	艮	兑	乾	巽	震	坤	坎
	尊星	坎	坤	震	巽	乾	兑	艮	离
	玉清	兑	巽	坎	艮	坤	离	乾	震
	玉印	震	乾	离	坤	艮	坎	巽	兑
下元 上元	帝星	巽	震	坤	坎	离	艮	兑	乾
	尊星	乾	兑	艮	离	坎	坤	震	巽
	玉情	坤	离	乾	震	兑	巽	坎	艮
	玉印	艮	坎	巽	兑	震	乾	离	坤

阳年	甲丁戊己壬癸年	正月	二月	三月	四月	五月	六月	七月	八月
		九月	十月	十一月	十二月				
阴年	乙丙庚辛年					正月	二月	三月	四月
		五月	六月	七月	八月	九月	十月	十一月	十二月
星	帝星	坤	坎	离	艮	兑	乾	巽	震
	尊星	艮	离	坎	坤	震	巽	乾	兑
	玉清	乾	震	兑	巽	坎	艮	坤	离
	玉印	巽	兑	震	乾	离	坤	艮	坎

值之,神清凝远,器宇谦冲,创业立功,福德优隆。所以《选择宗镜》极言二星之吉。

尊帝二星亦有异议,《钦定协纪辨方书》就将尊帝二星列入"辨伪"一节。书中曰:"考其起例,甚无义理,宜乎台本之不用也。其曰年例,上元、下元甲子起乾六,中元甲子起坎一。盖自上元甲子起乾六,至己未年而七周,庚申年又值乾六,则中元甲子必起坎一也。然下元甲子六十年既尽，而再起上元，则不能复至乾六，与三元九宫之义不合。且既用飞九宫，而不用中宫，亦属非理，大抵亦术士捏造耳。其阳年正月起艮八，亦即月九星正月起八白之义。然年例已不合，月日时益不足矣。"

阴阳	方星	日	甲子	乙丑	丙寅	丁卯	戊辰	己巳	庚午	辛未
			壬申	癸酉	甲戌	乙亥	丙子	丁丑	戊寅	己卯
			庚辰	辛巳	壬午	癸未	甲申	乙酉	丙戌	丁亥
			戊子	己丑	庚寅	辛卯	壬辰	癸巳	甲午	乙未
			丙申	丁酉	戊戌	己亥	庚子	辛丑	壬寅	癸卯
			甲辰	乙巳	丙午	丁未	戊申	己酉	庚戌	辛亥
			壬子	癸丑	甲寅	乙卯	丙辰	丁巳	戊午	己未
			庚申	辛酉	壬戌	癸亥				
冬至后阳局	帝星		巽	震	坤	坎	离	艮	兑	乾
	尊星		乾	兑	艮	离	坎	坤	震	巽
夏至后阴局	帝星		离	艮	兑	乾	巽	震	坤	坎
	尊星		坎	坤	震	巽	乾	兑	艮	离

日	方星	时	子申	丑酉	寅戌	卯亥	辰	巳	午	未
甲己丁壬戊癸阳	帝星		乾	兑	艮	离	坎	坤	震	巽
	尊星		巽	震	坤	坎	离	艮	兑	乾
乙庚丙辛阴	帝星		离	艮	兑	乾	巽	震	坤	坎
	尊星		坎	坤	震	巽	乾	兑	坎	离

　　细思尊帝二星，不仅起例不合，取义亦多自相矛盾。如阳年、阴年起例，是以合气论，甲己化土、丁壬化木、戊癸化火，选择中以木火土为阳，故称阳年。乙庚化金、丙辛化水，选择中以金水为阴，故称阴年。所谓合气者，二干均见方合，若只是一干，岂能曰合？既不合，则己丁癸为阴，又何能为阳？是自相矛盾。又

如时起例,一天十二时辰,飞八宫一轮有半;阴阳二局不能相接。原书又认为一宫管三山,如丙寅日用寅时,是阳日,子时起乾、丑时兑,顺局第一轮尊星只到丑,第二轮戌时方到艮。照此理,一日只有十二辰,只能轮一轮半,丑时尚有戌时重复,若修寅方,是永无时尊星到方也。而辰时后只有一轮,余宫均有二山永无时帝星也。故尊帝二星之法,皆与理不合,言其为伪,实不为过。

纲极二星外局吉曜

【原文】

天纲（吉）	天镇	天福（吉）	天火	天刑	金星
天极（吉）	天复	天常（吉）	天杀	天纽	七杀

天纲、天极乃七政中之枢纽,亦为天帝行宫之星,主宰阴阳,调化神煞,纪纲造化,比之尊帝,发福尤重,极为妙用。例以甲己、丁壬、戊癸年月日时为阳,从酉上起子,顺行十二宫。乙辛、丙庚年月日时为阴,寅上起子,逆行十二宫。遍寻天纲、天极、天福、天常四星到处,四课全主吉。更逢岁命禄马贵同到山向方,则文为良相,武为良将,富贵双全。下人遇之,克日增益财禄,子孙昌盛。且如文婆地,丙申四课,正合此局,天纲、天极主照癸丁,故三年内文丞相状元及第,此亦文魁星耳。

甲己、丁壬、戊癸阳年月日时。子年以天纲加酉,天镇加戌,顺布十二位,遇纲极福常四星吉。丑年天纲加戌乾,寅年加亥壬顺行。如甲子年月日时以天纲加酉辛,则天福在亥壬,天极在卯乙,天常在巳丙,四位吉。余仿此。

丙庚、乙辛阴年月日时。子年以天纲加寅甲,天镇加丑艮,逆布十二位,遇纲纪福常四星吉。丑年天纲加丑艮,寅年天纲加子癸逆行。如丙子年月日时,以天纲加寅甲,天常在午丁,天极在申庚,天福在子癸,四位吉。余仿此。

【注解】阳、阴年月日时十二星定局分别见以下的上、下表。

星\山　年月日时	甲子戊子壬子	己丑丁丑癸丑	甲寅戊寅壬寅	己卯丁卯癸卯	甲辰戊辰壬辰	己巳丁巳癸巳	甲午戊午壬午	己未丁未癸未	甲申戊申壬申	己酉丁酉癸酉	甲戌戊戌壬戌	己亥丁亥癸亥
酉辛	天纲	七杀	天纽	天杀	天常	天复	天极	金星	天刑	天火	天福	天镇
戌乾	天镇	天纲	七杀	天纽	天杀	天常	天复	天极	金星	天刑	天火	天福
亥壬	天福	天镇	天纲	七杀	天纽	天杀	天常	天复	天极	金星	天刑	天火
子癸	天火	天福	天镇	天纲	七杀	天纽	天杀	天常	天复	天极	金星	天刑
丑艮	天刑	天火	天福	天镇	天纲	七杀	天纽	天杀	天常	天复	天极	金星
寅甲	金星	天刑	天火	天福	天镇	天纲	七杀	天纽	天杀	天常	天复	天极
卯乙	天极	金星	天刑	天火	天福	天镇	天纲	七杀	天纽	天杀	天常	天复
辰巽	天复	天极	金星	天刑	天火	天福	天镇	天纲	七杀	天纽	天杀	天常
巳丙	天常	天复	天极	金星	天刑	天火	天福	天镇	天纲	七杀	天纽	天杀
午丁	天杀	天常	天复	天极	金星	天刑	天火	天福	天镇	天纲	七杀	天纽
未坤	天纽	天杀	天常	天复	天极	金星	天刑	天火	天福	天镇	天纲	七杀
申庚	七杀	天纽	天杀	天常	天复	天极	金星	天刑	天火	天福	天镇	天纲

星\山　年月日时	丙子庚子	乙丑辛丑	丙寅庚寅	乙卯辛卯	丙辰庚辰	乙巳辛巳	丙午庚午	乙未辛未	丙申庚申	乙酉辛酉	丙戌庚戌	乙亥辛亥
寅甲	天纲	七杀	天纽	天杀	天常	天复	天极	金星	天刑	天火	天福	天镇
丑艮	天镇	天纲	七杀	天纽	天杀	天常	天复	天极	金星	天刑	天火	天福
子癸	天福	天镇	天纲	七杀	天纽	天杀	天常	天复	天极	金星	天刑	天火
亥壬	天火	天福	天镇	天纲	七杀	天纽	天杀	天常	天复	天极	金星	天刑
戌乾	天刑	天火	天福	天镇	天纲	七杀	天纽	天杀	天常	天复	天极	金星
酉辛	金星	天刑	天火	天福	天镇	天纲	七杀	天纽	天杀	天常	天复	天极
申庚	天极	金星	天刑	天火	天福	天镇	天纲	七杀	天纽	天杀	天常	天复
未坤	天复	天极	金星	天刑	天火	天福	天镇	天纲	七杀	天纽	天杀	天常
午丁	天常	天复	天极	金星	天刑	天火	天福	天镇	天纲	七杀	天纽	天杀
巳丙	天杀	天常	天复	天极	金星	天刑	天火	天福	天镇	天纲	七杀	天纽
辰巽	天纽	天杀	天常	天复	天极	金星	天刑	天火	天福	天镇	天纲	七杀
卯乙	七杀	天纽	天杀	天常	天复	天极	金星	天刑	天火	天福	天镇	天纲

其法为伪。其一、既曰天星，查天星表，除天火有天火将军，天福有天辐尚可相似外，余星皆无，谐音字也未有一个，与天象不符，多是人杜撰耳。

其二、死板推排，毫无变化，与五行生克之理不符。如丙子、庚子，天常在午丁；乙丑、辛丑，天极在未坤等，均是吉星临六冲甚至克杀之位，又何能言吉？又如甲子、戊子、壬子，天刑临丑艮，七杀临申庚，天复临辰巽；己卯、丁卯、癸卯，天纽临戌乾，七杀临亥壬，天复临未丁等，均是凶神临年月日时六合、三合之位。选择造命中莫不以三六合为吉，此却为凶，故与五行生克冲合制化之义不符；况且还有岁禄、命禄、岁贵、命贵等临于凶方，皆是无理。

五龙五库帝星（用埋葬）

【原文】五龙五库帝星乃金盘局中九星之别名也，亦与鸣伏相表里，专主葬埋，不论造作。

经云"五龙五库照坟茔，富贵自然生"，其义可见。又曰："修着官符便发达，制着流财财更发。若遇空亡空里旺，又能压伏诸神煞"是也。但所到之处要与太岁禄马、亡命禄马同到，为帝驾得用，无不发福。禄马不到，帝星失辅，终难发越。若得禄马，又与雷霆合气，四吉交临，尤为美利。

此星只以月家为用，日时次之。星例具下：

朱雀，主口舌。贵人，旺人丁。损伤，主夭亡。刑诛，主官讼。五龙，主贵显。罗睺，主虚惊。孤宿，主破亡。武库，主横财。阴祸，损女人。荧惑，主火灾。五库，制凶旺财。黑杀，主瘟疫。龙库年月日时定局（见下面的表）。

年月日时从本建上起朱雀，顺行十二宫，吉凶自见。此又与捉煞帝星同体，但捉煞帝星取黄道为用，不能为福，学者知之。

年月日时	子	丑	寅	卯	辰	巳	午	未	申	酉	戌	亥
朱雀凶 主口舌	子癸	丑艮	寅甲	卯乙	辰巽	巳丙	午丁	未坤	申庚	酉辛	戌乾	亥壬
贵人吉 旺人丁	丑艮	寅甲	卯乙	辰巽	巳丙	午丁	未坤	申庚	酉辛	戌乾	亥壬	子癸
损伤凶 主夭亡	寅甲	卯乙	辰巽	巳丙	午丁	未坤	申庚	酉辛	戌乾	亥壬	子癸	丑艮
刑诛凶 主官讼	卯乙	辰巽	巳丙	午丁	未坤	申庚	酉辛	戌乾	亥壬	子癸	丑艮	寅甲
五龙吉 主贵显	辰巽	巳丙	午丁	未坤	申庚	酉辛	戌乾	亥壬	子癸	丑艮	寅甲	卯乙
罗睺凶 主虚惊	巳丙	午丁	未坤	申庚	酉辛	戌乾	亥壬	子癸	丑艮	寅甲	卯乙	辰巽
孤宿凶 主破亡	午丁	未坤	申庚	酉辛	戌乾	亥壬	子癸	丑艮	寅甲	卯乙	辰巽	巳丙
武库吉 主横财	未坤	申庚	酉辛	戌乾	亥壬	子癸	丑艮	寅甲	卯乙	辰巽	巳丙	午丁
阴祸凶 主损女人	申庚	酉辛	戌乾	亥壬	子癸	丑艮	寅甲	卯乙	辰巽	巳丙	午丁	未坤
荧惑凶 主火灾	酉辛	戌乾	亥壬	子癸	丑艮	寅甲	卯乙	辰巽	巳丙	午丁	未坤	申庚
五库吉 制凶旺财	戌乾	亥壬	子癸	丑艮	寅甲	卯乙	辰巽	巳丙	午丁	未坤	申庚	酉辛
黑杀凶 主瘟设	亥壬	子癸	丑艮	寅甲	卯乙	辰巽	巳丙	午丁	未坤	申庚	酉辛	戌乾

【注解】此法初看，五龙吉星均临年月日时三合之方，似乎合理，再一细究，非也。不仅失之呆板，毫无变化，且与五行生克冲合之理不合。如丑见子为黑杀，见酉为阴祸；寅见亥为荧惑，见戌为阴祸；申见巳为荧惑；酉见巳为阴祸；卯见申为罗睺，见亥为阴祸等；均是年月日时见三六合为凶；至于以长生、禄旺为凶，以死绝为吉者，更是多见，实与义理不合，故诸多通书均未收。

本书作者也深知其法之伪，为说明其法之应，云："与太岁禄马、亡命禄马同到，为帝驾得用，无不发福。禄马不到，帝星失辅，终难发越。"实狐假虎威也，使其吉者，太岁亡命禄马也，贵人也，非帝星也，万不可被其所误。

卷五

太岁禄马贵人要生旺有气

【原文】太岁贵人禄马,能消化凶杀,召致吉福。须察生旺休废,进气退气之时,大怕月建相冲,空亡刑害。运用之秘,不专以到山到向为吉,合方合向亦为有力。但要乘气旺之时,到气旺之宫,得诸吉星同到,斯为全吉。且如辛巳年,以己亥为马,十月作艮,亥马在中宫。如再轮亥马到艮,艮中有寅,寅与亥合木,又临官于寅,合马有气,又乘生旺,得诸吉佐,吉莫胜言。其余禄马贵人,依此法用。但禄马喜临坐山,贵人喜临方向。

本命贵人禄马要引提冲合

【原文】禄马一例,取用贵人,分辨阴阳,所到之宫,禄马最怕空亡,贵人最忌刑害。空亡者,月家;刑害者,吊家。虽临旺地,亦不为妙,反有衣禄之厄,官讼之挠。且夫九宫飞遁,世所共晓,其中妙理,在引提冲合。又有守宫朝元不同,守宫到山,朝元到向。取用之法,守宫禄马宜冲,朝元禄马要合。贵人不论阴阳,俱要引合,乃能获福。如甲申命,甲子年十月作艮,禄马同途在艮,艮寅同宫,岁命本禄俱在艮,真禄飞遁又在艮,作之吉。然扦山坐要用申字冲出寅字,用亥字合出寅字,又得诸吉佐助,发福爽快。

若贵人又是一家,取用与禄马不同。如甲命以丑未为贵人,十月作用,未贵人主事,十月飞遁到巽入阴宫,最妙,要取壬癸日贵引动飞遁本宫之贵;壬癸以巳为阴贵,巳巽同宫。他仿此。

又如甲命,禄到乾,用壬甲日吉,壬甲从乾,壬禄在亥,亥隶乾;甲禄到寅,寅与壬禄之亥合,故吉。又如甲禄到寅,用乙亥,乙

禄在震,亥又与寅合,亦吉。又甲命,贵人丑到兑,用丁日,丁贵在
酉;甲贵到巽,用壬癸日,贵人在巽,巽隶巳,皆是临合临引之地,
最玄最妙。《直指》中此为紧切,故备引以与学者共焉。

又法,如甲禄在乾用壬日,癸禄在坤用庚日之类,皆吉。贵人
到兑用酉日,到震用卯日,吉。各具图于下:

禄到乾,宜壬申卯未日,取亥隶乾,壬日禄在亥。

禄到兑,宜用辛巳酉日,取酉隶兑,辛日禄在酉。

禄到艮,宜用甲午戌日,取寅隶艮,甲日禄在寅。

禄到离,宜用丁己寅戌日,取午隶离,丁己禄居午。

禄到坎,宜用癸申辰日,取子隶坎,癸日禄在子。

禄到坤,宜用庚子辰日,取申隶坤,庚日禄在申。

禄到震,宜用乙亥未日,取卯隶震,乙日禄在卯,又亥日合卯。

禄到巽,宜用丙戊申子酉丑日,取巳隶巽,丙戊日禄在巳。

甲命禄寅,宜申日冲出。乙命禄卯,宜酉日冲出。

丙戊命禄巳,宜亥日冲出。丁己命禄午,宜子日冲出。

庚命禄申,宜寅日冲出。辛命禄酉,宜卯日冲出。

壬命禄亥,宜巳日冲出。癸命禄子,宜午日冲出。

贵人与禄马取用不同,要在分辨阴阳。

阳贵人冬至后用之有力,飞在阳宫尤有力。

阴贵人夏至后用之有力,飞在阴宫尤有力。

贵到兑宜丙丁酉日引出,取酉隶兑,丙丁贵在酉。

贵到震,宜壬癸卯日引出,取卯隶震,壬癸贵在卯。

贵到坎,宜乙己子日引出,取子隶坎,乙己贵在子。

贵到离,宜辛日午日引出,取午隶离,辛贵在午。

贵到乾,宜丙丁亥日引出,取亥隶乾,丙丁贵在亥。

贵到巽,宜壬癸巳日引出,取巳隶巽,壬癸贵在巳。

贵到坤,宜乙巳申日,甲戊庚未日引出,取申未隶坤,乙己贵

在申,甲戊庚贵在未。

贵到艮,宜辛日寅日,甲戊庚丑日引出,取寅丑隶艮,辛贵在寅,甲戊庚贵在丑。

论禄马贵人当用《元经》吊替不当泥八山定局

【原文】乾甲山,禄在寅,取寅年月。贵在丑未,取丑未年月。

坎癸申辰山,禄在子,取子年月。贵巳卯,取巳卯年月。

艮丙山,禄在巳,取巳年月。贵亥酉,取亥酉年月。

震庚亥未山,禄在申,取申年月。贵丑未,取丑未年月。

巽辛山,禄在酉,取酉年月。贵在午寅,取午寅年月。

离壬寅戌山,禄在亥,取亥年月。贵巳卯,取巳卯年月。

坤乙山,禄在卯,取卯年月。贵子申,取子申年月。

兑丁巳丑山,禄在午,取午年月。贵亥酉,取亥酉年月。

此八山定局之禄贵,庸俗专以之取日,然历考之,仅能免灾祸而已。若欲的然召吉发福,仍当取《元经》之吊宫贵人禄马。

又,《元经》中有贵人大会法,最吉。此法惟戊年三月作艮,吊得己未到艮,是阴贵会阳贵之宫。庚年六月作坤,吊得己丑到坤,是阳贵会阴贵之宫,更得甲戊庚日时,又得宅长是甲戊庚命,修此方道,主财喜婚姻,福禄吉庆,子孙文章贵显。

吊宫天星禄马贵人到山

【原文】视天上七政,宜当有气、进气之时,宜涓本命禄马旺相干支纳音日时以补之,则发福速。

天星贵禄马所属:

子丑二宫属土。寅亥二宫属木。卯戌二宫属火。

辰酉二宫属金。巳申二宫属水。午宫太阳。未宫太阴。

如甲子太岁、生命,甲禄寅,木为禄元。子申辰马在寅,木为马元。甲岁命以丑未为贵人,土与太阴为贵元。视台历上其星到山为守宫,到向为朝元。经云:"天上星辰照地支,用年宫主好详推。一飞朝揖尤为贵,禄马双全自古稀。"一以月建入中,飞寻前禄马贵元到山向,宜有气生旺进气之时,更在得地旺相之宫,再得本命禄马旺相,干支日时扶补之,则发福速。如甲年十二月作乾宫山,甲年禄寅,属木;马寅又属木。以月建丑入中飞遁,见寅禄马俱在乾,又当十二月进气,在亥又为长生得地,尤吉。更择木局日时并甲乙干及纳音木以扶补寅木之禄马,则发福速而耐久也。

　　【注解】以上四节,均言禄马贵人。禄是十干禄,马是地支驿马,贵是十干天乙贵人。禄马贵人是选择造命的重要根据,故将用法分别详细予以介绍。

　　一、十干禄

　　所谓禄者,即本命天干与岁干的临官之位,吉于帝旺。因帝旺过后,则是衰气,不能长久,而临官之后是帝旺,福泽绵远。且旺则极,过则灾,故术数均以临官为美,取名曰"禄"。甲禄寅、乙禄卯、丙戊禄巳、丁己禄午、庚禄申、辛禄酉、壬禄亥、癸禄子。年月日时及本命天干同。

　　禄有禄位与真禄之分。所谓真禄者,即以本命或本年五虎遁,其禄天干上得何干,其干支就是真禄。如甲命或甲年,甲禄寅,五虎遁为丙,丙寅就是甲年或甲命之真禄。而戊寅、庚寅、壬寅、甲寅则称为禄位。如此则各干真禄是:

　　　　甲命甲年——丙寅,乙命乙年——己卯,
　　　　丙命丙年——癸巳,丁命丁年——丙午,
　　　　戊命戊年——丁巳,己命己年——庚午,
　　　　庚命庚年——甲申,辛命辛年——丁酉,
　　　　壬命壬年——辛亥,癸命癸年——甲子。

今据《钦定协纪辨方书》摘录十干真禄飞宫图于下：

月\干	甲	乙	丙戊	丁己	庚	辛	壬	癸
正月	中	乾	艮	离	坤	震	中	乾
二月	坎	中	兑	艮	坎	坤	巽	中
三月	离	坎	乾	兑	离	坎	震	巽
四月	艮	离	中	乾	艮	离	坤	震
五月	兑	艮	坎	中	兑	艮	坎	坤
六月	乾	兑	离	坎	乾	兑	离	坎
七月	中	乾	艮	离	中	乾	艮	离
八月	巽	中	兑	艮	坎	中	兑	艮
九月	震	巽	乾	兑	离	坎	乾	兑
十月	坤	震	中	乾	艮	离	中	乾
十一月	坎	坤	巽	中	兑	艮	坎	中
十二月	离	坎	震	巽	乾	兑	离	坎

上表中戊从丙，己从丁，并非戊己真禄，因维持原图之貌，并未改正，特说明。

《选择宗镜》曰："禄马贵人，山方皆吉，在本遁内者为有力，遁外次之。"何为本遁？即飞宫第一轮。禄马贵人在第一轮见之为有力，二三轮见之力轻，四轮以后为无用。如上表，甲年以丙寅为真禄，二月第七轮在坎方，三月第七轮在离方，四月第七轮在艮方等，虽为真马，亦是无用。其他天干，六轮外亦占多数。所以《通书》取飞宫禄只取地支一二轮见即是，其力反比四五轮后见真禄大，故选择家多从之。其表见第120面。

禄临宫有吉有凶，以禄临生、临旺、临合、临马、临贵为吉。

生禄：甲子、甲寅、甲辰、甲午、甲申、甲戌，八月寅禄临坎；乙丑、乙巳、乙未、乙酉、乙亥，九月卯禄临坎；丙寅、丙子、丙辰、丙午、丙戌，正月巳禄临艮，九月临震；戊子、戊寅、戊辰、戊午、戊戌，巳禄正月临艮，九月临震；丁丑、己丑、丁卯、己卯、丁巳、己巳、丁未、己未、丁亥、己亥，二月巳禄临寅，十月巳禄临震；庚子、庚寅、庚辰、庚午、庚申、庚戌，申禄正月临坤，四月临艮；辛酉、辛卯、辛亥、辛巳，酉禄二月临坤，五月临艮；壬子、壬辰、壬午、壬申、壬戌，亥禄四月临申，八月、十一月临兑，九月、十二月临乾；癸丑、癸巳、癸未、癸亥、癸酉，子禄五月临申，正月十月临乾，九月、十二月临兑等是。

月 ＼ 干方	甲	乙	丙戊	丁己	庚	辛	壬	癸
正月	中	乾	艮	离	坤	震	中	乾
二月	兑	中	兑	艮	坎	坤	巽	中
三月	乾	兑	乾	兑	离	坎	震	巽
四月	中	乾	中	乾	艮	离	坤	震
五月	巽	中	兑	中	兑	艮	坎	坤
六月	震	巽	乾	乾	乾	兑	离	坎
七月	坤	震	中	乾	中	乾	艮	离
八月	坎	坤	巽	中	兑	中	兑	艮
九月	离	坎	震	巽	乾	兑	乾	兑
十月	艮	离	坤	震	中	乾	中	乾
十一月	兑	艮	坎	坤	巽	中	兑	中
十二月	乾	兑	离	坎	震	巽	乾	兑

旺禄：甲子、甲寅、甲辰、甲午、甲戌，寅禄六月临震，十月临寅；乙丑、乙卯、乙巳、乙未、乙亥，卯禄七月临震，十一月临寅；丙寅、戊寅、丙辰、戊辰、丙午、戊午、丙戌、戊戌，巳禄八月临巳，十二月临离；丁丑、己丑、丁卯、己卯、丁未、己未、丁巳、己巳、丁酉、己酉，午禄正月临离，九月临巳；庚子、庚辰、庚午、庚申、庚戌，申禄

正月临申,五月八月临兑,六月九月临乾;辛丑、辛巳、辛未、辛酉、辛亥,酉禄二月临申,六月、九月临兑,七月、十月临乾;壬子、壬寅、壬辰、壬申、壬戌,亥禄五月临坎,九月、十二月临亥;癸丑、癸卯、癸未、癸酉、癸亥,子禄正月、十月临亥,六月临坎等是。

合禄:六甲日寅禄临亥午戌,六乙日卯禄临戌亥未;六丙、六戊日巳禄临申酉丑;六丁、六己日午禄临未寅戌;六庚日申禄临巳子辰;六辛日酉禄临辰巳丑;六壬日亥禄临寅卯未;六癸日子禄临丑申辰等是。

贵禄:六甲日寅禄临丑未,六戊日巳禄临丑未,六庚日申禄临丑未,六丙日巳禄临酉,六丁日巳禄临酉,六乙日卯禄临子,六己日午禄临申,六辛日酉禄临寅午,六壬日亥禄临卯,六癸日子禄临卯巳等是。

临马:除寅申巳亥不宜直接相见外,余见均为临马,如甲子见寅等是。

禄以空亡、冲破、临绝为凶。

空亡禄:

甲子日寅禄临戌亥,甲戌日寅禄临申酉,甲申日寅禄临午未,甲午日寅禄临辰巳,甲寅日寅禄临子丑。甲辰日为无禄大败日。

乙丑日卯禄临戌亥,乙亥日卯禄临申酉,乙酉日卯禄临午未,乙未日卯禄临辰巳,乙卯日卯禄临子丑。乙巳日为无禄大败日。

丙寅、戊辰日巳禄临戌亥,丙辰、戊午日巳禄临子丑,丙午、戊申日巳禄临寅卯,丙戌戊子日巳禄临午未,丙子、戊寅日巳禄临申酉。丙申、戊戌二日为无禄大败日。

丁卯、己巳日午禄临戌亥,丁丑、己卯日午禄临申酉,丁酉、己亥日午禄临辰巳,丁未、己酉日午禄临寅卯,丁巳、己未日午禄临子丑。丁亥、己丑二日为无禄大败日。

庚午日申禄临戌亥,庚寅日申禄临午未,庚子日申禄临辰巳,庚戌日申禄临寅卯,庚申日申禄临子丑。庚辰日为无禄大败日。

辛未日酉禄临戌亥,辛卯日酉禄临午未,辛丑日酉禄临辰巳,辛亥日酉禄临寅卯,辛酉日酉禄临子丑。辛巳日为无禄大败日。

壬午日亥禄临申酉,壬辰日亥禄临午未,壬寅日亥禄临辰巳,壬子日亥禄临寅卯,壬戌日亥禄临子丑。壬申日为无禄大败日。

癸酉日子禄临戌亥,癸未日子禄临申酉,癸巳日子禄临午未,癸卯日子禄临辰巳,癸丑日子禄临寅卯。癸亥日为无禄大败日。

冲破禄:六甲日寅禄临申,六乙日卯禄临兑,六丙、六戊日巳禄临亥,六丁、六己日午禄临坎,六庚日申禄临寅,六辛日酉禄临震,六壬日亥禄临巳,六癸日子禄临离。

绝禄:六甲日寅禄临兑乾,六乙日卯禄临申乾,六丙、六戊日巳禄临子,六己、六丁日午禄临亥,六庚日申禄临卯,六辛日酉禄临寅,六壬日亥禄临午,六癸日子禄临巳等是。

原书巽辛山,取酉年月;乾甲山,取寅年月等,是以山之禄来扶助坐山,与造命中扶山之意相合,甚是有理。然纳甲三合之法,却大违义理。如离壬戌山,取亥年月,亥为壬之禄,与寅山生合尚吉。若午山取亥乃克绝之方,岂能言吉?故取禄要以正山正五行取,纳甲者非。

禄宜冲之说,纯属荒谬。冲主散,术数诸书均以冲为凶,吉从何来?原书取禄是以宫论,殊不知一卦统三山,吉凶大相径庭。如甲禄寅,若修申山为冲克,若修未山则是寅禄临贵人,岂可统以坤论?所以,论禄吉凶,均以山论,不能论宫,特订正。

二、驿马

驿马也有吉有凶,驿马临生旺、禄贵之方为吉;逢空亡、冲破、死绝为凶。《元经》又有禄前马后,马前禄后之说;也有合马、冲马、马料、马缰之说。驿马作用远不如禄贵,有兴趣者,参考《郭氏元经》"年马命马篇第四十七"和"山家禄马篇第四十八"及明万育吾《三命通会》等书的有关章节。

三、天乙贵人

天乙贵人在《郭氏元经·二遁贵人篇第六》中有详细说明，请参阅。

关于禄马贵人吉凶运用之法，原书所论，还有几处讹误。

（一）禄马喜临坐，贵人喜临方向。禄贵均为吉神，不论到山到向，只要不逢空亡、冲破，均以吉论，并无到山到方之分。

（二）禄马贵人要引提冲合。引提与合使其明显有力，均合义理。惟冲主散，若禄贵逢冲破，虽有似无。

（三）禄贵取用，以太岁为主，本命尤重。若能扶山相主，更为佳美，但均以坐山正五行论；原文用纳甲三合取坐山之禄为误。

（四）禄贵取用，当以造命取日为主，吊替为次。《选择宗镜》中载有补龙相主诸多古例，一一在目。原书云其为"庸俗"，"仅能免灾祸"，而以《元经》吊宫为重之说有误。盖阴阳二宅，以地为主，本方之贵尚不能召吉，飞宫岂能有力？切不可取。

（五）天星贵禄，实乃六合，并无新意，且有牵强之嫌。如寅与亥，二者相合，方能化木，若仅逢其一，寅为木、亥仍为水，决不能论木，故亦不可用。

差方禄马贵人所到之方要日辰合出（用修造）

【原文】此贵人禄马，惟用造作修方，不用葬埋，更有气为妙。

冬至阳局，甲子、甲午起乾，甲戌、甲辰起震，甲申、甲寅起离。顺布六仪，逆布三奇。

夏至阴局，甲子、甲午起乾，甲戌、甲辰起离，甲申、甲寅起震。逆布六仪，顺布三奇。

起例歌诀：

　　　　坎求羊位艮龙头，离宫犬吠巽宫牛。

乾宫赤马无人问,坤宫鼠子闹啾啾。

金鸡飞上扶桑国,天兔还归西岭游。

假如冬至甲子日起乾,乾宫赤马,即午上起天罡为真马,顺布十二星。戌上传送为正禄,寅上神后为贵人。禄马主加官进财,贵人主生贵子。夏至甲子逆布,俱取三合方,吉。又看盖山白星,如丙子日在坎,即移一白入中宫、六白坎、八白震、九紫巽,不问阴阳皆顺飞。

【注解】 六仪,语出《奇门遁甲》,即戊、己、庚、辛、壬、癸六干。扶桑国:日本。因日本在我国东方,故以此代卯木。

诸义详见本卷后合注。

【原文】 捷诀。

坎兑皆宜木局方,艮坤水局位真艮。

震巽二方金局吉,乾离火局兆祯祥。

看前阴阳二图,某日到坎兑,则亥卯未三方禄马贵人吉。到坤艮,则申子辰三方吉。到震巽,巳酉丑三方吉。到乾离、寅午戌三方吉。

旬中三奇局。冬至后用此局:

甲子甲午旬	乙 中丙奇巽丁 震	甲辰甲戌旬	乙 坎丙奇坤丁 离	甲寅甲申旬	乙 艮丙奇兑丁 乾

夏至后用此局:

甲子甲午旬	乙 兑丙奇艮丁 离	甲辰甲戌旬	乙 坎丙奇坤丁 震	甲申甲寅旬	乙 巽丙奇中丁 乾

【注解】 原书冬至后阳局中,甲辰、甲戌旬有误,前排法云阳局“逆布三奇”,依此乙奇是坎,丙奇是离,丁奇是艮。原文既非顺布亦非逆排,零乱讹误,故订正。

【原文】差方禄马贵人盖山白星阴阳三遁定局。

冬至阳遁顺局：

巽	中(寄艮)	乾
己壬丙 酉辰寅 壬丙己 戌申卯	庚癸乙 戌巳丑 癸乙庚 亥未辰	辛甲辛甲 亥午巳子 丁戊丁戊 巳戌亥辰
震 戊丁戊丁 申酉寅卯 辛甲辛甲 酉辰卯戌	乾宫起甲子、乙丑、丙寅、丁卯，逆行戊辰还原宫顺行。 震宫起甲戌、乙亥、丙子、丁丑，逆行戊寅还原宫顺行。 离宫起甲寅、乙卯、丙辰、丁巳，逆行戊午还原宫顺行。	**兑** 己丙己 亥戌巳 壬丙壬 子辰午
坤 乙庚癸 巳寅酉 庚癸乙 申卯亥		**艮** 癸乙庚 丑酉午 乙庚癸 卯子未
坎 丙己壬 午丑申 己壬丙 未寅子		**离** 甲辛甲辛 寅丑申未 戊丁戊丁 午未子丑

天罡正马，属土，旺季月。曾仙《行程记》云："马到山头加官职，指日登科第。"此星到山向方，主克日加官进职，庶人主得贵人提携，或商贾致富，逢生旺月立应。到坤艮进田土、山场、牛羊；到乾兑进金银古器；到坎进水田及舟车、鱼盐发财；到离进山场；到震巽进山林树木。月令旺更逢三白，主白手接契书，进横财。

夏至阴遁逆局：

巽 癸 乙 戊 丑 酉 午 乙 戊 癸 卯 子 未	中（寄坤） 壬 丙 己 子 戌 巳 丙 己 壬 辰 亥 午	乾 辛 甲 辛 甲 亥 午 巳 子 丁 戊 丁 戊 巳 戌 亥 辰
震 甲 辛 甲 辛 寅 丑 申 未 戊 丁 戊 丁 午 未 子 丑	乾宫起甲子顺行、戊辰还原宫逆行。 离宫起甲戌顺行、戊寅还原宫逆行。 震宫起甲寅顺行、戊午还原宫逆行。	兑 庚 癸 乙 戌 巳 丑 癸 乙 庚 亥 未 寅
坤 丙 己 壬 子 丑 申 己 壬 丙 未 寅 午		艮 己 壬 丙 酉 辰 寅 壬 丙 己 戌 申 卯
坎 乙 庚 癸 巳 寅 酉 庚 癸 乙 申 卯 亥		离 戊 丁 戊 丁 申 酉 寅 卯 辛 甲 辛 甲 酉 辰 卯 戌

　　传送正禄，属金，旺秋月，曾公云：“禄到山头发横财，外处送将来；金神发旺立秋中，富贵显英雄。”禄到山向方，立见横财，进田土金银，应一月或六十日，一百二十日，主大旺蚕丝财禄。

　　神后贵人，属水，旺冬月。曾公云：“贵人与白同生旺，贵子朝堂上。神后贵人旺于冬，克日到三公。”贵人到山向方，主周年三载，加官进职，士庶生贵子，大旺田蚕。

冬至用此局：

日干支	甲子	乙丑	丙寅	丁卯	癸酉	壬申	辛未	庚午	己巳
	甲午	乙未	丙申	丁酉	癸卯	壬寅	辛丑	庚子	己亥
	戊辰								
	戊戌								
				甲甲戌辰	乙乙亥巳	丙丙子午	丁丁丑未		
项目	辛辛未巳	庚庚辰戌	己己卯酉	戊戊寅申				癸癸未丑	壬壬午子
	丁丁亥巳						甲甲申寅	乙乙酉卯	丙丙戌辰
	癸癸巳亥	壬壬辰戌	辛辛卯酉	庚庚寅申	己己丑未	戊戊子午			
	乾	中	巽	震	坤	坎	离	艮	兑
天罡 正马	午丁	未坤	丑艮	酉辛	子癸	未坤	戌乾	辰巽	卯乙
传送 正禄	戌乾	亥壬	巳丙	丑艮	辰巽	亥壬	寅甲	申庚	未坤
神后 贵人	寅甲	卯乙	酉辛	己丙	申庚	卯乙	午丁	子癸	亥壬
一白	离	坎	坤	震	巽	中	乾	兑	艮
六白	中	乾	兑	艮	离	坎	坤	震	巽
八白	兑	艮	离	坎	坤	震	巽	中	乾
九紫	艮	离	坎	坤	震	巽	中	乾	兑

禄马贵：到午丁，宜用寅戌未时引出合之，
　　　　到戌乾，宜用寅午卯时引出合之，
　　　　到亥壬，宜用卯未寅时引出合之，
　　　　到卯乙，宜用亥未戌时引出合之，
　　　　到未坤，宜用亥卯午时引出合之，
　　　　到申庚，宜用子辰巳时引出合之，
　　　　到子癸，宜用申辰丑时引出合之，

夏至用此局：

日干支 / 项目	乾	兑	艮	离	坎	坤	震	巽	中
日干支	甲子	乙丑	丙寅	丁卯	癸酉	壬申	辛未	庚午	己巳
	甲午	乙未	丙申	丁酉	癸卯	壬寅	辛丑	庚子	己亥
	戊辰								
	戊戌								
				甲戌 甲辰	乙亥 乙巳	丙子 丙午	丁丑 丁未		
	辛巳 辛亥	庚辰 庚戌	己卯 己酉	戊寅 戊申			癸未 癸丑	壬午 壬子	
			丁亥 丁巳				甲申 甲寅	乙酉 乙卯	丙戌 丙辰
	癸巳 癸亥	壬辰 壬戌	辛卯 辛酉	庚寅 庚申	己丑 己未				
天罡 正马	午丁	卯乙	辰巽	戌乾	未坤	子癸	酉辛	丑艮	丑艮
传送 正禄	戌乾	未坤	申庚	寅甲	亥壬	辰巽	丑艮	巳丙	巳丙
神后 贵人	寅甲	亥壬	子癸	午丁	卯乙	申庚	巳丙	酉辛	酉辛
一白	坎	坤	震	巽	中	乾	兑	艮	离
六白	中	乾	兑	艮	离	坎	坤	震	巽
八白	震	巽	中	乾	兑	艮	离	坎	坤
九紫	坤	震	巽	中	乾	兑	艮	离	坎

到辰巽，宜用子申酉时引出合之，

到巳丙，宜用酉丑申时引出合之，

到酉辛，宜用巳丑辰时引出合之，

到丑艮，宜用己酉子时引出合之。

论用贵人宜太岁登殿

【原文】贵人之神，乃岁命之主宰，能为福，又能化凶。但忌犯空亡,为贵人无力,不能召吉。其贵人所在之方,喜居本干得禄之宫,名为贵人升殿,十分致福。此法最验,难于速遇耳。

立成定局于下:

甲年贵人飞到艮,艮隶寅,甲禄在寅。

乙年贵人飞到震,震隶卯,乙禄在卯。

丙戊年贵人飞到巽,巽隶巳,丙戊禄在巳。

丁己年贵人飞到离,离隶午,丁己禄居午。

庚年贵人飞到坤,坤隶申,庚禄在申。

辛年贵人飞到兑,兑隶酉,辛禄在酉。

壬年贵人飞到乾,乾隶亥,壬禄在亥。

癸年贵人飞到坎,坎隶子,癸禄在子。

此贵人临禄而升殿最玄最妙;次以贵人所临之宫,用其宫主建禄之日时以提之,此提贵人之法,亦在发福,但不及登殿之妙。

贵飞到兑,宜用辛日时提之,

贵飞到震,宜用乙日时提之,

贵飞到坎,宜用癸日时提之,

贵飞到离,宜用丁己日时提之,

贵飞到乾,宜用壬日时提之,

贵飞到巽,宜用丙戊日时提之,

贵飞到艮,宜用甲日时提之,

贵飞到坤,宜用庚日时提之。

【注解】升殿:也有叫归垣,归宫者,即禄贵飞至本宫。如甲禄寅,寅飞到艮宫;乙禄卯,卯飞到震宫;甲贵丑未,丑飞到艮宫,未飞到坤宫;乙贵申子,申飞到坤宫,子飞到坎宫等是。因飞宫贵人与守宫贵人同居一方,故格外有力。

差方禄马是以"天罡正马(又名太阳)、太乙、胜光、小吉、传送正禄(又名太阴)、从魁、河魁、登明、神后贵人、大吉、功曹、太冲"十二神为序,依此飞布。如冬至后甲子日,甲子日在乾宫,贵人禄马例云"乾宫赤马无人问",是干支临乾,从午丁赤马上起天罡顺布,则太乙在未坤,胜光在申庚,小吉在酉辛,传送在戌乾,从魁在亥壬,河魁在子癸,登明在丑艮,神后在寅甲,大吉在卯乙,功曹在辰巽,太冲在巳丙,布完一周。如此则午上天罡太阳,戌上传送太阴,寅上神后贵人,三方为最吉。夏至后则逆行。依此法,特将阴阳二遁二十四山每日所值之神制表如下。

冬至后阳局,中宫寄艮顺布十二神:

十二神／八宫／二十四山	乾宫	兑宫	艮宫	离宫	坎宫	坤宫	震宫	巽宫
子癸	河魁	大吉	神后	胜光	从魁	天罡	小吉	太冲
丑艮	登明	功曹	大吉	小吉	河魁	太乙	传送	天罡
寅甲	神后	太冲	功曹	传送	登明	胜光	从魁	太乙
卯乙	大吉	天罡	太冲	从魁	神后	小吉	河魁	胜光
辰巽	功曹	太乙	天罡	河魁	大吉	传送	登明	小吉
巳丙	太冲	胜光	太乙	登明	功曹	从魁	神后	传送
午丁	天罡	小吉	胜光	神后	太冲	河魁	大吉	从魁
未坤	太乙	传送	小吉	大吉	天罡	登明	功曹	河魁
申庚	胜光	从魁	传送	功曹	太乙	神后	太冲	登明
酉辛	小吉	河魁	从魁	太冲	胜光	大吉	天罡	神后
戌乾	传送	登明	河魁	天罡	小吉	功曹	太乙	功曹
亥壬	从魁	神后	登明	太乙	传送	太冲	胜光	大吉

说明:1. 原书阴阳二局同,不分顺逆,与原法不符,夏至后阴局有误,今据夏至后逆行十二神之义,均予更正,特说明。

2. 原书之图是以子癸双山为据,也有通书是以壬子双山为法者,但十二支相同,不害其义,也可参考。

至此,差方禄马贵人用法均已介绍,掩卷深思,无甚义理。

夏至后阴局,中宫寄坤逆布十二神:

十二神　八宫　二十四山	乾宫	兑宫	艮宫	离宫	坎宫	坤宫	震宫	巽宫
子癸	河魁	小吉	传送	功曹	登明	天罡	小吉	太乙
丑艮	从魁	胜光	小吉	大吉	河魁	太冲	神后	天罡
寅甲	传送	太乙	胜光	神后	从魁	功曹	登明	太冲
卯乙	小吉	天罡	太乙	登明	传送	大吉	河魁	功曹
辰巽	胜光	太冲	天罡	从魁	小吉	神后	从魁	小吉
巳丙	太乙	功曹	太冲	河魁	胜光	登明	传送	神后
午丁	天罡	大吉	功曹	传送	太乙	河魁	小吉	登明
未坤	太冲	神后	大吉	小吉	天罡	从魁	胜光	河魁
申庚	功曹	登明	神后	胜光	太冲	传送	太乙	从魁
酉辛	大吉	河魁	登明	太乙	功曹	小吉	天罡	传送
戌乾	神后	从魁	河魁	天罡	大吉	胜光	太冲	小吉
亥壬	登明	传送	从魁	太冲	神后	太乙	功曹	胜光

就其名称而言,本书卷五前四节均论禄马贵人,言禄贵为最吉之神。后几节是论"差方禄马贵人",又言最验,二者相互抵触。前论禄是从十干临官位中取,马是从三合中取,贵人则取天门旁一星,均有义理可寻。而差方禄马变换不定,既不合五行生旺冲合之理,又不合天星之义,故前者为真,后者为伪。再看十二神名称,原属大六壬十二天将之代名词,即神后子、大吉丑、功曹寅、太冲卯、天罡辰、太乙巳、胜光午、小吉未、传送申、从魁酉、河魁戌、登明亥。走马六壬申取神后子、功曹寅、天罡辰、胜光午、传送申、河魁戌六位为吉,因其为六阳辰耳。本书虽借用其法,却仅取申子辰三合为吉,肆意篡改,支离破碎,虽具其名,实无其义,故为伪也。

就其起例而言,差方禄马是借用奇门遁甲之法。然奇门阴阳十八局,是以节气为据,差方禄马则是阳遁甲子,甲午起乾六等方,而天罡却不从泊宫起反从别位起,既失奇门之法,又与纳卦、先天之位不合。其盖山紫白,均以坐山入中顺布,盖紫白之法,年月日时均有入中之星,以坐山入中之法本属添设,且与年月日时紫白不能相合,其义亦失。所以,差方禄马之起例毫无章法,故为伪。

　　就其义理而言,差方禄马专取申子辰三合为吉,全不讲五行生克制化。如不论阴阳,均从乾六起甲子,又从午方起天罡,如此甲子日天罡在午,传送和神后在寅戌,三吉神均处于三合六冲之位;又如冬至后戊子戊午日,夏至后戊寅戊申日,均在离九宫,离九宫戌上为天罡,如此传送和神后飞临午寅,三吉均处六冲之位,又何吉之有? 况且以天罡为太阳,以传送为太阴,殊不知天罡乃北斗七星之一,传送乃一小星,岂能与太阳、太阴同论。更何况与日月躔度毫无干系,种种支离,均是伪证,不能圆说。

卷六

麒麟星要同二德

【原文】麒麟星:甲乙年辛戌,丙丁年乙辰,戊己年癸丑,庚辛年丁未,壬癸年亥壬。

麒麟星以吊宫飞遁为的,与天月二德相合者,能助速福,能报凶星。如庚子年五月作坎,月建壬午入中顺轮,见丁亥到坎。

天德麒麟 同宫还宫时	甲年辛戌 己年癸丑	乙年辛戌 庚年丁未	丙年乙辰 辛年丁未	丁年乙辰 壬年亥壬	戊年癸丑 癸年亥壬
正月丁	丁乾 戊同	丁中 麟同	丁震 乙同丁同	丁坎 壬同	丁艮 丑同
二坤己	己兑 辛同	己中	己巽 辰同	己坤 还宫	己离
三壬	壬离	壬兑	壬中	壬巽 辰同壬同	壬坤 壬同
四辛	辛兑 辛同还宫	辛中 辛同	辛癸 辰同	辛坤	辛离
五乾戊	戊巽	戊坤 未同	戊离 丁同	戊兑	戊中
六甲	甲艮 丑同	甲乾 戊同	甲中	甲震 乙同还宫	甲坎 乙同壬同
七癸	癸乾 戊癸同	癸中	癸震 乙同	癸坎 子同	癸艮 丑同癸同
八艮己	己坤	己离 丁同	己兑	己中	己巽
九丙	丙兑 午同	丙中	丙巽 辰同	丙中	丙离 还宫
十乙	乙中	乙巽	乙坤 乙同未同	乙离 乙同	乙兑
十一巽戊	戊兑 辛同	戊中	戊巽 辰同还宫	戊坤	戊离
十二庚	庚艮 子同	庚乾 戌同	庚中	庚震	庚坎

月德麟星同宫还宫时	甲年辛戌乙年癸丑	乙年辛戌庚年丁未	丙年乙辰辛年丁未	丁年乙辰壬年亥壬	戊年癸丑癸年亥壬
正丙方	丙 中	丙 巽	丙 坤	丙 离还宫	丙 兑
二 甲	甲震还宫	甲 坎	甲 艮	甲 乾亥同	甲 中
三 壬	壬 离	壬 兑辛同	壬 中	壬 巽辰同壬同	壬 坤壬同
四 庚	庚 乾戌同	庚 中	庚 震乙同	庚 坎壬同	庚 艮丑同
五 丙	丙 坤	丙 离丁同还宫	丙 兑	丙 中	丙 巽
六 甲	甲 艮丑同	甲 乾戊同	甲 中	甲 震还宫	甲 坎癸同壬同
七 壬	壬 申	壬 巽	壬 坤壬同	壬 离壬同	壬 兑壬同
八 庚	庚 震	庚 坎	庚 艮	庚 乾亥同	庚 中
九 丙	丙 兑辛同	丙 中	丙 巽辰同	丙 坤	丙 离还宫
十 甲	甲 中	甲 震还宫	甲 坎	甲 艮	甲 乾
十一壬	壬 坤	壬 离丁同	壬 兑	壬 中壬同	壬 巽壬同
十二庚	庚 艮壬同	庚 乾戊同	庚 中	庚 震乙同	庚 坎癸同

丁为麒麟，又为天德，是麟星与天德同宫，一切凶煞，悉能压倒。但止二德到而麟星不到，为孤德；倘麟星到而二德不到，为独麟，俱不能召福。若二德同麒麟所在之方更会金乌与胜光、神后、功曹、传送加行年，可催嗣续。

求嗣例：以本命壬诀行年加太岁，遁至修造山方，得匹吉星，与金乌相会报之，更得岁贵禄马并命贵禄马，差方贵禄马，真太阳、帝星岁德、天月德、男生气、女天医、生麟青龙，金柜天喜并临，择雷霆太阳、开休生、三奇同日，修之立生贵子。定局布下（见以上两表）。

【注解】金乌：金乌星即太阳，详见下节。

壬诀行年：大六壬取行年法，男命一岁起丙寅顺数，女命一岁起壬申逆数。

生气：共有三种取法，一是十二建中的开位，即正月戌、二月亥、三月子、四月丑、五月寅、六月卯、七月辰、八月巳、九月午、十月未、十一月申、十二月酉。二是八宅派中的生气之位。即乾宅兑、兑宅乾、坤宅艮、艮宅坤、离宅震、震宅离、巽宅坎、坎宅巽。三是正月子、二月丑、三月寅、四月卯、五月辰、六月巳、七月午、八月未、九月申、十月酉、十一月戌、十二月亥。以本文下接天医之句分析，应是取第二种。

天医：有两说，一是正月戌、二月亥、三月子、四月丑、五月寅、六月卯、七月辰、八月巳、九月午、十月未、十一月申、十二月酉。一是八宅派中的天医之位。即乾宅在艮、艮宅在乾、坎宅在震、震宅在坎、巽宅在离、离宅在巽、兑宅在坤、坤宅在兑。以本文之义论，应是第二种。

天喜：与天医第一种同。

青龙：正七月子、二八月寅、三九月辰、四十月午、五十一月申、六十二月戌。

金匮：正七月辰、二八月午、三九月申、四十月戌、五十一月子、六十二月寅。

开休生：奇门遁甲中的三吉门，开门在乾，休门在坎，生门在艮。

取麒麟星有季、年、月、日、时之分，见本书上册第382面。

麒麟日依二十八宿中的星宿位而推算，春三月井宿值日为麒麟、夏三月尾宿值日为麒麟、秋三月牛宿值日为麒麟、冬三月壁宿值日为麒麟。为何将此四宿取名麒麟，其义不明。古时有"麒麟送子"之说，既冠其名，就有了此星可催丁之说。观诸选择书，以天嗣星催丁之例有之，以太阳催男，太阴催女之例亦有之，惟未见以麟星催子之例，大概是无有应验的缘故吧。

金　乌　星

【原文】贪狼、巨门、太阳、禄存、文曲、廉贞、武曲、玉兔、破军、金乌、左辅、右弼。

子年贪狼加乙辰，寻金乌在癸丑方。丑年壬子，寅年乾亥，卯年辛戌，辰年庚酉，巳年坤申，午年丁未，未年丙午，申年巽巳，酉年乙辰，戌年甲卯，亥年艮寅。

方　年　星	子年	丑年	寅年	卯年	辰年	巳年	午年	未年	申年	酉年	戌年	亥年
贪狼	乙辰	甲卯	艮寅	癸丑	壬子	乾亥	辛戌	庚酉	坤申	丁未	丙午	巽巳
巨门	巽巳	乙辰	甲卯	艮寅	癸丑	壬子	乾亥	辛戌	庚酉	坤申	丁未	丙午
太阳	丙午	巽巳	乙辰	甲卯	艮寅	癸丑	壬子	乾亥	辛戌	庚酉	坤申	丁未
禄存	丁未	丙午	巽巳	乙辰	甲卯	艮寅	癸丑	壬子	乾亥	辛戌	庚酉	坤申
文曲	坤申	丁未	丙午	巽巳	乙辰	甲卯	艮寅	癸丑	壬子	乾亥	辛戌	庚酉
廉贞	庚酉	坤申	丁未	丙午	巽巳	乙辰	甲卯	艮寅	癸丑	壬子	乾亥	辛戌
武曲	辛戌	庚酉	坤申	丁未	丙午	巽巳	乙辰	甲卯	艮寅	癸丑	壬子	乾亥
玉兔	乾亥	辛戌	庚酉	坤申	丁未	丙午	巽巳	乙辰	甲卯	艮寅	癸丑	壬子
破军	壬子	乾亥	辛戌	庚酉	坤申	丁未	丙午	巽巳	乙辰	甲卯	艮寅	癸丑
金乌	癸丑	壬子	乾亥	辛戌	庚酉	坤申	丁未	丙午	巽巳	乙辰	甲卯	艮寅
左辅	艮寅	癸丑	壬子	乾亥	辛戌	庚酉	坤申	丁未	丙午	巽巳	乙辰	甲卯
右弼	甲卯	艮寅	癸丑	壬子	乾亥	辛戌	庚酉	坤申	丁未	丙午	巽巳	乙辰

【注解】《璇玑经·报金乌第三十》中有金乌星起例，请参阅。

据《璇玑经》与本书意，此星专主修方催丁。即修金乌方催男，修玉兔方催女。但细析此法，却有种种不合。众所周知，金乌即太阳，太阳亦金乌，二者为一，非二。本书把金乌和太阳分成二星，是天有二日，与自然之理不符。再推金乌与太阳、太阴临方之处，与太阴和太阳躔度很难相合。魏青江《阳宅大成》曾论述过"六十年太阳修方生子逐一详示"，本书《八宅明镜·卷上·催子法》中做了介绍，请参阅。

四帝星（年月日时同）

【原文】申子辰年贪狼星，寅午戌年巨门神，

　　　　亥卯未年禄存位，巳酉丑年还破军。

此四帝星也，年月日时同。

子年贪狼入中宫，丑亥年巨门入中宫，寅戌年禄存，卯酉年文曲，申辰年廉贞，各入中宫，只用贪巨禄文廉武破七星，辅弼不用。法以逐年星入中，顺寻各年帝星到向方，作之吉。如子年贪狼入中，顺寻本年贪狼帝星到震向，吉。丑年巨门入中，顺寻本年破军帝星到坎向，吉。

吊宫定局立成：

年支	子	丑	寅	卯	辰	巳	午	未	申	酉	戌	亥
入中	贪	巨	禄	文	廉	武	破	武	廉	文	禄	巨
帝星	贪	破	巨	禄	贪	破	巨	禄	贪	破	巨	禄
到方	震	坎	坤	坤	艮	乾	兑	离	艮	艮	坤	乾

此逐年入中星及各年帝星到向方吉，惟巽向不临。

此星到向到方最有力，能制太岁、流财、官符、金神、三杀等凶。又能进禄旺财，报诸凶犯。

【注解】四帝星与《通书》中的"都天转运行衙帝星"极相似，只不过删去左辅右弼而已，请参阅本书上册第 671 面。

四帝星起例及推演之法，与天星、八卦九宫、十二支无一相合，且无义理，属于杜撰，不必拘泥。

细查选择诸书，紫微帝星、三奇帝星、撼龙帝星、北辰帝星、尊帝二星、五龙五库帝星等，多非实有。各应名目，纷繁不一，诬罔极矣。以四帝星论，其起例或以九宫飞布，或以十二支飞布，尚不失其义。本书四帝星只有七星，每年均有两个星辰重复。一年四季，斗转星移，自有规律，岂能一年中忽东忽西？有是理

乎?!况且每年星辰不能相续。如子年以贪狼入中,至震方复布贪狼,巽方复布巨门;如此到丑年应是破军入中飞布,本例却以巨门入中,是不能相接,起例不合义理。

再看取义,九星中以贪狼为水,巨门为土,禄存为震木,破军为兑金,廉贞为离火。其申子辰取贪为帝星,亥卯未取禄为帝星,巳酉丑取破为帝星,其义取其五行旺处,理尚可通。照此寅午戌当取廉贞火,此却取巨门土,取义不明,亦是一误。

就其名称而言,古人言九星多以贪狼、巨门、文曲、武曲为吉。而此却以破军禄存为帝星,破军者,顾名思义,破害也,岂可言吉? 名不符实,亦为一误。

综上所述,故四帝星属于伪法,不可信。

论四课吊替不可克山

【原文】凡以月建入中宫,吊得本山支辰到山为极凶。如正月作坤,以月建寅入中宫,吊得申到坤,为宅长杀,他仿此。

凡取年月,义分君臣佐使,故云"太岁有帝王之统,月建司侯伯之权"。四课八字,须要与本山不相克战为佳。如甲己年扦坎,五虎遁得丙子水管山。如丙辛年作坎,五虎遁得庚子土管山。此四年坎山得水土龙,各忌四课冲克本局管山之支,此为最凶。穿山透地,克择吉凶,先当以此主,再以六十龙论生克制化,最为停当。

【注解】坐山为一宅主方,吉凶极重,故宜扶起,不能克倒,克倒则凶,所以选择造命中阳宅以扶山为要。何为克山?太岁克山则倒,月、日、时冲山亦倒。所以选择造命中最忌四课与坐山相冲克。如甲见庚、乙见辛、丙见壬、丁见癸、戊见甲、己见乙、庚见丙、辛见丁、壬见戊、癸见己,此是天干七杀,最忌克坐山及本命。如子见午戌未,丑见未戌卯寅,寅卯见申酉,辰见戌卯寅,巳午见亥子,未见丑,申酉见寅卯,戌见辰,亥见午

巳等,是地支冲克。最忌四课冲克坐山与主命,此是正理,深合
五行生克冲合之法。须要说明的是冲克坐山,只以正五行论,纳
音五行则不必拘泥。如《选择宗镜》例,壬龙子山午向,杨筠松取
壬申年、戊申月、壬申日、戊申时,后大贵;此局月时戊申纳音
土,克壬龙子山。如杨公与蒲田陈某葬祖坟,坤山艮向,己巳化
命,用四己巳,下三年后,出四科状元,子孙兴旺;此局坤山属土,
四己巳纳音木,皆克坐山。又如曾公为壬午造主,作巳山亥向
宅,用四丁未,记曰:"天干浑丁支浑未,天地同流皆一气,干支合
命愈为奇,管取家豪代代贵。"此局坐山巳,丁年开山,五虎遁乙
巳,纳音火,四丁未纳音皆水,水克火山。此类古例甚多,故知古
不以纳音论克山。详《郭氏元经·卷十》论山家五行、正墓、生
旺死绝等节。

论克择取日宜宝义为主

【原文】其义以干生支为宝,支生干为义,干支比为和,又名
重辰,干克支为制,支克干为伐。

凡造作葬埋婚娶,宝义为吉。造六畜栏圈,和日为吉。求财
官讼出行,制日为吉。伐日凡事不宜。

宝日:甲午、乙巳、丙辰、丙戌、丁丑、丁未、戊申、己酉、庚子、
辛亥、壬寅、癸卯。

义日:甲子、乙亥、丙寅、丁卯、戊午、己巳、庚辰、庚戌、辛丑、
辛未、壬申、癸酉。

和日:甲寅、乙卯、丙午、丁巳、戊辰、戊戌、己丑、己未、庚申、
辛酉、壬子、癸亥。

制日:甲辰、甲戌、乙丑、乙未、丙申、丁酉、戊子、己亥、庚寅、
辛卯、壬午、癸巳。

伐日:甲申、乙酉、丙子、丁亥、戊寅、己卯、庚午、辛巳、壬辰、

壬戌、癸丑、癸未。

上吉日：

甲子、丙寅、丁卯、庚戌、庚辰、癸酉、乙亥、甲午、辛亥、丙辰、壬寅、癸卯、戊申、丁未。

次吉日：

壬午、丙申、乙未、壬申、戊申、辛未、癸巳、庚寅、甲辰、甲戌。

下吉日：

庚申、壬子、丙午、丁巳、辛酉、癸亥、乙卯、甲寅、己丑、己未。

【注解】《淮南子》曰："子生母曰义，母生子曰宝，子母相得曰专，母胜子曰制，子胜母曰伐。以制击杀，胜而无极。以专从事而有功。以义行理，立名而不坠。以宝畜养，万物蕃昌。以伐举事，破灭死亡。"曹振圭曰"干生支者，得其天时也。支生干者，得其地利也。干克支者，得其人和，我可制彼也。故干为天为我，支为地为彼也。伐者，彼伐我也。干为我为尊，支为彼为卑，是卑伐于尊，彼克于我，其义逆也。今干支同类，是彼我同德，两势相敌，不分胜负，故忌出军。"此理初听，似乎甚合五行生克之道。然阴阳宅修方开山，选择是以地气为主，天气为辅，所以补龙、扶山、相主、立向，多以天干补本命，地支补龙扶山，并非专重天干。同时选择命中均有四课，以年月为重，决无只以一日干支为主之理。试看古例：

例1. 祝吉师为信州上饶周侍郎葬亲，坤山艮向，辛巳亡命，用乙卯年、乙酉月、乙酉日、乙酉时，半纪朱紫盈门，富盛无比。盖辛以乙为偏财，辛命禄在酉支，三酉又与巳命相合，四乙贵人到坤山，又是坤宫纳气，固妙。

例2. 王氏葬祖坟，艮山坤向，丙寅化命，用甲子年、戊辰月、庚午日、庚辰时，子孙仕宦不替。此三奇格也。

按：例1乙酉日，例2庚午日，都是支克干为伐日，原书云

"凡事不宜",而上二例造葬均吉。此类古例甚多,不一一列举。大凡择吉,必以地支为主,补龙、扶山为要,一干支即决吉凶之说毫无义理。

五气金精图

【原文】逐年五天五气到山定局。

戊乾亥山	壬坎癸山	丑艮寅山	甲震乙山	辰巽巳山	丙离丁山	未坤申山	庚兑辛山
壬戌土辰戌年	戊子水子午年	丙寅木寅申年	庚戌土辰戌年	辛卯木卯酉年	己巳火亥巳年	癸酉金卯酉年	丁未土丑未年
壬申金卯酉年	戊戌土巳亥年	丙子水丑未年	庚申金卯酉年	辛巳火寅申年	己未土戌辰年	癸亥水寅申年	丁酉金子午年
壬午火寅申年	戊申金辰戌年	丙戌土子午年	庚午火寅申年	辛未土丑未年	己酉金酉卯年	癸丑土丑未年	丁亥水亥巳年
甲辰土丑未年	戊午火卯酉年	丙申金巳亥年	庚辰土丑未年	辛酉金午子年	己亥水申寅年	乙卯木子午年	丁丑土戌辰年
甲寅木子午年	戊辰土寅申年	丙午火辰戌年	庚寅木子午年	辛亥水巳亥年	己丑土丑未年	丁巳火亥巳年	丁卯木西卯年
甲子水亥巳年	戊寅木丑未年	丙辰土卯酉年	庚子水亥巳年	辛丑土辰戌年	己卯木午子年	乙未土戌辰年	丁巳火申寅年

【注解】此即所谓金精太极五天五气,与下章义同,注见下。

【原文】逐年金精明气到山定局。(定局表见第142面)

乙庚丁为明气,吉。甲辛丙为暗气,凶。

【注解】金精太极,世传出自唐丘延翰,载《青囊海角经》,福建建阳熊宗立载于通书推行;今据《象吉通书》,简单作注。

一、起镇山鳌极五气歌诀

震乾从亥起初爻,坎丑艮从卯顺经。

坤戌巽辰初路起,兑申离午是行程。

如子年从乾山巽向,则将乾宫纳甲从亥宫起甲子水,子宫则是甲寅木,子宫即是子年,今年乾亥即是苍天木气司山。又如丙寅年作乾山巽向,寅年太岁泊在乾局第四爻,纳音是壬午火,其

方　星＼年	子午年	丑未年	寅申年	卯酉年	辰戌年	巳亥年
壬山	庚○	丁○	甲×	辛×	丙×	乙○
子山	辛×	丙×	乙○	庚○	丁○	甲×
癸山	丁○	甲×	辛×	丙×	乙○	庚○
丑山	辛×	丙×	乙○	庚○	丁○	甲×
艮山	庚○	丁○	甲×	辛×	丙×	乙○
寅山	甲×	辛×	丙×	乙○	庚○	丁○
甲山	甲×	辛×	丙×	乙○	庚○	丁○
卯山	乙○	庚○	丁○	甲×	辛×	丙×
乙山	辛×	丙×	乙○	庚○	丁○	甲×
辰山	甲×	辛×	丙×	乙○	庚○	丁○
巽山	乙○	庚○	丁○	甲×	辛×	丙×
巳山	丁○	甲×	辛×	丙×	乙○	庚○
丙山	丁○	甲×	辛×	丙×	乙○	庚○
午山	丙×	乙○	庚○	丁○	甲×	辛×
丁山	甲×	辛×	丙×	乙○	庚○	丁○
未山	甲×	辛×	丙×	乙○	庚○	丁○
坤山	乙○	庚○	丁○	甲×	辛×	丙×
申山	丁○	甲×	辛×	丙×	乙○	庚○
庚山	乙○	庚○	丁○	甲×	辛×	丙×
酉山	甲×	辛×	丙×	乙○	庚○	丁○
辛山	庚○	丁○	甲×	辛×	丙×	乙○
戌山	丁○	甲×	辛×	丙×	乙○	庚×
乾山	丙×	乙○	庚○	丁○	甲×	辛×
亥山	庚○	丁○	甲×	辛×	丙×	乙○

年乾山即是丹天火气丁火司令,人穴清更合后局以断吉凶。

二、二十四山金精所止爻歌诀

乾坤艮穴天清六,子午卯酉五浊天。

巳亥寅申人四洁,人三四墓穴昏言。

甲庚地二清壬丙,初地丁辛癸乙传。

乾坤艮巽四山,天穴清永定在上爻。子午卯酉四山,天穴浊额定在五爻。

寅申巳亥四山,人穴清额定在四爻。辰戌丑未四山,人穴浊额定在三爻。

甲庚壬丙四山,地穴清额定在二爻。乙辛丁癸四山,地穴浊额定在初爻。

其法每从太岁支爻上起一甲子。如子年作戌山辰向,就在乾局二爻起一甲初爻,二辛六爻、三丙三爻、四乙四爻、五庚五爻。六丁值六爻、四乙、五庚、六丁者大吉也。余仿此。凡遇一甲二辛、三丙者,为后天散气,俱凶。四乙、五庚、六丁者,为先天盈气,俱吉。

三、金精到穴起法捷歌诀

初爻指掌寅支是,卯二辰三巳宫四。

午是五爻未六爻,乾震初爻起亥子。

坎丑艮卯坤戌年,巽辰离午初爻始。

兑将申岁初爻发,岁支上爻起一是。

数至用山值爻止,却看正爻得何气。

得甲辛丙为时凶,四乙庚丁为吉利。

假如子年作乾山巽向,则以亥加于四支寅宫,子支加于二爻卯宫,子支即用年之支,轮止卯宫,就以二爻卯中数一甲,起寅上初爻数二辛,未上六爻数三丙,乾山额在六爻止,则子年得乾山得三丙暗散之气穴,余仿此。

四、五运（即五行之气）

苍天之气,经于危室柳鬼四宿之上,下临丁壬之位,立为木运,主东方之气;丹天之气,经于牛女奎壁四宿之上,下临戊癸之位,立为火运,主南方之气;黄天之气,经于心尾角亢四宿之上,下临甲己之位,立为土运,主中央之气;素天之气,经于亢氐昴毕四宿之上,下临乙庚之位,立为金运,主西方之气;玄天之气,经于张翼娄胃四宿之上,下临丙辛之位,立为水运,主北方之气。

五、五气定论

苍天木气,上合天市垣,以甲乙为正位,宜作艮寅甲卯乙辰山,亥卯未年月为进气,喜水生,忌火泄,宜丁壬护旺,盖谓荣福。水得甲乙同躔,木遇水而专权,木得土而根厚,木喜四生一气之日期,宜亥卯未丑戌年月,生旺合东方之旺气。造葬主合于气相生者,大发财禄,富贵荣华,名垂青史,声播玉堂。假如癸亥水生,乙卯木旺,壬戌木养,丁未木墓,此为四生一气之期也,添旺三十四年。

黄天土气,上合勾陈,以戊己为正位,宜作乾坤艮巽山,申子辰年月为进气,喜火来生,忌金泄气,忌木克制,大凶。造葬主命于气相生者,大发财禄,富贵荣华。假如戌山辰向以丙戌,丙申为龙凤三台之格,长生于申,胎于午,合之主发福非常,主添旺气一百年。凡甲己日时,在家以金为子孙,火为父母,照育一元,根因火而发大富贵者,火命之人得大财也。

素天金气,庚辛为正位,水是子孙,土为父母。合庚辛上合天苑垣,内有华盖星,又喜土生金,宜巳酉丑年月为进气,宜坤申庚酉辛戌山,造葬主西方添旺二十六年。假如己酉年、甲戌月、壬申日、戊申时,甲己化土为上华盖,内用真临官,内用戊申、己酉土,司赞气旺,大发财福。

丹天火气,丙丁为正位,上合太微垣,戊癸护旺,寅午戌年月为进气,宜作巽巳丙午丁未山。造葬合南方旺气,添旺四十九年。以土为子孙,木为父母,最喜甲乙寅卯之木生气,忌辰戌丑未为泄气,不祥。喜临官帝旺年月日时为福,又喜火年月,财喜大吉,正是"萝招鹤鹊之来荣,槌门送契添田地"。假如庚辰年、辛巳月、壬寅日、丙午时,以火冠在辰,临官在巳,长生在寅,帝旺在午。

玄天水气,壬癸为正位,上合紫微垣,宜作亥壬子癸丑乾山,造葬北方,添旺气八十一年,申子辰年为进气,喜丙辛为护旺。木为子孙,金为父母,忌甲乙寅卯为泄气,遇庚申辛酉而发福,广寒宫里攀仙桂,见水叶吉,庆产麒麟。贵同商辂,而三元之科甲;富比石崇,富豪金屋。

大凡选择,合得五气年月日时造葬者,龙神护术,恶煞潜藏,添人进产,家宅安宁。

六、五气论

五气从八方,每一方应天始、人中、地终,以象三才。各分清浊二穴,共成六数,陈八卦之中,且列浑天六甲。五行所属,以苍木,丹火,黄土,素金,玄水五天之气,以上第六爻,次第连接六十甲子,见本年太岁泊在何爻,就以本年太岁坐下所值何天气为主数,一甲、二辛、三丙、四乙、五庚、六丁,随数至本山穴在第几爻,值甲辛丙为后天散气,暗,为凶祸。若值乙庚丁为先天盈气,明,为吉福也。其中年月日时,各有生克制化,从太岁坐气所管之天而推论。假如年月日时见胎,当主家中有孕妇,须要有生养以作助之,便生富贵之子,若无生养作助,又逢衰病死绝,其胎不成。又如四课中但凡逢生旺、冠带、临官,主发田财,人品蓄胜。墓库主富不主贵,故曰半吉,得气若干年减半论之。逢生气进,旺人丁,家富贵殷实,名为福德之神。以上诸吉,皆须合得先天盈气,方能发福。如局上若逢泄气,害子退财,夭亡立见。若衰病死绝,家门退缩,疾病缠绵,人亡财散,自惹官非。若合后天散气,愈加凶兆。

原乎天无重象,地无成形。不考某日时明、某日时暗、某气生、某气败。近世阴阳之家，不知其本而究其末，但以某年犯空亡，某年犯某向，某年值罗睺，某年犯炙退，不知地下之气明暗亏盈之吉凶，是可数也。且万物生于天地之间，皆阴阳标本以见源流。人生在世，为阳、为标；死者埋藏骸骨，为阴、为本。标气不足，本气旺盛，自旺自贵，犹树之有根，根深蒂固，枝叶自然繁盛荣华。设若本气不足，根枯叶落，是亡魂也。不幸遭此阳气偏绝，则为生翼飞类，阴气绝则为兽类。阴关阳隔，其骨虽蛰，其福则否，向后绝灭，家门无辜，此也。

若不得地之美，得旺气于天星，内坐盈聚之气亦主一地之发福，存亡安稳，优游自在。阴阳二宅，不问年禁、月犯身皇定命、太岁三煞、九良、七杀、流财、剑锋、崩腾、官符，一百二十等凶神恶煞；又不问山向相克，得龙不得龙及亡魂入墓，但要先天盈气。若得五天生气旺，便为吉兆。其三百六十家明祖克择之文，岂有于此哉！

七、五运六气配金精吉凶论（以正五行论）

冬至、小寒、大寒、立春四气，厥阴风木司令，甲乙寅卯巽五山谓本气，极吉。巳丙午丁四山生气，亦吉。庚兑辛申乾五山为财气，次吉。辰戌丑未坤艮六山为克气，极凶。亥壬子癸四山泄气，次凶。

雨水、惊蛰、春分、清明四气，少阴君火司令；谷雨、立夏、小满、芒种四气，少阳相火司令。此八节气皆火，巳丙午丁四山为正气，极吉。辰戌丑未艮坤六山为生气，亦吉。亥壬子癸四山为财气，次吉。庚兑辛申乾五山为克气，极凶。寅甲卯乙巽五山为泄气，次凶。

夏至、小暑、大暑、立秋四气，皆太阴湿土司令，辰戌丑未艮坤六山谓本气，极吉。庚兑辛申乾五山为生气，亦吉。寅甲卯乙巽五山以土气为财，次吉。亥壬子癸四山为克气，极凶。丙丁巳午四山为泄气,次凶。

　　处暑、白露、秋分、寒露四气,皆阳明燥金司令,庚兑辛申乾五山谓本气,极吉。亥壬子癸四山为生气,亦吉。巳丙午丁四山为财气,次吉。寅甲卯乙巽五山,为金克气,极凶。辰戌丑未艮坤六山为泄气,次凶。

　　霜降、立冬、小雪、大雪四气,皆太阳寒水司令,亥壬子癸四山谓本气,极吉。寅甲卯乙巽五山为生气,亦吉。辰戌丑未艮坤六山为财气,次吉。巳丙午丁四山为克气,极凶。庚兑辛申乾五山以水为泄气,次凶。

　　凡二十四气,分为六节,金木水火土取用。法用本气者自干自旺,用生气者自立自成,用财气者自成自创,用克气者自伤自亡,用泄气者自败自退。夫凡五运六气之理,选择善知者则回天命,造命以夺神功,岂虚语哉!

　　八、减福气局

　　苍天木气得丙丁巳午,纳音属火或寅午戌三字齐全者;赤天火气得戊己辰戌丑未,纳音属土或申子辰三字齐全者;黄天土气得庚辛申酉,纳音属金或巳酉丑三字全者;素天金气得壬癸亥子,纳音属水或申子辰三字齐全者;玄天水气得甲乙寅卯,纳音属木或亥卯未三字齐者;此局我去生他为减福也。歌曰:

　　　　泄气之局,是我生子。泄我气元,漏胎之母。
　　　　害子荫孙,亦有可取。无子有孙,方宜用此。
　　　　庆及曾孙,荫注后昆。不宜太泄,用图本源。
　　　　根深蒂固,泄又何干。不识根蒂,是为生气。
　　　　木被火泄,水来救济。金被水泄,土亦能制。
　　　　有泄无救,心知伤寿。泄气太重,世代贫穷。
　　　　泄气化轻,后代富贵。四课为主,吉凶可观。
　　　　朝无泄气,请看山水。山聚水渚,用泄可许。

山走水去,用泄有荫。泄重不好,人无寿考。

木化灰飞,男多死早。火化灰去,堕胎懊恼。

土化铿锵,衣食难讨。金化泉流,性命难保。

水化荫发,父子相盗。土泄难当,冬雪浇汤。

火金泄重,新妇终凶。水木泄重,悲衰相伤。

轻重可测,智者精详。

九、五天气泊定局

五行 / 年月日时 / 十二位	苍天 甲乙木	赤天 丙丁火	黄天 戊己土	素天 庚辛金	玄天 壬癸水
子	败病	胎绝	胎绝	死生	官旺
丑	冠衰	养墓	养墓	养墓	衰冠
寅	官旺	死生	死生	胎绝	败病
卯	官旺	败病	败病	胎绝	死生
辰	衰冠	冠衰	冠衰	养墓	养墓
巳	败病	官旺	官旺	死生	胎绝
午	死生	官旺	官旺	败衰	胎绝
未	墓养	衰冠	衰冠	冠病	养墓
申	胎绝	败病	败病	官旺	死生
酉	胎绝	死生	死生	旺官	败病
戌	养墓	养墓	养墓	病冠	冠衰
亥	死生	胎绝	胎绝	衰败	官旺

上五天气及金精之诀,已得胎养之气,主人口盛;生旺之气,主财富丰;冠官之气,主官禄近贵;墓库之气,主血财盛;衰败减气,主讼,退财;病死减气,主凶祸病亡;绝,减气,主人丁改替。凡造葬用事,课四乙、五庚、六丁,谓之先天盈气,吉。次求生旺年月日时不犯减气,然后详论支干生克制化。若值一甲、二辛、三丙,谓之后天败气,凶。若取生旺之气,反自害也。

生我者为朝元日,福德;比和者为入庙日,护旺;化生者为泄气日,害气;克我者为官鬼日,受伤;我克者为偏制日,反仇也。

十、金精太极主山定局

按:金精五气定局,原书已有,但不易明白。今据《象吉通书》加以修定,排在第150面,以供大家参考研究。

此图看法,第一行爻之干支,是根据八卦纳甲干支排定六爻。以乾坤二卦为例。乾在内卦子寅辰,纳甲;乾在外卦午申戌纳壬。坤在内卦未巳卯,纳乙;坤在外卦丑亥酉,纳癸。据此,排成以下卦体:

乾卦	坤卦
上爻——壬戌	上爻——癸酉
五爻——壬申	五爻——癸亥
四爻——壬午	四爻——癸丑
三爻——甲辰	三爻——乙卯
二爻——甲寅	二爻——乙巳
初爻——甲子	初爻——乙未

从此两卦中可以看出,其六爻与戌乾亥未坤申六山六爻完全相同。余卦均同此义。

第二行的令字是司令之五行。如乾山,六爻第二行为戊土,即戊土司令。其司令五行是据地支,如乾卦六爻是壬戌,戌为阳土,故戊土司令。

第三行的穴是二十四山的起法,即注第二节,乾坤艮巽定在第六爻天穴清,子午卯酉定在第五爻天穴浊,寅申巳亥定在第四爻人穴清,辰戌丑未定在第三爻人穴浊,甲庚丙壬定在第二爻地穴清,乙辛丁癸定在初爻地穴浊。

第四行的气则是以正五行论五气。如乾山第六爻壬戌,戊土司令,土为黄天之气是。

第五行就是本年太岁。

山	项目	上爻	五爻	四爻	三爻	二爻	初爻
壬子癸	爻令穴气岁	戊子癸水天穴清玄天子午	戊戌戊土天穴浊黄天巳亥	戊申庚金人穴清素天辰戌	戊午丁火人穴浊赤天卯酉	戊辰戊土地穴清黄天寅申	戊寅甲木地穴浊苍天丑未
丑艮寅	爻令穴气岁	丙寅甲木天穴清苍天寅申	丙子癸水天穴浊玄天丑未	丙戌戊土人穴清黄天子午	丙申庚金人穴浊素天巳亥	丙午丁火地穴清赤天辰戌	丙辰戊土地穴浊黄天卯酉
甲卯乙	爻令穴气岁	庚戌戊土天穴清黄天辰戌	庚申庚金天穴浊素天卯酉	庚午丁火人穴清赤天寅申	庚辰戊土人穴浊黄天丑未	庚寅甲木地穴清苍天子午	庚子癸水地穴浊玄天巳亥
辰巽巳	爻令穴气岁	辛卯乙木天穴清苍天卯酉	辛巳丙火天穴浊赤天寅申	辛未己土人穴清黄天丑未	辛酉辛金人穴浊素天子午	辛亥壬水地穴清玄天巳亥	辛丑己土地穴浊黄天辰戌
丙午丁	爻令穴气岁	己巳丙火天穴清赤天巳亥	己未己土天穴浊黄天辰戌	己酉辛金人穴清素天卯酉	己亥壬水人穴浊玄天寅申	己丑己土地穴清黄天丑未	己卯乙木地穴浊苍天子午
未坤申	爻令穴气岁	癸酉辛金天穴清素天卯丁	癸亥壬水天穴浊玄天寅申	癸丑己土人穴清黄天丑未	乙卯乙木人穴浊苍天子午	乙巳丙火地穴清赤天巳亥	乙未己土地穴浊黄天辰戌
庚酉辛	爻令穴气岁	丁未己土天穴清黄天丑未	丁酉辛金天穴浊素天子午	丁亥亥水人穴清玄天巳亥	丁丑己土天穴浊黄天辰戌	丁卯乙木地穴清苍天卯酉	丁巳丙火地穴浊赤天寅申
戌乾亥	爻令穴气岁	壬戌戊土天穴清黄天辰戌	壬申庚金天穴浊素天卯酉	壬午丁火人穴清赤天寅甲	甲辰戊土人穴浊黄天丑未	甲寅甲木地穴清苍天子午	甲子癸水地穴浊玄天巳亥

十一、金精明暗气到山定局

气＼年＼山	子午年	丑未年	寅申年	卯酉年	辰戌年	巳亥年
一甲暗凶	寅甲辰丁未酉	癸巳丙甲戌	辛亥壬艮	卯巽坤庚	午乾	子丑乙
二辛暗凶	子丑乙	寅甲辰丁未酉	癸巳丙申戌	辛亥壬癸	卯巽坤庚	午乾
三丙暗凶	午乾	子丑乙	寅甲辰丁未酉	癸巳丙申戌	辛亥壬艮	卯巽坤庚
四乙明吉	卯巽坤庚	午乾	子丑乙	寅甲辰丁未酉	癸巳丙申戌	辛亥壬艮
五庚明吉	辛亥壬艮	卯巽坤庚	午乾	子丑乙	寅甲辰丁未酉	癸巳丙申戌
六丁明吉	癸巳丙申戌	辛亥壬艮	卯巽坤庚	午乾	子丑乙	寅甲辰丁未酉

十二、月华金精定局式

子午年	寅甲辰丁未酉山	癸巳丙申戌山	辛亥壬艮山	卯巽坤庚山	午乾山	子丑乙山
丑未年	癸巳丙申戌山	辛亥壬艮山	卯巽坤庚山	午乾山	子丑乙山	寅甲辰丁未酉山
寅申年	辛亥壬艮山	卯巽坤庚山	午乾山	子丑乙山	寅甲辰丁未酉山	癸巳丙申戌山
卯酉年	卯巽坤庚山	午乾山	子丑乙山	寅甲辰丁未酉山	癸巳丙申戌山	辛亥壬艮山
辰戌年	午乾山	子丑乙山	寅甲辰丁未酉山	癸巳丙申戌山	辛亥壬艮山	卯巽坤庚山
巳亥年	子丑乙山	寅甲辰丁未酉山	癸巳丙申戌山	辛亥壬艮山	卯巽坤庚山	午乾山
初一至初五日	庚明	丁明	甲暗	辛暗	丙暗	乙明
初六日至初十日	丁明	甲暗	辛暗	丙暗	乙明	庚明
十一日至十五日	甲暗	辛暗	丙暗	乙明	庚明	丁明
十六日至二十日	辛暗	丙暗	乙明	庚明	丁明	甲暗
二十一日至二十五日	丙暗	乙明	庚明	丁明	甲暗	辛暗
二十六日至三十日	乙明	庚明	丁明	甲暗	辛暗	丙暗

十三、五气正垣局

苍天木气,得丁壬甲乙亥卯未年月,系角亢氐房心尾箕主事,宜作艮寅甲卯乙辰山向,造葬合东方旺气,荫三十四年。

赤天火气,得戊癸丙丁寅午戌年月,系井鬼柳星张翼轸主事,宜作巽巳丙午丁未山向,造葬合南方旺气,荫四十九年。

黄天土气,得甲戊己申子辰年月,宜作乾坤艮巽山,造葬合中央旺气,荫一百年。

素天金气,得乙庚辛巳酉丑年月,系奎娄胃昴毕觜参主事,宜作坤申庚酉辛戌山向,造葬合西方旺气,荫二十六年。

玄天水气,得丙辛壬癸申子辰年月,系斗牛女虚危室壁主事,宜作乾亥壬子癸丑山向,造葬合北方旺气,荫八十一年。

以上吉局,天合五气正垣,地得五方正位,登垣入庙为吉。凡造葬得斯造化,秉列宿之英灵、五行之旺气,入局归垣,神藏杀没,年月四柱得吉气,必荫子孙。大地用大格,小地用小格。若大地用此年月,葬者便是亡灵再生之日,受气之吉,得地之正,何怕后人不发。如合此局,不怕山凶水走,亦主大发。

十四、《象吉通书》中例

例1.杨筠松于大中(按:唐宣宗李忱年号,公元847丁卯年继位)十一年丁丑岁,十二月十一日寅时修乾山巽向屋,生年太岁泊于三爻人穴浊甲辰土,天气辰中戊土司令,配值四乙,乃先天盈气。戊土主事,合取五气助旺年月日时,必主发福。其丁丑年用丑月,皆得戊土养位。甲寅日,丙寅时,戊土长生于寅。丁丑太岁所取值日精月华每月十一至十五日,得值四乙盈明之气令,主登科及第。其家辛酉生人,果于乙酉登科,合禄之年清举,丁亥合马之年及第授官。

例2.大中九年乙亥,闰四月辛巳,丁卯日、癸卯时,入葬亥山巽巳向地。乙亥年太岁泊初爻地穴浊,壬子水玄天气,癸水司令,值四乙盈气。癸水旺于乙亥年,胎于巳月,生于卯日、卯时,亥年乾山每月初六至初十值五庚,得日精月华盈明之气,其家富有九贵,且闲已复用。

通书对各山吉凶,一一列出,还有贡福局,五气克应等,不细举,愿研究者可参考《象吉通书》卷四"金精鳌极"及诸通书。

按:五气之说,出自《黄帝内经·素问》。所谓五气经天是古人望气之时,根据二十八宿和二十四方位星图而立。即丹天之气,经牛女奎壁四宿,临位戊癸之方,是以戊癸为火运。黄天之气,经心尾角轸四宿,临位甲己之方,是以甲己为土运。素天之气,经亢氐昴毕四宿,临位丙辛之方,是以丙辛为水运。玄天之气,经张翼娄胃四宿,临位乙庚之方,是以乙庚为金运。

五气经天歌曰(并见下"五气经天图"):

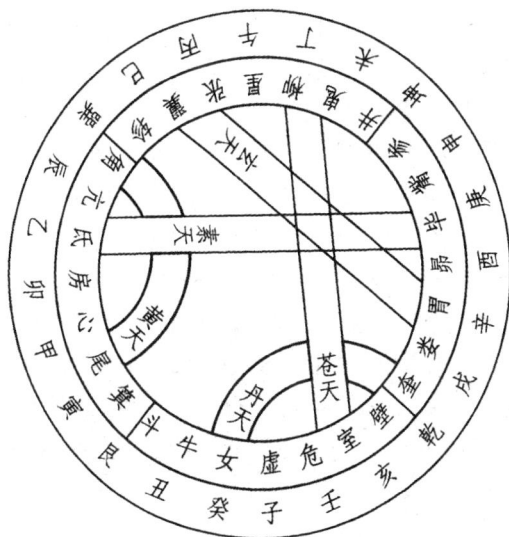

五气经天图

五气经天谁人见,垂留千载于世间。

素玄苍丹黄再来,吾望干支是何年。

木苍危室柳鬼宿,火丹牛女壁奎边,

土黄心尾轸角度,金素亢氏昴毕前,

水玄张翼娄危是,下为运气上经天。

五运不仅有大运、主运、客运之分,且有阴阳之别,每干有太少之异。同时与六气配还有顺化、天刑、小逆、不和、天符之不同。运气同化中又有天符之年,运化之年,太乙天符之年,同天符之年,同岁令之年等,是个非常繁杂的体系,被称为"五运六气"。其义出于中医之法,与风水选择有多少联系确实很说明。依前举二例,若用造命选择之法解释,则更为简明。

例1. 甲辰主命,于丁丑年、癸丑月、甲寅日、丙寅时修乾山巽向屋,年月支丑土为甲命天乙贵人,日时二支寅木为甲命之正禄马。若以吊宫论,丑入中吊寅到乾山,寅入中吊卯到乾山,禄马旺临山,禄马贵镇中宫皇极,且本命甲木为乾山纳甲,二寅又与乾宫亥合,极为清纯,故能发福。

例2. 乙亥年、辛巳月、丁卯日、癸卯时葬亥山巳向。虽不知为何亡命,但太岁乙木长生在亥,马在巳,用日时二卯岁禄合亥山,禄马皆为我用,故有闲居之官复起之应。

由此可知,大凡选择,必以造命补龙、扶山、相主为要,千方万法,若离开造命这个主纲,均为伪法,金精五气亦然。

【原文】璇玑六甲归宫图(见第155面的上表)。

【注解】此法各宫所列均五行生旺比和,各得垣局之干支,若修造其方,用其干支为之得垣局,吉庆。详参《璇玑经·六甲归宫第八》。

巽 戊子己巳下吉 庚辰辛巳甲午乙未壬申 癸酉上吉 庚辰丙申中吉	中 甲戌乙未乙巳下吉 甲子丙辰丁巳庚子 辛丑己未戊子上吉 庚午辛未戊申己酉 中吉	乾 辛丑丁亥甲申戊己亥 中吉 戊申丁巳丙戌上吉 壬子癸丑甲寅下吉
震 丁未乙亥下吉 甲寅己亥庚寅己未上吉 戊戌丙子癸丑壬午癸未 中吉		兑 己巳乙巳下吉 戊申丙辰丁巳辛未壬 申辛巳上吉 乙未癸酉丙戌庚辰中吉
坤 丙申丁酉戊子壬寅壬 申下吉 丙戌丁巳甲申乙酉庚 午辛未戊午丁亥上吉 癸巳甲午己酉中吉		艮 丁未己丑乙未甲戌乙 亥丙午中吉 戊寅戊申己卯丙寅丁 卯己酉上吉 甲午壬寅庚辰辛卯下吉
坎 丙子庚申壬戌中吉 壬申丙申丙子癸巳辛 亥庚申癸亥上吉 丙午乙酉庚戌下吉		离 乙未辛巳壬午己巳丙 午中吉 戊寅丙寅庚午丙戌辛 未上吉 庚辰癸未甲辰下吉

金匮库楼图

【原文】金匮星定局。四旺星也,经云"进财生子名金匮"。

泊宫\月 年		正月	二月	三月	四月	五月	六月	七月	八月	九月	十月	十一月	十二月
申子辰年	子	乾	中	巽	震	坤	坎	离	艮	兑	乾	中	兑
寅午戌年	午	离	艮	兑	乾	中	兑	乾	中	巽	震	坤	坎
亥卯未年	卯	乾	中	兑	乾	中	巽	震	坤	坎	离	艮	兑
巳酉丑年	酉	震	坤	坎	离	艮	兑	乾	中	兑	乾	中	巽

【注解】金匮星为三合中四行旺字，申子辰三合水局在子，寅午戌三合火局在午，亥卯未三合木局在卯，巳酉丑三合金局在酉。选择造命与三合均以旺星为主，不论是补龙还是扶山、相主，只要旺星不犯冲克，均有作用，不过名目不同而已。

【原文】库楼星定局(即下劫帝星)。

万岁：建、金。木母：除、水。天狱：满、火。土曲：平、土。

房显：定、金。毒水：执、木。天符：破、火。荧惑：危、火。

天水：成、火。地传：收、水。天牛：开、土。太白：闭、金。

建破伤家长，除危宅母亡。满成损男女，执闭杀牛羊。

开定招财帛，平收益田庄。人凶君莫犯，四吉为最良。

法以年建、月建、日建、时建加万岁顺数去，遇平定收开四位吉。平是土曲，主官贵。定是房显，主财帛。收是地传，主田庄。开是官国，主荣显。得四吉临照山方，有官升迁，庶人进财。更同岁贵尤妙。

【注解】库楼星定局立成(年月日时同)见第157面的表。

《选择宗镜》曰："建为岁君，为元神，为吉凶众神之主帅，可坐不可向，其在山在方叠吉星则大吉，叠凶星则凶。除为四利，太阳、小吉。满为土瘟，为四利丧门，又为天富、小吉。平为三台，又为土曲，大吉。定为岁三合，又为显星，吉；又为官符、畜官，次凶。执为四利之死符，又为小耗，凶。破为岁破，为大耗、大凶。危为极富星，为谷将星，为四利龙德，吉。成为三合，吉；又为飞廉，又四利白虎，小凶。收为四利福德，小吉；又为八座，小凶。开为青龙，太阴为生气华盖，上吉；又为四利吊客，小凶。闭为病符，凶。平、成、开、危最吉，定、除次吉，破大凶。"

《考原》曰："按月建十二神，除危定执成开为吉，建破平收满闭凶。历书所谓'建满平收黑，除危定执黄，成开皆可用，闭破不相当'者也。《选择宗镜》以四利三元诸神相配，吉凶亦未尽

年\\山气	子	丑	寅	卯	辰	巳	午	未	申	酉	戌	亥
建 万岁	子	丑	寅	卯	辰	巳	午	未	申	酉	戌	亥
除 木母	丑	寅	卯	辰	巳	午	未	申	酉	戌	亥	子
满 天狱	寅	卯	辰	巳	午	未	申	酉	戌	亥	子	丑
平 土曲	卯	辰	巳	午	未	申	酉	戌	亥	子	丑	寅
定 房显	辰	巳	午	未	申	酉	戌	亥	子	丑	寅	卯
执 毒水	巳	午	未	申	酉	戌	亥	子	丑	寅	卯	辰
破 天符	午	未	申	酉	戌	亥	子	丑	寅	卯	辰	巳
危 荧惑	未	申	酉	戌	亥	子	丑	寅	卯	辰	巳	午
成 天水	申	酉	戌	亥	子	丑	寅	卯	辰	巳	午	未
收 地传	酉	戌	亥	子	丑	寅	卯	辰	巳	午	未	申
开 天牛	戌	亥	子	丑	寅	卯	辰	巳	午	未	申	酉
闭 太白	亥	子	丑	寅	卯	辰	巳	午	未	申	酉	戌

合。如以建为太岁，除为太阳，满为丧门，破为岁破，危为龙德，此相合也。至以平为太阴，定为官符，执为死符，成为白虎，收为福德，开为吊客，此不相合者也。大抵凡择日吉神多则吉，凶神多则凶。又各视其神宜忌以为趋避，亦未可执一而论也。”

建除十二神排法呆板，毫无变化，义理不明，吉凶无定。彼说此吉，我云此凶，相互抵触。若以义论，定与成均处三合之位，言吉尚可，然本书以成为凶。若以名论，开为吉尚合，然成亦为凶，与名不合。况且，除破字临年月日时破为凶合五行生克冲合外，余皆不合，所以为大多数选择家弃之，选择造命尤以其为谬。如已巳生命，造巳山亥向屋，用四己巳。余四壬寅、四辛卯、四丁未、四丙申等年月日时，均是建字万岁凶神，古例却引以为法，是不以库楼之说为重矣。

《通书》中有"金符经"者，共有九星。第一位妖星，谓之齐星;第二位惑星,谓之火星;第三位禾星,谓之利星;第四位煞星,谓之显星;第五位直星,谓之曲星;第六位卜星,谓之朴星;第七位角星,谓之解星;第八位传星,谓之贵星;第九位章星;其中以传星、曲星、显星为吉,余为凶。此法《通德类情》言其“毫无深义”,但台湾地区有些风水师却言其用之颇效,特将其例录下:

寅申巳亥月			卯酉午子月			辰戌丑未月		
显星	曲星	传星	显星	曲星	传星	显星	曲星	传星
丁卯	戊辰	辛未	丙寅	丁卯	庚午	乙丑	丙寅	己巳
丙子	丁丑	庚辰	乙亥	丙子	己卯	甲戌	乙亥	戊寅
乙酉	丙戌	己丑	甲申	乙酉	戊子	癸未	甲申	丁亥
甲午	乙未	戊戌	癸巳	甲午	丁酉	壬辰	癸巳	丙申
癸卯	甲辰	丁未	壬寅	癸卯	丙午	辛丑	壬寅	乙巳
壬子	癸丑	丙辰	辛亥	壬子	乙卯	庚戌	辛亥	甲寅
辛酉	壬戌		庚申	辛酉				

　　细读两法,基本相似,不过是巧立名目,与五行生克冲合之理并不甚相合。

龙德福德定局

【原文】一名压杀太阳,一名转天关,能制白虎等杀。

法以用事月建入中宫,寻太岁泊处起:

一太岁,忌修作。　　二太阳,招子。　　三丧门,损人。

四太阴,生女。　　五官符,口舌。　　六死符,死人。

七岁破,破财。　　八龙德,兴家。　　九白虎,孝服。

十福德,兴旺。　　十一吊客,孝服。　　十二病符,瘟灾。

飞轮九宫,视太阳、太阴、龙德、福德所在之位,作之吉。如丁巳年正月,以壬寅月建入中顺飞,丁巳太岁泊坤,则太阳在震,龙

德离,福德坤,太阴中。定局具下:

太岁泊宫	中	乾	兑	艮	离	坎	坤	震	巽
太阳	乾	兑	艮	离	坎	坤	震	巽	中
龙德	震	巽	中	乾	兑	艮	离	坎	坤
太阴	艮	离	坎	坤	震	巽	中	乾	兑
福德	中	乾	兑	艮	离	坎	坤	震	巽

【注解】此例通书中称之为"四利三元"。原文定局,不仅要知道四吉当年所临之支,且要以月建入中,看四利飞入何宫,方是当年吉方。如当年太岁入中,太阳在岁前一位,必居乾方,而太阴与太岁隔三位,故在艮方;龙德与太岁隔七位,必在震方;福德与太岁隔九位,正好布完一轮,所以福德常与太岁同宫。这样,十二神中每年的福德必与太岁同宫,吊客必与太阳同宫,病符必与丧门同宫。病符与丧门皆凶神,同宫亦凶,不害其义。而太阳为最吉,吊客为凶,是太阳又不能吉。原书云"太岁忌修作",但与福德同宫,是又宜作。相互抵触,自相矛盾,实难自圆其说。故此法除太阳一说可取外,余均不可信。详参《璇玑经·龙德太阳第十九》。

雷霆帝星运身定局

【原文】即"雷霆结局增福泽"。阳干命顺行,阴干命逆行。

法以一十入中顺飞,先看行年住何宫,却以本生运星入中顺飞,看行年得何吉星,再以行年星入中顺轮,看修造方得何吉星,须要行年星与修造方向星两吉结局,主增福泽。

甲庚燥火丙壬罡,丁癸还归水潦场。

六戊奇罗己土湃,乙辛丙乙运身方。

仍入中宫主兴发,看他方位好修装。

【注解】推雷霆流年之法,用排山十二星例掌轮,然后加九

方位 岁数 年干		一十	二十	三十	四十	五十	六十	七十	八十	九十	零位 年位		而效
甲庚生人	顺	巳 燥火	午 奇罗	未 土瀦	申 天罡	酉 台将	戌 金水	亥 月孛	子 太阳	丑 血刃	寅 紫气	卯 水瀦	辰 丙乙
丙壬生人	顺	申 天罡	酉 台将	戌 金水	亥 月孛	子 太阳	丑 血刃	寅 紫气	卯 水瀦	辰 丙乙	巳 燥火	午 奇罗	未 土瀦
戊生人	顺	午 奇罗	未 土瀦	申 天罡	酉 台将	戌 金水	亥 月孛	子 太阳	丑 血刃	寅 紫气	卯 水瀦	辰 丙乙	巳 燥火
己生人	逆	未 土瀦	午 奇罗	巳 燥火	辰 丙乙	卯 水瀦	寅 紫气	丑 血刃	子 太阳	亥 月孛	戌 金水	酉 台将	申 天罡
丁癸生人	逆	卯 水瀦	寅 紫气	丑 血刃	子 太阳	亥 月孛	戌 金水	酉 台将	申 天罡	未 土瀦	午 奇罗	巳 燥火	辰 丙乙
乙辛生人	逆	辰 丙乙	卯 水瀦	寅 紫气	丑 血刃	子 太阳	亥 月孛	戌 金水	酉 台将	申 天罡	未 土瀦	午 奇罗	巳 燥火

宫掌。其例不问男女，法以甲丙戊庚壬阳命人一十顺行，乙丁己辛癸阴命人一十逆行，寻所用行年住处值何星宿，将其入中顺飞九宫，寻吉星到山方，大宜修造。假如甲子生人，三十五岁修造，则一十起巳上燥火，系阳命顺行，午上奇罗二十，未上土瀦三十，申上天罡三十一，酉上台将三十二，戌上金水三十三，亥上月孛三十四，子上太阳三十五，是得运，吉。然后将太阳入中顺飞，月孛在乾，金水在兑丁巳丑方，大利造作。

又如己未生人，五十七岁修造，则一十在未上起土瀦，系阴命逆行。二十午上奇罗、三十巳上燥火、四十辰上丙乙、五十卯上水瀦、五十一寅上紫气、五十二丑上血刃、五十三子上太阳、五十四亥上月孛、五十五戌上金水、五十六酉上台将、五十七申上天罡，是得运，吉。然后将天罡入中顺飞九宫，土瀦在乾，奇罗在兑丁巳丑方，宜修造，吉。

行年不仅有十二星吉凶之分，还有五行生克吉凶之分：

金忌火年并火月，瘟疫疾病皆流血。

木犯金方重犯金，兄弟灾伤更主刑。

水犯土财人必死,火须避忌北方神。

土忌东方甲乙木,疯邪黄肿丧其身。

两金两木并两火,水土双见主倾危。

双神未好重相见,祸患重遭百事嗔。

如太阳、紫气、奇罗属木,虽为吉星,但临申酉金方,金克木,不吉反凶。余例推。

细推定局,其阴阳年命起法是以十二宫来推,但均不能相合。如阳年一十起巳顺行,至二十一岁应从卯上起,三十一应从丑上起,此从午上起,顺数则为二十四岁,与行年不符。阴年亦然,十一岁从未上起逆行,二十一岁应在酉上,午上是二十四岁亦不相合,支离破碎明矣。详参前卷三"雷霆顺逆局"、"年升元合气"等节。

山运泊旺图

【原文】涓山运要令王之时。将洪范变运以月建入中,寻禄马贵人生旺有气。

甲寅辰巽戌坎辛申丑癸坤庚未水土山

年运＼神方	禄	贵	煞	空	生	王	死	财	马
甲己年戊辰木运	巽	坤坎	乾兑	乾	乾	震	离坤	坤艮	艮
乙庚年庚辰金运	坤	坤艮	离	坤兑	巽	兑	坎艮	震	艮
丙辛年壬辰水运	乾	震巽	坤艮	离坤	坤	坎	震艮	离	艮
丁壬年甲辰火运	艮	坤艮	坎	震艮	艮	离	兑	兑	艮
戊癸年丙辰土运	巽	乾兑	震	坎艮	坤	坎	震	坎	艮

冬至后顺轮,夏至后逆转。

如运泊禄宫,主横财,因官发达,为官增禄。马宫商贾发财,遇贵接引成家。贵宫克日加官生贵子。财宫进田财、蚕丝、牛马。

兑丁乾亥金山

方　　　神 / 年运	禄	贵	煞	空	生	王	死	财	马
甲己年乙丑金运	震	坤坎	离	乾	巽	兑	坎	震	乾
乙庚年丁丑木运	离	乾兑	坤艮	坤兑	坤	坎	震	离	乾
丙辛年巳丑火运	离	坎坤	坎	离坤	艮	离	兑	兑	乾
丁壬年辛丑土运	离	离艮	震	巽	坤	坎	震	坎	乾
戊癸年癸丑水运	坎	震巽	兑	艮	乾	震	离	坤艮	乾

生王宫生贵子进财产。鬼杀宫杀家长,损丁生事,破财瘟火。官符宫官非口舌。劫杀宫生横祸,盗贼杀伤人。咸池宫小辈酒色奸非。灾杀宫跌伤疾病。空亡宫吉多则是财见福,凶多则退产退财。死绝宫家活冷退,疾病死亡。

震辰巳木山

方　　　神 / 年运	禄	贵	煞	空	生	王	死	财	马
甲己年辛未土运	兑	离艮	乾兑	乾	坤	坎	震	坎	巽
乙庚年癸未木运	坎	震巽	离	坤兑	乾	震	离	艮坤	巽
丙辛年乙未金运	震	坎坤	离	巽	巽	兑	坎艮	震	巽
丁壬年丁未水运	离	乾兑	坤艮	限震	坤	坎	震巽	离	巽
戊癸年己未火运	离	坎坤	坎	艮坎	艮	离	兑乾	兑	巽

离壬丙乙火山

方　　　神 / 年运	禄	贵	煞	空	生	王	死	财	马
甲己年甲戌火运	艮	坤艮	坎	坤兑	艮	离	乾兑	兑	坤
乙庚年丙戌土运	巽	乾兑	震	离坤	坤	坎	震巽	坎	坤
丙辛年戊戌木运	巽	艮坤	兑	巽	乾	震	离坤	坤艮	坤
丁壬年庚戌金运	坤	坤艮	离	震艮	巽	兑	坎艮	震	坤
戊癸年壬戌水运	乾	巽震	离艮	坎艮	坤	坎	震巽	离	坤

如乙庚年水土山,庚辰金运,生巳、沐午、冠未、官申、旺酉、衰戌、病亥、死子、墓丑、绝寅、胎卯、养辰。

庚禄申、马寅、贵丑未、害卯、劫杀巳、灾杀午、官符申、咸池酉。余仿此。

　　　　　　水宫,一六数,主船载鱼盐生财。

　　　　　　火宫,二七数,主炉冶生财拾遗。

　　　　　　木宫,三八数,进山林园圃木植。

　　　　　　金宫,四九数,进金银古窖蚕丝。

　　　　　　土宫,五十数,进田山及寄物。

右山运,与年月日时克应,其吉凶生王,亦随年月日时上五行断之。年应周年三载,月应六十日或一百二十日,时应三日、五七日、十二、十五日。

【注解】山运墓库是以洪范五行为准推求,要明白此图,则须了解以下内容。

一、洪范五行

歌曰:甲寅辰巽大江水,戌坎辛申水一同,

　　　　　艮震巳山原属木,离壬丙乙火为宗,

　　　　　兑丁乾亥金山处,丑癸坤庚未土中。

即甲寅辰巽戌坎辛申八山属水,艮震巳三山属木,离壬丙乙四山属火,兑丁乾亥四山属金,丑癸坤庚未五山属土。关于洪范五行,本册第330面做了较详细介绍,请参阅。

二、龙运空亡

乙丑、戊辰、辛未运,甲子旬乾空亡。甲戌、丁丑、庚辰、癸未运,甲戌旬兑坤空亡。丙戌、己丑、壬辰运,甲申旬离坤空亡。乙未、戊戌、辛丑运,甲午旬巽空亡。甲辰、丁未、庚戌运,甲辰旬寅艮空亡。丙辰、己未、壬戌运,甲寅旬艮丑空亡。

三、五运十二神(以墓龙纳音论)

十二神\方位\纳音五行	长生	沐浴	冠带	临官	带旺	衰	病	死	墓	绝	胎	养
纳音金运	巳	午	未	申	酉	戌	亥	子	丑	寅	卯	辰
纳音木运	亥	子	丑	寅	卯	辰	巳	午	未	申	酉	戌
纳音水运	申	酉	戌	亥	子	丑	寅	卯	辰	巳	午	未
纳音火运	寅	卯	辰	巳	午	未	申	酉	戌	亥	子	丑
纳音土运	申	酉	戌	亥	子	丑	寅	卯	辰	巳	午	未

四、泊宫吉凶歌

泊贵人歌：天乙贵人临，及第必争光；贵子光天德，安邦名世传。
泊禄官歌：飞禄禄天来，官贵发钱财；加官增品秩，六畜旺无灾。
泊马官歌：天马为第一，儿孙迁官职；贵人同会合，乃得横财人。
泊财官歌：运入财官昌，儿孙显姓香；爵禄加增级，庶人富非常。
泊生官歌：龙运长生官，贵子显门风；贵人谋事遂，进入横财星。
泊旺官歌：帝旺星可夸，进官俸禄加；庶人得合此，世代主荣华。
泊冠官歌：临官冠带官，贵子振文风；贵人同位照，白屋出三公。
泊中官歌：中宫不等闲，生旺福久长；为官加品秩，庶人富田庄。
泊相生歌：相生最可逢，的经寿彭公；有分登科第，儿孙佐圣聪。
泊和官歌：比和世所钦，造葬福弥深；官显声名播，经商中宝珠。
泊库官歌：龙运库超群，葬埋获珠珍；周年生贵子，及第耀祖宗。
泊印官歌：生印福非轻，世代袭簪缨；俊秀文章伯，声名显帝京。
泊临官歌：临官禄自臻，世代夸簪缨；笔力夸韩柳，加官佐圣明。
泊死官歌：龙逢死绝方，必定少年亡；家破人财散，损刑不可当。
泊空亡歌：空亡不可亲，颠倒事无成；财宝成秋露，儿孙彻骨贫。
泊羊刃歌：羊刃实可哀，伤人又破财；所为皆不遂，动闻祸重来。
泊咸池歌：咸池不堪入，游荡若浮萍；女人多淫欲，人亡祸不停。
泊官符歌：官符实可悲，锁枷不曾离；横事常时见，落孕又扛尸。

泊劫杀歌:劫杀不可当,奔走得名扬;祖业应消散,何如得久长。

泊灾杀歌:灾煞是恶神,恶死坏尸身;吉方多解救,也主有疾人。

泊岁杀歌:岁杀最不祥,财散雪朝汤;造埋值此运,更主死他乡。

泊刑官歌:刑官大不祥,红粉泪堪伤;妻子并兄弟,无情寿不长。

泊泄官歌:泊泄福何期,柔懦定无为;纵得山水吉,财消人丁退。

泊败官歌:暴败最堪伤,人凶及水殃;阴人多病患,灾祸是非乡。

泊杀官歌:杀运起官方,尤嫌宅长亡;凶丧常不绝,冷退甚惊慌。

五、二十四位龙泊宫吉凶局

坤丑未三龙阴土,生酉;丁巳二龙阴火,生酉;乾庚申三龙阳金,生巳;八龙同墓在丑,咸池在离,劫杀在艮,官符在坤,灾杀在震,马在乾宫,岁杀在巽。

龙运:

十一月,先年冬至后乾。　　　十二月、六月,泊中。

正月,泊坎。　　　十月、二月,泊离。

三月、九月,泊艮。　　　四月、八月,泊兑。

五月、七月,夏至前在乾。　　　五月,夏至后巽。

十一月,今年冬至前坎。

甲己年乙丑金运:

十一月,刃和,凶丧病。　　　十二月、六月,土生金,印。

正月,贵泄绝。　　　十二月,煞败。

三月、九月,印墓绝。　　　四月,和旺。

五月、七月,衰病和空刃。　　　十一月,死泄贵。

乙庚年丁丑水运:

十一月,贵印官临。　　　六月、十二月,土克水,煞。

十二月,禄财胎。　　　正月,和旺。

三月、九月,刃杀病衰。　　　四月、八月,贵印败空。

五月、七月,冠临印贵。　　　五月,墓绝泄。

十一月,和旺。

丙辛年己丑火运:

十一月,财墓绝。

正月,贵胎煞。

三月、九月,生刃泄养。

七月、五月,财墓绝。

十一月,杀临贵。

十二月、六月,火生土,泄。

十二月,禄合旺空。

四月、八月,财死。

五月,冠印临。

丁壬年辛丑土运:

十一月,刃泄冠临,

正月,财旺。

三月、九月,贵和病衰,

五月、七月,冠临泄刃,

十一月,财旺。

六月、十二月,土比和。

十二月,贵印胎。

四月、八月,禄泄败。

五月,墓绝杀刃空。

戊癸年癸丑木运:

十一月,土煞养。

正月,禄印败。

三月、九月,败冠刃空。

五月、七月,生养煞。

十一月,败印禄。

六月、十二月,生煞养,

十二月,泄死。

四月、八月,胎煞。

五月,衰和病贵。

　　酉辛二龙属阴金,生子;壬子二龙属阳水,生申。四龙同墓在辰,劫杀在巽,灾煞在离,岁煞在坤,咸池在兑,官符在乾,驿马在艮。

龙运:

十一月,冬至后泊离。

正月,泊兑。

三月、九月,泊中。

五月,夏至前泊离。

十二月,泊艮。

十月、十一月,泊乾。

四月、五月夏至后泊坎。

六月,泊坤。

七月,泊震。

八月,泊巽。

十一月冬至前泊兑。

甲己年戊辰木运:

十一月,死刃泄。

十二月,冠临财贵。

正月,胎煞。

十二月,生养煞,

三月、九月,木克土,财。

四月、五月,败印刃。

五月,死泄刃,

六月,墓绝财贵。

七月,旺和。

八月,衰病和禄。

十一月,胎煞。

乙庚年庚辰金运:

十一月,败煞。

十二月,墓绝印贵。

正月,旺和空刃。

十二月,衰病和。

三月、九月,土生金印。

四月、五月,死绝。

五月,败煞。

六月,冠临印空贵禄。

七月,胎财刃。

八月,生养财。

十一月,旺和空刃。

丙辛年壬辰水运:

十一月,胎财空刃。

十二月,衰病杀。

正月,败印。

十二月,冠临印禄。

三月、九月,土克水,杀。

四月、五月,和旺刃。

五月,胎财空刃。

六月,生养煞空。

七月,死泄贵。

八月,墓绝泄贵。

十一月,败印。

丁壬年甲辰火运:

十一月,和旺。

十二月,泄生养贵空禄。

正月,财死刃。

十二月,财墓绝。

三月、九月,火生土泄。

四月、五月,胎煞。

五月,和旺。　　　　　　　六月,泄衰病贵。

七月,印败空刃。　　　　　八月,印冠临。

十一月,财死刃。

戊癸年丙辰土运:

十一月,胎印刃。　　　　　十二月,衰病和空。

正月,败泄贵。　　　　　　十二月,冠临泄贵。

三月、九月,土比和。　　　四月、五月,旺财空刃。

五月,胎印刃。　　　　　　六月,生养和。

七月,死煞。　　　　　　　八月,墓绝泄贵。

十一月,败印。

　　癸亥二龙属阴水,生卯;甲寅申三龙属阴水,生亥。四龙同墓在未,劫杀在坤,灾杀在兑,岁杀在乾,咸池在坎,官符在艮,马在巽巳。

龙运:

十一月,先年冬至后泊震。　九月、十二月,泊坤。

二月、七月,泊离。　　　　三月,泊艮。

四月,泊兑。

五月,夏至前泊乾,夏至后泊巽。

六月,泊中。　　　　　　　十月,泊震。

十一月冬至前泊巽。

甲己年辛未土运:

十一月,死煞。　　　　　　九月、十二月,生养和。

五月、八月,财旺。　　　　二月、七月,胎印贵。

三月,衰病和贵。　　　　　四月,败泄禄。

五月,夏至前冠临泄空刃;夏至后,墓绝杀刃。

六月,土比和。　　　　　　十月,死煞。

十一月,墓绝杀刃。

乙庚年癸未木运：

十一月，旺和贵。　　　　　　　九月、十二月，墓绝财空刃。

正月、八月，败印禄。　　　　　　二月、七月，死泄。

三月，冠临财刃。　　　　　　　　四月，胎煞空。

五月，夏至前衰病和贵；夏至后，生养煞。

六月，木克土，财。　　　　　　　十月，旺和贵。

十一月，衰病和贵。

丙辛年乙未金运：

十一月，胎财。　　　　　　　　　九月、十二月，克临印贵。

正月、八月，死泄贵。　　　　　　二月、七月，败煞。

三月，墓绝印。　　　　　　　　　四月，旺和。

五月，衰病和刃。　　　　　　　　五月，生养财空刃。

六月，土生金印。　　　　　　　　十月，胎财禄。

十一月，生养财空刃。

丁壬年丁未水运：

十一月，死泄空。　　　　　　　　九月、十二月，生养杀刃。

正月、八月，和旺。　　　　　　　二月、七月，胎财禄。

三月，衰病杀空刃。　　　　　　　四月，败印。

五月，冠临印贵。　　　　　　　　五月，墓绝泄。

六月，土克水，杀。　　　　　　　十月，死泄空。

十一月，墓绝泄。

戊癸年己未火运：

十一月，印败。　　　　　　　　　九月、十二月，泄衰病刃贵。

正月、八月，胎杀空贵。　　　　　二月、七月，和旺禄。

三月，泄生养空刃。　　　　　　　四月，财死。

五月，财墓绝。　　　　　　　　　五月，印冠临。

六月，火生土泄。　　　　　　　　十月，印败。

十一月,冠印临。

卯乙巽三龙阴木,生午;艮辰戌三龙阳土,生寅;丙午二龙阳火,生寅。八龙同墓在戌,劫杀在乾,咸池在震,灾杀在坎,官符在巽,岁杀在艮,马在坤申。

龙运:

十一月,先年冬至后泊乾。　　九月、十二月,泊中。

正月,泊巽。　　　　　　　　二月、七月,泊震。

三月、六月,泊坤。　　　　　四月,泊坎。

五月、十月,夏至前泊离;五月夏至后泊坎。

八月,泊巽。　　　　　　　　十一月,本年冬至前泊坎。

甲己年甲戌火运:

十一月,财墓绝。　　　　　　九月、十二月,火生土,泄。

正月,印冠临。　　　　　　　二月、七月,财印刃。

三月、六月,泄衰病空贵。　　四月,胎杀。

五月、十月,和旺。　　　　　五月,胎杀。

八月,印冠临。　　　　　　　十一月,胎杀。

乙庚年丙戌土运:

十一月,冠临泄贵。　　　　　九月、十二月,土比和,

正月,墓绝煞禄。　　　　　　二月、七月,死煞。

三月、六月,生养和空。　　　四月,旺财刃。

五月、十月,胎印空刃。　　　五月,旺财刃。

八月,衰病和空禄。　　　　　十一月,败印刃。

丁壬年庚戌金运:

十一月,衰病和。　　　　　　九月、十二月,土生金印。

正月,生养财。　　　　　　　二月、七月,胎财空刃。

三月、六月,冠临印禄贵。　　四月,死泄。

五月、十月,败杀。　　　　　五月,死泄。

八月,养财。　　　　　　　十一月,死泄。

戊癸年壬戌水运:

十一月,冠临印禄。　　　　九月、十二月,土克水,杀。

正月,墓绝泄贵。　　　　　二月、七月,死泄贵。

三月、六月,生养杀。　　　四月,和旺空刃。

五月、十月,胎财刃。　　　五月,和旺空刃。

八月、墓绝泄贵。　　　　　十一月,和旺空刃。

以上法以月建入中宫,冬至后顺飞,夏至后逆飞,寻龙运泊处,看其吉凶。

六、造葬一览

龙运:

用正五行,丁巳二龙阴火,生酉旺巳,同库在丑;坤丑未三龙阴土,生酉旺巳;庚申乾三龙阳金,生巳旺酉;山运酉丁乾亥四山,金生巳旺酉,同库在丑。用洪范五行,兑丁乾亥四山属金,生巳,旺酉,墓丑。

甲己年用先年冬至后乙丑金运,忌火年月日时。年宜用甲子、甲申、甲午、甲寅、己巳、己卯、己亥、己酉,吉;忌用甲辰、乙巳、己丑、己未年,克山龙运,凶。己卯、己酉年冬至后用丁丑水运克山。月宜用戊辰、己巳、庚午、辛未、壬申、癸酉、丙子、丁丑,吉;忌用丙寅、丁卯、甲戌、乙亥月,克山龙运,凶。日竖造宜用己巳、辛未、戊寅、己卯、甲申、乙酉、戊寅、乙未、己亥、壬寅、癸卯、戊申、己酉、壬子、乙卯、庚申、壬戌;忌用丙寅、丁卯、甲戌、乙亥、戊子、己丑、己未日,克山龙运,凶。日安葬宜用庚午、壬申、癸酉、戊寅、壬寅、甲申、乙酉、庚寅、壬辰、丙午、己酉、甲寅、丙辰、庚申、辛酉,吉;忌用丙申、丁酉、甲辰、乙巳、己未日,克山龙运,凶。时造葬忌用纳音火时,克山龙运,凶。

乙庚年用先年冬至后丁丑水运,忌土年月日时。年宜用乙

丑、乙亥、乙酉、乙卯、乙未、乙巳、庚辰、庚戌、庚申、庚寅,吉;忌
用庚午、庚子,年克山龙运,凶。乙酉、乙卯年冬至后克龙山。月
宜用庚辰、辛巳、壬午、癸未、甲申、乙酉、戊子、己丑,吉;忌用戊
寅、己卯、丙戌、丁亥,月克山龙运,凶。日竖造宜用丙寅、己巳、
甲戌、乙亥、甲申、乙酉、戊子、己丑、庚辰、己亥、壬寅、癸卯、癸
巳、乙卯、己未、庚申、壬戌,吉。忌用辛未、戊寅、己卯、戊申、己
酉,日克山龙,凶。日安葬宜用壬申、癸酉、壬午、甲申、乙酉、庚
寅、壬辰、丙申、丁酉、壬寅、甲辰、甲午、丙午、甲寅、己未、庚申、
辛酉,吉;忌用庚午、戊寅、己酉、丙辰日,克山龙运,凶。时造葬
忌用纳音土时,克山龙运,凶。

　　丙辛年用先年冬至后己丑火运,忌水年月日时。年宜用丙
寅、丙戌、丙申、丙辰、辛未、辛巳、辛卯、辛丑、辛亥、辛酉,吉;忌
用丙子、丙午,年克山龙运,凶。辛卯、辛酉年冬至后克山。月宜
用庚寅、辛卯、甲午、乙未、丙申、丁酉、戊戌、己亥、庚子、辛丑,
吉;忌用壬辰、癸巳之月,克山龙运,凶。日竖造宜用丙寅、己巳、
辛未、甲戌、乙亥、戊寅、己卯、戊子、己丑、庚寅、乙未、己亥、壬
寅、癸卯、戊申、己酉、壬子、己未、庚申,吉;忌用甲申、乙酉、乙
卯、壬戌日,克山龙运,凶。日安葬宜用庚午、壬申、癸酉、戊寅、
壬午、庚寅、丙申、丁酉、壬寅、甲辰、癸卯、己酉、丙辰、己未、庚
申、辛酉,吉。忌用甲申、乙酉、壬戌、丙午、甲寅日,克山龙运,
凶。时造葬忌用纳音属水时,克山龙运,凶。

　　丁壬年用先年冬至后辛丑土运,忌木年月日时。年宜用丁
卯、丁丑、丁亥、丁酉、丁未、丁巳、壬申、壬辰、壬寅、壬戌,吉;忌
用壬子、壬午年,克山龙运,凶。月宜用壬寅、癸卯、甲辰、乙巳、
丙午、丁未、戊申、己酉、庚戌、辛亥,吉;忌用壬子、癸丑月,克山
龙运,凶。日竖造宜用丙寅、辛未、甲寅、乙亥、戊寅、己卯、甲申、
乙酉、戊子、己丑、乙未、壬寅、癸卯、戊申、己酉、乙卯、己未、壬

戌,吉。忌用己巳、庚寅、已亥、壬子、庚申日,克山龙运,凶。日
安葬宜用庚午、壬申、癸酉、戊寅、甲申、乙酉、壬辰、丙申、丁酉、
壬寅、甲辰、戊申、丙午、己酉、甲寅、丙辰、己巳,吉;忌用壬午、庚
寅、庚申、辛酉,日克山龙运,凶。时造葬忌用纳音木时,克山龙
运,凶。

　　戊癸年用先年冬至后癸丑木运,忌金年月日时。宜用戊辰、
戊寅、戊子、戊戌、戊申、戊午、癸未、癸巳、癸丑、癸亥,吉;忌用癸
酉、癸卯年,克山龙运,凶。戊子、戊午年冬至后克山,凶。月宜
用甲寅、乙卯、丙辰、丁巳、戊午、己未、庚申、辛酉、壬戌、癸亥,
吉;忌用甲子、乙丑,克山龙运,凶;若在冬至后又不克。日竖造
用丙寅、己巳、辛未、甲戌、乙亥、戊寅、己卯、甲申、乙酉、戊子、己
丑、庚寅、己亥、戊申、己酉、壬子、乙卯、庚申、壬戌,吉。忌用乙
未、壬寅、癸卯日,克山龙运,凶。日安葬宜用庚午、戊寅、壬午、
甲申、乙酉、庚寅、壬辰、丙申、丁酉、甲辰、戊申、丙午、己酉、甲
寅、丙辰、己未、庚申、辛酉,吉;忌用壬申、癸酉、壬寅日,克山龙
运,凶。时造葬忌用纳音金时,克山龙运,凶。

　　龙运:

　　子壬二龙阳水,生申旺子;酉辛二龙阴金,生子旺申。四龙
同库在辰,用正五行。甲寅辰巽戌子申辛八山属水,生申、旺子,
用洪范五行。

　　甲己年月戊辰木运,忌金年月日时。年宜用甲戌、甲辰、甲
申、甲寅、己卯、己丑、己巳、己未、己酉、己亥,吉;忌用甲子、甲午
年,克山龙运,凶。月宜用丙寅、丁卯、戊辰、己巳、庚午、辛未、甲
戌、乙亥、丙子、丁丑,吉;忌用壬申、癸酉月,克山龙运,凶。日竖
造宜用丙寅、己巳、辛未、甲戌、乙亥、戊寅、己卯、甲申、乙酉、戊
子、己丑、庚寅、己亥、戊申、己酉、壬子、乙卯、己未、庚申、壬戌,
吉;忌用乙未、壬寅、癸卯日,克山龙运,凶。日安葬宜用壬午、庚

午、戊寅、戊午、甲申、乙酉、庚寅、壬辰、丙申、丁酉、甲辰、辛未、丙午、己酉、甲寅、丙辰、己未、庚申、辛酉，吉。忌用壬申、癸酉、壬寅日，克山龙运、凶。时造葬忌用纳音属金时，克山龙运，凶。

　　乙庚年用庚辰金运，忌火年月日时。年宜用乙丑、乙酉、乙未、乙卯、庚子、庚午、庚寅、庚申、庚艮、庚戌，吉；忌用乙亥、乙巳年，克山龙运，凶。月宜用戊寅、己卯、庚辰、辛巳、壬午、癸未、甲申、乙酉、丙戌、丁亥，吉；忌用戊子、己丑月，克山龙运，凶。日竖造宜用己巳、辛未、戊寅、己卯、甲申、乙酉、庚寅、乙未、己亥、壬寅、癸卯、戊申、己酉、壬子、乙卯、庚申、壬戌，吉；忌用丙寅、甲戌、乙亥、戊子、己丑、己未日，克山龙运，凶。日安葬宜用庚午、壬申、癸酉、戊寅、壬午、甲申、乙酉、庚寅、壬辰、壬寅、丙午、己酉、甲寅、丙辰、庚申、辛酉，吉；忌用丙申、丁酉、甲辰、乙巳、己未日，克山龙运，凶。时造葬忌用纳音属火时，克山龙运，凶。

　　丙辛年用壬辰水运，忌土年月日时。年宜用丙寅、丙子、丙申、丙午、辛巳、辛亥、辛卯、辛酉，吉；忌用丙戌、丙辰、辛丑、辛未年，克山龙运，凶。月宜用庚寅、辛卯、壬辰、癸巳、甲午、乙未、丙申、丁酉、戊戌、己亥，吉；忌用庚子、辛丑，月克山龙运，凶。日竖造宜用丙寅、己巳、甲戌、乙亥、甲申、乙酉、戊子、己丑、庚寅、乙未、己亥、壬寅、癸卯、壬子、乙卯、己未、庚申、壬戌，吉；忌用辛未、戊寅、己卯、戊申、己酉日，克山龙运，凶。日安葬宜用壬申、癸酉、壬午、甲申、乙酉、庚寅、壬辰、丙申、丁酉、壬寅、甲辰、乙巳、丙午、甲寅、己未、庚申、辛酉，吉；忌用庚午、戊寅、己酉、丙辰日克龙运，凶。时造葬忌用纳音土时，克山龙运，凶。

　　丁壬年用甲辰火运，忌水年月日时。年宜用丁卯、丁亥、丁酉、丁巳、壬申、壬午、壬寅、壬子，吉；忌用丁丑、丁未、壬辰、壬戌年，克山龙运，凶。月宜用壬寅、癸卯、甲辰、乙巳、戊申、己酉、庚戌、辛亥、壬子、癸丑，吉；忌用丙午、丁未月，克山龙运，凶。日竖造宜用丙寅、己巳、辛未、甲戌、乙亥、戊寅、己卯、戊子、己丑、庚寅、乙未、己亥、壬寅、癸卯、戊申、己酉、壬子、己未、庚申，吉；忌用甲申、乙酉、乙卯、壬戌日，克山龙运，凶。安葬日宜用庚午、壬申、癸酉、戊寅、壬午、庚寅、丙申、丁酉、壬寅、甲辰、戊申、己酉、丙辰、己未、庚申、辛酉，吉；忌用、甲申、乙酉、壬辰、丙午、甲寅日，克山龙运，凶。时造葬忌用纳音水时，克山龙运，凶。

　　戊癸年用丙辰土运，忌木年月日时。年宜用戊寅、戊子、戊申、戊午、癸酉、癸卯、癸巳、癸亥，吉；忌用戊辰、戊戌、癸丑、癸未年，克山龙运，凶。月宜用甲寅、乙卯、丙辰、丁巳、戊午、己未、壬戌、癸亥、甲子、乙丑，吉；忌用庚申、辛酉月，克山龙运，凶。日竖造宜用丙寅、辛未、甲戌、乙亥、戊寅、乙卯、甲申、乙酉、戊子、己丑、壬寅、癸卯、戊申、己酉、乙卯、吉未、壬戌，吉；忌用己巳、庚寅、己亥、壬子、庚申日，克山龙运，凶。日安葬宜用庚午、壬申、癸酉、戊寅、甲申、乙酉、壬辰、丙申、丁酉、壬寅、甲辰、戊申、丙午、己酉、甲寅、丙辰、己未，吉；忌用壬午、庚寅、庚申、辛酉日，克山龙运，凶。时造葬忌用纳音木时，克山龙运，凶。

　　龙运：

　　寅甲二龙属阳木，生亥旺卯；癸亥二龙属阴水，生卯旺亥，同墓在未，用正五行。山运艮卯巳三山属木，生亥、旺卯，同库在未，用洪范五行。

　　甲己年用辛未土运，忌木年月日时。年宜用甲辰、甲戌、甲子、甲午、甲寅、甲申、己卯、己酉、己丑、己未，吉；忌用己巳、己亥年，克山龙运，凶。月宜用丙寅、丁卯、庚午、辛未、壬申、癸酉、甲戌、乙亥、丙子、丁丑，吉；忌用戊辰、己巳月，克山龙运，凶。日竖造宜用丙寅、辛未、甲戌、乙亥、戊寅、己卯、甲申、乙酉、戊子、己丑、乙未、壬寅、癸卯、戊申、己酉、乙卯、己未、壬戌，吉；忌用己巳、庚寅、己亥、壬子、庚申日，克山龙运，凶。日安葬宜用庚午、壬申、癸酉、戊寅、甲申、乙酉、壬辰、丙申、丁酉、壬寅、甲辰、丙午、己酉、甲寅、丙辰,吉;忌用壬午、庚寅、庚申、辛酉日,克山龙运,凶。时造葬忌用纳音属木时,克山龙运,凶。

　　乙亥年用癸未木运,忌金年月日时。年宜用乙亥、乙酉、乙巳、乙卯、庚子、庚午、庚申、庚寅,吉;忌用庚辰、庚戌、乙丑、乙未年,克山龙运,凶。月宜用戊寅、己卯、壬午、癸未、甲申、乙酉、丙戌、丁亥、戊子、己丑月,吉;忌庚辰、辛巳月,克山龙运,凶。日竖造宜用丙寅、己巳、辛未、甲戌、乙亥、戊寅、己卯、甲申、乙酉、戊子、己丑、庚寅、己亥、戊申、己酉、甲寅、乙卯、己未、庚申、壬戌,吉;忌用乙未、壬寅、癸卯日,克山龙运,凶。日安葬宜用庚午、戊寅、壬午、甲申、乙酉、庚寅、壬辰、丙申、丁酉、甲辰、戊申、丙午、己酉、甲寅、丙辰、己未、庚申、辛酉,吉;忌用壬申、癸酉、壬寅日,克山龙运,凶。时造葬忌用纳音金时,克山龙运,凶。

　　丙辛年用乙未金运,忌火年月日时。年宜用丙子、丙戌、丙辰、丙午、辛巳、辛亥、辛未、辛丑、辛卯、辛酉,吉;忌用丙寅、丙申年,克山龙运,凶。月宜用庚寅、辛卯、壬辰、癸巳、甲午、乙未、戊戌、己亥、庚子、辛丑,吉;忌用丙申、丁酉月,克山龙运,凶。日竖造宜用己巳、辛未、戊寅、己卯、甲申、乙酉、庚寅、乙未、乙亥、壬寅、癸卯、戊申、己酉、壬子、乙卯、庚申、壬戌,吉;忌用丙寅、甲戌、乙亥、戊子、己丑、己未日,克山龙运,凶。日安葬宜用庚午、壬申、癸酉、戊寅、壬午、甲申、乙酉、庚寅、壬辰、壬寅、丙午、己酉、甲寅、丙辰、辛酉、庚申,吉;忌用丙申、丁酉、甲辰、乙巳、己未日,克山龙运,凶。时造葬忌用纳音火时,克山龙运,凶。

　　丁壬年用丁未水运,忌土年月日时。年宜用丁卯、丁丑、丁未、丁酉、壬申、壬午、壬辰、壬戌、壬子、壬寅,吉;忌用丁亥、丁巳年,克山龙运,凶。月宜用壬寅、癸卯、甲辰、乙巳、丙午、丁未、庚戌、辛亥、壬子、癸丑,吉;忌用戊申、己酉月,克山龙运,凶。日竖造宜用丙寅、己巳、甲戌、乙亥、甲申、乙酉、戊子、己丑、庚寅、乙未、己亥、壬寅、癸卯、壬子、乙卯、己未、庚申、壬戌,吉;忌用辛未、戊寅、己卯、戊申、己酉日,克山龙运,凶。日安葬宜用壬申、癸酉、壬午、甲申、乙酉、庚寅、壬辰、丁酉、壬寅、甲辰、丙午、甲寅、己未、庚申、辛酉,吉;忌用辛未、戊寅、己酉、丙辰日,克山龙运,凶。时造葬忌用纳音土时,克山龙运,凶。

　　戊癸年用己未火运,忌水年月日时。年宜用戊辰、戊戌、戊寅、戊申、戊子、戊午、癸卯、癸酉、癸未、癸丑,吉;忌用癸巳、癸亥年,克山龙运,凶。月宜用丙辰、丁巳、戊午、己未、庚申、辛酉、甲子、乙丑,吉;忌用甲寅、乙卯、壬戌、癸亥月,克山龙运,凶。日竖造宜用丙寅、己巳、辛未、甲戌、乙亥、戊寅、己卯、戊子、己丑、庚寅、乙未、己亥、壬寅、癸卯、戊申、己酉、壬子、己未、庚申,吉;忌用甲申、乙酉、乙卯、壬戌日,克山龙运,凶。日安葬宜用庚午、壬申、癸酉、戊寅、壬午、庚寅、丙申、丁酉、壬寅、甲辰、戊申、己酉、丙辰、己未、庚申、辛酉,吉;忌用甲申、乙酉、壬辰、丙午、甲寅日,克山龙运,凶。造葬时忌用纳音水时,克山龙运,凶。

　　龙运:

　　午丙二龙属阳火,生寅旺午;艮辰戌三龙属阳土,生寅旺午;卯乙巽三龙属阴木,生午旺寅。同库在戌,用正五行。山运午壬丙乙四山属火,生寅旺午,同库在戌,洪范五行。

　　甲己年用甲戌火运,忌水年月日时。年宜用甲子、甲戌、甲午、甲辰、己巳、己亥、己卯、己未、己丑、己酉,吉;忌用甲申、甲寅,年克山龙运,凶。月宜用丙寅、丁卯、戊辰、己巳、庚午、辛未、壬申、癸酉、甲戌、乙亥,吉;忌用丙子、丁丑月,克山龙运,吉。日竖造宜用丙寅、己巳、辛未、甲戌、乙亥、戊寅、己卯、戊子、己丑、庚寅、乙未、己亥、壬寅、癸卯、戊申、己酉、壬子、己未、庚申,吉;忌用甲申、乙酉、壬戌日,克山龙运,凶。日安葬宜用庚午、壬申、癸酉、戊寅、壬午、庚寅、丙申、丁酉、壬寅、甲辰、戊申、丙辰、辛酉、己未、庚申、吉;忌用甲申、乙酉、壬辰、丙午、甲寅,日克山龙运,凶。时造葬忌用纳音属火时,克山龙运,凶。

乙庚年用丙戌土运,忌木年月日时。年宜用乙丑、乙亥、乙酉、乙未、乙巳、乙卯、庚午、庚子、庚辰、庚戌,吉;忌用庚寅、庚申年,克山龙运,凶。月宜戊寅、己卯、庚辰、辛巳、甲申、乙酉、丙戌、丁亥、戊子、己丑,吉;忌用壬午、癸未,月克山龙运,凶。日竖造宜用丙寅、辛未、甲戌、乙亥、戊寅、己卯、甲申、乙酉、戊子、己丑、乙未、壬寅、癸卯、戊申、己酉、乙卯、己未、壬戌,吉;忌用己巳、庚寅、己亥、壬子、庚申,日克山龙运,凶。日安葬宜用庚午、壬申、癸酉、戊寅、甲申、乙酉、壬辰、丙申、丁酉、壬寅、甲辰、丙午、己酉、甲寅、丙辰、己未,吉;忌用壬午、庚寅、庚申、辛酉日,克山龙运,凶。时造葬忌用纳音属木时,克山龙运,凶。

丙辛年用戊戌木运,忌金年月日时。年宜用丙寅、丙子、丙戌、丙申、丙午、丙辰、辛未、辛卯、辛丑、辛酉,吉;忌用辛亥、辛巳,年克山龙运,凶。月宜用庚寅、辛卯、壬辰、癸巳、丙申、丁酉、戊戌、己亥、庚子、辛丑,吉;忌用甲午、乙未月,克山龙运,凶。日竖造宜用丙寅、己巳、辛未、甲戌、乙亥、戊寅、己卯、甲申、乙酉、戊子、己丑、庚寅、己亥、戊申、己酉、庚子、乙卯、己未、庚申、壬戌,吉;忌用乙未、壬寅、癸卯日,克山龙运,凶。日安葬宜用庚午、戊寅、壬午、甲申、乙酉、庚寅、壬辰、丙申、丁酉、甲辰、戊申、丙午、己酉、甲寅、丙辰、己未、庚申、辛酉,吉;忌用壬申、癸酉、壬寅日,克山龙运,凶。时造葬忌用纳音木时,克山龙运,凶。

丁壬年用庚戌金运,忌火年月日时。年宜用丁丑、丁亥、丁未、丁巳、壬申、壬午、壬辰、壬戌、壬子、壬寅,吉;忌用丁卯、丁酉年,克山龙运,凶。月宜用壬寅、癸卯、丙午、丁未、戊申、己酉、庚戌、辛亥、壬子、癸丑,吉;忌用甲辰、乙巳月,克山龙运,凶。日竖造宜用己巳、辛未、戊寅、己卯、甲申、乙酉、甲寅、乙未、己亥、壬寅、癸卯、戊申、己酉、壬子、乙卯、庚申、壬戌，吉；忌用丙寅、甲戌、乙亥、戊子、己丑、己未日，克山龙运，凶。日安葬宜用庚午、壬申、癸酉、壬申、癸酉、戊寅、壬午、甲申、乙酉、庚寅、壬辰、壬寅、丙午、己酉、甲寅、丙辰、庚申、辛酉，吉；忌用丙申、丁酉、甲辰、乙巳、己未日，克山龙运，凶。时造葬忌用纳音属火时，克山龙运，凶。

戊癸年用壬戌水运，忌土年月日时。年宜用戊子、戊午、戊辰、戊戌、癸丑、癸未、癸酉、癸卯、癸亥、癸巳，吉；忌用戊寅、戊申年，克山龙运，凶。月宜用甲寅、乙卯、戊午、己未、庚申、辛酉、壬戌、癸亥、甲子、乙丑，吉；忌用丙辰、丁巳，月克山龙运，凶。日竖造宜用丙寅、己巳、甲戌、乙亥、甲申、乙酉、戊子、己丑、庚寅、乙未、己亥、壬寅、癸卯、壬子、乙卯、己未、庚申、辛酉、壬戌，吉；忌用辛未戊寅、乙卯、戊申、己酉日，克山龙运，凶。日安葬宜用壬申、癸酉、壬午、甲申、乙酉、庚寅、壬辰、丙申、丁酉、壬寅、甲午、乙未、丙午、甲寅、己未、庚申、辛酉，吉；忌用庚午、戊寅、己酉、丙辰日，克山龙运，凶。时造葬忌用纳音土时，克山龙运，凶。

至此，二十四山墓龙变运全部注完。《通书大全》曰"年克山家损宅长，月克山家宅母殃，日克山家损儿郎，时克山家新妇亡"，极言墓龙变运之验。何谓墓龙？即本山洪范五行之墓库。何谓变运？即当年本墓库纳音随运而变也。洪范二十四山墓运，宜相生，宜比和，忌死败，忌被克。须注意的是山运之旺相衰绝是以墓位纳音五行而论的，即以墓位纳音为体，年月日时纳音为用。体克用为财，用克体为煞；体生用为泄，用生体为印；体用比和为比肩。即所谓"墓克岁兮财源至，岁克墓兮祸患生，相生相旺家福贵，相刑相克损破家"是也。以本书之图为例，甲己年戊辰木运，戊土禄在巳，巳隶巽，故图中禄在巽；戊土贵人在丑未，丑隶艮,未隶坤,故贵在坤艮;戊辰木以金为煞,乾兑属金,故煞在乾兑;戊辰属甲子旬,戌亥空亡,戌亥均隶乾,故空亡在乾;戊辰木旺在卯,卯隶震,故旺在震;戊辰木死在午,墓在未,午隶离,未隶坤,故死在坤艮;戊辰木以土为财,坤艮二宫属土,故为财;戊辰木地支驿马在寅,寅隶艮,故马在艮。余皆仿此。

从这个表中可以看出,其山墓是用洪范五行,其墓运及生旺死煞是用纳音五行,其禄贵则是用墓干正五行;其驿马则是用支正五行。同是一戊,忽而为土,忽而为木,支离可知。所以古人有说洪范五行是"灭蛮经",属惑世诬民之伪法。细查古例,年月日时克山运者甚多,说明此法不合义理。举例如下:

例1. 曾公为饶氏造巳山亥向屋,主命壬午,用四己巳。盖己为壬命正官,己禄到午命,壬命贵在巳。壬禄在亥,四巳冲之,又名冲禄格,又马在向上,吉。

按:巳山洪范五行属木,己巳年墓运辛未,纳音属土,最忌木年月日时。此局用四己巳,纳音均属木,是年月日时及本命均克山墓。

例2. 杨公为钟氏下祖坟,乙龙作辰山戌向,用甲申年、壬申月、壬申日、戊申时,半纪登科。

按:辰山洪范五行属水,墓在辰,甲申年墓运为戊辰木,忌金年月日时,此局月日壬申,纳音均属金,克墓运。

例3. 丙龙巳山亥向,杨筠松取己巳年、己巳月、壬午日、壬寅时,三合临官,又丙龙禄在巳。

按:巳山洪范五行属木,己巳年墓运辛未纳音土,最忌木年月日时,今此局年月己巳纳音木,用日壬午亦纳音木,是年月日均克山墓。

至于纳音官煞财旺,多与正五行不和,故特将墓龙变运一一录出,供大家研究参考,以辨其谬。

极　富　星

【原文】以太岁与月建吊到山为吉,亡命极富同。

子年命——辛戌,丑年命——卯甲,

寅年命——子壬,卯年命——巳巽,

辰年命——寅艮,巳年命——未丁,

午年命——辰乙,未年命——酉庚,

申年命——午丙,酉年命——亥乾,

戌年命——申坤,亥年命——丑癸,

月极富星:

正七艮、二八乙、三九丙、四十坤、五十一辛、六十二壬。

【注解】此局起例不明,与诸极富星不合。《通书》中有极富星例,正月午方、二月未方、三月申方、四月酉方、五月戌方、六月亥方、七月子方、八月丑方、九月寅方、十月卯方、十一月辰方、十二月巳方。此法取三合之方,若用其补龙、扶山、相主,三合有力,尚合义理。

本书有《璇玑经·葬埋寻极富星第二十二》,可参阅,不过其法也与此处不合。

帮星卦例

【原文】乾山,用甲壬年,月子寅辰、午申戌;

兑山,用丁年,月巳卯丑、亥酉未;

坤山,用乙癸年,月未巳卯、丑亥酉;

离山,用己年,月卯丑亥、酉未巳;

巽山,用辛年,月丑亥酉、未巳卯;

震山,用庚年,月子寅辰、午申戌;

艮山,用丙年,月辰午申、戌子寅;

坎山,用戊年,月寅辰午、申戌子。

即八卦纳甲,见《三台通书》。

【注解】天帑星是指天上金币之库,修造若得该星照临其方,主家有藏币库之富。

天帑星的取法是以八卦纳甲取。如乾纳甲,修造乾方若年月日得甲木到山,到修方,就是得天帑星。依此立成如下:

壬子癸山,合得戊字年月日;丑艮寅山,合得丙字年月日。

甲卯乙山,合得庚字年月日;辰巽巳山,合得辛字年月日。

丙午丁山,合得己字年月日;未坤申山,合得乙癸字年月日。

庚酉辛山,合得丁字年月日;戌乾亥山,合得甲壬字年月日。

反过来说,则是:

甲壬年月日天帑星在乾;乙癸年月日天帑星在坤;

丙年月日,天帑星在艮;丁年月日,天帑星在兑;

戊年月日,天帑星在坎;己年月日,天帑星在离;

庚年月日,天帑星在震;辛年月日,天帑星在巽。

天道人道图

【原文】天道吊宫立成。

	正	二	三	四	五	六	七	八	九	十	十一	十二
天道	巳	申	亥	酉	子	寅	丑	卯	午	辰	未	戌
吊宫	艮	坎	震	离	坤	震	坎	坤	巽	坎	震	中

人道方立成。惟此不须吊,有灾病宜移床就人道方,吉。

	正	二	三	四	五	六	七	八	九	十	十一	十二
大月方	癸	艮	甲	乙	巽	丙	丁	坤	庚	辛	乾	壬
小月方	丁	坤	庚	辛	乾	壬	癸	艮	甲	乙	巽	丙

【注解】《郭氏元经》有"天道篇第十六"和"人道篇第

十七"，可参阅。

天道和人道之说出自六道，古人把十二岁分为两周，自子至巳，自午至亥轮转六道。其顺序是子年艮坤为天道，甲庚地道，乙辛兵道，巽乾人道，丙壬鬼道，丁癸死道。丑年则以甲庚起天道，而艮坤转为死道。寅年则以乙辛起天道，而甲庚转为死道。六年完后，午年与子年同，直至亥终。子年复起。立成如下：

方　神杀	子	丑	寅	卯	辰	巳	午	未	申	酉	戌	亥
天道	艮坤	甲庚	乙辛	巽乾	丙壬	丁癸	坤艮	庚甲	辛乙	乾巽	壬丙	癸丁
地道	甲庚	乙辛	巽乾	丙壬	丁癸	坤艮	庚甲	辛乙	乾巽	壬丙	癸丁	艮坤
兵道	乙辛	巽乾	丙壬	丁癸	坤艮	庚甲	辛乙	乾巽	壬丙	癸丁	艮坤	甲庚
人道	巽乾	丙壬	丁癸	坤艮	庚甲	辛乙	乾巽	壬丙	癸丁	艮坤	甲庚	乙辛
鬼道	丙壬	丁癸	坤艮	庚甲	辛乙	乾巽	壬丙	癸丁	艮坤	甲庚	乙辛	巽乾
死道	丁癸	坤艮	庚甲	辛乙	乾巽	壬丙	癸丁	艮坤	甲庚	乙辛	巽乾	丙壬

以上六道，以天、地、兵、人四道为吉，鬼道、死道为凶。《钦定协纪辨方书》云："其为谬妄，不足深辨。《黄帝龙首经》有占岁月利道吉凶法，阳岁以大吉临太岁，阴岁以小吉临太岁，视天上甲庚所临为天道，丙壬所临为人道，魁罡所临为拘检。天道、人道吉，拘检凶。……今详《龙首经》之法必非出自黄帝，亦属后世假论。夫丑未之前一干，必是甲庚，安得不论五行生克，惟取太岁月建前一位之时辰，移徙修造便获吉耶？《神煞起例》天地兵人鬼死六道，盖即《龙首经》之法而又推广之，愈凿愈陋"。

天道人道之伪，辨方已论。本书入中飞吊之法，愈加荒诞。天道者，天之轮转之道，或顺或逆，循环不息，何能任人吊来吊去，莫非天道轮转是依人而非依天乎？与自然之理相悖，且无深意，故无可取。

五般会杀图

【原文】五般会杀最凶,更逢日时冲战尤烈。

离合杀:戊癸年正月作震,月建吊辛酉到震,忌卯冲。丁壬年腊月作兑,月建吊乙卯到兑,忌酉日。

阴阳杀:丁壬年七月作离,月建吊壬子到离,忌午日。丙辛年十二月作坎,月建吊丙午到坎,忌子日。

罗网杀:丁壬年三月作乾,月建吊乙巳到乾,忌亥冲。丁壬年二月作巽,月建吊辛亥到巽,忌巳日。又,戊癸年三月吊丁巳到乾,二月吊癸亥到巽。

魁罡杀:甲己年二月作乾,月建吊戊辰到乾,忌戌冲。丙辛年正月作巽,月建吊戊戌到巽,忌辰日。

刑害杀:戊癸年四月作艮,月建吊庚申到艮,忌寅冲。丁壬年七月作坤,月建吊甲寅到坤,忌申日。

【注解】卯酉为日月出入之门,出为合,入为离。又卯为二月、酉为八月、二月燕来、八月燕去;或二月雷来、八月雷去等,故卯酉相加为离合杀。子为冬至阳生,午为夏至阴生,故子午相加为阴阳杀。辰为天罡,戌为河魁,故辰戌相加为魁罡杀。巳为地网,亥为天罗,故巳亥相加为罗网杀。寅申不仅相冲,且相刑,故名刑害杀。选择之法,称对冲为破,凡逢对冲相加乃选择中至凶,故称为杀。此五杀均合五行冲克之理,虽巧立名目,借以吓人,于义却甚合,故宜重视。详参《郭氏元经·卷五》第三十九至四十三诸篇。

剑锋临旺图

【原文】剑锋临地。

甲子,三月作坤,腊月作艮。乙丑,十二月作兑。

丙寅,九月作乾。　　丁卯,六月作坤、八月作兑。

戊辰,正月作艮。　　己巳,五月作离、七月作坤。

庚午,七月作震。　　辛未,二月作震、四月作巽。

壬申,二月作巽。　　癸酉,十一月作坎、十二月作离。

甲戌,十二月作艮。　乙亥,十二月作兑。

丙子,九月作乾。　　丁丑,六月作坤、八月作兑。

戊寅,正月作艮。　　己卯,五月作离、七月作坤。

庚辰,三月作坤。　　辛巳,二月作震、十月作乾。

壬午,三月作巽。　　癸未,十一月作坎。

甲申,十二月作艮。　乙酉、丙戌,九月作乾。

丁亥,六月作坤、八月作兑。

戊子,正月作艮。　　己丑,五月作离。

庚寅,三月作中。　　辛卯,二月作震、三月作巽。

壬辰,二月作巽。　　癸巳,十一月作坎。

甲午,九月作艮。　　乙未,九月作兑。

丙申,九月作乾。　　丁酉,六月作坤、八月作兑。

戊戌,正月作艮。　　己亥,五月作离、七月作坤。

庚子、辛丑,二月作震、四月作巽。

壬寅,二月作坤、三月作巽。癸卯,十一月作坎。

甲辰,正月作震、二月作离。乙巳,二月作艮。

丙午,九月作乾。　　丁未,六月作坤、八月作兑。

戊申,正月作艮。　　己酉,五月作离、七月作坤。

庚戌,六月作艮。　　辛亥,二月作震、四月作巽。

壬子,三月作巽。　　癸丑,三月作震、六月作中。

甲寅,三月作艮。　　乙卯、丙辰,九月作乾。

丁巳,六月作坤、八月作兑。

戊午,正月作艮。　　己未,五月作离、七月作坤。

庚申、辛酉,二月作震、十月作乾、四月作巽。

壬戌,三月作巽。　　癸亥,十二月作坎。

【注解】剑锋杀有正杀、旁杀之分。干支同到为正杀,如寅以甲为杀,甲寅同到;卯以乙为杀,乙卯同到是。犯之主杀人口、六畜。又名重丧,又名千斤杀,杀人畜直满千斤方止。若只有天干到而支不到者为旁杀,旁杀只伤六畜,不伤人口。此说不可信,甲寅、丙巳、丁午、乙卯、申庚、酉辛、亥壬、癸子,选择中都是临官之位,称之为"禄",是最吉之方,本书言其为凶,实与五行生旺禄马之说不合,详参《郭氏元经·剑锋重赙杀篇第二十五》。

年月独火图

【原文】年独火图:子年艮,丑寅年震,卯年坎,辰巳年巽,午年兑,未申年离,酉年坤,戌亥年乾。

月独火例:正月巳,二月辰,三月卯,四月寅,五月丑,六月子,七月亥,八月戌,九月酉,十月申,十一月未,十二月午。

年独火除夏火旺时勿作,余值秋冬或壬癸水日,纳音水,月家一白,或吊壬癸到方,更水命作主,或月建纳音水制之,作无妨。月独火窑灶大凶,忌葬埋、猪牛栏、马厩、羊栈、筑墙,主疮毒,惟穿池塘反为福。若僧道官员作修其方,却吉。

【注解】关于年月独火请参阅《郭氏元经》"年家独火篇第二十八"和"月家独火篇第二十九"。

选择家还认为,只有年独火与月独火并不能为祸,与丙丁独火相并方为真祸。所谓丙丁独火者,即以年五虎遁,月干天干丙丁者是。如甲己年寅卯月建上遁丙寅、丁卯,故丙寅丁卯飞官处即丙丁独火之方。今据《通书》,丙丁独火立成如下面的表。

《通书》曰:"独火方遇丙丁飞吊其上,其火方发,无凶神不妨。"《钦定协纪辨方书》曰:"丙丁独火必与年独火、飞大煞并方忌。"如甲戌年和己亥年,己年十月修造戌乾方,年独火戌亥年在乾,甲己年十月建乙亥,以乙亥入中,丙子到乾,又是丙丁独火,此为年独火与月独火同官例。又如丙丁独火,乙庚年正月在巽,月独火正月在巳,巽隶巳,是丙丁独火与月独火同官等是。

方　月 年	正	二	三	四	五	六	七	八	九	十	十一	十二
甲己年	中乾	中	巽中	震巽	坤艮	坎坤	离坎	艮离	兑艮	乾兑	中乾	中
乙庚年	巽中	震巽	坤震	坎坤	离坎	艮离	兑艮	乾兑	中乾	中	巽中	震巽
丙辛年	坤震	坎坤	离坎	艮离	兑艮	乾兑	中乾	中	巽中	震巽	坤震	坎坤
丁壬年	离坎	艮离	兑艮	乾兑	中乾	中	巽中	震巽	坤震	坎坤	离坎	艮离
戊癸年	兑艮	乾兑	中乾	中	巽中	震巽	坤震	坎坤	离坎	艮离	兑艮	乾兑

制伏丙丁独火,宜一白水到方,壬癸亥子水干支到方,均与五行生克之理相合。以纳音水能制独火之说,却不敢苟同。如丙午虽纳音属水,但丙乃丙丁独火,午又为火至旺之方,何以反制独火? 又如甲寅,纳音属水,但甲寅乃木长生之处,又该如何制独火? 均不合五行生克之理。

四季转杀例

【原文】二月卯日,乙卯天转,辛卯地转,癸卯正转;

五月午日,甲午天转,戊午地转,丙午正转;

八月酉日,辛酉天转,癸酉地转,丁酉正转;

十一月子日,壬子天转,丙子地转,庚子正转;

按:春兔、夏马、秋鸡、冬鼠,乃四旺之神,与荣官同日不凶。忌与月建同日,主杀人。

【注解】《渊海子平》曰:"春兔夏马天地转,秋鸡冬鼠便为殃。行人在路须犹死,造屋未成先架丧。物极而反谓之转,旺连天干日天转,旺连纳音曰地转。如春木旺之时,见乙卯乃天连天,谓之天转。见辛卯乃旺连纳音,谓之地转。夏乃火旺,见丙午为天转,见戊午为地转。秋乃金旺,见辛酉为天转,见癸酉为地转。冬乃水旺之时,见壬子为天转,见丙子为地转。地转取纳音为是,其日最忌上官、受职、出行、商贾、造作、嫁娶,必主凶。"本文天转地转之义不明,且又多一正转,细析其义,以纳音克季旺之神为正转。如春木旺,癸卯纳音金,金克木是正转。夏季火旺,丙午纳音水,水克火是正转。秋季金旺,丁酉纳音火,火克金是正转。冬季水旺,庚子纳音土,土克水是正转。虽多设一名目,致使天转之义不合,如五月甲午,天干非火,不合天转之义。

　　天地转杀取五行旺处,言旺极必衰,似有理,殊不知补龙、扶山、相主专以禄旺为美,转杀之局比比皆是。如卯龙巳山亥向,古人取四辛卯,亡命辛巳,取四辛扶辛命,四卯补卯脉;卯龙乙山辛向,赖布衣取庚寅年、丁卯月、辛卯日、辛卯时;辛酉龙,酉山卯向,杨筠松取甲申年、癸酉月、丁酉日、己酉时,官旺局。杨筠松为陶氏下祖坟,艮山坤向,用壬子年、壬子月、壬子日、庚子时,下后周年,进田庄,大发非常。江西吉安项氏葬寅山申向,戊辰仙命,亦用壬子年、壬子月、壬子日、庚子时。记曰:"四子一气顺流行,富贵旺田牛;不问官星何处出,旺财生官急;甲乙年头金榜名,只为见官星;子孙各个得贤配,行嫁宝如堆。"以上诸例,犯天地正转之杀二重者有之,三重者有之,四重者亦有之,然均未言杀人,反为典范留传于世,故知此说不被古人重视。

吊宫火血立成定局

　　【原文】金神七杀,亦分天金神,地金神,纳音金神。忌与火血同,损六畜。

　　吊宫火血立成定局(见下面)。

月 方 神 年	甲己年	乙庚年	丙辛年	丁壬年	戊癸年
正月申	壬申金坤	甲申水坤	丙申火坤	戊申土坤	庚申木坤
二月亥	乙亥火巽	丁亥土巽	己亥木巽	辛亥金巽	癸亥水巽
三月寅	戊寅土乾	庚寅木乾	壬寅金乾	甲寅水乾	丙寅火乾
四月巳	己巳木中	辛巳金中	癸巳水中	乙巳火中	丁巳土中
五月酉	癸酉金艮	乙酉水艮	丁酉火艮	己酉土艮	辛酉木艮
六月子	丙子水坎	戊子火坎	庚子土坎	壬子木坎	甲子金坎
七月卯	己卯土震	辛卯木震	癸卯金震	乙卯水震	丁卯火震
八月午	壬午木中	甲午金中	丙午水中	戊午火中	庚午土中
九月戌	甲戌火中	丙戌土中	戊戌木中	庚戌金中	壬戌水中
十月丑	丁丑水兑	己丑火兑	辛丑土兑	癸丑木兑	乙丑金兑
十一月辰	庚辰金离	壬辰水离	甲辰火离	丙辰土离	戊辰木离
十二月未	癸未木坤	乙未金坤	丁未水坤	己未火坤	辛未土坤

【注解】此图看法:左边第一行月令右一字,是当月火血在何支。如正月右有一申字,即正月火血在申。而右之壬申,甲申等,则是该年申金五虎遁应配天干。如甲己年正月起丙寅,则丁卯、戊辰、己巳、庚午、辛未、至申遁壬是。壬申右边金字是该干支的纳音五行,坤字是该年所飞之宫。如壬申纳音属金,故"壬申"右边写个金字;以正月月建丙寅入中宫,吊壬申至坤方,故"壬申金"右边写一坤字。合起来则是正月火血在申,甲己年遁壬申,纳音属金,飞遁坤宫,所以甲己年正月火血壬申金在坤方。余仿此。

金神解说请参阅《郭氏元经·金神七杀篇第三十八》。火血解说则请参阅《郭氏元经》"月家火血篇第五十二"和"报火血篇第五十三"。

三种金神与火血同宫者有,甲己年正月壬申临坤,五月癸酉临艮,十一月庚辰临离;乙庚年正月甲申临坤、三月庚寅临乾、四月辛巳入中、五月乙酉临艮、七月辛卯临震、八月甲午入中、十二月乙未临坤;丙辛年正月丙申临坤、三月壬寅临乾、五月丁酉临艮、六月庚子临坎、七月癸卯临震、十月辛丑临兑;丁壬年正月戊申临坤、二月辛亥临巽、五月已酉临艮、九月庚戌临中;戊癸年正月庚申临坤、五月辛酉临艮、六月甲子临坎、八月庚午临中、十月乙丑临兑、十二月辛未临坤等是。

　　本文所说火血为月家火血,此外还有一种火血叫"山家火血",为使大家更清楚火血之谬,特介绍如下。山家火血歌曰:

　　　　寅午戌怕丙壬方,申子辰上甲庚当。

　　　　已酉丑忌乙辛位,亥卯未中丁癸殃。

　　犯之主损血财。立成如下:

年	子	丑	寅	卯	辰	巳	午	未	申	酉	戌	亥
方	甲庚	乙辛	丙壬	丁癸	甲庚	乙辛	丙壬	丁癸	甲庚	乙辛	丙壬	丁癸

　　从此杀中可以看出,甲木以申子辰为印局,丁火以亥卯未为印局,且亥为丁火贵人,壬水以寅午戌为财局,癸水以亥未为食神局,且卯为癸水贵人,辛金以已酉丑为禄局,均为造命中吉课,是不能冠以凶字的。如子山午向,杨筠松取四癸亥,亥以丁癸为火血;酉山卯向,赖布衣取辛酉年、辛丑月、辛巳日、癸巳时,已酉丑以辛为火血等,均有贵应,而无凶验。故不论何种火血,均于义理不合。

吊宫岁禁定局

　　【原文】吊宫岁禁定局。(定局见第191面的表)

　　【注解】岁禁之说,与三合局取三杀之意同。三合局是以对冲前一神为岁杀,对冲为灾杀,对冲之后一神为劫杀。如申子辰三合水局,以对冲之午为灾杀,与的杀同;对冲前一神未为岁杀,与旁杀同;对冲后一神巳为劫杀,与照杀同。三杀是取三合五行

年 ＼ 方 ＼ 月		正月	二月	三月	四月	五月	六月	七月	八月	九月	十月	十一月	十二月
子年	旁杀未	坎	离	艮	兑	乾	中	兑	乾	中	巽	震	坤
	的杀午	离	艮	兑	乾	中	兑	乾	中	巽	震	坤	中
	照杀巳	艮	兑	乾	中	巽	乾	中	巽	震	坤	坎	坤
丑年	旁杀申	坤	坎	离	艮	兑	乾	艮	兑	乾	中	巽	震
	的杀未	坎	离	艮	兑	乾	中	兑	乾	中	巽	震	坤
	照杀午	离	艮	兑	乾	中	兑	乾	中	巽	震	坤	坎
寅年	旁杀酉	震	坤	坎	离	艮	兑	乾	艮	兑	乾	中	巽
	的杀申	坤	坎	离	艮	兑	乾	中	兑	乾	中	巽	震
	照杀未	坎	离	艮	兑	巽	中	兑	乾	中	巽	震	坤
卯年	旁杀戌	巽	震	坤	坎	离	艮	兑	乾	艮	兑	乾	中
	的杀酉	震	坤	坎	离	艮	兑	乾	中	兑	乾	中	巽
	照杀申	坤	坎	离	坤	兑	乾	中	兑	乾	中	巽	震
辰年	旁杀亥	中	巽	震	坤	坎	离	艮	兑	乾	艮	兑	乾
	的杀戌	巽	震	坤	坎	离	艮	兑	乾	中	兑	乾	中
	照杀酉	震	坤	坎	离	艮	兑	乾	中	兑	乾	中	巽
巳年	旁杀子	乾	中	巽	震	坤	坎	离	艮	兑	乾	艮	兑
	的杀亥	中	巽	震	坤	坎	离	艮	兑	乾	中	兑	乾
	照杀戌	巽	震	坤	坎	离	艮	兑	乾	中	兑	乾	艮
午年	旁杀丑	兑	乾	中	巽	震	坤	坎	离	艮	兑	乾	艮
	的杀子	乾	中	巽	震	坤	坎	离	艮	兑	乾	中	兑
	照杀亥	中	巽	震	坤	坎	离	艮	兑	乾	中	兑	乾
未年	旁杀寅	艮	兑	乾	中	巽	巽	坤	坎	离	艮	兑	乾
	的杀丑	兑	乾	中	巽	震	坤	坎	离	艮	兑	乾	中
	照杀子	乾	中	巽	震	坤	坎	离	艮	兑	乾	中	兑
申年	旁杀卯	乾	艮	兑	乾	中	巽	震	坤	坎	离	艮	兑
	的杀寅	中	兑	乾	中	巽	震	坤	坎	离	艮	兑	乾
	照杀丑	兑	乾	中	巽	震	坤	坎	离	艮	兑	乾	中
酉年	旁杀辰	兑	乾	艮	兑	乾	中	巽	震	坤	坎	离	艮
	的杀卯	乾	中	兑	乾	中	巽	震	坤	坎	离	艮	兑
	照杀寅	中	兑	乾	中	巽	震	坤	坎	离	艮	兑	乾
戌年	旁杀巳	艮	兑	乾	艮	兑	乾	中	巽	震	坤	坎	离
	的杀辰	兑	乾	中	兑	乾	中	巽	震	坤	坎	离	艮
	照杀卯	乾	中	兑	乾	中	巽	震	坤	坎	离	艮	兑
亥年	旁杀午	离	艮	兑	乾	艮	兑	乾	中	巽	震	坤	坎
	的杀巳	艮	兑	乾	艮	兑	乾	中	巽	震	坤	坎	离
	照杀辰	兑	乾	中	兑	乾	中	巽	震	坤	坎	离	艮

的绝胎养三位。岁禁多与相同，以五行生旺死绝论，甚合义理，且的杀为岁破，又合五行冲合之理，故岁禁之说可取。然亦要分别对待。如卯年旁杀戌，辰年照杀酉，酉年旁杀辰，戌年照杀卯，均为六合，若与山龙及主命有情，仍以吉论。又如丑年旁杀申，照杀午；申年照杀丑，午年旁杀丑等，均与太岁相生，若四课配合得当，亦以吉论。所以岁禁之说除的杀外，旁杀与照杀若与主命及山龙配合有情，则不必拘泥岁禁之说。如祝吉师为信州上饶周侍郎葬亲，用乙卯年、乙酉月、乙酉日、乙酉时，亡命辛巳。虽酉为的杀，但为辛命之禄，且巳酉相合，故吉。杨公为庄心田在丑方造横厅，用丙申年、辛丑月、辛酉日、己丑时，申年照杀在丑。黄氏修庚酉方，用庚午年、己丑月、丁酉日、乙巳时，丑月是午年旁杀。以上之例，旁杀、的杀、照杀均犯，但为吉课古例。故凡犯年禁，不论正犯还是吊宫所犯，只要四课与主命、坐山、龙脉配合得当，均不必拘泥。此外，关于岁禁还可参阅《郭氏元经·三元年禁篇第二十》。

卷七

排定逐月起造吉日

【原文】以命主不相冲克为主。

正月:丁卯、壬午、甲午、丙午、戊午、丁未。

二月:乙丑、辛未、丁丑、癸未。次吉甲午、乙未、辛亥。

三月:丙子、丙寅。次吉戊寅、戊子。

四月:丁卯、丁丑、癸丑、乙卯。

五月:甲戌、壬辰。次吉己亥、壬寅、庚戌。次吉丙辰。

六月:乙亥、壬辰。己巳次吉。

七月:丙子、庚子、壬子。

八月:乙丑、己巳、丁丑、丁巳。次吉癸丑。查,巳日乃鬼哭,乙巳日用之死人,若丁巳日卯时可用。

九月:壬午、甲午、丙午、戊午、庚申。

十月:辛未、癸酉、乙酉(鬼哭日)、甲午、辛卯、丁未、辛酉。查,十月不可用壬子、乙未。

十一月:甲戌。

十二月:己巳、己亥

上吉日出司天监历,但合山家并逐年龙运不相冲克,山家有气遇太阳雷霆合气,台历神藏煞没,三奇八门接气,无不获福。

【注解】起造虽为一词,但在《通书》中有动土、奠基、起工、竖造等严格不同的意义。下面分别介绍,以供参考。

逐月动土吉日:

正月:甲子、癸卯、庚子、乙丑、乙卯、丙午、丁卯、丙子、壬子。

二月:乙丑、壬寅、庚寅、甲寅、辛未、丁未、癸未、甲申、戊申。

三月:癸巳、丁卯、戊子、庚子、癸酉、丙子、壬子、辛酉。

四月：甲子、戊子、庚子、甲戌、乙亥、庚午、丙子。

五月：乙亥、丁亥、辛亥、庚寅、甲寅、乙丑、辛未、丁未、己未、壬寅、丙辰、丙寅。

六月：乙亥、戊寅、己卯、甲寅、辛卯、乙卯、甲申、戊申、庚申、丁亥、辛亥、丁卯。

七月：甲子、庚子、庚午、丙午、丁未、辛未、癸未、丙子、壬辰、壬子。

八月：壬寅、庚寅、乙丑、丙辰、甲戌、庚戌、壬辰。

九月：丁卯、辛卯、庚午、丙午、癸卯。

十月：甲子、戊子、癸酉、辛酉、庚午、甲戌、壬午。

十一月：丁未、辛未、甲申、庚申、壬辰、丙辰、乙亥、丁亥、辛亥。

十二月：甲子、壬寅、庚寅、甲寅、甲申、戊申、庚申、丙寅。

以上吉日不犯建破、魁罡、勾绞、玄武黑道、受死、天瘟、土瘟、土忌、土府、地囊、地破、天地转杀、九土鬼、正四废、土痕等方可用。

逐月起工吉日：

正月：辛未、乙未、壬午、丙午、癸酉、丁酉、丁丑、癸丑。

三月：己巳、甲申、癸巳、乙巳。

四月：丁丑、丙戌、丙午、庚午、丙辰。

五月：乙亥、己亥、甲寅、辛亥。

六月：乙亥、甲申、戊申、庚申、辛亥、癸酉、丁酉。

七月：戊子、壬午、己卯、癸卯、丙子、庚子、戊辰、丙辰、丁卯。

八月：乙亥、己亥、戊寅、庚申、甲戌、甲辰、甲申，戊辰、壬辰、丙辰、辛亥。

九月：癸卯，辛卯。

十月、壬午、辛未、乙未、庚午、丁未、甲午。

十一月：甲戌、庚寅、壬寅、丁丑、癸丑、甲寅。

十二月：己巳、戊寅、己卯、辛卯、丙寅、甲寅。

上吉日不犯建破、魁罡、勾绞、流财、独火、天贼、受死、木马杀、斧头杀、刀砧杀、鲁班杀、九土鬼、正四废、土瘟、天穷、荒芜、阴差阳错、四离、四绝，遇吉星多方可用。

按，以上诸杀可参看本丛书《鲁班经》。

拆屋吉日：

宜甲子、乙丑、戊辰、己巳、辛未、壬申、癸酉、甲戌、丁丑、戊寅、己卯、庚辰、辛巳、癸未、甲申、丁亥、己丑、壬辰、癸巳、甲午、乙未、己亥、癸卯、辛丑、甲辰、乙巳、己酉、庚戌、辛亥、癸丑、丙辰、丁巳、庚申、辛酉、除日、破日。

逐月定礋扇架吉日：

正月：癸丑、丁酉、癸酉、丙午。

二月：乙丑、丙寅、乙亥、戊寅、癸未、庚寅、己亥、癸丑、甲寅、己未。

三月：甲子、甲申、戊子、丁酉、庚子、壬子。

四月：甲子、庚午、丙午、癸丑、戊午、庚子。

五月：丙寅、戊辰、辛未、甲戌、戊寅、癸未、庚寅、甲寅、丙辰、己未、壬寅。

六月：壬寅、丙寅、乙亥、戊寅、甲申、庚寅、庚申。

七月：甲子、戊辰、辛未、壬子、戊子、庚子、丙辰。

八月：乙丑、丙寅、戊寅、庚寅、壬寅、己亥、癸丑、丙辰。

九月：戊午、庚午、己卯、壬午、癸卯、丙午。

十月：甲子、庚午、辛未、壬午、戊子、乙未、庚子、壬子、辛酉、戊午、丙辰。

十一月：丙寅、戊寅、甲申、庚寅、戊申、甲寅、丙辰、庚申、壬戌。

十二月：丙寅、己巳、戊寅、甲申、甲寅、庚申、壬寅、甲子、戊子、庚子、壬子。

上吉日不犯朱雀黑道、建破、魁罡、天瘟、天贼、受死、转杀、土瘟、土鬼、独火、火星、正四废、荒芜、阴错阳差日方可用。

起造中还有上梁竖柱吉日,画柱绳墨吉日等,不再一一介绍。

细查以上诸吉日,均无犯月破,且多三合、六合,似也合五行生合冲克之理。应注意的是,一要结合四课配合,不能只看一日;二要结合坐山与主命,虽年月日时合,但与坐山及主命相冲克,亦不可取。如正月虽宜壬午、甲午、丙午、戊午等日,寅午有三合之情;如课坐山为子或为子命人,却是极凶之日,故宜活看。

【原文】 一发槌竖屋忌太岁退方。支神退例。

> 午未乾山退,子丑巽兑凶,
>
> 申酉坤艮位,戌亥离不通,
>
> 寅卯辰巳岁,君休作坎宫。

犯主冷退。

【注解】 退神之说,《通书》中共有四种,一是支退,又叫冷退,即本文例。二是炙退,又叫山家炙退,马前炙退等。三是罗天大退。四是十退神。下面予以简单介绍。

本书上册《璇玑经》第461面也介绍了炙退,可参阅。

凡修退方,取太阳星直日,如退在子,取虚值日。退在午,取星值日。退在卯,取房值日。退在酉,取昴值日。要与三德、德合、天恩、天喜并命主禄贵诸吉到方,或七政恩曜照命照方,修作发福催官。俱不可犯都天、岁破、三煞、金神、天地官符等凶日。又要用旺禄天干得令补助,立应祥福。如甲申年退在卯,庸术取甲戌月、甲申日、甲子时,以为天干一气,旺在卯、禄在寅。不知本年羊刃岁破在寅,宅母杀在卯。九月调辛巳天地金神加来,月建甲戌为狗尾,与卯宫炙退诸凶结党,而卯戌相合。又甲为卯杀,子为卯刑,后至十一月遇丙子月建为大杀,子卯相刑,被大盗劫财,宅母遭火烧伤,因诸杀与炙退同宫,故有此祸。卯戌合火,寅戌合火,故被火烧伤。

炙退因丙奇、丁奇制修救贫,古仙历有成案,《通书》用六合者大非,有单取堆禄者亦非。至于云马有料不退,儿戏话尔。用四大牵马之说,更荒唐之甚。

凡煞皆宜克,惟炙退不宜克,只宜补其气,原弱也。宜择旺相月三合局以补之,或月日时一气,则不退而反兴旺。如丙申年、辛卯月、乙卯时,修方三卯一气局,补之大吉,或亥卯未三合亦吉。寅午戌年退在酉,用巳酉丑局或三酉一气。亥卯未年退在午,用寅午戌局或三午一气;巳酉丑年退在子,用申子辰局或三子一气。再得岁禄,命禄同到其方更妙。如修卯用三乙,修午用三丁,修酉用三辛,修子用三癸,禄格补之,十全大吉。如甲子年退在卯,最忌酉冲,此年欲修卯方,当以亥卯未三合扶持,乙禄到卯愈吉。己丑年退在子,最忌午冲,其年欲修子方,以申子辰三合扶持,癸禄到子愈吉。

罗天大退日解释请参阅《八宅明镜·罗天大忌日》。

关于退神之说《三白宝海·退气论》中亦有介绍,可参阅。魏青江积五十年经验,深有体会:"退神同都,刑克生命,主冷退;水土山头破碎,主堕胎,产厄,小儿生灾,残疾,破财;如刃在方,犯损人口,扶补退神修之发财。"其例可参阅《八宅明镜》。

排定逐月葬埋吉日

【原文】以亡命不相冲克为主。

正月:乙酉、丁酉,己酉次吉。

二月:壬申、庚申。

三月:壬申、甲申、乙酉、丙子。

四月:庚午大吉,己酉次吉,辛酉次吉。

五月:甲申。次吉丙申、壬寅。

六月:丙午、丙申、庚申、庚午、癸酉、丁酉、壬午、甲申。

七月:癸酉、乙酉、丙午、己酉。

八月:壬申、庚申。

九月:癸酉、壬午、丁酉、丙午。

十月:庚午。

十一月:壬寅、庚申、庚寅、丙申。

十二月:壬申、壬午、甲辰、癸酉、丁酉、辛酉。

上吉日要与山合气,合太阳正照之辰,岁命禄马到山临穴,更合升元结局,契合山运与元堂入庙,斯为尽美,无不吉利。

【注解】古时造葬,非常讲究,从斩草入敛、合寿木、葬埋,无一不精心选择,决非仅选一安葬吉日就可草草了事。今据《通书》,择其要简介于下,以供大家研究参考。

一、开生坟吉凶日

甲子日,金木命吉,水土命凶,申子辰生人魂魄入墓。

乙丑日,巳酉丑亥命人乃命催尸杀,金生人魂入墓凶。

丙寅、丁卯日,五音皆吉,春转杀,不利,余皆吉。

戊辰日生人,辰年为催尸大杀,不吉。

己巳日,大吉。

庚午日,夏凶。

辛未日,亥卯未木金人凶。

壬申日,五音不吉。

癸酉日,五音皆吉,秋凶。

甲戌日,寅午戌人吉,甲戌命的凶。

乙亥日,五音皆吉,秋凶。

丙子日,水土命人入墓,冬凶,余吉。

丁丑、戊寅日,五音凶。

己卯日,春凶,余吉。

庚辰日,申子辰宫商羽音不用。

辛巳、壬午、癸未日,亥卯未命夏月凶。

甲申、乙酉日,秋凶,余吉。

丙戌、丁亥、戊子日,水土命人入墓。

己丑日,商角音吉,余凶。

庚寅日,皆吉。

辛卯日,春凶,余吉。

壬辰日,寅生人不用,冬凶。

癸巳、甲午、乙未日,亥卯未命土随杀,春夏凶。

丙申日,皆凶。

丁酉日,火命凶,余吉。

戊戌日,火命人土随杀,凶。

己亥、庚子日,土公杀,卯命犯土随,水土命人忌。

辛丑、壬寅、癸卯、甲辰日,庚戌命凶。

乙巳日,辛亥命凶。

丙午日,火命入墓,凶。

丁未日,冬凶,余吉。

戊申日,吉。

己酉日吉,火命秋凶。

庚戌、辛亥日,凶。

壬子日,土命不用,冬凶,余吉。

甲寅日,火命不用,秋冬吉。

乙卯日,春月、十月凶,余吉。

丙辰日,吉,申子辰命凶。

丁巳日,吉,冬月凶。

戊午、己未日,并凶。

庚申日,吉。

辛酉、壬戌、癸亥日，五音皆凶。

二、逐月开生坟吉日

正月：丁丑、戊寅、辛酉、癸巳、癸酉、乙酉。二月：丁丑、丁未、戊申、戊寅、庚申、癸亥。三月：癸巳、丁未、戊寅、壬申、丙申、庚申、甲申。四月：丁丑、壬戌、戊申、壬辰、辛酉、己酉、丁酉。五月：戊寅、壬辰、壬戌、癸亥、甲寅。六月：戊寅、壬辰、癸亥、壬申、甲申、丙申、庚申。七月：癸亥、乙亥、壬辰。八月：戊寅、癸巳、甲寅、壬戌。九月：丁丑、戊申、己卯、庚申、甲申、壬申、庚午、丙午。十月：丙午、丁未、戊寅、乙酉、丁酉、癸酉、辛酉、辛未、庚午、甲子。十一月：壬辰、戊申、壬戌。十二月：戊寅、壬辰、癸巳、丙午、丁巳、癸亥。

上吉日不犯天瘟、土瘟、重丧、受死、月杀、凶败、灭没、荒芜、天贼、转杀等日方可用。大忌四柱刑冲，犯者不吉。

三、逐日入敛吉时

甲子日申酉时，乙丑日寅卯时，丙寅日申酉时，丁卯日寅卯午时，戊辰日巳申时，己巳日巳申时，庚午日辰巳时，辛未日巳午未时，壬申日未申亥时，癸酉日辰申时，甲戌日申酉时，乙亥日酉亥时，丙子日卯辰时，丁丑日寅卯时，戊寅日辰巳时，己卯日巳申时，庚辰日巳申时，辛巳日丑未时，壬午日巳未时，癸未日丑未时，甲申日酉亥时，乙酉日申酉时，丙戌日戌亥时，丁亥日酉亥时，戊子日寅申时，己丑日丑未时，庚寅日丑申时，辛卯日丑未时，壬辰日申酉时，癸巳日申酉时，甲午日寅卯时，乙未日寅卯辰时，丙申日巳申时，丁酉日巳申时，戊戌日巳申时，己亥日巳申时，庚子日戌亥时，辛丑日丑寅时，壬寅日亥子时，癸卯日丑未时，甲辰日寅申时，乙巳日亥子时，丙午日寅卯时，丁未日亥子时，戊申日寅申时，己酉日巳申时，庚戌日巳申时，辛亥日巳未时，壬子日辰戌时，癸丑日丑未时，甲寅日寅申时，乙卯日申酉时，

丙辰日巳亥时,丁巳日亥子时,戊午日巳申时,己未日午申时,
庚申日辰巳时,辛酉日寅申时,壬戌日丑寅时,癸亥日巳申时。

四、逐日入棺吉时

子日庚庚时,丑日乙辛时,寅日丁癸时,卯日丙壬时,
辰日丁甲时,巳日乙庚时,午日丁癸时,未日乙辛时,
申日甲癸时,酉日丁壬时,戌日庚壬时,亥日乙辛时。

五、入殓安葬的呼日

甲子日辛丑生人,乙丑日辛巳生人,丙寅日丙午生人,
丁卯日甲子甲戌,戊辰日癸未癸酉,己巳日甲辰己未,
庚午日己亥生人,辛未日己亥生人,壬申日丁巳生人,
癸酉日辛丑生人,甲戌日戊子生人,乙亥日己未生人,
丙子日丁丑生人,丁丑日辛未生人,戊寅日甲辰甲午,
己卯日己未生人,庚辰日丁亥戊午,辛巳日戊辰己未,
壬午日壬寅生人,癸未日甲申生人,甲申日壬戌生人,
乙酉日丙子生人,丙戌日甲子生人,丁亥日丁巳丁亥,
戊子日己卯生人,己丑日丁未生人,庚寅日丙申生人,
辛卯日辛未生人,壬辰日壬申生人,癸巳日甲午生人,
甲午日丁酉丙申,乙未日丙子丙申,丙申日乙丑生人,
丁酉日丁酉生人,戊戌日辛巳生人,己亥日辛未生人,
庚子日乙未生人,辛丑日壬子生人,壬寅日甲辰生人,
癸卯日丁巳丙辰,甲辰日庚辰生人,乙巳日丙午生人,
丙午日丁巳丁亥,丁未日己未生人,戊申日庚子生人,
己酉日庚申生人,庚戌日辛丑生人,辛亥日壬午生人,
壬子日己巳生人,癸丑日丁亥甲子,甲寅日癸巳癸亥,
乙卯日戊子丙辰,丙辰日甲辰甲申,丁巳日庚子生人,
戊午日辛未生人,己未日丙戌生人,庚申日辛巳辛酉,
辛酉日庚申生人,壬戌日辛酉辛丑,癸亥日丙寅生人。

六、祭主本命忌避

项目 \\ 本命	甲子	乙丑	丙寅	丁卯	戊辰	己巳	庚午	辛未	壬申	癸酉	甲戌	乙亥	丙子	丁丑	戊寅
正冲干克支	庚午	辛未	壬申	癸酉	甲戌	乙亥	丙子	丁丑	戊寅	己卯	庚辰	辛巳	壬午	癸未	甲申
旁冲命克日	戊午	己未	庚申	辛酉	壬戌	癸亥	甲子	乙丑	丙寅	丁卯	戊辰	己巳	庚午	辛未	壬申
单冲干同支冲	甲午	乙未	丙申	丁酉	戊戌	己亥	庚子	辛丑	壬寅	癸卯	甲辰	乙巳	丙午	丁未	戊申

项目 \\ 本命	己卯	庚辰	辛巳	壬午	癸未	甲申	乙酉	丙戌	丁亥	戊子	己丑	庚寅	辛卯	壬辰	癸巳
正冲干克支	乙酉	丙戌	丁亥	戊子	己丑	庚寅	辛卯	壬辰	癸巳	甲午	乙未	丙申	丁酉	戊戌	己亥
旁冲命克日	癸酉	甲戌	乙亥	丙子	丁丑	戊寅	己卯	庚辰	辛巳	壬午	癸未	甲申	乙酉	丙戌	丁亥
单冲干同支冲	己酉	庚戌	辛亥	壬子	癸丑	甲寅	乙卯	丙辰	丁巳	戊午	己未	庚申	辛酉	壬戌	癸亥

项目 \\ 本命	甲午	乙未	丙申	丁酉	戊戌	己亥	庚子	辛丑	壬寅	癸卯	甲辰	乙巳	丙午	丁未	戊申
正冲干克支	庚子	辛丑	壬寅	癸卯	甲辰	乙巳	丙午	丁未	戊申	己酉	庚戌	辛亥	壬子	癸丑	甲寅
旁冲命克日	戊子	己丑	庚寅	辛卯	壬辰	癸巳	甲午	乙未	丙申	丁酉	戊戌	己亥	庚子	辛丑	壬寅
单冲干同支冲	甲子	乙丑	丙寅	丁卯	戊辰	己巳	庚午	辛未	壬申	癸酉	甲戌	乙亥	丙子	丁丑	戊寅

项目 \\ 本命	己酉	庚戌	辛亥	壬子	癸丑	甲寅	乙卯	丙辰	丁巳	戊午	己未	庚申	辛酉	壬戌	癸亥
正冲干克支	乙卯	丙辰	丁巳	戊午	己未	庚申	辛酉	壬戌	癸亥	甲子	乙丑	丙寅	丁卯	戊辰	己巳
旁冲命克日	癸卯	甲辰	乙巳	丙午	丁未	戊申	己酉	庚戌	辛亥	壬子	癸丑	甲寅	乙卯	丙辰	丁巳
单冲干同支冲	己卯	庚辰	辛巳	壬午	癸未	甲申	乙酉	丙戌	丁亥	戊子	己丑	庚寅	辛卯	壬辰	癸巳

与本命干克支冲为正冲，宜忌之。与本命干同支冲者不忌。

与本命干生支冲者亦不忌,其表如上。

七、四位空亡立成定局

化命	入地空亡	冷地空亡	落圹空亡	寸土无光
甲子金化命	庚午	戊子戊午火	戊午己未火	戊午火日时
甲戌火化命	庚午	丙子丙午水	乙卯壬辰水	壬辰水日时
甲申水化命	庚午	庚子庚午土	己酉丙戌土	戊寅土日时
甲午金化命	庚午	戊子戊午火	戊子己丑火	戊子火日时
甲辰火化命	庚午	丙子丙午水	丙午丁未水	壬戌水日时
甲寅水化命	庚午	庚子庚午土	庚子辛丑未	戊申土日时
乙丑金化命	庚辰	丙寅丙申火	丁酉甲戌火	己未火日时
乙亥火化命	庚辰	甲寅甲申水	乙卯壬辰水	癸巳水日时
乙酉水化命	庚辰	戊寅戊申土	己酉丙戌土	己卯土日时
乙未金化命	庚辰	丙寅丙申火	丁卯甲戌火	己丑火日时
乙巳火化命	庚辰	甲寅甲申水	丙午丁未水	癸亥水日时
乙卯水化命	庚辰	戊寅戊申土	庚辛辛丑土	己酉土日时
丙寅火化命	庚寅	乙卯乙酉水	丙子丁丑水	甲申水日时
丙子水化命	庚寅	己卯己酉土	庚午辛未土	庚午土日时
丙戌土化命	庚寅	辛卯辛酉木	辛卯戊辰木	戊辰木日时
丙申火化命	庚寅	乙卯乙酉水	乙酉壬戌水	甲寅水日时
丙午水化命	庚寅	己卯己酉土	庚子辛丑土	庚子土日时
丙辰土化命	庚寅	辛卯辛酉木	壬午癸未木	戊戌木日时
丁卯火化命	庚戌	丁丑丁未水	丙子丁丑水	乙酉水日时
丁丑水化命	庚戌	辛丑辛未土	己酉丙戌土	辛未土日时
丁亥土化命	庚戌	癸丑癸未木	辛卯戊辰木	己巳木日时
丁酉火化命	庚戌	丁丑丁未水	乙酉壬戌水	乙卯水日时
丁未水化命	庚戌	辛丑辛未土	己卯丙辰土	辛丑土日时
丁巳土化命	庚戌	癸丑癸未木	壬午癸未木	乙亥木日时
戊辰木化命	庚申	庚辰庚戌金	甲午乙未金	庚戌金日时
戊寅土化命	庚申	戊辰戊戌木	壬子癸丑木	庚申木日时

化命	入地空亡	冷地空亡	落圹空亡	寸土无光
戊子火化命	庚申	壬辰壬戌水	丙午丁未水	丙午水日时
戊戌木化命	庚申	庚辰庚戌金	癸卯庚辰金	庚辰金日时
戊申土化命	庚申	戊辰戊戌木	壬子癸丑木	庚寅木日时
戊午火化命	庚申	壬辰壬戌水	丙子丁丑水	丙子水日时
己巳木化命	庚午	甲子甲午金	甲午乙未金	辛亥金日时
己卯土化命	庚午	壬子壬午木	壬子癸丑木	辛酉木日时
己丑火化命	庚午	丙子丙午水	乙酉壬戌水	丁未水日时
己亥木化命	庚午	甲子甲午金	癸卯庚辰金	辛巳金日时
己酉土化命	庚午	壬子壬午木	辛酉戊戌木	辛卯木日时
己未火化命	庚午	丙子丙午水	乙卯壬辰水	丁丑水日时
庚午土化命	庚辰	庚寅庚申木	壬子癸丑木	壬子木日时
庚辰金化命	庚辰	丙寅丙申火	戊午己未火	甲戌火日时
庚寅木化命	庚辰	壬寅壬申金	甲子乙丑金	壬申金日时
庚子土化命	庚辰	庚寅庚申木	壬午癸未木	壬午木日时
庚戌金化命	庚辰	丙寅丙申火	丁卯甲辰火	甲辰火日时
庚申木化命	庚辰	壬寅丙申火	丁卯甲辰火	甲辰火日时
辛未土化命	庚寅	辛卯辛酉木	辛卯戊辰木	癸丑木日时
辛巳金化命	庚寅	丁卯丁酉火	戊午己未火	乙亥火日时
辛卯木化命	庚寅	癸卯癸酉金	甲子己丑金	癸酉金日时
辛丑土化命	庚寅	辛卯辛酉木	辛酉戊戌木	癸未木日时
辛亥金化命	庚寅	丁卯丁酉火	丁卯甲辰火	乙巳火日时
辛酉木化命	庚寅	癸卯癸酉金	癸酉庚辰金	癸卯金日时
壬申金化命	庚戌	己丑己未火	丁酉甲戌火	丙寅火日时
壬午木化命	庚戌	乙丑乙未金	甲子乙丑金	甲子金日时
壬辰水化命	庚戌	辛丑辛未土	庚午辛未土	戊申土日时
壬寅金化命	庚戌	己丑己未火	戊子己丑火	丙申火日时
壬子木化命	庚戌	乙丑乙未金	甲午乙未金	甲午金日时
壬戌水化命	庚戌	辛丑辛未土	己卯丙辰土	丙辰土日时

化命	入地空亡	冷地空亡	落圹空亡	寸土无光
癸酉金化命	庚申	甲辰甲戌火	丁酉甲戌火	丁卯火日时
癸未木化命	庚申	庚辰庚戌金	癸卯庚辰金	乙丑金日时
癸巳水化命	庚申	丙辰丙戌土	庚辛辛未土	丁亥土日时
癸卯金化命	庚申	甲辰甲戌火	戊子己丑火	丁酉火日时
癸丑木化命	庚申	庚辰庚戌金	癸酉庚戌金	乙未金日时
癸亥水化命	庚申	丙辰丙戌土	己卯丙辰土	丁巳土日时

八、逐月斩草破土吉日

正月:丁卯、壬午、乙卯。二月:庚午、壬午、甲午、丙午。三月:壬申、甲申。四月:庚子、甲子、乙丑、癸丑、庚辰、甲辰、辛卯、丁卯、癸卯。五月:乙丑、壬寅、甲寅、丙寅、庚寅。六月:丁卯、甲申、壬申、辛卯、丙申、癸卯、乙卯。七月:乙卯、丁卯、己卯、辛卯、癸卯、壬午、丙申、壬辰、乙酉、丁酉、己酉、辛酉、癸酉。八月:壬辰、甲辰、癸丑。九月:庚午、壬午、庚午、丙午、丁卯、乙卯、甲寅、丙寅、戊寅、庚寅、壬寅、乙酉、丁酉、己酉、辛酉、癸酉。十月:甲午、丁卯、癸卯、庚午、辛卯、辛未、己卯、乙卯。十一月:甲申、壬申、丙寅、戊申、丙申、戊辰、甲寅、庚寅。十二月:甲申、壬申、庚申、丙申、壬寅、丙寅、壬午、丙午。

上吉日有犯白虎、玄武、破杀、天罡、河魁、阴阳差错、荒芜等,若吉多凶少,则不必忌,不要以小疵而错过吉日。

九、考定逐月安葬吉日

正月:己酉、辛酉、癸酉、壬午、乙酉、丁酉、乙卯、丁卯、癸卯(卯日犯转杀,吉多不忌)。二月:丙寅、甲寅、庚寅、壬寅、丁未、己未、癸未、辛未、甲申、丙申、庚申、壬申。三月:甲午、丙午、庚午、壬午、丙子、庚子、壬子、甲申、丙申、庚申、壬申、乙酉、丁酉、辛酉、癸酉。四月:乙丑、丁丑、己丑、癸丑、乙酉、丁酉、己酉、辛酉、癸酉、甲午、戊午、庚午(午日犯转杀,吉多不忌)。五月:甲寅、丙寅、戊寅、庚寅、壬寅、甲申、丙申、庚申、壬申、乙丑（丑日犯地白虎，次吉）。六月：甲寅、庚寅、壬寅、辛卯、甲申、丙申、庚申、壬申、乙酉、丁酉、辛酉、癸酉、丙寅、癸卯、丁卯、乙卯。七月：丙子、壬子、壬辰、丙申、戊申、壬申、乙酉、丁酉、辛酉、己酉、癸酉，卯日次之。八月：丁丑、癸丑、戊寅、丙寅、庚寅、甲寅、壬寅、丙辰、壬辰、甲申、丙申、庚申、壬申、丁酉、己酉、癸酉（酉日转杀，吉多不忌）。九月：丙寅、庚寅、壬寅、丙午、庚午、壬午、甲寅、丁午、甲午、己酉、丁酉，卯日次之。十月：丁卯、甲辰、甲午、戊午、庚午、乙未、丁未、辛未、癸未、乙卯、己卯、辛卯、癸卯、庚子。十一月：丙寅、甲寅、戊寅、庚寅、壬寅、甲辰、戊辰、丙辰、壬辰、甲申、丙申、戊申、庚申、壬申。十二月：甲寅、丙寅、庚寅、壬寅、甲申、丙申、庚申、壬申、甲午、丙午、庚午、壬午、乙酉、丁酉、辛酉、癸酉，卯次吉。

　　按：安葬吉日，魏明远在《象吉通书》卷十二中对二十四山龙每月的选择吉日都作了详细推排，有兴趣者可参考研究。

十、化命召吉

　　以亡命真禄、真贵和真马为主，详参前注。

　　另外，葬期中还有五音选葬期，启攒葬期，迁葬选期，太岁压本命及许多神煞，《通书》中均有例载，可供参考研究。

　　造葬克择，许多书中也有不同意见，仅将魏青江《葬期辨论》一节介绍如下：

　　寅月甲日、卯月乙日、巳月丙日、午月丁日、申月庚日、酉月辛日、亥月壬日、子月癸日，皆得禄之日当权，得令之旺干也，《通书》呼之为"重丧"者，何也？予曾以八月辛日葬坟，年久安然无恙，以辛日得禄得令，吉莫吉于此等旺日也。辰戌月戊日、丑未月己日，虽不得禄而实得令当权，以上十日并改为重丧。查其注云"重复日，此日行吉事则再吉，行凶事则再凶"。若此日娶亲，明日又娶乎？此日中科，明日又中乎？此日生男，明日又生乎？
何以云葬即主重丧也。或者解之者曰：葬以一小匣放棺上，即禳
法。独不闻死生有命乎？一小匣即可转死为生，命何若是之易
转也。曾见一卓姓丧母，不犯重丧；旋丧父，遇重日，俗窃疑虑，
后数十年无一丧。又见一张姓，死遇重日，及葬又遇重日，总未
有一死亡并迁改事。留心访数十年遇重日死，重日葬，不计其
数，未闻即有重死者。诀云"正七连庚甲"，"连"字不通。正月阳
木，遇甲阳木；七月阳金，遇庚阳金，各分开说，谓之重。《通书》
糊涂，以正庚七甲并合而呼为重，何谬至此也。辰戌阳土月，反
以己阴土为重；丑未阴土月，反以戊阳土为重，更不通之甚，于
《时宪书》不合。其弊始于财利之徒，各造一歌诀，反古仙，破旧
章，滋人之恶，反避旺日，趋己另择日耳。

　　按：重丧本书名为"剑锋重赙杀"。

　　出殡忌某生人并周堂，值某生人俱要出外避之。想化者生
长本宅之内，一旦柩出本宅之外，再求入此宅，万不可得，死别生
离，莫此为甚，呼怆哀惨，不知更当何如，岂肯合其灵柩而先出外
避之乎？《通书》公然刻载两项，忍心害理，大伤风教。

　　周堂：父、男、孙、化、婿、妇、客，值化大吉。

　　大月初一从父顺数，小月初一从客逆数。亡为父母者，不忍
不送殡，为男妇孙者，忍踏此不孝之大罪乎！为客者，方且送柩
出门，为婿者，忍出外而不顾外父母之辞别乎！

　　空亡：有落圹空亡、扫地空、入地空、冷地空。查其注云，纳
音克亡命之纳音凶，不克亡命之纳音者，如甲子属金，忌戊午、己
未火，若逢丙午、丁未属水，庚午、辛未属土，壬午、癸未属木，甲
午、乙未属金等日，纳音不克亡命甲子金者，不忌。如丙子命属
水，忌庚午、辛未土日，若甲午、乙未、丙午、丁未、戊午、己未、壬
午、癸未等日不克丙子纳音者，彼注不已自称为吉乎？何世人不

之辨,概以子命并忌一切午未日耶?原只论日时,不论年月,何愚人不辨,概以子命并忌一切午未年月也。余仿此推,年月不如日时重,日时纳音不克亡命者大吉,年月虽克不足忌耶?详查古书,并无此等空,可知近时捏造者,勿泥。

大小空亡:刻定九日一空,官书多载吉事,则知此空荒诞不经矣。除一个旬空外,如六壬空等类,皆不为忌。

天葬曰:甚无当。如云金鸡鸣,玉犬吠。金鸡何形,玉犬何状?何如鸣?何如吠?又云玉女歌,金狮吼,皆捣鬼者。日有在此月极吉,在彼月极凶者,安得不问年月,概以鸣吠歌吼为大葬日乎?日以扶脉山、扶命主,安得不问年月,概以鸣吠歌吼为大吉日乎?又云虽有鸣无吠,有歌无吼为小葬日,非邪而何!

某日地虎食,某日地虎不食,地下之虎,何影何形?食不食,谁亲见之?官书载宜破土安者,邪说以为地虎食。而邪说所编地虎不食,官书并无攒葬字样。明明以假乱真,岂可为人择安葬之期耶!

话云,千部通书,总不及当年一本官历。钦天监衙门官员数十,昼夜观测天文,始推定一年吉凶日时,若不宜造葬而误刻宜字,岂无人弹劾,听其遗害天下苍生耶?彼假捏凶名吓人,不遵《时宪》而皈依《通书》,只凭金精鳌头,假洪范五行,墓运变运,天星地曜、化气阴府、日流太岁、横天朱雀、李广箭刃、八煞黄泉、假消灭、冲丁煞、山方煞、崩天太岁、玉环斗首等类与人订期,全与山脉命主不相关涉。如一庸术,亥乾山,乙丑、乙酉、庚申、庚辰,以为武财木局,与《时宪》躔度大相背谬,可叹哉!

岁压六命,以葬日入中顺遁八方,看本年太岁到处,非所葬之山,虽有本命同宫,不知岁压以其于本山不相干涉也,惟太岁到所葬之山方,其家祭主本命同在所葬之山方,始为岁压。查调畴宫分六十花甲,只六九五十四,故止曰六命,若人多只要长命、长子或承重家孙并长妇命,不同岁在本山大吉。若只一长子,宜避此日,另择一不在本山之日。盖岁压以日遁非以年论也,以日遁岁命同本山命在本甲第一遁内刑克,灾祸立至。在第二遁内,虽灾不重。三遁四遁,见本命不忌矣,以其在本甲之外而又外矣,五遁六遁,又何忌哉?彼无知者,不查遁畴,徒以太岁板定压六个年命,亦不问遁在所葬山方否,见其家有一二年命与太岁同宫,辄指为岁压。不知己所谓岁压者,是论一年,非论葬日岁命同本山之真岁压也。彼拘泥一年有压,必有一年不压者,究之不压之一年,却有真压之一日。彼皆不知,以葬日入中遁岁命同本山,犹谓其年不压,岂料日犯岁压在本甲内,凶祸甚紧者乎。如癸亥年十一月十一庚寅日葬癸山,以庚寅入中,遁癸亥太岁在坤山,与本山不相涉,即其家有壬申、辛巳等命,不在癸山,所以全不忌也。

　　或谓入葬日入中寻太岁,另将甲子入中寻本命,不知此甲子二字指六十花甲之干支而言,非单以一甲子包括五十九花甲者也,乃比例之说。如葬日甲子入中,则以甲子以后干支顺布八宫,数至癸亥而止。如葬日乙丑入中,顺布八方数至甲子而止。如葬日丙寅入中,顺布八方数至乙丑而止。看某命同岁不同岁,看同岁在山不在山,如在别山,虽与岁同宫不为压。亦有岁到本山而年命不同在本山者不为压,亦有年命到本山而岁不在本山者不为压,亦有岁与命同在中宫或同在向方,总非所本山不为压。盖六十太岁,六十年命均系六十花甲,子午卯酉岁只六个子午卯酉命同一宫,丑未辰戌岁只六个丑未辰戌命同一宫,寅申巳亥岁只六个寅申巳亥命同一宫。如不以六十葬日入中寻本命,而本文定甲子入中寻之,则明明乙丑、甲戌、癸未、壬辰、辛丑、己未六命在乾六宫,便知丙寅、乙亥、甲申、癸巳、壬寅、庚申六命在兑七宫,丁卯、丙子、乙酉、甲午、癸卯、辛酉、六命在艮八宫。

就此一甲子，尚有九一二三四宫仿推。未免只知其一，不知其尚有五十九，各各推移不齐也。五十九太岁，五十九生命，各系五十九花甲，不系此一甲子所管摄。彼五十九日仍只以甲子板定，则子午卯酉，寅申巳亥之岁命，万古不到乾山矣。子午卯酉，辰戌丑未之岁命，万古不到兑山矣。丑未辰戌、寅申巳亥之岁命，万古不到艮山矣，尚论离坎坤震巽宫耶？此真糊涂不通者，不问何太岁，何葬日，不问何年命而拘拘焉，板定一甲子，成何九畴调逆法？如癸亥年十二月十一庚申葬日，以庚申日入中，太岁在艮，壬申、辛巳、庚寅、己亥、戊申、丁巳等命同在艮，虽为岁压而艮宫亦须分三旬看。小寒后十日在丑，忌作丑山。大寒前后五日方在艮，忌作艮山。立春前十日又在寅，忌作寅山。若丑山而在上中旬，艮山而在上下旬，总非真压。书曰：其日有吉神到山扶持本命，化凶为吉，虽岁压而不能压之矣。如太岁癸亥水，祭主庚寅木命、己亥木命，则太岁生本命，名为压而实相生也；祭主系戊申土命、丁巳土命，则太岁反为财星，不能克制本命，均无妨害。至壬申、辛巳金命，金生太岁水，亦无妨害，以其不受太岁克制也。如太岁为本命禄贵，吉神同在一山，更主速发祥庆。若以岁压为一岁十二个月板定压六命，从无此理，亦无一验。大凡葬期，求得山向空利，而又年命犯岁压，才得年命不压而又凶神占山向，其子多者不压大二房，即压三四房，日日有一岁压，父母何时为归土也。余辛丑生，于壬辰年葬先君，值岁压，地师嘱以孙代理本身，当回避，及下葬时却忘嘱之言，临圹督工，从容正下，勿致偏倒，恐惊动先人，务祈安妥平正，无丝毫之差，此心然后落下。不但本年无一灾害，而且次年癸巳颇顺遂发祥。或神煞悯其恻隐之诚而宥之欤，抑或岁压之说不灵也，故记此以为执泥岁压久不葬亲者警耳。如甲子岁压癸酉、壬午、辛卯、庚子、己酉、戊午六命，亦只壬午、辛卯木，戊午火三命受冲克，余金土三命则无禁忌。一年三百六十日，每日有与岁在一宫者，但凡甲子、庚午、己卯、戊子、丁酉、丙午、乙卯等，日岁同在中宫；乙丑、甲戌、癸未、己丑、壬辰、辛丑、庚戌、己未等，日岁同在坎山；丙寅、乙亥、甲申、癸巳、壬寅、辛亥、庚申等，日岁同在离山；丁卯、丙子、乙酉、甲午、癸卯、壬子、辛酉等，日岁同在艮山；戊辰、丁丑、丙戌、乙未、甲辰、癸丑、壬戌等，日岁同在兑山；己巳、戊寅、丁亥、丙申、乙巳、甲寅、癸亥等，日岁同在乾山；辛未、庚辰、戊戌、丁未、丙辰等，日岁同在巽山；壬申、辛巳、庚寅、己亥、戊申、丁巳等，日岁同在震山；癸酉、壬午、辛卯、庚子、己酉、戊午等，日岁同在坤山。年月日时均同此例，则无一日不有岁压。六命同在一宫占三坐山，历试五十年，阅过千余课，凡占所葬本山命，无刑冲克害者，总不足忌。即与岁有刑冲克害，而不占本山者，始终有吉无凶。

从魏青江"辨葬期"一节中可以看出，古时埋葬，神煞繁多，但合义理者少，荒诞无理者多。如本书及前录通书诸吉日，虽言之凿凿，实谬之尤甚。如果仅凭一日而不论本命、坐山及年月，实是舍本逐末，毫无任何价值。故大凡埋葬，必以补龙、扶山、相主为要，以当年太岁与本命、月令为主，只求宜岁命禄马、贵人、三合到山及太阳到山则可。至于神煞，只忌岁命与坐山冲破、空亡及本命七杀、枭印等，其余山龙墓运，雷霆斗首，催尸灭没，受死重丧等无稽之谈，均可不必拘泥。

报人丁例

【原文】取四神加行年。

男取报天干，女取报地支，各从《璇玑》起例，寻太阳、太阴、玉兔、金乌为旺人星，吉。其法各以命主六壬行年与太岁反复相加，求胜光、神后二星同命所在之地，择雷霆太阳、开休生三门喜神并临,立生贵子。凡报金乌太阳方主生男,玉兔太阴方主生女。男合雷霆合气太阳,女用青龙太阴。

又法,人家频生女者,择金乌方理之,可报男也。

男报天干者,如子年报丙是也。女报地支者,如子年报午是也。男女同命者,子年合报丙午是也。余例仿此。

【注解】求男报太阳,求女报太阴,此为正法。所谓雷霆太阳、三吉门等,并不可信,详参《璇玑经》及前注。即使修报太阳,也要避免与本命和太岁相冲克。今介绍魏青江"修太阳亦有误"一节如下:乙未生,在甲子年见太阳在丑,用三月初旬动作,不知本年岁杀、重刃在辛未,纳音属土,以月建戊辰入中,调辛未到艮丑,初旬是丑用事,修后至六月辛未当令,谓之暗杀加来,辛金克宅主乙命干,丑未相冲又在本甲之内,故发祸速。兄弟争财,告官破败,乙丑年损胎,忌犯岁命刑冲克害,勿徒以太阳误用之。然亦非太阳不可修,要在月份调递生和,吉星到方可也。

从此节可知,即使报太阳,也不能与本命及太岁冲克。原书举例子年合报丙午,恰犯了选择之大忌。

散讼报本命官符

【原文】散讼见《元经》,以阳官符报贵人,阴官符报干德,乃天官符也。地官符报之亦验,但不及报本命官符,取阴贵阳德会合,自然散讼。本命禄马到方,因讼得财。又得阴阳各遁元宫,必主灾害永息。例具《元经》。

【注解】本命官符又名地官符,岁前四辰是。即子命在辰,丑命在巳,寅命在午,卯命在未,辰命在申,巳命在酉,午命在戌,未命在亥,申命在子,酉命在寅,亥命在卯。

天官符,三合五行之临官位是。即申子辰年在亥,寅午戌年在巳,巳酉丑年在申,亥卯未年在寅。

飞天官符立成见《璇玑经·本命官符第二十六》。

飞地官符立成见《郭氏元经·月家官符篇第三十一》。

参阅上面两篇后可知,所谓天官符者,乃太岁三合之位。所谓地官符者,乃三合临官之位。若以造命扶山、补龙、相主论,均为至吉之课。所以,只要禄贵太阳吉神到,报方不仅解讼,且发富贵。应注意的是以纳音五行论生克之说,与正五行生克冲合之义不符,不可取。再请参《郭氏元经·报官符篇第三十二》。

报瘟取天瘟方

【原文】天瘟方例:正六月坎,二九月震,三五月艮,四十月坤,七十一月乾,八十二月离

凡报天瘟,须择天恩所在处报之,且喜天月二德及天喜报之。择天恩日,切忌本年入中吊本命所在之方,不可轻报,法见《璇玑》。天瘟例诀:

正月羊位报用权,二八逢危事却偏。

三五十月寻建上,七十一除不周全。

蛇收鸡闭牛场满,记取天瘟莫犯焉。

正月未、二月戌、三月辰、四月寅、五月午、六月子、七月酉、八月申、九月巳、十月亥、十一月丑、十二月卯。

按:天瘟方忌竖造、修方、入宅、归火、移徙、安床、修牛栏、马枋、猪栏、安槽、羊栈、鸡鹅鸭栖,并宜忌之。

【注解】天瘟见《璇玑经·报瘟疫第三十五》,诸神煞见前注。

辟火星取水宿七日

【原文】起造辟火四课,取山家自旺、进气之时,又能作福。其例以七元甲子寻各元内起之,依节取用之日,轮到所至之宫,再以官历日下所值之宿入中宫,顺飞到坐下得危月燕、毕月乌、张月

鹿、心月狐四兽到坐,涓六神藏、四杀没时起造,为日月合璧。若得真太阳到向,吉不可加。

一元甲子起坎,二元甲子起坤,三元甲子起震,四月甲子起巽,五元甲子起中,六元甲子起乾,七元甲子起兑。

如正月一元内用事,庚午日起造,便以甲子起坎,轮至兑上得庚午,值奎木狼管事,便以奎宿入中宫,行见毕月乌到离,其日作丙午丁、壬子癸等向,择对宫四煞没时为日月合璧,能免火灾,又消瘟疫。

【注解】水宿七日:二十八宿中,轸水蚓,箕水豹,参水猿,壁水貐四水宿值日是。

七元:这是以二十八宿配六十花甲子而言。从甲子日起,每天配二十八宿中的一宿,要经过四百二十天,才能重新相配,这四百二十天正是七个六十花甲,所以叫作七元。二十八宿配六十花甲值年、值月、值日、值时之星,通书中均标明,但与本书七元甲子起坎等,不能相合。详参前直年经星例。

再细析本节标题,是言辟火星之法,若以星论,当取四水宿;若以紫白论,当取一白水;若以正五行论,当取壬癸亥子水。取日月合璧,是神藏煞没之义,与辟火星之义并不相符。

婚　娶

【原文】嫁娶不将起例。

月厌正戌逆旋装,以右为前左后方。

月厌杀翁厌对姑,嫁娶不用为相妨。

厌前干配厌后支,阴阳不将最吉昌。

春冬取己夏秋戊,戊己之干更审详。

厌后干配厌前支,阴阳俱将夫妇亡。

厌前干支自相配,阴将杀妇期非良。

厌后干支自相配,是为阳将夫必伤。

更勿伤初许嫁日,大门勿值死惊伤。

时遇五神临本命,夺门而入杀神藏。

逐月不将吉日。

正月	月厌	戌 厌前取阴干,丙丁己庚辛	
	厌对	辰 厌后取阳支,亥子丑寅卯	
	不将	丙子、丁亥、丁卯、己亥、庚子、辛亥	
		丙寅、丁丑、己丑、己卯、庚寅、辛丑、辛卯	
二月	月厌	酉 厌前取阴干,乙丙丁庚己	
	厌对	卯 厌后取阳支,戌亥子丑寅	
	不将	乙亥、丙戌、丁亥、己亥、庚戌、庚寅	
		乙丑、丙子、丁丑、己丑、庚子、丙寅	
三月	月厌	申 厌前取阴干,甲乙丙丁己	
	厌对	寅 厌后取阳支,酉戌亥子丑	
	不将	甲戌、乙亥、丙戌、丁亥、己亥、己酉、己卯是	
		甲子、乙丑、丙子、丁丑、己丑、乙酉,人民合	
四月	月厌	未 厌前取阴干,甲乙丙丁戊	
	厌对	丑 厌后取阳支,申酉戌亥子	
	不将	甲戌、乙酉、丙申、丁酉、戊戌、戊申	
		甲子、甲申、丙子、丙戌、戊子	
五月	月厌	午 厌前取阴干,癸甲乙丙戊	
	厌对	子 厌后取阳支,未申酉戌亥	
	不将	癸未、癸亥、甲戌、乙亥、丙申、戊申	
		癸酉、甲申、乙未、乙酉、丙戌、戊戌	
六月	月厌	巳 厌前取阴干,壬癸甲乙戊	
	厌对	亥 厌后取阳支,午未申酉戌	
	不将	壬午、壬戌、甲午、甲戌、戊午、戊戌	
		壬申、癸酉、甲申、乙酉、戊申、癸未	

七月	月厌	辰	厌前取阴干，壬癸甲乙戊
	厌对	戌	厌后取阳支，巳午未申酉
	不将		壬午、癸巳、癸未、乙巳、乙酉、戊申
			壬申、癸酉、甲午、乙未、戊午、甲申
八月	月厌	卯	厌前取阴干，辛壬癸甲戊
	厌对	酉	厌后取阳支，辰巳午未申
	不将		辛巳、壬辰、壬午、癸未、甲午、戊辰
			辛未、壬申、癸巳、甲辰、甲申、戊午
九月	月厌	寅	厌前取阴干，庚辛壬癸戊
	厌对	申	厌后取阳支，卯辰巳午未
	不将		庚午、辛巳、壬午、癸卯、戊辰、庚辰
			辛卯、辛未、癸未、癸巳、戊午、壬辰
十月	月厌	丑	厌前取阴干，庚辛壬癸己
	厌对	未	厌后取阳支，寅卯辰巳午
	不将		庚寅、庚辰破、辛巳破、壬辰、癸卯、己卯
			庚午、辛卯、壬寅无翘、壬午地寡、癸巳破、己巳破
十一月	月厌	子	厌前取阴干，丁己庚辛壬
	厌对	午	厌后取阳支，丑寅卯辰巳
	不将		丁丑、丁巳、己卯、庚寅、辛丑、辛巳
			丁卯、己丑、己巳、庚辰、辛卯、壬辰
十二月	月厌	亥	厌前取阴干，丙丁己庚辛
	厌对	巳	厌后取阳支，子丑寅卯辰
	不将		丙子、丙辰、己丑、庚子、庚辰、辛卯
			丙寅、丁卯、己卯、庚寅、辛丑、丁丑

春八龙：甲子、乙亥；夏七乌：丙子、丁亥；秋九虎：庚子、辛亥；冬六蛇：壬子、癸亥。

【注解】《通书》认为，正月月厌在戌，月厌的对方为辰，辰就是厌对。如此，从戌后一位辛开始右旋至辰前一位巽者为阳；从戌前一位乾开始，左旋至辰后一位乙者为阴，然后取阳片辛、庚、己、丁、丙干配阴片亥、子、丑、寅、卯、辰支为不将。二月月厌在酉，酉的对方是卯，卯就是厌对。如此，自庚至乙，右旋者为阳，自辛左旋至甲者为阴，取阳片庚、己、丁、丙、戊、乙干配阴片戌、亥、子、丑、寅、卯支为不将。余月类推。

"逐月不将吉日"原书排在"阴女命嫁娶月分妨忌图"之后，但从内容上看，似应排在此处较为合适，特说明。

知道了不将之取法，再以阴阳分别，阳干阳支相配叫阳将，阴干配阴支叫阴将，阴干配阳支叫作俱将。

魏青江云："查逐年官书所载嫁娶吉日，原不拘此不将之说。如伪书以丙午、辛未日为阳将，乙卯、癸卯日为阴将，壬午日为阴阳俱将，《时宪书》载此数日宜嫁娶。《通书》板定阳将男伤，阴将女伤，阴阳俱将，男女齐伤吓人，误此良辰，独不观《时宪书》俱载宜嫁娶乎？普天之下，莫非赤子，爱养周郎，日望生娶，岂忍以死儿死女之日反载宜嫁娶遗害生灵耶！若果男女亡，男女各伤，年年月月，逢将日嫁娶者，不知凡几，六合之内，靡有孑遗矣。世人惟凭庸术选择，不知生合正理，只知避阴将、阳将、阴阳俱将等杀，用后种种不善，总之人家气数所关。不犯阳将而伤男者有之，不犯阴将而伤女者有之，不犯俱将而男女各伤者亦有之，此岂非原用不将日者，或年命冲克刑害，虽不将日反为灾祸？或谓官书某日宜嫁娶，《通书》云此日有某某凶杀，不无疑惑。不知古人订历，某日可以制凶曜而招祥福，乃下一宜字，丝毫有碍，则刻一不宜字样，令人趋吉避凶，如何慎重，宁肯以男伤之日为婚娶，女亡之日为行嫁者哉！凡选择必取七政恩曜躔照命度并到方位，有益于男女命主，此诚天地造化之正理，即能制伏一切，速召祥庆，非同草草按藉而谈，以炫人耳目者也。或疑吉曜不过一时躔照过宫,则非独不思人贵贱寿夭,只生命一刻躔照攸分,遂终身莫能逃者乎。一合吉曜,虽三将而不足忌。黄一凤曾云:'不将之说,不以月建及月对冲分阴阳,而乃以月厌、厌对分阴阳,一不通也。不以面前为阳,而以臀后为阳,是以臀后为脸面,脸面为臀后,二不通也。彼编阳将、阴将、俱将等日,官书多载宜嫁娶,可知其将日非古法,乃明季新增者。夫以古法三合、五合、六合、相生、三德、德合俱称为将日,三不通也。'"

胡晖在《选择求真》中举一例:秋蝉师为其子择嫁娶日,女命己酉年生(按,乃乾隆五十四年,公元 1789 年),取戊辰年十二月乙丑,初五丙申日,其日大寒,是阳将日也,又妨媒人长子,俗术断不主用。然女命己酉,丙日生之,而己贵于申支,丙贵在酉支,是命与日主换贵人,四柱三合财局,故吉莫大焉。

按:《选择求真》一书成于嘉庆十四年中秋,其子结婚于嘉庆十三年季冬,中间相距八个多月,当事人平安,所以胡晖在辨谬中言其不可信也。

【原文】嫁娶择日要诀。娶妇取女命为主,女婿乘龙岁始昌。

八紫龙,二十黄,嫁年犯忌疾,产厄,子五。

忌午疾,少寸命,未真见,而天刀二横天,主再娶,亥不嫁,不于三新郎大宜。

又,男合者,以也最美,日辰合不将,更符宝义,善主大吉。德合、明合、周堂、无翘、八龙并九虎、七乌、六蛇,知往亡、烟火、勾绞,防绳厄。子午命嫌卯酉乡,卯酉命嫌子午日。寅申尤妨巳亥伤,丑未便嫌辰戌日,吉神多则用无始,罗帐白虎尤当避,太白鹤神天狗方。

【注解】此节错讹较多,句义难明,第一段尤甚。结合标题分析,当是言嫁娶宜忌之神煞,下仅就错讹明显处注解,特说明。

周堂:即嫁娶周堂图,请参阅《八宅明镜·嫁娶周堂图》。

白虎：此即行嫁白虎，图见第223面。只问月份大小，不问节气。大月从灶向堂顺行，小月从厨向路逆行。如值死、睡、厨、灶吉，如值门、路、床、堂则凶。嫁娶周堂及白虎定局大小月份之婚日例亦请参阅《八宅明镜·嫁娶同堂图》。

无翘：正月起亥、二月戌、三月酉、四月申、五月未、六月午、七月巳、八月辰、九月卯、十月寅、十一月丑、十二月子。《天宝历》曰："无翘者，翘犹尾也。阳乌所主，阴则无之，常居厌后，故忌嫁娶。"曹振圭曰："翘犹首翘，妇人之饰也。无翘者，是无其饰也，故忌嫁娶。"《钦定协纪辨方书》认为："六合月将，太阳过宫，并见本原及公规卷内，惟是日又名无翘，《天宝历》以为乌尾，曹振圭以为首饰，其义不足取。盖堪舆家最忌月厌，故以厌前一辰为章光，厌后一辰为无翘，其日皆忌嫁娶。夫月厌仅值一日，非若方位之相比连，断无因忌一日而并忌前后两日之理。且六合、天愿皆嫁娶吉日，又以为无翘而忌之，毋乃欺世而滋惑乎！俗士又名飞翘，更属伪谬，应删。"

往亡：正月寅、二月巳、三月申、四月亥、五月卯、六月午、七月酉、八月子、九月辰、十月未、十一月戌、十二月丑。《堪舆经》曰："往者，去也；亡者，无也。其日忌拜官上任，远行归家，出军征讨，嫁娶寻医。"其义寅午戌火月顺行寅卯辰，卯未亥木月顺行巳午未，辰申子水月顺行申酉戌，巳酉丑金月顺行亥子丑。取金水、木火之性遂，无克则生不生，无制则化不化，无贞则元不能以起之义。《通书》载宋帝以往亡起兵，军史以为不可，帝曰："我往则彼亡。果克之。"由此，往亡似亦不验。细审其义，除四月亥，九月辰为月破外，余皆无深意，六月午未合，犹觉无理，故亦不宜深拘。

勾绞：这里指天罡勾绞，河魁勾绞，起例如下：

方　月神	正月	二月	三月	四月	五月	六月	七月	八月	九月	十月	十一月	十二月
天罡勾绞	巳	子	未	寅	酉	辰	亥	午	丑	申	卯	戌
河魁勾绞	亥	午	丑	申	卯	戌	巳	子	未	寅	酉	辰

魏青江曰："勾绞不足忌。七政十字穿照，四方大利，《时宪》载太阳躔次寅申巳亥月，宜甲庚丙壬时；卯酉子午月，宜乾坤艮巽时；辰戌丑未月，宜乙辛丁癸时，即《通书》所云天罡河魁之位。以左拱称天罡，右拱称河魁，以诸星宿登垣入局称勾绞。自古四正对照，夹拱均齐平整，子午卯酉无偏欹斜曲，何者有一毫之勾？宵旦中昏，无差错缠绕，何者有一丝之绞。如己未五月二十八癸酉平日，庚申七月二十六甲午收日，《时宪书》宜嫁娶，伪书作勾绞，何哉！"

烟火：《通书》中称为绝烟火。歌曰：

正五九月丁卯凶，二六十月甲子逢。

三七十一忌癸酉，四八十二庚午宗。

绝烟之日取五行三合败日，以三合天干与地支相配者是。亥卯未三合木局，木生亥，败在子，故配甲子。寅午戌三合火局，火生在寅，败在卯，故配丁卯。申子辰三合水局，水生在申，败在酉，故配癸酉。巳酉丑三合金局，金生在巳，败在午，故配庚午。其法亦属荒诞。丁日寅午戌火局，得禄得旺；甲日亥卯未木局，癸日申子辰水局，庚日巳酉丑金局皆如是，这是补龙、扶山与相主的最好格局，主人丁繁盛，何能绝烟火而无嗣？实属牵强。

【原文】论利月。黄帝曰：阳女命以大吉加本命功曹下为行嫁月，利母家；加传送下为行嫁月，利男家。阴女命以太冲加本命功曹下为行嫁月，利女家；传送下为行嫁月，利男家。各位下俱有妨忌，立成图局于下，以便选择。例出大六壬。

阳女命嫁娶月分妨忌图

月＼神名　命	大吉	功曹	太冲	天罡	太乙	胜光	小吉	传送	从魁	河魁	登明	神后
主应	妨女兄弟	利女家	妨首子	妨公姑	妨男伯叔	妨夫	妨男兄弟	利夫家	妨媒	妨女父母	妨女伯叔	妨女身
子命	子月	丑	寅	卯	辰	巳	午	未	申	酉	戌	亥
寅命	寅月	卯	辰	巳	午	未	申	酉	戌	亥	子	丑
辰命	辰月	巳	午	未	申	酉	戌	亥	子	丑	寅	卯
午命	午月	未	申	酉	戌	亥	子	丑	寅	卯	辰	巳
申命	申月	酉	戌	亥	子	丑	寅	卯	辰	巳	午	未
戌命	戌月	亥	子	丑	寅	卯	辰	巳	午	未	申	酉

各妨忌月俱不可用。

阴女命嫁娶月分妨忌图

月＼神名　命	太冲	天罡	太乙	胜光	小吉	传送	从魁	河魁	登明	神后	大吉	功曹
主应	妨女兄弟	妨女身	妨女伯叔	妨女父母	妨媒	利男家	妨男兄弟	妨夫	妨男伯叔	妨公姑	妨首子	利女家
丑命	丑月	寅	卯	辰	巳	午	未	申	酉	戌	亥	子
卯命	卯月	辰	巳	午	未	申	酉	戌	亥	子	丑	寅
巳命	巳月	午	未	申	酉	戌	亥	子	丑	寅	卯	辰
未命	未月	申	酉	戌	亥	子	丑	寅	卯	辰	巳	午
酉命	酉月	戌	亥	子	丑	寅	卯	辰	巳	午	未	申
亥命	亥月	子	丑	寅	卯	辰	巳	午	未	申	酉	戌

【注解】为使大家阅读清晰，特将上表简化成下表：

女命	子午	丑未	寅申	卯酉	辰戌	巳亥
大利月	六、十二	五、十一	二、八	正、七	四、十	三、九
妨媒氏首子	正、七	四、十	三、九	六、十二	五、十一	二、八
妨翁姑	二、八	三、九	四、十	五、十一	六、十二	正、七
妨女父母	三、九	二、八	五、十一	四、十	正、七	六、十二
妨夫主	四、十	正、七	六、十二	三、九	二、八	五、十一
妨女身	五、十一	六、十二	正、七	二、八	三、九	四、十

大利月之说，不依男女命主五行生克制化为主，板定死法，亦为荒唐。《钦定协纪辨方书》"辨伪"一节，首先辨"男女合婚大利月"。书中云："阴阳家多病迂泥，术士捏造亦属荒唐，而惑世诬民，则未有如合婚大利月之尤甚者。夫妇之一道，人伦之始，书载厘降，诗咏关雎，未尝有合婚之说也。《诗》曰：'士如归妻，迨冰未泮。'《礼》曰：'仲春之月，令民会男女。'未尝有大利月之说也。即禄命之法，以人生年月日时去留疏配推人寿夭穷通，亦未尝有以男女年月定妨妻妨夫之说也。为是说者不知其所自起，而皆托于吕才。观《唐书·吕才传》，其于阴阳术数辨驳甚详，则其为术士之伪托无疑也。今取其说而论之。……行嫁大利月举世用之而不辨其非，而不知其所谓大利月者，固术士之捏造而无理之甚者也。其法以妇命为主，子寅辰午申戌六阳年，自本命前一月向前顺数；丑卯巳未酉亥六阴年，自本命后一月向后逆数。第一月为大利，第二月妨媒氏首子。第三月妨翁姑，第四月妨女父母，第五月妨夫，第六月妨本身，至第七月又复一转。夫第十二月为女本命，第六月为本命之冲，虽选择无忌地支一字之理而犹有可言，阳前阴后一月又何取以大利耶？且第一月利矣，以次而推，何由而妨媒氏？何由而妨翁姑？何由而妨父母？何由而妨夫婿？求之阴阳五行，九宫八卦，堪舆建除，丛辰之说，无一可通，此亦荒诞不经之至乎！而世俗懵然信之，一月偶愆，辄逾数岁，标梅东楚，使之致慨于失时者比比皆是，故曰惑世诬民之尤甚也。今已奏准删除。"

胡晖在《选择求真》中说，周公制礼，男子三十而娶，女子二十而嫁，何利年之有？故刘氏亦载不验，不忌。一论大利月甚属无理，古人严寒不行嫁，酷暑不成婚，春月桃夭之时，正男女婚姻之期也。明万历后甲子生命，太史请十二月择吉，余月皆有妨碍。宰相张居正奏曰："日时宜忌，此民俗，尚多不验，况帝王乎！古礼仲春会男女桃夭之脉,宜俟明年三月择吉成礼”。诏从之。按,甲子女命三月妨父母,据《通书》所载,子命只有六、十二月大利,余皆有妨,谬矣。故晖并举与内侄黄氏选嫁娶日,男命壬子年五月二十一日生,女命癸丑年十月十六日生,婚嫁取庚午年,正月戊寅,二十四己卯日成婚。查合婚大利月,丑命正月结婚妨夫主。不知癸命以戊为夫星,戊土长生在寅而旺于午,寅午合为财局以生夫星,而年月干庚戊贵人在丑命,癸命贵人在卯支,一切吉祥,又有何妨。此再说明大利月之说荒诞。

【原文】新妇入门忌踏丧路方。正、五、九未方,七、三、十一丑方,二、六、十戊方,四、八、十二辰方。

【注解】此杀《通书》中未载,查其起例,寅午戊火局在未,亥卯未木局在戊,申子辰水局在丑,巳酉丑金局在辰。若以丧路之义论,地支见其墓尚合义理,如火局在戊,金局在丑,木局在未,水局在辰是。而此法则取四正三合之方,如午未合,子丑合等,却于理不甚相合,故不必拘泥。

【原文】罗帐白虎定局。大月从厨向灶顺行,小月从灶向厨逆行。

白虎值堂堂正当,若值床时新妇亡,
门路厨灶皆无碍,惟有死困大吉昌。

【注解】见第219面周堂白虎注。

【原文】太白游方日。忌犯。

正东,初一、十一、二十一。东南,初二、十二、二十二。
正南,初三、十三、二十三。西南,初四、十四、二十四。
正西,初五、十五、二十五。西北,初六、十六、二十六。
正北,初七、十七、二十七。东北,初八、十八、二十八。

中央,初九、十九、二十九。在天,初十、二十、三十。

【注解】《钦定协纪辨方书》云:"太白逐日游方出于西域《日时善善宿曜》,经历既非太白行度,且西域月日又与中国不合,实无义例。"故不必拘泥。

【原文】鹤神游方日。忌犯。

戊子、己丑、庚寅、辛卯、壬辰,游正北坎。

癸巳日至戊申日在天宫。

己酉、庚戌、辛亥、壬子、癸丑、甲寅,游东北艮。

乙卯、丙辰、丁巳、戊午、己未,游正东震。

庚申、辛酉、壬戌、癸亥、甲子、乙丑,游东南巽。

丙寅、丁卯、戊辰、己巳、庚午,游正南离。

辛未、壬申、癸酉、甲戌、乙亥、丙子,游西南坤。

丁丑、戊寅、己卯、庚辰、辛巳,游正西兑。

壬午、癸未、甲申、乙酉、丙戌、丁亥,游西北乾。

【注解】鹤神为凶神,游于何方,即不宜出行于何方,嫁娶亦同。惟鹤神在天,诸方无忌。此神亦是伪杀,不问本命与太岁刑冲克害,板定死日,毫无变化,故不足忌。且鹤者,古人以仙鹤为吉祥之物,用以象征长寿,亦与凶神之名不合。

【原文】夫妇反目杀。犯主夫妻不和。

如男女子午卯酉生命者,不可犯子午卯酉年月日时。余仿此推。

【注解】子命午日、午命子日、卯命酉日、酉命卯日、寅命申日、申命寅日等是日犯命破,言其夫妇反目尚合义理。若子年子日、寅年寅日、丑年丑日、卯年卯日等,是年月相同,若扶起本命,却主更加吉庆。如甲寅命用寅日是本命之禄,丁亥命用亥日是本命贵人,且为女命夫星;癸巳命用巳日,丁酉命用酉日,等均是本命贵人和财星,吉莫大焉,却不能言凶。故不必拘泥。

【原文】天狗头方。忌犯。

春:卯酉　　孤寡杀翁姑　　　卯子　　妨夫主伤妯娌
夏:午

戌未　　六年生子　　　子酉　　主二年生子　　　午卯　　主周年生子

辰丑　　主六年生子　　　寅亥　　后终无子

头在山　尾在山　前足山　背在山　腹在山　后足山　狗口

秋:酉卯　　酉　　辰　　午　　子　　戌　　申
冬:子　　午　　丑　　卯　　酉　　未　　巳

上嫁娶犯头,一世孤寡。犯尾,伤妯娌。犯足,伤男女。从腹进门,当年有子,惟背不忌。

此以新人出轿,头一脚踏地方位乃主。以花烛之桌作中宫分八卦,从十二支方位断之,其验。

【注解】原图不太清晰,今据《通书》成图如下:

名称	克应	春	夏	秋	冬
天狗头	小姑无子,月厌正位	酉	午	卯	子
天狗尾	妨夫主,厌对正位	卯	子	酉	午
天狗口	行嫁忌,章光正位	申	巳	寅	亥
天狗腹	当年无子,天喜正位	午	卯	子	酉
天狗背	三年有子,红鸾正位	子	酉	卯	午
天狗足	六年生子,六合正位	戌	未	辰	丑
天狗后足	九年生子,月害正位	辰	丑	戌	未
天狗方	凶同月建,转杀	卯	午	酉	子

《钦定协纪辨方书》天狗辨伪一节云:"嫁娶最忌月厌,月厌正月从戌起,戌为狗,术士遂以天狗命之。戌酉申者,春季之月

厌也,折其中而取酉,谓之春季月厌正位,命为天狗头,犯之者小姑无子。夏午、秋卯、冬子,同此例也。反之即为厌对正位,而谓之天狗尾,犯之者妨夫主。月厌前一位为章光,正月在酉,春季酉申未,折其中而取申,谓之天狗口,忌行嫁。天喜之说,有以春戌、夏丑、秋辰、冬未来论者,有以三合成日论者,今取此随月将三合逆行之,天喜亦折其中,而取春午、夏卯、秋子、冬酉,谓之天喜正位,谓之天狗腹,主当年无子。春夏之天喜,即秋冬之红鸾,乃又取红鸾十二位折其中,而取春子、夏酉、秋午、冬卯谓之红鸾正位,名之天狗背,主三年有子。春季月将亥戌酉,夏季申未午、秋季巳辰卯、冬季寅丑子,亦折其中而取春戌、夏未、秋辰、冬丑为六合正位,而谓之天狗足,主六年生子。春季月害巳辰卯、夏季寅丑子、秋季亥戌酉、冬季申未午,亦折其中,而取春辰、夏丑、秋戌、冬未,谓之月害正位,而谓之天狗后足,主九年生子。夫月厌正月起戌,戌则属狗,若卯月居酉位即为鸡,以此遂以天狗名之,已属可笑。又诸神与十二辰互为参伍,乃有用月厌、厌对、天喜、红鸾等名,非独二、五、八、十一四个月也。乃截住两头,中间取一位起例,益属支离不通,以此硬配头、尾、口、腹、背、足,成一天狗而定生子之年分,妨夫,妨小姑之占断,谬尤极矣。且小姑无子,与新妇何涉? 而天喜正位,定必大吉,而断为当年无子,盖里巷小民之情,小姑者,老妇之所钟受,而春月行嫁,腊月生子,新妇有越礼之疑,故以小姑无子为凶,而以当年无子为吉也。术士苦心侮弄乡愚,良可悲叹。《选择宗镜》不加辨驳,转编载其说,吁可怪也。又以春卯、夏午、秋酉、冬子四正位谓之天狗方,亦属不经,何天狗之弥纶宇宙如此耶!"

【原文】男婚年。主疾,少乐。生命加未顺行,以生日后为准。

生命	子	丑	寅	卯	辰	巳	午	未	申	酉	戌	亥
年	未	申	酉	戌	亥	子	丑	寅	卯	辰	巳	午

女嫁年。主产厄,多忧疾患。生命加卯逆行,以生日后为准。

生命	子	丑	寅	卯	辰	巳	午	未	申	酉	戌	亥
年	卯	寅	丑	子	亥	戌	酉	申	未	午	巳	辰

烟火勾绞。年月日时嫁女凶,如子午女命忌卯酉日时。

子午——卯酉,　　丑未——辰戌,　　寅申——巳亥,

卯酉——子午,　　辰戌——丑未,　　巳亥——寅申。

【注解】以上三煞,起例不明,但均以年论,不论四课配合,不论五行生克制化,与义理相悖。如男婚年卯生命戌年,酉生命辰年,均六合之年,乃婚嫁中至吉之年,何以主疾少乐?女丑命见寅,未命见申均为太阳,至吉至喜,何以反成产厄多忧?又如寅命取亥日,巳命取申日,亦为六合,何以反凶?故不必拘泥。烟火勾绞日与《通书》不同,详参前注。

【原文】红沙日。巳酉丑乃准。

红沙杀:正、二、三、四月酉日,五、六、七、八月巳日,九、十、十一、十二月丑日是也。

　　　四仲酉日四孟蛇,四季丑日是红沙。

　　　若人不信此神杀,生离死别嫁三家。

【注解】红沙取巳酉丑三合金局,与破碎白衣杀等义同。魏青江云:"红沙不足忌。《五要奇书》刻载四孟金鸡四仲蛇,《通书》改作孟蛇仲鸡,又名白衣煞,生离死别嫁三家。引《命书》云:'寅申巳亥,鸡头烂坏;子午卯酉,蛇头腐朽;辰戌丑未,牛头粉碎。'名碎金煞,犯主淫失,是孟月酉鸡,不与所改四蛇大相矛盾乎?查考古例,正二三四月酉日,五六七八月巳日,九十十一十二月丑日为红纱,只主淫,《通书》割裂吓人者谬甚。五十年前探访至今,嫁三家者非红沙,犯红沙者未再嫁也,则红沙为白衣煞离别三嫁是假矣。"

【原文】人隔,即临神。

正酉、　二未、　三巳、　四卯、　五丑、　六亥、

七酉、　八未、　九巳、　十卯、　十一丑、　十二亥

【注解】《通书》中有所谓"山隔、水隔、人隔"等凶煞，各有所忌。人隔又名"人革"，魏青江云："人革不足忌。正月寅生酉、二月卯合未、五月午生丑、六月未合亥、九月巳生戌、十月亥合卯、十一月子合丑。《通书》改吉作凶，编作人革。不思寅以酉为龙德，辰以巳，申以酉，俱各为太阳，大喜乎。巳以卯，丑以亥俱各为生气，极福。并无一刑冲克害，实天地阴阳生合之良辰也。天地阴阳生合，岂人间伉俪反革而不生合者哉？如己未十月十八辛卯定日，庚申十月初六辛卯定日，伪书作人革，并不思亥月卯日，三合生旺，原定为婚期之上吉者乎。不信《时宪》之正道，殊可悯也。"

【原文】五神拦路。新人入门时，忌命值凶神。以月将加新人入门时，寻看新人本命位上值何将，如值天罡（辰），胜光（午），传送（申），登明（亥），神后（子），太冲（卯）临本命位上为吉。如值太乙（巳），为腾蛇，主房中哭声。大吉（丑），小吉（未）为白羊、青牛，主生灾厄。从魁（酉）为巫鸡，主夫妻不睦。河魁（戌）为天狗，主伤嗣续。功曹（寅）为白虎，刑子。如犯上五凶神拦路，镇用五谷铜钱，草节纸钱，鼓乐喧响，新人夺门而入，参香火家堂，化财马，则大吉。

【注解】所谓五神拦路者，是以辰午申亥子卯六神为吉，余六神为凶。古有走马六壬之法，以子寅辰午申戌六阳辰为吉，余为凶。本丛书有身壬用度之法，以子午寅申四支为吉，余为凶，与本书之"五神拦路"虽支辰不同，但其义大同小异，并无深义，亦与五行生克义理不合。再查其名称，小吉、大吉，既云吉又何凶？是自相矛盾。同时，共有六支为凶，却云五神拦路，名数亦不合，为多事人妄造无疑，故不必忌。

　　嫁娶是人一生中的头等大事,古人非常重视,所以从定亲开始到成婚,每个环节都要选择吉日良辰,古怪神煞甚多。仅据《通书》摘要选录一些,并将辨伪一并介绍,供大家参考研究。

月 方 煞	正月	二月	三月	四月	五月	六月	七月	八月	九月	十月	十一月	十二月
受死日	戌	辰	亥	巳	子	午	丑	未	寅	申	卯	酉
归忌日	丑	寅	子	丑	寅	子	丑	寅	子	丑	寅	子
厌对日	辰	卯	寅	丑	子	亥	戌	酉	申	未	午	巳
披麻日	子	酉	午	卯	子	酉	午	卯	子	酉	午	卯
死别日	戌	戌	戌	丑	丑	丑	辰	辰	辰	未	未	未
月破日	申	酉	戌	亥	子	丑	寅	卯	辰	巳	午	未

生命	亥子丑	寅卯辰	巳午未	申酉戌
孤辰	正月	四月	七月	十月
寡宿	九月	十二月	三月	六月

　　胞胎相冲:

生命	寅申	卯酉	辰戌	巳亥	子午	丑未
月令	四、十	五、十一	六、十二	七、正	二、八	三、九

　　上为穿胎煞,犯之多产厄。若遇生气、天医、福德即不忌。如寅申年生男不娶四、十月女,卯酉年生女不嫁五、十一月男。余仿此。

生命		子	丑	寅	卯	辰	巳	午	未	申	酉	戌	亥
骨髓破	男破女家 女破男家	二	三	十	五	十二	正	八	九	四	十一	六	七
铁扫帚	男扫女家 女扫男家	正十二	六九	四七	二八	正十二	六九	四七	二八	正十二	六九	四七	二八
六害,不和		六	五	四	三	二	正	十二	十一	十	九	八	七

月　　煞名 生命	大败	狼籍	飞天狼籍	八败
子辰巳	四月	五月	二、三月	六月
丑申酉	七月	八月	正、七月	九月
寅卯午	十月	十一月	五、六月	十二月
未戌亥	正月	二月	十、一月	三月

以上七煞，男女生月犯之，每多啾唧。

男命	水	火	木	金	土
益财 益女家	正月至 六月生	四月至 九月生	七月至 十二月生	十月至 三月生	七月至 十二月生
退财 退女家	七月至 十二月生	十月至 三月生	正月至 六月生	四月至 九月生	正月至 六月生
望门鳏	十月	正月	四月	七月	四月
妻多厄	八 九月	十一 十二月	二 三月	五 六月	二 三月
死墓绝 妨妻	八、九 十月	十一 十二、正月	二、三 四月	五、六 七月	二、三 四月

女命	水	火	木	金	土
益财 益男家	七月至 十二月生	七月至 十二月生	四月至 九月生	正月至 六月生	十月至 三月生
退财 退男家	正月至 六月生	正月至 六月生	十月至 三月生	七月至 十二月生	四月至 九月生
望门寡	四月	四月	正月	十月	七月
夫多厄	二 三月	二 三月	十一 十二月	八 九月	五 六月
死墓绝 妨夫	二、三 四月	二、三 四月	十一 十二、正月	八、九 十月	五、六 七月

逐月求婚吉日：

正月：丙子、戊子、壬子、庚寅、辛卯、丁丑、癸卯、甲午、丙午、壬午、辛未、丁未。二月：丙寅、丁卯、己巳、乙巳、庚寅、甲寅、己卯、辛卯、癸卯、丙戌、甲戌、壬戌。三月：丁卯、丙子、戊子、庚子、壬子、癸卯、癸酉。四月：戊子、庚子、乙丑、丁丑、庚午、丁卯、辛卯、癸丑、乙卯。五月：丙寅、戊寅、庚寅、甲寅、壬辰、辛未、己未、甲辰、甲戌、丙辰。六月：己卯、戊寅、庚寅、丙寅、甲寅、丁卯、己卯、辛卯、癸卯。七月：丙子、戊子、壬辰、壬午、丙午、甲子、庚午、癸未、丁未、壬子、戊辰、丙辰。八月：乙丑、癸丑、丁丑、丙寅、庚寅、壬辰、乙巳、乙亥、丙辰。九月：丙子、丁卯、己卯、辛卯、癸卯、庚午、丙午、壬午、辛酉。十月：丙子、庚午、壬午、辛未、癸未、乙未、丁未、己未。十一月：丙寅、戊寅、庚寅、甲寅、己巳。十二月：乙丑、丙寅、戊寅、甲寅、庚寅、乙卯、己卯、辛卯。

上吉日不犯魁罡勾绞、月破、受死、九空、九丑、九土鬼、人隔、阴阳错日可用。

逐月定婚吉日：

正月：辛未、丙子、戊子、庚子、乙未、丁未、癸未。二月：辛未、丙戌、己丑、乙未、丁未、甲戌、丁丑、癸未、丁亥、己亥、辛亥、己未。三月：丙寅、丙子、戊寅、庚寅、戊子、庚子。四月：乙丑、丁卯、己卯、丙戌、戊戌、癸卯、癸丑、甲子、甲戌、丁丑、己丑、辛卯、庚子、壬子。五月：丙寅、辛未、戊寅、庚辰、丙戌、庚寅、甲辰、丙辰、戊寅、壬寅、甲寅。六月：丙寅、庚寅、丁卯、己卯、癸卯、乙亥、己亥、辛亥、甲寅。七月：丁卯、丙子、己卯、戊子、庚辰、甲辰、丙辰、壬午、辛卯、壬辰、己卯、癸卯。八月：庚辰、癸丑、丙辰、戊辰、壬辰、丁未。九月：己巳、庚午、壬午。十月：丁卯、辛未、乙未、丁未、庚午、壬午、癸未、己未。十一月：乙丑、癸丑、戊辰、壬申、丁丑、甲辰、壬申。十二月：己巳、辛巳。

上吉不犯月刑、劫杀及破、平、收日、四耗、六蛇、七鸟、八龙、九虎凶日方可用。

逐月嫁娶吉日（合季者谓合于四季分）：

正月：丙子，上吉，系不将，合季分。丁卯、辛卯，系不将。壬子、壬午、乙未，合季分。己卯，人民合。二月：乙丑、己丑、丁丑，上吉,系不将,合季分。乙未、癸丑,合季分。三月:己卯,人民合。四月:丁卯、癸卯、乙卯,合季分。己卯,人民合。卯日犯披麻杀,禳之吉。五月:乙丑、己丑,合季分。丁丑、癸丑,不合季分亦不可用。六月:癸卯、丁卯、乙卯,合季分。辛卯、庚寅,不合季分,亦不用。戊寅、己卯,人民合,伏日不婚。七月:壬午、癸未,上吉,不将,合季分,午日犯披麻杀。丙子、壬子,合季分。八月:乙丑、丁丑、己丑、癸丑,合季分。九月:癸卯、癸巳,上吉,不将,合季分。辛卯、壬午,合季分。己卯,人民合。十月:辛卯、癸卯、己卯,上吉,不将,合季分。乙卯、丁卯,合季分。十一月:癸巳、乙巳,合季分。十二月:丁卯、辛卯、癸卯、己卯,不将,合季分。乙卯,合季分。

　　上吉日不犯魁罡、月厌、天贼、受死、五穷、往亡等凶方可用。

　　《钦定协纪辨方书》辨伪:"孤辰寡宿者,乃由奇门孤虚之法而推衍之,而荒诞无义理。奇门以旬空为孤,其对为虚,又有年孤、月孤、日孤、时孤,乃年月日时后二辰。如子年月日时,则戌亥为孤,辰巳为虚,皆以方位而言也。《通书》之孤辰寡宿日,以令前一辰为孤辰,令后一辰为寡宿,已属无稽,然一月只忌一日,其言犹小。而合婚者乃谓亥子丑年正月生男命为孤辰,主妨妻;九月生女命为寡宿,主妨夫。盖因兵书有云'背孤击虚,一女可敌十夫',术士遂捏为孤寡之名,而以妨夫妨妻为说。夫以三年而生一月之内,合诸日时,命以千计,而谓其皆妨夫妨妻,虽三尺童子亦不信也。胞胎相冲者,寅申年忌巳亥月,卯酉年忌子午月,盖术家以隔为破,犯建除之平收也。夫隔三之义,月日则然,而亦非尽以为忌,况男年与女月,女年与男月,了不相干,何破之有?俗术因产厄之可畏而捏此名目吓人,诚可恶也。骨髓破取本生年月与胞胎同,而或平或收又非魁罡之义。铁扫帚既取三合,而水局取衰病月,金局取冠带与衰月,火局取临官和死月,木局取帝旺与胎月,参差不伦,又必传写之误,无端而加以扫破之名,当亦不能自为之说也。年月六害,禄命不忌,且年月非夫妇,何以遂为不和之占?假令年月相冲,又当作何论耶?此不待辨而知甚非也。四败生命,既非本于五行,又无取于三合,其月份更无例可推。而谓男女月份犯之多啾唧,殊无谓也。至于男命,以干克者为妻,女命以克干者为夫,乃禄命之法,论日干非论纳音也。术士从而衍之,以男女生命纳音为主,男取音之所克为妻,女取克音者为夫,自长生至衰为益财,自病到养为退财,绝为鳏寡,死墓为多厄,死墓绝为妨妻妨夫。如水命男人以火为妻,火生于寅而衰于未,故正月至六月生为益财;病于申而养于丑,故七月至十二月生为退财;绝于亥,故十月生为望门鳏;死于酉,墓于戌,故八九月生为妻多厄,而八九十月生又为死墓绝,妨妻。……夫五音之命各十二年,三月之中计二万五千九百二十命,六月之中计五万一千八百四十命,无论何日何时,而谓生此三月之内皆妨妻妨夫,生此六月之内皆退财,固万万无是理也。至于男之益财,金命十月误起七月,土命七月误起五月;女之益财,火木金命皆差早一月,死墓绝妨夫误与男同,则传写为伪,更不足辨。世人不察其所以然之故,惟听术士之说,一一求其悉合,多至逾时不得婚嫁。嘻!俗术之害人何至此极耶!"

魏青江云:"厌对不足忌。合朔后,上弦前,初月上未阴阳适中,故称为月厌。如正月合朔在子,由亥而戌至上弦,阴阳适中在酉,则月入戌宫为之厌。月受日光在上面而魄在下面,人第见其阴多而阳少,谓之月厌,此倒装之法,其实日光厌月耳。本月所厌,即次月所合。月属阴,新妇亦属阴,以初月比新妇,谓月受厌之日,当应在新妇。原非日受其厌,与公何干?而拉作妨公,岂有此理。如正月对望在午,由巳而辰,至下弦在卯,术家又以月入辰宫之日为厌对,主妨姑。不但月煞原无厌对之说,犹月煞原无煞对之说也。即作厌对，亦于姑不相干涉。盖始终止此一月，既谓妨公是以上弦之前初月为新妇矣，又以此月下弦之前妨姑，是诚何理哉？查《通书》作厌对之日，《时宪》载宜嫁娶者甚多。且屡访娶于月厌、厌对之日者，公姑始终无恙，则其不足信明矣。"又云："披麻不足忌，如己未六月初十乙酉满日，庚申六月初四癸酉平日，十一月二十四辛卯满日，《时宪书》俱载宜嫁娶，伪书作披麻日。云，以麻缚鸡首，新人入门，斩鸡无碍。夫以极重之孝服，一鸡可解，何不连杀数十鸡，免一生到老不披麻乎。历访取披麻日者百余家，公姑丈夫久安长享，则此披麻真不足信也。"魏青江又云："归忌不通，人初嫁娶，初入新房，非归旧所也，安云归忌？即以归论，官书多载此归忌日宜行嫁，是宜于归而无所禁忌也。"

　　由以上辨伪可以看出，嫁娶神杀虽名目繁多，但多无义理。就其嫁娶吉日等看，亦不论新人本命与太岁，均失于呆板，多无义理。胡晖云："嫁娶之日，世论纷纭，而选择之要，总取乾坤二造禄贵拱扶。"《辟谬》曰："男女福泽，穷通寿夭，夫妇姻缘皆前定，岂一日所能转移哉。选吉之法，只宜选三合六合，与乾坤二造相生相合为上吉，不可与二命相冲相克也。至于大利、小利、周堂所值，一切板图硬局及无稽伪煞，皆不足信矣。"这就说明，选择只以男女二造禄马贵人、夫星、妻星及三合、五合、六合为重，凶煞只忌与二命相冲，或七杀、枭印、伤官等，余皆不必拘泥。

卷八

安香火（附祭祀事例）

【原文】香火为司命之主，择日取天德、月德日合神在为吉，成、开、危日合毕、危、张、心四月宿，主神安物阜。

凡祭祀宜神在日，忌天狗下食日时，子日亥时，丑日子时，每一日只一时。每月忌用初一、初四、初五、初十、二十七，尤忌九月初一、初四，大凶。

天狗下食日时定局：

日：子 丑 寅 卯 辰 巳 午 未 申 酉 戌 亥

时：亥 子 丑 寅 卯 辰 巳 午 未 申 酉 戌

【注解】神在日：清诸大臣在奏请乾隆删去的奏章中说："《通书》以甲子、乙丑、丁卯、戊辰、辛未、壬申、癸酉、甲戌、丁丑、己卯、庚辰、壬午、甲申、乙酉、丙戌、丁亥、己丑、辛卯、甲午、乙未、丙申、丁酉、乙巳、丙午、丁未、戊申、乙酉、庚戌、乙卯、丙辰、丁巳、戊午、己未、辛酉、癸亥三十五日为神在日，其日宜祭祀。曹振圭作《明原》，谓为唐贾耽所集，曲为之解而不能通。又引《撮要》曰，旧本错误，十有八日，今依官本改正。未审旧本为非，新本为是。《选择宗镜》则曰：'神无所不在，以此三十五日为神在日，其不在日又何在乎？'今遍查诸家通书，皆无解说，惟《道藏·玉匣记》云，许真君考天曹案簿，三十一日诸神在人间地府，祭祀受福。余日诸神在天，求福反祸。其日数虽比《通书》少四日，不同九日，其为根本于《玉匣记》而又加之以传伪亦可断矣，荒诞不经实甚，宜昔人之疑而驳之也。今现用之，殊属未合。按《明原》引《神枢经》等书天德合、月德合、福德、普护、福生、圣心、续世、天后、天巫宜祭祀求福、求嗣等事较之神在日为近理，应取天德合等日为宜祭祀,神在日应删去。"

合寿木

【原文】合寿木造生基忌天瘟木随。凡合寿木,择本命长生旺相有气之日,于空亡位上作之。忌日辰冲克命主纳音,并忌天瘟、木随、木建日。

木随例:

正月申辰、　二月寅子、　三月戌申、　四月未申、

五月午酉、　六月申辰、　七月巳酉、　八月丑酉、

九月卯亥、　十月卯亥、　十一月午酉、十二月未辰。

木建日例:

正月庚寅、　二月辛卯、　三月戊辰、　四月己巳、

五月壬午、　六月癸未、　七月庚申、　八月辛酉、

九月戊戌、　十月己亥、　十一月壬子、十二月癸丑。

合寿木吉日例:

宜二、四、六、八、十、十二双月吉,单月不用。二月忌五戌,为天会月煞,寅日木随。四月、五月木随辰日,天瘟会月煞。六月、八月申日,天瘟会月煞。十月忌辰戌,十二月忌子日。

生旺有气例:

如甲子生命属金,从巳上起甲子,顺轮十二宫至生年起一十,零年亦一岁一宫,遇子午卯酉为旺,寅申巳亥为生,辰戌丑未为墓。凡生旺之说,如本命生寅,亥为有气,巳申亦须不用;卯为旺,余旺亦不用。他仿此。

上旺要(合)金龙星。

地伤(木旺),土星,墓绝(火生),天喜,天瘟,紫气(金生),木星,病死(水土生),福生。

当作九宫数。

　　上以本命纳音生处起甲子,分男顺女逆,寻本命上住处起一十,顺逆寻行年,遇各生旺有气之宫,不犯天瘟宜造坟。只忌行年到坤艮与中宫为本命上不可犯。生坟择日与合木同。

　　【注解】天瘟:正月未、二月戌、三月辰、四月寅、五月午、六月子、七月酉、八月申、九月巳、十月亥、十一月丑、十二月卯。

　　木随杀起义不明,木建日则是取月令地支纳音木是。《通书》中还有"木呼杀",亦为合寿木所忌,特介绍如下:

　　正月壬申,二月庚子,三月戊辰,四月庚戌、丙戌,五月丁亥、己巳,六月己未、己卯,七月乙未、庚申,八月辛酉,九月壬戌,十月丁巳,十一月癸未、癸酉,十二月乙丑、乙酉。

　　原书所说的"上旺要(合)金龙星",查遍手中诸《通书》并无金龙星之例,应是"命龙星"之误。本文命龙星例不明确,今据《通书》修改如下:

　　下为九宫图,巽宫有巳,为金长生之处,金命男女一岁从巽宫起甲子,男顺女逆飞布九宫。坤宫有申,为水土长生之方,水土命男女一岁从坤宫起甲子,男顺女逆,飞布九宫。乾宫有亥,为木长生之处,木命男女,一岁从乾宫起甲子,男顺女逆,飞布九宫。艮宫有寅,为火长生之处,故火命男女,一岁从艮宫起甲子,男顺女逆,飞布九宫。均飞寻本命所泊之宫,然后行至修作年龄,落于何宫,即以本宫之神定吉凶。如甲午男命,纳音属金,便从巽宫紫气上起甲子,则乙丑中,丙寅乾,丁卯兑,一直顺数,

巽 紫气吉　金长生	中宫 瘟星凶	乾 地福吉　木长生
震 木星吉	女男长在 命命生本 逆顺起命 行行甲纳 子音	兑 土星吉
坤 水土长生　病死凶		艮 墓绝凶　火长生
坎 福星吉		离 天喜吉

直至第四轮，甲午临兑。如果四十一岁装修，则从兑上起一岁顺数，二岁艮，三岁离，四岁坎，五岁坤，直到四十一岁临坤官，坤方为病死，凶，故不宜修造。女命依法逆行。余水土火木同例。

命龙星之法与五行生旺很难相合。如上例甲午命，四十一岁修坤方，坤方有申金，乃金临官之位，而命龙星却为病死，吉凶大相径庭。且其法死板僵硬，并无深义，故不必拘泥。

合寿木，开生坟，《通书》中还有许多宜忌，介绍如下：

一、杨救贫催尸图

其法不问男女，甲子、甲戌旬人一十起戌，甲申、甲午旬人一十起未，甲辰旬人一十起辰，甲寅旬人一十起丑，逐位顺行，遇辰戌丑未为正杀，凶。

巳	午	未 （甲申） （甲午）	申
辰 （甲辰） 卯			酉
			戌 （甲子） （甲戌）
寅	（甲寅） 丑	子	亥

二、王可崇九龙星（开生坟）

巽凶 血光	中吉 紫袍		乾凶 木车
震吉 金华			兑凶 死败
坤吉 天仙			艮吉 金库
坎凶 漂蓬			离吉 狮子

其法：上元男坤官，中元男中官，下元男艮官，各起一十顺行。上元女坎官，中元女兑官，下元女巽官，各起一十逆行。

零年俱同法推。

三、逐月合寿木吉日

正月：丁丑、戊戌、癸巳、辛酉、癸酉、乙酉。二月：丁未、丁丑、癸巳、丁巳、戊申、癸亥、戊寅。三月：癸巳、丁未、外戊寅、壬申、庚申。四月：丁丑、壬辰、丁未、戊申、壬戌。五月：戊寅、壬辰、丁未、戊申、壬戌、癸亥。六月：戊寅、壬戌、癸亥。七月：乙卯、壬戌、癸亥、外壬辰。八月：戊寅、癸巳、甲寅、壬戌、癸亥、壬辰。九月：戊寅、壬辰、戊申、壬戌、癸亥。十月：丁丑、戊寅、丙午、丁未。

十一月:戊寅、壬辰、戊申、壬戌,外丁未。十二月:戊寅、壬辰、癸巳、丙午、丁巳、癸亥。

上吉日不犯天瘟、受死、重丧、死气、大祸、灭没等凶日可用。

作棺开生坟还有"金书四季""四轮经""阎王催尸"等许多古怪神杀,均无深义,故不再介绍。大凡作寿木、开生坟与安葬入敛同,只以仙命及当年太岁禄马贵人为主,忌冲破岁命,或七杀、枭雄等凶神,余不必拘泥。

六畜栏栈厩

【原文】净栏煞。以太岁上起建顺行,逢执、破是,即大小耗星。月净栏同。净栏煞例:

子、丑、寅、卯、辰、巳、午、未、申、酉、戌、亥。

巳、午、未、申、酉、戌、亥、子、丑、寅、卯、辰。

午、未、申、酉、戌、亥、子、丑、寅、卯、辰、巳。

四季净栏煞例:春巽、夏坤、秋乾、冬艮。

【注解】析此二例,第一例子午卯酉四月取五行绝处,寅申巳亥四月取五行入墓处,与五行生旺死绝之理尚合,然四季月则非生即合,如辰酉合、戌卯合、午丑生,与净栏死绝之义不能尽合。第二例取月破之日,深合义理。通书中多取第一例而不取第二例,是去真而存伪,不可尽信。

【原文】月灾杀。正五九月丙壬方,二六十月丁癸方,三七十一月甲庚方,四八十二月乙辛方。

上各季各月犯处只忌牛畜,余畜不忌。

【注解】取法不明。正五九月合火局,丙为月德,且九月丙又为天德,均为吉神,何以为杀?二六十月合木局,见丁为食,见癸为印;三七十一月合水局,以甲为食,以庚为印;四八十二月合金局,以辛为禄,均为吉神,言其凶者,不可解。

　　按：以下至"造猪栏法"各段落顺序原书似多有不妥，故整理时做了适当调整，但内容无增删，特说明。

　　【原文】造牛屋忌逐年净栏煞方。酉年卯，丑年巽，寅年艮，卯年酉，辰年丙，亥年乾。此方损畜。

　　造牛屋吉年月。申子辰亥卯巳年，不论向背，大吉。二、四、六、七、八、九月大吉。

　　春，戌子亥日凶。夏，寅卯丑日凶。秋，巳午辰日凶。冬，申酉未日凶。

　　牛神出宅日。每月初一、初五、初六、十二、十三、十五日大吉。

　　牛屋吉向方。诀云：

　　亥子母成群，丑向自回程；艮安戌招盗，坤申大发祥；

　　卯酉巽皆吉，辰向旺牛牲。

　　向丑自归，向艮无盗贼，向辰人旺，向巽仔牯吉，向卯吉，向酉半吉，向坤申牛大发，向戌招盗贼，向亥子母成群。

　　造牛屋取年家太阳、奇罗会日，月家太阳奇罗并临为吉。

　　兴工起造牛屋吉日。上吉：壬子、壬寅、甲寅、戊辰、戊申、壬辰。次吉：戊午、戊寅。下吉：癸巳、辛酉、辛未。又，戊己、庚辛、壬癸日亦可用。

　　择合雷霆太阳，合月德到处吉。

　　忌金星、暗建、的煞、血刃到方，凶。纵得吉旺亦不久。

　　栏木宜松杨栗，上吉；大柱二间，每间长六尺七寸，大吉利。

　　【注解】牛是庄稼人的半分家当，所以古人对买牛起牛栏，甚至教牛等都必须择吉而行，以下仅据《通书》择要介绍数种：

　　一、鲁班造牛栏格式

　　寻向阳木一根，作栋柱用，近在人屋之畔，牛性怕寒，使牛温暖。其柱长短尺寸用压白，不可犯在黑上。舍下作栏者，用东方采好木一根，作左边角柱用，高六尺一寸，或是二间四间，不可作单间。人家各别椽子用,合四只以按春夏秋冬阴阳四气则大吉,不可犯五尺五寸,为压黄,不祥也。开门作合二尺六寸大,高四尺六寸,乃为六白。按,六畜为好也。八白则曰八败,不可使,恐损群也。

按:本书言牛屋每间长六尺七寸,七乃七赤金,金者,刃也,依鲁班法为凶。

诗曰: 不堪巨石在栏前,必主又遭虎咬邅。

切忌栏前大水窟,主牛难使鼻难穿。

又诗: 牛栏休在污沟边,定堕牛胎损子连。

栏后不堪有行路,主牛必损烂蹄肩。

二、起栏日辰

起栏不得犯空亡,犯着之时牛必亡。

癸日不堪行起造,牛瘟必定两相妨。

三、逐月穿牛吉日

正月:乙卯,外戊午。二月:乙卯、戊寅,外戊午。三月:己巳、乙巳,外己未、辛未。四月:乙酉,外甲戌、戊午、庚午、壬午。五月:戊辰、己巳、辛未、乙巳、己未,外甲戌、乙酉、戊午。六月:戊辰、辛未,外甲戌、己未。七月:辛未、乙酉、乙亥、戊子、己未。八月:乙丑、乙酉、乙亥、辛丑,外戊子。九月:辛未、乙酉、甲子,外乙丑。十月:乙卯,外戊辰、戊子。十一月:戊辰、乙巳、戊子。十二月:戊辰、辛丑,外乙丑、乙巳。

四、逐月教牛吉日

正月:庚午、壬午、庚子、壬子、辛亥、甲寅。二月:庚午、壬午、庚子、辛亥、壬子、甲寅。三月:庚午、壬午、壬午、庚子。四月:庚午、壬午、庚子、甲寅。五月:庚午、壬午、辛亥、甲寅。六月:庚午、壬午、辛亥、甲寅。七月:庚午、壬午、庚子、壬子、辛亥。八月:庚午、壬午、庚子、壬子、辛亥。九月:庚午、壬午、庚子、壬子、辛亥。十月:庚午、壬午、庚子、壬子、辛亥。十一月:庚子、壬子、辛亥、甲寅。十二月：庚子、壬子、辛亥、甲寅。

上吉日不犯牛勾绞、正四废、九土鬼、破日、受死日可用。

五、逐月造牛栏吉日

正月庚寅日；二月戊寅日；三月己巳日；四月庚午日，外壬午日；五月己巳、壬辰日，外乙未、丙辰日；六月庚申日，外甲申、乙未日；七月庚申日；八月乙丑日；九月甲戌日；十月甲子、庚子日，外丙子、壬子日；十一月乙亥、庚寅日；十二月乙丑、丙寅、戊寅、甲寅日。上吉日不犯勾绞、牛火血、牛飞廉、牛刀砧等凶可用。

六、竖造牛栏吉方

宫音庚癸地为吉，商音庚亥利无忧。

丁亥方道角音好，甲庚地上徵音求。

惟有未庚羽音吉，外无凶占旺子秋。

七、六畜凶煞

千斤杀：春巽、夏坤、秋乾、冬艮。

方 年支 名称	子	丑	寅	卯	辰	巳	午	未	申	酉	戌	亥
牛飞廉	辰	辰	午	午	申	申	戌	戌	子	子	寅	寅
大耗	午	未	申	酉	戌	亥	子	丑	寅	卯	辰	巳
小耗	巳	午	未	申	酉	戌	亥	子	丑	寅	卯	辰
净栏	未	申	酉	戌	亥	子	丑	寅	卯	辰	巳	午
畜官	午	未	申	酉	戌	亥	子	丑	寅	卯	辰	巳
流财	甲	丁	甲	丁	乙	丙	乙	丁	丙	甲	乙	丙
牛胎杀	磨堂	栏	门仓	门厕	厨仓	场堂	磨碓	栏厅	门仓	门厕	灶仓	灶厨
牛皇杀	栏	沟路	解碓	灶	井炉	困仓	井	炉焙	困仓	灶	门	沟路
牛火血	丑	未	寅	申	卯	酉	辰	戌	巳	亥	午	子
牛飞廉	午	午	申	申	戌	戌	子	子	寅	寅	辰	辰
牛腹胀	戌	戌	戌	丑	丑	丑	辰	辰	辰	未	未	未
牛勾绞	申	申	申	亥	亥	亥	寅	寅	寅	巳	巳	巳
	酉	酉	酉	子	子	子	卯	卯	卯	午	午	午

受死	戌	辰	亥	巳	子	午	丑	未	寅	申	卯	酉
天瘟	未	戌	辰	寅	午	子	酉	申	巳	亥	丑	卯
天贼	辰	酉	寅	未	子	巳	戌	卯	申	丑	午	亥
地贼	子	子	亥	戌	酉	午	午	午	巳	辰	卯	子
九宫空亡	辰	丑	戌	未	卯	子	酉	午	寅	亥	申	巳
瘟星入日	初六	初五	初三	廿五	廿四	廿三	二十	廿七	十七	十三	十二	十一

刀砧杀:春亥子、夏寅卯、秋巳午、冬申酉。

惊走日:大月初五、十七、十九。小月初八、二十。

【原文】造羊栏诀。

羊之为物,易旺易衰。凡造羊栈,取太岁九宫方位,方位只以《元经》中为主。凡栈木以四季不易叶之木为上,所向之处,喜本命位未方有山起,则羊承不替。羊属商音,宜长生并临宫方,又未申酉方更合龙,绵远大吉。三元向星于太岁白星上,取木宜高八尺一寸,松木最吉。造羊栈取年家紫气并临为吉。

【注解】古人认为,羊属火畜,其性温恶湿,宜居高燥地作棚栈;粪秽,巳时放之,未时收之,若食露水则生疮。羊种以腊月、正月生羔者为吉,十一月、二月次之。大约十口二羝,羝少则不孕,羝多则乱群。

《图经》云:"凡人家养羊作栈者,用选未生果子,如椑树之类为好。四柱乃象四时,四季生花结子,长青为美,切忌不可使枯木。柱子用八条,乃按八节。椽子用二十四根,乃按二十四气。前高四尺一寸,下三尺六寸,门阔一尺六寸,中间作羊栏并用,就地三尺四寸高,主生羊子绵绵不绝,长远成群,吉。不可不信,实为大验也。"查本书木高尺寸为八尺一寸,《图经》为四尺一寸,一般来说,大羊只有一米左右高,若高八尺一寸,实不相符,当是"八"为"四"字之讹,特说明。

逐月作羊栈吉日

正月:丁卯、戊寅、己卯、甲寅、丙寅。二月:戊寅、庚寅。三月:己卯、丁卯、甲申、己巳。四月:庚子、癸丑、庚午、丙子、丙午。五月:壬辰、癸丑、乙丑、丙辰。六月:甲申、壬辰、庚申、辛酉、辛亥。七月:庚子、壬子、甲午、庚申、戊申。八月:壬辰、壬子、癸丑、甲戌、丙辰。九月:癸丑、辛酉、丙戌。十月:庚子、壬子、庚子、壬午。十一月:戊寅、庚戌、壬辰、甲寅、丙辰。十二月:戊寅、癸丑、甲寅、甲子、乙丑。

以上吉日,不犯天瘟、天贼、九空、受死、飞廉、血忌、刀砧等凶败方可用。

【原文】养六畜血财必须知血刃。凡报血财,须知自旺年上血刃顺逆所到处,合本命与太岁旺神方。报牛畜要岁命禄马会年流财,报猪畜要年血刃会岁命旺神与火血在处,鸡、鹅、鸭、马用岁命生气合太阳在处。报骡马须用岁命活马、真马到处会太阳、奇罗在处乃吉。生气即紫微卦生气。

血刃顺逆例。干逆支顺。

甲己顺巳逆甲求,乙庚顺子逆辛周,

丙辛顺申逆在丙,丁壬顺亥逆庚游,

戊癸顺从寅上觅,逆从壬起血刃头。

顺逆定局于后(见下面的表)。

年流财方。戊亥酉丑年未坤方,子巳午未年戌乾方,寅卯申辰年子丑方。

月流财方。

正三十月甲庚位,二四八月丁癸位,

五七子月乙辛位,六九十二月壬丙位。

紫微卦生气起例。

乾甲坎癸申辰山——辰上起一德。

巽辛离壬寅戌山——戌上起一德。

坤乙兑丁巳丑山——丑上起一德。

月令＼神名＼方位		血刃	大阳	月孛	金水	台将	天罡	土潨	奇罗	燥火	丙乙	水潦	紫气
甲己月	顺	巳	午	未	申	酉	戌	亥	子	丑	寅	卯	辰
	逆	甲	艮	癸	壬	乾	辛	庚	坤	丁	丙	巽	乙
己庚月	顺	子	丑	寅	卯	辰	巳	午	未	申	酉	戌	亥
	逆	辛	庚	坤	丁	内	巽	乙	甲	艮	癸	壬	乾
丙辛月	顺	申	酉	戌	亥	子	丑	寅	卯	辰	巳	午	未
	逆	丙	巽	乙	甲	艮	癸	壬	乾	辛	庚	坤	丁
丁壬月	顺	亥	子	丑	寅	卯	辰	巳	午	未	申	酉	戌
	逆	庚	坤	丁	丙	巽	乙	甲	艮	癸	壬	乾	辛
戊癸月	顺	寅	卯	辰	巳	午	未	申	酉	戌	亥	子	丑
	逆	壬	乾	辛	庚	坤	丁	丙	巽	乙	甲	艮	癸

艮丙震庚亥未山——未上起一德。

星次例：一德、虎豹、狐狸、贪狼、太阳、豺狼、
　　　　三台、奇罗、血刃、刀兵、刀砧、紫气。

以各山加一德，轮十二位吉凶。

上作报之法不同造作，凡大报之则大旺不替，小报之则周十二太岁，吉气已尽。

紫微生气立成定局（见下面的表）。

　　　　一德旨中宜养马，三台位上利猪方。

　　　　牛屋奇罗为上吉，羊栈紫气定高强。

　　　　贪狼位上安鸡鸭，太阳六畜尽为良。

　　　　虎豹狐狸俱不吉，如逢血刃大难当。

　　　　刀兵连及刀砧杀，六畜必教见灭亡。

【注解】以上神煞，血刃见"雷霆合气"，流财见前注。

坐山＼神杀＼方位	墓	绝	胎	养	生	沐	冠	官	旺	衰	病	死
	一德	虎豹	狐狸	贪狼	太阳	豺狼	三台	奇罗	紫气	血刃	刀兵	刀砭
乾甲坎山 癸申辰	辰巽	巳丙	午丁	未坤	申庚	酉辛	戌乾	亥壬	子癸	丑艮	寅甲	卯乙
坤乙兑山 丁巳丑	丑艮	寅甲	卯乙	辰巽	巳丙	午丁	未坤	申庚	酉辛	戌乾	亥壬	子癸
艮丙震山 庚亥未	未坤	申庚	酉辛	戌乾	亥壬	子癸	丑艮	寅甲	卯乙	辰巽	巳丙	午丁
巽辛离山 壬寅戌	戌乾	亥壬	子癸	丑艮	寅甲	卯乙	辰巽	巳丙	午丁	未坤	申庚	酉辛

本节所谓"紫微卦"即《通书》中郭景纯《六畜金镜图》，本书诗诀上讹误较多，今据《通书》改正，特说明。但郭法与本书起例不同，详参本丛书《鲁班经》第152页。

本书紫微卦取三合方及冠带、临官、帝旺方为吉。如癸申辰坎山，辰为墓库，是一德吉星；申庚长生，为太阳吉星；戌乾冠带，为三台吉星；亥壬临官，为奇罗吉星；子癸帝旺，为紫气吉星。以死绝方为凶，如坎癸申辰山，绝于巳丙，为虎豹凶星；死于卯乙，为刀砭凶星；病于寅甲，为刀兵凶星；沐浴于酉辛，为豺狼凶星等。看似深合义理，但其坐山以纳甲双山五行论，与正五行十二运又不相同。如前例癸子二山可依上论，申山正五行属金，至亥壬子癸其气尽泄，又何吉之有？到未坤山，丑艮山旺土生金，又何凶之有？至巳为长生，本书为虎豹凶方，都是吉凶相反。又如甲山，正五行属木，至申庚绝，本例为太阳吉方；至寅甲卯乙为禄旺，本文为刀兵、刀砭凶方等，均与义不合，故此图仅供参考。

【原文】造猪栏法。

取太岁于合寸合阳，次吉阳合阴，上吉合奇罗、紫气，择重辰日造之，猪旺又不招灾。紫微卦中生气不必吊取，到方为验。

又法：福德永远大旺。

凡造猪栏,每年台将星会日月家台将星到方为大吉。

猪入栏吉日:初一、初四、初七、十三、十九、廿五,出《大龙历》。

【注解】原文前两句义理不明,据紫微卦推之,应是取太岁合三台为吉,取太阳次吉,与原义相合。

重辰:干支五行相同者是。即甲寅、乙卯、丙午、丁巳、戊辰、戊戌、己丑、己未、庚申、辛酉、壬子、癸亥十二日。

养猪、造猪栏《通书》中还有许多喜忌,兹简介几种如下。

逐月作猪栏吉日:

正月:丁卯、戊寅。二月:乙未、戊寅、癸未、己未。三月:辛卯、丁卯、己巳。四月:甲子、戊子、庚子、甲午、丁丑、癸丑。五月:甲戌、乙未、丙辰。六月:甲申。七月:甲子、戊子、庚子、壬子、戊申。八月:甲戌、乙丑、癸丑。九月:甲戌、辛酉。十月:甲子、乙未、庚子、壬午、庚午、辛未。十一月:丙辰。十二月:甲子、庚子、壬子、戊寅。

按:亥为猪,取亥日即犯猪本位,巳与亥对冲,故皆忌。

作猪栏尺寸:

四柱二尺六寸,方圆七尺。门高二尺,阔二尺五寸。

修猪栏吉日:

宜用申子辰日,切忌正四废、飞廉、刀砧、天贼日。

打猪槽吉日:

宜禄旺在亥,及合神、三合,主合龙德、天月德合日。

郭丁杀:三月、四月、七月、十一月忌修栏。

猪牢放水歌:

猪牢水流寅,不食自然肥。放去不曾失,猛兽不可欺。
水流申地好,放去终不走。猪足生货币,入钱常是有。
戌亥若低悬,其牢不可安。当防外灾死,何曾卖得钱。
戌亥若长高,其猪得满牢。豚子未经久,肚里油似膏。

巳辰有泥污,其猪走满路。呜呼不肯归,山上觅宿处。

辰巳错回盘,其猪自满栏。寅上无恶石,虎狼不敢看。

水流放入乾,此牢不堪然。牢边十步地,无猪有空栏。

辰巳有高峰,其猪大如龙。子亥山长大,牢内贮不容。

辰戌山肥满,猪子不闹栏。其位怕低垂,猪瘦只有皮。

水流入巽巳,一个也须死。开门辰巳向,虎狼并贼盗。

门向引于酉,水流走更远。纵若有其猪,皮骨相连时。

但存济乌经,吕才同此用。术者仔细详,选择要相当。

【原文】造马厩法。

造马厩取紫气会临,用三奇、生门、开门,各年顺逆血刃不可犯之。紫微卦坐中无有位,以《金镜图》福德、龙德二三吉星到方为妙。

【注解】原文此段无标题"造马厩法"四字,为使六畜醒目,注者特增此四字,兹说明。

养马和造马厩,《通书》中有许多宜忌,选择介绍于下:

逐月造马厩吉日：

正月:丁卯、己卯、庚午、乙亥。二月:辛未、丁未、己未。三月:丁卯、己卯、甲申、乙巳。四月:甲子、戊子、庚子、庚午。五月:辛未、壬辰、丙辰。六月:辛未、乙亥、甲申、庚申。七月:甲子、戊子、丙子、庚子、壬子、辛未。八月:壬辰、乙丑、甲戌、丙辰。九月:辛酉。十月:甲子、辛未、庚子、壬午、庚午、乙未。十一月:辛未、壬辰、乙亥。十二月:甲子、戊子、庚子、丙寅、甲寅。

造马厩忌日:戊寅、庚寅、戊午日,天贼、正四废、受死、瘟星入日,天地争雄日,地贼凶败日。

买马宜忌:宜乙亥、乙酉、戊子、壬辰、乙巳、壬子、己未等日及成、收日;忌戊寅、戊申、甲寅日,凶。

修马厩吉日:戊子、己丑、甲辰、己巳。

骟马、针灸凶日：忌血支、血忌、刀砧、受死、荒芜、月厌、天瘟、午日及大风雨、阴晦不得针灸。

逐月教马驹吉日：

正月、七月、十月无吉日。二月：甲戌、乙亥、丁丑、壬午、丙戌、戊子、丁未、乙未、甲寅、丙辰。三月：己巳、乙亥、壬子、戊子、甲寅、丙辰、壬寅、辛酉。四月：乙巳、甲戌、丁丑、壬午、丙戌、乙未、甲寅、辛酉。五月：乙巳、甲戌、丁丑、壬午、丙戌、乙未、甲寅、辛酉。六月：己巳、乙未、壬午、甲寅、丙辰、辛酉、己酉。八月：己巳、甲戌、乙亥、丁丑、壬子、丙戌、乙未、丙辰、辛酉。九月：己巳、甲戌、丁丑、壬午、丙戌、戊子、乙未、己酉、辛酉。十一月：甲子、乙亥、丁丑、丙子、戊子、乙未、甲寅、丙辰、辛未、己酉。十二月：甲戌、乙亥、丁丑、丙戌、戊子、甲寅、辛酉、壬寅。

作马厩、马槽、马鞍等尺寸参看本丛书《鲁班经》。

按：马肖午，逐月造马厩见午为犯本位，故不用午，然子日为午马日破，今《通书》中造马厩多见子日，与理不合。

【原文】造鸡栖。

择年月生气方用之，并重辰生气日时为吉，四季旺相日等。

大月定日，小月危日为狐狸煞，不犯便无耗失。

【注解】生气：见本册《佐元直指·卷九·年月生气方》。

定日、危日：见本书上册《郭氏元经》第78面表。

养鸡、造鸡栖《通书》中还有一些宜忌，一并介绍如下。

逐月造鸡鹅鸭栖吉日：

正月：癸酉、庚寅、丁酉、壬午。二月：乙未、庚寅、丁未、己未、癸未。三月：辛卯、丁卯、己巳。四月：庚子、庚午、丙午、癸丑、壬午。五月：乙丑、戊辰、壬辰、乙未、丙辰、癸未。六月：癸酉、丁酉、甲申、乙亥、丁亥、庚申。七月：庚午、乙未、丁未、丙子、戊子、壬子。八月：乙丑、戊辰、壬辰、丙辰、辛丑、癸丑、甲戌。九月：癸酉、丁酉、己酉、甲戌、丙戌、辛酉。十月:乙未、庚子、甲子、壬子、辛未、丁未。十一月:戊辰、庚寅、壬辰、乙未、癸未。十二月:庚子、乙丑、戊寅、甲寅、壬寅、壬子。

以上吉日,不犯天瘟、天贼、九空、受死、血忌、刀砧、正四废、瘟星入日、惊走、凶败、灭没等凶日方可用。

卖鸡鹅鸭吉日:甲子、乙丑、壬辰、甲戌、壬午、癸未、甲午、丁未、甲辰、乙巳等日。

饲养六畜,古时选择和风水都很重视,今择要介绍如下:

一、倒栏煞

二、宜忌

凶日　年 神杀	甲己年	乙庚年	丙辛年	丁壬年	戊癸年
猪倒栏	乙巳、丁巳	乙巳、丁巳	乙巳、丁巳	乙巳、丁巳	乙巳、丁巳
	辛卯、癸卯	辛巳、癸巳	辛未、癸未	辛酉、癸酉	辛亥、癸亥
牛倒栏	乙巳、丁巳	乙巳、丁巳	乙巳、丁巳	乙巳、丁巳	乙巳、丁巳
	辛巳、癸巳	辛未、癸未	辛酉、癸酉	辛亥、癸亥	辛丑、癸丑
马倒栏	甲戌、丙戌	甲子、丙子	甲寅、丙寅	甲辰、丙辰	甲午、丙午
	戊戌、庚戌	戊子、庚子	戊寅、庚寅	戊辰、庚辰	戊午、庚午
	壬戌	壬子	壬寅	壬辰	壬午
羊倒栏	乙亥、丁亥	乙丑、丁丑	乙卯、丁卯	乙巳、丁巳	乙未、丁未
	己亥、辛亥	己丑、辛丑	己卯、辛卯	己巳、辛巳	己未、辛未
	癸亥	癸丑	癸卯	癸巳	癸未
鸡倒栏	乙丑、丁丑	乙卯、丁卯	乙卯、丁卯	乙未、丁未	乙酉、丁酉
	己丑、辛丑	己卯、辛卯	己卯、辛卯	辛未、己未	己酉、辛酉
	癸丑	癸卯	癸卯	癸未	癸酉

畜栏忌安在大门左右和对面。牛忌丑方,马忌午方,猪忌亥方,鸡忌酉方,犯者不利宅主。

邵康节卦象:牛属坤土,忌卯木方。马属乾金,忌午火方。驴、骡属震木,忌申金方。鸡属巽木,忌酉金方。鹅、鸭属坎水,忌辰戌丑未方。羊属兑金,忌巳火方。猪属坎水,忌辰土方。以克制不可犯,犯则不利六畜本身。

乾方高旺马,坤方高旺牛,艮方高旺犬,巽方高旺鸡,坎方高旺猪,离方高旺鱼,兑方高旺羊,二十四山皆同。

三、《通书》六畜吉方表
四、魏青江论六畜方位

卦山 \ 吉方 \ 六畜		马枋		牛栏		羊栈		鸡鸭鹅栖		猪栏	
坎	壬	辰	戌	艮	坤	乙	辛	壬	丙	丑	未
	子	辰	戌	艮	坤	乙	辛	壬	丙	丑	未
	癸	辰	戌	艮	坤	乙	辛	壬	丙	丑	未
艮	丑	丑	未	巽	乾	癸	丁	甲	庚	辰	戌
	艮	丑	未	巽	乾	癸	丁	甲	庚	辰	戌
	寅	辰	戌	艮	坤	乙	辛	壬	丙	丑	未
震	甲	辰	戌	艮	坤	乙	辛	壬	丙	丑	未
	卯	丑	未	巽	乾	癸	丁	甲	庚	辰	戌
	乙	丑	未	巽	乾	癸	丁	甲	庚	辰	戌
巽	辰	辰	戌	艮	坤	乙	辛	壬	丙	丑	未
	巽	辰	戌	艮	坤	乙	辛	壬	丙	丑	未
	巳	丑	未	巽	乾	癸	丁	甲	庚	辰	戌
离	丙	丑	未	巽	乾	癸	丁	甲	庚	辰	戌
	午	辰	戌	艮	坤	乙	辛	壬	丙	丑	未
	丁	丑	未	巽	乾	癸	丁	甲	庚	辰	戌
坤	未	丑	未	巽	乾	癸	丁	甲	庚	辰	戌
	坤	丑	未	巽	乾	癸	丁	甲	庚	辰	戌
	申	辰	戌	艮	坤	乙	辛	壬	丙	丑	未
兑	庚	丑	未	巽	乾	癸	丁	甲	庚	辰	戌
	酉	丑	未	巽	乾	癸	丁	甲	庚	辰	戌
	辛	辰	戌	艮	坤	乙	辛	壬	丙	丑	未
乾	戌	辰	戌	艮	坤	乙	辛	壬	丙	丑	未
	乾	辰	戌	艮	坤	乙	辛	壬	丙	丑	未
	亥	丑	未	巽	乾	癸	丁	甲	庚	辰	戌

金镜紫微卦之类,徒以纳甲干支板定方位,不论生克,漫无效验。按陆终子星宿,牛忌丑方,马忌午方,猪忌亥方,羊忌未方,犬忌戌方,鸡忌酉方,以本命不可犯,犯则不利于宅主。按邵康节卦象牛属坤土,忌卯木方等,即一畜所宜方位亦甚多。在各宅内通用,取之生气方作栏圈,血财必旺。灶向申酉,猫犬惯走。宅水不清,猫犬不宁。戌方作厕,鸡犬尽亏。

五、魏青江论损畜

赤砂损畜牲,气散无收拾,两边高压,六畜总无成。四墓风生,难养畜牲。步脚下再垫小石,败六畜。楼梯单步吉,双步不旺六畜。牛飞廉方犯煞损牛畜。刀砧忌畜位,犯凶畜尽废。血刃方安畜,畜必被戮。畜官犯煞,因六畜口舌。月建冲地官,损六畜。七赤巽,鸡栖净。六白离,九紫乾,犯主损马。

六、魏青江论旺血财

右首昂六畜繁昌。山似鲤鱼跳滩,牲畜旺盛。鲍瓜砂来抱向,血财年年大旺。卧蚕山见,千般旺蜂蚕,六畜壮。左臂山高骡马旺,或屋或树林亦然。右臂山高猫犬欢,多树林犬肥壮。

七、玄空风水论六畜

其法避开与该畜相克的坐向、门路方位,忌在玄空飞星克制之方安畜栏、门路。宜立玄空生旺及佐方之坐向,门路亦应设在玄空飞星吉方。举下元七运卯山酉向养鸡场为例:

鸡属巽木,忌酉金。酉辛方虽为向盘旺气星方(见下面飞星图),但不宜作门路。乾亥方正五行属水,生巽木,向盘为八白生气,一切吉庆,宜开大门,路经中宫而至巽方。巽方天星一六化水生巽木,若鸡场后有小溪、池塘形气结合更佳。鸡栏宜分布巽、离、坤、坎等方,挨星六、一、八、九为七运生旺辅佐之气。饲料搅拌可在震方,山星七赤为当运旺星。余六畜皆仿此例。

以上诸法,注者认为,玄空飞星法既注重六畜卦象,又结合

八卦	九星	地支	六畜	煞方	挨星忌方
坎水	一白	子水	猪鸡鹅	辰戌丑未土	一二、二一、一五、五一、一八、八一
艮土	八白	丑土寅木	狗兔	寅木酉金	三八、八三、四八、八四
震木	三碧	卯木	驴骡鹅鹿	申金	三六、六三、三七、七三
巽木	四绿	辰土巳火	鸡鹅蛇蜂	酉金	四六、六七、四七、七四
离火	九紫	午火	鱼龟蟹蚕	亥水	一九、九一
坤土	二黑	未土申金	牛母马猴	卯木	二三、三二、二四、四二
兑金	七赤	酉金	羊鱼	巳火	七九、九七
乾金	六白	戌土亥水	马象狮	午火	六九、九六

六一 六	一五 二	八三 四
七二 五	五九 七	三七 九
二六 一	九四 三	四八 八

元运生旺死囚之气，生动活泼，与理甚合，为上。魏青江之法，卦象与形法相结合，于理亦合，可用。而本书金镜紫微卦板定死局，不注重五行生克制化，故多无义理。另外本册《三白宝海》第539面也谈到六畜宜忌，可参阅。

作　灶

【原文】 作灶方年月。

作灶之法，要烧西方金，避南方火，注北方水，用此泥之，万无一失。其择日造作，先取月德合方，造主与太岁以月建入中宫，泊于生旺有气之宫，并得生气日辰，用之吉利。

作灶日。

癸酉、庚申、辛酉、壬辰、癸巳、壬寅、癸卯、癸丑并吉。

忌壬子日，乃灶神死日，用之主招灾祸。取二德方土泥之吉，主少疾病。神龛之后，永不宜作，主招讼。丙丁方位，丙丁日，主家长奴仆疮病。用大杀日泥之，主不招客。泥作之日，壬癸为上，甲乙次之,庚辛又次之。戊己为中宫煞,丙丁为的命杀,犯之主灶神不安,人口疾病。

原文眉批:《通书》云戊戌、己亥、庚子、辛丑、壬寅,此五日登太微宫,修作灶,祭祀凶。

又,初八、十六、十七忌拆。

又,初七、十五、廿七日忌移动。

大杀日定局。

月	正	二	三	四	五	六	七	八	九	十	十一	十二
日	戌	巳	午	未	寅	卯	辰	亥	子	丑	申	酉

亦忌入宅。

【注解】灶不仅是一家馔食供养之所,且为主妇经常活动之处,所以古人非常重视,选择要求也较严格,简介几种如下:

逐月作灶吉日:

正月:癸丑、乙亥、辛亥、戊寅。二月:乙丑、癸丑、癸亥、辛亥、辛未、癸未、乙未、己未。三月:甲子、乙丑、己巳、癸酉、甲申、壬子、庚子、癸丑。四月:甲子、己丑、甲申、庚申、癸丑。五月:己巳、辛未、壬辰、甲戌、癸未、乙未、己未、甲寅。六月:甲戌、乙亥、甲申、辛亥、甲寅、戊寅。七月:己巳、辛未、乙未、壬子、戊辰、庚辰。八月:乙丑、癸丑、壬辰、庚辰、戊辰。九月:乙亥、乙丑、癸丑、己丑。十月:甲子、辛未、乙未、壬子。十一月:甲辰、甲申、壬辰、乙巳、庚申。十二月:己巳、甲戌、甲辰、甲寅、壬辰、庚申、戊寅、乙巳。

上吉日不犯朱雀、黑道、天瘟、土瘟、天贼、受死、独火等凶煞方可用。

修灶杂忌:

宅龙方正、二、三、八月占灶,兴龙方七、八月占灶,六甲胎神

四、十一月占灶,耗星二、八月占灶,羊胎四、五、十、十一月占灶,
游龙八、十月占灶,牛胎三、十、十一月占灶,伏龙正、八月占灶,
牛黄杀四、十月占灶,土公杀三月占灶。

丘公杀:甲己年六月占灶,丙辛年十月占灶,乙庚年八月占
灶,丁壬年十二月占灶,戊癸年二月占灶。

按:以上诸杀,除九月无犯外,余月均有凶煞,不合义理明
矣,故不必拘泥。

另:作灶凶煞还有毁败、丰至、微冲、重折、九土鬼等许多凶
杀,一一细究,一年三百六十日皆不可作灶,是人人无灶可炊,支
离破碎尤甚,仅供参考。

八宅作灶法:

古人把宅与命分为东西四宅和东西四命,以伏命、延年、生
气、天医为四吉方,五鬼、六杀、绝命、祸害为四凶方;其灶宜压凶
方,向吉方。八宅作灶法详见《八宅明镜·卷上·作灶》。

《通书》中各山安灶吉方:

壬山:宜壬、子、甲、卯、丙、午、庚、酉方。子山:宜壬、子、甲、
卯、丙、午、庚、酉方。癸山:宜乾、亥、艮、寅、巽、巳、坤、申方。丑
山:宜乾、亥、艮、寅、巽、巳、坤、申方。艮山:宜癸、丑、乙、辰、丁、
未、辛、戌方。寅山:宜癸、丑、乙、辰、丁、未、辛、戌方。甲山:宜
壬、子、甲、卯、丙、午、庚、酉方。卯山:宜壬、子、甲、卯、丙、午、
庚、酉方。乙山:宜乾、亥、艮、寅、巽、巳、坤、申方。辰山:宜乾、
亥、艮、寅、巽、巳、坤、申方。巽山:宜癸、丑、乙、辰、丁、未、辛、戌
方。巳山:宜癸、丑、乙、辰、丁、未、辛、戌方。丙山:宜壬、子、甲、
卯、丙、午、庚、酉方。午山:宜壬、子、甲、卯、丙、午、庚、酉方。丁
山:宜乾、亥、艮、寅、巽、巳、坤、申方。未山:宜乾、亥、艮、寅、巽、
巳、坤、申方。坤山:宜癸、丑、乙、辰、丁、未、辛、戌方。申山:宜
癸、丑、乙、辰、丁、未、辛、戌方。庚山:宜壬、子、甲、卯、丙、午、

庚、酉方。酉山：宜壬、子、甲、卯、丙、午、庚、酉方。辛山：宜乾、亥、艮、寅、巽、巳、坤、申方。戌山：宜乾、亥、艮、寅、巽、巳、坤、申方。乾山：宜癸、丑、乙、辰、丁、未、辛、戌方。亥山：宜癸、丑、乙、辰、丁、未、辛、戌方。

玄空飞星安灶法：

灶宜安在本运的旺气、生气方，最忌安在五黄方，大凶。

火门宜向木或水，最佳坐向为坐三向八，坐八向三，坐四向八，坐八向四，坐八向一，坐一向四，坐四向一，坐一向三，坐三向一。六白、七赤属金，灶为火，故六白、七赤方不论在生气还是旺气方，均不宜安灶。

取山向方位，应以住宅中心为主，取其方位。

飞星是二五、五二，主疾病。七九、九七、五七、七五、二七、七二等多有火灾。

注者认为，安灶之法，应以玄空飞星法结合形法为主，八宅法板定死期，不可取。

造鱼塘日

【原文】造鱼塘之诀，取牛、娄、亢、鬼四金兽值辰、戌、丑、未日为美。寅日为尾火虎，尤吉，此例取断除百耗盗贼之害。凡放水合四兽，取生旺日安沟坎，主鱼不走失，无耗害。放鱼入塘宜亢金龙日，忌四废，四方耗，鬼贼日，外烧五方土地社稷神龙钱马，大吉。

天耗日：正七申，二八戌，三九子，四十寅，五十一辰，六十二午。同天贼日不利。

地耗日：正月辰，二月酉，三月寅，四月未。五月子，六月巳，七月戌，八月卯。九月申，十月丑，十一月午，十二月亥。

鬼贼日：正月二日，三、四月五日，五、六、十月三日，七、八月五日,九月初十日,十一月九日,十二月七日。

上开塘日合四金兽庚戌、乙未、庚辰、乙丑大吉。

【注解】牛、娄、亢、鬼四兽是二十八宿中的四金兽星,名牛金牛、娄金狗、亢金龙、鬼金羊。牛宿居丑,亢宿居辰,鬼宿居未,娄宿居戌。庚戌、乙未、庚辰、乙丑四日皆纳音金,四金日逢四金宿还宫,故为最吉之日。四金宿又名四金伏断,其值日见本书上册《璇玑经》第 480 面。

《通书》中开凿池塘宜忌如下:

开凿池塘:宜甲子、乙丑、甲申、壬午、庚子、辛丑、辛亥、壬子、癸丑、辛酉、戊戌、乙巳等日。忌满、成、执、建、破、死气、大小耗、九宫等凶杀日。

开塘放水法:用罗经于塘心格定,取辰戌丑未寅方放水并吉。辰戌方用庚戌、庚辰日放,丑未方用乙丑、乙未日放,寅方用丙寅日放,再合四金宿大吉。

开池塘合宿吉日:乙丑牛宿,丙寅尾宿,庚辰亢宿,乙未鬼宿,庚戌娄宿。

放鱼吉日:一元内丙寅、辛亥。二元内乙丑、癸巳、辛亥、辛酉。三元内丙辰、庚辰。四元内乙未、癸丑。五元内乙未、庚戌、癸亥。六元内乙未。七元内乙巳。

取鱼吉日:辛巳、戊子、辛卯、壬辰、丙申、己酉、辛酉。

忌天贼、地贼、大小耗、土瘟、伏龙、荒芜、天瘟、水隔、九空、受死、池耗、五虚、四耗、九土鬼、天百空、狐狸星日、鱼破群日。

考正逐月修作陂塘吉日:

正月:癸酉、戊寅、庚寅、丙寅、乙丑、癸丑、丁酉。二月:戊寅、庚寅、丙寅、甲寅、乙亥、己亥、丁亥、辛亥。三月:甲子、壬子、己巳、甲申、己卯、丁卯、丙子、庚子、丙申、戊申、乙巳。四月:癸酉、癸丑、己丑、甲子、戊子、庚子、丁酉、辛酉。五月:戊寅、庚寅、辛巳、丙寅、己巳、乙巳。六月：戊寅、庚寅、乙亥、己亥、辛亥、甲申、戊申、庚申、丙申。七月：壬辰、丙辰、戊辰、甲辰、戊申。八月：戊申、庚申、甲戌、己巳、辛巳、丙申、甲申、戊戌。九月：庚午、壬午、丙午、丙戌、己巳、乙巳。十月：己卯、乙卯、辛未、乙未、己未、庚午、辛卯。十一月：癸未、甲申、戊申、庚申、丙辰、辛未、己未、己亥、乙亥、辛亥、丙申。十二月：甲申、丙申、戊申、庚申、甲辰、庚辰、庚寅、甲寅、乙丑。

上吉日不犯天贼、受死、龙日、土瘟、龙会、蛇会、大小耗、转杀、四耗、无翘、正四废、九土鬼、水隔等凶日方可用。

卷九

造 仓

【原文】造仓诀(附塞鼠穴)。

修造仓库,取收、满二日合本命入仓为主。申子辰年以月建入中宫寻丑字,寅午戌年以月建入中宫寻未字,亥卯未年以月建入中宫寻辰字,巳酉丑年寻戌字,更加天仓、地仓并临,尤佳。

天仓:以各年月上起建,遇收日是。

地仓:正子午,二巳亥,三卯酉,四寅申,

　　　五卯酉,六丑未,七子午,八辰戌,

　　　九卯酉,十寅申,十一辰戌,十二寅申。

各以月建寻之,用十二月月食日兴工,天狗下食日时竖,免盗贼。

天狗食鼠日定局:

正月子日,二月丑日,三月寅日,四月卯日,

五月辰日,六月巳日,七月午日,八月未日,

九月申日,十月酉日,十一月戌日,十二月亥日。

以上俱天狗食鼠日,宜塞鼠穴,再用大杀方取土塞之,或月厌方亦可。

造仓吉日:春己丑、己巳、丁未、丁巳。夏甲午、甲辰。秋丁亥、丁未。冬甲申、壬戌。

塞鼠穴吉日:壬辰、庚寅及满、开日,正月辰日是鼠死日。

【注解】天仓:本书认为天仓即收日,正月在亥,二月在子,三月在丑,四月在寅,五月在卯,六月在辰,七月在巳,八月在午,九月在未,十月在申,十一月在酉,十二月在戌。收必有仓,其义通。然《钦定协纪辨方书》则取正月在寅,二月在丑,三月在子,

　　四月在亥,五月在戌,六月在酉,七月在申,八月在未,九月在午,十月在巳,十一月在辰,十二月在卯。其义取太阳后四辰,即太阳之收日,其理亦通。

　　满日:正月在辰,二月在巳,三月在午,四月在未,五月在申,六月在酉,七月在戌,八月在亥,九月在子,十月在丑,十一月在寅,十二月在卯。

　　地仓:《通书》地仓与本书不同,正、九月午,二月申,三月亥,四、八、十二月辰,五月壬,六月寅,七、十一月巳,十月戌。按,地仓者必是地支,《通书》五月取天干,与义不合。

　　本书开头修仓库吉日,申子辰年寻丑,寅午戌年寻未,均取三合中间一字六合位,修仓主收、主合,符义理。依此亥卯未应是取戌,巳酉丑应是取辰,而本书则亥卯未取辰,巳酉丑取戌,与前义不符,与理亦不通,应是讹误,特更正。

　　《通书》云,凡造仓廒,须用名术士选择吉辰兴旺,匠人先将一好木为柱,安向北方,人却归左边执斧向内斫,人则吉。或大小长短,高低阔狭,皆要合紫白。造作场所,切忌将墨斗签子含在口内,又忌在造作场上吃诸食物。其仓成后安门,匠人只宜赤脚入内,不可穿鞋。凡动用须寻利田、建田之年月大吉。如遇空田、背田年则凶。

日　神杀 生命	背田凶	空田凶	利田吉	建田吉
申子辰	巳午未	申酉戌	亥子丑	寅卯辰
寅午戌	亥子丑	寅卯辰	巳午未	申酉戌
巳酉丑	寅卯辰	巳午未	申酉戌	亥子丑
亥卯未	申酉戌	亥子丑	寅卯辰	巳午未

逐月作仓库吉日:

　　正月:丙寅、庚寅。

二月:丙寅、己亥、庚寅、癸未、辛未、乙未、己未、丁未、甲寅。

三月:不吉。四月:辛卯、丁卯、庚午。五月:己卯。

六月:丙寅、甲寅、甲申、庚申。七月:丙子、壬子。

八月:乙丑、乙亥、己亥、癸丑。

九月:庚午、壬午、丙午、戊午。

十月:庚子、辛未、乙未、己未、戊申。

十一月:庚寅、甲寅、丙寅、壬寅。

十二月:丙寅、甲寅、甲申、庚申、壬寅。

按:各《通书》中逐月作仓库吉日略有差异,因其为死板日期,不问与本命生克冲合,并无实际意义,故未一一介绍。

起仓吉日:乙丑、己巳、庚午、丙子、己卯、壬午、庚寅、壬辰、甲午、乙未、庚子、壬寅、丁未、甲寅、戊午、壬戌及闭日、成日、满日。忌灭没、十恶大败、空亡日。

盖仓吉日:甲子、乙丑、辛未、乙亥、庚子、丁酉、甲申、辛卯、乙未、己亥、乙巳、癸丑及成日、闭日。

泥仓吉日:甲子、乙丑、丙寅、丁卯、壬午、甲午、乙未、甲辰等日。

修建仓库忌魁罡勾绞、大小耗、月虚、天贼、地贼、天火、次地火、荒芜、独火、冰消瓦陷、土公箭、九土鬼等凶煞。

按:修作仓库,若为一家一户,当以主命三合、六合、禄贵为主。若为一地之仓,当以太岁三合、六合、禄贵为主选择,不取驿马。诸神杀则宜酌情用之,不必过于拘泥。

【原文】结飞禽网日:正、五、九月寅日,二、六、十月亥日,三、七、十一月巳日,四、八、十二月申日。

忌用飞惊日:大月初一、初五、十五、廿五,小月初九、初十、十七、廿七、廿九,俱不宜结网。

结走兽网日:正、八、十二月酉日,二月辰日,三、十一月午日,

四、十月未日,五月子日,六月寅日,七月申日,九月未巳日。

【注解】这三种神煞,乃《通书》中鱼猎神煞。今将《通书》中逐月结网鱼猎吉日录下。其中有外字者,只宜鱼猎,忌结网用。

正月:甲戌、丙戌、戊戌、癸酉、乙酉、丁酉、辛酉、乙亥、丁亥、己亥、辛未、丁未、乙未、己未、壬戌、癸亥。

二月:丙子、戊子、庚子、丙申、庚申、甲申、甲戌、丙戌、戊戌、己巳、癸巳、丁巳、乙巳;外壬申、甲申、甲戌。

三月:庚午、甲午、丙午、戊戌、辛未、乙未、己未、癸酉、乙酉、丁酉、乙亥、丁亥、己亥;外丁未、辛酉。

四月:甲戌、丙辰、庚寅、甲寅、壬寅、甲辰、丙戌、戊戌;外壬戌、丙寅、戊寅、壬辰。

五月:辛丑、庚寅、甲寅、乙亥、丁亥、己亥、己丑;外丁丑、戊寅、癸亥。

六月:甲戌、丙戌、戊戌、壬戌、辛卯、癸卯、己卯、戊寅、庚寅、壬寅、甲寅。

七月:甲辰、丙辰、辛卯、癸卯、乙卯、己巳、乙巳、丁巳;外壬辰、丁丑、己丑、辛丑、癸巳。

八月:甲辰、丙辰、乙亥、丁亥、己亥、庚寅、壬寅、甲寅;外癸亥、戊寅、戊辰。

九月:丙子、戊子、庚子、辛丑、乙丑、癸卯、辛卯、乙卯、己巳、乙巳;外丁巳、丁丑、癸巳。

十月:甲戌、丙戌、戊戌、丙辰、庚午、甲午、甲申、丙申、戊申、庚申、甲辰;外壬戌、壬辰、壬申。

十一月:乙未、己巳、癸酉、丁酉、丁巳、乙酉、辛酉;外辛未、丁亥、己未、癸巳。

十二月:甲辰、丙辰、癸酉、乙酉、丁酉、辛酉、庚午、丙午、戊午、壬申、甲申、丙申、壬辰、甲午、庚申。

上吉日不犯天赦、天恩、月恩、天解、月解、大小空亡、大小耗等日可用。

【原文】安碓磨碾方。取十干禄位起,不落支上者为佳。如申山用庚上,寅山用甲上是。

【注解】《通书》有"考正逐月安碓磨吉日",今介绍如下:

正月:丁卯、己卯、丙午、甲午、壬午。

二月:辛未、乙亥、戊寅、庚寅、甲寅、丙寅、己未、己亥。

三月:庚子、戊子、己巳、乙巳、丙子、癸巳、庚申、甲子。

四月:庚午、庚子、丁卯、辛卯、乙卯,甲子、戊子,癸丑、甲午、丙子、丁丑、乙丑、癸酉。

五月:辛未、庚寅、甲戌、丙寅、戊寅、甲寅、壬辰、甲辰、丙辰、癸未、乙未、丁未、己未、庚戌、戊戌。

六月:庚申、乙酉、丙寅、戊寅、壬寅、甲寅、丁卯、己卯、甲申、丙申、丁亥、辛亥。

七月:庚子、辛未、甲子、戊子、壬子、丙子、戊辰、庚辰、甲辰、丙辰。

八月:乙丑、癸丑、己丑、己巳、癸巳、乙巳、辛丑。

九月:庚午、丙午、戊午、壬午。

十月:庚午、辛未、甲午、乙未、癸酉、丁酉、辛酉、癸未、己未。

十一月:庚申、乙亥、戊辰、甲辰、庚辰、丙辰、乙亥、丁亥、辛亥。

十二月:庚寅、庚申、戊寅、甲寅、己巳、丙申、丙寅、甲申、壬寅、癸巳。

上吉日不犯天贼、地贼、火星、大耗、土忌、土府、土符、地破、土瘟、地囊、月虚、荒芜、天地转杀等可用。

安碓磨吉凶及用法,详参本丛书《八宅明镜》。

极富星谷将星例

【原文】补谷将星例。寅午戌申子辰六阳命,于本命纳音墓上起建顺行,得危字是谷将星。巳酉丑亥卯未六阴命,于本命纳音墓上起建逆行,得危字是谷将星。

逐年谷将吉方:

年	子	丑	寅	卯	辰	巳	午	未	申	酉	戌	亥
方	未	申	酉	戌	亥	子	丑	寅	卯	辰	巳	午

造仓库取谷将星,吉。

【注解】原书将"逐年谷将吉方"排在"极富星例"后,似不妥,现调整至此,特说明。另,此两段内容有矛盾,上段云:"六阳命于本命纳音墓上起建顺行,得危字是谷将星。"如子命,因天干不同,纳音各异,故谷将星亦不同。甲子纳音金,墓丑,至申是危,与本段例合。丙子纳音属水,墓辰,从辰上起建,则危在亥,亥是谷将星。戊子纳音属火,墓戌,从戌上起建顺行,至巳上是危,则巳为谷将星。庚子属土,壬子属木,又不相同,故云二段相互矛盾。大凡选择,均应以正五行为主,纳音五行只可参考,故取谷将应取下例,纳音则不必拘泥。

【原文】极富星例。六阳命自寅上起一岁,子十一,顺寻本命行年。六阴命自申上起一岁,戌十一岁,逆寻本命行年。看在何宫住,即移住星宫加太岁上顺布十二宫,看所作山方,值胜光、神后、传送、功曹四吉为极富星。

歌云:四吉名为极富星,星辰课出甚分明。

　　　　移取行年加太岁,二墓须求谷将星。

　　　　月将加临太岁位,看他方上是何神。

　　　　功曹传送敌国富,胜光神后粟陈陈。

　　　　功曹传送家十口,胜光神后百余丁。

二墓者,一从本命纳音墓上起建,逢危位是谷将星。一从本命墓上起天罡顺行,逢胜光、神后、传送、功曹为极富星。

又,以月建入中宫飞遁谷将星同四吉星到尤妙。假如癸未年六月修庚酉山、甲卯向,六月月将胜光午,即以午加癸未太岁上顺数至庚酉山,得传送吉星。其癸未木墓在未,就未上起建顺行,值危字在寅。又将月建未入中宫顺飞,得危字到甲卯向,是谷将星逢功曹极富星,相合最妙。

【注解】本书卷六有"极富星"一节,可参阅。

制太岁一星

【原文】行年星方定局。行年岁数定局。

一岁	二	三	四	五	六	七	八	九	十	十一	十二
十三	十四	十五	十六	十七	十八	十九	二十	廿一	廿二	廿三	廿四
廿五	廿六	廿七	廿八	廿九	三十	三一	三二	三三	三四	三五	三六
三七	三八	三九	四十	四一	四二	四三	四四	四五	四六	四七	四八
四九	五十	五一	五二	五三	五四	五五	五六	五七	五八	五九	六十
六一	六二	六三	六四	六五	六六	六七	六八	六九	七十	七一	七二
七三	七四	七五	七六	七七	七八	七九	八十	八一	八二	八三	八四
八五	八六	八七	八八	八九	九十	九一	九二	九三	九四	九五	九六

申子辰寅午戌阳命行年星:功曹、太冲、天罡、太乙、胜光、小吉、传送、从魁、河魁、登明、神后、大吉。

巳酉丑亥卯未阴命行年星:传送、从魁、河魁、登明、神后、大吉、功曹、太冲、天罡、太乙、胜光、小吉。

【注解】前起例云:"六阴命自申上起一岁,戌上十一岁,逆寻本命行年。"依此,六阴命行年十二星应逆布。则是传送、小吉、胜光、太乙、天罡、太冲、功曹、大吉、神后、登明、河魁、从魁。原书所排顺序有误,特更正。

【原文】行年加太岁寻四吉星定局。

方位＼年支　行年星	子年	丑年	寅年	卯年	辰年	巳年	午年	未年	申年	酉年	戌年	亥年
天罡	子	丑	寅	卯	辰	巳	午	未	申	酉	戌	亥
太乙	丑	寅	卯	辰	巳	午	未	申	酉	戌	亥	子
胜光	寅	卯	辰	巳	午	未	申	酉	戌	亥	子	丑
小吉	卯	辰	巳	午	未	申	酉	戌	亥	子	丑	寅
传送	辰	巳	午	未	申	酉	戌	亥	子	丑	寅	卯
从魁	巳	午	未	申	酉	戌	亥	子	丑	寅	卯	辰
河魁	午	未	申	酉	戌	亥	子	丑	寅	卯	辰	巳
登明	未	申	酉	戌	亥	子	丑	寅	卯	辰	巳	午
神后	申	酉	戌	亥	子	丑	寅	卯	辰	巳	午	未
大吉	酉	戌	亥	子	丑	寅	卯	辰	巳	午	未	申
功曹	戌	亥	子	丑	寅	卯	辰	巳	午	未	申	酉
太冲	亥	子	丑	寅	卯	辰	巳	午	未	申	酉	戌
四吉到山　申传送	乙辰	巽巳	丙午	丁未	坤申	庚酉	辛戌	乾亥	壬子	癸丑	艮寅	甲卯
寅功曹	辛戌	乾亥	壬子	癸丑	艮寅	甲卯	乙辰	巽巳	丙午	丁未	坤申	庚酉
午胜光	艮寅	甲卯	乙辰	巽巳	丙午	丁未	坤申	庚酉	辛戌	乾亥	壬子	癸丑
子神后	坤申	庚酉	辛戌	乾亥	壬子	癸丑	艮寅	甲卯	乙辰	巽巳	丙午	丁未

假如甲戌阳命,修造艮坤山方,壬寅年廿九岁,行年得胜光,便移胜光加太岁寅上,轮到艮坤山方,值胜光、神后星,大吉。

月将太岁寻四吉星定局。逐月查太阳过宫后为准。

月将例:

正——登明将,二——河魁将,三——从魁将,

四——传送将,五——小吉将,六——胜光将,

七——太乙将,八——天罡将,九——太冲将,

十一——功曹将,十一——大吉将,十二——神后将。

方位 神杀 \ 月令		正月	二月	三月	四月	五月	六月	七月	八月	九月	十月	十一月	十二月
子年	胜后	未丑	申寅	酉卯	戌辰	亥巳	子午	丑未	寅申	卯酉	辰戌	巳亥	午子
	传曹	酉卯	戌辰	亥巳	子午	丑未	寅申	卯酉	辰戌	巳亥	午子	未丑	申寅
丑年	胜后	申寅	酉卯	戌辰	亥巳	子午	丑未	寅申	卯酉	辰戌	巳亥	午子	未丑
	传曹	戌辰	亥巳	子午	丑未	寅申	卯酉	辰戌	巳亥	午子	未丑	申寅	卯酉
寅年	胜后	酉卯	戌辰	亥巳	子午	丑未	寅申	卯酉	辰戌	巳亥	午子	未丑	申寅
	传曹	亥巳	子午	丑未	寅申	卯酉	辰戌	巳亥	午子	未丑	申寅	酉卯	戌辰
卯年	胜后	戌辰	亥巳	子午	丑未	寅申	卯酉	辰戌	巳亥	午子	未丑	申寅	酉卯
	传曹	子午	丑未	寅申	卯酉	辰戌	巳亥	午子	未丑	申寅	酉卯	戌辰	亥巳
辰年	胜后	亥巳	子午	丑未	寅申	卯酉	辰戌	巳亥	午子	未丑	申寅	酉卯	戌辰
	传曹	丑未	寅申	卯酉	辰戌	巳亥	午子	未丑	申寅	酉卯	戌辰	亥巳	子午
巳年	胜后	子午	丑未	寅申	卯酉	辰戌	巳亥	午子	未丑	申寅	酉卯	戌辰	亥巳
	传曹	寅申	卯酉	辰戌	巳亥	午子	未丑	申寅	酉卯	戌辰	亥巳	子午	丑未
午年	胜后	丑未	寅申	卯酉	辰戌	巳亥	午子	未丑	申寅	酉卯	戌辰	亥巳	子午
	传曹	卯酉	辰戌	巳亥	午子	未丑	申寅	酉卯	戌辰	亥巳	子午	丑未	寅申
未年	胜后	寅申	卯酉	辰戌	巳亥	午子	未丑	申寅	酉卯	戌辰	亥巳	子午	丑未
	传曹	辰戌	巳亥	午子	未丑	申寅	酉卯	戌辰	亥巳	子午	丑未	寅申	卯酉
申年	胜后	卯酉	辰戌	巳亥	午子	未丑	申寅	酉卯	戌辰	亥巳	子午	丑未	寅申
	传曹	巳亥	午子	未丑	申寅	酉卯	戌辰	亥巳	子午	丑未	寅申	卯酉	辰戌
酉年	胜后	辰戌	巳亥	午子	未丑	申寅	酉卯	戌辰	亥巳	子午	丑未	寅申	卯酉
	传曹	午子	未丑	申寅	酉卯	戌辰	亥巳	子午	丑未	寅申	卯酉	辰戌	巳亥
戌年	胜后	巳亥	午子	未丑	申寅	酉卯	戌辰	亥巳	子午	丑未	寅申	卯酉	辰戌
	传曹	未丑	申寅	酉卯	戌辰	亥巳	子午	丑未	寅申	卯酉	辰戌	巳亥	午子
亥年	胜后	午子	未丑	申寅	酉卯	戌辰	巳亥	子午	丑未	寅申	卯酉	辰戌	巳亥
	传曹	申寅	酉卯	戌辰	亥巳	子午	丑未	寅申	卯酉	辰戌	巳亥	午子	未丑

【注解】此极富星例，详《璇玑经·葬埋寻极富星第二十二》。

【原文】制太岁一星法。

以上元一白坎宫起甲子,中元四绿巽宫起甲子,下元七杀赤兑宫起甲子,各寻本元内逆轮寻太岁住处。如泰定七年庚午,系上元甲子起一白坎宫,乙丑离,丙寅艮,丁卯兑,戊辰乾,己巳中,庚午太岁在巽。即以四绿入中宫顺行,五黄乾,六白兑,轮巽位得三碧;以三碧入中,见四绿在乾,太岁系四绿管事在乾,乾宫有亥,为岁建杀。

月家以月建入中宫顺行,寻亥字到何宫为太岁到处。又以乾上起正月,二月中,三月巽,四月震,以三碧入中宫,又见四禄到乾,是月岁还本位,大凶。亦有制法,择岁命贵人合禄马、雷霆真太阳到方,反见发越。此理难于控制,非知道之深者难用。不可轻用,以招大祸。

永定下元甲子六十年太岁一星定局(如下元甲子起七赤):

方位　　　　名称　　　　年干支	入中之星	飞宫太岁
甲子 癸酉 壬午 辛卯 庚子 己酉 戊午	七赤入中	太岁一星在震
乙丑 甲戌 癸未 壬辰 辛丑 庚戌 己未	六白入中	太岁一星在巽
丙寅 乙亥 甲申 癸巳 壬寅 辛亥 庚申	五黄入中	太岁一星在中
丁卯 丙子 乙酉 甲午 癸卯 壬子 辛酉	四绿入中	太岁一星在乾
戊辰 丁丑 丙戌 乙未 甲辰 癸丑 壬戌	三碧入中	太岁一星在兑
己巳 戊寅 丁亥 丙申 乙巳 甲寅 癸亥	二黑入中	太岁一星在艮
庚午 己卯 戊子 丙午 乙卯 丁酉	一白入中	太岁一星在离
辛未 庚辰 己丑 丁未 丙辰 戊戌	九紫入中	太岁一星在坎
壬申 辛巳 庚寅 戊申 丁巳 己亥	八白入中	太岁一星在坤

此照刘诚意公起例吊替,按《元经》太岁一星逐年在岁破位却不同。

【注解】泰定:元泰定帝年号,公元 1324 年登基,1328 年改号致和不久而亡。庚午年是 1330 年,乃元文宗天历三年,非"泰定七年"（泰定仅存四年），原书讹误，特更正。

　　本文所云太岁一星，支离破碎，不可信。太岁之说有二：一是当年干支，如甲子年，甲子即当年太岁；一说即紫白入中之星，如下元甲子年，七赤入中，七赤即当年太岁。此说干支九星混淆，且反复入中，实非当年太岁，故为伪。犯太岁吉凶及制伏太岁等，详参《郭氏元经·太岁一星篇第二十一》。

岁建月建忌轮到山

【原文】造葬忌岁月建吊到本山。

　　凡吊寅申巳亥到山头，损长子。辰戌丑未到山头，杀小男小口。子午卯酉到山头，损妻妾、妇女、中子。俱例于下：

方位　　年月 煞名	子	丑	寅	卯	辰	巳	午	未	申	酉	戌	亥
宅长煞	亥	申	巳	寅	亥	申	巳	寅	亥	申	巳	寅
宅母煞	未	申	酉	戌	亥	子	丑	寅	卯	辰	巳	午
长儿煞	寅	卯	辰	巳	午	未	申	酉	戌	亥	子	丑
中儿煞	申	酉	戌	亥	子	丑	寅	卯	辰	巳	午	未
小儿煞	未	辰	丑	戌	未	辰	丑	戌	未	辰	丑	戌
新妇煞	丑	寅	卯	辰	巳	午	未	申	酉	戌	亥	子

　　以上例各以月建入中宫，行见所忌之字到本山，的凶。如会太岁、三煞、的煞，主损人口；退方定主破财，论到山不论到向。

　　又例：以月建寻太岁到山损长子，以太岁寻月建到山损中小，财畜须忌之。

　　大月建杀会的杀、年禁杀，大凶。

　　甲癸庚丁年起艮逆，乙辛戊年起中央逆，丙己壬年起坤逆。

　　中宫：四月　　　　　正、十月　　　　　七月

乾:三、十二月	九月	六月
兑:二、十一月	八月	五月
艮:正、十月	七月	四月
离:九月	六月	三、十二月
坎:八月	五月	二、十一月
坤:七月	四月	正、十月
震:六月	三、十二月	九月
巽:五月	二、十一月	八月

又,小月建杀,阴年正月起一顺行,阳年正月起中顺行。三杀与太岁、月建、命主的杀俱会,大凶。凡三元白星之下,不避年禁诸凶,惟忌犯此。

【注解】大月建 《选择宗镜》曰:"甲丁庚癸年正月起艮八,乙戊辛年正月起中五,丙己壬年正月起坤二,逆行九宫。"《钦定协纪辨方书》云:"《元经》以上元甲子一白,中元甲子四绿,下元甲子七赤为太岁一星。子午卯酉年正月起八白,辰戌丑未年正月起五黄,寅申巳亥年正月起二黑为月建。《选择宗镜》载岁月建之法,以太岁寻月建,以月建寻太岁。又载《元经》起例,下元甲子年七赤为太岁一星,子年正月起八白为月建。如六月修离方,正月起八白,二月七赤,三月六白,四月五黄,五月四绿,六月三碧,则三碧为六月建,即以三碧入中宫,顺寻七赤到离九,即月太岁一星在离,凶。由此观之,则太岁即三元年九星入中宫之一星,而月建即三元九星入中宫之一星。盖九星顺行,六甲逆转,其年其月到某宫,则某宫之星即入中宫而用事,是其星乃太岁、月建之用神,而其宫即太岁月建之所在也。今《通书》不用飞太岁而用飞月建,岂以月建较太岁尤亲切欤?然其例当三年三十有六个月而一周,其义当十五年历三元,周而复始。《选择宗镜》所载甲庚癸丁等年分,虽亦皆隔三年,但误用天干起例,则惟甲子至癸酉十年与《元经》合，至甲戌年则不与癸酉年相轮，而又自甲起，不惟与太岁相寻之例不合，且与其月之九星俱相矛盾。是盖止据甲子至癸酉十年而撮其例，遂致误也。今依《元经》改正，子午卯酉年正月起艮八，辰戌丑未年正月起中五，寅申巳亥年正月起坤二，逐月逆转，则其例与月九星及《元经》月建吻合，而其义亦晓然也。"详可参阅《郭氏元经·月建关篇第七十一》。

依上论，本书取大月建之法也是以天干取，与《选择宗镜》之误相同。今据《钦定协纪辨方书》改正如下：

方位　月令 /　年支	正月	二月	三月	四月	五月	六月	七月	八月	九月	十月	十一月	十二月
子午卯酉	艮	兑	乾	中	巽	震	坤	坎	离	艮	兑	乾
辰戌丑未	中	巽	震	坤	坎	离	艮	兑	乾	中	巽	震
寅申巳亥	坤	坎	离	艮	兑	乾	中	巽	震	坤	坎	离

小月建　《选择宗镜》：小月建"子寅辰午申戌为阳年，正月起中宫；丑卯巳未酉亥为阴年，正月起离九，俱顺飞九宫。如阳年正月起中宫，二月在乾，三月在兑七。阴年正月起离九，二月在坎一，三月在坤二是也。每宫亦占三位。"据此小月建定局如

方位　月令 /　年支	正月	二月	三月	四月	五月	六月	七月	八月	九月	十月	十一月	十二月
子寅辰午申戌年	中	戌乾亥	庚兑辛	丑艮寅	丙离丁	壬坎癸	未坤申	甲震乙	辰巽巳	中	戌乾亥	庚兑辛
丑卯巳未酉亥年	丙离丁	壬坎癸	未坤申	甲震乙	辰巽巳	中	戌乾亥	庚兑辛	丑艮寅	丙离丁	壬坎癸	未坤申

下：

本书云"小月建杀阴年正月起一顺行"有误，特说明。

《钦定协纪辨方书》云："小月建即月建飞宫。修造最重太

岁，次则月建，故忌之。其法以月建为阳建，月厌为阴建，阳年用正月阳建寅加中宫顺行，故正月在中五，二月在乾六，三月在兑七，顺飞九宫。阴年用正月阴建戌加中宫顺数至本月阳建，故正月在离九，二月在坎一，三月在坤二，亦顺飞九宫。"《钦定协纪辨方书》又云："大月建为土府，故动土忌之。然在山在方，自以定位为重，飞宫为轻。选择最重太岁，而未有用飞太岁者，则月建之轻重可以类推。术士不明其义，乃因其大小之名而谬为之说，谓犯小月建则伤小儿，犯大月建则伤宅长，又别名小月建曰小儿煞，举世畏忌而不知其由。惑世诬民，不亦甚乎！"

伤中男、长男、少男、宅长等，选择中亦有论及，或以八卦分之，乾为老父，震为长男，坎为中男，艮为少男，坤为老母，巽为长女，离为中女，兑为少女，犯乾伤老父，犯震伤长男等，均有定论。或以九星分之，一白为中男，二黑为老母，三碧为长男，四绿为长女等亦是古法，并未言及犯月建为何而伤何亲，此皆术士以大小月建为据，妄造出许多荒诞神煞，借以吓人，实无义理。

十干十二支煞例

方位　天干　煞名	甲	乙	丙	丁	戊	己	庚	辛	壬	癸
阴府	巽	兑	坎	离	震	巽	兑	坎	离	震
烈火	午	辰	巳	兑	中	午	辰	巳	兑	中
	乾	坎	艮	未	中	乾	坎	艮	未	中
血刃	丙申	寅	壬子	亥	己申	甲酉	寅	壬子	亥	己申
	辛未	辛巳	辛卯	辛亥	辛酉	未	巳	卯	亥	酉
浮天	壬	丁	乙	庚	丁	丙	丁	丙	庚	乙
	丙	癸	辛	卯	癸	壬	癸	壬	甲	辛

【原文】十干煞例。

阴府：不动土不忌，忌动土安葬。

烈火：忌修方，忌苫盖起造。

血刃：忌造六畜栏，忌修方立向，主损人。

岁流：

年	子	丑	寅	卯	辰	巳	午	未	申	酉	戌	亥
方	卯	癸	酉	丁	卯	癸	酉	丁	卯	癸	酉	丁

忌修方。

上杀不吊替，但有岁命禄马贵人到，可伏。

【注解】阴府：请参阅本册第71面。

血刃参本书卷三雷霆局诸节。

浮天：全名浮天空亡，本书起例与《通书》不同。《通书》定局如下：

天干	甲	乙	丙	丁	戊	己	庚	辛	壬	癸
浮天	离	坎	巽	震	坤	乾	兑	艮	乾	坤
浮天	壬	癸	辛	庚	乙	甲	丁	丙	甲	乙

《通书》云："浮天空亡其例出于变卦纳甲，乃绝命破军之位。甲己年在壬，乙戊年在癸，丙年在辛，丁年在庚，庚年在丁，辛年在丙，壬年在甲，癸年在乙。"《选择宗镜》曰："甲己辛年丙壬，乙庚戊年丁癸，丙癸年乙辛，丁壬年庚甲，山向并忌，只忌向而不忌山，非是。"

烈火、岁流二煞，不知其起义。烈火总属火星一种。魏青江云："如朱雀火、困龙火、巡山火等类名色数十，查考起例，皆都术士娇揉造作。天地间五行并运，何无一个水星、木星、土星、金星，而竟有数十个火星盈天满地也？阳宅怕火，故捏此以吓人。"至于岁流，卯酉以支，子午则以天干癸丁代替，其例不一，大约亦子午卯酉为煞，实无新义，所以亦不必拘泥。

都天官符最忌动土修造

【原文】又名戊己都天,虽真太阳到,亦不可动。

甲己年——辰巳方,乙庚年——寅卯子丑方,

丙辛年——戌亥方,丁壬年——申酉方,

戊癸年——午未方。

动土犯之,主瘟疫、水肿,杀人最烈,大凶。

【注解】古人认为,戊己为中央土,皇极至尊,不可轻动,若动犯,轻者瘟疫水肿,重则杀人至五数,犯戊都主杀宅长,犯己都主伤宅母,诸吉莫解;还由一都天演出巫都、真都、游都、旁都、定都、总都等二十余种名目,其吉凶详见本书下册第62面。

游天朱雀杀

【原文】初一行嫁,主损新妇,不久再娶。

初九造作,不旺人丁,犯回禄。

十七埋葬,损人冷退。

二十五移居,损家长、长妇。

【注解】回禄:传说中的火神名,后称火灾为回禄。

游天朱雀:又名横天朱雀,其初一忌嫁娶者,因嫁娶周堂中大月初一值夫,小月初一值妇,主损男女,故不宜嫁娶,朱雀之名属妄添。初九忌起造,十七忌埋葬,二十五日忌移徙,不问日之干支,板定月月此日忌之,不通。清《时宪书》不但不忌,而且宜之。如乾隆甲子正、二、五、六、八月初九日宜起造;七、九、十月、十二月十七日俱刻载宜安葬;六、七、八月二十五日俱刻载宜移徙,钦天监独不知此朱雀耶?由是,游天朱雀为假。

呻吟杀方

【原文】忌修造,犯之家长不安,人口灾难。

孟月寅申巳亥日酉方,仲月子午卯酉日巳方,季月辰戌丑未日丑方。

【注解】此煞与破碎同,均取巳酉丑三合金局方,板定死方,亦与理不合。如古例杨公为庄心田在丑方造横厅,用丙申年、辛丑月、辛酉日、己丑时。记曰:"岁命二禄俱在巳,何必明见是。酉丑三合喜相逢,巳禄在其中。"

按,此例丑月丑时修丑方,依本文是犯了"呻吟杀方"。又如杨公为汴江颜绍修巳方,取辛卯年,辛卯月,丁卯日,癸卯时,癸丑生命,取癸命食禄乙卯,卯巳方又是天乙贵人,后于丁酉科中。按,此局年月日时四仲修巳方,亦是犯呻吟杀方。由此,可说明古人并不忌呻吟杀方。

年月土皇煞并土符月

【原文】土皇杀年。

年	子	丑	寅	卯	辰	巳	午	未	申	酉	戌	亥
方	乾	巽	坤	艮	巽	乾	午子酉	卯	子	午	艮	坤

土皇杀月并土符月。

月	正	二	三	四	五	六	七	八	九	十	十一	十二
方	巳	辰	卯	寅	丑	酉	寅	戌	酉	未	未	午
	寅	巳	酉	巳	未	午	酉	子	辰	申	戌	丑

【注解】土皇杀　魏青江云:"土皇寅月巳方,卯月辰方,辰月卯方,逐月顺数,逐方逆行。查考古书无此煞名,起例亦无根据,余屡探访,全无准验。"《通书》中土皇杀与此不同,子丑年在

巽,寅卯年在坤,辰巳年在巽,午年在子,未年在卯,申酉年在午,戌亥年在艮。亦无根据,且忽以卦论,忽以支论,义理不明。

土符　曹振圭:"土符者,乃土地握信符之神,使掌五土也。假令春木旺,土受其克,依托子金以制之,是春三月历巳酉丑也。夏火旺土休,赖火为母以养之,故夏三月历寅午戌也。秋金旺土相,不畏木制,故秋三月历亥卯未也。冬水旺土亦刚坚,赖水以柔和之,故冬三月历申子辰也。"《钦定协纪辨方书》:"曹振圭以土符为符信之义,似也。而以夏为土休,秋为土相,则于五土之义舛焉。夫天生之物,皆地生之者也,故十二辰无非土也。万物生于东,旺于南,收于西,藏于北,而由北而东,则土之所以终万物,始万物者也。由南而西,则土之所以盛美昌炽夫万物者也。由西而北,则土之所以伏藏,保固夫万物者也。寅申巳亥长生之位,则以丑寅卯辰为其长生之符。子午卯酉帝旺之位,则以巳午未申为其帝旺之符。辰戌丑未收藏之位,则以酉戌亥子为其收藏之符,故曰土符也。其所忌者,亦犹月建之为土府尊之,故不敢犯也。"由此可知,本书土符与"通书"土符不同,其定局如下:

月:寅 卯 辰 巳 午 未 申 酉 戌 亥 子 丑
方:丑 巳 酉 寅 午 戌 卯 未 亥 辰 申 子

神杀中还有"土府"者,定局于下:

月:寅 卯 辰 巳 午 未 申 酉 戌 亥 子 丑
方:寅 卯 辰 巳 午 未 申 酉 戌 亥 子 丑

此即月建方,犯动其方,即犯月建,故忌。

本书中的土符杀,想是把二者混在一起而讹误。

动土中还有许多古怪神煞,如土皇游,定局于下:

子丑辰巳年在乾巽方,寅卯戌年在艮坤方,

午申酉年在子午方,未亥年在卯酉方。

土皇在一方游,对冲一方犯之,血光瘟疫、口舌破败。魏青江云其起例毫无根据,全无准验。

土公忌日:有土公生日、土公死日、土公葬日。又有土婆忌日、生日、死日、葬日,每月遇其日勿动土。试问土公何姓何名?何以知其生死葬日?殊属妄诞不经。

年月生气方

【原文】年家生气方。名年极富星,修,横来财物。

年	子	丑	寅	卯	辰	巳	午	未	申	酉	戌	亥
方	戌	卯	子	巳	寅	未	辰	酉	午	亥	申	丑

月家生气方。名月极富星,阳月开,阴月满。

月	正	二	三	四	五	六	七	八	九	十	十一	十二
方	子	巳	寅	未	辰	酉	午	亥	申	丑	戌	卯

【注解】生气　曹振圭:"生气者,万物所生之辰也;生育万物者,土也;土之所居者,四季也;四季者,乃四时五行所诞之辰也。自衰然后可生彼,故以四时前季辰为生物之位。假令冬水生春木,水衰于丑,生未于前,木之长生在亥也;木衰于辰,生火于前,木之长生在寅也。火衰于未,生金于前,金生于巳也。金衰于戌,生水于前,水生于申。皆各居后二辰,此其义也。"《考原》曰:"月建乃当王之气,不可以衰言也。且生气亦不专在四维之位,亦不可专以五行之长生言也。大抵月建者,当正王之位,而前二辰已有生气,是未旺而将旺者也。如正月为三阳之月,而子则一阳已生,是为生气也。可与王日、官日参看,益明。"

孙奭在《孟子》疏中说:"木旺亥子丑寅卯,火旺寅卯辰巳午,金旺巳午未申酉,水旺申酉戌亥子。"此言其旺,是始于长生之位而终于正旺之处,即生气居建后二辰之义。必以二位者,从生气至建而成三,因一生二,二生三,天地之道备焉。岁后二辰为太阴,建后二辰为生气,太阴乃后妃之象,天下之母,故生气之义亦为母道。曹振圭强以衰论有误。"由此可知,生气必居建后二辰,定局于下:

月:寅 卯 辰 巳 午 未 申 酉 戌 亥 子 丑
方:子 丑 寅 卯 辰 巳 午 未 申 酉 戌 亥

生气者,建后二辰者是。本书阳建皆合,而阴建皆误。本书阴建取满者,是以阳生阴死,阴死阳生而论。如阳木生亥、死午,而阴木生午、死子,故阳建取长生后子水,而阴建取长生后巳火,与五行生死之义不合。盖甲乙皆木,午火能焚甲木,何以不能焚乙木?与自然之理不合,故为误。余同义。大凡取生气,皆以五行取之,万勿强分阴阳,求变反误。

　　　　　　　　　　　　　甲申年三月二十二午时　于海口

三白寶海

乾隆庚戌年重刊

陰陽五要奇書

一集郭氏元經　晉郭璞先生著

二集璇璣經　晉趙載先生著

三集陽明按索　明陳復心老人著

四集佐元直指　明劉伯溫先生著

五集三白寶海　元幕講禪師著

附八宅明鏡

附救貧竈卦

板藏姑蘇胥門外樂真堂

原书序

钩玄叙

【原文】予门人丁生道冲,偕其戚吴君,以所藏《三白宝海》谒予且请叙,且告予曰:"是书也,河洛卦畴之髓,而形家之密谛也。其说溯源于古至人,迄元有幕讲禅师者,研精抽奥,条流井然。试按其法求之,无不历历奇中,将鬼神所司械钥,悉不出运掌,而大化根蒂,果可窥耶? 意盖洒然异之。"予曰:"此不足异也。物生而有象,象有滋,滋有数,有位,有形,有情形,有逆顺。致有奇偶,位有旁正,情有好恶,至人消息之。有制有化,而因有权,权设于心,妙于用,通于微,故鳌可断,熊可锁,卜洛之龟可食,补天之石可炼。纵横扑落,不越寸灵。即丘索所陈,箕文所剖,亦剩语耳。唯是二君,褒衣矩步,有事铅椠,而泛滥之观,乃及《青乌》。幕讲禅师,予不知何许人,计亦佛之徒,治佛之说,悉空一切,恒沙世界,无不以幻尘拨之,奈何入是尘沙中,作种种筹量也。是则大可异者。虽然以大化中人筹量大化,一揉而团之,一摧而灭之,一会而融之,惟空故活,惟活故灵,惟灵惟活,故方之则儒之轨,圆之则佛之照。二君必通予言,而后免夫小道之泥,亦并以告。"夫得是书而洒然异之者。

武林味水居士李日华撰

【注解】幕讲 《宁波府志》:"幕讲僧,不知何许人,隐其姓字,或云元进士晦迹于僧,或云尝为陈友谅参谋,兵败逃为僧。明初来鄞,善堪舆术,为人卜葬,无不奇验。尝曰:'吾当以目讲天下。'故皆称目讲,云卒死于鄞。凡邑中大家官族,其先世坟墓,未有不出其手,以故久而益神。其所著书绝无刊本,多为后人伪托,世鲜有得其传者。"沈竹礽云"幕讲为陈友谅部将张定边",不知何据?《浙江通志》亦云:"所著书绝无刊本,厥后行堪舆者托言幕讲所传,遂足炫动一世,不知其实已不传矣。"况且书中三运九星流年中有明代天启、清代康熙乾隆年号及流年干支,然幕讲属于元末明初之人,此清时人伪托之又一明证。又有云《玄空秘旨》为幕讲所著,该书以玄空飞星为法,而本书以吊白为法,两者大相径庭,且《玄空秘旨》语言简练,词意精当,而本书俚俗繁琐,前后重复,显然非一人所著。

物生而有象……至人消息之:这一段话含意很深,是说事物发生变化,总会反映在数、位、形上。有数就有奇偶,有位、有形就有情形、有逆顺、有旁正、有好恶,这些区别大自然都会表现出来,"至人消息之"。若以地理龙脉论,我社已出版的《平砂玉尺经》和《水龙经》对龙脉逆顺、旁正、好恶均有论述,请参阅。

卜洛之龟:周成王时,因都城镐京偏居西土,控制江淮、燕山较困难,便派周公到洛邑(今洛阳)勘察地形以建都城。周公到洛邑勘察后,先用著茎,后用火灼龟壳,均为奇课,而后方破土兴工,建造洛邑。这里所说的卜洛之龟即言此事。

补天之石:传说古时出现天崩地裂,女娲用五色石以补天,断鳌足以立四维。

丘索:即后文中的九丘、八索。九丘即九州,八索即八卦。

箕文:即箕子与文王。箕子乃商朝三贤之一,商纣王之叔父,封国于箕,故称箕子。因谏纣王不听,乃披发佯狂为奴被纣王所囚。周武王灭商后,将箕子放归镐京,《尚书·洪范》即其为武王而作。

文王:姬姓名昌,商时为西伯。因受崇侯虎陷害被纣王囚于羑里,在囚所中演《易》之八卦为六十四卦。

大化:佛教中称佛的教化或佛陀一代的变化为大化。因幕讲禅师为佛教中人,故云之。

卷首

太 极 数

【原文】易有太极生两仪,两仪生四象,四象生八卦,以镇八方。

【注解】语出《易·系辞》:"易有太极,是生两仪,两仪生四象,四象生八卦,八卦定吉凶,吉凶生大业。"易经以八卦而定吉凶,阳宅风水引其义,将屋宅分为八方,亦以八方坐向门路生克论吉凶。

太极:指世界未形成的原始之气。也有认为"太"是"至"的意思,"极"是"无限"的意思,即宇宙无限,大而无外,可无限大;小而无内,可无限小。

两仪 《正义》曰:"太极谓天地未分之前,元气混而为一,即是'太初''太一'也。故《老子》云'道生一',即此'太极'是也。又谓混元既分,即有天地,故曰'太极生两仪',即《老子》云'一生二'也。"虞翻曰:"太极、太一,分为天地,故'生两仪'也。"由此可知,两仪即天地。何以言两仪,不言天地,不言阴阳?从其字句上看,是要与以下四象、八卦相对。从其意义上看,天地相对为两仪,天为阳,地为阴,天地阴阳皆含于其中,故有人解释两仪即阴阳。

四象:天文学称东方苍龙七宿、南方朱雀七宿、西方白虎七宿、北方玄武七宿为四象。风水家引其义,称前朱雀、后玄武、左青龙、右白虎为四象。但这里的四象却是指阴阳"衍生"之四象。乾为老阳,阳极则阴生,因阴气刚开始产生,故为少阴。坤为老阴,阴极则阳生,因阳气刚开始产生,故名少阳。所以老阳、老阴、少阴、少阳合为四象。在时令上则象征春、夏、秋、冬四季。孔子曰:"《易》始于太极,太极分而为二,故生天地;天地有春夏秋冬之节,故生四时。"《尚氏学》云:"四象即四时,春少阳,夏老阳,秋少阴,冬老阴也。老阳、老阴即九、六,少阳、少阴即七、八。"

八卦:宋儒邵康节说,"太极"至"八卦"的衍生原理,即一生二,二生四,四生八的过程,故云"一分为二,二分为四,四分为八也"。按先天八卦次序论,乾一是三个阳爻"☰",为太阳;兑二是两个阳爻在下,一个阴爻在上"☱",阴气刚开始产生,故为少阴;离三是一个阴爻在中,上下两个阳爻"☲",阴气已经深入,故为中阴;震四是两个阴爻在上,一个阳爻在下"☳",阴气已从上渗透至中间,仅有一阳,故为孟阳;巽五是两个阳爻在上,一个阴爻在下"☴",阴气已深入底层,故为孟阴;坎六是一个阳爻在中,二个阴爻居上下"☵",阳气已入于中,故为中阳;艮七是两个阴爻在下,一个阳爻在上"☶",阳气刚开始产生,故为少阳;坤八是三个阴爻"☷",为太阴。此即八卦衍生之过程,详见下图所示。

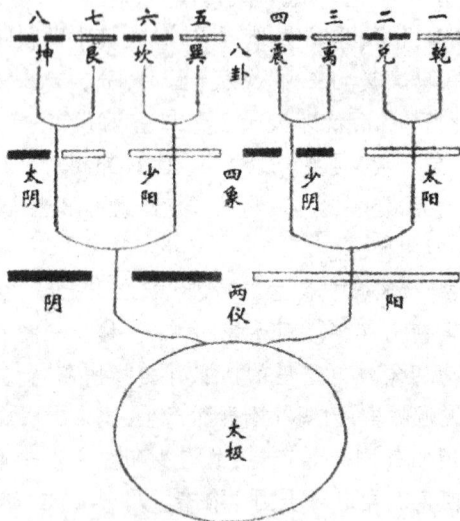

八方:东、西、南、北、东北、东南、西南、西北八方者是。因八卦有先后天之分,其卦所代表方位也有先后天之别。先天八卦

以乾为正南,坤为正北,离为正东,坎为正西,艮为西北,震为东北,兑为东南,巽为西南。后天八卦则乾居西北,坎居正北,艮居东北,震居正东,巽居东南,离居正南,坤居西南,兑居正西。人们习惯中所运用的方位多是指后天方位。

八卦又象征八节。古人认为立春、立夏、立秋、立冬四节气有"生长收藏"之意;冬至、夏至二节为寒暑之极点;春分、秋分二节乃阴阳之合,昼夜平分之时,故将此节气称为八节。又以一节管三气,三八合二十四气,所以每卦三爻,三八合二十四爻。这就是八卦及风水中二十四山的由来。

【原文】乾为天,为父,位西北;坤为地,为母,位西南,故曰"天地定位"。艮为山,位东北;兑为泽,位正西,故曰"山泽通气"。震为雷,位正东;巽为风,位东南,故曰"雷(阴)风(阳)相薄"。坎为水,位正北;离为火,位正南,故曰"水火不相射"。

【注解】语出《易·说卦》传,但将先天八卦方位混淆。

先天八卦讲的是对待,八卦共分四组。古人认为,天在人们的头上,地在人们的足下,乾卦在上,坤卦在下,所以以乾象天,以坤象地,乾坤相对,故曰"天地定位"。雷动则生风,风大雷愈震,震为雷,居东北;巽为风,居西南,震巽相对,故曰"雷风相薄"。艮为山,居西北;兑为泽,居东南,再高的山上也有泉,再深的湖泊海洋下也有山峦,兑艮相对,故曰"山泽通气"。坎为水,离为火,水盛则火灭,火盛则水涸,水火虽不相容但却相互相资,且坎离相对,故曰"水火不相射"。以上皆先天八卦之意。而后天八卦是据洛书而立,乾退西北,坤退西南,何能定位?艮居东北,兑居正西,如何通气?且后天八卦讲合十,如乾六巽四相对合十,坤二艮八相对合十等,二者立意不同,故不能混淆。

【原文】各有配偶,化生万物。则知乾与坤,二老相配。震巽长男妇相配,坎离中男妇相配,艮兑少男妇相配。

【注解】《易·说卦》传:"乾,天也,故称乎父;坤,地也,故称乎母;震一索而得男,故谓之长男;巽一索而得女,故谓之长女;坎再索而得男,故谓之中男;离再索而得女,故谓之中女;艮三索而得男,故谓之少男;兑三索而得女,故谓之少女"。"索"即求之意,父母阴阳互求,乾求于坤而得震坎艮,坤求于乾而得巽离兑,于是长幼有序而匹配。故人认为,老配老,长配长,中配中,少配少为阴阳正配,《八宅明镜》将此配称为"延年"吉星。如果长配少,中配老等则非正配,即相生也不能以全吉论。

【原文】乾三坤六,合成九画;震五巽四,坎五离四,艮五兑四,皆成九画。造化之端,夫妇之道,生育之本,吉凶之原,俱由天数。故曰:"分阴分阳,迭用刚柔。"

【注解】此言画卦之法,乾卦"☰"三画,坤卦"☷"六画,相加数九。震卦"☳"五画,巽卦"☴"四画,相加数九。坎卦"☵"五画,离卦"☲"四画,相加数九。艮卦"☶"五画,兑卦"☱"四画,相加亦九数。

"分阴分阳,迭用刚柔",语出《易·说卦》传。何为刚柔?《易·系辞上》传曰:"圣人设卦观象,系辞焉而明吉凶,刚柔相推而生变化。是故吉凶者,失得之象也;悔吝者,忧虞之象也;变化者,进退之象也;刚柔者,昼夜之象也。"《本义》云:"柔变而趋于刚者,退极而进也;刚化而趋于柔者,进极而退也。既变而刚,则昼而阳矣;既化而柔,则夜而阴也。"所以,刚柔既昼夜,即阴阳。用于画卦来说,则为阳爻和阴爻。也有把一卦中的一、三、五爻视为阳位、刚位,把二、四、六爻视为阴位、柔位。若柔爻居阴位,刚爻居阳位为之得位。反之,刚爻居阴位,柔爻居阳位,就是失位。

乾坎艮震巽离坤兑为八纯卦,八纯卦又化出八八六十四卦,每卦六爻,共合三百八十四爻。这三百八十四爻中,有刚有柔,有阴有阳,相互交变,此消彼长,吉凶悔吝,尽寓其中,所以云刚柔乃"造化之端,夫妇之道,生育之本,吉凶之原"。

【原文】乾居北,坎艮震三男次之,从乎父也;坤居南,巽离兑三女夹之,从乎母也。以辰南戌北斜分一界,在东与北为阳,在南与西为阴。

【注解】此言后天八卦,详见《八宅明镜·卷下·辰南戌北斜分一界之图》。

【原文】乾兑属金,震巽属木,坤艮属土,坎水离火,此五行生旺制化之自然也。八卦居八方,不动则无吉凶,动则吉凶生矣,故曰"吉凶悔吝生乎动"者也。以地言,八山飞流动变,而关煞之方尤忌冲刑。以年月日时言,误犯煞方,应固不爽,而关煞都天报应尤烈,决无空过之理。法心晦迹林泉,究心缁学,窃叹先贤正经沉埋于世。兹按古本纂校,分九九八十一局飞星布运,以度世人,不致迷于祸患,云□贵。

　　　　　　　　至正辛卯岁次仲春　元沙门法心无着序

【注解】关煞方:宅基选好后,以坐山之星入中顺布九星,克坐山之星飞临之处为煞,坐山的对冲之方为关。其八宅各局九星关煞如下:

坎(壬子癸)宅关杀

火　死 九	关　煞 五	金　生 七
土　杀 八	中　水 一	木　泄 三
木　泄 四	金　生 六	土　杀 二

坤(未坤申)关杀

水　死 一	金　泄 六	土　旺 八
火　生 九	中　土 二	木　杀 四
关　煞 五	金　泄 七	木　杀 三

震(甲卯乙)宅关杀

土死 二	金杀 七	火泄 九
水生 一	中木 三	关煞 五
金杀 六	土死 八	木旺 四

巽(辰巽巳)宅关杀

木旺 三	土死 八	水生 一
土死 二	中木 四	金杀 六
金杀 七	火泄 九	关煞 五

乾(戌乾亥)宅关煞

关煞 五	水泄 一	木死 三
木死 四	中金 六	土生 八
火杀 九	土生 二	金旺 七

兑(庚酉辛)宅关煞

金旺 六	土生 二	木死 四
关煞 五	中金 七	火杀 九
水泄 一	木死 三	土生 八

艮(丑艮寅)宅关煞

金泄 七	木杀 三	关煞 五
金泄 六	中土 八	水死 一
土旺 二	木杀 四	火生 九

离(丙午丁)宅关煞

土泄 八	木生 四	金死 六
金死 七	中火 九	土泄 二
木生 三	关煞 五	水杀 一

从以上诸图中可以看出,关煞都在坐山的对冲之方,以本文

之意论,既忌刑冲,又忌发动。然试观宅相,门开正向者俱多数,发迹者比比皆是,是此方又不忌开门路冲动。举例以说明:

例1. 见本书上册第221面所举"甲戌生,坎宅"例。

按:此宅子山午门,是门正开于关煞之方,依然富贵,是关杀方不忌门路冲动者是。

例2. 见本书下册第164面所举"嘉定十七年中元甲申岁柳仲达为卢家修甲卯向方"例。

按:此宅酉山卯向,关煞在卯,今修动发贵亦是不忌冲动。

例3. 新太平弄聚源成号坐壬向丙旧址,因事业发展,迁老太平弄严家新宅后,君知此宅为福宅,百方觅取,卒被台州籍柴爿商陈姓租下,以余屋分租与人。陈姓入宅之当年,孙馨远得势时,得到一笔大巧货,横发多金。连年顺遂,家道殷室。同居诸家,盛庆顺利。演数如下图。

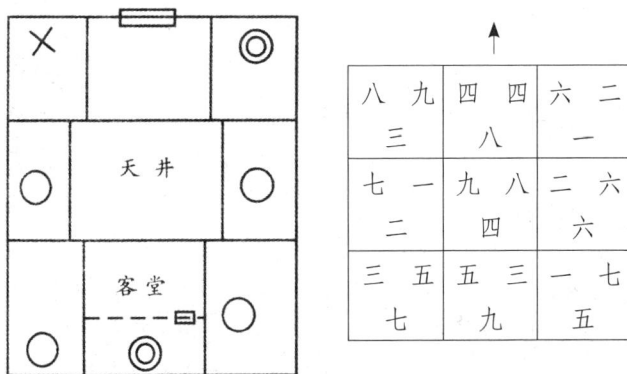

八 九 三	四 四 八	六 二 一
七 一 二	九 八 四	二 六 六
三 五 七	五 三 九	一 七 五

韵言: 天心妙处会用逆,面面相逢十二宅。

吸到元机胜利来,各随所业收所益。

按:此宅门开正向,是关煞方。但四绿旺气到门到向,门吸旺气而发迹,亦是不忌关煞。

例 4. 苏门答腊日里棉兰市,侨长张君鸿南,以赤手而致四千余万之巨产,位至华官极品。其官邸在棉兰巴煞街,坐艮向坤,二运建筑,规模雄壮,仿佛王府。由其后造右边内室向外察看,其前面承气之方在离宫,于二运为生气,三运为旺气。加之海水汪洋于艮方,令星飞到水上,二运内双收生旺之气,故二运内发展无限,进步神速,可谓该岛上唯一之福宅。交进三运,海面星辰虽效力已失,而本宅气口星辰化生为旺,依旧在发展上进入日新月盛之境。三运底旺气将退,恰逢欧战结束,橡乳跌价,南洋群岛大资本家相继破产,此君手中橡产甚多,故损失绝大。结果倾其所有,仍然负累,因之忧闷而亡。演数如下。

四 七 一	九 三 六	二 五 八
三 六 九	五 八 二	七 一 四
八 二 五	一 四 七	六 九 三

诗曰:赤手南航大业开,

　　　乘时进取发如雷。

　　一朝运去抗天力,

　　千万黄金化作灰。

按:此局向星二到山,山星二到向,山颠水倒,依大玄空飞星之理为上山下水,主破财伤丁。然山方有大水,反为到向,且离方大门向星三碧,二运为生气,三运为旺气,故发。一入四运,三碧退气,坐山向星,向上山星均反吟,故一败如灰;以关煞论,门开离方,是三碧杀气为凶,与实不符。

从以上四例可以看出,门路动处宜在本宅气生旺之处,忌在本宅气死杀之处,以宅星入中论关杀之法多不验,应慎用之。

都天:戊己都天。每年月令戊己所临之支者是,其中戊为阳都,关系宅长;己为阴都,关系宅母。关于此杀请参阅本书上册《璇玑经》第 464 面。

风水家认为,都天为至凶之神,所临之方且忌冲犯,一旦冲犯,凶不可测,举例以说明:

例1.王姓自擅精于奇门,于戊午年戊午月造午山,取四戊午,名天地同流。不知误用太岁、重刃、都天大杀、岁刑等凶,致官非破败,人丁死伤。

例2.癸亥生,乾宅后一栋作厨房,上元戊午夏五月倾倒。劫杀、本命在方,死符值位,九月被盗,十月六畜耗尽,次年三月修复。不知都天己巳到方,己为本命七杀,又冲动官符,亥刑亥命,至十月官讼遭刑,头痛生疽,以乾为首,被火克金也。辛酉二月,令尽拆去,调八白土生金,替一白水制灶火,调壬戌天嗣、太阳、天喜、文昌、文曲、魁名、板鞍、转官星到方;替命禄甲子同太岁食禄到方。四月初七辛丑日寅时动土修造动工,此日六白还宫,岁阴贵、福德、天恩、运财、尊星,丙奇俱到乾方;初七巳正二刻日躔庚昴四度,天德辛丑日,月德庚时西巳丑会金局,巳与酉丑合,合则不冲亥,寅又与亥合,太阳拱吉主,所以竖柱用申初刻,日升日殿,月升月殿,二十八宿各归各垣,皆与命主并方位经度有关,定生贵子,发科出仕,大旺财富。

例3.巳命坎宅犯卯,上元乙卯年卯月都天太岁方加五黄,岁杀巡癸巳,应巳月巳命胁腋疮毒,左传右,病厄凶灾,因卯为左腋、为手筋、为血、为肝故。

玄空飞星一派则不注重戊己大煞,但以年月五黄为戊己大煞,其五黄到处凶与戊己都天同,详见后注。

本文云:"吉凶悔吝生乎动"者也,是为至理。旷野一片,草长水流,寒暑易节,并无吉凶可言。一旦立为宅基,修造为动,安床立灶为动,人住人行为动,开门铺路也为动。人动则气动,若动于吉处,则发财丁官禄,吉庆昌盛。如果动于气凶之处,轻者灾咎损耗,重则横祸绝嗣。所以,一切玄机皆从"动"中所出。

　　无着:福建泉州人,俗姓王名卓,字立如,少读书,既取科名,因天下汹汹,遂无仕志。畅游天下名川,登匡庐,遇一道士传兵法、阵图、六甲、八门及《青囊》、理气等书。师卒,适英雄四起,禅师以所学试用,不料所从非人,几遭厄难,遂改姓名遁入空门。自思"既际其时,不能显名于天下,此身终无归着",故自号"无着"。考证古今名墓及人家三十余年,仅葬七十二穴,终老于四明天星庵。由此可见,无着与幕讲为同一时代人,而书署幕讲之名已属伪托,无着之实亦不存焉。

太 极 图

太极图

一气化生万物

火木土金水

阳动　　　阴静

阴阳合成男女

乾道成男　坤道成女

　　【原文】此阳变阴合而生水火木金土也。☯者阳之变,☯者阴之合。水阴盛居右,火阳盛居左。木阳稚,次坎;金阴稚,次离;土冲气居中。阴根阳,阳根阴,出水而木、而火、而土、而金,金复生水,循环无端,五气顺布,四时行焉。合而言之,统体一太极也;分而言之,各具一太极也。能参动静之机,于堪舆思过半矣。

　　【注解】左图是原书的太极图,与周敦颐的原图(见后第297面)不同。对于太极图的解释,宋代学者周敦颐解释得最为清楚。他说:"无极而太极。太极动而生阳,动极而静;静而生阴,静极复动。一动一静,互为其根。分阴分阳,两仪立焉。阳变阴合而生金木水火土,五气顺布,四时行焉。五行,一阴阳也;阴阳,一太极也;太极本无极也。五行之先也,各一其性,无极之真,二五之精,妙合而凝。乾道成男,坤道成女,二气交感,化生万物,万物生生而变化无穷焉。"

至于无极和太极,在宋时朱熹和陆九渊还有过一场激烈的争论。陆九渊的观点是"无极"之说承自老子,老子讲无中生有,而圣人只讲"太极"。"太极"是理,理本来就是无形的,何必还要加个"无极"? 朱熹回答是,不能以孔子之前的圣贤不言"太极"而非议孔子;同样,也不能以周敦颐之前的圣贤不言"无极"而非议周子,所以不能说周子的"无极"出于老子。也有人认为,太极之前有个无极,太极是从无极生出来的。也有人认为无极是形容太极的,是修饰语,非并列语。由太极之意解释为无限大,无限小及一团气之意来分析,后者之论应是正确的。

本书原图,上一图即无极图。下一图左白右黑,左白代表阳,右黑代表阴,即太极生两仪之意。白中一点黑是阳中含阴,黑中一点白是阴中隐阳,二气相互交感也。白多之处,阴气渐生,是阳极生阴;黑多之处,阳气渐长,是阴极阳生,阴阳互根之意也。

太极图的种类很多,本书引用的为首乾太极图,也叫中天极图。其图以天门(乾)地户(巽)为分界线,左边是坎、艮、震、巽四卦,坎、艮、震三卦皆为阳卦,只有巽为阴卦,此即阳中有阴之象。右边四卦是乾、兑、坤、离,兑、坤、离三卦皆属阴,只有乾为阳卦,此即阴中有阳之象。

还有首艮太极图,又名先天太极图(见下面上图)。

此图也是以天门乾与地户巽为分界线的,但左边四卦是坤、兑、离、震,坤为母,离为中女,兑为少女,三卦皆阴,只有震长男一卦为阳,即阴中有阳之象。右边四卦是乾、巽、坎、艮,乾为父,坎为中男,艮为少男,三卦皆阳,只有巽长女一卦属阴,此即阳中

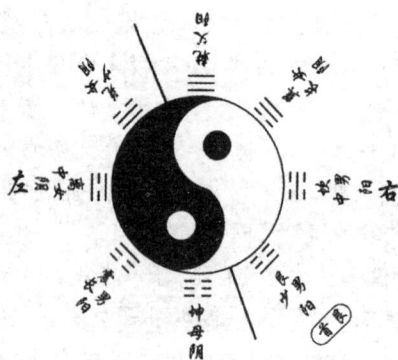

含阴之象。

　　还有后天太极图（见下图）。

　　此图是将太极图与后天八卦相配，仍以天门地户线划界，但却成为左阳右阴。左边四卦是坎、艮、震、巽，坎艮震三卦都是阳卦，只巽一卦为阴卦，合本图左侧阳中有阴之象。右边四卦是乾、兑、坤、离，兑坤离三卦都是阴卦，只乾一卦为阳卦，合本图右侧阴中有阳之象。

　　还有中天太极图（见下图）。

	八	七	六	五	四	三	二	一	
三段	坤	艮	坎	巽	震	离	兑	乾	八卦
二段	太阴		少阳		少阴		太阳		四象
一段	阴				阳				两仪

太极

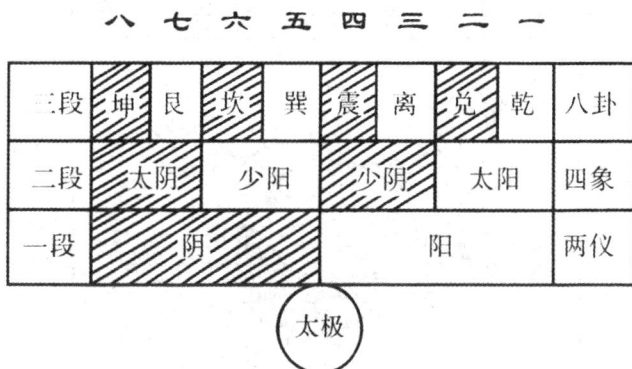

此图是将太极图与中天八卦相配,法从坤开始右旋,每相邻两卦之间皆一阴一阳,如坤乾、兑艮、离坎、震巽等都是男女相配。且中天八卦东南西北正位为乾坎艮震四卦,皆阳卦;东南、西北、西南、东北四隅位为兑离巽坤四卦,皆阴卦。全图共分四层,每层皆黑白相配,从大到小而构成太极图式。何以要从大到小相套?因中天八卦以乾坤为太阳、太阴;震巽为孟阳、孟阴;坎离为仲阳、仲阴;艮兑为少阳、少阴。

从以上三个太极图式可以看出,八宅派分为东四宅和西四宅是根据太极图中阳中含阴、阴中含阳之理而来。尽管卦位略有不同,其理却是一样的。

还有一种常见的叫“心易发微伏羲太极之图”(见下面)。

此图为明代杨向春创,来知德解曰:“正南纯阳方也,故画为乾;正北纯阴方也,故画为坤;画离于东,象阳中有阴也;画坎于西,象阴中有阳也;东北阳生阴下,于是乎画震;西南阴生阳下,于是乎画巽;观阳长阴消,是以画兑于东南;观阴盛阳微,是以画艮于西北也。”由此又演变出左太极图,太极四正卦阴阳节全图,

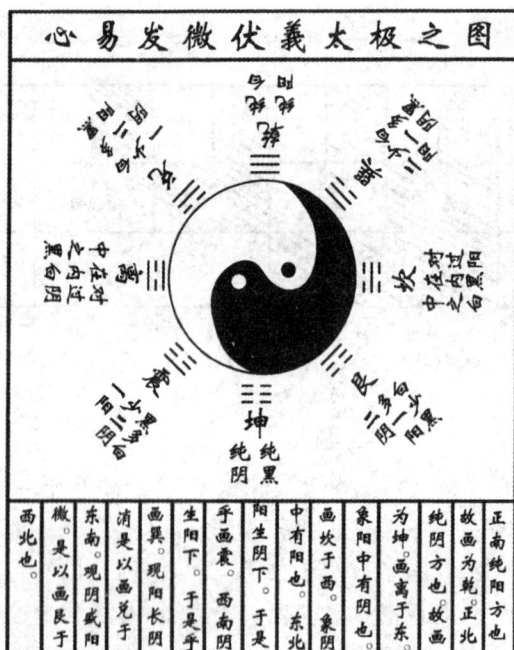

心易发微伏羲太极之图

十二支太极图等,均与此图相似。其十二支太极图云:"白自子起,阳生于子也,渐长、渐壮、渐盛,以极于午,入未而渐消。黑自午起,阴生于午也,渐长、渐壮、渐盛,以极于子,入丑而渐消。黑白相函,由微而著,由著而微,互为其根也。阴而阳,阳而阴,如环无端,天地始终之义备矣,万事万物之理具乎其间矣。"

　　而最早出现的太极图却是由宋代学者周敦颐创作(见下面),后经朱熹校正的"五层太极图"。也有人认为此图是陈抟所创,后传给周敦颐的。此图从上始第一层即无极而太极。第二层阴阳相间,即动而生阳,动极而静;静而生阴,阴极复动之意。第三层是阴变阳合而生金木水火土,五气顺布,四时行焉。第四、五层是无极之真,二五之精,妙合而成,乾道成男,坤道成女,

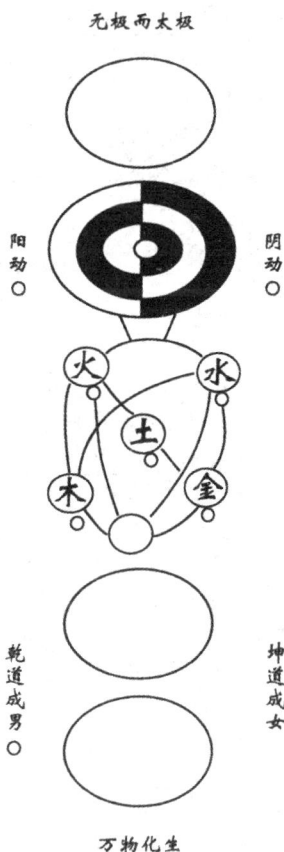

无极而太极

阳动 ○

阴动 ○

火 水 土 木 金

乾道成男 ○

坤道成女

万物化生

二气交感,化生万物之意。

总观以上诸图,均名曰"太极",图中都有一阴一阳。所以,有人认为太极既为无形之体,何以有阴阳之分? 图与名不符。严格的来说,应名"阴阳两仪图",但因其已沿习甚久,姑妄从之。

河图洛书

【原文】河图(见下面左图)洛书(见下面右图)。

按:"河图"者,伏羲氏王天下,龙马负图,遂因其文以画八卦。"洛书"者,禹治水时,神龟负文,自一至九,禹因其叙以成九畴。易曰:天一、地二、天三、地四、天五、地六、天七、地八、天九、地十。天数五,地数五,五位相得,而各有合。天数二十有五,地数三十,凡天地之数,五十有五,此所以成变化而行鬼神也。"河图"圆,"洛书"方。圆者,星也,纪历之数,其兆于此。方者,土也,画州井田之法,其仿于此。河数七前六后,八左九右;洛数戴九履一,左三右七。河图洛书相为经纬,八卦九畴相为表里。

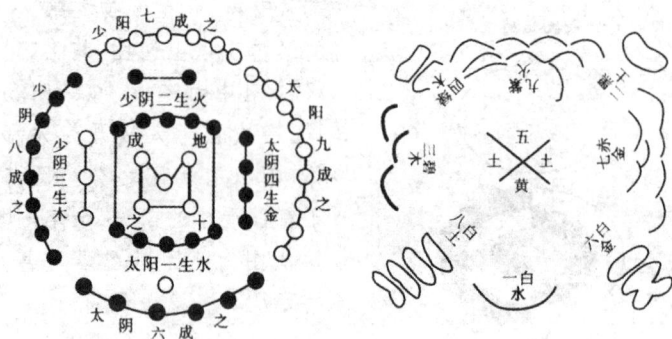

【注解】"河图""洛书"的名称,最早见于《尚书·顾命》及《周易·系辞传》等书中,对其创作过程及时间,却有分歧。一说:"河,龙图发;图,洛书成。河图有九篇,洛书有六篇。"此说以郑玄为主,视"河图""洛书"为书名。一说"河图""洛书"为图形,此即宋时学者所持,被后人认可。又一说,"河图""洛书"并出于伏羲时代,此说出自《尚氏学》。以上之说,均未详细记载,直到宋初,陈抟始将失佚两千多年的"河图""洛书"传于后世。所以,自宋以后,大都认为伏羲时有龙马背负"河图",夏禹时洛水中有神龟背负"洛书"(图见第299面)。

原文所收"河图、洛书"乃是"古河图、古洛书",南宋蔡元定据其意认为河图之数为十,洛书之数为九,简称为"图十、书九",并据此创作新"河图、洛书",今多用此图(见第300面)。

朱熹说:阳数奇,故一三五七九皆属于天,所谓天数五也。阴数偶,故二四六八十皆属乎地,所谓地数五也。天数地数各以类相求,所谓五位之相得者然也。天以一生水,而地以六成之。地以二生火,而天以七成之。天以三生木,而地以八成之。地以四生金,而天以九成之。天以五生土,而地以十成之,此又所谓各有合焉。积五奇为二十五,积五偶而为三十,合是二者,而为

五十有五,此河图之合数也。

　　吴景鸾则说:河图者,卦象之始也,数生乎全,故首一而终十。其数一六共宗,三八同道,二七为朋,四九作友,五十共宅,奇偶之配合而后五行之位定矣。一者阳也,阳生于子而成于巳;二者,阴也,阴生于午而成于亥。故东南主生,西北主成,四时之气,流行运用,法乎此也。地法罗经,以十二支、八干四维配乎二十四路,惟五气生成用以消息阴阳,测度造化,其用亦大矣。

　　吴景鸾又说:洛书者,方位之始也,其数主乎变,故始一而终九,所以定四正四隅之方。以一三七九阳数居四正之宫,而以二四六八阴数居四隅之位。九宫之说,以一六八配白,二配黑,三

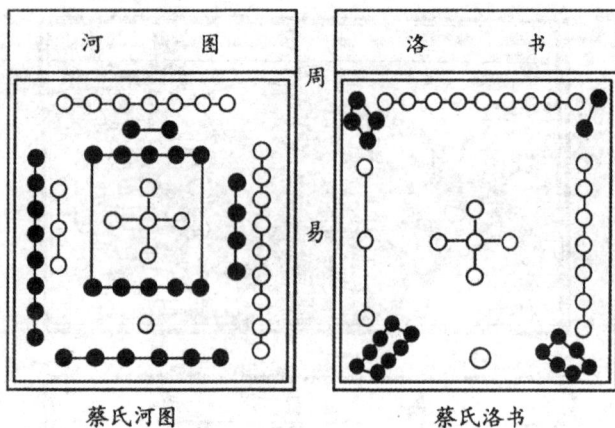

蔡氏河图　　　　　　　　蔡氏洛书

配碧,四配绿,五配黄,七配赤,九配紫。又一坎、二坤、三震、四巽、五中、六乾、七兑、八艮、九离排九宫者,其法尽本于此。又按:天干出河图,天一壬水,地六癸水,天三甲木,地八乙木,天七丙火,地二丁火,天九庚金,地四辛金,天五戊土,地十己土。地支出于洛书,子午卯酉得天阳之数而居四正,寅申巳亥、辰戌丑未得地阴之数而居四隅。阳数奇,故各主其一,阴得偶,故各主其二。

启蒙本图书曰:"天一、地二、天三、地四、天五、地六、天七、地八、天九、地十。天数五,地数五,五五相得而各有合。天数二十有五,地数三十,凡天地之数五十有五,此所以变化而行鬼神也。天地之间一气而已,分而为二,则为阴阳,而五行造化,万物始终,无不管乎是焉。故河图之位,一与六共宗而居乎北,二与七为朋而居乎南,三与八同道而居乎东,四与九为友而居乎西,五与十相守而居乎中。盖其所以为数者,不过一阴一阳以两其五行而已。所谓天者,阳之轻清而位乎上者也;所谓地者,阴之重浊而位乎下者也。阳数奇,故一三五七九皆属乎天,所谓天数五也。阴数偶,故二四六八十皆属乎地,所谓地数五也。天数地数,各以类而相求,所谓五位之相得者然也。"

关于河图与洛书的真髓,《御纂周易折中启蒙》附论云:"图书为天地之文章,立卦生蓍,为神圣之制作,万理于是乎根本,万法于是乎权舆,断非人力之私智所能参。而世之纷纷撰拟,屑屑疑辨,皆可以熄。"此数语告诉人们,河图之幽微,写之不尽,推之无涯,绝非此数语可以涵盖者也。读者如有兴趣,可读清代江慎《河洛精蕴》,定将受益匪浅;还可参阅本书上册第13面。

河图洛书如此精奇,在阳宅风水中如何应用? 概括起来,大约有几点:

一、以河图之数断层吉凶。

以第一层、第六层为水,第二层、第七层为火,第三层、第八层为木,第四层、第九层为金,第五层、第十层为土。法以坐山五行与层数五行生克论吉凶。

如果坐山属水,一六层亦水,水见水过旺为流荡,不聚财。二七层水火既济,财略旺而人又不旺。三八层水木相生,人财大旺,发秀贵。四九层金生水,外益内,先女后男,发财悠久。五十层土克水,人财不旺。

如果坐山属火,一六层水克火,人财不旺,防水厄失明。二七层火见火,性狂暴孤寡,财不旺,防回禄。三八层木生火,外益内,仕人兴旺,恐不久远。四九层受制,内克外,财虽有而人不旺。五十层土受生,先富后穷,老儒迂腐,难为少丁。

如果坐山属木,一六层水生木,人财虽有,不久长。二七层木泄气,人财却旺,秀贵亦发,恐不久远,子孙渐稀。三八层木旺气,人财大盛,秀贵非常,违运逢吊缢之厄。四九层金克木,外制内,不旺人丁,若有财必生败绝之子。五十层为木克土,财旺丁不旺。

如果坐山属金,一六层水,金水相生,如秀美聪明,男子不免淫荡。二七层火克金,外制内,劳瘵相传,必生败绝之子。三八层木受山克,财虽有而人丁不旺,主有疯瘫痫肿筋骨疼痛之疾。四九层金比和,人丁旺而女更强,当开门路作大院以泄其气,则男儿富贵双美。五十层土生金,外益内,人旺财丰,大发秀贵。

如果坐山属土,一六层水,土克水,出入浮肿冷痰,丁不旺。二七层火,层生山,人财俱旺,初代兴,不久远。三八层木克山,人财不吉,久住败绝。四九层金,受山之生,人财两旺,富贵崇高。五十层土,与山比和,生富贵之子,人丁大兴,福禄长远。

也有以洛书之数论层吉凶者。一层属水,二、五、八层属土,三、四层属木,六、七层属金,九层属火。但缺十层无所属,似不如河图论层之说合义理。

二、以洛书看大小运。

风水中把一个花甲(六十年)称为一元,三个花甲称为一大元,这样一大元中就有三元,即上元、中元、下元,共一百八十年。分别以洛书九数相配,一运管二十年,共有九运,其中一、二、三运为上元,四、五、六运为中元,七、八、九运为下元,然后以每运的生旺败绝与生克判断该运的吉凶祸福。

上元甲子至癸未二十年,一白坎水当令,壬子癸三山及丙午丁三水为旺,喜金荫水。水比和大旺,更得六白、七赤金生方砂水朝拱,上吉。该运中震巽之木受运之生,也为乘时,亦吉。甲申至癸卯中二十年二黑土当令,二黑土小运克一白水大运,必得六白、七赤金泄土以生水,仍取生方砂水朝拱,次吉。甲辰至癸亥末二十年三碧当令,小运三碧木泄大运一白水,亦须得六白、七赤金生水以生木为美,或得四绿旺方砂水朝拱亦吉,但次矣。

中元以巽木为主,喜水荫木。甲子至癸未二十年,四绿大运,四绿小运,木比和大旺,更得一白生方砂水朝拱为上吉。甲申至癸卯中二十年,四绿大运,五黄土小运,土受木克,必得九紫火泄木以生土，或丙午丁方砂水朝拱，次吉。甲辰至癸亥末二十年，四绿大运，六白小运，金克木，必得一白水泄金以生木，至一白水得六白、七赤金生旺方砂水朝拱，成金水木连环相生势，亦吉。

下元兑金为主，喜土荫金。甲子至癸未二十年，七赤大运，七赤小运，金比金，大旺，更得二黑、五黄、八白土生方或六白、七赤金旺方砂水朝拱，上吉。甲申至癸卯中二十年为七赤大运，八白小运，土生金，得九紫火生方，丙丁火方、八白土方砂水朝拱皆吉。甲辰至癸亥末二十年为七赤大运，九紫小运，火克金，宜二黑、五黄、八白土泄火生金。八白土生方砂水朝拱亦吉。

也有只以九运五行论生克而不论大运者，生克之法同。

五	一	三
四	六	八
九	二	七

山七 向三 五	山三 向八 一	山五 向一 三
山六 向二 四	山八 向四 六	山一 向六 八
山二 向七 九	山四 向九 二	山九 向五 七

大玄空飞星法也是以九星五行生旺、生克论吉凶，但其法与上不同。先以运盘之星入中顺布飞星，再以坐山与朝向之运星入中，阳顺阴逆，飞布九宫，而后以山星之生旺死绝与形峦结合论人丁吉凶；以向星之生旺死绝与形峦结合论财禄吉凶。试举一例以明之。

六运酉山卯向宅，先以本运九星六入中宫顺布九星，成左式。

再以坐山方之星八白入中，因八白方天元卦为艮，属阳，故山星顺布九宫。而后又以向星方之星四入中，四绿方天元卦为巽，也属阳，所以亦入中顺布，而后成左之盘式。

以此盘论,六运六到处为旺气,七八到处为生气。山星六在卯方,七在巽方,如果震巽方有大山、高屋、土墩、塔等高物,床安此两方,主生贵子,人丁大旺。向星六在兑方,七在艮方,八在离方,如果此三方有水,低凹或开门路,主财禄大旺。其余之方为衰败退死之方,不宜大用,安厕则无妨。

三、图书相为表里合参。

图可参书,书亦可参图,化杀生权,要合先后天而一致,方有救援。一白司上元,而六白同旺;四绿主中元,而九紫同兴;七赤居下元,而二黑俱发。此一六同宫,二七合处,三八为朋,四九作偶,即图参书也。大小运同此例推。

先天之坎在后天之兑,后天之坎在先天之坤,是上元之兑坤未可言衰。先天之巽在后天之坤,后天之巽在先天之兑,是中元之坎兑亦可云旺,此中元丙丁坤申向纳坤兑水来富贵极品者,百不失一。先天之兑在后天之巽,后天之兑在先天之坎,是下元之坎巽亦不为退,此中下二元内丙向纳巽水来发巨富显贵者,百不失一。此先后天之卦运固可合论者也。

九畴　语出洪范:"天乃锡禹洪范九畴,彝伦攸叙。初一曰五行,次二曰敬用五事,次三曰农用八政……"大禹根据九畴之意,又将天下分为九州。风水中则引用为九方,即东西南北中,东南、西北、西南、西北九方,洛书称之为九宫。

先后天八卦图

【原文】伏羲先天八卦图(见下面左图)。

天地定位,山泽通气,雷风相薄,水火不相射。八卦相错,数往者顺,知来者逆。自乾至兑为顺,巽至坤为逆。

【注解】天地定位:先天八卦乾居正南,居上方,故象天。坤居正北,居下方,故象地。天地阴阳其位已立,互为对待,故曰天

乾　巽　　巽　离　兑　　坤

兑　　坎　震　　　兑

离　　　　　　　震

震　艮　坎　　坎　坎

　　　艮　　　巽

地定位。

山泽通气:兑为泽,先天八卦居东南;艮为山,先天八卦居西北。古人认为,再高的山上也有泉水,再深的水中也有山象,且兑艮之位相互对待,是山泽之气相通也。

雷风相薄:震为雷,先天八卦居东北方;巽为风,先天八卦居西南方。古人认为,风吼含有雷声之意,雷震必有风助威,且震巽之位相互对待,故曰相薄。

水火不相射:射字也有读为"亦"字者。离为火,先天居正东;坎为水,先天居正西。射者,厌也,不相射即不相厌。因水火虽异相,但亦不厌弃且相互资助,故曰之。

相错:言矛盾而又和谐。如天地、雷风、水火、山泽,虽相互对立,但一阴一阳又非常和谐。既对立又统一,正如男女即相对而又统一和谐也。

数往者顺,知来者逆:从乾至震,乾一、兑二、离三、震四,其数为顺。从巽至坤,坤八、艮七、坎六、巽五,其数为逆。

对先天八卦图,诸先贤均有解释。邵康节在《观物外篇》中说:"天地定位一节,明伏羲八卦也。八卦相错者,明交相错而成六十四卦也。数往者顺,若顺天而行,是左旋也,皆已生之卦也,故云数往也。知来者逆,若逆天而行,是右行也,皆未生之卦也,故曰知来也。夫易之数,由逆而成矣。"又说:"震始交阴而阳生,巽始消阳而阴生。兑,阳长也;艮,阴长也。艮兑在天之一阴也,巽艮在地之一阳也。天以始生言之,故阴上而阳下,交泰之意也。地以既成言之,故阳上而阴下,尊卑之位也。乾坤定上下之位,离坎列左右之门,天地之所阖辟,日月之所出入。是以春夏秋冬,晦朔弦望,昼夜长短,行度盈缩,莫不由乎此矣。"

根据以上解释,先天八卦方位正是一幅自然运行规律图。

一、表示朝夕昼夜的日周期变化。离为日,在东方,太阳从东方升起也,经南乾落于西坎,历兑、乾、巽三卦,故离、兑、乾、巽象白昼,坎、艮、坤、震则象太阳落入地平线后之黑夜。离、兑、乾、巽四卦阳爻多,坎、艮、坤、震四卦阴爻多也。此即邵康节天地阖辟之意。

二、表示晦朔弦望的月周期活动。纳甲法认为,越三日昏时,月受太阳一分之光,象震卦之一画,其时月现于庚方,故震纳庚。越八日昏时,月现丁方,得上弦半轮,有兑之象,故兑纳丁。越十五日昏时,月现甲方,与日相望,其光圆满,有乾之象,故乾纳甲。至十六日平明时,亏明一分象巽,其时月正在辛,故巽纳辛。至二十三日平明时,月在丙,得下弦半轮,有艮之象,故艮纳丙。至三十日平明时,月在乙与日交会,尽丧其明,有坤之象,故坤纳乙。所以,从震至兑至乾,直至坤,正是月亮晦朔弦望的一个周期。

三、先天八卦方位图表示春夏秋冬的周期变化。邵康节认为离主春分,乾主夏至,坎主秋分,坤主冬至,震主立春,兑主立夏,巽主立秋,艮主立冬。

先天八卦讲究的是阴阳对待,运用到风水的阴阳宅中,则是坐山与向方纳水之法。如立先天乾山,先天坤方有水朝来,是阴阳相合；若立先天艮山，先天兑方有水朝来，是山泽通气。若立先天离山，先天坎方有水朝来，合水火不相射之意。若立先天震山，先天巽方有水朝来，合雷风相薄之意。相反，若立先天坤山，先天乾方有水朝亦然，余皆类推。

关于先天后天八卦的解释还可参阅本书下册《八宅明镜·卷上·先后天八卦方位》。

【原文】文王后天八卦之图（见第305面右图）。

帝出乎震，齐乎巽，相见乎离，致役乎坤，说言乎兑，战乎乾，劳乎坎，成言乎艮。

【注解】语出《易·说卦传》，给其命名为"后天八卦"或"文王八卦"的是宋代邵康节。

帝出乎震：帝并非皇帝，而是古人心中的大自然主宰——元气。震卦为东方，日月从此升起，万物由此发生，正当诸事生机初萌之时，于节令为春，故云"帝"使万物出生于"震"。

齐乎巽：齐即聚齐，万物并长齐生之状。巽居东南，于节为立夏，正是万物顺畅生长之季，故谓"齐乎巽"。

相见乎离：见者，显现、呈现之意。离居正南，于节令为夏至，又象征光明，万物至此节均大体壮成，再逢阳光盛明，其形均显，故云"相见乎离"。

致役乎坤：役者，事也，致役即致力用事。坤居西南，于节令为立秋，万物至此均接近成熟，正在勤奋发展，故云之。

说言乎兑：说即悦意。兑居于正西，于节令为秋分，万物至此成熟，并皆欣悦，故云"说言乎兑"。

战乎乾：战者，接也，阴阳交配结合也。乾居西北，于节令为立冬。暑尽寒来，阴阳交接。西北为阴方，乾为阳，万物成熟，正宜交配结合，故云之。

劳乎坎：劳者，劳倦也。坎居正北，于时令为冬至。万物至此已历四季,勤劬劳倦,必归藏休息,以待来春重萌生机,故谓"劳乎坎"。

成言乎艮:成者成功也。又含前功已成,后功复萌之意。艮居东北,时令为立春,旧岁终而新岁始,万物完成一年的生长期后重新萌生,故云之。

从上可知,文王八卦之图正是春生、夏长、秋收、冬藏的四时规律,所以认为是地道,故曰"后天"。

后天八卦非常重要,风水中阴阳宅的坐山立向都是以后天八卦论方位。判断吉凶祸福,也是把八卦方位的各种地形与八卦五行生克结合起来判断的。举例以说明:

例1. 见本书下册第94面所举"黄姓坎宅犯离弊"例。

按:此以后天八卦方位为主,先后天合参而断吉凶。

例2. 王姓,宅向南,西方有空心大树,当四尺高之处烂穿一眼,内有虫蛀。康熙六十一年壬寅春,余(即魏青江)见之,谓主耳病,速宜锯之,主人不信。次年二月,家中酉生少姑,卯生二男,俱先生亭耳,随发毒疮,三月耳出脓血,四月痛甚忽聋。主人复询余:"果伊树应乎?"余训之:"酉属先天坎,此伏羲画也。坎为耳,此孔圣传也。酉树虫蛀,酉命耳亦虫蚀。今癸卯年太岁在卯,灾杀在酉,此本尧舜历日,今《时宪》年神之方位开列在篇首者,独未见钦?酉卯相冲,冲太岁,冲卯命,卯岁之灾杀在酉,即卯命之灾煞在耳也,故从前不应,至卯岁始应。二月建卯,则酉为破,岁卯冲酉,月卯又冲酉,冲酉即冲耳,击战之乡正逢击战之时应发毒疮。三月建辰,辰与酉合;四月建巳,巳酉三合,其煞莫解,所以独钟酉卯生人。酉属兑,兑为少女。酉属坎,坎为中男,兑金冲克,男子较强,故云次子先聋。"

按:此论先后天合参,甚详甚精。

例3. 某姓墓,乙山辛向,五运扦。

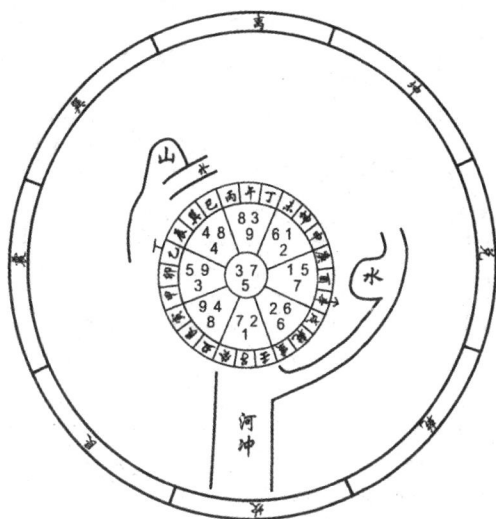

巽龙转甲入首,巽巳方界水,兑位有内堂水,子癸方有大河
冲腰,戌乾大水,外堂乾兑两宫大水。

仲山曰:"此坟葬后,财气渐旺,因乾兑两方有水。山临五
黄,主少丁,且坎方有河冲腰,主出寡妇,坤为母故也。"主人曰:
"寡妇世代不绝。"

沈注:此局葬后渐渐财旺者,得向上旺星,又有大水,故主财
也。山上旺星是五,本主多丁,今云少丁者,因运盘是三,旺星是
五,木克土也,中宫亦犯此病,故主少丁。坎方直河冲腰,坎上是
一,为中男;向星飞到是二,土克水也。二为坤、为寡宿,犯直河
冲动,定出寡妇。若无直河,虽二一同宫,无此害也。

按:此二黑属坤,是以五星论,是活动八卦,非静盘八卦。

例4.张村丁宅,子午兼癸丁,七运造。

此屋门开巽方,前有直路阔大,从午方引入。

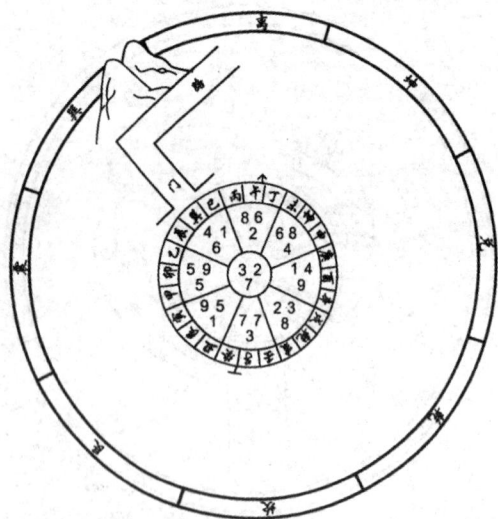

　　此屋向星上山,后无水,本主不吉。门开巽方,本一四同宫,主发科名,因路气直冲,为水木漂流之象。四为长女,故主妇人贪淫。路从午方引入直进到门,主外人进来,来者必一光头和尚。因向上之六在于离方,头被火烧,必主光头,入于四一之门与妇人交也。且巽为僧,故主来者为和尚。然此门前必有抱肩砂,否则无此病也。

　　还有专以先后天水法论人丁财禄者,详见本书下册《八宅明镜》第 508 面。

卷上

玉镜正经论

【原文】伏羲、神农、皇帝,三圣继天立极,而制三坟、五典、九丘、八索,画卦卦别州,决阴阳,明造化,定吉凶,指趋避。夫阴阳者,乃天地之元气,万物之根荄。八卦者,乃阴阳之窟宅,造化之枢纽。源于河图,窍于洛书。

【注解】伏羲、神农、皇帝:伏羲姓风,即太昊,又名包牺,易经中的"包牺氏王天下"就是说伏羲,相传先天八卦即他所画所创。神农氏即炎帝。皇帝即黄帝,姓公孙,名轩辕。相传神农与黄帝起于连山,而"连山易"即其所作。

三圣:古代统治阶级把禹、周公和孔子称为三圣,也有把尧、舜、禹称为三圣,也有把伏羲、文王、孔子称为三圣。而伏羲、神农、黄帝人们则称为三皇。

三坟、五典、九丘、八索:语出《左传》,三坟原意指伏羲、神农、黄帝之书。这里指三纲,即君为臣纲,父为子纲,夫为妇纲,及天地人三才。五典原意指少昊、颛顼、高辛、尧、舜之书。这里应是指仁义礼智信五常或金、木、水、火、土五行。九丘八索相传为古代书名。孔安国解释八索乃八卦之说,九丘乃五州之志。若以其意析之,九州为九畴或九宫之意更贴切。

【原文】贪、巨、武、文、廉、禄、破、辅、弼,九星是也;金、木、水、火、土,五行也。五行分布十干,属天运而不止;十二支属地,镇而有常。会合三元,配偶四时而生万物。物物其禀,百法同途,人之寿夭穷通,贫贱富贵,善恶继绝,皆源于此。盖气机顺则万物生而育焉,气机逆则万物拂而蔽焉。凡一静一动,靡非阴阳造化之所为,而况常居此以受天地之气者乎?故立宅营坟,必择善而处。

择之善者,得气之正,则子孙昌茂,神清气爽,正直忠贞。择之不善者,得气之戾,则顽蠢昏迷,贫苦夭折,灭宗斩祀。禀受有原,安能改易?是皆气化使然,造物岂有心倾覆哉!古圣人悯世救人,指点龙穴真机,剖示飞星卦象,俾营扦获吉,妥存殁于不替。

【注解】贪即贪狼,属一白水。巨即巨门,为二黑,属土。武即武曲,为六白,属金。文即文曲,为四绿,属木。廉即廉贞,为五黄,属土。禄即禄存,为三碧,亦属木。破即破军,为七赤,亦属金。辅即左辅,为八白,属土。弼即右弼,为九紫,属火。八宅游年变卦之法把右弼与左辅合为一宫,分别以八星配与八卦,则贪狼属木,巨门、禄存为土,武曲、破军为金,廉贞为火,文曲为水,辅弼亦为木。以吉凶论,九宫以贪狼、武曲、左辅、右弼为吉星,余为凶星。八宅大游年以贪狼、巨门、武曲、辅弼为吉,余为凶。详见后注。

十干、十二支:十干即甲、乙、丙、丁、戊、己、庚、辛、壬、癸。十二支即子、丑、寅、卯、辰、巳、午、未、申、酉、戌、亥。古人认为天主动,所以天干不停地变化着。地主静,所以十二支分布于十二方安静不动,故云"镇而有常"。

气:古人认为,充盈于天地之间者,气也。然气有阳气、阴气、吉气、凶气、生气、死气、动气、静气等之别。郭璞云"葬乘生气",故阴阳二宅之妙,千文万经,不过"乘生气"三字。何谓生气,清叶九升注曰:"生气者,即阴阳五行化生万物之气也。气得五行之冲和,水火交济,则为生气,物得之而生长。气得五行之偏胜,水火不交,则为'恶气',物犯之而死亡。故当避其恶,乘其生也。然气流行而不止,涣散而不聚,则不可乘。故必求其止聚之处,而后可乘得之也。犹之乘风者,必于风旺之处乘之,而后可得其凉也。水火者,生气之根也。火者,天之神气;水者,地之精气。土中之暖气,火也;土中之润气,水也。精神交融,暖润相资而生气出焉。故暖而不润,有火无水则燥烈;燥烈者,杀气也,乘之则发凶祸。润而不暖,有水无火则卑湿;卑湿者,死气也,乘之则主退败。故葬必'乘生气'也。观于地面之万物,太寒则冻死,太旱则燥死,地中亦然。"黄镕补注云:"夫万物非能自生,借天地之气以生。然天地非有意于生万物,万物自有机焉。适与天地之气相通于窅冥恍惚之中,夫有所沾濡焉,夫有所绸缪焉,夫有所苞孕焉,遂使天地之气止而不去,积之累之,与物为一,乃勃然以生尔。地理之道,必使我所取之形足以纳气,而气不我去,则形与气交而为一;必使我所据之地足以承天,而天不我隔,则地与天交而为一。夫天地形合而为一,此即所谓化机也。"然何为气? 气由何寻? 盖气不见,而形可见也。形者,气之所成;气者,附于其形。形之善者,生气也,居之必吉;形之凶者,杀气也,居之必凶。具体说来,龙脉之来,起伏为生气,僵硬为死气。结穴之所,分合为生气,模糊为死气。砂水之从,弯曲绕护为生气,僵直为死气。两边股明为生气,股暗为死气。土色红黄紫白为生气,青黑为死气。纹理坚实、光润、细腻为生气,枯燥、松散、昏暗为死气。水色清澈、鲜明为生气,昏浊、黑暗为死气。生气、死气既分,所择居处吉凶明焉。

【原文】凡择地,先看形势,次认来脉,中分顺逆。

【注解】形势:形势之说,郭璞论述最为清楚。他在《葬经》中说:"夫千尺为势,百尺为形。势与形顺者吉,势与形逆者凶。势凶形吉,百福希一。势吉形凶,祸不旋日。千尺之势,宛委顿息。外无以聚,内气散于地中。经曰'不蓄之穴,腐骨之藏'也。盖噫气为能散生气,龙虎所以卫区穴,叠叠中阜,左空右缺,前旷后折,生气散于飘风。经曰'腾漏之穴,败椁之藏'也。经曰:'外气所以聚内气,过水所以止来龙。'千尺为势,百尺为形,势来形止,前亲后倚,为吉藏也。"又曰:"占山之法,势为准,形次

之,方又次之。势如万马,自天而下,其葬王者。势如巨浪,重岭
叠障,千乘之葬。势如降龙,水绕云从,爵禄三公。势如重屋,茂
草乔木,开府建国。势如惊蛇,屈曲倾斜,灭国亡家。势如戈矛,
兵死刑囚。势如流水,生人皆鬼。形如负扆,有垄中峙,法葬其
止,王侯崛起。形如燕巢,法葬其凹,胙土分茅。形如侧罍,后冈
远来,前应曲回,九三棘槐。形如覆釜,其巅可富。形如植冠,永
昌且欢。形如投算,百事昏乱。形如乱衣,妒女淫妻。形如灰囊,
灾舍焚仓。形如覆舟,女病男囚。形如横几,子孙灭死。形如卧
剑,诛夷逼僭。形如仰刀,凶祸伏逃。牛卧马驰,鸾舞凤飞,腾蛇
委蛇,鼋鼍龟鳖,以水别之。牛富凤贵,腾蛇凶危。形类百动,葬
皆非宜,四应前按,法同忌之。”

对于形和势的运用,在北京宫殿式建筑中反映最为清晰。
故宫最高之建筑物为午门,高为35.50米。其次是九五之尊的太
和殿,高35.05米。天坛的祈年殿,高31.78米,时清营造尺等于
31.83米,恰合九十九尺九寸,均以百尺为限,合百尺为形也。而
三大殿之间的距离则是333米左右,合千尺为势也。

认来脉:一说到脉,人们习惯和龙字连在一起,合称“龙脉”。
实际上,龙和脉是两个完全不同的概念。山势蜿蜒起伏,左盘右
旋之势为龙。连接山与山,冈与冈之间似有似无的细而软、和而
缓、动而微的一线为脉。龙之好辨,而脉却难认。脉有生死。忽
隐忽显者、若断若续者、细软活动者为生,直硬粗顽者为死。能
认得气脉生死变化之真情,则任尔奇怪之穴,均目无遗漏矣。脉
之形象亦有数种,一种是可一望而知;一种是初看似无,细看实
有。也有可从本身看者,也有宜从对面或两侧面看者。凡穴之
有无,穴之真假,都要从来脉上讨消息。即使穴有千形万状,总
以脉之生死为主。萧明山《堪舆经》云:“怪穴须知脉不差,真龙
多有不生砂,粗顽脚觅灰中线,直硬旁寻草里蛇。头俯软腰腰处

点,身粗巧手手中拿,仰窝顿势从巅取,卸脉生唇去点荣。""动中观其脉,静中观其气,动静之机,气脉须明。势求动中之静,穴求静中之动。"何为动? 有脉则动,动处即脉。大凡结地,主山必成星体,中间微微起脊而落者谓之脉,细软而活动者也是脉。收而束细如丝如带者,谓之线脉。对于龙和脉之真假,本社已出版的《平砂玉尺经·卷二·审气篇第二》及其他章节中均曾详细介绍过,有兴趣者,可参阅。

【原文】势急从缓,势缓从急。

【注解】势急、势缓,是言山之形势;从缓、从急,是言立穴之法。势急者,来脉急促,山势峻峭也。大凡山势,直硬峻急者为煞,本无融结。若强于峻急处勉强凿穴,谓之斗煞,扦后主伤人、官讼、军配,立见兵火之灾,至凶。凡遇此形,如果山下有平坦之地,须离山较远处立穴,以脱煞气,谓之"脱煞穴"。廖公云:"气脉直来形势急,脱杀穴宜立。须知粘穴落平夷,休嫌穴水泥。"穴星形势峻急,左右低下,穴居低处,故曰"脱杀穴"。脱杀穴共有四格。如下面的图。

大凡势急脱杀者,多主先凶后吉,如《平砂玉尺经》第126面所举景春程氏祖地例,请参阅。

势缓者,来脉懒坦阔荡,散漫无气,若既无界水,又无突窝,是无融结。于此处下穴,主黄肿贫困,渐至绝人,不可不慎。如果行龙处略有收敛束气,且有界水环绕,即于紧贴收束之处立穴,若离收束处较远则为脱气,是谓势缓从急,又叫作"藏煞穴"。

【原文】如高山为主将也,高冈为主星也。惟喜来势雄耸,来冈廻远,顿峰轩昂,重矗秀丽,左右趋迎,宾主拱顾,生气魁曜,峙列巍峨之上,罗睺关杀环卫降伏之乡;风门水口,星卦比和,众将扶佐,诸凶潜伏。形势得此,为入格之地。

【注解】该段原文主要论述所择地之周围形势。主将即太

脱杀穴四格圆

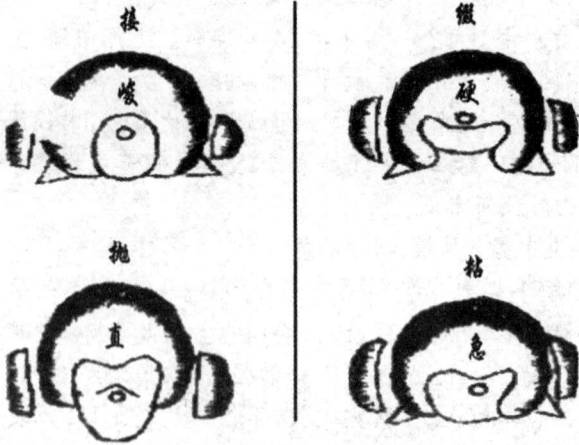

藏煞穴

此穴不饶减

祖山、少祖山;主星即父山;左右即护从、龙虎;宾主即朝案之山;

水口即下手砂及水口砂;魁曜即奴从。大抵阳宅和阴宅选龙、捉脉、护从、朝迎、水口、奴从,要求相同,惟到落头处有所分别。阳宅宜舒,故曰阳来一片;阴宅宜敛,故曰阴来一线。阴非一线而气不收敛,阳非一片而气不舒展。所以阴穴多取格局紧拱,入首处专以细巧为合法。阳基则重在形局宽大,落气隆厚,水城汪洋,或环抱,或倒合,或朝来绕后,来悠扬,去弯曲,缠护多在隔水,水口多在数十里外甚至二、三百里外。审其融结之法大率有二。一曰倒影。即到头五星中一星出面合格,面上一片铺出,中间无小水界破,渐铺渐平,渐高渐阔,缠龙二水夹之同行,到结局处非横则逆,众水不拘远近,皆为我用,此都会之结法。二曰冈阜。即到头一星出面合格,面上逐条抽出平冈,委蛇行走,便成冈阜之体,几条合聚一处,虽渐平阔,中间各条自有小水界开,终不似倒影一片铺成。及脱龙就局者,多是坐虚向实,背后反宽。此局大者如荆州、吴都,小者如歙县溪南吴氏,吉水桑园周氏之居,皆是前山后水之局。

　　总之,从风水学的角度看,某地的四周形势是判断该地吉凶至关重要的因素。大致说来,四周形势包括太祖山、少祖山、父母胎息孕育、龙之入首、龙之宾主、龙之护送、龙之奴从、朝案之山、下手砂、水口砂等。这些内容,我们在同类书《平砂玉尺经》和《水龙经》中都已详细介绍过了,请参阅。

　　星卦比和:卦是坐山之方,星是四周山峰高耸之方。此论属理气,有两种。一是以三合论,龙之生方、旺方、五行相比之方宜耸宜峙;死、墓、绝方宜低、宜伏。如甲山,甲属木,木生于亥,旺于卯,与乾丁乙寅比和,所以以上几方有山高耸,为星卦比和。木绝于申,死于午,墓于未,若这几方山低伏,是诸凶潜伏,均吉。如果生旺之方反低,死墓绝方高耸,则是吉神潜伏,凶神抬头,主凶。另一种是以九星生克论。如坎山,便以一白水入中,二黑土为杀飞乾,三碧木飞兑,四绿木飞艮,五黄土关煞飞离,六白金生气飞坎,七赤金生气飞坤,八白土杀气飞震,九紫火死气飞巽。依此,坎方、坤方之山高耸为星卦比和,乾、离、震、巽四方低伏为诸凶潜伏,以上均吉。相反,若坎坤方低而乾、离、震、巽四方高耸,则是诸凶抬头,主凶。

【原文】再得年月吉星照临,太乙、太阳合向合坐,二德、三奇临局临方,不避吉凶恶杀,大可兴工营造。

【注解】太乙:太乙是紫微垣中一小星,不能同太阳并论,故此处原文中太乙之"乙"字,当是"阴"字之误。太阴即月亮,可与太阳同论,故从之。陈希夷曰:"月者,阳中之阴也。其德至柔,其体至顺,其行天也,所以佐理太阳,验之夜影以为消息。月本无光,历日而有光,以不明之体言之,则纯阴。其行天之度,一月一周天,而与日会辰次之所,一年十二会,得三百五十有四日三百五十八分,而与天会,是为一岁也。日月会合之辰,三合所照之方,是为天德、月德之星。故三月建辰,其合申子辰,日月会于酉,出于庚,入垣于壬,故天德、月德在壬;六月建未,三合亥卯未,日月会于午,出于丙,入垣于甲,故天德与月德同在甲;九月建戌,三合寅午戌,日月会于卯,出于甲,入垣于丙,故天德、月德同在丙;十二月建丑,三合巳酉丑,日月会于子,出于壬,入垣于庚,故天德、月德同在庚。盖子午日月之始终,卯酉日月之门户,故分数独多"。《历府》云:"太阳每历于太阴所到之宫起初一,逆行十二宫,每一宫管两日,只有子午卯酉宫每宫管三日,看其所临之日,值何山向,便是太阴照临之所。凡百神杀尽能制伏。太阴乃是后妃之象,大能制伏九良星、小儿杀为吉也"。《象吉通书》云:"太阴乃星中后妃之象,德柔体顺,佐太阳以宣化,为万宿之母,到山到向能制凶杀,普化吉祥"。《千金歌》云:'更得太阴照坐处,致使生命添福泽。'入未宫为归垣,行月宿为升殿,吉。若遇月蚀，天变，凶。甲戌庚年化贵元，申子辰年化三杀，必合山命可用。太阴一时行一度，一日行十三度，一月行一小周天，六十年行一大周天。"

太阴行度过宫诗："欲识太阴行度时，正月初一起于危。一日常行十三度，五日两宫次第移。二奎三胃四从毕，五井六柳张居七。八月翼宿以为初，辰宫角度季秋游。十月房宿元作神，十一箕上细推寻。十二牛女切须记，斗母所临百事吉。"关于太阴行度及太阴临山本书上册第435面和本册第106面已作介绍，请参阅。

至于太阴与各星会合，因矩度不同，所以主应也不同，有兴趣者，可参考《果老星宗》，载之甚详。

太阳：俗有升玄太阳，乌兔太阳等名目，这里说的是真太阳。《象吉通书》云："太阳者，乃星中天子之星，德刚体健，为万宿之祖。使天无日则万古长夜，月星如无日则其体何光？"杨公云："当将历数放诸天，天上星辰万万千。绕到五更便皆没，惟有阳乌亘古今。请君专把太阳焰，茅屋光辉亿万年。七个太阳三个紧，中间历数第一亲。"故太阳至贵，到方到向大可扦立，三方对焰，亦可叨光。入午宫归垣，缠四日宿为升殿，用之尤吉。若于罗计同宫度为日蚀、天变，凶。丁巳年化禄元，六辛年化贵元，得之倍添福泽。丙戌年化刃，宜合山命为吉，不则凶。周天一十二宫，二十八宿总统三百六十五度四分之一，以应一年三百六十五日零二十五刻。即如旧年冬至日起至今年冬至日止谓之一年，是得其数也。太阳一日行一度，一年行一周也。十九年行一大周天。

太阳行度过宫诗诀："太阳行度不虚行，大寒六日宝瓶宫，雨水六朝亥上逢，春分七八才行戌，谷雨十朝过酉宫，小满十一临申上，夏至十日去寻未，大暑十朝骑马走，处暑十日入蛇乡，秋分十日龙潭底，霜降十四卯中央，小雪十三寅上去，冬至九日丑宫藏。此是太阳行度数，十六宫中不暂停。"

清《时宪书》中有"历数太阳过宫硬局"，摘录于下：

大寒五日，太阳到癸，十五日过子。立春太阳在子，十五日后过壬；雨水四日到壬，十五日过亥。惊蛰太阳在亥，十五日后过乾；春分六日太阳到乾，十五日过戌。清明太阳在戌，十五日后过辛；谷雨九日太阳到辛，十五日过酉。立夏太阳在酉，十五日后过庚；小满九日太阳到庚，十五日过申。芒种太阳在申，十五日后过坤；夏至七日太阳到坤，十五日过未。小暑太阳在未，十五日后过丁；大暑九日太阳到丁，十五日过午。立秋太阳在午，十五日后过丙；处暑十一日太阳到丙，十五日后过巳。白露太阳在巳，十五日后过巽；秋分十二日太阳到巽，十五日过辰。寒露太阳在辰，十五日后过乙；霜降十二日太阳到乙，十五日过卯。立冬太阳在卯，十五日后过甲；小雪十一日太阳到甲，十五日过寅。大雪太阳在寅，十五日后过艮，冬至七日太阳到艮，十五日过丑。小寒太阳在丑，十五日后过癸。详见第321面的表。

清《钦定协纪辨方书》有"太阳到方时刻表"，对每天太阳到方作了详细的记载，对择日取太阳到方很有帮助，本书上册第372面已介绍，请参阅。

太阳、太阴虽为召吉之神，但并非造命之神。吴景鸾曰："选择之良，莫如造命。"《天机歌》云："一要阴阳不驳杂，二要坐山逢三合。"首言均未言及太阳、太阴，所以选择时不能拘泥于太阳、太阴而忽视造命。先须要求课格于山家造主本命符合，后审太阳、太阴到方到向为佐助，此方为克择之善。如果专执太阳、太阴为吉，而不求其课格于山龙合不合，是因小失大也。此并非言太阳、太阴之不吉，而是要急在补山、扶龙，故不用太阳、太阴而获福者甚多，所以太阳、太阴不必过于拘泥。太阳到山，也有吉有凶，本书上册第434面已做介绍，请参阅。太阴到宫吉凶，亦仿此类推。故用太阳、太阴者,不可不慎。

月令	节气	太阳在方	节气均日	月令均日
正月	立春	壬山方	14.833 日	29.761 日
	雨水	亥山方	14.927 日	
二月	惊蛰	乾山方	15.044 日	30.215 日
	春分	戌山方	15.172 日	
三月	清明	辛山方	15.304 日	30.736 日
	谷雨	酉山方	5.432 日	
四月	立夏	庚山方	15.547 日	31.184 日
	小满	申山方	15.638 日	
五月	芒种	坤山方	15.732 日	31.433 日
	夏至	未山方	15.731 日	
六月	小暑	丁山方	15.723 日	31.405 日
	大暑	午山方	15.682 日	
七月	立秋	丙山方	15.606 日	31.111 日
	处暑	巳山方	15.505 日	
八月	白露	巽山方	15.384 日	30.638 日
	秋分	辰山方	15.253 日	
九月	寒露	乙山方	15.119 日	30.115 日
	霜降	卯山方	14.996 日	
十月	立冬	甲山方	14.889 日	29.692 日
	小雪	寅山方	14.803 日	
十一月	大雪	艮山方	14.745 日	29.694 日
	冬至	丑山方	14.719 日	
十二月	小寒	癸山方	14.725 日	29.489 日
	大寒	子山方	14.764 日	

二德:指天德和月德。

天德解释见本书上册第69面。古人选择日时,不仅重视该月天德所临之方,更重视飞宫天德。《郭氏元经》云:"吊宫天德到元宫,丁壬六月作于东。此为照处有余,间星辰恶煞凶。"其意六月天德在甲,如果丁丑年六月修造动工,以月建丁未入中顺布,则戊申在乾,己酉在兑,庚戌在艮,辛亥在离,壬子在坎,癸丑在坤,甲寅在震。震即东,天干甲,是丁壬年六月天德在东震,故云"丁壬六月作于东"。但须其方不能有恶煞,修造方主大吉。

依照此理,则各年各月飞宫天德均有其方,请参阅本书上册第80面的表。

月德:寅午戌月丙,申子辰月壬。亥卯未月甲,巳酉丑月庚。

月德的取法也是以月令为主,如寅午戌月在丙,申子辰月在壬等是。《钦定协纪辨方书》云:"月属于阴,阴没有德,以阳之德为德,属于阳天干的都是德。所以寅午戌月属火,就以天干丙火阳火为月德。申子辰属水,就以天干壬水阳水为月德。亥卯未月属木,就以天干甲木阳木为月德。巳酉丑月属金,庚为阳金,就以庚为月德。"月德为五行之旺处,故有召祥纳福之效。《郭氏元经》云:"官吏修之职位迁,庶民亦主进庄田"。所以古人也非常重视此神。

古人选择不仅重视月德所临之方,更重视飞宫月德所临之方,请参阅《郭氏元经·月德篇第十五》。

三奇:语出《奇门遁甲》三奇六仪之说。《通书》曰:"天上三奇乙丙丁者,出于贵人之干德,游行十二支辰。以阳贵顺行,则乙德在丑,丙德在寅,丁德在卯,三干之德相连而无间断。以阴贵逆行,则乙德在未,丙德在午,丁德在巳,亦相联而无间断。又以其随贵人在天,故谓之天上三奇,能制煞发祥。中宫坐向得之,上官、嫁娶、入宅、移居、修造、营葬并吉。"《奇门遁甲》则以三奇配日、月、星三象,以乙为日奇,丙为月奇,丁为星奇。日乃太阳,月乃太阴,星乃晓星,各有隶时。太阳利日,太阴与晓星利宵。有诗曰："飞天宝宿号三奇,立向安坟且要知,修方若得奇临位,山头坐向一同论。若遇三奇到坐向,兴工起造任意为。不避流财诸恶煞,官得太岁尽皈依。更得奇星临对照,令人富贵足丰衣,此是丘公真口诀,千金不可与人知。"三奇如何推演,请参阅《璇玑经·三奇发用第十》。

三奇到山到向,是否皆主吉庆? 也有人提出异议。他们认奇门专为用兵布阵而设,与修方造葬之期并不相关。并云:"天上星光莫有大于太阳者,若谓太阳到,奇门不到,而太阳不足用,则是奇门反重于太阳噫! 多见其不知量也。"兹举二例说明。

例1. 黄姓自负精于奇门,于庚申年九月丙午日庚寅时入宅,丙火生寅旺午,住宅向午,本命庚午,与日支相刑,谓之旺处自刑,杀临旺位,极则有变。盖丙火有炎炎之势,属火星,其色红赤,其味苦焦,为毒药。宅主与日月时三合寅午戌旺火,应离卦,离为中女,其家次妇有外心,与众同谋,以毒药毒死宅主。古云"万事喜逢三六合,合中带杀蜜中砒"。此凶神带杀逢合,又日犯岁君,死伤立见。庚午以丙午为七杀自刑,丙火克庚金,午火克申金,凡午命庚申年不可用丙午日,岂闻戌日以丙午火为天德乎? 天德、月德尚不能化解,何奇门哉? 是奇门虽到亦徒然矣!

例2. 王姓自擅精奇门,于戊午年五月造午山,取四戊午,名天地同流格。殊不知误用太岁重刃、都天大杀、岁刑等凶神,官非破败,人丁死伤,此乃知其一不知其二者,安得泥一奇门死板法,而全不讲七政干支耶!

【原文】更取吉星之山冈、水路立向,及生方开池穿井,置立门路,主三十年后大发,世代荣华。

【注解】此说亦有二解。一是以三合论。如申子辰坤壬乙六山属水,以申方为生方,以子方为旺方,亥方为临官之方;如果坐方是此六山,则宜在申、亥、子方纳水、立向、开池、穿井、开门、行路,主吉庆。如果在辰巳墓绝方纳水、开门、行路反凶。余十八山同论。另一种是以九星吊宫论。如离宅,则以九紫火入中顺布九星,一白水杀气到乾,二黑土泄气到兑,三碧木生气到艮,四绿木生气到离,五黄土关杀到坎,六白金死气到坤,七赤金死气到震,八白土泄气到巽。因生旺之气在艮离之方,所以开门、行路、穿井、开池宜在此方,主吉庆。余方则不吉。

【原文】 若本山低陷,关杀高昂,水口笑开,明堂倾塞,卦爻驳杂,形势散漫,气色萧然,立见灾祸。三十年后败,七十二年绝嗣。祸福无门,惟地所主。故吉人天相,凶人鬼相,趋避之道,可不慎欤?

【注解】 本山:以阴宅论,是指穴后之山。穴后之山为主,为尊,所以宜耸,宜有尊严,宜有王者之势。余山皆为奴从,为护送,为主山所用之山,故宜低伏。相反,如果主山低陷,护从反高耸,是主弱宾强,奴欺主之象,故为不吉。有些较大的阳宅,宅后亦有主山,如北京故宫后之景山,山中寺庙后之主山等皆是。阳宅之本山则是指坐山之方的房屋。坐山之方为一宅之主,为尊、为君,左右厢房及前庭为从、为卑、为臣。所以主房宜高,从房宜低,是君臣之礼周到,君臣之位端肃。相反,若主房低而左右厢房及前庭高耸,则是臣欺君,奴凌主之象,故凶。

关煞:关煞之方因派系不同,故方位亦不同。三合派是指死绝方,如坎山为水,辰戌丑未之方为杀,巳午方为绝,以上之方高耸者是。九星吊宫之方是以克山之星所飞之方为关煞。如坎宅,一白入中,二黑土飞乾,八白土飞震,五黄土飞离,此三方土克坎宅,故为关杀方。玄空飞星派则是分别以山向之星入中飞布,以死绝之气临方为关杀。另还有以八曜、黄泉、天星等论杀方者,不再一一细举。

水口笑开:其说有二。一是指水形,如水来时屈曲之玄,缠玄武,绕青龙,但一到穴前,非直泄而出,即斜飞反跳而去,看似有情却无情,为水口笑开。二是水口无捍门,无下手砂兜收,一片空旷,龙气走泄;或虽有下手砂、捍门等,但反身向外,其情不向穴,也是水口笑开。均主龙气走泄,不可立穴安宅。

明堂倾塞:倾是陡倾斜坡,塞是堵塞。明堂即穴前空地,有内明堂和外明堂之分。内明堂不宜太阔,太阔则旷荡,不藏风;也不可太狭,太狭则气局促;宽狭适中,平坦方圆端正,不卑湿,不欹侧,不生恶石为合格。外明堂则宜宽展,不可窄狭,四山围绕,略无空缺,来去之水屈曲为外明堂之善;若明堂陡峻倾泻,破碎倾斜,逼窄堵塞,均为明堂不善,下后必凶。举二例说明。

例1.见本社已出版的同类书《平砂玉尺经》第357面和《水龙经》第119面所举"常山詹氏祖地"例。

按:此穴明堂倾泻,本主不吉,筑坝蓄水以聚气,化凶为吉。

例2.见本社已出版的《平砂玉尺经》第391面所举"南昌陈探花祖地"例。

按:筑坝者,堵塞明堂也,故败。

卦爻驳杂:一周为三百六十度,以八卦之分,每卦四十五度。一卦统三山,所以每个山向占周天一十五度。如果所扦之地,其正针在该山正中九度的范围中,叫作正下。若出了九度的范围,就叫作出卦,该山之卦爻就是犯了驳杂。如果出卦之方在同一方卦之中,叫作"阴阳差错"或"小空亡"。如子山兼壬或兼癸,壬山兼子,癸山兼子等,虽出卦,尚均属坎卦,爻虽驳杂而卦尚未杂,故叫"阴阳差错"。如果所兼度数超出本方之卦,则叫"大空亡"。如癸山兼丑,癸为坎卦,丑为艮卦者是。大凡不论犯"大空亡"还是犯"小空亡",都是卦爻驳杂,轻者进退维谷,夫妇失欢,主从不洽,兄弟不和,主张错乱,意见分歧,易发生冲突。重者夫妻离异,无子绝嗣,服毒车祸,非横不断。

七　　八 九　　六 二	三　　三 三　四　二 七	五　　一 二　　一四 九
六　　九 一　　五 一	八　　七 八　七 三	一　　五 一　六　九 五
二　　四 五　　一 六	四　　二 三　　三 八	九　　六 七　　八 四

如上海大南门外某学校新校舍，三运子午壬丙骑缝山向，犯了空亡。自落成后运用至今，是非横生，无论何种人才为之支持，鲜能始终其事，无不陷于进退维谷之窘境。非但共事人难求精神一致，即各人主意亦难坚持到底，成为前后不能相顾之状。何以故？因受阴阳夹杂之宅气浸润薰染所致。除住在东南或西南，东北或西北四隅者，心地较为清静，颇有令闻，余处多歧少吉，教育事业远逊畴昔。即在学校四周几多住宅，亦犯空亡之病，而有宗旨不定，骨肉不和，夫妇失欢之事。沈祇民先生批曰："空亡向针落骑逢，恍惚人在飞艇中。"

散漫：懒坦阔荡者是。立穴贵宜收敛束聚，若穴场懒坦阔荡而无界水，又无突、窝，则必无真结作，误下之，主黄肿贫困，渐以绝人。

气色萧然：气有生有死。经云："色泽鲜灵则气旺，色泽枯老则气死。"其山破碎巉岩，粗顽硬直，石性杂乱，土色干枯，草木稀少，谓之死气；而山峦挺拔、秀丽尊严、开面向人、屈曲活动，草木郁郁葱葱，色泽滋润者为生气。然气之生死，全在神之有无。气者神之显，神者气之先。《人子须知》一书中认为：山粗恶者其气暴，山单寒者其气微，散漫则气亦散漫，虚耗则气亦虚耗。故其山单寒、臃肿、虚耗、瘦削、散漫、幽冷、软荡、尖细等，均属无神无气，即气色萧然。

单寒者：孤山独枕，四面无从，或临穴孤露而不藏聚者也。杨公云"龙怕孤单穴怕寒"，故立穴处贵其周密暖固，而忌其单露孤寒。凡孤寒之穴，主贫穷孤寡，渐以绝灭，不止门户衰薄而已，此为最凶,不可不慎。其有大龙独高,入首结穴,而穴间开窝钳自能卫穴,不受风吹,又不以此拘。

臃肿者:星辰粗臃肥肿,而不开钳窝头面也。凡穴贵其星辰开面,如人有眉目光彩,忌其臃肿粗饱,散漫蛮丑。若误下之,主凶祸立至。

虚耗者:龙气虚耗而蛇鼠因得之以伤耗者也。盖生气融聚之处,其地坚实物固,无能伤耗之矣。惟其虚浮,故蝼蚁蛇虺狐鼠之属得以穿漏出入,发泄地脉,主虚耗而不可用也。蔡文节公曰:"诸家葬书不以蛇窜蚁穴为戒,而时俗辄以掘地得生气之说皆非,卒以取祸,此确论也。"也有一等地脉温暖而有生气,物如龟、如蛇、如禽、如兽者,自是不同穿窠窦而在数尺之下耳,亦只一二枚,多则凶。其有穿为灵窟空窿者,皆有凶无吉。据说,元末天台方孝儒未生时,其父为葬其祖而选一地。将葬前,夜梦一朱衣人曰:"闻执事尊翁之藏于某山,此原吾九族之居已数百年,子孙繁衍不知其数,望拟事再缓二月,吾当避之。"言讫即去。次日起工,成一穴,阔六丈许,中有赤蛇千尾,其长数尺,盖梦中之赤衣者。先生之父素不信鬼神之事,令积薪红火焚之。有烟一道直指先生家。是时其母已妊,数月生焉,其状甚异,舌能入鼻,幼聪颖,后官至学士,因尽忠于建文帝而遭赤九族,此蛇之报应耳。虽为传说,但穴中蛇聚,召奇毒之祸亦为一说。

瘦削者:当穴处山形不肥彩,而弱瘦薄削也。廖氏云:"弱是瘦峻增,诚以龙气微弱,如人气血衰败而形貌萎瘦耳。"此等山形不须寻地,纵是入格之龙,亦只是神棲之地也。

幽冷者:阴幽寒冷之地也,主养尸不坏,虽百余年开棺如生,面不改色,皮肤莹嫩,露风之后始变色也。大凡养尸之地,乃是龙无真脉,山无正穴,而葬处脱脉无气,只是四山高障,不受风吹,此乃阴寒凄冷,故能养尸耳。此类地冷气浸尸,尸虽不化而魂骸不宁,岂人子安亲之心哉?且感召生人不生子嗣,或生而不育,渐至绝嗣,又岂人子孝亲之心哉?

尖细者:当穴之处尖锐微细也。荣氏云:"枪头莫下,鼠尾休扦。"以其尖细微弱,生气不钟故耳。却有大山撒落平坡,气聚尖头者,要尖处起突,复有钳口,有包裹方可。

荡软者:当穴处塌阔荡旷,软如牛皮,懒坦者是。立穴处宜束聚,束聚则有生气,忌其荡软,荡软则是死块,不可扦穴,平地最忌。若误下之,主水浸尸骨,家厄消耗,人丁乏绝,至为凶恶。如平中有突,或平中开钳口,又是水散中有聚,不以此论。

《人子须知》卷十六中载有"弘师三十六绝穴""刘白头十般无脉绝""洪悟斋二十四杀穴""张真人穴法之十六怕"等节,都是言无神无气之凶穴,有兴趣者,可以参考研究。

【原文】若生气星峰更合关煞星峰,名善恶相半,纵为官不善终,虽富厚不忠孝,家门不正,心术不良。若行生气方门路,饮关煞方水,作关煞方灶,及房厕动用之类,虽富贵主子孙必带恶疾,更生恶心,毫发不爽。是书久秘人间,兹悉心演出,业是书者,其待人而行哉。

【注解】生气者,生我之方也。关煞者,克我之方也。如巳酉丑巽庚癸六山属金,金生于巳,但巳中有丙火,且巳方又为兑方庚酉辛三山的杀曜方,如果庚酉辛三山巳方星峰高耸,是生气与关煞同宫。又如亥卯未乾甲丁六山属木,木长生于亥,若坐山属丁,亥方星峰高耸,虽木生于亥,但亥中有壬水,又是离方之杀曜方,也是生气与关煞同宫。此是以三合论。若以吊九星之法论。如坎山属水,以六白、七赤金所临之方为生方,二黑土、五黄土、八白土所临之方为杀方。今以一白入中,六白飞坎,金水相生,是正生气。然七赤临坤,七赤为生气,坤土为杀气,是生气与关煞同宫。余山类推。

紫白原本连山洪范论

【原文】北方九九八十一气,除一白得八十数,故甲寅辰巽戌坎辛申八山属水。水为气君之长,外有一白。

南方七七四十九气,除九紫,余得四十数,故离壬丙乙四山属火。火气者,气君之长,外有九紫。

东方三十四气,除四余得三十数,故震艮巳三山属木。木气臣之稚,合天三生木之数。

西方二十六气,除六余得二十数。二黑戊土得禄于巽巳,金气生巳,故得巽四绿之气,而兑丁乾亥四山属金。

冬生春,春生夏,夏不能生秋,故金资戊土禄处以寄生。

中央地气,辰戌丑未,地承天数,该气一伯,每墓分数于五,四墓皆五气,五五二十五,故丑癸坤庚未五山属土,而土又五行之尊,故五黄居中。

又西北六白得六气,正北一白得九气,东北八白得八气,正南九紫得七气,皆孕气盈复,综之六六三十六,九九八十一,八八六十四,七七四十九,故六白、一白、八白、九紫,皆为吉也。正西之七赤得一气,正东之三碧得三气,综之成九;西南之二黑偶之为四,东南之四绿综之为十六,其气皆不足分,借中黄一伯气成。兑一借中二十五成二十六,震九借中黄二十五成三十四,巽十六借中黄二十五成四十一,坤四借中黄二十五成二十九,故赤碧绿黄黑皆不足为吉也。

是书布洛书之方位,遁气化之周流,首论山白,次论宅白,又次论年月日时之白,以备选择之用。运以月建,错以九星,综以五行相生相克,而吉凶悔吝生焉,祸福定焉,皆古先哲之妙用。而《时宪书》所载年图、月图悉原本于夏易连山洪范也,志斯道者,讵可忽诸!

（以下为原书此两面书眉注文）洪范五行:甲寅辰巽大江水,戌坎申辛水亦同,艮震巳山原属木,离壬丙乙火为宗,兑丁乾亥金山处,丑癸甲庚未土中。

【注解】连山:语出《礼记·春官》:"掌三易之法,一曰连山,二曰归藏,三曰周易。"郑锷曰:"连山以艮为首,夏人之易,其卦艮上艮下,故曰'连山',言如山之相连也。"有人认为连山易为黄帝所作,因黄帝起于连山,连山居艮方,故曰"连山易",且以艮为首。也有人认为系五代或宋所作。因连山已佚,故后世说法不一。连山易卦的特点是以艮为首,可详参南宋朱元升《三易备遗》一书,中有"先天连山易"三卷。

九九八十一等说源于五音六律。《史记·索隐》说:"宫者,黄钟为律之首,宫为五音之长,十一月以黄钟为宫,则声得其正。黄钟之长,为八寸十分,则宫为八十一。其原因则是"黄钟为宫,宫为音首,一阳之律也。阳生于子,而数始于九,因而九之,九九八十一,而黄钟之数立焉。"而后以黄钟(子坎)为基数,用三分损益法而得其数。

洪范五行:洪范五行与正五行悖逆甚远,诸解纷纭,各执一说,本书亦一理,但其实难说清,为明其义,特介绍几说如下。

明万育吾在《三命通会·论河洛及洪范五行》一节中说:"古者庖羲氏之王天下也,则河图以作八卦,故序乾坤震巽坎离艮兑之名,设天地日月风雷之象。《系辞》曰:'天地定位,山泽通气,雷风相薄,水火不相射。'八卦相错,八卦成列,而二十四位同行乎其中,以阴阳消息验之。八卦之变,甲本属木,纳卦于乾,乾与坤交,以坤之上下二爻交换乾之上下二爻,化成坎象,甲随坎化,故属水也。乙本属木,纳卦于坤,坤与乾对,以乾之上下爻换坤之上下爻,化成离象。乙受离化,故属火也。丙本属火,纳卦于艮,艮与兑对,以兑之下爻交换艮之下爻,化成离象。丙受离化,故属火也。丁本属火，纳卦于兑，兑与艮对，以艮之上爻交换兑之上爻，化成乾象，丁受乾化，故属金也。庚本属金，纳卦与震，震与巽对，以巽之下爻交换，化成坤象，庚受坤化，故属土也。辛本属金，纳卦于巽，巽与震对，以震之上爻换巽之上爻，化成坎象，辛受坎化，故属水也。壬本属水，纳卦于离，离与坎对，以坎之中爻交换离之中爻，化成乾象，壬受乾化，本当属金，纳于离火，火焰金销，不能退立，而自附于离火立焉，故属火也。癸本属水，纳卦于坎，坎与离对，以离之中爻交换坎之中爻，化成坤象，癸受坤化，故属土也。此八干纳卦之变，如乾坤上下二爻交者，取象于否泰之义，故曰'天地定位'。震艮以上爻交于巽兑，巽兑以下爻交于艮震者，取象于咸恒损益之义，故曰'雷风相薄，山泽通气'。坎离以中爻交于乾坤，乾坤以中爻交于坎离，取象于既济未济，故曰'水火不相射'是也。八卦有变不变，乾坤本乎金土而不变者，乃阴阳之祖宗，众卦之父母也，退身于休明之地，老亢而不变也。坎离震兑，位乎四正，金木水火而不变者，以子午卯酉四位各专四旺之地，宣布四时之令而气化行焉，故不变也。艮巽用变者，艮土易位于坎震东北之界，处身于衰丑病寅之间，思于更相代立，自然成山而化木也。巽木易位于震离东南之界，立身于衰辰病巳之间，不能自立，反归于水。辰为墓地，故辰巽皆水也。亥本属水，因金以生乘代金立，故亥属金也。寅本属土，因水以生乘代水立，故寅属水也。巳本属火，因木以生，乘震代震之立，故巳属木也。申本属金，水生于申，金助水势，故申属水也。辰戌丑未五方五土之神，分为四季，作造化甄陶之主，为厚载之质，本不可变，因土以生木，木附于土，夺土一半为水，水动土静，辰戌阳之动也，故属水。丑未阴之静也，故属土。化气五行所取之由，大率类此。盖天地交而万物通，上下交而德业成，男女交而志气同，古往今来，未有不交合而能成其造化者也。衰病代谢,未有不自继禅乘代而能致化机之运者也。故洪范大五行所以云:'乙丙离壬南炎火,乾亥兑丁从革乡。丑癸坤庚未稼穑,震艮巳位曲直装。甲子寅申巽辛地,辰戌皆同润下行。'凡看人命,如遇甲乙丁庚辛壬癸干居于乾艮巽坤之乡,又当以所变者而论之,与十干化气,六十纳音、纳甲相参互看,不可只以河图正五行论命,而曰'子平法'。如此世之谈命者,所以多不准也。"

按:此论主张推八字立命,亦参考洪范五行。

《地理大成》认为:"洪范者,即正五行,即正五行而进推本初之气者也。子午卯酉五午之正位,故无变。卯为木,木必藉水,故甲变水。酉属金,金必藉土,故庚变土。午为火,火不必木生而生于日之光,故丙为太阳之火。子为水,水不必藉金生而反根于火,水不得火则寒冻而冰死,故壬为水中之火。卯为木,木旺则喜生火,故乙为火。酉为金,金旺则喜生水,故辛为水。午为火,火旺则喜熔金,故丁为金。子为水,水旺无土则散,故癸为土。此十二位皆以八干辅成四正之气,其中水火异于金木者,金木以形用,其理易直;水火以神用,其妙奥曲也。四生者,四正之始气。水之始本于金,故亥是金。木之始本于水,故寅是水。火之始本于木,故巳是木。金之始本于土,而申不变土而变水者,燥土不生金,土必得水而生金,水实金之始气,道家所以水中求金,故申是水也。四墓者,四正之归气,万物生则向上,归则向下,在下之物,水土是也。火归于土而灰,水归于土而涸,故丑未为土。金出于土,不复归于土;木出于土,亦不能归于土,故同归于水。金入水则沉,木入水则朽,故辰戌为水也。四维者,四方之交也。乾本生北水之金,坤本生西金之土,二老也,故不变。艮居水木之交,受水以生木,而土不能生木,故从而变木。巽居木火之交,木固能生火,而火实根于水,盖坎中之阳为火根,离中之阴为水根,水火互为其根,故巽变水以为火根也。"

储泳在《祛疑》中说:"自古所用大五行,虽郭璞《元经》亦守其说,谓之山家五行。……深思其理,求之太乙统纪之数而不可得,求之皇极先天中天之数而不可得,反而求之卦画,于是得其说也。分列于后,庶几易见。

乾卦纳壬甲,乾为天,天一生水。

水 戌,壬戌水。子,坎正卦。寅,甲寅水。甲,甲属寅,乾卦纳甲。辰,壬辰水。巽,壬辰水,巽隶辰。申,甲申水。辛,乙酉水,辛属酉。

戌属乾,自戌顺一周匝,至辛而极,乾阳极而变坤,故辛纳乙。坤纳乙癸,坤为君火。

火 午,离正卦。丙,乙巳火,丙属巳。乙,卦坤纳乙。壬,乙亥火,壬属亥。

坤用乙而不及癸者,六癸皆不化火也,癸却自化木。

木 卯,震正卦。艮,癸丑木,艮属丑。未,癸未木。巳,己巳木。

按:此以"艮震巳未曲直应"而排,云郭璞原本之意,后误为"震艮巳位曲直装"。

金 酉,兑正卦。乾,庚戌金,乾属戌。亥,辛亥金。丁,兑卦纳甲。

土 坤,本官正卦。丑,辛丑土。癸,庚子土,癸属子。庚,戊申土,庚属申。

乾用壬申而生水,坤乙生火而癸生木,各主八位。乾坤用足,继以长男长女,庚辛运化,金土攸定,五气叠布,造作之功备矣。本以卦画象数参之六十甲子,始得窥其立法之端倪。不悖经旨,允合象数,后有明者,不易吾言矣。"

《神煞起例》曰:"晋赵载注《郭氏元经·山家五行篇》,不用五行而用洪范,可见其传已久。或谓始于唐时一行禅师者,妄也。郭赵诸公用之而未尝解释其意,逮元季无着大师,始有紫白，原本《连山》《洪范》论，以洛书方位生成奇偶之象定五行而分吉凶，又皆引而不发，人莫能解。后进楚江万民英所注《三命通会》，论河图及洪范五行颇有发明，其言曰：'古者庖羲氏之王天下也，则河图以作八卦，故序乾坤坎离震巽艮兑之名，设天地日月风雷山泽之象。'《系辞》曰：'天地定位，山泽通气，雷风相薄，水火不相射。'八卦相错，八卦成列而二十四位同行乎其中。迨夫以阴阳消息验之，八卦之变，甲本属木，纳卦于乾，乾与坤交，以坤☷之上下二爻换乾☰之上下二爻，化成坎☵象，甲随坎化，故属水也。乙本属木，纳卦于乾，坤与乾对，以乾☰之上下二爻换坤之上下二爻，化成离☲象，乙受离化，故属火也。丙本属火，纳卦于艮，艮与兑对，以兑☱之下爻换艮☶之下爻，化成离☲象，丙受离化，故属火也。丁本属火，纳卦于兑，兑与艮对，以艮☶之上爻换兑☱之上爻，化成乾☰象，丁受乾化，故属金也。庚本属金，纳卦于震，震与巽对，以巽☴之下爻换震☳之下爻，化成坤☷象，庚受坤化，故属土也。辛本属金，纳卦于巽，巽与震对，以震☳之上爻换巽☴之上爻，化成坎☵象，辛受坎化，故属水也。壬本属水，纳卦于离，离与坎对，以坎☵之中爻换离☲之中爻，化成乾☰象，壬受乾化，本当属金，纳于离火，火焰金销，不能退立而自附于离火立焉，故属火也。癸本属水，纳于坎，坎与离对，以离☲之中爻换坎☵之中爻，化成坤☷象，癸受坤化，故属土也。此八干纳卦之变，其爻之交换，虽有不同，而要各有取义。如乾坤上下二爻交者，取象于否泰之义，故曰'天地定位'。震艮以上爻交与巽兑，巽兑以下爻交于震艮者，取象于咸恒损益之义，故曰'雷风相薄，山泽通气'。坎离以中爻交于乾坤，乾坤以中爻交于坎离，取象于既济、未济，故曰'水火不相射'是也。（至八卦所属之五行变不变虽有不同，而亦各有取义。）乾坤本乎金土而不变者，乃阴阳之祖宗，众卦之父母也，退身于休明之地，老亢而不变也。坎离震兑位乎四正,金木水火而不变者,以子午卯酉四位各专四旺之地,宣布四时之令而气化行焉,故不变也。艮巽用变者,艮土易位于坎震东北之界,处身于衰丑病寅之间,思于更相代立,自然成山而化木也。巽木易位于震离东南之界,立身于衰辰病巳之间,不能自立,反归于水,辰为墓地,故巽辰皆水也。亥本属水,因金以生,乘代金立,故亥属金也。寅本属木,因水以生,乘代水立,故寅属水也。巳本属火,因木以生,乘震之衰,代震而立,故巳属木也。申本属金,水能生申,金助水势,故申属水也。辰戌丑未五方五土之神,分为四季,作造化甄陶之主,为厚载之质,本不可变,因土以生木,木附于土,夺土一半为水,水动土静,辰戌阳之动也,故属水;丑未阴之静也,故属土。化气五行所取之由,大率类此。盖天地交而万物通,上下交而德业成,男女交而志气同,古往今来,未有不交合而能成其造化者也。衰病代谢,未有不继禅乘代而能致化机之运者也。故洪范为大五行,凡人命遇甲乙丁庚辛壬癸干居于乾艮巽坤之乡,又当以所变者而论之,与十干化气、六十纳音、纳甲相互参看,不可只论正五行。”

《钦定协纪辨方书》引医书例云:“五脏皆一而肾独有二,左为肾而藏精,右为命而藏气。神依气立,故曰神门,配壬子之水。是以人之精败者必左瘫,气败者必右痪。两肾各有所主,故其病亦各有所归。壬子一位也,子属水而壬属火,左肾配子,右肾配壬,子水为精,壬火为神,五脏犹五行也,六腑犹六神也。……壬火子水之说,近取诸身,理尤甚明。”

《钦定协纪辨方书》还认为,《地理大成》之论牵强支离。《神煞起例》中壬不从金之说不合。储泳之说虽超出两家,但癸化木一语,究无着落。故另解释曰:“葬藏于土,而土气之生死在水,故论正五行止有水土二行,其金山、火山、木山云者,皆言其形似而非真也,所以不用。而此《洪范》五行之说,水居八而土居五,为独多也。坎水、离火、兑金、震木、乾金、坤土，《神煞起例》谓其不变是也。顾其余者，亦各从方位，实有之。五行而抉其幽元之义，要亦不得谓之变也。艮统丑寅其方为木之始气，故为木。巽统辰巳，其方为水之尾闾，故为水。然艮方本土也，巽方本木也，故丑为土而巳为木。震统甲乙，兑统庚辛，木金之全局也。震为木，木之为行也，其滋膏皆水而生气皆火也，是故始于水而终于火。其始必由雨露之泽焉，其终往往出火以自焚，故甲水而乙火也。水者，震之所以为龙也；火者，震之所以为雷也。兑为金，金之为行也。水土之所际，由水土相比，久而成石，石乃生金，金生而泉发，是故始于土而终于水，其始必土，其终必水，故庚为土而辛为水。其土也，兑之所以为刚卤也；其水也，兑之所以为泽也。坎统壬癸，离统丙丁，水火之全局也。坎为水。四兽北方有两龟为水，而蛇为火，是以壬纳于离火又比于土地中之水，离地即失其性。癸，地中之水也，故壬为火而癸为土。离为火，火能成金，无火则金终埋于土，是以丁为庚夫，而兑纳丁。丙者，日也，八干之中，唯丙当于乾坤同例，故丙为火而丁为金。日月与乾坤同，而专言日者，辛为月，月为水，辛固水也。若夫寅之为水，则以地不满东南，自析木之津以达于巽之地户，皆积水之区所，为尾闾泄之，不知何时已者也，故寅甲辰巽皆水也。若夫亥之为金也，则以天不满西北，自少昊之墟以至于亥之天门，皆积山之区，山者石而石者金，故兑乾亥皆金也。金积于西北，而水盛大于东南，海为百川之朝宗，而河为源焉，祭川所以先河后海也。河源出于昆仑，戌位也，故戌为水也。《史记·天官书》曰：‘汉者，其本曰水。’《河图括地象》曰：‘河精为天汉。’《唐书·天文志》曰：‘北斗自乾携巽为天纲，云汉自坤抵艮为地纪。’然则寅申者，水之始终也，故寅为水而申亦水也。要而论之，皆幽元之义，实有之理，而非或变不变，任人造作者也。”

　　综上所解,连同原书之论,均属牵强,亦难令人信服,故为许多地理家所鄙弃,称其为"灭蛮经",而我中华之人则弃之不用。

　　蒋大鸿在《平砂玉尺辨伪》中说:"我愿世之学地理者,山龙只看结地之五星,平壤只看水城之五星,此乃五行之真者。苟精其义,虽以步武杨赖,亦自不疑。至于方位五行,不特小玄空生克出入,宗庙洪范、双山三合,断不可信。此关一破,则正见自开,邪说尽息,地理之道,始有入门。"徐善述兄弟在《人子须知》一书中说:"宗庙洪范五行,以甲寅辰巽戌坎辛申为水,艮震巳为木,离壬丙乙为火,兑丁乾亥为金,丑癸坤庚未为土,乃颠倒五行之法。按吴国师仲祥进呈表谓,用之以审山音、推变运而已,故曰五行之山运有准也。术家误用,以论水法则谬矣。且其谬之九星相配之法,以五行之墓库,起一位为破军,次四位为禄存,次四位为贪狼,次四位为文曲,次四位为武曲,次一为左辅,次一为巨门,次一为右弼,而最后之四为廉贞,并顺左而旋。凡水之来遇贪巨武辅弼之五者为吉,而收水亦以之;遇禄文廉破之四者为凶,而放水亦以之。如甲山属水,水墓在辰,辰即为破军,巽巳丙午即禄存,丁未坤申即贪狼,庚酉辛戌即文曲,乾亥子壬即武曲,癸即左辅,丑即巨门,艮即右弼,寅甲卯乙即廉贞。而其安排九星亦且变乱,盖其序本'贪巨禄文廉武破辅弼',今乃乱之而曰'破禄贪文武左右巨廉',其间多寡乃复不论,抑又何据耶?蔡西山曰:'野俗之书,专论坐向水路之星辰,其星辰又取之于北斗之九星,更无义理。'曾葛镖曰:'验之仙踪,亦多不合。'大抵立言著述,徇理而非徇人,彼升玄者,古称术仙也,乃曰合八卦,依八卦下合破卦,依破卦下合阴阳,依阴阳下合宗庙,依宗庙下要须通变,不可执泥,噫是何言哉?诚如其说,则风水不过听其遭遇,本无依据耳!"

　　魏青江在《阳宅大成·问诸家五行》中说:"五行至今,纂乱之甚，以木为土，以金为火，以土为木，以火为金，以水为火，一行而五行俱化，更有化阴阳日月风雷雨者，凡几变，连本身共四十五行。有奇人各一家，家各一例，其言曰：'识得五行颠倒颠，便是大罗仙。'嗟乎！谈空之言，以正五行为仇雠，遇有言正理者，必群相非笑，目为迂板，虽圣人复出，亦难滔滔者变也。忽而翻天大五行，忽而四经五行，忽而大玄空，忽而小玄空，忽而洪范，忽而先天，忽而捏斗首五行，忽而撰空灵五行，忽而天元五行，忽而地元五行，十一曜五行，六经五行，八正五行，天卦五行，地卦五行，三才五行，分金五行，卦例五行，种种名色不下数十。自晋及唐滋甚，至宋又渐增至三十二个五行，元明又渐增二十六个五行，数百年后不知更当如何之多也！……如一甲木也，纳甲以之属金，洪范以之属水，四经以之属火，斗首以之属土，元空以之为木，空灵又以之属金，一行而五行分乱。若依诸家五行，则阴阳互易，生克悬殊，虽欲为人造福，安可得乎？洪范即'洛书甲寅辰巽大江水，戌坎辛申一同推，艮震巳山原为木，离壬丙乙火为宗，兑丁乾亥金生处，丑癸坤庚未土中。'明系后人平仄压韵音之歌，禹箕洪范之五行未必如是。如云'艮土处衰丑病寅之间，思欲更相代立，故自然化木，变为官鬼；巽木处衰辰病巳之间，不能自立，反归于木，就变为父母；申本金，因水生于申，故属水，变为儿子。巳火因木所生，故属木子也，而变为父。甲寅巽，木也；辰戌，土也；申辛，金也；齐变为水者，以甲寅、甲申、壬戌、壬辰、癸巳、乙酉纳音属水也；艮，土也，巳，火也，皆变为木者以癸丑、己巳纳音属木也。诸如此类，矫糅造作，无一处不牵强，迂非天地自然之气化，离经叛道，违背《时宪》而愚民深信不疑，以致漫衍于世，悲夫！"

　　细究洪范，其理实非，故凡看阴阳二宅实例者，从未见一例依此而论吉凶，故不可不慎！

山头白星起例

【原文】子山一白是贪狼，丑艮八白定分明。

卯龙三碧天罗起，辰巳四绿地都寻。

午山应龙是紫布，未申二黑地福星。

酉龙七赤推天计，戌亥六白地尊星。

如酉山龙，即以七赤入中宫顺飞，八白到乾为吉，更乾亥方峰峦耸秀尤吉。

此为体，凡造葬修方合此，不避诸凶杀。

【注解】山头白星：以坐山所属之星入中顺布九星，以九星分布各宫之五行与山头所属之星五行的生克论吉凶。如酉山龙（庚辛二山同），西方属七赤，便以七赤入中，顺布九星成下图。

旺　气	生　气	死　气
六白金	二黑土	四绿木
关　煞	入　中	杀　气
五黄土	七赤金	九紫火
泄　气	死　气	生　气
一白水	三碧木	八白土

从这个图上可以看出，八白土生气到乾，二黑土生气到离，六白金旺气到巽。此三方均为吉方，有山峰高耸，叫作"星峰并列"，大吉。何以单言八白到乾，而不言二黑土到离、六白金到木？这是因为二黑土临九紫方，虽星生山方，但宫为九紫火，却克山星七赤金，不能全吉。六白金临巽四方，一则金临木地，消耗本身之气，且六到四为反吟，也不能全吉。而八白土临六白金方，土金均生比山星七赤金，可以起到扶山补龙的作用，毫无暇疵，故只以八白土论。

九色黑白是根据洛书而来，据说神龟负书而出，尾上一点，左下足六点，右下足八点，皆为白色，故一六八为三白。左上足四点，为绿色，故曰四绿。右上足两点为黑色，故曰二黑。左腰三点为碧色,故曰三碧。右腰七点为赤色,故曰七赤。上方九点为紫色,故曰九紫。

九星紫白,有的学者认为是九种磁器。有的认为是北斗七星加左辅右弼二星为九星。也有人认为约在公元前一千五百年左右,紫微垣有北斗九星,由于地轴之偏移,其中的两颗慢慢离开了恒星圈,现在只能看到七颗,所以,九星本意即指北斗九星。《九宫紫白消息总论》云:"紫白配于九宫,乃方位初分之本色也。九宫错八卦,尤后天入用之玄机也。以四十有五,总八节之纲;以一十有五,布一气之运。坎北、离南、震东、兑西,立四正位,而中气长短之日昚定。春艮、夏巽、秋坤、冬乾,分四维之垣,而节气寒暑之候明。加乘为七十有二,游行进退于三百六十消息。"又云:"有物即有形——九宫色所由分也;有形即有性——九色之理所由定也;有方位即有加临——昼夜之所以循环不已也;有加临即有顺逆——冬夏之所以反复相因也;有天地即有参立——三元之所以各领其候也;有运气即有通复——六甲之所以互归其元也。故陈希夷按图阐之,冬至起甲子于坎而顺行九宫,见阳气之方长;夏至起甲子于离而逆飞九色,知阴气之初生。阴阳之消息可凭,五行之生克有准。"

由此,以九星生克论断吉凶,慢慢被人接受,目前正盛传的"玄空大飞星"法,即以此为据。唐丘延翰说:"诸家年月多讹桀,惟有紫白却可凭。"曾文辿云:"禄到山头主进财,从外压将来;马到山头进官职,要合三元白;贵人与白同旺相,贵子入庙堂;六白属金秋月旺,紫火春夏强?一八水土旺三冬,立见福禄崇。"一行禅师云:"紫白所到之方,不避太岁、将军、大小耗、官符诸凶,惟不能制大月建而已,亦不避宅长一切凶年,并不能为害,惟不能制天至四旺杀而已。"杨筠松亦云:"千工万工,须求年白;百工十工,须求月白。"所以,紫白之年月山头飞临,是一切营造修方的重要选择之法,不可不慎。

　　紫白九星,也有生旺死绝。若选在紫白生旺之时,生旺之方,吉庆方应。若选在紫白之星失令死绝之时,失令死绝之方,吉亦难应,具体如下:

　　一白属阳水。生于申,败于酉,旺于亥子,死于卯,墓于辰,绝于巽巳。逢金为印,逢木为泄,逢火为财,逢水为比。冬季为旺,春为休,夏为囚,秋为相,四季月为受克。故逢金、水年月日时为有气、生旺,吉;逢墓、绝年月则凶。

　　二黑属阴土。生于申,败于酉,旺于亥子戌己,死于卯,墓于辰,绝于巽巳。逢火为印,逢木为杀,逢金为泄,逢水为财,逢土为比。四季月为旺,夏季为相,秋为休,冬为囚,春则为受制。故凡火、土年月日时为有气、生旺,吉;逢墓绝受制年月则凶。

　　三碧属阳木。生于亥,败于子,旺于寅卯,死于午,墓于未,绝于坤申。逢水为印,逢金为杀,逢火为泄,逢土为财,逢木为比。春季为旺,冬季为相,夏季为休,四季月为囚,秋则为受制。故凡水、木年月日时为有气、生旺,吉;逢墓绝年月则凶。

　　四绿属阴木。生于亥,败于子,旺于寅卯,死于午,墓于未,绝于坤申。逢水为印,逢金为杀,逢火为泄,逢土为财,逢木为比。春季为旺,冬季为相,夏季为休,四季月为囚,秋则受制。故凡水、木年月日时为有气、生旺,吉;逢墓绝年月则凶。又一说,四绿即为阴木,当以阴阳生死论,故应生于午,败于巽巳,旺于寅卯,死于乾亥,墓于戌,绝于酉。然注者认为,阴阳同属木,不过大小不同而已,性质即皆为木,理应生则同生,死则同死。并无至冬大树死而小树生,至夏小树生而大树死之理,故仍应以阳木论。

　　五黄中央土。生于申,败于酉,旺于亥子戌己,死于卯,墓于辰,绝于巽巳。逢火为印,逢木为杀,逢金为泄,逢水为财,逢土为比。四季月为旺,夏季为相,秋为休,冬为囚,春为受制。故凡火、土之年月日时为有气、旺气,吉;逢墓绝死年月则凶。

六白,阳金;七赤,阴金。生于巳,败于午,旺于申酉,死于子,墓于丑,绝于艮寅。逢土为印,逢火为杀,逢水为泄,逢金为比。秋季为旺,四季月为相,冬为休,春为囚,夏为受制。故凡逢土、金年月日时为有气、旺气,吉;逢死墓绝年月则凶。又一说,七赤为阴金,当以阳生阴死,阴生阳死论,故生于子,败于乾亥,旺于申酉,死于巽巳,墓于丑,绝于卯。夫寅申巳亥乃四生之地,阳金、阴金均为金,不过大小强弱而已,强金逢水为死,弱金反而为生,违乎自然之理,故注者仍以阴阳同生同死共论。

八白阳土。生于申,败于酉,旺于亥子戌己,死于卯,墓于辰,绝于巽巳。逢火为印,逢木为杀,逢金为泄,逢水为财,逢土为比。四季月为旺,夏季为相,秋季为休,冬为囚,春为受制。故凡火、土年月日时为有气、生旺,吉;逢死墓绝年月则凶。又一说,八白艮土应生于寅,败于卯,旺于巳午,死于酉,墓于戌,绝于申。然寅者,木也,本为克土之物,命理中有"木旺土虚"之论,若再冠以"生"字,于理不通。如火生于木乃常理,若言水能生火,则有违常理,故注者仍以阴阳同生同死论。然就阳土生死之论,亦有争议。如云土死于巳,巳者火也,生土之物,言其死实为不通,此皆从古说也。

九紫属火。生于寅,败于卯,旺于巳午,死于酉,墓于戌,绝于亥。逢木为印,逢水为杀,逢土为泄,逢金为财,逢火为比。夏季为旺,春季为相,四季月为休,秋为囚,冬则受制。故凡木、火年月日时有气、生旺,吉;逢死墓绝年月则凶。

九星紫白相见吉凶亦有论述,详见后"宅局吊白圆图"。

流年白星起例

【原文】申子辰年一白入中宫,寅午戌年九紫入中宫,巳酉丑年七赤入中宫,亥卯未年三碧入中宫。

开山移家用。

上九星顺布,九宫须与原值宫星相生吉,相克凶,比和旺相吉,克泄冲关凶。此为用,年月日时同。

【注解】此论是以三合五行论九星入中,仅有四局:

申子辰年一白入中之局　　　寅午戌年九紫入中之局

九　紫	五　黄	七　赤
八　白	一　白	三　碧
四　绿	六　白	二　黑

八　白	四　绿	六　白
七　赤	九　紫	二　黑
三　碧	五　黄	一　白

巳酉丑年七赤入中之局　　　亥卯未年三碧入中之局

六　白	二　黑	四　绿
五　黄	七　赤	九　紫
一　白	三　碧	八　白

二　黑	七　赤	九　紫
一　白	三　碧	五　黄
六　白	八　白	四　绿

此说不可取,其谬有五:

一、九星者,其数为九,当以其九星轮流入中顺布之五行生克论吉凶,其气方全。若以此论,是九星只有四星可用,其余五星皆置于无用之处,其九星之名已无,何能为法?

　　二、九星者,以五黄为皇极入中,其余八星分布八方,阴阳均衡;而此法只以一三七九奇数之星入中,无二四六八偶数,是有阳无阴;经曰"孤阳不长,纯阴不生",故有悖于阴阳和谐之理。

　　三、流年九星之法,从上元甲子始以一白入中,逆行九宫。此法则无顺逆,仅以四星轮转,与流年九星相悖,吉凶相互抵触,自相矛盾。如上元丙子年,以此法论,是一白水入中;以三元九星论,则是以七赤金入中,两局相较:一白入中者六白在坎,七赤在坤,与坐山相生,应是乾、坤与中宫为吉方。而七赤入中者则是六白在巽,七赤入中,一白在艮,此三方为吉,坎坤两方分别为三碧木、四绿木,属泄气,反凶。吉凶截然相反,是论吉耶? 抑或论凶? 实难自圆其说。

　　再如上元乙丑年,以此法论是七赤入中;以三元九星论,则是九紫入中,两局截然不同,相较则是:以七赤入中者,二黑土临巽,八白土临坎,均生七金为吉。六白金临艮,与七赤金相比和,亦吉。而以九紫入中则是二黑土临兑,八白土临巽,六白金临坤,原来的吉方坎方为五黄关煞,艮方为三碧木死气,均成凶方,亦自相矛盾。由此,此论不能为据矣。

　　四、一切术数,包括阴阳宅风水,推断吉凶最基本的要素是五行,此乃一切之准则;而此论却五行缺土,是少一行,理悖。

　　五、此论以三合五行为据,然三合五行本身却谬,蒋大鸿在《平砂玉尺辨伪》中说:"夫既以东西南北为四正五行,则巳丙丁皆从离而为火,亥壬癸皆从坎而为水,寅甲乙皆从震而为木,申庚辛皆从兑而为金,辰戌丑未皆从四隅而为土,犹之可也。今又以子合辰申而为水,并其邻之坤壬乙亦从化水。以午合戌寅而为火,其邻之艮丙辛亦化为火。以卯合亥未而为木,并其邻之乾甲丁亦化为木。以酉合巳丑而为金,并其邻之巽庚癸亦化为金。论八卦,则卦爻错乱;论三合,则方位颠倒,此三合双山之再谬也。所谓多歧亡羊，朝令夕改，自相矛盾，不特悖于理义，而亦不通于辞说者矣。"

三元主风水行龙星论

【原文】上元甲子起贪狼，一白水元龙管八山风水，八山得贪狼山冈水路朝顾宅穴，主六十年富贵。

中元甲子起文曲，四绿木元龙管八山风水，八山得文曲山冈水路朝顾宅穴，主六十年富贵。

下元甲子起破军，七赤金星元龙管八山风水，八山得破军山冈水路朝顾宅穴，主六十年富贵。

此三元者，下元完复起上元，每元六十年，共合三六一百八十年。凡三元所管之山方，得生气比和，主六十年大吉；得死气、退气亦六十年小吉；得煞气，六十年平稳。

弘治十七年甲子为上元，嘉靖四十三年甲子为中元，天启四年甲子为下元，康熙二十三年甲子又为上元，今乾隆九年甲子为中元。

【注解】弘治：明孝宗朱佑樘年号，公元1488年戊申年登基，十七年即公元1504年甲子年。

嘉靖：明世宗朱厚熜年号，公元1522年壬午年登基，四十三年即公元1564年甲子年。

天启：明熹宗朱由校年号，公元1621年辛酉登基，四年即公元1624年甲子年。

康熙：清圣祖爱新觉罗玄烨年号，公元1662年壬寅年登基，二十三年即公元1684年甲子年。

乾隆：清高宗爱新觉罗弘历年号，公元1736年丙辰年登基，九年即公元1744年甲子年。

本文所述者，乃三元地理所用洛书之元运。因为土星与木星二十年相会一次，故以二十年为一运。每隔一百八十年，天之九星就会排在一条直线上，所以以一百八十年为一大运。这样，一百八十年中共有九个小运，每三个小运合为六十年，正好是一花甲，就称之为一元。这样，一大运中就共有三元，即上元、中元、下元。上元之首运为一白，中元之首运为四绿，下元之首运为七赤，飞星法称其为统运，而其后的两运则名佐治。由此：

上元，一白（坎气）统运，二黑、三碧为佐治。

中元，四绿（巽气）统运，五黄、六白为佐治。

下元，七赤（兑气）统运，八白、九紫为佐治。

一白水当令，一白方有水朝入，有路出入或开门，是当运令星处发动为吉。但交入二运，二黑为当运令星，一白水为退气，其方水、路、门均为退气，若再动于此处，必主衰败。本文云一白水可主六十年有误，而得死气、退气亦小吉，得煞气亦平稳之论更是有误，举例以说明：

例1. 地藏寺之临危及出险。

三一× 二	八 六 七	一 八 九
二九× 一	四 二 三	六 四 五
七 五 六	九 七 八	五 三 四

杭州西湖边有地藏寺，乾山巽向，五开间一进，凿山麓营造，比地平线高约七八尺。左厢有楼房七幢，右厢有楼房五幢，中有别舍，左右相齐，当面有滨湖水埠，门开侧面，在左厢第三幢下面承接震方来路，三运重修，演数如次：

震巽方水势汪洋，天星失时，生旺二气全无，山星五六坐实，切心办道者多人，莫不精进勇猛。但经济告竭，将有绝粮之厄，由居士出面为请救济。

　　按:此局巽方向星为一白水,震方向星为九紫火,在三运中,九紫火为杀气,一白水为死气,虽向上、门上大水汪洋,但因均为死杀之气,故败退如此。若以本书之理论,向上一白水之方有水、有路,应主发六十年,与事实不合。

　　例2. 萧条不堪之吉氏后人。

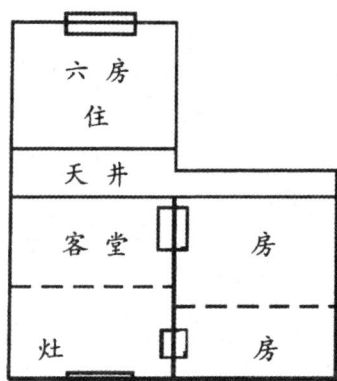

六 房
住

天 井

客 堂　　　　房

灶　　　　　房

甲水为上元死气

三一 一	八五 六	一三 八
二二 九	四九 二	六七× 四
七六 五	九四 七	五八 三

　　无锡城吉德兴后人,三房有人手积微资,就大河边旧址,扫清瓦砾,造平屋数间。二运造,仍用酉山卯向,前面向街一间,为六房后人所占,卖粥度日。三房住后两间,因无出路,从后路兑方出进。宅并排两间,为阴数,房作于靠南一间,收进七六

衰死之气,未几夫妇相继病殁,又未几长媳病殁,小主人贫无隔宿之粮,且吸鸦片,潦倒以终。

　　吉氏宅基所占地之,生杀权全在水面。诗曰:

　　前面旺气既难得,

　　坤上生气无路吸。

　　止有兑宫杀气临,

　　连遭不幸要人殁。

　　按:此宅二运造,二黑为当旺之星,六七为死杀之气,从后门吸入,故凶恶如此,谁言住杀方可平稳耶?

　　既分九运,每运则必有主运,决无仅由三运可统之理。此言之统者,是以一元之首而论,并非可代替其它二运,故勿混淆。特将三元九运之旺、生、退、死、杀诸气列表如下,以供参考:

项目 九星 统气	运	旺气	佐气	生气	退气	杀气	死气
上元 一白	一	一白	八白	二黑、三碧	九紫	五黄、七赤	七赤、八白
	二	二黑	八白	三碧、四绿	一白	五黄、七赤	六白、八白
	三	三碧	八白	四绿、五黄	二黑	七赤、九紫	一白、六白、八白
中元 四绿	四	四绿	一白、八白	五黄、六白	三碧	七赤、九紫	二黑、九紫
	五	五黄	一白、八白	六白、七赤	四绿	三碧、四碧	二黑、九紫
	六	六白	一白、八白	七赤、八白	五黄	五黄	四绿、九紫
下元 七赤	七	七赤	一白	八白、九紫	六白	二、三、四	二、三、四
	八	八白	一白	九紫、一白	七赤	三、四、五	一、二、六
	九	九紫	一白	一白、二黑	八白	四绿、五黄	二、三、七

九星所属公位克应

　　【原文】坎宫:一白一宫,贪狼天尊星,坎卦管中男,正北方,属水,天蓬休门值事,一旬一月一年应。生旺发中男,相克杀中男。

坤宫：二黑二宫，巨门地福星，坤卦管宅母，西南方，属土，天芮死门值事，二旬二月二年应。生旺发宅母，相克杀宅母。

震宫：三碧三宫，禄存天罡星，震卦管长男，正东方，属木，天冲伤门值事，三旬三月三年应。生旺发长男，相克杀长男。

巽宫：四绿四宫，文曲地计星，巽卦管长女，东南方，属木，天辅杜门值事，四旬四月四年应。生旺发长妇，相克伤长妇。

中宫：五黄五宫，巡逻五鬼廉贞星，居中央，属土，五旬五月五年应。所在处为凶不小。

乾宫：六白六宫，武曲地尊星，乾卦管宅长，西北方，属金，天心开门值事，六旬六月六年应。生旺发宅长，相克杀宅长。

兑宫：七赤七宫，破军天计星，兑卦管少妇，正西方，属金，天柱惊门值事，七旬七月七年应。生旺发少女，相克杀少女。

艮宫：八白八宫，左辅明龙星，艮卦管少男，东北方，属土，天任生门值事，八旬八月八年应。生旺发少男，相克杀少男。

离宫：九紫九宫，右弼应龙星，离卦管中女，正南方，属火，天英景门值事，九旬九月九年应。生旺发中女，相克杀中女。

【注解】天蓬、休门等出自《奇门遁甲》。天蓬等为九星，休门等属八门。具体是，若为静盘不动，或天地盘逢伏吟者，天蓬星休门在北方，天任星生门在艮方，天心星开门在乾方，此三方为三吉门，诸事逢之主吉。天芮星死门在坤方，天冲星伤门在震方，天辅星杜门在巽方，天柱星惊门在兑方，天英星景门在离宫。此五方为五凶门，诸事逢之各有凶应。经云"趋三避五"，就是宜往三吉门方行动，尽量避开五凶门。另有中央天禽星寄于坤二宫。但《奇门遁甲》是以星门飞动论吉凶，并非静而不动。本书将奇门之论引入，各居一方，静而不动，死硬僵化，毫无实际意义，乃术者牵强之论也。

坎卦管中男等，是指八卦取象，请参阅本书下册第38面。

例1. 见张姓宅向坤,右首三庚七酉处一破缺水坑,余断出缺唇,不然口疮。其家云,两媳俱乙酉生,口疮历医不止。昨年生一孙女,缺唇透龈。余曰:"缺必在右唇,疮亦必右半盛。"家人皆一一确认。余曰:"酉即兑也,兑为少女,为唇,故应酉命妇女之口唇皆于酉年酉月起。"填平不但疮痊,而缺唇亦渐生愈。

按:兑即七赤,非应于七旬、七月、七年,而是应于酉年、酉月,本文所论之应不验。

例2. 辛未生人,祖茔坤向,丙午年在茔离方筑一新坟,尖如火星,火炎火上出火病,且犯太岁、岁刑、地金神、帝旺火等杀。次岁丁未,病符到方,其家中男吐血而殒,以离位为火,火旺于午年午方,火旺克肺金,痰火失红必应也。先天乾在南,宅主辛未,痰痨缠绵。后择吉扶命,取恩星解星到方照命度,将火星改成水形,其病顿消。

例3. 湖塘下陈宅,亥山巳向,八运造。

　　屋后有窑(烧制陶器的工场)三座在戌乾亥方,巳方照墙,寅方开大门,门前有大湖放光,又有路直冲寅向。

　　此屋住后,家主即吐血而亡,因乾方六九同宫,犯火克金,又有三窑火光透焰,真火又来克金,离色赤,乾为主,故家主吐血而亡也。寅方门二四同宫,二为姑,四为媳,又有直路冲门,门前大水为五黄,故主姑媳不睦而致讼,以六到艮宫,六为官事也。

　　次子病后而哑,以巽为风、为声,寅门四二五同宫,土塞声上,故主失音。中宫二七九同宫,书云“阴神满地成群,红粉场中快乐”,故主姑媳不洁也。此宅若开门向巳,八白旺星到门,主二十年吉利,断无诸患,所谓一贵当权耳。

　　例4.徐姓祖墓,卯山酉向,五运扦。

　　此地离方有水,巽方水特大,艮方又有大水,卯方有小池,兑方有山高而逼。

　　仲山曰:“此地扦后,大主淫乱。”主人曰:“先生须看得真。”

仲山曰:"非此无可断。"主人默然。

沈注:此局葬后主淫乱者,因兑方有山高而逼,旺气不通,五为九离也,离为中女,主妇人掌权。乾为主、为夫,六到乾位,已犯伏吟,故家长不管闲事。

主淫乱者,卯方池水是五九,艮方大水是四九,书云"阴神满地成群,红粉场中快乐"。巽为长女,离为中女,均生欲火,故主淫乱也。

兑位是旺山旺向,但局为"坐水朝山",此为旺山旺向所大忌,主破财损丁。

离、艮两方见水为上元水,时值中元,上元水作衰死看。

震、巽两方见水为下元水,非到七运,不能发福。

从以上四例可以看出,应于何人何事,均以八卦九星论。应于何年、何月,则以太岁、岁冲,诸杀所值之方论,并非一白为一旬、一月、一年应,九紫为九旬、九月、九年之应。

生气论(生我者)

【原文】生气即父母,印绶星也。五行相生,万物煦育,禀得生气门路,纵扦凶地,还一生富贵,久后贫穷。禀得杀气门路,纵扦吉地,初年不利,久后富贵。若值星峰耸拔,绵亘秀丽,如母之顾子,宾之顾主,更与魁星两全,此为大贵入格之地。或百里,或数十里发脉作祖者,名发将山也,主生三男九子,孝义良善,科甲传芳,寿命延长。或山冈小,水近促者,亦富贵贤良。隔远相去,亦主丰足。如凹陷不吉。

诗曰:生气完聚出贤人,孝义忠良佐圣君。

兄友弟恭家和顺,自然富贵万年春。

【注解】此论是借命理中印绶为法。我即坐山所属之五行,生者即生坐山之五行。如坐山属金,土生金则以土方为印绶;坐山属水，金生水，则以金方为印绶。余火、木、土类推。

至于生气，各家有各家之说。

形法派认为，生气就是开面。祖有祖之生气，开面向前；宗有宗之生气，开面向前；龙有龙之生气，一节节开面向前。至于临局，山山都有生气，个个都会开面，看他开面是觑着哪一个，则生气聚于那一个。惟中间一个主人，俨然可畏，蔼然可亲，所以这些山头都面面把他觑着。左山也开面觑着，右山也开面觑着，前山也开面觑着，后山也开面觑着。一重开面，两重开面，三重开面，四重以至八九重，莫不开面侧耳而听，侧目而视，惟恐有失主人意旨。山上有石，石亦开面；山尽有水，水亦开面。切近之砂，蝉翼也开面，牛角也开面。切近之水，虾须也开面，蟹眼也开面。中间一掬之地，谓之一点灵光，就是一团生气。自他山瞻望，惟此一山开面；而自此山四顾，则山山开面，水水开面，砂砂开面。目之所见，气之所见，岂有一山敢不向我，或敢去我者，即非生气。

三合派认为，生气就是本山五行长生之处。亥卯未乾甲丁六山属木，木生于亥，亥方就是此六山的生气方。巳酉丑巽庚癸六山属金，金长生在巳，巳方就是此六山的生气方。申子辰坤壬乙六山属水，水长生于申，申方就是此六山的生气方。寅午戌艮丙辛六山属火，火长生在寅，寅方就是此六山的生气方。

九星山头飞星派认为，以坐山所属之九星入中，生坐山之星飞临何方，何方就是本山的生气方。依此坎宅以一白入中，六白金临坎，七赤金临坤，坎坤二处就是坎宅的生气方。坤宅以二黑入中，九紫火临震，震方就是坤宅的生气方。震宅以三碧入中，一白水临震方，震方就是震宅的生气方。巽宅以四绿木入中，一白水临坤，坤方就是巽宅的生气方。乾宅以六白金入中，八白土临兑，二黑土临坎，兑、坎二方就是乾宅的生气方。艮宅以八白土入中，九紫火临乾，乾方就是艮宅之生气方。离宅以九紫火入中，三碧木临坎,四绿木临坤,坎、坤二方就是离宅的生气方。

玄空大飞星则以将临之运星为生气,而生门向一星,及向首一星之星叫作生入。凡门、向临生气,再逢有星生入者,主大吉。举例以说明:

例1. 锡北万安乡秦港镇,位于白汤圩西岸。此圩环周十里许,大水照于震宫,明明为下元福地。故当清道咸之间,左近发福之家,举目皆是。一交一元,境内一切殷实之家,以震水化为衰死之气失元,故莫不相继衰退,甚至儿孙不肖,一败涂地,一片萧索之气,举目皆受大气之制裁,不克自振。呜呼,天定胜人,竟有如此。岂知此一方衰败宅舍之中,独有一家上合天心,飞黄腾达,而有出类拔萃之气概。其宅坐癸向丁兼子午,前门在坤上,后户在坎宫,旺水在东方,广场在南首。二运底丁酉年十二月二十六日迁入,先数日将大门改为未向,吸受市街坤气。改向当日,一路人驻足言"一向值千金"。此戏言即为此宅发达之预兆。迁住此宅约七八年,得科名,得崭新学术,得达官贵人传颂之令誉,得禄位,得发家之子。后因图谋儿辈就学之方便而他徙。该宅所得天星,试演如下:

上元辛亥年,二入中,六到向,八到气口,九到照水。六月六入中,一到向,三到气口,四到照水。后天合先天,照水四九金生向首一六水,向首一六水生气口三八木,故是年是月得科名,诚希有之机会也。以未八入中,门临旺气,宅与门八二合十,安得不发福?暗合二处一四同宫,安得不出科名?

八　五　一	三　一	一　三气
八　五	三　一	一　三气
一	六	八　口
照　九　四	七　六	五　八
水　　九	二	四
四　九	二　二	六　七
五	七	三

　　按:此局二运入宅,以当令二黑为旺气,将来三碧为生气。恰三碧生气临气口,又逢一六化水生入,是运之生气逢生,故有此大际遇。

　　例2.上海新太平弄吴君涵卿,营豆油饼杂粮业,二运壬山丙向,三开间两进。右侧更有南北对照之余屋六间,账房间在靠东一边厢房内,主人会客间即在靠东一间账房外面,灶在艮宫一白方。气口在坤上,吸收九紫衰气,故多年营业无大发展。惟与向首二黑土星合有情生入,故各方面往来颇和合而绝无破裂事情发生。直到交进三运,西首四绿转为生气,好在西首地位宽展,多人行动,自通风气,故在甲辰、乙巳年营业状况,与乘时进展之心志,俱进活动之境界。其发展情况,大有长驱直入之势。当乙巳年底结账,纯盈万余金。

六 七 一	二 二 六	四 九 八
五 八 九	七 六 二	九 四 四
一 三 五	三 一 七	八 五 三

动处

　　其根底实在此丙向宅树立,而兑宫生气之活动,其作用力量尤大。试演数如次:

　　诗曰:最初盈万为最难,
　　　　　四绿生气破难关。
　　　　　紧接旺星名进气,
　　　　　动时莫作等闲看。

　　大凡生气,有形之生气,有气之生气,形之生气若得气之生气,必发无疑。如果形有生气,而气得退气、杀气、死气等,仍以凶论。详见后注。

魁　星　论

　　【原文】魁星,贪狼星也,乃九宫之魁首,为文章牙笏之星。在天为万灵之主宰,在地为百脉之权衡,最吉之曜也。若大江大水送此山重叠回环朝顾,得此营造,主子孙聪明迈众,世代为官,文章得业,压倒一世。即山路隔绝气脉,隐隐微露者,亦出清奇儒雅高才达士,衣食饶足。此星若为死气,亦出名僧高士。若为退气,亦出艺术能人。

诗曰:魁星叠叠耸高峰,九九星中第一龙。

托此年年生福德,子孙世代沐重封。

土星见一白贪狼水,木星见八白佐辅土,火星见六白武曲金,皆是魁星。

【注解】魁星在形法中是以木星之体为文星,火星之体为文笔。因木星乃东方之星,于时为春,春主发生,逢春之时,万卉秀发,奇葩艳萼,献异争奇,此木色之文也。故明清会试,均在春秋举行,称作春闱、秋闱。唐时中榜进士,均在春季张榜公布,又称春榜。故凡木星之体清秀者,为文星、文华之星,主文章清秀,科名显达。若其木体长茂条畅,鸣风撼雨,淅沥有声,主声誉远著,名姓播扬,大者为大厦栋梁之材;即使小巧,也主多才多艺,荣贵勋业。火为文明之星,若其峰尖秀高耸为文笔,亦主文章发达,大贵而煊赫势焰。也有土金之星体作文星者,但多为案山、朝山,不如木星、火星高耸有力。本社已出版的同类书《平砂玉尺经·卷三·逐吉赋》中对种种星体均有详细介绍,请参阅。以下再举例说明。

例1. 台州秦状元祖地(见第357面图)。

此地在临海治东三十里,地名北山下。其龙来脉甚远,逆水奔行四十里。比入局,大段过峡,峡之左右有墩埠夹护,术家谓之"金弹子",贵证也。过峡后顿起高峰,耸秀冲霄,石骨奇异,正脉从石顶中垂落,鹅颈百余丈复起星峰,顿跌数节,直窜向西闪落亥脉,从凹顶脱煞结穴,龙气大旺。入首隐伏,横铺平坦而无落头之乳,两畔弯抱重重而皆长出不止,穴情隐拙,又是顺水作

去
顺水局

此催官
穴也前
山自右
抱一十
八峰

地名北山，下蝙蝠形，亥龙丙向，亥水由庚辛过丁转巽。

向，不入俗眼。亥龙扦壬山丙向，俗呼蝙蝠形。后山幛乐，前朝特异，罗城秀列，局势盘旋，龙真穴隐，如顽石中之美玉，未易察识。但葬时状元已数岁，此催官地耳。秦公鸣雷，嘉靖甲辰状元及第，官至礼部尚书。二子亦均发科入仕，富贵未艾。

按：此穴前方一星高耸，秀丽耸拔，为柱笏文星，故云"前朝特异"。秦公中状元，实系此峰之力。

例2.华容黎状元祖地（见下面图）。

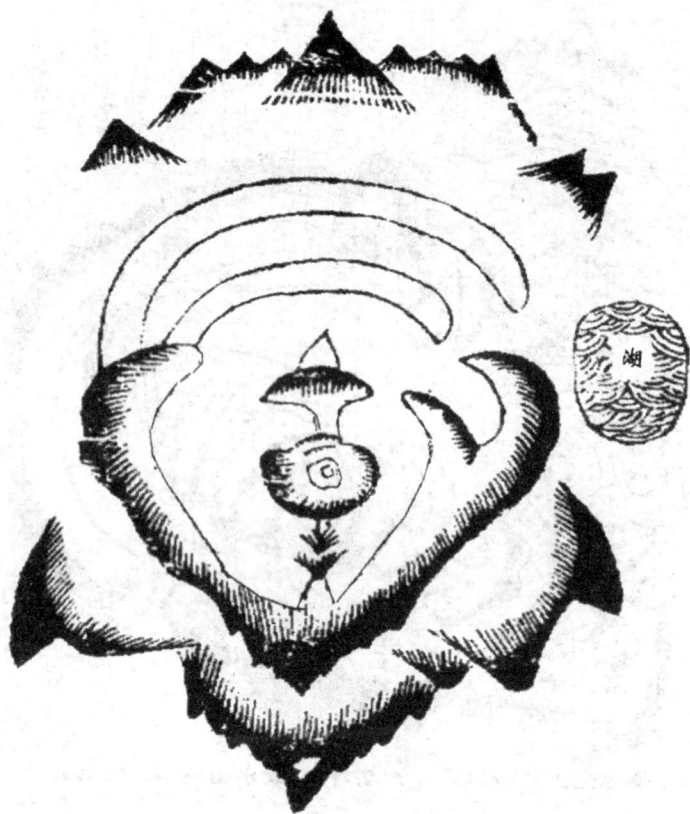

　　此地在华容县东，土名石笋玉。其龙甚远，穿田渡水，忽起
星峦，自小儿山涌大帐，奔行数里，换骨顿异，石岭巍峨，挺然天
表，势压群峰，生石笋卓立十余丈，迥然清俊，百里望之，莫不骇
目。但穴结太迫，以木火之星而结金水之穴。前吐余曜虽奇，主
星两臂分劫尚多，俗眼必为发祖之处，反以两臂余支求正穴也。
《葬书》云："群垅众支，当择其特。"众山低此独高，众山小此独
大，众山土此独石，且前应文笔插天，星峰矗矗，融结不凡，故出

状元,官至礼部尚书(按:火主礼,正应也);子官方伯。

理气派则以巽辛方为文星,上应文昌天星之意。玄空飞星则以一白水为魁星,四绿木为文星。故有"一四同宫,必发科名"之说。若一四之方再有山峰高耸清秀,且正当元运,必出魁元。

例1.破墙下出了女魁元。

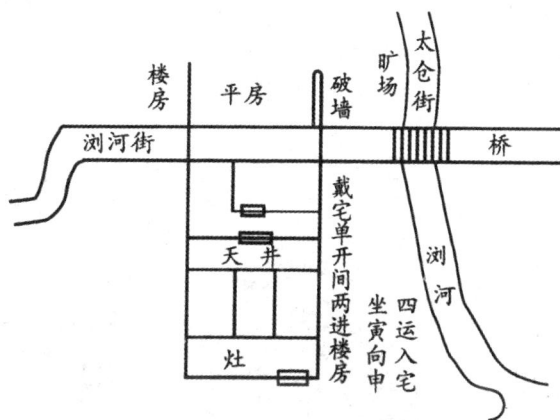

八 二 三	三 六 八	一 四 一
九 三 二	七 一 四	五 八 六
四 七 七	二 五 九	六 九 五

江苏太仓为著名之海市,浏河大街桥南戴宅,四运扦入,坐寅向申,对方凹空,有破墙界气。向首一白魁星与四绿文昌作合,更得年月六白武曲金星双到向首,一六作合化水,先天水资生四绿,四绿于卦属巽,巽为风,为长女。戴家有十二岁丁巳生之长女戴彤女士,恰为四绿木命,文昌照命,文运天开,一九二八戊辰年夏季,全太仓初等小学校学生会考,戴彤女士考取第一。

河洛星断云:"四一同宫,准发科名之显。"盖一白为魁星之庆,四绿为文昌之辉,还宫复位固佳,交互叠逢尤美。易曰:"吉凶悔吝,各生乎动。"向首动处,四一作合,宜出俊士。一六星逢,催官星到,宜其名震远方。且中央一四七三卦一气,坐山向首纯乎一四七三卦一气,诚为巧数。加之宅左曲动处得到年月星八,宅右浏河照水上得年月星一,一与向首凹风中吹到之年月天星六,一六八天心作合,化出秀气一片,真奇局也。

例2.华姓祖墓,癸山丁向,五运扞。

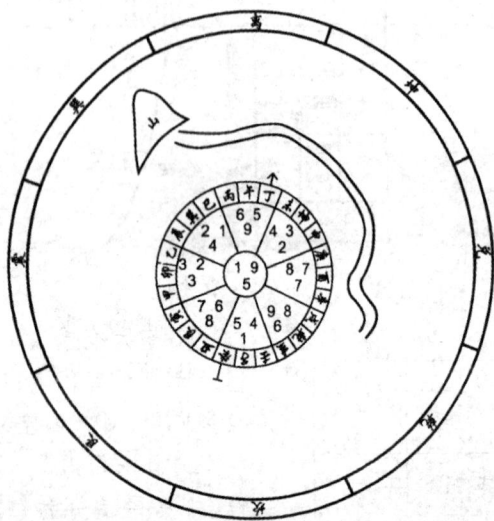

此地巽方来水,至兑方屈曲而去,又巽方水外有尖秀之峰。

仲山曰:"此局葬后大发财丁科甲,七运大发刑名官。"

沈注:发财丁者,旺星到山到向,向上又有水也。

主科甲者,巽方四一同宫,又处水外尖峰之妙,虽二黑同到,不能害也。书云:"四一同宫,准发科名之显。"

　　六运平平,因艮方飞星是六,艮方无水故也。

　　七运大发刑名官,位至三品,因双七临于兑,水又屈曲而去,此即配水法耳。

　　按,此局巽方有尖秀山峰,文昌星(四绿)见尖秀山峰,便名文笔。

　　例3. 某宅,子山午向兼癸丁,六运造。

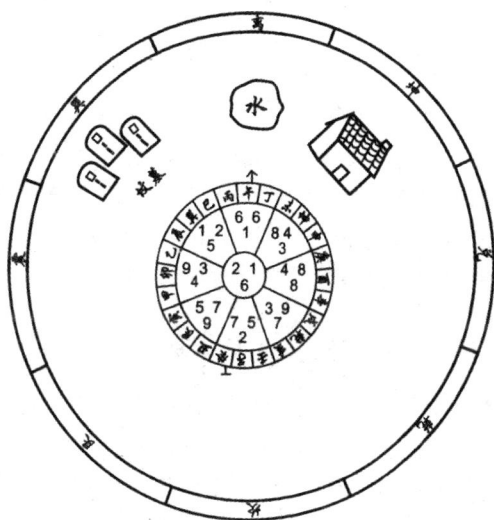

　　此屋财气大旺,丁气亦佳,因旺星到向,向上有水也。

　　然辰巽方是一二,墙外有坟,左边当出一书儒。

　　未坤方有屋,门临于四八之位,右边亦出一书儒。因一为魁星,四为文昌,皆被土压故也。若无坟屋,不过出读书人耳。

　　则先谨按:观此可悟一四所在。无论山星飞星,均不宜受形质上逼压,犯则变文星为书儒,冲射更凶。二宅同忌。

巽方山星一白为文魁之星,主文秀,惜此方有坟墓,坟墓五行属土,令星二黑土及运星五黄之力量加强,致使一白水星陷于受制之方。因此,依理气及峦头之配合,此宅出书儒。

坤方有屋,房屋五行属土,而向星四绿木为文昌,本来四绿木克八白土,不至出书儒,但坤方本是五行属土之方,而八白位于此方,土力增加,在五行相克反败,原理有云"木能克土,土坚木折",故知四绿文昌星已处于受制之方。

从以上诸例中可以看出,不论是文星,还是文笔,均要形与气相结合。形美气吉,方出科甲;形美气凶,只出书儒。而本文"土星见一白贪狼水,木星见八白佐辅土,火星见六白武曲金,皆是魁星"之论,土见水为我克,木见土为我克,火见金亦为我克,此以魁星吉论,而下章却以我克者为死气论,刚言吉而旋言凶,矛盾如此,实难令人信服。且山与山一居木方,一居土方,均静而不动,何能有相克之理?故此语实无义理。

退气论(我生者)

【原文】火山见土,土山见金,金山见水,水山见木,木山见火,本山泄气方是。此方造作,有井、灶、房、厕、门、路,主退田产,损六畜,小人浅度,恩多成怨,义重招非,利客不利主。

诗曰:退气由来最不良,家坟犯着祸难当。

营谋失本仍招怨,产业萧条后不昌。

【注解】本文之法,以坐山之九星入中顺布,本山所生之星临何官,何方就是本山退气方。由是坎(壬子癸)山一白入中,一白为水,三碧木到兑,四绿木到艮,水生木,兑艮两方就是坎山之退气方。坤(未坤申)山二黑入中,二黑为土,六白金到离,七赤金到坎,土生金,坎离二方就是坤山之退气方。震(甲卯乙)山三碧入中,三碧为木,九紫火到坤方,木生火,坤方就是震山之退气方。巽(辰巽巳)山四绿入中,四绿亦木,九紫火临坎方,木生火,坎方就是巽山之退气方。乾(戌乾亥)山六白入中,六白属金,一白水临离方,金生水,离方就是六白之退气方。兑(庚酉辛)山七赤金入中,一白水临坤,坤方就是兑山之退气方。艮(丑艮寅)山八白土入中,六白金到震,七赤金到巽,土生金,震巽两方就是艮山之退气方。离(丙午丁)山九紫火入中,二黑土到兑,八白土到巽,兑巽之方就是离山之退气方。

形法有十退神水,云其至凶,不可信用。其法是:

巳向水流丁,打马去朝京。午向水流丙,五马坐专城。

酉向水流辛,富足足金银。辛向水流丑,也自足田牛。

戌向水流乾,金宝如沙积。乾向水流乾,富贵出双全。

丑向水流艮,富贵声名远。卯向水流乙,财谷自然聚。

辰向水流巽,富贵庄田进。巽向水流巽,管取富无比。

《摘奇》云:"此十退神水谓之直流水,宜流去吉,朝来凶。"徐善述兄弟云:"此退神水之说至凶,误人极甚。不知何为立此言也。《葬书》云'得水为上',岂以水去为吉哉?前辈论下去水地,必龙真穴的,砂钻稠密,乌有不论龙穴真伪,而惟以方位合此退神竟不畏直去之理,智者勿信。"

纪大奎《地理末学·进神退神说》:"有十四进神,十退神之法,进神不宜水退,退神不宜水进,乃大水来去法也。《青囊叙》云:'十个退神如鬼灵,十四进神家业兴。退水宜流千百步,进水须教近户庭。甲庚丙壬水来朝,其家大富出官僚。乾坤卯午流千步,其家大富出公侯。进神若退家资退,亥子申宫皆一位。退神若进主官非,巽艮乾坤同一例。'诸本以此文合于小元空进退神二句之后者误也。十四进神、十退神之说,诸解纷纷不一,愚谓此即大水十二宫生旺衰墓之法。胎、养、生、沐、冠、官、旺七宫,干支十四位,皆来水之吉位也,故曰进神。衰、病、死、墓、绝五官,干支十位,皆去水之吉位也,故曰退神。进神退,是流破养生官旺之气矣;退神进,是收入衰病死墓绝之气矣。甲庚丙壬,略举官旺之吉方天干水也。乾坤以例艮巽,卯午以例子酉,四维四正水口也。亥子申宫皆一位,巽艮乾坤同一例者,盖因天盘水法有喜干维忌地支之意,恐人误用进退两神之宫,故特表而出之,言进神皆不宜退,而官旺生尤为重。亥子申,壬水之官旺生也。三宫水退,不但天干退不利,即地支亥子申同是一官,与天干一例,不宜干退也。举阳水一向,余皆可知矣。退神皆不宜进,而四墓尤为显。不但辰戌丑未地支水来不利,即巽艮乾坤水来亦与地支水口同一例,皆不利也。"

大玄空飞星法则以当运令星为旺气,已过之运星为退气。如目下为七运,则山向六白金到处为退气。如此则一运九紫为退气,二运一白为退气,三运二黑为退气,四运三碧为退气,五运四绿为退气,六运五黄为退气,七运六白为退气,八运七赤为退气,九运八白为退气。凡退气之星临山、临向、临门路等动处,必主破耗败退。举例以说明:

例1.浙江台州府钟巽院,明开山,癸丁子午三度。乾方来路曲折深长,转兑达坤,成三叉路,经过离方,由巽口大门进气。大

五 六 / 九	一 一 / 五	三 八 / 七
四 七 / 八	六 五 / 一	八 三 / 三
九 二 / 四	二 九 / 六	七 四 / 二

七 八 / 二	三 三 / 七	五 一 / 九
六 九 / 一	八 七 / 三	一 五 / 五
二 四 / 六	四 二 / 八	九 六 / 四

殿三开间,左右厢楼房,后园有地一方,壬方有井,丙午方有塔,丙峰特起,左倚山脉,灶在左厢。同治十二年修,光绪四年重修,演数如此。

当年住持得人,颇有令名,上元一二运均法嗣旺相,香火旺盛。光绪十年后渐见退步,幸八六一三吉方行动,来源到底不竭。左厢灶间有益人口,故未至十分衰竭。

1923年又修,为时已大局促。1924年交进中元甲子,此时山星、向星两退,主持无人。乙丑八月,以特种原因香火断绝,衰时逢泄,遂成废寺。动失其时,一动便了!

试看1925年八月飞星,年星七到离宫,八月二到向,二七合化为先天火,泄三木之气,故濒绝境。诗曰:

同治翻修,法门昌炽。

塔上魁星,作如来使。

动失其时,厄运立至。

衰中逢泄,骤临绝地。

按:同治翻修时为一运,令星双一到向,故颇有令名,香火旺盛。光绪十年后渐见退步者,光绪十年为1885年,1884年交二运,向上双一退气故。三运翻修,当运令星双三到向为吉。1924年交四运,双三又

二	六	七	二	九	四
一	五	年三	月七	五	九
六	一	八	三	四	八

变为退气,再逢年月火泄,退上加泄,故临绝境,此典型退气衰败之例也。

例2. 福建同安县角尾市附近之锦宅社一当铺,开设于其地进士第之右方,甲山庚向兼卯酉二度。清同治年上元一运初开业,二运生意旺盛;一交三运,生意渐冷淡。1918年戊午小满期内,特别事故发生,经济告竭,宣告停业,遂至永久闭歇。

气九二 口九	四七 五	二九 七
一一 八	八三 一	六五 三
五六 四	三八 六	七四 二

　　向星五为一运死气，气口得二为一运生气，转忧为喜。一交二运，二土乘旺，生意特盛。交三运二为退气，故生意冷淡。宣统元年己酉孟夏已有难关。一九一八年戊午小满期内，年九月四到巽口，四九化金泄衰土之气，以一失运之土星，生彼联成一气之四九先天金年月两客星，成致命伤而闭歇，仅附录以供参考。

　　从以上两例可以看出，虽山头飞星、十退神水等亦云退气，但均难圆说；惟大玄空飞星之退气却自洽，故原书退气之说可疑。

死 气 论

　　【原文】我克者为死气。凡人家作此方屋，行此方路及开此方门，主生女，后败绝。如火山见金，金山见木，木山见土，土山见水，水山见火皆是。

　　诗曰：水路山冈犯死神，家门寂寂主孤贫。

　　　　　冷退迍遭频见祸，看看后代又无人。

　　【注解】本文之法，以坐山之九星入中顺布，本山所克之星临何宫，何方就是本山死气之方。依此法则坎（壬子癸）山一白水入中，九紫火到巽，水克火，巽方即坎山之死气方。坤（未坤申）山二黑土入中，一白水到巽，土克水，巽方即坤山之死气方。震（甲卯乙）山三碧木入中，二黑土到巽，八白土到坎，则巽、坎二方为三碧木之死气方。巽（辰巽巳）山四绿木入中，二黑土到震，八白土至离，则震、离二方为巽山之死气方。乾（戌乾亥）山六白金入中，三碧木临坤，四绿木到震，金克木，坤、震二方即乾山之死气方。兑(庚酉辛)山七赤金入中,三碧木临坎,四绿木临坤,金克木,坎坤二方即兑山之死气方。艮(丑艮寅)山以八白土入中,一白水到兑,土克水,兑方即艮山之死气方。离(丙午丁)山以九紫火入中,六白金到坤,七赤金到震,火克金,坤、震二方即离山之死气方。应注意的是本书前一节"魁星论"中,以所克之方为魁星,言为"九九星中第一龙",而此节则云"家门寂寂主孤贫"。同一理,吉凶却迥异,安可信哉!

　　形法"龙形十二格"中有死龙图。死龙者,峰峦模糊,脚手仿佛,本体直硬之谓也。入式歌曰:"死是无起伏"。盖其龙自离祖以来,粗顽臃肿,无起伏,无摆折,其势如鱼失水,如木无枝,如顺水随流,如死鳅死鳝,皆无生意也。此格最凶,不能融结,纵有形穴,必为虚伪。若误下之,主穷苦下贱,遂以死绝。虽作神坛社庙,亦不显灵。

　　死气者,龙至结穴之处,左右山石或粗顽丑陋,或破碎尖斜,或臃肿刺面,或陡峻巉岩;左右前朝之山,或反背斜窜,或自立门面,或高逼欺压;随龙之水,或反身他去,或斜窜离穴,或直出倾泄,均为死气。若误下之,破败衰绝,后继无人。

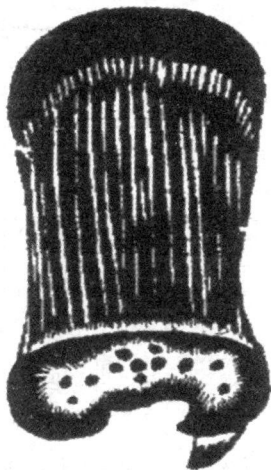

死龙图

　　玄空大飞星认为死气者,向首或立门之处向星克出者是。主破财损耗,家业退败,生意萧条,门庭冷落。

　　例1. 南翔毛家湾裕新布厂,三运壬山丙向,甲子年九月齐沪之役,齐军掩至,值银四五千元之布匹,被劫一空。账房吸进九紫死气重,甲子年六到兑,内气口克出;九月二到兑,克出化生出,故退败。演数如次:

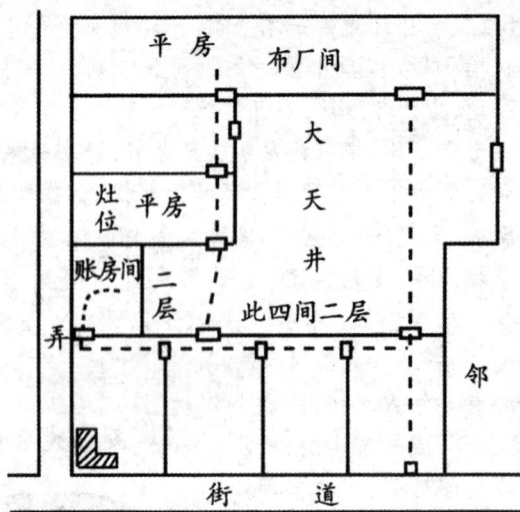

按:此宅气口在兑,兑方向星为九紫火。甲子年四入中,五黄在乾,六白金在兑,九紫火克六白金,是我克者为死气,犯克出之病。九月九入中,二黑土到兑,九紫火又生二黑土,克出生出聚于一处,故有此败。

例2.见本书上册第323面所举"无锡洽裕衣庄"例。

按:此宅大门在向方,向上飞星为一白水;以营业处方位论,门在营业处之坎方,向上飞星是三碧木。辛未年六入中，九紫火到艮，大门向星一白水克九紫火；二黑土到坎方，营业处门三碧木克二黑土，均犯克出，故生意退败。

例3. 天台小室岩，戌山辰向，上元二运造。五开间，连杂用屋两间，共七间。丑上有方便门，庚午年土匪抢六七次，三月二十六七连抢。乾峰高，坐满朝空，艮峰高拥，建造不合时，犯上山下水之病，造后百不如意。一粒谷中藏大千世界，亦非容易，向来费力多，成功少。庚午年七赤到天台最高地，显然小人得志。宅运中宫之一，在上元为魁星，失运变性，《易经》坎一有为盗为通之句。庚午年三月，年星七赤，月星六白入中，七六为交剑杀，为盗贼犯事之凶数，与伏在中宫一白作合，祸自内发，天数显然。

二 九 一	七 五 六	九 七 八
一 八 九	三 一 二	五 三 四
六 四 五	八 六 七	四 二 三

六 五	二 一	四 三
五 四	年 月 七 六	九 八
一 九	三 二	八 七

按：从此两局飞星图上可以看出，宅运图九紫火到向，到大门口。庚午年七入中，六白金到向，九紫火克六白金，犯克出之病明矣。三月六入中，五黄土又到向，犯生出之病。一失运之九火，克出、生出，力量耗尽，故有是劫，诚然天数。

杀气论（克我者）

【原文】火山见水，水山见土，土山见木，木山见金，金山见火是。造化失常,阴阳反逆,相刑相克,为仇为害。凡山冈水路为此局,杀气来冲来克,主恶疾刑伤,忤逆凶顽,溺缢雷诛,遭官殁阵,孤夭寡弱,贫荡败绝。

诗曰:六趣生来受此殃,只因定局欠思量。

急须移改凶为吉,免得儿孙患久长。

【注解】本文之法,以坐山所属之星入中顺布九星,克本山之星飞临何宫,何方就是坐山杀气之方。依此法则坎(壬子癸)山一白水入中,二黑土到乾,八白土到震,则乾震两方就是坎宅之杀方。坤(未坤申)山二黑土入中,三碧木到乾,四绿木到兑,则乾兑两方就是坤宅之杀方。震(甲卯乙)山三碧木入中,六白金到艮,七赤金到离,则艮离两方就是震宅之杀方。巽(甲卯乙)山四绿木入中,六白金到兑,七赤金到艮,则兑艮两方就是巽宅之杀方。乾(戌乾亥)山六白金入中,九紫火到艮,火克金,则艮方为乾山之杀方。兑(庚酉辛)山七赤入中,九紫火到兑,火克金,则兑方为兑山之杀方。艮(丑艮寅)山八白土入中,三碧木到离,四绿木到坎,则坎离二方为艮宅之杀方。离(丙午丁)山九紫火入中,一白水到乾,水克火,则乾方为离山之杀方。

以此论,则兑山兑方为杀气,是住兑宅无吉矣。然阴阳二宅立兑山者甚多,其中发富贵者亦比比皆是,故山头吊白之法,多不能圆说。举例以说明:

例1. 见我社已出版的同类书《平砂玉尺经》第462面和《水龙经》第79面所举"石埭毕尚书祖地"例。

按:此局酉山卯向,龙真穴的,山水缠护,合平地大突格,真气凝聚而发贵。依本文之理论,七赤入中,吊得九紫火杀气到山,凶恶无比!

例2. 无锡城江阴巷牛师弄北首一住宅,沿街店西,为当年赫赫有名之吉德兴槽坊,宅之西南角,有数十方丈大河池之照水,此吉氏发宅,于前清嘉庆年间七运中建筑;后二进为转盘楼,酉山卯向,下元七八运内三十多年,一路胜利;在道光年间八运中,尤为发达,丁财两旺,名誉远扬,后裔有六房之多。元运稍见衰退,迫洪杨之变,气运迁谢,此宅遂毁于火,而成一片瓦砾,无力营造者久之。本册第 347 面举有此例,可参阅。

一 六 / 六	五 一 / 二	三 八 / 四	大水
← 二 七 / 五	九 五 / 七	七 三 / 九	门
六 二 / 一	四 九 / 三	八 四 / 八	

按:此宅酉山卯向,七运中七赤金星到向,八白生气到坤方大水;八运中八白为当运之旺星,故一路胜利。一入九运,八白土泄令星之气,向星七与九先后天火会合,故毁于火。此宅败退,气数耳,非杀故,万勿以为是山头紫白之验耳!

杀气之说,形法派亦非常重视,山有尖破、冲射、陡峻、逼压之说,穴有藏杀、压杀、闪杀、脱杀之法。洪悟斋更有二十四杀穴,论杀甚精,我社已出版的同类书《平砂玉尺经》第 529 面已详细介绍,有兴趣者,请参阅。

但凡寻龙点穴,穴真而龙略带杀气,主先凶后吉,尚可立穴。我社已出版的《平砂玉尺经》第 380 面所举陈霸先祖地和第 67 面所举徐中山王祖地可作为此类例子,可参阅。若城吉而穴带杀气,必来龙不真,误扦皆为虚花,不吉反凶,不可不慎。

玄空大飞星对克我之吉凶却有分别。山星临动处或居坐山受克,主有灾病或伤亡之灾。如果向星门路处逢星克入,反主进财,吉庆。如二运,二黑土到向,逢三碧木、四绿木克入,必进钱财;如山星为二黑土,逢三碧、四绿木克,却主有灾,举例说明:

例 1. 上海南市竹行弄南首吉星里口坐庚向甲宅,三运造,

三运入宅。二层楼账桌重要机关,不得生旺之气,且引进后路七赤杀气,司账病危,主人失败。演数如次:诗曰:

> 万般营业重金融,
> 账桌如何受杀风。
> 曾有几时能立脚,
> 无边希望一场空。

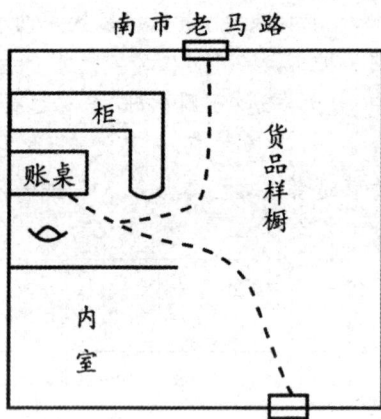

南市老马路
柜
账桌
货品样橱
内室

按:三运三碧木星当令,此宅山星三到向,向星三到山,已犯下水上山,主损财伤人。且坐山山星飞星七赤金为三运之杀气,从后路引入,故有病危之验。

例2. 福建同安县锦宅社锦成号百货小商店,1924年开业,单开间两进,午子兼丁癸两度。向上无路直出,若欲直出,须从大夫第侧门行。前口在艮,后口在乾及离,艮乾二口均有路有池。演数如次。

此宅旺星到向,后路得生气,左右两路得八六吉星,成四吉之局。号主黄君维翰,前在苏门答腊经商,后因欧战影响,南洋实业界破产者踵趾相接,君即

第一图:

四 九 二	九 五 七	二 七 九
三 八 一	五 三	七 三 五
八 四 六	一 六 八	六 二 四

第二图:

七 一 三	三 五 八	五 三 一
六 二 二	八 九 四	一 七 六
二 六 七	四 四 九	九 八 五

转变方向,离荷人殖民地,返家乡谋生计,即设此店。一切商品逐渐增加,地方信用日厚,吸收存款以厚资力。该号开业以后至记者来到彼游历,时已八余年,试制阅年营业状况表,以资研究家研究各宅宅命中主星与年月客星发生损益关系之路线。锦成虽有三口子,通常出入,艮口为繁,判断吉凶亦侧重艮口,离口少动。宅命中主星子向四木,艮口六金,乾口八土。

甲子	子向	年客星九,泄出,凶
	艮口	年客星七,凶;正、十月二七火克入,利;九月三到,小人暗算,破财
	乾口	年客星五,凶
乙丑	子向	年客星八,克出,凶
	艮口	年星六,比和吉;正、十月八到,喜庆频来;二、十一月失财;三、七、十二月旺财;九月得名
	乾口	年星四木,克入,吉
丙寅	子向	年星七,克入吉
	艮口	年星五黄,正、四、十月病魔扰,犯二、五土星故
	乾口	年星三木,克入吉
丁卯	子向	年星六到克入,反吟,有是非;四月得令名,厚益
	艮口	年星四到,克出,反吟,有是非;三、十二月有意外奇遇
	乾口	年星二到,比和,犯病符不取;五、八月有疾危
戊辰	子向	年星五到,克出,凶;三、四月破财;六、九月有疾危
	艮口	年星三到,克出,凶;七月二到,犯斗牛杀,有官非口舌
	乾口	年星一到,克出,凶;正、十月破欢喜财,得美名
己巳	子向	年星四旺到,大利;二、七、十一月见财喜;四月得发展机会,天助成功
	艮口	年星二到,生入,利;十、正月有进益,但犯二五,有疾厄;二、十一月三到,犯斗牛杀,有是非
	乾口	年星九到,生入,大利;正、十月有大财喜;三、四、五月亦佳;九月喜心动,破多金

庚午	子向	年星三到，比和；正、二、四、六、十、十一月吉利，进财；六月得胜利；三月、十二月二到，有是非
	艮口	年星一到，生出；正、十月得令名；四、八月破欢喜财，得令名
	乾口	年星八到，比和；正、十月大利；二、十一月多吉庆事；七月有意外机会
辛未	子向	年星二到，克出；四月七到，化火，克出化生出，大破欢喜财；六月病魔扰
	艮口	年星九到，克入；正、十月八到，化克入为生入，得大利；五月化金比和得威势
	乾口	年星七到，泄气退财；正、十月六到，犯交剑杀，失窃
壬申	子向	年月一到，生入；正、二、四、八、九、十、十一月步步得顺利
	艮口	年星八到，生入；三、十二月三到，化克出，因劳得名；六、七月一帆风顺
	乾口	年星六到，生出；三月一到，化生出为克出，不利，多事

例3. 苏门答腊富硫磺矿,盛产煤油,必大希油田公司,系荷兰贵族中人集巨资以经营,其大本营设立于火水山(乡人称煤油

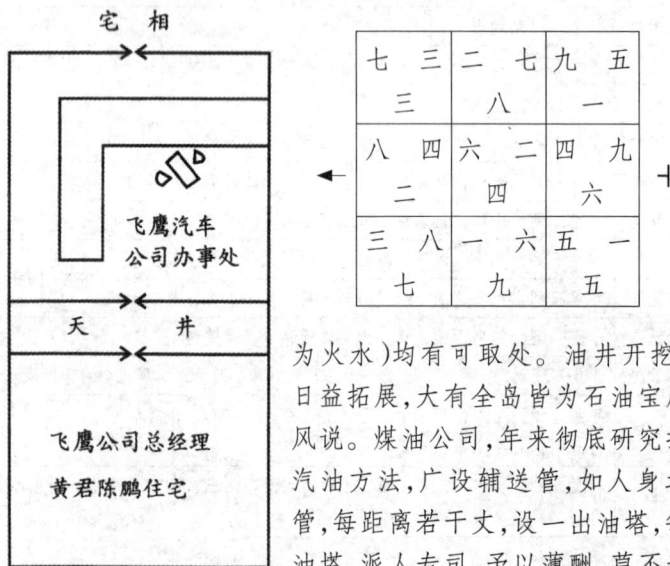

宅相

为火水)均有可取处。油井开挖处,日益拓展,大有全岛皆为石油宝库之风说。煤油公司,年来彻底研究推销汽油方法,广设辅送管,如人身之血管,每距离若干丈,设一出油塔,每一油塔,派人专司,予以薄酬,莫不奉行

惟谨,克尽厥职。往来各车,于半途汽油告乏时,得方便添加,节约省时,不误雇主要公,人咸称便,以致汽车事业,日益发展。明净油塔之设,不数年间,各大商埠先后设置,苏岛为汽油出产地,汽车事业之发达,胜过其他各地,自不待言。棉兰市上,脑筋敏捷之人,集资创办大规模之飞鹰汽车公司,行驶苏东各市都及山顶各奥区。其办事机关,设于棉兰市之上海街,四运开业,坐庚向甲兼寅申四度,演数如上。

飞鹰汽车公司,开业于1930年初夏,集资金若干万盾,有摩托车六辆,每辆需资三千盾,行驶于苏门答腊岛之棉市区。此外蒲芦斑烟有两车往来,有司机、卖票人、稽察员等职务员占十六人。据查账董事说,1930年营业情况,在土产落价、百业萧条、各地市况衰败之秋,以致交通事业中之铁路业非常冷淡。惟汽车以便利,生意尚不差。开业未几,不到一年,全部资本已赚回,其惊人成绩,可想见矣。兹将该公司前后承气方逐年概况制表如下,供参考研究。

流年	年入中	前口主星四绿木	后口主星九紫火
庚午	七	五土到,辛劳,少有破耗;五、七月不吉	九到,比和,有益旺收入
辛未	六	四木到,三、九、十二月发展	八到,生出无虑;五月胜利
壬申	五	三木到,二、六、九、十一月胜利;正、十、九月泄;三、八月化火有剥退	七到,克出,有是非;三、四、十二月利
癸酉	四	二土到,克出,不吉;七、九月泄气,凶	六到,克出,劳而少获;正、十月独佳
甲戌	三	一水到,生入,大胜利;三、五、六、七、九、十一月均利	五到,不吉,有疾厄破耗;三、六、十二月凶
乙亥	二	九火到,生出不利,迁入对面宅内,当年即发,惟用一年	四到,平顺,此年若迁入对面宅,即不作此论
丙子	一	八土到,四月顺利;六、八月亦佳,本年仍迁回	三到,生入大利
丁丑	九	七金到,克入;三、五、十二月大利	二到,生出不吉;惟正、十月利;三、六、十二月有疾厄
戊寅	八	六金到,克入;二、四、九、十一月大利	一到,克入,大利

按：研究以上二例，玄空生我、我生、克我、我克吉凶之理可明。

关论（对冲者）

【原文】夫关即巡山罗睺、五黄廉贞星也。若山冈水路，须案平横绕，谓之关杀势伏，名为护龙，此地起造营坟，大吉。若关方山峰昂耸，或大水刑冲，波涛响闹，名为绝龙，此地大凶。主子孙凶顽，恶逆奸盗，徒流刀缢横亡，伶仃败绝，件件有之。金关木主绝，木关金主瘟，水火相关主绝，土关土主亡。

诗曰：五气相关恶逆侵，山家冲破对朝临。

　　　　干上相关尤自可，支内相关立见凶。

【注解】所谓关者，乃营宅立坟之正向。因以吊宫飞星法入中，其方必是五黄凶煞，故曰关杀。坎宅以离方为关杀，坤宅以艮方为关煞，震宅以兑方为关杀，巽宅以乾方为关杀，乾宅以巽方为关杀，兑宅以震方为关杀，艮宅以坤方为关杀，离宅以坎方为关杀。

关即向首，形法一派，对此不忌。且认为向首朝山高耸为贵人，愈耸愈秀愈佳。向首有水朝入，愈远愈曲愈美。但高耸不宜逼压，水朝最忌直射。若无此二忌，向首山水朝主皆主大吉。

我社已出版的《平砂玉尺经》第371面举有丰城县雷尚书祖地例，请参阅。

按：此局向前关方山峰高耸，九曲水冲来，以本文关煞之义谓"绝龙"，其凶无比，然此局却大发富贵且悠久，与关杀之论不符。

此外，《平砂玉尺经》第231面还举有广信叫岩寺名地例更有趣，正脉冲出，分结三穴，却共一局，俱当信河特朝，请参阅。

按：形法把特朝水叫作催官水，观此三穴共一局例，不俗耳。然亦要龙真穴的砂护，收力方速。龙穴不真，亦为虚化，此形法不忌关也。理气则以生旺之气为美，生旺之气到向，门开向方为吉。死绝之气到向，门开向方则凶。举例以说明。

例1. 上海南市同泰蒲包号,坐丙向壬,三层楼,四运初入宅。坎方为十六铺往南七八十丈深,千万人来往之路上冲来生气,离方凹空,收足生旺二气。据闻当年同泰号主租用此新翻店屋之初,仅需单间,房主不允,强欲其租用双间。同泰主人谓蒲包生意微小,如租双间,力薄难支,房主不理。因联络衣业中友,合伙开衣庄,取名同泰慎,以沿老马路与老太平弄口交界之转角甲向两间门面,让予衣庄,自己则租用衣庄后面朝北单开间三层楼一所,而不知无意中得到合元佳宅,演数如次。诗曰:

九 八 三	四 四 八	二 六 一
一 七 二	八 九 四	六 二 六
五 三 七	三 五 九	七 一 五

↓

单双间位强人用,
无意之中得发宅。
丙旺人生瑞气收,
卅年进益无休歇。

按:此宅坐丙向壬,门开坎方,迎七八十丈深之气,依关杀之理"水火相关主绝",而此宅却因门得生旺之气而发,且向上又是五黄飞到,本书关杀之论不能圆说矣。

例2. 香港皇后大道三叉路边之精益眼镜公司,上元三运中开业,单开间三楼,宅向寅申兼艮坤六度,演数布图如下:

该公司十年前生意旺盛,吸引了不少男女青年顾客,有名震一时之势,获利亦丰。但一九二四年交进中元四运,退气入门,生意冷淡,大有一落千丈之叹! 诗曰:

得时得地,一发如雷。转瞬运去,清冷如灰。

按:此局门开正向,三运旺星临门向而发,四运三木退气而衰,皆以气论;若依关杀理论"土关土主亡",则不能圆说。其论不合实际。

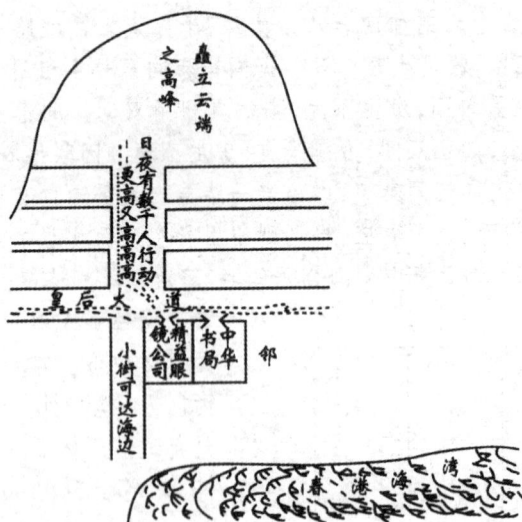

五　一 　二	一　五 　七	三　三 　九
四　二 一	六　九 　三	八　七 　五
九　六 　六	二　四 　八	七　八 　四

以天星论断吉凶者,也不以关杀为重。

例1. 鲁冈壬山,宅主甲寅生,自康熙戊寅生一子,至雍正辛亥,父子俱久纳宠而不孕。辛亥孟冬,取太阳到命度修离、坤、兑三方,天德乙未到兑,先起工,预券一年外即生三子,书存照验。果于癸丑寅月子妾先生一男,随父妾又生一男,随子妻又生一男,四柱皆带壬丙寅午戌。夫以三十五载不生之宅,一经修方催生,而共产三男,《皇极经世》之学岂不足说明哉!

按：壬山属坎，修离方即关方，以山头吊白论又属五黄凶方，如若动土，必主不吉，然此专以修离方为美，是不忌关方之说。

例2. 见本书下册第242面所举"亥卯未局甲向宅"例。

按：甲向乙门，均属震卦，此局庚山甲向，以震方为关杀方，以本文论"木关金主瘟火"，主子孙凶顽，伶仃败绝等凶，然此宅修关杀方反发财，不能圆说矣。

但关杀也确有凶者。以形法论，当面朝山高峰耸逼压，或远照却敧侧破碎、刺面、尖斜；当面朝水直射入堂叫作破天心等，均为明堂见杀，必有凶应。以天星论，若修向方犯太岁，犯三杀诸凶，必有凶应。以大玄空论，门路设于向首，若逢死气、退气主有凶应，所以又不可不慎。

例1. 午命坎宅，上元庚寅年九月十五丙午日强修离方门楼，不知丙火生寅旺午，正宅坐子向午，大门午方、午向，丙戌月太岁到午方午向，宅主命支是午，午来刑午，午日又相刑，岂不犯旺处自刑。离属火，色赤味苦焦，为毒药，主命与年月日时三合火局，离为中女，属阴，先天乾方，乾为父，冬月阴人以毒药毒死宅主，门楼火焚。原以寅午戌火有炎炎之势，此本命方犯太岁一星，合中带杀所致。

按：午向午门，为坎宅之关杀，主因却是因为犯了太岁，午午自刑所致，非关杀故。

例2. 新加坡水仙门中华商店，是上海三友实业社。欧战后发展迅速，海外华侨提倡国货，特委职员虞君至新州设是号，除推销三友社产品外，兼销一切精良国货，以慰南洋华

六 发 三	一 八	五	八 七 一
七 八 二	五 一 四	三 三 六
二 四 七	九 六 九	四 二 五

侨爱用国货之诚意。一九二八年庚午仲夏,获悉店址新迁,就在本街二十号营业,成另一局面。一开间楼房,于己巳年迁入,宅坐戌向辰兼乾巽五度。演数如次。

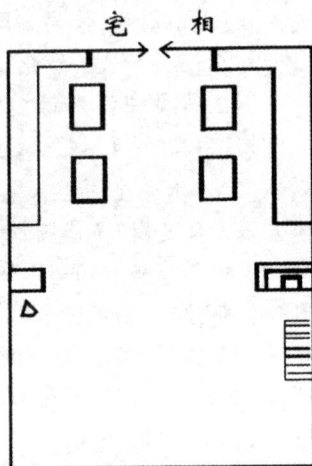

此后生意冷清,比之昔年,大有冬夏之别。虽因橡乳锡米等一切土产落价,市况衰败,百业萧条,全部同病,不仅一家为然。但气口及升降口得了满盘衰死之气,全无一点生旺之气吸得。且八宫反吟,主从间、同事间不能精神一致,尤为唯一困难之事。当此全部商业不振之年,固然赔累不免,尤盼今后市况恢复,若此店仍无大发展希望,则殊堪抱忧。

按:此局门开正向,生意萧条,似乎与关杀之凶相合,但实是四运中以九紫火为泄气,宅之元神尽泄,故凶,决非关杀之凶!

太岁巡山罗睺论

【原文】每年太岁方为建,对宫向方为破。建为天罡、游都大杀;破为河魁、巡山罗睺。太岁为一年之主,众杀之主,动作犯之,飞灾横祸,财物消耗,暴疾卒亡,更损家长,害田蚕。若在杀方,并年月日时之煞,其祸尤烈。犯岁破与犯建同,犯暗建、暗破亦与太岁同。如一白入中宫,忌作坎离方;二黑入中宫,忌作艮坤方。余仿此。诗曰:

太岁伤家长,巡罗损小房。山家合太岁,全室祸非常。

【注解】巡山罗睺《起例》曰:“巡山罗睺为太岁前一位,子年在癸,丑年在艮,寅年在甲,卯年在乙,辰年在巽,巳年在丙,午年在丁,未年在坤,申年在庚,酉年在辛,戌年在乾,亥年在壬。"《选择宗镜》曰:"巡山罗睺止忌立向开山,修方不忌。"《通书》曰:"申子辰罗睺乙巽辛,寅午戌丁癸艮宫出,巳酉丑丙壬乾作首,亥卯未甲庚坤大忌。"注曰:"申年辛,子年乙,辰年巽,寅年艮,午年丁,戌年癸,巳年丙,酉年乾,丑年壬,亥年庚,卯年甲,未年坤。"《象吉通书》从此说,歌云:"子年乙向君休作,辰岁须知巽向凶,辛向申年尤切忌,寅年艮向莫相逢。丁向午年须莫犯,戌年癸向不堪容。丙向巳年皆要惭,酉年乾向祸相攻。壬向丑年灾祸起,亥年庚向祸重重,卯年甲向还须忌,未岁尤嫌坤向中。"注云:"宅墓并忌下此向,犯主三五六年内时见官灾横事,虽有吉星,不能压制。宜一白水局年月。"

《钦定协纪辨方书》认为:"《起例》巡山罗睺为岁前最近之方,又为岁君自本年至次年所巡行必经之地,故立向避之,以其为岁前一位,犹前星为太子,次于岁驾,不敢抵向,但又不敢斥言前星,以为神煞名字,而以佛子之名罗睺当之,故曰'罗睺'也。《通书》既论三合年分,而其罗睺所在之方与三合全无取义。《起例》则申子辰年在庚癸巽,寅午戌年在甲丁乾,巳酉丑年在丙辛艮,亥卯未年在壬乙坤,皆成双山三合五行,甚为有理。《通书》惟辰巳午未年与《起例》合,其为传写之误无疑也,今依《起例》改正。"由此"巡山罗睺"宜据岁前之山位。本书云"关"即巡山罗睺,但关为坐山之对冲方,每年只一山相符,余皆无义理,二者非一神煞,本书混为一谈有误,故更正。

《通书》认为巡山罗睺属火星,宜用一白水星制伏。《钦定协纪辨方书》则有异义。云:"巡岁罗睺为太岁前一位,逼近太岁,故立向忌之。寅年在甲,巳年在丙,申年在庚,亥年在壬,虽近而不同宫、对宫,双山之月有吉星到山到向,坐山乘旺,尤可择吉取用。若子年在癸，丑年在艮，卯年在乙，辰年在巽，午年在丁，未年在坤，酉年在辛，戌年在乾，则与太岁同宫，勿犯可也。《通书》谓一白水星制之则误作四余之罗睺，以为属火，谬矣。"

一人曾于丙辰年扦亥山巳向，不知辰年亡神在山，劫煞在向，至丁巳年太岁到向，正月寅刑巳，二月辛亥到巳，岁破冲方，遭盗窃，报官受刑，反罹冤莫伸。按：辰年巡山罗睺在巽，立巳向巳隶巽，亦有犯巡山罗睺之嫌。

太岁：太岁即当年岁支，主宰一年之吉凶，为一年之主，众煞之主，故有人君之象。太岁起建于子，一岁移一位，十二年为一周。如国家巡狩省方，出师略地，营造宫阙，开拓封疆，不可向之。故《黄帝宅经》曰："太岁所在之辰，必不可犯。"也有人说太岁就是木星，因木星十二年行一周天，一年行一次，所以木星也叫岁星。《钦定协纪辨方书》则认为："太岁者，岁之神；岁星者，岁之星。举太岁以表岁星，则可谓太岁即岁星，则不可，非也。"又云："太岁为百神之统，俗谓之年中天子，与太岁对则身居岁破之地也。"所以黎庶百姓修造，均须回避。因太岁为君星，其方固上吉，但庶民用之则凶。又因太岁一年移一辰，十二年移一周，所以十二地支就是太岁，其支所在之方，就是太岁所临之方。如此则子年太岁在子方，丑年太岁在丑方，以此推之。

例1. 癸未年太岁在未坤，都天亦在未坤，见一萧姓正月内在未坤方挖凿塘窟，三月建辰，遇壬戌到坤刑太岁，其家丑未生男子肿胀。至六月己未都天当令，又遇乙丑到未坤，冲刑太岁及未命，则未命生人殒矣。而乙丑生人肠胀渐甚，余批"易坤为腹"。令车干坤水，择期扶命，七月钓癸亥天德、岁德合到坤，与太岁三合，填平渐愈。

例2. 见本书上册第103面所举"余姓祖茔"例。

例3. 罗姓大头疯，祖茔甲脉午向，庚戌年二月，在茔戌乾方开大长沟，引戌乾风冲射坟首，动土犯太岁方位，己卯吊庚辰到戌乾，冲动乾戌，故应戌生人头肿大痛极。择吉扶命，取恩星到度照方，填满整饬，疯肿渐消，头仍复旧，无恙。

还有一种飞太岁，法以该宫所属之星论。子属坎宫，为一白。丑寅属艮宫，为八白。卯属震宫，为三碧。辰巳属巽宫，为四绿。午属离宫，为九紫。未申属坤宫，为二黑。酉属兑宫，为七赤。戌亥属乾宫，为六白。如丑寅之年，以该年所值之星入中顺布，八白飞临之方就是该年的太岁之方，绝不可轻犯。依此法，三元九星入中之星见本书上册第104面，三元甲子的太岁方见本书上册第106面。

岁破：太岁对冲之方。子年在午方，丑年在未方，寅年在申方，卯年在酉方，辰年在戌方，巳年在亥方，午年在子方，未年在丑方，申年在寅方，酉年在卯方，戌年在辰方，亥年在巳方。岁破之方亦为凶方，所以其方忌造葬移徙，亦忌修方。

例1. 胡姓，丙辰生，住巽宅。庚辰正月，当面凿一小沼，值本年岁破。卯月辰到戌乾冲压，又犯天地金神，岁合申，都天在寅甲，甲为首，纳于乾，宅主头生痛疖。宅右丛林。余问："寅申方有破损否？"曰"今春正月挖一粪窟"。余曰："此都天位，不可犯也。辰命辰岁病起，辰月申冲寅都，甚于申月，申与辰合，故缠绵至戌月。"家人云一一不爽。余曰："戌方冲辰岁，丙火克庚金，太岁七杀，正是本命对冲。寅与戌合，甲与乾合，犯病符加戌杀，恙渐沉，难愈。"择吉扶命，刮出两处湿土，另取生气方土补填，至冬渐愈，次年方痊。

例2. 见本书下册第453面所举"寅命，坎宅犯坤"例。

游都大煞：游都甲己日在丑，乙庚在子丙辛寅，
　　　　　丁壬在巳戊癸申，旺相克日主盗临。

《大六壬指南》云："游都主逢盗贼，加大煞来速，占贼来路，

出行忌。"

天罡、河魁:十二支神中以辰为天罡,戌为河魁,合称魁罡。《历例》曰:"阳建之月前三辰为天罡,后三辰为河魁,阴建之月反是。本书将河魁、天罡、游都等神杀与岁建、岁破混为一谈,特指出。

比和论(即兄弟,即比肩)

【原文】木见木,水见水,金见金,土见土,火见火,是旺气星方,又名纳气星方,宜造作。凡山冈、水路、房、灶、门、厕在其方者,次于生气,如值管龙之运尤吉。主富贵文章,子孙繁炽,家和意协,兄友弟恭。若关煞相侵,则手足俱受其克,与关煞同论。

诗曰:比和兄弟旺诸星,管局之时运逾兴。

　　　若遇失时关与杀,依然驳杂祸来侵。

【注解】本文之法,以坐山所属之星入中顺布九星,与本山所属之星五行比和之星临何官,何方就是本山之旺方。阴宅其方宜高耸清秀,有水朝入。阳宅则其方宜开门、行路,引入旺气。如此则,坎(壬子癸)山一白水入中,无旺处。坤(未坤申)二黑土入中,八白土到坤方,坤方就是坤山之旺方。震(甲卯乙)山三碧木入中,四绿木至乾,乾方就是震山之旺方。巽(辰巽巳)山四绿木入中,三碧木到巽,巽方就是巽宅之旺方。乾(戌乾亥)山六白金入中,七赤金到乾,乾方就是乾宅之旺方。兑(庚酉辛)山七赤金入中,六白金到巽方,巽方就是兑山之旺方。艮(丑艮寅)山八白土入中,二黑土到艮,艮方就是艮山之旺方。离(丙午丁)山九紫火入中,无旺处。以此法看,坎离二方无旺山,是二十四山,少了六山。古人既设二十四山,必山山有旺方,山山有死处,岂有一有一无之理?且此法与八曜杀等相互冲突,此凶彼吉,此吉彼凶,毫无义理,不可为法。

双山五行则是亥卯未乾甲丁六山以卯方为旺方,巳酉丑巽庚癸六山以酉方为旺方,申子辰坤壬乙六山以子方为旺方,寅午戌艮丙辛六山以午方为旺方。其法缺乏变化,病在呆板,亦不足为凭。

玄空飞星法则以当运令星飞到之处为旺方,运运有变,山山有异,生动活泼,且多有验,实堪为法。举例以说明：

例1. 上海南市关桥瑞兴羊毛号,由中元四运丁卯年计算,系上元二运初年开业。以后十余年,可称一路顺风,年获厚利。因店屋有四造进深,后方二黑旺气拥护有力,更得吴淞口四十里水源上三碧生气增加精彩,助成富业。故开业后至光绪二十九年,十余年中可称全盛时代。至光绪三十年后,交进三运,宅后二黑退气,内部精神已涣散,而渐成软弱情状,事业上脚根渐渐松动。然吴淞口三碧当旺,外路生意殊佳,且二黑三碧同在一元,尚不至十分不利。至公元一九二四年,交进中元四运以后,宅之后方二黑退气化为衰死之气,吴淞口三碧旺气化退气,更觉一蹶不振。若求发展,倘多开南窗,得见南方旺水,始有转机。演数如次。诗曰：

开始便收生旺气,
十余年内占奇利。
无如此后脚跟松,
一到中元运不济。

五八 一	九四 六	七六 八
六七 九	四九 二	二二 四
一三 五	八五 七	三一 三

按：此局二运中向星二为旺气,三运艮方三碧为旺气,故此二运中有发展。四运中向上旺星在正南离方,故云多开南窗,亦取收得旺气之意。

例2. 厦门南普陀,擅全省名胜,转逢老和尚力主开放,使远近民众于赏奇之余,藉占佛化,期无漏种子,广播一切来者之人识田中,亦宏化佛法一大方便也。老人日日督工开山,使无知顽

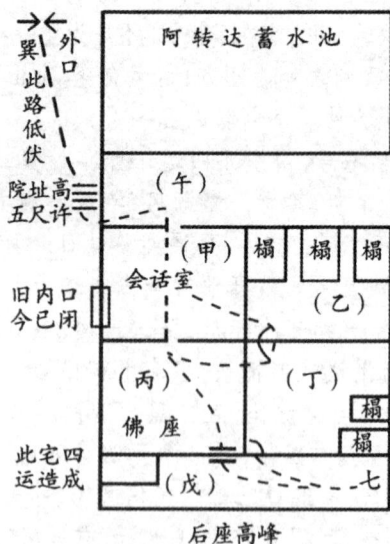

石，尽成杰构，斧凿经过，法味油然。当庚午、辛未间，各市经济窘迫，寺院生活骤受影响，大有入不敷出之势，老人则督工开山，大施意像如故。年奇者，老人不提用寺中分文，赏奇之客随意施资，作开山建造用。老人涓滴归公，如施者意，代为支配。山顶有精舍四五间，题名"兜率陀院"，为要人集议处。凡用人行政一切重要事项，皆由此协议后施行之。记者至厦门集美，陈居士等坚留小住此院中，转逢老和尚嘱苏居士代答一切，并面叫记者检查各处得失，定何方法作补救。以巳方口子不吉，叫移午方，云可收捷效。

辛未年七月二十七癸未日辰，记者昔二友至集美游览，转逢老人乘予等外出时，招水木作领袖，迅速将门户移动，一切按照办理。是日酉时二刻，库房当家觉斌师，到山顶报告老和尚，刚才某绅士捐银千元，助本寺公务进行。并云苏门答腊方面侨商某君汇来荷币若干，嘱代作法事。来涵云家有病人，梦中有人言,南普陀作法事有大益,故发此愿,祈除疾厄。演数如次。

兜率宫癸丁兼丑未五度,适用替卦。南普陀院往日自巽口达巳门,导入甲乙两间,甲乙两间被二七火阴神盗泄本元主要星辰四绿木星元气,令人多病体弱,患走精病。将巳门闭却,非但使甲乙两间均有用途,且可永远免使走失元精之病。而向上四绿旺气,从一切人脚下行动时引进奥区,财禄可以速至。辛未六入中,一到午方,七月二十六号在大暑节内,月星九入中,四到向首午方,宅前相距数尺许即见蓄水池,水光相照,稍远并有海水照于前方,四一同宫,使誉远扬。癸未日酉时,日星八入中,三到向,时星六入中,一到向,三四比和,一生入,偶得喜报,此实寻常之事。是年立秋处暑期内,与立冬小雪期内,均年星五入中,四到巽,九到午;月星二入中,六到午,一到巽,外口巽,内口午,年星月星四九化金,一六化水,联星金水重重生入,许于此八星期内,得到不少殊胜因缘,于收入方面得到不少慰心佳境。总之,此门移转以后,可得多年之胜利。

关煞生气混杂论

【原文】关煞峰高与生气相等,或水路亦然,名为善恶相半。此地立宅营坟,虽富而无礼,贵不善终。出人口善心狠,强言夺理,好讼喜争,克众起家,易成易败。若开生方门,立凶方向,行生方路,凿杀方池,作生方灶,饮杀方水,纵有人丁,常缠灾害,纵有衣食,破耗无端,痴呆恶疾相仍,男女骨肉相伤。

诗曰:山家关破祸非常,瘟毒盲聋见血光。

只因善恶星相杂,故令安处隐危亡。

【注解】生气与杀气混杂,形法谓之脱杀未尽,若龙真穴的,或主初年破败贫穷潦倒,如黄榜眼祖地、沐国公祖地等;或主虽发富贵,但难善终,如杨老令公祖地、文天祥祖地等是;或主虽发富贵,但人心术不正,甚至奸佞误国,遗臭万年,如秦桧祖地,史弥远祖地等。我社已出版的《平砂玉尺经》第156面曾以沐国公祖地为例,请参阅。

按:沐国公祖地虽龙真穴的,生气凝聚,但穴前陡峻,元辰水倾,青龙顺窜,白虎昂雄,山峻星粗,全身恶石,谓之带杀,主初年困败。果李公葬妻后,甚不顺利,不久公即卒。时公五子,因疫亡其四,其一子又因争水伤人,戍定远。至定远后方生黔宁王沐英。此即杀气与生气共存之应耳。

理气一派亦持此论。认为若向承生气,门承杀气;或门路生气,灶立杀气方;或灶向在生气方,井凿于杀气方等,非主发财禄而伤丁,即主发丁而破财禄,不能全吉。举例以说明:

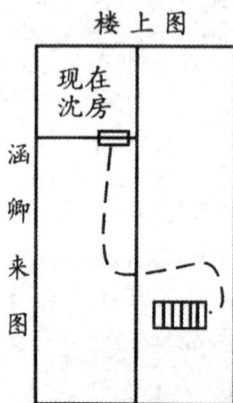

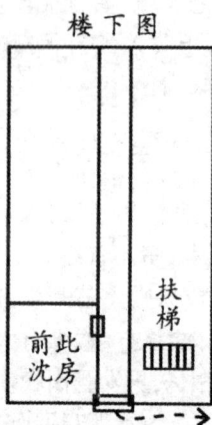

例1. 上海鸿升码头沈君谓祥宅,四运丙山壬向。来路在乾方,气口在坎宫。初住楼下,房门在兑,兑方兼有楼梯行动。丁卯六七月间小暑、大暑期内,月五黄到内口及行动处,本来向星病符衰土到彼,故常苦疾病缠绵。丁卯夏季,月黄又到,故有损丁之祸。七月立秋处暑期内,乾坎二宫月星三七相见,致有失窃之事。沈君因该房不吉,移住楼上,转危为安,演数如次。

楼上图　　楼下图

现在沈房

涵卿来图

前此沈房

扶梯

按:坐山双星会坐,均为当运旺星,以理主旺丁。然房门向兑,兑宫飞星为七赤金,是四运杀气,是旺山旺向住杀气方,所以有伤丁失窃等事发生。后移住巽宫,房门开乾方,乾方飞星一白水生四运之木,故转危为安。

丁					
九　八 三	四　四 八	二　六 一		九 二 一	五 七 六	七 九 八
房门 一　七 二	八　九 四	六　二 六		八 一 九	年六月七月 一 三 二	三 五 四
五　三 七	三　五 九	七　一 五		四 六 五	六 八 七	二 四 三

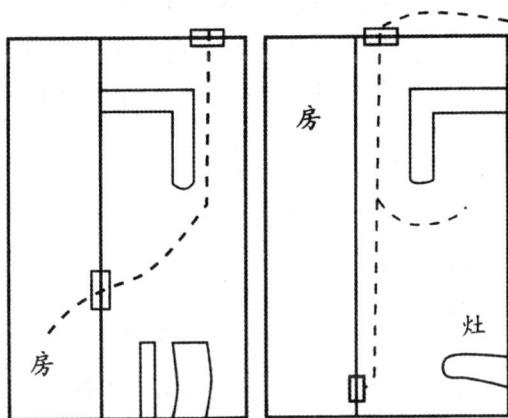

例2. 嘉定徐家巷戴广裕染房,三运卯山酉向,乾方有数里长曲水特朝,三运中受欧战之赐,得到如许胜利。惟房门七赤金凶星行动,三运内曾损一小口。丁卯仲冬,四一集于灶位,新添一丁。现为更进一步改造门风,中地首远,发福正未可歇也。宅运如下。诗曰:

巽脉乾流,四运当旺。

欧战期中,令星值向。

二　六 二	六　一 七	四　八 九
三　七 一	一　五 三	八　三 五
七　二 六	五　九 八	九　四 四

营业勃兴,一方推仰。

惜动衰金,起损丁恙。

一经改造,幸福无量。

按:此局三运宅,三碧旺星到向,四碧生气当乾流,生旺之气尽收,故生意兴隆。然房门向兑,七赤金为三运杀气,是向承旺气而房住杀方,故财禄虽佳,却有损丁之灾。

起建方诀

【原文】前论太岁为建,岁破为破。此论山峰为建,低处水际为破。如平地以坐心为主起建,以水为破。建为主,破为客。且如离山,坎方有水,便是离山坎水。如坎山,离方有水,便是坎山离水。又如乾山,巽方是水,便是乾山巽水。如艮山,坤方是水,便是艮山坤水。如震山,兑方是水,便是震山兑水。兑山,震方有水,便是兑山震水。皆以水为破,以山为建。若四围皆水,便作中宫局论。

凡定局不可执一,假如乾山来脉,便作乾山局论。如带辛兑来,亦宜作兑山局转展兼论。如带壬癸坎气,可将坎局吉凶通融取用,庶无失也。余局仿此。

【注解】建破之名有误。以山峰起建者,山无定形,有坐后主山高者,有远方案山高者,有左右龙虎高者,亦有四维高者,若以此起建,是无主山,若无主山,又何以论吉凶?此建方之谬者。破者,以形家言,水直冲射,山尖屋角冲射,路直冲射为破,四山破碎为破。以择吉家言,年、月、日、时之对冲为破,均言其凶。而穴见水者,则为吉庆,经云"得水为上"者是。此处却冠以"破"

字,有违常例,此其一。水之来去,随其自然;穴之开立,亦随自然。有的宅穴一面有水,有的宅穴两面有水,有的宅穴三面、四面或五面有水,亦有的宅穴却四面八方皆无水。如此,无水者是无破方,六面有水者则六方起破,有是理乎?故以水起破之说亦无道理,均可弃之不论。

认水立向者,是言平洋龙而非山龙,详注见后章。

认水相局起例诗

【原文】东南乾局西南艮,东北为坤西北巽。

北离西震兑因东,南方水路坎山同。

四方相等是中宫,远近须从香火论。

【注解】此言认水立向之法。如果东南方为三叉水会之处或有水绕抱,水界气止,真气凝聚,便是乾龙巽向。如果西南方为三叉水会之处,或有水绕抱,水界之处,真气融聚,便是艮龙坤向。如果东北方有三叉水交会,或有水绕抱,水界之处,龙气融聚,便是坤龙艮局。如上海,苏州河与黄浦江交汇于上海之东北方,上海就是坤龙艮局。如果西北方有三叉水交会,或有水绕抱,水界之处真气凝结,便朝水结穴,必是巽龙入局。如果正北方有三叉水交会,或有水绕抱,水界之处,真气融聚,则朝水立穴,必是离龙入局。正西方有三叉水交会,或有水绕抱,水界之处,龙气聚结,则朝水立穴,必是震龙入局。如果正东方有三叉水交会,或有水绕抱,水界之处,便是气聚之处,朝此水立穴,必是兑龙入局。如果南方有三叉水交会,或有水绕抱,水界之处,龙气融聚,朝水立穴,必是坎龙入局。

寻龙之法,得水为上,藏风次之。古人认为,气无形而难现,水有迹而可求。水来则气来,水合则气止,水抱则气全,水聚则气蓄。水有聚散,而气之聚散因之;水有深浅,而气之薄厚因之。

重重湖荡兑卦边，
随方立宅荫多年。
丰亨豫泰夸家世，
直到三元七赤天。

乾宫曲水四宫星，
八十年中享大名。
若晓中元安吉宅，
黑头相公秉钧衡。

一条巽水向乾流，
不怕通衢气不收。
任是来去皆可宅，
中元卿相坐当头。

震水支流屈曲来，
源头尽处穴堪裁。
下元七赤龙居首，
一发惊人响似雷。

一条西水向东流，
小水拦挡气脉收。
当许下元还画锦，
中元无咎福悠悠。

四水朝归会四龙，
居中作宅是仙宫。
不分元运时时发，
子姓绵绵奕叶重。

离方有水注堂前,坎上阳基气脉全。先发上元开甲第,三元常见福绵绵。上元离方运败,不可修造盖屋。	离方九曲似蟠龙,此局先通列宿垣。建宅三元无破损,三桃九棘冠朝班。此龙离方曲水,又名"上天梯"或"御街水"。
长流大水藻离宫,小水连城瑞气钟。若见兜拦贵无敌,黄金百万位三公。后居也有三公位,元元不败乐无穷。按:此即四面为水之中官局。	只看东北水汪洋,宅有兜拦气脉收。远曜近星皆翕聚,上中年内乐优游。艮水应于一运发财,二运发丁,三运发贵。

所以因水可以验气,因气可以知龙。故水之眷恋、回环、交锁、织结皆气之所在;水之穿割、牵射、直反、斜冲皆气之所离。由此,龙行、龙止、气聚、气散当以水口验之,此即认水相局之意。然山龙与平洋龙认水相局之法略有不同。山龙相局,当以龙脉为主,

水口交锁,或前、或左、或右而无定向,不能说水口在乾,便是巽龙巽局,水口在艮,便是坤龙坤局,当以来脉为主。平洋之局,必以认水为主。杨筠松《遍地钳》云:"平洋大地人不识,或在水边或在右,或在平田或在泥,或在沙州与堆积,乘风气散主人离,水绕罗城方是吉。"《青乌经》云:"大地平洋,渺茫莫测,沼沚池湖,真龙憩息。"蒋大鸿在《水龙经》序中开篇就言:"行到平洋莫问踪,只看水绕是真龙。"又云:"平洋大地无龙虎,漭漭归何处?东西只以水为龙,扦着出三公。"皆言平洋龙法以水为要。

蒋大鸿《阳宅指南》一书中有"依水立局论宅法"一节,特介绍如上第 392、393 两面图。

祖墓暗建杀

【原文】凡八山造葬,忌犯祖墓暗建方,亦名暗建杀,主杀长房子孙。建方者,阴宅之主位,若葬祖墓建方,主子孙忤逆不和,尊卑无序故也。诗曰:

建主长房伤,破主杀小房;魁罡中房死,犯者自身当。

又:作建山家杀,全家主暴亡;君如求保佑,急报在生方。

【注解】祖墓建方者,阴宅之主位,若葬主位之方,必直截来脉,或截龙脉之气,或泄主位之气。同时,建方即主墓上方,晚辈葬于祖墓上方者,乃以下犯上之象,故主上下无序,子孙忤逆。

急报:报方,详见后章。

阴阳二宅侵杀论

【原文】阳气道侵阴,阴气道侵阳,侵阴阴受克,侵阳阳受伤。如阴宅杀方忌起造,是侵阴也;阳宅杀方忌安坟,是侵阳也。如先有阳宅,后作阴坟,在阳宅生方则吉,杀方则凶。作阴宅亦然。故二宅同方,惟取皆作吉方为妙,更值山局乘龙气生旺之年月日时,必主骤发。倘二宅相犯,阴阳反背,更遇死气关煞之年月日时,发祸尤烈。

【注解】在阳宅的杀方安坟,是阴气道侵阳。在阴宅的杀气方建房,是阳气道侵阴,均主不吉。各山杀气之方,详见前注。

建造所属五行

【原文】屋属土,以其方也。碓属水,以其动也。井属木,以其深也。厕属金,以其圆也;厕方又为土锥,属火,以其尖也。

【注解】古人建造,对其五行生克非常讲究。如屋方属土,忌来路直射,因路直为木,木路克土屋也。厕所忌安在离方,因厕圆属金,离方为火,离火克厕金也。井不宜凿在乾方、兑方,因乾兑属金,克井之木也。

论五黄在宫在方在村落

【原文】五黄所在处,皆忌修造动土,犯主瘟火横亡,应以五数。以五黄为瘟疫之主,宫数五,故也。

在离方建锥子,以二火助五黄之杀,主毁五数人家,杀五数人。造碓则减祸,水克火也。

【注解】离方为九紫火,锥为火形,五黄为廉贞火,故云二火助五黄之杀。但五黄属土,碓水虽能克九紫火,本身又被五黄土所克,自身难保,何以制火?且五黄为最毒之凶神,所到之处,凶险异常,惟三碧、四绿木生旺可制,六白、七赤金可泄其凶。故玄空风水一派,凡五黄到处,非以青色增加木之力以制其凶,便以风铃之金以化之。用碓水制五黄之说,实不合义理。

【原文】在坤艮方造屋,以二土结成局,必主发瘟疫,穿井则减祸,木克土也。

在震巽方穿井,以二木克制五黄之杀,则祸少,不宜造屋与锥。

　　在乾兑方造圆厕，泄五黄之气，其祸少减。造方厕则祸重，不可救。

　　在坎方造碓，乃五黄所制之地，或瘟或火，任其所之，无不酷烈。

　　大抵五黄凶星，宜落受制之方，不宜落制方之地，此天地生成之理，人当知所避忌。

　　凡五黄关杀所在之方，不动则祸不见，不助则祸不烈。遇克则祸减，知此避祸，即知此生福，总一理也。

　　【注解】五黄：解说详见本书上册第316面。

关煞凶方加临戊己都天断

　　【原文】凡杀气、死气、退气、五黄凶方，更遇戊己都天杀，如临其上，或月建加临，立见凶祸。吉凶各有所主：

　　堆木料人口灾损，六畜栏圈主眼疾官事，厕屋损人口六畜，灰舍损小口，空屋主丧事自缢，土堆主堕胎落水，山水冲射主心痛病死。阳年损宅长，阴年损宅母。

　　【注解】戊己都天虽为凶煞，与五黄同烈，但所临之方，如果不动作则为无犯，亦无凶祸，故本文"空屋主丧事自缢"句有误。空屋者，无人居住之屋，毫无动犯，何祸之有？另阳年以戊土到处为忌，阴土己土到处无妨，阳为男、为父，故损宅长。阴年以己土到处为忌，阳土戊土到处无妨，阴为女，故云损宅母。详见后注。

　　【原文】递年戊己都天临方。以五虎遁寻戊己所在方便是。

　　　　　甲己年在辰巳方，乙庚年在寅卯方，

　　　　　丙辛年在戌亥方，丁壬年在申酉方，

　　　　　戊癸年在午未方，

　　犯，主火盗、瘟疫、横死、杀人，最烈，值五黄关杀更甚。

　　【注解】五虎遁：请参阅本册《佐元直指》第43面；戊己都天则请参阅本书上册《璇玑经》第464面。

卷中

洛书本图

【原文】此星卦照洛书后天方位，一定不移者，第因各山飞动变迁，吉凶不一，故取吊白钩元，穷山川之变态耳，非有所添设也。纳甲五行：

> 坎癸申辰在水津，离壬寅戌火为营。
> 巽辛震庚亥未木，乾甲兑丁巳丑金。
> 艮丙坤乙原是土，归元纳甲月华明。

西南纳乙，西北纳甲，正南纳壬寅戌，正北纳癸申辰，东南纳辛，东北纳庚，正东纳庚亥未，正西纳巳丑。

辰 巽 巳 东 南 四 绿 木 文 曲	丙 午 丁 正 南 九 紫 火 右 弼	未 坤 申 西 南 二 黑 土 巨 门
乙 正 东 卯 三 碧 木 甲 禄 存	中 央 五 黄 土 廉 贞	正 西 庚 七 赤 金 西 破 军 辛
寅 东 北 艮 八 白 艮 土 丑 左 辅	正 北 一宫坎水 一白贪狼 癸子壬	西 北 戌 六白乾金 乾 武 曲 亥

【注解】原文东北纳"庚"，应是纳"丙"。正西纳巳丑，少一"丁"字，特更正。此图亦即后天八卦方位图。

纳甲：纳甲之说有二。一是以卦象言之，自甲一至壬为九，阳数之始终也，故归乾，甲为顺数；乙为二，至癸为十，阴数之始终也，故归坤，乙为逆数。乾一索而得男为震，坤一索而得女为巽,故庚入震,辛入巽。乾再索而得男为坎,坤再索而得女为离,故戊趋坎,己趋离。乾三索而得男为艮,坤三索而得女为兑,故丙从艮,丁从兑。阳生于北而成于南,故乾始甲子而终于壬午。阴生于南而成于北,故坤始乙未而终以癸丑。震巽一索也,故庚辛始于子丑;坎离再索也,故戊己始于寅卯;艮兑三索也,故丙丁始于辰巳。

　　一是以月面受光之多寡而论纳甲,即本书所云“月华明”之意。合朔后初三至初七戌时,月在庚方,此时月明一分,象震卦之一画,故震纳庚。自初八至十二日戌时,月在丁方,得上弦半轮,有兑之象,故兑纳丁。自十三至十七日戌时,月现甲方,与日相望,其光圆满,有乾之象,故乾纳甲。自十八至二十二日卯时,月在辛方,此时月亏明一分,有巽之象,故巽纳辛。自二十三至二十八日卯时,月在丙方,得下弦半轮,有艮之象,故艮纳丙。自二十八日至次月初二日卯时,月在乙方,与日交会,尽丧其明,有坤之象,故坤纳乙。坎离得乾坤之中爻,中爻为主之位,故坎纳戊,离纳己。但二十四山位中无戊己之位。故以壬配离,因壬为乾卦外三爻所纳,离南在先天乾位,故以壬配之。以癸配坎,因癸为坤卦外三爻所纳,坎北在先天坤位故也。

　　知纳甲之意,便知纳甲五行之源,申子辰属水,坎纳癸,故亦属水。寅午戌合火,离纳壬,故亦属火。亥卯未属木,巽从之,巽纳辛,震纳庚,故庚辛亦属木。巳酉丑属金,乾亦金,而乾纳甲,兑纳丁,故甲丁亦从金。坤艮二卦属土,艮纳丙,坤纳乙,所以乙丙也属土。

　　纳甲五行,风水中主要用以收水。阴阳二宅若立乾山巽向,乾纳甲,则宜水从甲方来或开门、行路于甲方。立兑山震向,兑纳丁,则宜水从丁方朝入或开门、行路于兑方。立坤山艮向,坤纳乙,则宜水从乙方朝入或在乙方开门、行路。离山坎向,离纳壬，则宜壬方有水朝入或开门、行路于壬方。立巽山乾向，巽纳辛，则宜辛方有水朝入或在辛方开门、行路。立震山兑向，震纳庚，则宜在庚方开门、行路或庚方有水朝入。立艮山坤向，艮纳丙，则宜丙方有水朝入，或开门、行路于丙方。若立坎山离向，坎纳癸，则宜癸方有水朝入，或在癸方开门、行路。

纳甲之法，出自易经立卦之法，如乾卦六爻是子寅辰午申戌，内卦纳甲，外卦纳壬，干支配则是甲子、甲寅、甲辰、壬午、壬申、壬戌，余同此理。风水借用，纯属牵强，再混以三合五行，则更加驳杂。三合五行，出自推命，如申子辰三合水局，申金、辰土均以水论。而地理之法，申方属金即金，辰方属土即土，何能任人合来合去，变来变去？故地理借用亦属附会，再加入纳甲，则更使混乱。如乾山，以八卦论，本属金，纳甲可也。但其乾卦所统之亥水反属木，宜纳庚，戌属火，宜纳壬。既论纳甲，则应以卦论而无戌亥之说；既论戌乾亥三山，则无论纳甲之理，二者相混合用，其理皆非。假若京房、虞翻等泉下有知，看到自己所创纳甲说被人用得如此支离破碎，不知该哭否？抑或该笑否？

山局吊白方图（论山九局）

【原文】坎山局九星图（见下面）。

原眉批：右关阳巽入首，气属庚金，配丁火向，须庚辛坤申临官山照穴，发贵极速。在平地可作顾祖，立巽向，为官极速。水归丑中，此上格。因水口以立向，用向消水为紧要法门。

一白山前起巽峰，坤龙坎立又重重。

卯乾离位皆拱朝，子孙万代振家风。

【注解】图与注解，真伪混杂。紫白入中，法皆从上元甲子年一白入中始，而后逆布九星，周而复始。依此法，三元九运中共有十五个子年，却只有上元甲子年、庚子年，中元丙子年、壬

上三，卯西辰巳命发。 中三，子辰申命发。 下三，子午寅申命发。	子山用戊申、丙辰、丙午、壬辰，下后极富。	壬山用寅申酉三日葬吉，子山用寅申未酉四日吉，癸山用庚申、壬寅、壬子、乙未四日吉。
辰 巽 巳 九紫火，中宫克，死气方，山高水来吉。去、凹陷，凶。	**丙 离 丁** 五黄土，克中宫，杀气方，又为巡罗五鬼，冲关。山水低平拱抱，吉。	**未 坤 申** 七赤金，生中宫，为生气方，下元大吉。未申利，山高大水朝迎，吉。
乙 震 甲 八白土，克中宫，杀气方，凶。山低拱，水环绕，吉。高压冲射凶。	**中 局 坎** 一白水为主。子年一白入中宫，申酉子年吉，辰巳凶。	**辛 兑 庚** 三碧木，中宫生，退气方，凶。木气归兑，为背禄之乡。山水平伏吉。
寅 艮 丑 四绿木，泄中宫，为退气方，中元吉。山平伏，水围绕吉，高昂冲射凶，水满棺。	**癸 坎 壬** 六白金，生中宫，为生气方。山高、大水朝迎，吉。	**亥 乾 戌** 二黑土，克中宫，杀气方，凶。土杀归乾，有肃杀之意。山水低平拱扶，吉，高大凶。

子年，下元戊子年属一白入中，余皆非。若依本书三合申子辰入中之法，与紫白九星之法相抵触，此一谬。山头入中吊白之法，与年月紫白入中之法相抵触。如中元甲子年修子山，以年吊应是四绿入中，以山吊则是一白入中，如此则山头生气方六白金变为九紫火死气方，而兑、艮两方之退气又为生气方，吉凶大异，前已注明，此二谬。原眉批云"右关阳巽入首"等语，出自吴克诚《吴公子教子书》，原文为"左关山龙局"（见下面图）。

注云："此阳巽龙，气属庚金，配丁火，坤申午丙临官照穴，发贵极速，纳卦立辛向，文章秀美，名誉馨香。如平洋之地，可作倒骑龙，立巽向，为官最易，水归斗牛，合上格。"原文是注巽左关之

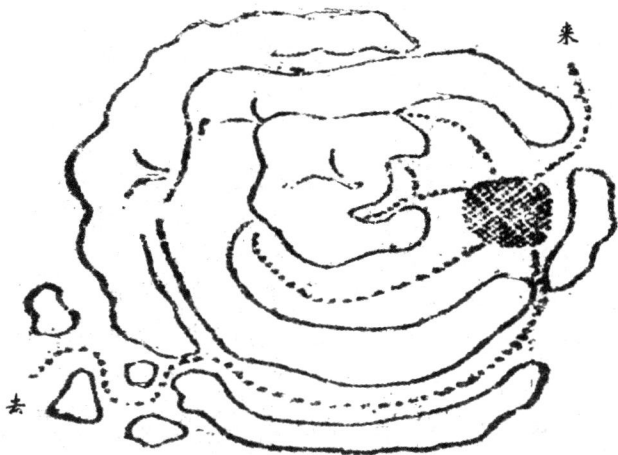

阳龙，本文不仅误为右关之阳巽龙，且将巽龙批入坎宅之中，一误再误，此三谬也。龙之阴阳，当以形体而论，如火体、木体，属阳；水体、土体、金体属阴。若以左旋右转分阴阳，拘于死板。如山之势，忽而左旋，忽而右转，忽而向前，忽而返身，生动活泼，绝无一直顺势而转之理，故以左右论阴阳亦误，此四谬。

然子山用戊申、丙辰、丙午、壬辰四柱造葬，下后极富之论，却深合阴阳宅风水中最高层次"选时造命"之理。申辰与子山三合水局，为扶山补龙之局；丙午为水局之财，三合水局而解子午之冲，水局得旺财，故极富。

此九局图及眉批中均涉及"选时造命"之局，欲知选时造命的主要内容，请参阅本书下册《八宅明镜》第479面"杨筠松造命歌"及论补龙、扶山、相主等论述。

此处仅对造命诸格局做一简介：

1. 天地同流格。天干均一字，地支亦均一字者是。如丙申、丙申、丙申、丙申（辛命、巳命吉），辛卯、辛卯、辛卯、辛卯（丙命、

卯命吉),癸亥、癸亥、癸亥、癸亥(戊命、寅命、子命、卯命吉)。

2. 天元一气格。天干四字相同者是。如辛巳年、辛丑月、辛未日、辛卯时,庚午日、庚辰月、庚子日、庚辰时,壬寅年、壬子月、壬午日、壬寅时等是。

3. 地支一气格。地支四字相同者是。如辛卯、辛卯、乙卯、己卯,甲申、壬申、壬申、戊申,壬子、壬子、壬子、庚子等。

4. 三合局格。即四柱中或三字或两字可合成局者是。如丁酉、乙巳、癸酉、癸丑,甲子、壬申、丙申、戊子等是。

5. 正官格。葬日天干为亡命正官者是。如丁巳亡命,用壬申、壬子月、壬申日、壬寅时,丁火用壬水为正官是。

6. 拱贵格。两个地支中间夹拱亡命或当年太岁贵神是此格。如庚戌亡命,申山寅向,用庚申年、壬午月、庚申日、壬午时。庚金贵神在未,午与申中夹拱未贵者是。

7. 拱禄格。两个地支中间夹拱亡命或当年太岁正禄,是此格。如乙亥生人修方,用庚寅年、庚辰月、庚寅日、庚辰时。乙禄在卯,寅与辰中夹拱卯禄者是。

8. 印绶格。干支生亡命或山家五行者是。如甲命人以癸水为正印,取四癸亥者是。丙命人以乙卯为正印,用甲戌年、乙亥月、乙未日、己卯时是。

另还有冲禄、遥禄、堆禄、正财、六阴朝阳等格,不再一一介绍。

【原文】坎山局(离方有水绕是)。一白水入中宫,天蓬管局,羽音,居北方壬子癸,卦属中男,贪狼星,属水,半阴半阳山也。

若坎巽坤三方山峰顿起高厚,主子孙英俊豪杰、孝义贤良,一举登科。或艮震离兑峰高水射,主子孙夭亡、刑伤、官灾、绝灭,横案环绕则吉。

诗曰:坎局原来帝王乡,坤方水路坐生长。

营坟立宅皆荣贵,此局应须认水场。

又：山言坐向水言局，水路朝迎坐吉凶。

坤坎汪洋关煞没，不同三元福泽同。

此星遇子年月日时，大利营造，主百日内君子迁官，庶人进财，中男先发，纵值太岁诸杀无害。若犯无气年月并入墓之辰，中小房见凶，申子辰年应。修造一白年月值生气，主三六九年进宫、羽音财物，从北方来。

原书眉批：左阳关坎龙入首，申酉方来，气属壬水，配辛金，合坤申乙辰立向，水归东南是也，要辛亥水朝为贵。立午向为坎离交泰，水火既济，水归戌口是也，主出贵。右关坎入首，气属癸水，配甲木，合坤壬乙申辰立向，水归辰口是也。立午丁二向，戌口未口是也，皆主富贵。少有差误，必生灾患。

【注解】羽音、宫音：古人把金木水火土分为五音，羽音属水，宫音属土等，关于五音请参阅本书上册第343面。本文云进"宫、羽音财物"，即指发羽音姓氏、宫音姓氏之人的财物，但坎山为一白水，水见水音为旺，水见火音为财，水见土音则为官杀，依此理，当是发羽音人或徵音人财物，见宫音土反凶，原文当误。

半阴半阳山：子月为冬季，节令为冬至，阴气虽正盛，但阳气已渐生，阴阳皆显于子月。推命术中亦有把子时前一个小时为阴，后一个小时为阳者，风水中引伸此义，故云子山半阳半阴。

喜坤坎巽三方高耸，大水汪洋者，坤坎之方为坎宅吊白之生气方，巽方吊白为九紫火，是坎宅财方，故此三方山高耸，大水朝入主富贵双全。余方皆为退气、杀气，故宜低伏、环抱。"水射"一句是以形论，水直冲来为射、为破，此水不论在何方，皆主凶。即使在财方、生气方亦以凶论。以三元玄空飞星论，若在生旺之方，亦吉，在死绝方却凶上加凶，不可用。

原眉批出自吴克诚《吴公教子书》。

注云："此阳坎龙，气属壬水，配辛金，合坤乙立向，水流乙

辰,是西方发脉,出于印绶之乡。要亥水送龙朝聚,或峰峦挺秀。
发贵之期,立午向曰坎离交泰,水火既济,发贵禄极速。"又云:
"阴坎龙气属癸水,配甲木,合坤乙立向,水消丁未。立午丁二向
为交泰,丁为坐癸正配,皆主富贵。"此以三合论,左旋壬水,水出
乙辰墓方;右旋癸水为木,水出丁未墓方是。

【原文】坎山坎卦。武曲星领事,名地尊曜。《玉镜》云,山峰
顿耸圆厚,营坟紫气盖棺,亡人安稳,子孙富贵和义。立宅世代荣
华,应申子辰年。如本山低陷不吉。

诗曰:坎山坎水吉星临,冈水朝迎值万金。

世代子孙家鼎盛,居官贤达且遐龄。

蹇卦。坎山艮水,天辅星领事,化地都。《玉镜》云,如山峰尖
射,水路冲激,营坟水浸棺木,木根贯尸,先杀小房男女,诸房并;
凶盗奸淫,恶疾夭绝。山水低降不妨。宅同。

诗曰:坎山艮水号凶冈,无限家赀雪见汤。

休望子孙□□业,中元方许保田庄。

(诗第三句第五、六字未能辨认)

屯卦。坎山震水,天任星领事,化明龙。《玉镜》云,如山峰尖射,水路冲激,营坟狐蚁入穴,损棺木,坏东墙,先杀长房,诸皆凶,火盗刑疾,血产横绝。如冈抱水绕,吉。宅同。

诗曰:坎山震水犯河魁,万镒仓箱化作灰。
冈有作房无障碍,其余移改莫胡为。

井卦。坎山巽水,天英星领事,化应龙。《玉镜》云,如山峰圆秀,水路朝迎,作墓亡人安,中房富,诸房亦吉,但后代人丁冷绝。宅同。

诗曰:坎山巽水势昂昂,福荫人家中女郎。
积蓄悭贪家业维,儿孙虽少赛孟尝。

既济。坎山离水,天禽星领事,化巡逻。《玉镜》云,如山峰尖射,水路冲激,营坟不祥,棺欹尸乱,蚁聚蛇藏,小房盲聋暗哑,金水命人恶疾凶死,诸房并凶。山平案横,吉。宅同。

诗曰:坎山离水是罗睺,废尽赀财百祸稠。
常被瘟火相缠害,更来淫妒总堪愁。

比卦。坎山坤水,天柱星领事,化破军。《玉镜》云,如山峰圆秀,水路朝迎,葬埋紫气盖棺,亡人安稳,小房旺财置产,福厚登科,诸房并吉。如山水无情,不吉。立宅同,下元大吉。

诗曰:坎山坤水小房强,冈水朝迎百事昌。
后代官高并富厚,如扦此地姓名香。

节卦。坎山兑水,天冲星领事,化天罗。《玉镜》云,如山峰昂射,水路直冲,营坟立宅杀长房,诸房火盗,官刑,破败。

诗曰:坎山兑水号天罗,下后儿孙疾病磨。
恶曜相伤家廪耗,更防绝灭祸灾多。

需卦。坎山乾水,天芮星领事,化杀鬼。《玉镜》云,如山水冲压,主杀宅母,中房先灭,诸房并凶,瘟火天绝。宅同。

诗曰：坎山乾水怕冲流，败殃凶灾已可忧，

恶疾百般并火盗，更防官讼少蚕收。

原书眉批：子山用四癸亥年月日时，丙辰土运。子山用壬申、戊申、丁巳命。子山用庚子、甲申、壬申、戊申，六十日即发。又戊申、丙辰、丙午、壬辰，下后极富。龙运用正五行，山运用洪范五行。山运如乾亥丁酉四金山，甲己年用，先年冬至后乙丑金运，忌四柱纳音火。乙庚年用，先年冬至后丁丑水运，忌四柱纳音土。丙辛年用，先年冬至后己丑火运，忌四柱纳音水。丁壬年用，先年冬至后辛丑土运，忌四柱纳音木。戊癸年用，先年冬至后癸丑木运，忌四柱纳音金。寅丑庚坤未五山，甲己年用戊辰木运，乙庚年用庚辰金运，丙辛年用壬辰水运，丁壬年用甲辰火运，戊癸年用丙辰土运。

【注解】易六十四卦，每方占八卦，每山约占2．67卦，分列于罗经一周，又有先天卦位与后天卦位之分，坎方先天八卦是：

坐山	壬山			子山			癸山	
卦名	观	比	剥	坤	复	颐	屯	益

坎方后天八卦是：

坐山	壬山			子山			癸山	
卦名	观	剥	晋	大有	坎	节	屯	既济

本文所列之卦名，出自六十四卦方图的排列中坎六一行，并非罗经坎山卦位。

从本文所论各卦吉凶看来，仍是以一白水入中吊宫飞星之法论吉凶。如节卦，节卦为兑水，吊宫飞星三碧木到兑为退气，所以该方有水为退气水，山峰高耸为退气强旺，故以凶论。但《易经》中的节卦却恰恰相反，《象》曰："节亨，刚柔分而刚得中。

苦节不可,贞,其道穷也。"意即节制、亨通,乃是由刚柔上下区
分而阳刚获得中道,但不可以过分节制而感到苦涩,应当守持正
固,必致亨通,其为吉卦明矣;而本书却冠以"凶"字,与易理相
悖。其余各卦,亦缺义理。大凡风水之形,不论何方,只要山环
水绕,均是融气之处;山压水射,都是逼冲之处,吉凶自在其中。
至于山之高低,只要高而清秀,不逼压,不倾碎,均为吉山。山再
低伏,斜窜破碎,亦为凶山。何方皆如是,何卦皆如是。再用山
头吊白,卦爻生克,实属添足。如我社已出版的《平砂玉尺经》第
261面所举"朱文公祖地"例,就很能说明此理。

　　按:此朱文公祖地坐壬向丙,为坎山。东方山峰高耸,西方
西北为来脉,远朝文笔高耸云汉,以本文卦理,震、艮、离、兑、乾
五方山峰尖耸,均主不利,与本穴事实相违,故本文之卦义不必
尽拘。

　　也有以坐山为主,用抽爻换象之法,配合形局,结合元运论
六十四卦之吉凶得失者,以上下卦五行生克为根据,远比本书之
法有理,兹介绍如下:

　　坎为水。坎为七水(坎居先天兑位,配洛书数七,故云七水;
以后之数均以先天卦位配洛书数论,不再说明),上下皆水,二水
比和,钱财富厚,产业兴隆,初年顺利。但纯阳卦无阴,妇女短
寿,久则丁稀。生水蛊肿胀、堕胎、带白、疝气、遗精、崩漏等症。

　　水山蹇。坎七水,艮六土。水土相克,中男病死,小儿痞伤,
兄弟夫妇离异,产厄、闭经、人命、缢死、溺水、邪魔、火盗、官灾。

　　水雷屯。坎七水,震八木。水木相生,富贵极品,初年主生
三子,家庭和顺,福禄荣昌,但纯阳不利于阴,年久妇女短寿。

　　水风井。坎七水,巽二木。水木相生,贪狼得位,五子峥嵘,
旺财丰盛,科甲联登,男聪女秀,子孝孙贤,六畜兴旺,大吉。

　　水火既济。坎七水,离三火。阴阳正配,富贵双全,人丁大

旺,年久中女寿短,又主心疼眼疾。如果坐山不当元乘运,山水之情不专,则主夫妇离异,兄弟不睦。

　　水天需。坎七水,乾九金。水星好淫,金星多溢,老公精竭而死,中子淫佻,妇女寿短,崩漏脱胎,水盅胕肿,梦遗邪淫,家庭不合,凶。出人好酒色,乾为老人,为头;坎为水、为肾、为精子、为血。以卦象而言,脑溢血之病。

　　水地比。坎七水,坤一土。土克水,主伤中男,疯狂聋哑,咽噎喉臃,滞经涩便,虚痨等症,凶。

　　须要注意的是,以上卦例,若山水有情,正当元运,均主吉庆。若山水无情,又失元运,吉卦亦以凶论。总要配合形局与元运,方为准的。

　　【原文】坤山局九星图。

六丙命不上坤山。	申山用申酉未三日,寅申巳亥命发。	坤山用寅申午巳四日,寅卯丑未发。	未山用酉申午三日。辰戌丑未发,后发巳卯午。
巽 一白水,中宫克,死气方,山水圆秀朝迎吉。紫气满棺。冲射,凶。	离 六白金,中宫生,退气方。山水高大吉,低陷凶。		坤 八白土比助中宫,旺气方,吉。山高水大圆秀吉,紫气盖棺,亡人安。
震 九紫火,生中宫,生气方,吉。山水高大,吉,紫气盖棺。低陷凶。	中局坤 二黑土为主,喜巽丙丁砂水		兑 四绿木,克中宫,杀气方,凶。水满圹。山水平伏围绕,吉。
艮 五黄土,巡逻、冲关,凶。山水低平拱伏,吉。冲射,凶。高大凹陷,白蚁损棺。	坎 七赤金,中宫生,退气方。山水高大吉,下元吉。		乾 三碧木,克中宫,杀气方,凶。狐蚁入穴,损坏棺木。山水平伏环拱,吉。

原书眉批　　诗曰：老阴山前起震峰，巽为魁曜午为龙。

　　　　　　上元此局多豪富，犹恐中元绝少童。

　　右关阴坤龙入首，合申子辰坤壬乙水局，由兑成胎而来，主富贵。若左关由午未来，是乘金羊之发，出人寿夭，寡母掌家。左关阳申龙入首，气属壬水，配辛金，合坤壬乙子辰向，发富贵。但龙乘坤未金羊之杀，主人寿夭。若右关阴申龙带坤申庚气，则属癸水，配甲木，合坤壬乙子辰局，再得卯峰高耸，旺人丁。兑山高，发贵。左关未入首，自午至丁而来，暴发一代儒官。若右关坤未到头，必主孤绝。

　　【注解】图中各方吉凶，是以二黑土入中顺布九星，以该宫之九星五行与二黑土之生克论吉凶，其法与年月紫白均有冲突，不可尽拘。详参前注。

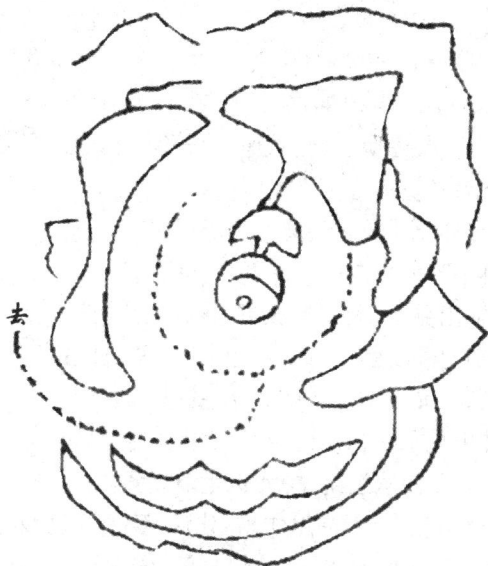

原眉批出自《天玉经外传》。

原注云："此坤龙,如西兑成胎,立乙癸之向,得坎壬山水朝局,局势完固,亦主富贵一发。如山未官到头则出人寿夭,寡母持家,香火僧道,礼拜不绝也。故宜随龙之水长远而来,不宜曲折,无间未甲之不纯方可。"

按:诸水皆以屈曲为贵,此注却言不宜屈折,其情已谬,其理何真? 眉批依此为据,岂能有真见乎!

【原文】坤山局。二黑入中宫,天芮星管局,宫音,属土,居西南方,主宅母,纯阴山也。若坤震巽离顿峰朝顾,主子孙温良孝义、富贵优游。若艮兑乾三方山冈水路朝顾,主遭刑犯法,男女夭亡,奸淫恶疾。若低平横案围绕,获福。上元旺。

诗曰:致役原来属太阴,雷门为母巽为金。

　　　鸡犬不宁生虎伏,自然声价重南金。

【注解】兑为鸡,乾隶戌为犬,艮隶寅为虎。此局忌艮兑乾三方峰高水朝,喜此三方低伏,故云"鸡犬不宁生虎伏"。

【原文】坤卦。坤山坤水,天任领事,化司命。《玉镜》云,如山峰雄昂秀丽,水路朝迎,营坟紫气盖棺,亡人安,益小房,诸并吉。子孙繁衍,富贵良善。立宅同。如低平水背,平平。

诗曰:坤山坤水起峰峦,富贵荣华百代欢。

　　　百子千孙都俊秀,家藏珍宝有千般。

临卦。坤山兑水,天辅星领事,化狂龙。《玉镜》云,如山峰尖射逼压,营坟圹中水满八分,蛇蚁屯聚,先杀长,诸房并凶,疯痨痛瘫,缢溺夭败,中元三十年无妨。立宅同。

诗曰:坤山兑水忌朝冲,长女先亡祸患生。

　　　一旦荒凉家道绝,中元也是渐兴隆。

泰卦。坤山乾水,天冲星领事,化病龙。《玉镜》云,如山峰尖射,水路冲激,营坟狐蚁入冢,棺损骨消,先杀长,诸房并凶,子孙忤逆,火盗瘟疫,刑伤灭绝。立宅同。如低降不妨。

诗曰:坤山乾水起高冈,疫讼诸凡不可当。

更有一般堪畏处,家门孤寡子孙亡。

师卦。坤山坎水,天柱星领事,化天魔。《玉镜》云,如山峰圆秀,主小房男女平善。若尖射水路冲激,营坟凶灾。下元亦发福,上中元不吉。此方宜静不宜动。立宅同。

诗曰:坤山坎水是元龙,他日平平退气同。

山若低降犹自可,倘逢尖射总是凶。

谦卦。坤山艮水,天禽星领事,化腾蛇。《玉镜》云,如山峰尖射,水路冲激,营坟圹中蛇蚁屯聚,棺损尸穿,先害小房,诸房并凶,淫荡遭刑,忤逆败伦,残疾瘟夭。立宅同。

诗曰:坤山艮水号凶神,门户乖张恼杀人。

若得低横无空缺,翻然祸去福相亲。

复卦。坤山震水,天英星领事,化天财。《玉镜》云,如山峰高厚圆秀,水路朝迎,营坟紫气盖棺,亡人安,生人福,先发中房,诸房并吉,子孙孝义良善,荣耀登科。立宅同。如低平不吉。

诗曰:坤山震水合真机,此地原来世所稀。

下后诸房今发迹,常乘车马拜丹墀。

升卦。坤山巽水,天蓬星领事,化生龙。《玉镜》云,如山峰耸拔圆秀,营坟开圹见生气异宝,亡人安,生人福,紫气盖棺,子孙贤孝,文章科甲,先发长,诸房并吉,置外郡庄田;如山低平不吉。立宅同。修造加官爵,此方宜动。

诗曰:坤山巽水喜相亲,庭下春风日日新。

诸子贤良多富贵,英雄不让孟尝君。

明夷。坤山离水,天心星领事,化太常。《玉镜》云,如山峰牙笏,水路之玄,营宅坟立,主孝友良善,出名僧仙道、聪明技巧之人。低陷凶。

诗曰:坤山离水紫微星,长幼和同家道兴。

富贵荣华休要问,守株待兔乐生平。

【注解】牙笏:笏是古代朝会时所执的手板,有事则写在上面以备忘记。因有称其为象牙所作,故亦称牙笏。引伸于风水中是指卓立而头平的山峰。《人子须知》贵砂格中收有三种。

执笏贵人　　　　柱笏文星　　　　流　笏

执笏贵人(上左图):要星体清秀,人高笏正,不欹斜破碎方为合格。若御座、台盖、旗鼓相应尤贵。上格龙主尚书九卿,立朝正大。中格龙主科甲出身,京堂显贵。贱龙主僧道礼拜神佛。

柱笏文星(上中图):木星卓立,不欹不斜而清秀端正者是。要光彩妩媚,忌臃肿粗丑,斜侧走窜。上格龙主状元尚书,侍从台阁之官。中格龙主翰苑清贵及谏垣之职。贱龙主僧道清秀,笃信神佛。

流笏(上右图):一字文星,顺下而流,或泛水皆是。但顺水者多主离乡方贵。上格龙主离乡发贵或出使外国。中格龙主离乡而富。贱龙主漂流他乡或水溺。

此八卦虽入坤卦,但有些并非坐坤之山,坤方先天八卦是:

坐山	未山			坤山			申山	
卦名	巽	井	蛊	升	讼	困	未济	解

坤方后天八卦是:

坐山	未山			坤山			申山	
卦名	蒙	涣	讼	同人	坤	复	临	泰

本文所列之卦名,出自六十四卦方图排列中坤八一行,非罗经坤方卦位。

从本文所论吉凶看来,仍是以二坤入中宫,吊飞九星之法来判断。如坤山震水,以八卦论震方属木,克坤土,但以吊白飞官法是九紫火飞到,火生土为生气,故本书论吉。再如坤山艮水,以八卦论艮方属土,有助坐山之妙用,但因五黄凶星飞到,又为坤山之对冲,故有山耸水朝反以凶论。此法与年、月五黄均有冲突,且缺义理。大凡风水之形,不论何方,只要山环水绕,都是聚气之处;山压水射,都是真气走散之方,吉凶自在其中。至于山之高低,只要清秀,环拱,就是吉山;破碎、倾斜、走散,就为凶山。水亦相同,不论何方来水,屈曲环抱者吉,反跳直冲者凶,绝无在此方吉而在彼方凶之理。若以气论,则形气应结合,仅以山头吊白,失于死板,故不必拘泥。举例以说明:

例1. 见我社已出版的《平砂玉尺经》第476面所举"麻城黄副宪祖地"例。

按:此地申山寅向,属坤卦方坐山;寅方正向九曲水朝入,秀峰高耸入天表而发贵。以本文坤二入中论,水路冲激尖射,主淫荡遭刑,忤逆败伦,残疾瘟夭,吉凶迥异,故本文之论不必拘泥。

例2. 余姚徐姓祖墓,丑山未向,五运扦。

此地乾方有水,巽方有一红庙。

钱蕴岩曰:"此坟葬后,富贵两发。六运中乡榜五人,出一神童,年十五中进士,十九岁吐血而亡。现交八运,长房淫乱。今科名已无,财气甚大。"

沈注:此局大发财丁者,旺山旺向,且中宫是五,向上是五,山上又是五,山向合十,与中宫亦合十故也。

发科甲者,乾方开窑之水一六同宫,巽方又四九为友也。中五人者,山上旺星是五故也。吐血而亡者,红庙高耸也。

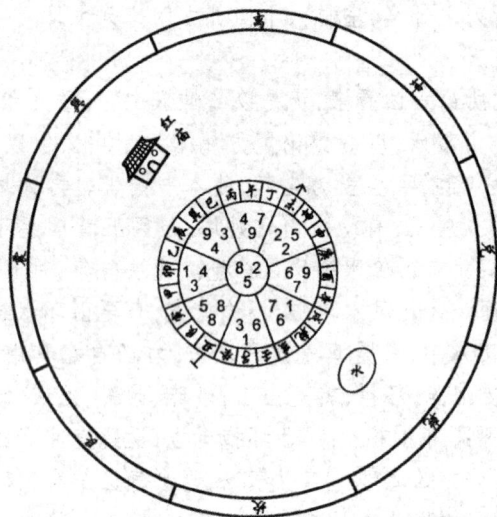

八运无功名者,八白上山,艮方无一四也。八运长房淫乱者,巽为木,为长女,故应长房。巽方有九,九为欲火,且有三为长男,为贼星。以欲火之女与贼星之男同居,能免淫乱耶?

财气旺者,合十,合十五故也。

按:此局六运中乡榜五人者,乾方有水,地盘六,向星一,一为文星,一六化水故。若地盘一,向星六,则六为当运旺星,不仅登科,且能发贵。此形局与元运理气结合判断之正法。本书云乾方有水,主子孙忤逆、火盗等无理。

也有以坐山为主,用抽爻换象之法,配合形局与元运论六十四卦吉凶得失者,以上下卦五行生克为依据,远比本书合理,特将坤方诸卦介绍如下:

坤为地:坤一土,坤一土(此以先天方位配洛书之数论,坤先天居坎,洛书数为一,故上下皆一土,后诸卦皆依此法)。二土比和,财帛丰盈,富贵有余,但多女少男,老母持家,一门寡妇乏嗣,犯伏吟，初吉后凶。

地水师：坤一土，坎七水。土克水，中男黄肿死，老母疯狂病亡，堕胎蛊胀，经滞肾虚，聋哑瘿瘤，男女凋零，小口难存，官讼口舌，伤人损畜，三五年层层应凶；多患肝病腹水，肾病水臌之症。

地天泰：坤一土，乾九金。土金相生，武曲得位，父母俱庆，福寿康宁；君子加官进职，庶民添丁进财，大吉。

地山谦：坤一土，艮六土。阳土阴土重叠，母见幼子欢喜之象，青龙入宅，积聚财宝，母慈子孝。

地泽临：坤一土，兑四金。巨门入宅，土金相生，财产进益，男女孝义；但母女同室，纯阴不生，妇人当家，伤夫克子，幼年大发，久则不利。

地火明夷：坤一土，离三火。火炎土燥，纯阴无男，缺子损丁，中女血病，眼疾心疾，产痨经滞，老母疯狂，水蛊黄肿之灾，男女逃走，不吉。

地风升：坤一土，巽二木。木克土伤，老母不利，犯纯阴，男寿短，婆媳不和，孤寡绝嗣，宅内淫乱无主；多生气蛊噎食、黄肿腹胀之病；官灾火光，横亡人命，或主因官非破财招祸。

地雷复：坤一土，震八木。木克土，主伤老母，阴人；小儿生痞，妇女黄病，长子逆母凌弟，赌博贪玩，破家破产；咽喉臃塞，气蛊冲心，膨腹臌胀，不思饮食，人死财散，凶。

但风水之理，气机随元运变化而不时流动，吉方无常吉，凶方也无常凶。虽住吉方，凶气到时，亦有灾应；虽住凶方，吉方临时，亦有福验。卦理虽同，却应活看。兹将坤二土与其它各星组合时的吉凶之象，归纳于下：

坤为地：得生旺之气时田连阡陌，富贵兴隆，出名医，旺人丁，出武贵，寡妇兴家。得衰死之气时，妻夺夫权，破败退财、腹疾、产难、恶疮、贪鄙。

地雷复:得生旺之气时,改过向善,重振家风,兴旺发达,长子掌家,出武贵。得衰死之气时,母早丧,家业败退,因贪受害、腹疾、手足之疾。

地风升:得生旺之气,有改进升华之心,事业家业蒸蒸日上,名利双收,有文声。得衰死之气时,退财是非,婆媳不和,孤寡伤丁,多腹疾、项疾。

地天泰:得生旺之气时,家业兴旺,财源大进,子孙繁衍,进职加官。得衰死之气时,财退家败,僧尼扰家,吝心不足,劳苦孤寡,头疾、腹疾。

地水师:得生旺之气时,出统帅及大贵之人,生贵子,财丁两旺。得衰死之气时,中男绝灭不还乡,田园流失,财产败散,且多患膨胀、头病、糖尿病。

地泽临:得生旺之气时,发横财巨富,得美妾,或配少妇,出刑法官贵。得衰死之气时,伤夫克子,家业败退,寡妇当家,或堕胎、肠病、口病。

地山谦:得生旺之气时,地连阡陌,或因房地产而致富,母慈子孝,出谦厚之君子。得衰死之气时,则主母通童仆,自大败家,或出僧尼,多患腹病。

地火明夷:得生旺之气时,进财旺丁,有文明之象。得衰死之气时家业萧索,缺子损丁,或出蠢丁,痴呆目盲,眼翳产厄,水蛊黄肿,迷信不明。

【原文】震山局九星图(见下面)。

原书眉批　诗曰:青阳山前乾巽峰,卯为雷部离为龙。

　　　　　　离兑艮方低伏拱,子孙世世出三公。

【注解】甲山用申日吉者,申属阳金,本为甲山之杀,当是凶方,但申为庚金之禄,震纳庚,用申即用庚,其卦相通。同时,若用申日,再用子日或子时,申子合而化水,反生坐山,有补龙扶山

六乙命不上震山。	乙山用亥卯午未四日，葬吉。卯辰巳亥命发。	卯山用未申寅三日，卯子命发。	甲山用寅申午未辰五日，卯酉巳午命发。后发丑未辰戌命。
巽 二黑土，中宫克，死气方，凶。山顿峰圆厚，吉。	**离** 七赤金，克中宫，杀气方，凶，下元吉。山水平伏环抱，吉。		**坤** 九紫火，中宫生，退气方，凶。山水平伏吉，高大凶。
震 一白水，生中宫，生气方，吉，魁星。山顿圆，水绕抱，吉。	**中** 天冲 三碧木为主。		**兑** 五黄，中宫克，死气方，凶，冲关。山水低平围绕吉。酉年大凶。
艮 六白金，克中宫，杀气方，凶。杀气。山低平，水围绕，吉。	**坎** 八白土，中宫克，死气方，凶，善曜。山水高大吉，紫气盖棺，子年葬造大利。		**乾** 四绿木，比中宫，旺气方，吉。山水耸秀吉，亡人安，戌亥年大利。

之意，故吉。卯命发者，身旺山旺也。巳酉命发者，财旺也。午命发者，印旺也。

　　乙山用亥时未日，属三合木局，为正用。用午日者，乙木生于午，此阳死阴生之理也，亦为补龙扶山。

　　其余九宫吉凶，仍是以山头紫白入中顺布之星论，详下注。

　　【原文】震山局。三碧入中宫，天冲星领局，三宫角音，居东方甲乙木，卦管长男，正阳山也。宜坎、巽、乾峰峦顿耸，主子孙孝义贤良，登科及第。若艮、离、坤、兑顿峰峻削，水路冲射，主子孙残疾，官灾刑伤，败绝。

　　诗曰：东来帝旺祖业兴，元武青青百里迎。

管取上中元内运,科名荣贵值千金。

原书眉批:左关阳卯龙入首,气属甲木,配癸水,合乾亥丁未向,由北方来财。卯木有根,立丁亥二向,富贵双全。亦可立庚辛二向,坤未水口。右关阴卯入首,气属乙木,配丙火,合亥未,午上有峰则丁旺,立庚辛丙三向,丑戌水口是也,主科名。左关阳乙龙入首,甲卯而来,亦发贵。若右关阴乙龙入首,由辰而来,虽亦周正,必欢中有悲,苦乐并见。甲龙左右二关停,主疯疾,一发就败。

【注解】风水中以前方为朱雀,左方为青龙,右方为白虎,穴后或宅后为玄武。穴后或宅后有水缠绕,名"水缠玄武",气全脉厚,乃吉地。若穴后或宅后有水直冲,名水冲元武,为大凶之地。本文诗曰"玄武青青百里迎",迎者前朝也,前方乃朱雀而非玄武。宅穴之后有水者曰送非迎,本文有误,特更正。

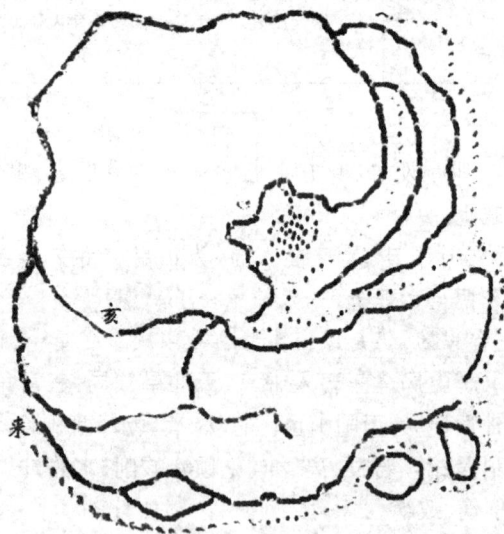

本文云震、乾、巽方高耸者，乾方吊四绿木为旺方，震方吊一白水为生气方，巽方吊二黑土为财方，均有其理。然坎峰亦宜高耸，该方八白土到，本是死气凶方，何反宜高？只因三碧入中，与八白土有三八合而化木之情，其方即为木，且地盘又属坎水，水木相生，故图中云善曜，为吉，合而有情也。

原眉批出自吴克诚《天玉经外传》："此阳卯龙，气属甲木，配癸水，但卯龙由北方施生，木有根源也。立丁亥二向，富贵双全。立向庚辛吉者，盖震庚气纳施威武，辛主文章，水流坤未为上格。"

"乙龙如左旋，历卯而来者，脉贯清奇，挨脱辰气立穴，亦可发福，不耐久耳。如右关带辰行到者，杀重，虽垣局周正，难免欢中有悲，苦乐同途，主有跛足、少亡、绝丁之咎。"

按：左旋属阳，右旋属阴，立向出水，以双山三合之法虽为伪法，但其理尚通。本书原眉批之后，"田龙左右二关停"一句，实不知其所云，亦不知其所出。

【原文】震卦。震山震水，天蓬星领事，化鸾举。《玉镜》云，如山峰水路，圆秀之元，回龙顾祖，营坟紫气盖棺，亡人安，中房先发富贵，置外郡田庄，诸房英才特达，荣登科第。宅同。

诗曰：本山矗矗起高峰，下后赀财胜石崇。

　　　子孙英迈多豪贵，上中元内作三公。

【注解】易经以震为长男，而此却主中房先发贵，似与易理不符。但风水方位中，亦有以寅申巳亥四生为孟，子午卯酉四旺为仲，辰戌丑未四墓为吉者。震即卯，卯为仲，故云中房，尚通。

【原文】恒卦。震山巽水，天芮星领事，化福龙。《玉镜》云，如山峰圆厚，水路朝迎，营坟紫气盖棺，亡人安稳，先旺长，诸房均子孙良善，富贵昌盛。如山凹陷，平常。宅同。

诗曰：震山巽水正相当，财物年年满库仓。

　　　宅长却应招贵子，门闾光彩不寻常。

丰卦。震山离水，天柱星领事，化绝命。《玉镜》云，如山峰尖射，水路冲激，营坟坏棺穿尸，先杀长房男女，诸并凶，忤逆乱伦，瘟火残疾，变怪绝灭。下元平过。立宅同。

诗曰：震山离水若冲刑，万祸千灾尽发萌。

　　　骨肉伶仃多夭折，下元死里可逃生。

豫卦。震山坤水，天英星领事，化权龙。《玉镜》云，如山峰尖射，水路冲攻，营坟骨坏尸穿，先杀中房，诸房并凶，子孙痴呆恶疾，家门不和。立宅同。

诗曰：震山坤水损中房，疾病年年见血光。

　　　不但刑伤并灾祸，人丁寂寂泪汪汪。

归妹。震山兑水，天禽星领事，化五鬼。《玉镜》云，如山峰尖射，水路冲激，葬后坏棺损尸，蚁聚狐屯。六年六旬，火盗官刑，夭亡卒死。如山水低平略可。立宅同。

诗曰：震山兑水是廉贞，千灾万祸苦难禁。

　　　不但风声传外境，全家败绝更伤心。

大壮。震山乾水，天辅星领事，化六合。《玉镜》云，如山峰圆秀，水路朝迎，营坟紫气盖棺，亡人安稳，先旺长房，诸尽旺盛。立宅同。

诗曰：地都星曜两分明，秀丽龙冈拱宅庭。

　　　惟有中元家业盛，上元下元只平平。

解卦。震山坎水，天任星领事，化左辅。《玉镜》云，如山峰圆顿，水路朝迎，营坟八九尺见古铜异物或金雀金鱼，紫气盖棺，亡人安稳，先发小房，诸房并吉。宅同。

诗曰：震山坎水向财宫，二子丰荣似石崇。

　　　朱紫满堂官职显，滔滔应在上元中。

小过。震山艮水，天心星领事，化六律。《玉镜》云，如山峰尖射，水路冲激，营坟棺坏尸穿，先杀宅长，诸房并凶，子孙受祸，孤寡伶仃。山低平环绕,吉。立宅同。

诗曰:震山艮水来冲破,犯主祸患无差错。

先须宅长受刑伤,次后诸房亦多故。

平洋之法,寻龙难,认水易,故定局即所以认龙也,是即龙到头也。

先求龙砂水之体以定形,次就生旺之方以立局,其向朝来水而背去水,其坐饶下砂而减上砂,到头一节,乃是真踪。卦气必不可杂,此迎官取禄之法也。

【注解】此八卦虽纳入震卦,但有些坐山并非是震,震方先天八卦是:

坐山	甲山			卯山			乙山	
卦名	丰	离	革	同人	临	损	节	中孚

震方后天八卦是:

坐山	甲山			卯山			乙山	
卦名	暌	履	中孚	渐	震	豫	解	恒

本文所列之卦名,出自六十四卦方阵排列中震四一行,非罗经卦位。

本文诸卦吉凶,是以坐山震三入中宫,九星分布各方,以其方飞星五行与入中之星五行生克来判断。如兑方为五黄,正是木山所克之方,且为对冲,故以凶论。又如乾方,本属金,为克木之方,但四绿木飞到,与三碧木比和为旺方,故以吉论。此法与三元九星入中之法相矛盾,且拘泥呆板,与风水实际亦不符。大凡风水之形,不论何方,只要山环水绕,均是聚气之处;山冲水射,都是气散之方,此不移之理,未有见山反水窜而言吉者,即使再合天星,仍以凶论。至于山之高低,总以清秀、朝穴、环拱为吉,破碎、逼压、走窜为凶,并无高凶低吉或低凶高吉之分。水亦同此理,不论水之来去,只以屈曲之玄为佳,反跳、斜飞为凶,并无此方吉而彼方凶之分。请读者特别注意,此理是地理学(风水学)的精髓,凡有违此理者,必误。本书对此已多次强调,后面不再重复。本书山头吊白之法误甚,举例以说明:

例1. 见我社已出版的《平砂玉尺经》第557面所举"许婆墓"例。

按:廖金精尝赞叹曰:"行尽乐平路,无如许婆墓。"诚非虚誉。葬后自宋以来,许氏出科第数十人,登仕籍者百余人。但穴后一水,春夏之交,自帐上飞下如瀑布百丈,乃白刃之象,故许煖以忠奋死于太平府,太祖平定寰宇后封为高阳侯,是其应也。本书认为震山震水为吉,而此局却因震方有水而凶;本书以兑方山高为凶,而本局却以朝山高耸为吉应;且左方离山高嶂,引出朝案为美,吉凶相反,说明山头飞白之理不足为据。

例2. 见《平砂玉尺经》第99面所举"乐平许学士祖地"例。

按:此局未方、庚方、兑方诸山高耸,且水从庚兑流出,以本书之卦理论,是诸凶叠见,为至凶之地。而此局却发富贵数百年,又说明山头吊白之论误矣。

例3. 香港西营盘梅芳街悦隆号,经营咸鱼生意,其地前后左右都操此业,店多成市,寸地寸金,为同行业所趋。该号中元四运1928年己巳开业,卯山酉向,高峰在左,海水在右,单开间

一　五 三	六　一 八	八　三 一
九　四 二	二　六 四	四　八 六
五　九 七	七　二 九	三　七 五

→

四　八 四	八　三 九	六　一 二
五　九 三	三　七 五	一　五 七
九　四 八	七　二 一	二　六 六

→

两进三层楼,账房设于下层"三"后方,无后路,楼梯升降口在中部之左侧,银库设于三楼之中部,升降口在其左方。前昨两年,太岁资益向星,尚称顺利。壬申、癸酉,客金泄主土,步步退财。甲戌、乙亥,剧病赔累之事,接踵而至。丙子年二、三、八、十、十一、十二月得不少生机,久蛰忽启,此为良时。戊寅年内七八月中,大破欢喜财。己卯、庚辰,连年裨益,恢复元气不少。但辛巳、壬午,晦气星接踵而来。若问前途好消息,甲申年大加翻修,改造宅命,前途无限。

按:此局四运山上之星到向,向上旺星到山,名上山下水,乃破财伤丁之局。且向星八为死气,右方之水上飞星二黑亦为死气,故破败连连。五运翻新后,旺星到山到向,右方飞星天盘一六八三吉,乾方六白生气,生旺之气尽收,故前途无限。此局以形气结合论得失,说明气为吉凶之要,形气配合方为风水正途。

也有以坐山为主,用抽爻换象之法,配合形局与元运论六十四卦吉凶得失者,以上下卦五行生克为依据,远比本书之法合理,特将震宫八卦介绍如下:

震为雷:震八木,震八木(此以先天方位配洛之数论,震居先天艮位,洛书数为八,故上下卦皆八。后诸卦均依此法)。二木并植,长男同事,财帛有,功名利,但发长败少,妇女夭亡,小儿难养,出痴聋愚顽之子,初年大吉,久则纯阳乏嗣。

雷泽归妹:震八木,兑四金。金木刑战,定伤长子、长孙、长妇、长女,少丁绝嗣,气成积块,冲胸冲胁、结塞咽喉、腰疼、手足麻木,人财不利,会连伤四人。

雷火丰:震八木,离三火。青龙入宅,木火通明,妇能作家,田产进益,人才清秀,连登及第,文章出众,富贵双全。

雷山小过:震八木,艮六土。木克土,主伤少男,兄弟不和,生疥疾、面黄、腹肿、气蛊、噎食等症,疯狂痰癀,不思饮食,闭经难产而亡。暗昧、丑声、逃淫、鬼怪、伤人、损畜。

雷水解:震八木,坎七水。水木相生,家庭和顺,财丁并茂,初年大富贵,但纯阳不化,年久不利,子孙稀少,损妇女。

雷天大壮:震八木,乾九金。金来克木,定伤长子长孙及老公长妇,气块臌心、咽喉阻塞、哽咽咳嗽,筋骨疼痛,自缢刀伤,人命凶死,火警官灾,祸患连连,凶。震为长男,受克主长房夫妇腰腿疼痛,或长房出荡子败家。

雷风恒:震八木,巽二木。木星得位,二木成林,田产兴,功名利,长男长女正配,和顺,子贵孙贤,兄友弟恭,科甲连比。如失元运则主昧事无常,不明事理,行事善变,怕事,反面无情,喜说大话无担当。

雷地豫:震八木,坤一土。震木克坤土,先伤老母,次及长男,受病多,主面黄体瘦,噎食气盗,疯狂呆症,痨疫伤产,子母不和,官灾口舌,伤人损畜,退败田产。

以上诸卦,虽合易理,但亦失于呆板,只有与元运、形局配合,才会生动活泼,更合自然。兹将震三木与其他各星组合时的吉凶之象,归纳于下:

震为雷:得生旺之气时,长房丁旺,财禄丰盈,兴家创业,科举成名。若得衰死之气时,家业退败、丧子、刑妻,是非官讼,残疾筋病,哮喘。

雷地豫:得生旺之气时,家业兴隆,得财出名,或出舞蹈艺术家。得衰死之气则"雷出地而相冲,定遭桎梏","斗牛杀起惹官刑",克母。

雷水解:得生旺之气时,名利双收,遇难获救,得贵人相扶,出司法官贵。得衰死之气时,主夫妇分离、兄弟不和、漂流淫荡、家业败退。

雷风恒:得生旺之气时,家业大兴,富贵双全,有"贵比王谢,总缘乔木扶桑"之说。若得衰死之气,则破家退财,迷于声色,出盗贼乞丐。

雷天大壮:得生旺之气时,财丁两旺,中年有成,得长上提携,名成功就。得衰死之气时,官非破家,刑狱桎梏,腿伤筋病,陷入困境。

雷泽归妹:得生旺之气时,添丁进财,出武贵。得衰死之气时,官灾破财,盗劫频生,刚毅生灾,家室分离。

雷山小过:得生旺之气时,频频进财,生聪明之子,子孙繁衍,出文才。若得衰死之气,主同室操戈,手足不睦,少丁绝嗣。

雷火丰:得生旺之气时,主出聪明文士,有"木见火而生聪明奇士"之说,家业兴隆,名利双收。若得衰死之气,非聪明而刻薄,即独有文名,家业退败。

平洋:平洋龙法,地理形法诸书均有论述。惟《相地指迷》卷九载元无极子"平洋金口诀",言简意明,甚为精彩,特介绍如下:

堪舆之法繁且多,要法尽包罗。劝君平洋看水龙,弯曲是真踪。
直来直去气不收,下了死龙头。曲处不分名真息,逆上胎斯结。
穴后分流气脉空,葬下便遭凶。单龙转结气脉和,子息自登科。
更有群龙相护应,富贵天然定。水龙首尾要知因,穴道可相亲。
水龙葬法分三格,时师尚未得。荡龙带秀亦堪扦,又有落湖边。
公行干水人人见,不及私情恋。第一看水先看来,驳杂不须裁。
但见来源从一卦,此地真无价。来情得令福周全,非时祸亦专。
得令失令观九气,此是先天数。一卦统三颠倒颠,关窍此中传。
左右加挨顺逆行,分明辨五星。管一带二人不知,祸福不差迟。
惟有乾坤一大关,代代作高官。交媾阴阳妙更玄,差错祸难言。
水龙真气既乘时,作法更精微。从来穴有多般法,不许差毫发。
信手拈来皆妙道,处处为真造。若将吉地变为凶,笑杀眼矇眬。
先天体格后天用,本末分轻重。内气外气为经纬,联络无相悖。

上天列宿五行精，三分论挨星。元辰一滴为真蒂，太极先天地。
时师不明生克理，进退无凭据。紫微北极坐中央，天星布八方。
二十四山双双起，父母相交际。天然向法认金龙，十字问真踪。
金龙来短近安排，来长远处裁。不辨天星犯差错，葬下多萧索。
三星五吉神仙法，体用多包括。下手当知有真机，补究得便宜。
近应远应要清纯，错乱祸来频。三元变化可通神，死执便非真。
去水之方有还气，时师少能会。会得水龙来去情，分房知废兴。
古人又有修龙诀，与君相会说。浚疏得法自天全，一点作根源。
血脉流通百脉匀，化育自阳春。平洋与山法不一，坐后空龙吉。
左右低平前面高，旺气产英豪。极低更作水来论，干流亦有神。
平洋三法要君知，特此与君推。山中带骨真气结，浮土反成拙。
葬水还胜葬山好，山龙真穴少。山龙向法有差殊，入手可详推。
龙经万卷话成虚，不及一篇书。

虽均为平洋，南北亦有殊别，《地理参赞玄机仙婆集》中有
"南北平洋论"一节，甚有道理，亦介绍如下，以别平洋之法。

江北之平，大块铺毡，迢迢数百里，非若南方之以水为龙也，
悉皆冈为之主。气盛而土厚，故其来也有起，其住也有止。原其
起，寻其止，而帐幔周遮，出脉行路，与山垅稍相似。至入首之
处，两旁有微低水痕，水外有微高钳局，或露仰掌之鸡心，或隐覆
巢之窠窝。见盘旋，则察其转折之势；遇分枝，则审其盛衰之由。
水会处，求其砂回；详明暗，定穴之左右。砂交时，求其水绕；审
厚薄，看气之生死。

平中得一突为奇，圆如馒头者，乃"孤曜"之的杀，平而有足
者为佳。平洋展一口为真，荡如缉筐者，乃"扫荡"之散气，分而
有唇者堪裁。

形似旺而水不交，是息肩于传舍。水既舍而臂分张，乃假道
与他邦。故曰："舟逐晨潮，目注来迎之楫；鱼游春水，钩连不断

之丝。"此晦迹潜踪之势，必看后跌前迎之砂。有如蚓沿壤陌，蛛丝画檐，帛纹水痕，隐微蜿蜒，此北方之平地，必须先其积气，次得水神，然后审其容受，察其回护，详其绳路，穴可得矣。书云："荷叶须寻蒂，平坡认掌心。"至于淮泗之间，其势与中原齐鲁又不同矣，尤当详其水神；盖其地势与江南相似，故其用亦相类矣。

江南之地，长不过十里，广不过千亩，又何必泥其帐幔骨脊乎？书云："落在平洋莫问踪，水神缠绕是真龙。"然帐幔骨节虽异，而结咽过关之势不殊，其盘旋转折之状似与他处不同。或众大而独小，或众低而独高，或众直而独弯，或众散而独聚。出唇合角，体骨清巧。书云："平洋不开口，神仙难下手。"然开口捉穴固云是矣，又若禾锹、合角、转皮、正面、侧面、积气、出唇之类，亦是平地穴法也。无此，即非真穴。至如后倚前亲，随类而推。

收水的以三合，用其生旺，放其囚谢，又当先审地之所宜。盖水性不同，脉亦少异。书云："贵通活法，莫泥陈言。"

平田之地，去山未远，骨脊相连，积气可乘者乘之，水法可取者取之。去山远者，则全取水矣。至于通潮近海之地，水神六时潮入，六时潮去，来口即其去口，去口即其来口，又难以一定之法律其必然之势。故曰："东南之地，张望潮水，亦出公卿。"若此，则去者非所论，当就朝而迎之可也。

又若常镇沿江之派与三楚之地，多类北平，又与吴越不侔矣。其气稍厚，地亦多连冈断伏而行，分枝擘脉，亦多与山相似，其重在气，水次之。然其异者地之势，而其同者地之理。盖水有三奇，欲其潮、欲其聚、欲其绕。又曰："地宽广而水不称者，有他顾之忧；水大盛而砂不及者，有覆宗之祸。小水欲紧，大水欲圆。大水近边莫寻穴，下后令人绝。水小乱处有奇综，扦着出三公。"又云"前如半月，后如珠环，左右如弓"，则就水之穴可知也。书云："平洋大地何为踪，东西只认水为龙。"又云："藏龟闪踪在田中,水绕是真龙。"此龙不离水,水不离穴也。

前者为形气兼顾,后者专以形论,知此,平洋之法尽然于胸。至于就生旺之方立局等,均为三合之伪法,不必尽拘。

饶上砂,减下砂:立穴饶减之法。《人子须知》中有"以饶减定穴"一节,尽述其义,特介绍如下:

饶减者,消长阴阳之义,收左右砂水顾穴也。大抵以先到者为主,而以逆水下关为是,多在龙虎二山消息之。故龙山先到者,减龙而饶虎,其穴必居左;虎山先到则减虎而饶龙,其穴必居右。须左则取左山为关,须右边水过宫锁断;穴右则取右山为关,须左边水过宫锁断。自上而下为之饶,自下而上谓之减。又云多者为减,少者为饶,亦谓之顺逆。古云"正受曰顺,斜下曰逆",在急缓脉上分别。当逆而顺则生蚁,当顺而逆则湿坏。脱气则木根生入,伤龙则骨干坏而微赤,若直下不折则骨干净而生白癣。当上而下则上水淋头,下水劫穴,不知避者则生黑泥水之患。

又云,饶减之法,逆受来脉,若龙脉顺不曾饶减,谓之伤龙,主枉死少丁公事。若穴无脉坐虚立向而饶减太过,接脉不着,谓之伤穴,主退败绝人。左山逆水转则减龙,右山逆水转则减虎,皆在本身脉上论顺逆。

【原图】巽山局九星图。

原书眉批　诗曰:绿山前卯峰,为魁曜为龙。

六甲命 不上巽山。	巽山用申未巳三日,巳山寅申午未酉五日,巳卯子午命人发。	辰山用午未申寅四日,此山不入天星,一代即败。
巽 三碧木,比中宫,旺气方,吉。山水高大圆秀,吉。	离 八白土,中宫克,死气方,凶。山水圆秀,吉。	坤 一白生中宫,生气方,吉。山水环抱围绕,吉。

震 二黑土，中宫克，死气方，凶，水蚁侵棺。山水圆厚，环绕，吉。	中 天　辅 四绿木为主， 午未年吉。	兑 六白金，克中宫，杀方，凶。山水平伏、环抱，吉。
艮 七赤金，克中宫，杀气方，凶。山水低平围绕，吉。	坎 九紫火，退气方，中宫生。山水平伏围绕，吉。	乾 中宫克，巡逻星，五黄，冲关。山水平降环抱，吉。

【注解】"辰山不入天星，一代即败"之论有误。风水诸书中均以辰为天罡星，辰方上应太微垣，为天府天子之内朝，总理天下卿大夫之治，尚书之星，二十八宿分野又为亢金龙。且先贤既立二十四山，则山山有贵龙，何以会有一山不入星辰之说。宋静道和尚《入地眼》一书对此论述甚详，特介绍如下：

辰宫天星：《易》曰，辰属阳，上居东南之界，纳甲于坎，地支之五数，时令季春，太阳寒露到辰，清明到戌向，天帝谷雨到辰山，天星曰"天罡"，又曰"亢金"。亢宿四星，赤居其所，是日月之中道，为天府，天子之内朝，总理天下卿大夫之治，犹尚书也。其星明，则卿大夫清正，贤士加爵，士民乐业，疾病无。

辰龙法：《易》曰，辰在地支五位之尊，天罡所治之宫，太乙旁理之所，又得亢金一星下照辰地，辰属龙，亢金亦龙也，故辰龙过峡，必结大地。凡辰龙起祖，必踊跃而来，大开帐幕，起势跌峡，大顿小伏，一行数百里方结一穴，小则数十里，极小者数里，两旁分枝开丫，不计其数。今以小者言之。辰龙出脉起伏，盘旋入甲转乾结穴者，为龙之上吉，主产状元，出宰辅。如乾龙起祖，由坤入甲结穴者，主科甲、翰苑，官居开府。若坤龙起祖，由乾入甲转乙出面结穴者，主大富大贵，人兴位显。凡结大地者，必是辰戌丑未四龙所有。辰戌丑未四龙出脉，必是干龙。不信看京都、省郡、州城府县所结之处，皆是辰戌丑未之龙所结，方知辰戌丑未为大龙，不知何人将此为墓龙而轻之。

本社已出版的同类书《平砂玉尺经》第177面所举"吕相公祖地"例，很能说明此问题，有兴趣者可参阅。

按：可见辰山亦有天星，只要龙真穴的，又得理气中生旺之气，亦发福悠久。"辰山无天星，仅发一代即败"之论误矣。

【原文】巽山局。西北乾方水是。四绿入中宫，天辅星领局，居东南角音，招摇文曲属木，为风，卦管长女，正阴山也。若震巽离坤顿峰圆厚，主子孙登科，置外郡田地，名传天下，富贵绵远。乾坎艮兑若有山冈、水路冲射朝顾，主疯痨恶疾，淫荡自刎，诸凡不吉。

诗曰：十有文曲号天府，六秀之中我为祖。
午坤生气发荣华，中上二元无间阻。

原书眉批：左关阳巳龙入首，气属庚金，配丁火，合酉丑，带巽出贵。右关阴巳入首，气属辛金，配壬水，合巳酉丑辛壬立向，带丙有克，宜坤申庚酉辛亥子上有山水朝，主富，出女冠诰。

左关巽入首，气属庚金，配丁火，得坤申山水照穴，发贵极速。借立辛向，生女章秀。在平地可作顾祖，即立巽向。辛向辰水口，巽向丑水口。右关巽入首，气辛金，配壬水，合庚癸，立庚辛壬癸四向，得壬子山水朝，贵。巽巳高山，出人显贵。辛亥壬子水催官星见，主科名显达。

辰入首，左关到头，初下有灾，后略出一贵，不久即出天，凶。右关辰入首，由乙辰向至，主贫绝。

【注解】文曲：因天象巽宫有文昌星，故风水中以巽方为文星，或文曲。

六秀：风水中以艮丙辛巽兑丁六方为六秀。因为艮丙为天上赀财之府，其位山峦高大，上应天星，主财帛丰富。巽辛为文章之府,其方尖峰秀朝,文星秀耸,主文章显名。兑丁主富贵荣显,丁为南极老人星,其位山高,为高寿显贵。六方合称六秀。

本文认为震巽离坤四方山宜高耸圆秀,水宜大而朝入者,因四绿木入中官,一白水临坤为生气方,三碧木临巽为旺方,离方八白土与震方二黑木为四绿财方,故此四方宜圆秀水朝。乾坎艮兑方宜降伏低平,不宜水路冲激者,因四绿木入中官,五黄土关方在乾,六白金杀气在兑,七赤金杀气在艮,九紫火退气在坎故。

原眉批出自《天玉经外传》,云:阳巽龙,气属庚金,配丁火,坤申丙午临官水照穴,发贵极速。纳卦立辛向,文章秀美,名誉馨香。如平洋之地,可作倒骑龙,立巽向,为官最易,水归斗牛,合上格。并举其葬父地为例,图见下面。

此地在汉川马城乡,其龙来历甚远,至天皇山聚讲作祖。辞楼下殿,飞蛾降势,大断顿起武曲金星,翻身大转,巽巳中抽,金水行龙,牵连踊跃。至将入局,三台出脉,穿珠过峡,日月夹照,跌落平地。复起天财土星,横开大帐,帐中铺毡展席,藏踪闪迹,中抽嫩枝,落脉清奇,两旁夹送重重。土星两帐角展落平冈,作近身龙虎,左手先到当面,特起武星大贵人耸峙作朝,内有小山径拜,如谢恩受职之状。右手下砂关截有力,龙虎俱带曜气,水口墩阜龟蛇关锁有情,朝山左右各有一大湖融注。朝外余气去一二十里作大缠大护。汉水大河,当面环抱暗拱,逆流五十里出口,气局完固。但穴结山麓,不见外阳,穴星又系弓角太阳,前有倒地官星作案,甚是逼塞。元辰倾泻,不入俗眼。龙势甚秀,左右俱为有力所据,吾父卜以扦吾祖,内外佥谓不吉,未用。吾父殁,余弟兄亦知其不利初年,以龙真穴的不忍弃,奉吾父厝焉,终不以人言阻。其地巽巳行龙,十里许入首,帐中出脉,以卯转巽结穴。左关阳巽,气属庚金,立辛向,配丁火,流神走丑艮,正合"斗牛纳庚丁"之局。但穴前元辰倾跌,定主不利初年。内青龙

溪水暗朝

外洋

龙从此来

天关山

土昇帐

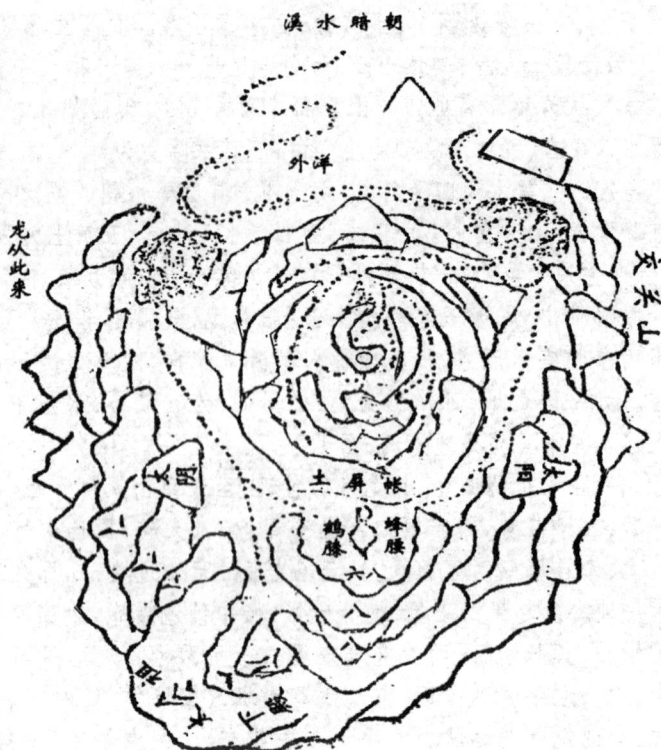

倒地官星,顺水作案,外青龙现面官星,顺水作朝,长四须当离家发福。穴坐主星,当代可期。龙格奇异,贵应不爽。虽今日余弟兄百艰备尝,他日吾子孙尚能百世勿忌乎。

　　按:从此例中可以看出,即使三合立向,首先要龙真穴的。此居葬后不能先发者,龙有疵耳。故曰"任尔装成天上卦,无龙无穴总是空"。三合之理,不必拘泥。

　　【原文】巽卦。巽山巽水,天冲星领事,化天罗。《玉镜》云,如山峰圆秀,水路朝迎,营坟主紫气盖棺,亡人安,生人福,良善富贵。如丑恶凹陷,主生子忤逆飘荡。立宅同。

诗曰:巽山巽水起重峰,细看原来是本宫。

更得中元星又吉,定生贤子显家风。

家人。巽山离水,天任星领事,化风辇。《玉镜》云,如山峰圆秀,水路朝迎,营坟紫气盖棺,亡人清泰,小房富贵,诸房并吉,置外州庄田,孝义豪华。立宅同。

诗曰:巽山离水正当权,日日家门进宝钱。

守掘优游林下士,定教脱白禄高迁。

【注解】脱白:古时未仕之人著白衣,一有官职,便脱去白衣,或换绿衣,或换紫袍,古有"脱去白衣换紫袍"之说。脱白即入仕,非九星紫白之白。

【原文】观卦。巽山坤水,天蓬星领事,化天宝。《玉镜》云,如山峰远来,重厚圆秀,水路之玄朝拱,营坟见生气,葬后紫气绕棺,亡人安,中房先发科第,置外郡庄,诸房并吉。立宅同。

诗曰:重重牙笏叠嵯峨,置立庄田财产多。

莫道中房偏折桂,诸房还许尽登科。

中孚。巽山兑水,天心星领事,化绝命。《玉镜》云,如山峰尖射,水路冲刑,营坟开圹,见砂石水窠,先杀宅长,子孙火盗、刑废、残疾、缢溺、荡败、忤逆、天绝。水绕山平无妨。宅同。

诗曰:巽山兑水起峰高,百出无端祸自来。

任尔赀财千万石,如汤泼雪没分毫。

小畜。巽山乾水,天禽星领事,化地狱。《玉镜》云,如山峰尖射,水路冲破,营坟狐蚁屯聚,棺损尸穿,子孙疯瘫恶疾,盲聋暗哑,火盗官刑,孤贫败绝。如山横案低平,吉。宅同。

诗曰:巽山乾水远来冲,此地营坟惹祸凶。

若得低平环作案,化凶为吉莫疑猜。

涣卦。巽山坎水,天英星领事,化独火。《玉镜》云,如山峰尖射,水路冲激,营坟狐蚁屯聚,先杀小房,诸房并凶。主恶疾、官灾、火盗、忤逆。上元凶，中元略可。立宅同。

　　诗曰：巽山坎水不相伤，若在中元也不妨。

　　　　　木见火时为退气，箕裘不振实堪伤。

　　渐卦。巽山艮水，天柱星领事，化泣龙。《玉镜》云，如山峰尖射，水路冲激，营坟先杀小房，诸房并凶。其凶祸与巽山乾水同，惟下元六十年略可。立宅同。

　　诗曰：巽山艮水起崚嶒，叠叠难当祸患生。

　　　　　绝嗣灭宗无可奈，下元甲子保康宁。

　　益卦。巽山震水，天芮星领事，化福龙。《玉镜》云，如山峰圆秀，水路朝迎，营坟开圹见生气异物，紫气绕棺，主子孙文章豪华，置外郡田产。如山低水直，凶。立宅同。

　　诗曰：巽山震水最堪夸，巨土临门富贵家。

　　　　　诸子英贤多特达，管教世代享荣华。

　　【注解】此八卦虽纳入巽卦，但有些坐山并非是坐巽，巽方先天八卦是：

坐山	辰山			巽山			巳山	
卦名	归妹	睽	兑	履	泰	大畜	需	小畜

　　巽方后天八卦是：

坐山	辰山			巽山			巳山	
卦名	升	井	大过	随	巽	小畜	家人	益

　　本文所列之卦名，出自六十四卦方阵排列中巽五一行，非罗经卦位。

　　本文论诸卦吉凶，是以坐山巽四入中宫，顺布九星，然后以其方飞星五行与巽四木之生克关系来判断。如坤方飞星为一白水，生中宫巽四木，故为生气吉方。而六白金、七赤金分别飞到兑宫与艮宫，所以此二方为杀气方，凶祸异常。举例说明：

例 1. 见本社已出版的《平砂玉尺经》第 37 面所举"永康徐侍郎祖地"例。

按：徐侍郎祖地局兑方山耸，乾方不仅山耸，且有水朝入，一代退败，乃砂硬而顺窜之故，非高耸之咎。而后数代富贵，与本文乾方有山水之断相反，说明本文吊白之法不可为据。刘永太课云："一代伶仃二代贫，三代颇有读书声。四代为官常近帝，五代六代榜联登。"

例 2. 严探花祖墓，辰山戌向，三运扦。

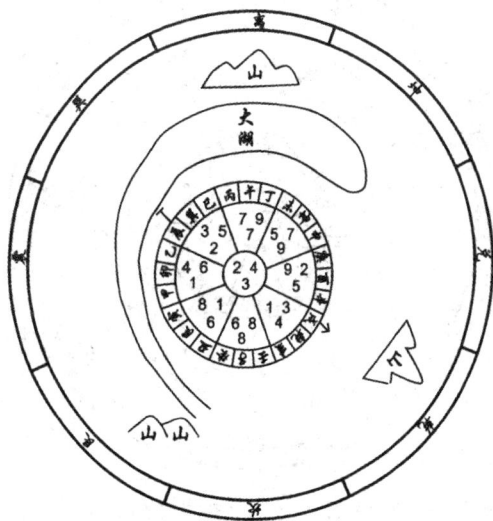

地由艮方高山双峰落脉，出唇十余丈，左右砂紧紧环抱，卯方水贴近，巽离坤三方大湖，湖外有山，乾方有峰，秀美挺拔，惟峰尖歪。

主人曰："葬此坟时，地师云，'可惜状元峰不正，他年必中探花郎。'"仲山曰："此地师之托词耳，其实探花不关峰之歪，由挨星一四同宫稍涉偏歪故。"主人问："挨星何以偏斜？"仲山笑而不答。

沈注：一四挨星偏斜，以运星之四到向，又以山上之一到向，不能以向上之一到向故也。

按：挨星偏斜当指一四同宫，均未得时故。且此局虽旺星到山到向，但坐水向山反成山颠水倒之局，亦非正运，出一探花者，龙真穴的，朝山挺秀，地盘四为三运生气故。此局辰亦属巽，巽水乾峰秀而出贵，亦与吊白飞星论吉凶不符。

例3. 某姓祖墓，巳山亥向，三运扦。

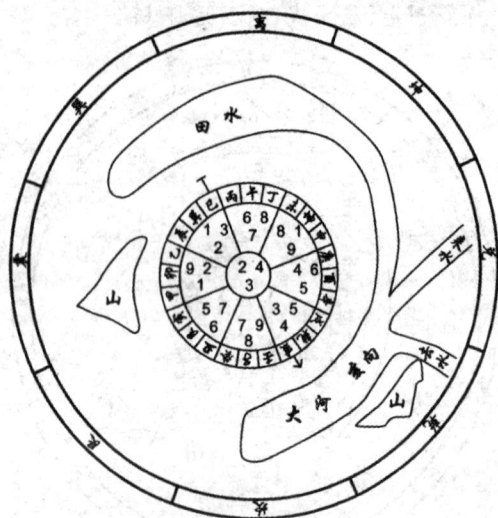

此地甲卯来龙，转巽巳入首后，明堂田水从兑方到向，壬子癸方有大河来穴前开窝，从戌乾消出，下砂环抱有情，唇下有缺，卯方一峰挺秀，朝山土屏开面。

仲山曰："此局上山下水，葬后大房平平，二房少丁，因震方有山，二房居于震位故。"

按：山上飞星三到向，曰"下水"，向上飞星三到山，曰"上山"。三为震，故属长房。一为坎，为中男，挨震；九为离，亦为仲男,飞震有山无水,故二房少丁。此局六运后,仍照原向改造,气运一挨,又是一番气象。

沈注:葬后大旺财丁,因两盘旺星双六到向故也。但向上运星是七,旺星是六,七为口舌,六为官事,故主多讼。唇下有缺,故主出无唇之人。交七运,财丁两退,因向星入囚故也。惟功名反能开科,秀才、生贡不一其人。此因艮方是四,七运运星飞艮是一;坤方是一,七运飞坤是四,两处得四一同宫,故发科名也。至八运则平平也。

按:此地卯方有秀峰,以本文山头吊白论,为最吉之方,然此局反主少丁,故此法不必拘泥。

也有以坐山为主,用抽爻换象之法,配合形局与元运论六十四卦吉凶得失者,法以上下卦五行生克为依据,远比本书之法合理,兹介绍震官八卦如下:

巽为风:巽二木,巽二木。(按,此以先天方位配洛书之数论,巽居先天坤位,洛书数为二,故上下卦皆二数。后诸卦均同此法。)二木比和,出能干之妇持家。但纯阴不长,男人寿短,久则缺丁。主疯狂、瘫痪、气塞、咳嗽、寡居,不吉。得运时出贤淑美貌妇女,贵妇人,经商获利。失运则出浪荡,乞食之人或妓女、娼优。

风水涣:巽二木,坎七水。青龙入宅,子孙荣贵,赀财发达,妻贤子孝,家道和谐,荣华富贵,儿女满堂,五子登科,寿高期颐,大吉。

风泽中孚:巽二木,兑四金。金木刑战,必伤妇女,阴盛阳衰,男人寿短,长门消散,小儿生痞,筋骨疼痛,疯狂产痨,聋瞽残疾,缺丁,不利。

风山渐:巽二木,艮六土。木来克土,小房不利,长妇堕胎身死,妇女持家。主疯狂,面黄肌瘦,腹疼壅塞,瘫痪痨疾,气蛊攻心,火盗官司,人财两绝,小儿难成,人口逃散。

风雷益:巽二木,震八木。二木成林,最为茂盛,人财两发,富贵双全,六年内应吉,逢亥卯未年定生贵子兰孙,千祥云集,大吉。

风火家人:巽二木,离三火。木火通明,妇女聪明,善作家,真如女中丈夫,仁慈好善,财帛盈,五谷丰登,光显荣曜之象;但二女同室,木上火下,坏尽根芽,无生育之道,定主绝嗣,抱养过继。

风地观:巽二木,坤一土。木来克土,主伤老母,长妇难产,主痨疾、脾疾、腹胀黄肿、疯狂噎食、失血等症;伤丁破财,邪魔入宅,口舌官司,大凶。

风天小畜:巽二木,乾九金。金来克木,主伤长妇女,人财两败,瘫痪杂疾,筋骨疼痛、气壅、产亡、官讼贼盗、口眼歪斜,亦有翁媳同床之丑事,或只生女,不生男。

以上诸卦虽合易理,但亦失于呆板,只有与元运形局配合才生动活泼;兹将巽四木与其他诸星组合的吉凶之象归纳如下:

巽为风:得生旺之气时,文章名世,科甲联芳,财丁两旺,富贵双全,出女端妍,可配世家。若得衰死之气,则出腐儒、丧妻、荡子无归,长女长媳丑声。

风雷益:得生旺之气时,家业大振,富贵双全且生贵子。得衰死之气则家业败退,出贼出丐,昧事无常,长房尤甚。

风地观:得生旺之气时,财丁颇佳,老母持家有方,出艺术家或法官。得衰死之气则财产退败,早年丧母,姑嫂不和,或僧尼扰家。

风水涣:得生旺之气时,四一同官,准发科名,因文声而取富贵。若得衰死之气,则主淫荡破家,妻无出而妾生子,出浪子、离散、漂荡。

风天小畜:得生旺之气时,名利双收,为官升迁,富贵双全。得衰死之气时,是非横祸,口舌官讼,终致破家。经曰:"巽宫水路缠乾,主有悬梁之厄。"

风泽中孚：得生旺之气时，出温文秀丽之人，文人掌权，诚信，家业振兴。得衰死之气则文昌被克而出孤，损聪明之子，闺帏不睦。

风山渐：得生旺之气时，木上土下，农林发家。得衰死之气时，兄弟不和，幼子早夭，家业渐渐萧索，且有风疾、神经痛等症；又恐有叔嫂通奸之丑。

风火家人：得生旺之气时，木火通明，生聪明之子，出才女，贤妇兴家，荣誉显著。得衰死之气则主淫乱败家，出盗贼，被贬谪，凶死。

【原文】中宫局九星图。原书眉批　诗曰：

　　五黄山前起长峰，坎为财帛午为龙。

　　震巽二方低拱伏，上元管取福盈盈。

巽 四绿木，克中宫，杀气方，凶。山水冲压凶，环绕吉。	离 九紫火，生中宫，生气方，吉。山高耸，水朝迎大吉。低凹凶。	坤 二黑土，比助中宫，旺气方，吉。山水朝迎，阴阳二宅皆吉。
震 三碧木，克中宫，杀气方，凶。山水高压冲射，凶。	中 天禽 五黄土为主，巡山五鬼。伏吟。	兑 七赤金，中宫生，退气方，凶。下元吉。山水冲激，凶。
艮 八白土，比助中宫，旺气方，吉。山水朝迎、高拱，阴阳二宅吉，造作皆吉。	坎 一白水，中宫克，死气方，凶。山水朝迎，紫气盖棺吉。冲射凶。	乾 六白金，中宫生，退气方，凶。山秀丽，水朝迎，亡人安，吉。

中宫局。周围皆水是。五黄天禽星入中管局，宫音，戊己土，廉贞巡逻五鬼星，居中央，卦寄坤也。此山喜坎艮离坤方山峰圆厚，主子孙温良贤德，富贵寿考。巽震兑山峰水路冲射，主遭刑犯法，恶疾横夭，鳏寡败绝。若低平横案回抱则吉。此星主时行瘟疫，遇申酉戌亥子年月日时为有气，营造大吉。辰戌丑未年入墓，

凶。在宫出宫皆忌,犯此大凶。

诗曰:四水周围号中宫,坎离交媾必亨通。

惟有上元能发福,兰玉传芳到九重。

坎卦。中宫坎水,天蓬星领事,化魁星。《玉镜》云,如山峰重叠圆秀,水路朝迎,营坟紫气盖棺,亡人安泰,先发中房科名财禄,如值太岁生气到方修造,加官进禄。立宅同。

诗曰:魁星叠叠印重重,起伏迢迢远脉通。

有福人来居此地,官封五马禄千钟。

艮卦。中宫艮水,天任星领事,化天官。《玉镜》云,如山峰远来厚重,水路朝顾,营坟紫气盖棺,亡人安稳,主小房富贵贤良,诸房并吉,子孙繁衍。立宅同。

诗曰:明龙拱顾势昂昂,葬后家门百事昌。

更得好星来一助,子孙忠孝佐朝廊。

震卦。中宫震水,天冲星领事,化天刑。《玉镜》云,如山峰尖射,水路冲激,营坟狐屯蚁聚,棺损尸穿,先杀长房,恶疾奸淫,火盗官刑,投军作贼,荡败夭灭,诸房并凶。立宅同。

诗曰:中宫震水杀星临,无限凶危百弗兴。

莫道长房先夭丧,全家败绝可伤情。

巽卦。中宫巽水,天辅星领事,化哭曜。《玉镜》云,如山峰尖射,水路冲刑,营坟狐蚁屯聚,竹木穿尸,先杀长房子孙,火盗官灾,缢溺淫酗,荡逆残形,千灾百祸,各房绝继。国家犯之祸同。如山低水曲不妨。立宅同。

诗曰:中宫巽水起高峰,造化逢之百事凶。

人口赀财如扫地,上元一见便和同。

离卦。中宫离水,天英星领事,化进财。《玉镜》云,如山峰秀拔,水路朝迎,营坟紫气绕棺,亡人安泰,中房先发财禄,富贵忠良,置外州田庄,诸房并吉。如低陷平平。立宅同。

诗曰：太阴会合是真龙，来去翅龙左右逢。

　　　　一片完全钟秀地，子孙代代禄重重。

坤卦。中宫坤水，天芮星领事，化明堂。《玉镜》云，如山峰厚重圆秀，营坟立宅，子孙聪明和睦。如山丑恶，凶。

诗曰：巨门圆厚起高峰，子媳聪明福禄崇。

　　　　水拱山朝人口旺，长幼和同万事通。

兑卦。中宫兑水，天柱星领事，化勾陈。《玉镜》云，如山峰尖射，水路冲激，营坟立宅，此星为带甲金神，小房男女孤寡贫穷，残疾血刃，男少女多。下元六十年可。

诗曰：西方太白夜猴精，自古称为血刃星。

　　　　耗尽家资伤小口，下元阴极又阳生。

乾卦。中宫乾水，天心星领事，化福德。《玉镜》云，如山峰圆秀，水路朝拱，营坟，亡人安，先旺宅长，子孙贤孝，世享荣华，声名远播。立宅主出老人。

诗曰：武曲之水远来朝，进入庄田福自饶。

　　　　清白传家姻族睦，长年康健晚年高。

【注解】中宫之说，不能成立，与风水之义不符。所谓中宫者，阴宅以金井之中为中宫，阳宅以内明堂，即宅之正中为中宫，并非四面皆水为中。古人一周只立二十四山向，每山管十五度，并未立中宫之山向，此为巧立名目，臆想妄造之说。既云四面皆水，又云中宫某水某水者，其它各方之水又何弃之不论？是自相矛盾。凡四面都是水者，或水中露出之地有砂、有山，或岸四周有砂山朝拱，亦有来脉可寻，必有坐向，哪有不论坐向而为中宫之理，实在无理。例如我社所出同类书《平砂玉尺经》第239面和《水龙经》第26面所举"丰城袁氏祖地"例，以及《水龙经》第99面所举"丹阳贺廉宪祖地"例，都很能说明这一道理。尤其是《水龙经》第117面所举"周都宪祖地"，此局四面皆水，巽方有秀山,故朝之。以本文论,中宫巽水有千灾万祸,各房绝嗣,国家如是亦凶。然此穴数代富贵,其兴未止,更说明此论不能成立。

再举一例,无锡北乡朱汉记父子,于常州城内经营商业,在药材、纸货上得到浩大之生意。其发宅在锡北万家乡孙巷,三开间两进,卯山酉向,上元二运翻造,环周十五六里之百汤泾,浩浩大水,照耀之力甚雄大。演数如次:

一　三 一	五　八 六	三　一 八
二　二 九	九　四 二	七　六 四
六　七 五	四　九 七	八　五 三

→

此宅向星二三生旺气临震巽二宫大水之上,彼周围十五六里之水,仿佛作了朱家之无尽宝藏。但四运一至,旺气已去,稍见退步。且兄弟三人三房中分房宅运不齐,丁口上发生变化,遂于附近买一大片朝南宅基,建造宽大住宅,此时运已去,住宅一时锁闭。临近有王谓桥者,幸运忽来,向朱姓廉价租用,于庚午年冬迁入,时逢四运,是另一局面。演星如次:

一　五 三	六　一 八	八　三 一
九　四 二	二　六 四	四　八 六
五　九 七	七　二 九	三　七 五

→

王家租用朱姓旧宅,震巽方大水当生旺之气,享受三十年佳运,且鸠占鹊巢,不费分毫建筑之力,真天意相助,暗中受惠,岂非异事。

按:凡宅四面皆水者,当以水大之方为主,或水浩大之方为主。坐山朝向,却应以形势而定,不必拘泥水之来去。

【原文】乾山局九星图。原书眉批　诗曰:

六白山前兑坎峰,午为魁曜亥为龙。

艮巽二方低拱伏,利名世世有荣封。

戌山不取, 六丁命不上乾向。	亥山壬寅、甲申、壬申三日,寅申巳亥命发。	乾山甲申、甲午、壬寅、庚午、乙酉日,辰戌巳亥命发。
巽 五黄土,巡山五鬼,凶。山水冲射凶。	**离** 一白水,中宫生,退气方,凶。山水圆秀环抱,吉。午年魁星到,大利。	**坤** 三碧木,中宫克,死气方,凶。山水平伏围绕,吉。
震 四绿木,中宫克,死气方,凶。中元吉。山水圆秀朝迎,吉。	**中** **天　心** 六白金为主。利未申酉年,丑寅年入墓,凶。	**兑** 八白土,生中宫,生气方,吉。山顿峰,水朝顾,吉。大宜动作。
艮 九紫火,克中宫,杀气方,凶。山水横,案低伏,吉	**坎** 二黑土,生中宫,生气方,吉。山水圆秀高大,吉。	**乾** 七赤金,比助中宫,旺气方,吉。山水高秀朝迎,吉。

【注解】乾山取申酉日者,乾属金,临官申,帝旺酉。取寅午戌者,分金必在戌位,而寅午戌有三合之情。取寅日者,分金应在亥方,寅与亥合者是。但"戌山不取"之说,有悖古人立二十四山之意。认为戌山河魁,天乙贵人不临,不取其山。岂知戌为天星曰"河魁",又曰"文魁",上应娄宿二星,也为至贵之地。《入地眼》云:"戌乃文库,上应奎娄二宿,为文章之府,天下之士俱在其中,故称河魁,乃天河之首。又为文魁,乃文章之首。奎星内有一星曰'封豕',主文章之府,下照戌地。凡戌龙起祖,骨脉分明,地局端正,四砂俱备,为龙之上吉,定理学名士,忠臣孝子。按东鲁兖州分野上应奎娄文宿,故东周孔圣人生焉。今我大宋五星聚奎,故天下人文才高北极,学富五车,实为我朝之洪福。俗士不知天星,焉知地理,故凡戌龙行度过峡出脉,非大

干龙不能也。俗士见戌龙就说墓龙不吉,殊不知禹陵是戌,而出圣人。吴之孙墓是辰,虽不能为正主,三国中亦称一国,俗士何知,乱言者耳。"此理宋时已明,而元明之士仍喋喋不休,言辰戌山不可取,可见其迷之深矣!请看下例:

上海爱多亚路东新桥街转角源丰润烛号,三门开间,独占一包角,成扇面展开形。戌辰兼辛乙,三运开业,杭州有联号,就申号发售烛票,至杭州进香者,得轻装携票,至杭州向杭州之源丰润取烛,物质良而价格较之别家为便宜,故生意旺盛,声名远播。演数如次。

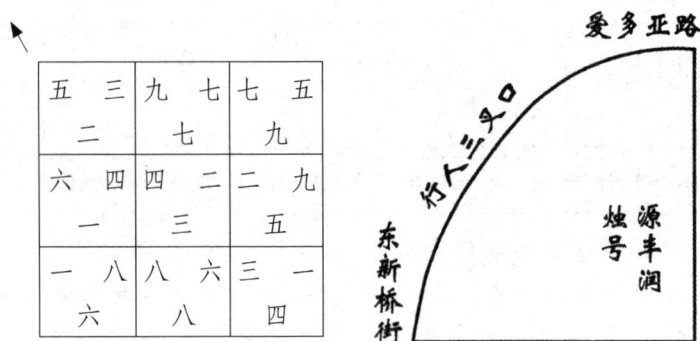

五　三 二	九　七 七	七　五 九
六　四 一	四　二 三	二　九 五
一　八 六	八　六 八	三　一 四

按:此宅外大内小,宅形不吉。但旺星到向,向上又为行人三叉路口,宅如张开大口状吸足旺气,故能发迹。上例说阴阳宅不避辰戌山向之理。

此外,我社已出版的同类书《平砂玉尺经》第343面所举"台州王氏祖地"例和第564面所举"郑姓祖墓"例均说明阴宅取辰戌山无碍之理,请参阅。

【原文】乾山局。巽方之水近是。六白金,天心星入中领事,商音,居西北方,属金,卦管宅长,天门之位,正阳山也。此山宜坎、离、兑方耸峙，生子孙登科及第，富贵寿考。忌艮震巽坤山冈水路冲射，主恶疾夭亡，诸凡不吉。

诗曰：足跟一跳自天门，魁曜南来势益尊。

坎兑齐来相绕护，子孙科甲勒西昆。

原书眉批：关乾入首，申亥来者可扦一代，若左关戌来，亢阳主孤绝，龙入首不拘。右二关祸重轻可畏，戌乃魁罡之杀。

关亥龙入首属甲木，配癸丁卯未，立卯向，水归未口、坤口。癸乃正立巽丁二向。关阴亥龙入，气属乙木，配丙火合亥卯未，借立丙向冠带，乃迎官就禄，干以高应位，甲水来丁旺，甲乙方水来聚，催官极速。

【注解】天门：古人认为天陷西北，地陷东南，故以西北为天门，东南为地户。

原眉批出自《天玉经外传》，意极不清，特引原文。

戌龙魁罡之杀，火库之神，其凶而无救解。如左旋兑辛转关者，势有蟠龙顾祖之穴，虽有些福至，于祸人必重，而主横逆于家庭。若右旋带乾者，其祸不可胜言，至于灭门，实为大可畏也。

乾龙亢阳之极，无生息之义，如右关换亥入首，立甲乙向，流神归未坤，代代延安，必不免于鳏寡无嗣。若左关带戌而入者，立巽丙向合格，亦发，恐犯奎娄暗金之杀，主出人残疾、孤独，亦为可畏耳。

按：娄宿全名娄金狗，七政四余为金星，故名暗金杀。奎宿全名奎木狼，七政四余中为木星，并非暗金杀。《天玉经外传》以左旋为阳，右旋为阴，虽云天星，却不懂天星，立论大谬。而原眉批断章取义，更使人无法理解。

【原文】乾卦：乾山乾水，天柱星主事，化天计。《玉镜》云，如山峰相顾，水路朝迎，营坟立宅，主小房兴旺，孝义忠良，下元六十年富贵荣显。

诗曰:乾山乾水势昂昂,紫气金精不磷刚。

长幼和谐家道盛,下元应自出朝郎。

【注解】 乾为老父,为宅长,何以乾山乾水反应小房兴旺?此乃以山头吊白论断。六白入中,七赤金到乾,七赤为少,故云应小房,与易理相悖。

【原文】 讼卦。乾山坎水,天芮星领事,化紫微。《玉镜》云,如山峰圆秀,水路朝顾,营坟紫气绕棺,亡人安泰,主旺宅长,子孙富贵良善,进外州田庄,诸房并吉。立宅同。

诗曰:乾山坎水吉星来,大喜仓箱积宝财。

更主登科官禄至,白衣身到凤凰台。

遁卦。乾山艮水,天英星领事,化天罗。《玉镜》云,如山峰尖压,水路冲射,营坟蛇蚁屯聚,先杀中男,诸男并凶。立宅同。

诗曰:乾山艮水主刑伤,产后疯瘵又血光。

淫盗官灾瘟疫死,更防绝灭败田庄。

无妄。乾山震水,天冲星领事,化病龙。《玉镜》云,如山峰圆秀,水路朝迎,营坟立宅,先旺长男,聪明秀发,后孤贫。中元六十年吉,下元败绝。

诗曰:乾山震水远来峰,长子荣华福禄崇。

惟有中元春色好,下元依旧主孤穷。

姤卦。乾山巽水,天禽星领事,化血曜。《玉镜》云,如山峰尖射,水路冲激,营坟蛇蚁入穴,瘟疫奸盗,孤贫恶疾,灾祸与艮无异。如山平拱作案反吉。立宅同。

诗曰:乾山巽水不宜来,此地营居无限灾。

人口颠亡并夭折,仓箱百万化尘埃。

同人。乾山离水,天蓬星领事,化绿褥。《玉镜》云,如山峰圆秀,水路朝拱,营坟开圹,见生气异物,紫气绕棺,亡人安泰,中房男女英秀,富贵忠良,诸房并吉,上元六十年发。

诗曰:乾山离水上元兴,衣紫披绯上帝京。

莫道此星常吉利,他年也有不相应。

否卦。乾山坤水,天冲星领事,化天罗。《玉镜》云,如山峰尖射,水路冲刑,营坟蛇蚁入穴,竹大穿尸,长房先绝,诸房并,凶顽贫逆,军贼漂亡。立宅同。

诗曰:乾山坤水本相伤,先祸其家长位郎。

即有田园皆退落,妻儿父子各参商。

履卦。乾山兑水,天任星领事,化天宫。《玉镜》云,如山峰远来蠹秀,水路朝拱,营坟开圹,见椁内温暖,紫气瑞藤绕棺,亡人安泰。先主小房聪明科第,诸房并吉,孝义忠良,世世荣达。立宅同。

诗曰:明龙滚滚自西来,日见门庭进横财。

先许小房登甲第,诸子相继上云台。

【注解】此八卦虽纳入乾宫卦,但有些坐山并非坐乾,乾方先天八卦是:

坐山	戌 山			乾 山			亥 山	
卦名	渐	蹇	艮	谦	否	萃	晋	豫

乾方后天八卦是:

坐山	戌 山			乾 山			亥 山	
卦名	蹇	谦	小过	归妹	乾	姤	遁	否

本文所列之卦名,出自六十四卦方阵图排列中乾一一行,并非罗经方位。

本文论诸卦吉凶,是以坐山乾六入中宫顺布九星,然后以其方飞星五行与乾六金之生克关系来判断。如乾山坤水,乾坤本是土金相生,阴阳相配,极佳之方,但因六白入中,三碧木死气到其方,反为伤长子,退田产,骨肉参商之凶局。又如乾山艮水,艮为土,本是土金相生,但因六白入中,九紫火飞星为六白之杀气

方,反主刑伤血光,淫盗官灾,诸凶并见。举例以说明:

例1.见我社已出版的《平砂玉尺经》第354面所举"杨姓祖墓,亥山巳向,一运扦"例。

按:此局为姤卦,坐山乾,巽方有水,坤方山高耸,以本文卦意及山头吊白论,巽水坤山均为至凶之处,与本局不符。

例2. 江苏无锡北乡秦巷镇西首蔡祠余屋内俞根记木工场,专门制造棺木,乡人名曰"冷铺"。乾山巽向,创始于辛亥年,已二十余载,开拓成功,生意稳健,丁财两旺。辛未正月,于祠右隙地建造三开间新宅一所,限于面积,仅造一进。乾方有靠近屋宇之三叉水,过坤达离汇成大水及大三叉。巽方为田边干路及河岸,直达门前。离方有石桥,距宅甚近,震巽二方有汪洋大水,远在二三里外,此处照水有力,登高远望,如对大湖,发展已二十余年,方兴未艾。新屋亦吉,演星如次。

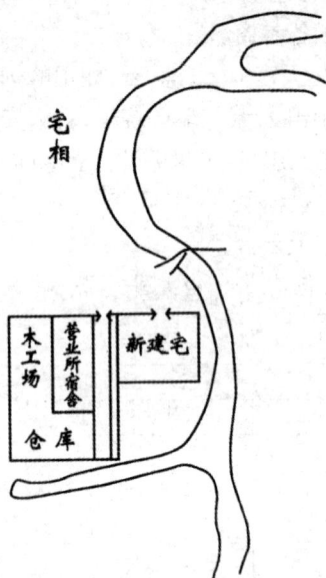

乾方来水,得到向星旺气。巽方实地,得到山星旺气,各得其宜,故丁禄两利。宅右三叉水得向星四绿生气,生意旺盛,方兴未艾。若此宅宅相,水来向首,实地在后,便犯上山下水,则丁禄两败矣。俞家无意中巧合天机,其福运之厚可知。再看辛未年新造宅,离宫旺水吸到向首,财运仍不差。

新造宅运向承旺气,既将离方旺水吸入向首,又震巽方汪洋大水外照有力,在四五运中,产业定多进步。又宅右水在一六八方绕过,亦为吉证。

三一 二	八六 七	一八 九
二九 一	四二 三	六四 五
七五 六	九七 八	五三 四

四四 三	九八 八	二六 一
三五 二	五三 四	七一 六
八九 七	一七 九	六一 五

　　按:参此两例,及前湖广吕相公祖地、周都宪祖地二例,乾山、戌山、亥山之形法理气皆了然于胸,可辟本文山头吊白之误。

　　也有以坐山为主,用抽爻换象之法,配合形局与元运论六十四卦吉凶得失者,法以上下卦五行生克为依据,远比本书之法合理。兹介绍乾官八卦如下:

　　乾为天:乾九金,乾九金。(此以先天方位配洛书之数论,乾先天居离位,洛书数为九,故上下卦皆九数。后诸卦均同此法。)二金比和,田产兴发,家富殷实。但二公同室,纯阳无阴,伤妻克子,妻妾重娶。长房子孙不和,男人寿不永。所谓孤阳不生,失运之时用之无嗣也。

　　天水讼:乾九金,坎七水。纯阳不化,老公妇女,寿短泄气,家财消散,中男不利,水蛊吐泻,女人气血崩漏,淫狂失经等症,又损伤六畜,小口难养,凶。

　　天泽履:乾九金,兑四金。二金比和,钱财进益,米谷丰盈,子孙聪慧,妇女美丽,重妻宠妾,子多庶出。

　　天地否:乾九金,坤一土。土金相生,阴阳正配,家庭间尊卑上下仁义和顺,产业丰隆,人口兴旺,六畜茂盛,四五年即发。逢巳酉丑合金局年而应瑞。

天火同人：乾九金，离三火。火来克金，主惧内。中房老翁痰火、中风、嗽死，中女产亡，长房子孙气喘不利，虚劳瘫痪、血光气喘、眼疾、心疼、脓血等症。失运又主官司火盗，孤寡败绝，小儿损伤，凶。

天雷无妄：乾九金，震八木，金来克木，父子不和，定伤长子长孙及阴人，子女不孝，凶死人命，火盗官灾，损人损畜，邪魔入宅。又主气攻两胁，积块攻心，喑哑声嘶，筋骨疼痛，血光疮颠之疾。

天山遁：乾九金，艮六土。土金相生，田产茂盛，功名显达，父慈子孝，小房兴旺，男女好善。但阳盛阴衰，妇女夭寿，久则乏嗣。

天风姤：乾九金，巽二木。金木刑战，长妇产亡，家多疯症、投井、自缢，损人伤畜，妇女短寿，克长女，闺门乱伦秽行，红杏出墙，翁媳同床，父女相奸。又主痰火，两胁带气，两腿疼痛，咳嗽瘫痪等症。

以上诸卦虽出自易理，但缺乏变通，若与元运、形局相配，才生动活泼，兹将乾六白金与其他诸星组合吉凶之象归纳如下：

乾为天：得生旺之气时，以武取贵，威权震世，巨富多丁，或得长上提拔。得衰死之气则有官司是非，长子痴迷，刑妻孤独，寡母守家，家业败退。

天风姤：得生旺之气时，名利双收，财丁两旺，出文武全才。得衰死之气时，退财伤妻，或妻不守妇道，红杏出墙。

天山遁：得生旺之气时，武职发贵，韬略荣身，家业骤富。得衰死之气时孤独无子，默默无闻。所谓"艮配纯阳，鳏夫岂有发生之几兆"。

天地否：人丁旺盛，家业昌盛、发财，所谓"坚金遇土，富比陶朱"者是。得衰死之气则吝心不足，初吉后败，梦寐牵情，或出僧尼。

天雷无妄：得生旺之气时，威武不屈，正气凛然，出武贵或为国丧身。得衰死之气则家业退败，刀伤受刑，又有"金伤雷府，易牙杀之以媚君"之厄。

天水讼：得生旺之气时，金清水白，定发科名，或出兵刑之职。得衰死之气则口舌不断，官司牵延，争财夺产，女人当家，权力旁落，或患脑出血、肾病。

天泽履：得生旺之气，有执掌兵权之贵，或出刑法之官，富贵双全。得衰死之气则六七为交剑杀，出强盗、贼劫之人。又云"老父少妇见丧亡"。

天火同人：得生旺之气时，文章冠世，荣华富贵，衣紫腰金，财丁两旺。得衰死之气则长房血症、目盲，或老夫少妻，行人远离，家业萧索，日见凋零。

【原文】兑山局九星图。酉山申寅午未四日，辛山申寅卯午未五日，子午卯酉命发。庚山同，卯酉辰戌发。

巽 六白金，比助中宫，旺气方，吉。山水圆秀朝拱，大吉	离 二黑土，生中宫，生气方，吉。凡百吉。山水高木耸秀，吉。	坤 四绿木，中宫克，死气方，凶。中元吉，山水圆秀，吉。
震 五黄土，巡逻，凶。山水平伏，吉	中 天 柱 七赤入中为主。	兑 九紫火，克中宫，杀气方，凶。山水平伏，吉。
艮 一白水，中宫生，退气方，凶。山水高大圆秀，吉。	坎 三碧木，中宫克，死气方，凶。山水平伏，吉。	乾 八白土，生中宫，生气方，吉。山水高昂拱顾，吉。

原书眉批　诗曰：七赤山前巽而峰，乾为美相同。

震兑二山无破损，儿孙相继去扳龙。

【注解】庚酉辛三山喜酉申日者，为临官帝旺之气。喜卯未日者,为坐山之财。喜寅午日者,为金山之官,又兑有纳丁之情,但宜慎用,须龙气旺盛方吉。若龙气不足则化官为鬼,反凶。辛用寅者,寅为辛山天乙贵人。

原书眉批之诗缺字,并无实际意义,不必拘泥。

【原文】兑山局。正东之水是。七赤入中宫,天柱星领局,商音,属金,破军,位西方庚辛,卦管少女,正阴山也。喜艮巽离乾山峰顿秀,主世代为官,堆金积玉。忌坎震坤兑逼压冲射,主男女刑伤,恶疾横夭,百凡不吉。

诗曰:少女山前离巽峰,乾为善曜艮为龙。

　　　　兑震二方无破损,拖朱纡紫世朝宗。

原书眉批:左关庚龙入首,属庚金,配丁火,合巽癸,立巽丁癸卯四向,坤申山水朝主高官,侍驾得宠。右关庚入首,气辛配壬,合巽癸壬子申庚山水旺局,大发富贵。巽辛二向,辛卯艮向,俱为上格。

左关兑入首,气庚配午,合癸巽巳丑,扦丁巽子癸向皆富贵。右关阴兑入首,气辛配壬,合巳丑立巽向,坤申山水为生旺。巽巳高,申山水朝堂,主极富贵。

左关辛入首,气庚配丁,遇辰合火气,立巽丙向,为阴阳正配,宜庚丁山水朝。立艮丙向,宜寅巳卯巽山水朝指,发科名。右关辛入首,气辛配壬,合庚丁局,辛巽巳之向。若艮丙向,巳酉山水应位为极,向若犯戌气,福干有患,灾祸不免。

【注解】本文云"艮、巽、离、乾"四方山峰宜高耸者,是以七赤入中,八白土到乾,生七赤金;二黑土到离,亦生七赤金;六白金到巽,与七金比助为旺,故此数方山宜高耸。坎、震、坤、兑方不宜山高耸者,是因为九紫火到兑,为杀气;三碧、四绿木到坎、坤之方,为死气;震方则为五黄关煞故。

原书眉批出自《天玉经外传》:阳庚龙气属本卦,配丁火,合

巽癸,盖庚为威胆,纳于震,主发兵权,立巽丁癸三向。坤申山水
来朝,阴阳交媾,生旺灵聚,官高爵重,侍驾当朝之应。如浙东杨
氏祖墓(见下),此局用卯向收水,出兵部尚书。

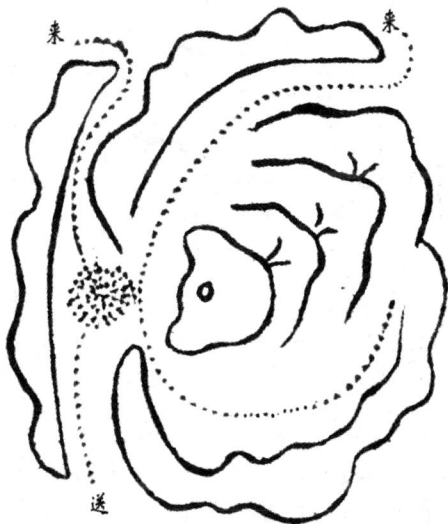

　　阴庚龙气属辛金,配壬水,亥子申庚山水照局,大发科名,富
贵双全。辰巽宫去水,上应角亢之宿,故曰流长,明去水也。乙
辰水口可立巽丁二向,俱为上格。
　　阳兑龙气属庚金,配丁火,立巽向水,为生来会旺之宜,立丁
向水得干卦纳配之喜,官禄高显,发贵悠久,为上格。坤申为官
禄之水,巽为长生秀文之地;俱宜水聚朝凝,且忌单巳曜杀之水,
穴宜挨右避之。阴兑龙气属辛金,配壬水,三合为金局,宜巽丁
立向,坤申山水为生旺,巽巳峰峦文昌六秀,立卯向俱主极贵,上
格也。如嘉兴朱相公祖地(见下面)。
　　是地土名沙河荡,系丁转兑,左关入首,气属庚金,立丙向,
配丁火,巽水特朝,流神走丑艮,正合"斗牛纳庚丁"之局,出养淳

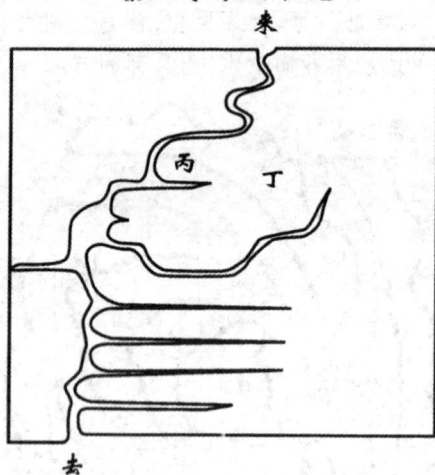

嘉兴朱相公祖地

公国祚状元,科甲连登,富祉未艾。

　　阳辛龙气属丙火,配乙木立巽丁向,为纳卦正配,宜庚丁山水朝局,消奎娄水口,大发富贵。阴辛龙气属本卦,三合艮向,情投意合,如合金局立巽向,为卦气攸宜。立丁向迎丁庚交配之气,俱发清贵。收壬亥之相生,喜西南之列秀,若乾戌气并入,美玉有玷,福力大减,灾异竞生,虽些富而贵实难矣!

　　【原文】兑卦:兑山兑水,天英星领事,化天灭。《玉镜》云,如山峰尖射,水路冲刑,营坟蛇蚁屯聚,先杀小房,诸房并凶。子孙顽逆,作贼投军,孤寡夭折,灾祸百出。立宅同。

　　诗曰:本山灾发火星高,横祸飞来怎得逃。

　　中少二房俱杀尽,诸房也自不相饶。

　　夬卦。兑山乾水,天任星领事,化武相。《玉镜》云,如山峰高厚圆结,水路朝迎,造坟开圹,见生气紫气绕棺,亡人安妥,小房先发财禄,诸房并吉。子孙贤良富贵,世代为官。

诗曰：夬卦由来西北宜，兑山得此可营居。

富贵聪明天付与，胜如万石及陶朱。

困卦。兑山坎水，天冲星领事，化白露。《玉镜》云，如山逼压冲射，水荡反飘激，营坟蛇蚁入穴，竹木穿尸，先杀长房，诸房并凶，凶顽飘荡，贫贱孤寡，百祸齐至。如低平无碍。

诗曰：兑山坎水不宜朝，葬后家赀似雪消。

祸患贫穷尤自可，长房先灭次难逃。

咸卦：兑山艮水，天蓬星领事，化天后。《玉镜》云，如山峰圆秀，水路朝拱，造坟紫气绕棺，亡人安泰，中房男女良善聪明，文章冠世，诸房荣贵。如山水无情，不吉。立宅同。

诗曰：兑山艮水本元微，艺术方能事事奇。

执守生涯应待兔，上元方许步云梯。

随卦。兑山震水，天禽星领事，化夭瘟。《玉镜》云，如山峰尖射，水路冲激，造坟蛇蚁入穴，主子孙瘟疫恶疾，一如官到，灾祸并至，与兑山兑水同凶。平拱作案，吉。立宅同。

诗曰：兑山震水要潜踪，露出冲关百祸从。

产厄血光淫悍女，定然孤寡一场空。

大过。兑山巽水，天心星领事，化文秀。《玉镜》云，如山峰圆秀顾祖，水路朝迎，造坟紫气盖棺，亡人安泰，先旺宅长，长房聪明良善，康宁寿考，名传外邑。如山丑恶，水反背，不吉。立宅同。

诗曰：兑山巽水子孙昌，宗族和谐仁义堂。

家长长房饶福庆，寿同彭祖享安康。

革卦。兑山离水，天芮星领事，化贵人。《玉镜》云，如山峰远来，重叠回顾，水路朝迎，之玄到堂，营坟紫气绕棺，亡人安泰，先旺宅母，子孙孝义忠良，世登科第，翰苑蜚声，名播天下，进外州庄田，诸房并吉，下元尤利。如山冈低陷，水城背反，不吉。立宅同。

诗曰：兑山离水远来迎，得比滔滔福祉生。

不但仓箱无限积，高迁禄位旺人丁。

萃卦。兑山坤水，天辅星领事，化六合。《玉镜》云，如山峰圆结，水路朝迎，造坟立宅，男女聪明。中元富贵，上下元凶。

诗曰：兑山坤水旺中元，他日仍教退福田。

不作萧条林下客，也为僧道免孤寒。

【注解】此八卦虽纳入兑卦，但有些坐山并非坐兑；兑方先天八卦是：

坐山	庚　山			西　山			辛　山	
卦名	涣	坎	蒙	师	遁	咸	旅	小过

兑方后天八卦是：

坐山	庚　山		西　山			辛　山	
卦名	大壮	夬	需	比	兑	困	萃	咸

本文所列之卦名，出自六十四卦方图排列中兑二一行，并非罗经方位。

本文所论诸卦吉凶，是以坐山兑七入中宫，顺布九星，然后以其方飞星五行与七赤金之生克关系来判断。如兑山兑方山高水绕，名玄武缠护，坐山有势，形法中本为极吉佳之象。然七入中，九紫火到兑，为七金杀气，反云灾祸百出，为凶象。又如兑山离水，以八卦论，兑为金，离为火，为杀气方，但因该方飞星为二黑土，土生金，反为吉庆之方，均与卦理相悖。举例以说明：

锦棚桥陆姓祖墓，西山卯向，二运扦。

此地乾、坤、艮、巽四维有水放光，水外皆有秀峰如文笔。

仲山曰："此坟扦后，大发财丁，兼出名儒。交五运末，损八九人。"主人曰："何知之详？"答曰："此由艮方之水填实故也。"

沈注：乾、坤、艮、巽方有水，为四库齐开，又为四水朝阳，本

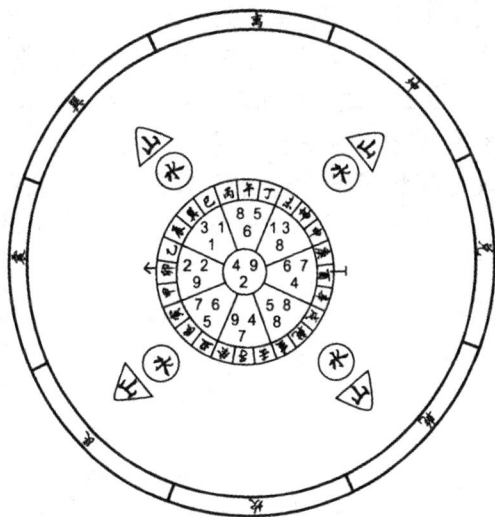

三元不替之局，况水外四方皆有山，且秀如文笔，其力尤大。而又双二到向，旺星照穴，所以大发财源兼出名儒。惜五运艮方填实，所以断五运末伤丁八九人者，以五运后十年已通六气，艮方六到填实处，名曰"水里龙神上山"，安得不损人丁乎！坤二为文书，双二临于向首，故出名儒也。

此外，我社已出版的同类书《平砂玉尺经》第120面所举"杨婆墓"例，以及第316面所举"钱姓祖墓"例（《水龙经》第476面也收有此例）均说明此理，请参阅。

按：以上三例，杨婆墓及钱姓祖墓均兑方山耸，震方山高，一出一名将，一出名儒，且代代不断，震兑山高为凶之论自破。陆姓祖墓则四维皆山，惟艮方为凶者，向星填实故，非山之错矣。

也有以坐山为主，用抽爻换象之法，配合形局与大运论六十四卦吉凶得失者，法以上下卦五行生克为依据，远比本书之法合理，特将兑宫八卦介绍如下：

兑为泽：兑四金，兑四金。（兑四者，是以先天方位配洛书之数论，兑先天居巽位，洛书数为四，故上下卦皆四数，后诸卦均同。）二金比和，家道兴隆。但纯阴不生，子孙稀少，发小伤大，少妇专权，扰家不宁，或生疾块冲心、胃病、口症。

泽火革：兑四金，离三火。火克金，先伤幼妇次伤男，贼盗官非子女艰，财产绝嗣遭人命，妇女作乱家不安，或头痛、眼红、痨嗽、吐血等症。

泽水困：兑四金，坎七水。水泄金气，主伤少女中男，人口衰败。阴人脱胎崩漏，男人水蛊遗精，心痛吐血，凶；兑又为言语口舌，坎为危难，故出口吃，拙于言辞之人；亦有少女喜伴中男，或少女爱上有妇之夫。

泽地萃：兑四金，坤一土。土金相生，母女同室，老母当家，溺爱小儿少女，财产日盛，子孙稀少，家多好善。失运则主婆媳不和。

泽天夬：兑四金，乾九金。二金比和，家道和悦，人财两发，富贵双全，必出文人秀士，长房多生四子而成立。但主宠妾当家，偏爱少妇，二房次吉。男子六白命，女子七赤命逢巳酉丑年发福。失运主老夫少妻，老翁风流，翁淫媳，小人得势。

泽山咸：兑四金，艮六土。土金相生，阴阳正配，富贵双全，人财两旺，大吉。

泽风大过：兑四金，巽二木。金木刑战，纯阴乏嗣，损男伤妇，自缢火盗，血光淫荡，或疯狂、腿疼、心疾、咳嗽等症。

泽雷随：兑四金，震八木。金来克木，先伤长子、长孙，次及少女、长女，人财两绝，自缢投井，跳河凶死，人命横事，倾家败产，孤儿寡母，妇女持家，或咽喉胀膨、冤气郁结、腰痛心疼。

以上诸卦，虽出自易理，但缺乏变通，若与元运及形局结合，则生动活泼。兹将七赤金与其他诸星相配吉凶之象归纳于下：

兑为泽：得生旺之气，发财旺丁，武途仕宦，小房发福，出才女名伶;得衰死之气则退财、失盗、丧妻、火灾、横死。

泽天夬:得生旺之气,武贵发家,出刀笔律师、法官,财丁兴旺;得衰死之气则多遭劫掠,口舌是非,人命官司,老夫少妻,露水夫妻或患肾病。

泽雷随:得生旺之气,发横财,出文武全才之人,所谓有"震庚会局,文臣兼武将之权"之应;得衰死之气则刚毅生灾,刀伤血光,或吐血、败家。

泽地萃:得生旺之气时出武贵,添丁、发财,或出医生及杰出之人;得衰死之气时家庭不和,母妾失欢,少丁乏嗣或堕胎、吐血,少妇寡居。

泽水困:得生旺之气时出人秀丽,水利兴家,渔猎致富,文声远播;得衰死之气则因好酒、好色而破家,或流徒、倾泻、堕胎、肾疾。

泽风大过:得生旺之气时出人秀丽温柔,出文人、诗人,或因文声致富兴家;得衰死之气闺帏不睦,伤长妇、长女,家业萧索,或颠疾病、疯狂、气喘、股病。

泽山咸:得生旺之气时发财旺丁,婚姻幸福,出俊男美女,忠良之人;得衰死之气则童男幼女发育不良,少男少女放荡,或手指受伤。

泽火革:得生旺之气时振兴家业,一改门风或发明改革,平冤狱,覆暴政;得衰死之气则常遭回禄之灾,家业败退,或青楼染疾。

【原文】艮山局九星图(见下面)。

原书眉批:艮山金舆,丙寅。

风辇:戊寅、戊申、甲寅、甲申、壬寅。

诗曰:八白山前震巽方,兑为魁曜起乾龙。

　　　子午坤山低拱伏,丰财厚禄上元中。

【注解】艮山用申酉日者,土生于申故。用寅午日者,寅午合火为艮山之印,均为扶山之日。丑山用申酉日者,丑为金,临官申,

又壬戌、庚戌、壬午、壬寅，知府，进财丁。又癸巳、丁巳、癸酉、壬戌，代代入朝。又丁巳、乙巳、癸酉，三年后出仕。	子午寅申丑未命大利，巳亥寅申三代为官。艮山壬寅、壬子、壬午五代富贵。	艮山用寅午申酉四日，葬三代富而贵。丑山用申酉二日葬，寅山用寅午巳三日葬，吉。六辛命不上艮山。
巽 七赤金，中宫生，退气方，凶；山圆秀，水朝迎，吉；冲射，凶。	**离** 三碧木，克中宫，杀气方，凶；山低平，水环绕，吉。	**坤** 五黄，巡逻五鬼，凶；山水横伏作案，吉。
震 六白金，中宫生，退气方，凶；山高水厚，吉。	**中** **天　任** 八白入中为主，喜丑兑砂水，恶二砂水。	**兑** 一白水，中宫克，死气方，凶，上元吉；山水圆秀吉，低陷凶。
艮 二黑土，助中宫，旺气方，吉；山水高秀，吉。	**坎** 四绿木，克中宫，杀气方，凶；山水平伏，吉。	**乾** 九紫火，生中宫，生气方，吉；山水圆秀朝拱，吉；低陷，凶。

旺于酉。寅山用寅午巳三日者，火临官巳，旺于午，均取扶山之吉日。

艮山用壬寅、壬子、壬午年月日时者，寅午合火可生艮山，天干四壬，通根子水，为艮山之财，财印双全，故五代富贵。

壬戌、庚戌、壬午、壬寅年月日时者，地支寅午戌合成火局，天干三壬。此艮山可用火为印，壬为财，吉。寅山亦可用，寅午戌合局为美。惟丑山用不吉，因丑属金，火局克金故。

丁巳、乙巳、癸酉年月日时者，丑山最美，巳酉丑三合金局，补山扶命，均有力量。艮山忌用，金泄土气故。

以山头吊白之法，八白入中宫，四绿木临坎，木克土为杀气，本凶，何以本文反言吉？因地盘坎一为魁星，巽四木为文星，魁星与文星相会，定主文名，亦"四一同宫，准发科名之显"之意，故云"吉"。中宫言"恶二砂水"者，二是坤宫，为艮山五黄关煞方故。

【原文】艮山局。西南方有水是。八白入中宫，天任星管局，

宫音,佐辅明龙,属土,位东北。卦管少男,正阳山也。此山艮乾
兑起高冈,秀丽朝拱,主中房男女发福,各房吉,小房登科。巽离
坤方忌山水冲射,子孙不吉。

　诗曰:脉从东北秀方来,左辅明星善曜开。

　　　若得乾山紫为印,上元声价到三台。

　原书眉批:左关阳艮入首,由西北来,气丙配乙,合丙辛,立丙
丁二向,寅午高山主科第。借立庚向,文武功名。立巽向木克,不
吉,主夭绝。右关艮入首,由巽卯来气,丁配庚,合丙辛,立丙丁向,
丙丁砂水朝,官禄朝元,富贵双全。立庚向,巳酉丑山高水朝,人
丁旺盛。

　右关丑入首,气己土,无配,合巳酉乃金气库神,即水法全亦
下格。左关丑入首,少生息,虽龙真穴正,水秀砂明,亦能发福,究
竟下格也。

　寅龙不拘左右,皆主(原书眉批至此顿缺)

　【注解】本文云艮乾兑三方宜山峰高耸者,是以八白土入
中,九紫火到乾,火生八白土,为生气;二黑土到艮,比助八白土,
为旺气;一白魁星到兑,可发科名故。而巽、离、坤三方忌山高
耸者,离方三碧木到,木克土,为杀气方;坤方五黄土,为关杀方;
巽方七赤金到,土生金,泄八白土气故。

　原书眉批出自《天玉经外传》,其中丑龙断章取义,寅龙未写
完,特将此二龙引述于下:

　寅龙不拘左右两关,立向水神合法,俱主富贵,而未尝免于
疯痰肿病,少亡破败者。盖风木之气酷烈,虽形真穴正,局势周
密,不过一发,未免退败、贫夭、刑害、绝嗣之咎耳。

　阴丑龙气属辛金,配壬水,为金气之库神,无有运生之义,砂
水不齐,星峰失位,随即败绝。总然砂明水秀,一发即歇。此龙
虽有衣丁之家,必人丁稀少。阳丑龙气属庚金,配丁火,为金气

之库神,少有生息。但龙真局正,水秀砂明,亦能发达。向依形点,水纳生和为中下格也,或不合法,速于败绝。

　　丑龙不甚吉庆者,因丑为墓龙。对此《入地眼》一书批驳甚为有力:"丑居东北,与八白同宫,贪狼一星在紫微之北,下照丑地。在天为四金,在时为四季。然天市垣中天机一星旁照丑也,故丑龙起祖,骨脉分明为龙之上吉,定产富贵之人。其龙不可卯癸同行,切宜详细。如兑龙起祖入艮,由震出而结穴者,主产文武全才之士,威镇边夷。若艮龙起祖,由丙入庚结穴者,主科甲奕世,丁财大旺。若亥龙起祖,入艮转未结穴者,主大富,乃得牛羊发家。"此言丑龙,丑山上应天星,乃富贵双全之地,谁言墓山不可用?《平砂玉尺经》第237面曾举南昌刘氏祖地例以说明,请参阅。

　　按:刘氏祖地为"有窝不葬窝格",何野云留有钳记,曰:"湖峰喜地穴难扦,左畔仙宫汝占先。二十四神皆揖拱,三十八将尽朝元。捣药杵声犹未息,北龙枕住老龙眠。丑山未向坤申水,子息金阶玉殿宣。先出文才并奉议,南乡北保置庄田。税钱三万七千贯,金玉盈箱不计年。三代神童如及第,生成铁树地生烟。若问人丁多少数,芝麻一石数当添。兄弟四房俱发福,烧些钱纸玉炉边。"从此例可看出,丑山为墓山之论,坤离巽三方山冈不可高论,水不可朝等论之误明矣。

　　【原文】艮卦。艮山艮水,天芮星领事,化天医。《玉镜》云,如山岸圆洁,水路朝迎,营坟立宅,子孙衣禄自饶,贤良孝义,秀丽聪明,宅母有益。如山低水背,平平。

　　诗曰:艮山艮水足金银,好水分明出富人。

　　　　下后儿孙还茂盛,贤良孝义福如春。

　　颐卦。艮山震水,天心星领事,化少微。《玉镜》云,如山峰圆秀,水路之玄朝顾,营坟立宅,子孙孝义良善,出名僧道士。

诗曰：艮局东方若有山，一家和气自幽闲。

　　　风清月白还堪许，锦帐藏合不可攀。

蛊卦。艮山巽水，天柱星领事，化白虎。《玉镜》云，如山峰尖秀，水路曲朝，营坟立宅，子孙孝义忠良。下元六十年丰享，上中退耗，此方宜静。

诗曰：艮山巽水下元龙，中上二元孤且穷。

　　　若是水山俱丑恶，子孙飘荡更顽凶。

贲卦。艮山离水，天冲星领事，化天刑。《玉镜》云，如山峰尖射，水路冲激，营坟蛇蚁入穴，草木穿尸，先杀长房男女，诸房并凶。盲聋暗哑，瘟疫暴夭，瘫痪忤逆，怪异人命，终归绝灭。如山低平，无碍。立宅同。

诗曰：艮山离水是凶神，水善来冲定损人。

　　　孤寡荒淫犹自可，更愁一旦化灰尘。

剥卦。艮山坤水，天禽星领事，化天牢。《玉镜》云，如山峰尖射，水路冲刑，造坟蛇蚁聚穴，亡人魂荡，子孙淫盗，忤逆杀人，军徒夭灭。如山平无水，吉。立宅同。

诗曰：艮山坤水两相冲，葬后儿孙去不还。

　　　坤水自来名孤寡，况逢此地愈伤残。

损卦。艮山兑水，天蓬星领事，化迎财。《玉镜》云，如山峰圆秀，回龙水路朝迎拱揖，造坟开圹，见生气异物，先主中房文章登第，诸房并吉，世代英忠，置外郡田庄。立宅同。

诗曰：艮山兑水喜昂昂，金玉赀财足万箱。

　　　子嗣文荣超等列，水来屈曲万年昌。

大畜。艮山乾水，天英星领事，化进宝。《玉镜》云，如山峰远结，圆厚顾祖，水路之玄环绕，造坟紫气盖棺，亡人安泰，中房先发财禄，诸房并吉；子孙聪明特达，文章冠世，科甲联芳。如山飞水背不吉。立宅同。

诗曰:艮山乾水旺儿孙,富比陶朱贵迈伦。

中房先主发科第,诸房相继侍明君。

蒙卦。艮山坎水,天辅星领事,化哭曜。《玉镜》云,如山峰尖射,水路冲激,造坟动作,大略与艮山离水同凶,但上下元小差,中元绝灭无遗。如山平水去无妨。

诗曰:艮山坎水不宜扦,墓宅逢之祸必缠。

才到中元生百祸,他年亦自不堪言。

【注解】 以上八卦虽纳入艮宫之中,但其坐山并非皆在艮方,艮方先天八卦是:

坐　山	丑　山			艮　山			寅　山	
卦　名	震	噬嗑	随	无妄	明夷	贲	既济	家人

艮方后天八卦是:

坐　山	丑　山			艮　山			寅　山	
卦　名	革	丰	明夷	师	艮	贲	大畜	损

本文所列之卦名,出自六十四卦方图排列中艮七一行,并非罗经艮方卦名。

本文论诸卦吉凶,是以坐山艮八入中顺布九星,然后以其方飞星五行与艮八土之生克关系来判断。如乾方本属金,泄八白土之气,为退气,凶;但九紫火飞临其方,火生土,故反以吉论。再如离方本属火,火生土,本为生气吉方,但震三木飞到离方,木克土为杀气方,反以凶论。此则与卦理相悖。举例以说明:

例1.无名氏祖墓,丑山未向,二运扦,该例图请参见我社已出版的同类书《平砂玉尺经》第351面。

按:离土挨星是六,为戌,为阴,入中逆飞二到离,为旺,此即城门之吉。离上飞星六,六为金,一为水,故为庚子。但离为火,故又为丙子。因六为正挨星,故为正。九为地盘之方非挨星,故为偏。此局坤峰高耸且有大水，离方也有照水。以山头吊白论，此二方不宜山高有水，均主子孙夭灭，千灾百祸，何能有科甲之贵，于理不通矣。再详参本节前南昌刘氏祖墓例，就可一目了然。

例 2. 苏日街宅命中三般巧数。

四七 一	九三 六	二五 八
三六 九	五八 二	七一 四
八二 五	一四 七	六九 三

福建有一小镇，名苏日街。黄君丕安在漳州中暑，偶患痢疾，为购治痢安全剂，配第一剂药时，病人请用半数，饮后见奇效。病人请第二剂用全数，已收大效，病已除十之七八，病人已离床照常行动。请进第三剂，大有药到病除之功效，治愈者甚众。此药铺开业至今已四十余年，上元二运立命，坐艮向坤兼丑未二度。演数如次。

该药铺老主人，往年常至锦宅社访友，与黄君丕安有旧谊，其店号济安。黄丕安治痢安全药剂三料，均向该号采办。该药号外口逢三碧，开业以后二三十年中，生意颇旺。近十年间，门市比较清淡，因气口之三在四运中已成退气，但尚许生源不绝，因水脉从坎方紧紧冲来，在本运中尚有发展希望。1929 年己巳年四月立夏、小满期内，决有特殊机会。1938 年戊寅夏四月立夏、小满期内，亦多特殊机会。

济安堂药铺，虽小小一局面，开业时八宫得到三般卦巧数，天缘人缘，一一具足，所向通利，所求有成。在事诸人，同心同力，儿女孝顺，可称上吉之局。中宫二五八真土全，二运中开业得时，一切顺利。五运中向星乘时当旺，气口之三不算死气而成克入，一遇五黄入中之年月日时，九紫喜星到口子上成为重重生入，事业之乘时发展可期。

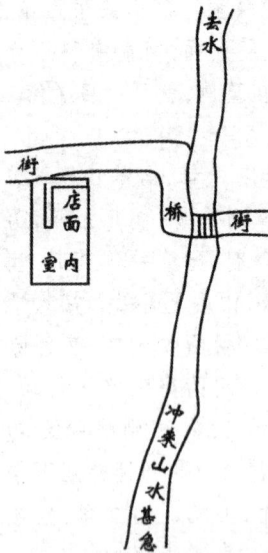

按:此宅口子在离方,向星三,二运为生气,三运为旺气,故兴旺三十余年。坎方有水紧紧冲来,三运为生气,四运为旺气,故四运亦有佳期。若以山头吊白飞星论,此二方为至凶之方,宜静不宜动,更不宜有水冲射,主先杀长房男女,诸房并凶,盲聋喑哑,瘟疫暴夭,怪异人命而终绝灭。吉凶有天渊之别矣。

例3. 宅命改后一飞冲天。

上海南市机厂街,申大面粉公司,艮山坤向兼丑未五度,上元三运初开业。办事处虽对坤方旺气,惜对方为邻家厂屋,无直达之路可以向外

吸进旺气。其外口由兑方机厂街吸收七赤死气,经过栈房阴黑之处八十尺左右,方至奥区。幸奥区前方透光通风,令人精神一振,无如新木遇无情之利斧(指令星三碧膺气口七赤之锋),息息摧残,令一切在事人精神难振,终少吐气扬眉之日。因木受金刑,剥削多,是非多,主持人辛苦经营,屡进屡退,屡战屡挫,在工

商业战线里，二十余年未有惊人之发展。而后起之英才，大张旗鼓，飞黄腾达，一跃而为面粉大王。申大老资格，在上海市群雄角逐场里，偏偏落后。且年来重税压肩，岁耗十万，不图振作，难以自拔。不合数运之灾困人，一致于此。演数如次。

申大公司经理，经人指点，欲作改造宅命之行动。首将法租界天主堂街营业部迁入附近兴业里新造宅庚山甲向之三楼中，办公室在下层。次改造厂方宅命，于壬申年春初辟大门于大栈房左方之弄口，引进坎口旺气，移奥区于丁间，并将离方生气由楼栈边导入奥区。开业迄今一向顺利，并无危险及争执之事发生，诚异数也。

五　一 二	一　五 七	三　三 九
四　二 一	六　九 三	八　七 五　×先气口
九　六 六	二　四 八	七　八 四

后气口

按：艮山兑口，为山泽损卦，依本文卦断，主"金玉赀财足万箱"，而此宅却破耗不已。反是依卦断坎离之凶方开路而吉，由以上二例，可知宅运亦不以山头吊白飞星为准，故不足为法。

也有以坐山为主，用抽爻换象之法，配合形局论六十四卦吉凶得失者，法以上下卦五行生克为依据，远比本书之法合理。特将此八卦介绍如下：

艮为山：艮六土，艮六土。（艮为六数者，是以先天方位配洛书之数而论；艮先天居乾位，洛书数为六，故上下皆六数；后诸卦均同此理。）二土重叠，初年顺利，但纯阳多疾，小口难存。有舜居深山与木石为伍之象，贤人不遇。得运主出识时务之人，失运主众亲叛离，阻碍重重；或妇女短寿，患腹痛黄肿，手足之疾。

山泽损：艮六土，兑四金。土金相生，阴阳正配，家财大发，功名荣显，妇女贤良，可生四子，子贵孙贤；少男少女相配，大吉。

山雷颐:艮六土,震八木。旺木克弱土,小口不利,并主克妻伤子,堕胎,久则纯阳不长,乏嗣穷苦;或患脾胃虚塞等症,多生痞疾。

山天大畜:艮六土,乾九金。土金相生,家财大发,功名荣显,父慈子孝,小房兴旺,子贵孙贤,但阳盛阴衰,妇女夭寿,久则乏嗣。

山地剥:艮六土,坤一土。阳土阴土,积累成山,少男投老母之怀,子母有欢悦之象。家业兴隆,子女成行,礼佛好善;年久脾虚不食,腹疼黄病。

山火贲:艮六土,离三火。火烈燥,妇性刚暴,男人怯惧,先损少男,次伤中女,阴人弄权,子孙愚鲁,邪魔拐骗,横祸不祥,夫妇乖戾,破耗家财;或残疾痨病,小儿目盲、耳聋、喑哑疯癫。

山风蛊:艮六土,巽二木。土受木克,阴盛于阳,伤夫克子,寡妇持事,义子当家。久则出三寡,绝三门;又主出惊疯瘫痪,黄肿脾疾。

山水蒙:艮六土,坎七水。土去克水,鬼怪入宅,主伤中男,小口不利,阴人短寿,子孙忤逆,火灾盗贼,邪魔作乱,或出愚昧之人;又主患肾病。

以上诸卦,虽出自易理,但缺乏变通,如果与元运及形局结合,则生动活泼。兹将艮八土与其他诸星相配吉凶之象归纳如下:

艮为山:得生旺之气时,富贵绵远,孝义忠良,小房富洪,或出圣贤高僧;得衰死之气则有丧子之忧,家业败退,筋骨伤残或臂折、瘟疫、臌胀。

山火贲:得生旺之气时,位列朝班,富贵双全,婚喜重重,子贵孙贤;得衰死之气则破耗迭见,沉迷物欲,手指灼伤,或遭回禄之灾。

山泽损:得生旺之气时,少男配少女,人才兴盛,吉产贤良,少年早发;得衰死之气则童男童女发育不良,年轻夫妇不和,损人利己,破耗亏损。

山天大畜:得生旺之气时,主投笔从戎,异途擢用,家业振兴;得衰死之气则纯阳不长,无嗣绝后,家业凋零,日见萧索。

山风蛊:得生旺之气时,不论男女,事业成功,忠良孝义,家庭和睦。得衰死之气则主损小口,破耗,或主出隐于山林之人。

山雷颐:得生旺之气时,主生子聪明,科甲联登,父慈子孝,长寿多男;得衰死之气时主损聪明之子,破财。

山地剥:得生旺之气时,富可敌国,或以房地产致富,去旧换新之象;得衰死之气时则童仆偷香,出僧尼,风声乱伦,破耗叠见。

山水蒙:得生旺之气时,财丁两旺,或以渔牧业致富,出执法之官;得衰死之气时,虽添丁而难育,中男绝灭或离乡背井,家财败退。

【原图】离山局九星图。

丁山酉未午寅申,吉。	离山酉申寅三日吉。	丙山寅申未酉四日,子午巳亥命发。
巽 八白土,中宫生,退气方,吉。山水高大朝迎,吉。	离 四绿木,生中宫,生气方,吉。山水高大围绕,吉。	坤 六白金,中宫克,死气方,凶。下元吉。山水圆秀朝拱,吉。
震 七赤金,中宫克,死气方,凶。山水圆秀朝迎,吉。	中 天 英 九紫火入中为主。	兑 二黑土,中宫生,退气方,凶。山水平伏围绕,吉。
艮 三碧木,生中宫,生气方,吉。山水高大朝迎,吉。	坎 五黄土,巡逻星,凶。山水平伏作案,吉。	乾 一白水,克中宫,杀气方,凶。上元吉。山水平伏,吉。

原书眉批:九紫山前兑震峰,离为善曜艮为龙。

乾坎二山平作案,自然荣富三元中。

【注解】丙午丁三山喜申酉日者,申酉金为火山之财,主富,且酉金为丙丁火之天乙贵人,必富贵双全。丙午丁三山喜寅午日者,寅为火长生之处,午为火旺之处,可补龙扶山,均造命之吉日。

飞星中二黑土到兑,泄中宫为退气,主凶。然八白土到巽,亦泄中宫,何以反以吉论? 此以九星之吉凶论。因二黑土为凶星,八白土为吉星故。

【原文】离山局。正北方有水是。九紫入中宫,天英星管局,徵音,正南火位,丙丁火,卦管中女,半阴半阳山也。

宜艮巽离峰峦耸秀,主出文章秀士,早登科甲。不宜坎乾震兑山水冲射,主子孙孤贫败绝。

诗曰:火德南来是应龙,云连午马虎生风。

中元得气荧荧发,科名及第作三公。

原书眉批:左关阳丙入首,气丙配乙,合艮立丙向,水归戌乾,宜寅午山高水朝,主贵,借用艮气,忌水流坤艮。平地可作顾祖穴,发极速。右关阴丙入首,气丁配庚,合寅戌立向,如得庚酉山水入丁流去,极贵,平地可作顾祖穴,发最异。气丙辛,阴丁向戌,丑水口是。

左关阳丁入首,气甲木,配巽水,合乾甲亥卯未立向,卯向尤佳,发福最速。艮丙山高水入,科名立应,艮向先富后贵,平地宜作顾祖穴。

左关离入首,气丙配乙,立寅戌向,壬癸向,艮巽山高出贵,平地可作顾祖穴,发极速。右关离入首,气丁配壬,寅戌立向,主贵。借立辛庚向,酉水朝,入丁旺。立壬癸向,水辰乙,平地可作顾祖向,水归戌口。

【注解】本文云"艮、巽、离"三方峰峦宜耸秀者,是以九紫火入中飞布九星,一白水在乾,三碧木到艮,四绿木到离,二木均有生火之情,所以此二方为吉方。巽方则以八白土为吉宿言。忌坎、乾、震、兑方冲射者，因一白水到乾方，水克火，为杀气方，二黑土到兑方，为退气方，七赤金到震，为死气方，而坎方为关杀方故。

本节眉批及前诸节眉批，均出自吴克诚《天玉经外传》，又名《吴公子教子书》，其法宗三合及左旋属阳，右旋属阴之法，看似合理，却与风水格格不入，实属伪法，蒋大鸿等均有辨伪，前注甚详。然就是此伪法，本书眉批亦将其断章取义，甚至妄加谬解，更是搞得支离破碎，无法阅读，所以不必以此批为意。

【原文】离卦。离山离水，天辅星领事，化风辇。《玉镜》云，如山峰远来厚结，水路迢递回龙，营坟开圹，见生气异宝，紫气绕棺，亡人安泰，长房先发科甲，诸房并吉。世代为官，置外郡田庄，子孙孝义英才。如无山水朝顾，不吉。立宅同。

诗曰：本山耸出万山丛，百里迢迢崒崒峰。

一片洞天真福地，管教世代袭侯封。

晋卦。离山坤水，天心星领事，化金龙。《玉镜》云，如山峰圆秀重叠，水路朝迎回顾，营坟主子孙聪慧贤良，富贵德道，荫老人，出贤士。立宅同。

诗曰：离山坤水值地尊，子息贤良孝义门。

更得山冈圆耸秀，万年福禄荫儿生。

睽卦。离山兑水，天芮星领事，化天罗。《玉镜》云，如山峰尖射，水路冲刑，营坟蛇蚁入穴，子孙飘荡，孤贫残疾，先损宅母，家破人亡。如山横拦作案，水环抱回顾吉。立宅同。

诗曰：离山兑水不相宜，立宅安坟百事非。

骨肉相看如陌路，家徒四壁不胜悲。

大有。离山乾水，天蓬星管事，化天英。《玉镜》云，如山峰尖射，水路冲激，营造水浸尸棺，先杀中房，诸房并凶。子孙疯痨，瘟火盗贼，官刑忤逆，凶悍破家灭祀，应中下元。如在上元前三十年旺，后三十年平过。立宅同。

诗曰:离山乾水忌相逢,葬下儿孙一旦空。

所喜上元生意好,下元中甲祸尤凶。

未济。离山坎水,天禽星领事,化死龙。《玉镜》云,如山峰尖射,水路冲刑,造坟蛇蚁入穴,主子孙盲聋喑哑,瘟灾火盗,奸淫败绝。立宅同。

诗曰:离山坎水祸滔滔,火盗疯痨人渐消。

任尔石崇家富贵,定教门户变蓬蒿。

旅卦。离山艮水,天冲星领事,化禄存。《玉镜》云,如山峰圆秀,水路朝迎,营坟开圹,见生气异物,紫气绕棺,亡人安稳,先发长房,登科诸贵,孝义忠良,聪明俊秀。立宅同。

诗曰:离山艮水脉绵绵,葬宅儿孙福禄全。

先主长房科第早,一门名达九重天。

噬嗑。离山震水,天柱星领事,化星池。《玉镜》云,如山峰圆秀,水路朝迎,造坟立宅,主小房男女聪明孝义,下元六十年发福,中上元孤贫,女多男少,后败绝。

诗曰:离山震水不相谐,下甲兴隆中上衰。

山水若教粗丑恶,纵然龙过也生乖。

鼎卦。离山巽水,天任星领事,化青龙。《玉镜》云,如山峰圆秀,水路朝迎,营坟立宅,主小房男女聪俊魁梧,贤良贵禄,出名士高僧,文章技巧。如山飞水背,不吉。

诗曰:离山巽水只平平,立宅家和万事兴。

若得大冈来顾主,子孙荣显遇公卿。

【注解】以上八卦,虽纳入离宫之中,但坐山并非皆在离方,离方先天八卦是:

坐　山	丙　山			午　山			丁　山	
卦　名	大壮	大有	夬	乾	姤	大过	鼎	恒

离方后天八卦是:

坐　山	丙　山		午　山				丁　山	
卦　名	无妄	噬嗑	颐	蛊	离	旅	鼎	未济

本文所列卦名,出自六十四卦方阵图排列中离三一行,并非罗经离方八卦。

本文所论诸卦吉凶,是以坐山离九入中宫顺布九星,然后依其方飞星五行与离九火之生克关系来判断。如艮方本属土,九火生八土,泄中宫之气,为退气方,但因三碧木飞到,木生火,退气方反为生气方,凶反为吉。再如震方本属木,木能生火,为生气方。但因七赤金飞到,火克金为死气,生气方反变为死气方,吉反变凶。再如坎方,本是一白水,坎离有交媾之情,易曰"水火既济",诸论均吉,惟本文反为关杀凶方,与卦义卦理皆相悖。举例证以说明:

例1. 请参阅我社已出版的同类书《平砂玉尺经》第36面所举"德安杨方伯母地"例。

按:此局癸山高耸,乾方田源水朝,兑方大溪入局绕抱。形局周密,龙真穴的,真气凝聚而发贵。依本文论,离山乾水下后破家绝嗣,官刑忤逆;离山兑水,本文云主家破人亡,孤贫残疾;坎方为关杀,本书云宜低伏,而本局坎为祖山,高耸挺秀,却仍发贵。从此例可看出,本文此三论均不合理也。

八　七	三　三	一　五
二	七	九
九　六	七　八	五　一
一	三	五
四　二	二　四	六　九
六	八	四

↓

例2. 面粉王贸易事业之稳健。

上海新开河面粉交易所,上元三运开业,宅坐丁向癸,用二楼,法租界水塔高耸向首。

向星四绿方得此聚水高拱状,与电轨弯环,往来电车绕抱,朝拱有情,来不突兀,去不掉尾,宅中瑞气不易散失,亦奇局也。此宅应发展

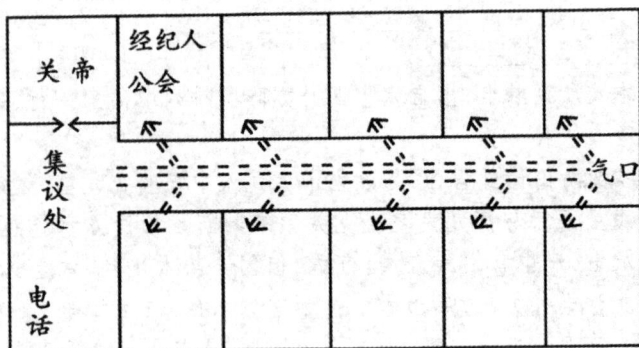

二十四年。诗曰：

坎方水塔涌当前，更有电轨若带缠。

瑞气吸来难散失，稳教发展廿余年。

按：三运丁山癸向飞星图如上。

此局向首一星四木，在三运中为生气，四运中为旺气，其方水塔高耸，水为财，且电车环绕，引动财气入宅，不仅三运吉，且四运亦佳。此不忌坎方水聚山耸，反为吉也。

例3. 上海南京路石门路西三友实业社门市部，坐丙向壬，三运入宅，门前底层两开间两进三层二三层放大两倍。后面隔弄更有三开间二层楼一宅，为总经理室总账房及各重要部门办公室。丙寅夏季，二楼前后打通，门市部吸到瑞气益足。往年门市生意旺盛时，每日达七千元以上，平均数达四千以上。演数如次。

按：此局坐山向星四绿木，在三运为生气，向星三碧木为当运旺气。前后一打通,生旺之气全入宅中,故吸足瑞气,生意旺盛。大凡阳宅以门为气口,为要,有门必有路,路即水,此局坎离皆有门路,是亦喜坎离之水也。

五 八 / 一	一 / 六	三 一 / 八
四 九 / 九	六 七 / 二	八 五 / 四
九 四 / 五	二 二 / 七	七 六 / 三

↓

例4. 苏州仓街丽姬巷内东慧庵,三开间两进,午子兼丁癸四度。光绪十一年开山,大殿光绪十一年造,二进光绪十八年造,城河远环于右方,前面高屋为振华缎织厂楼房,比庵高多尺,为北面屏障,阻止向首来风,回下离方,门前通路,左来右止,演数如次。

建筑以后十多年甚吉利,三运向星虽退,但坎方离屋上回下离方三碧旺气,仍多顺利。癸亥年交进中元四运以后,回风三碧变为退气,二三衰退之气重重吸入,景况骤然变劣,困难殊甚。现住持此庵之师太接替以来,常处资粮窘迫之境。丙寅年后,连年为病魔所扰。左方便门犯生出,平时多用此门,吃亏不少。丁卯年星一入中,五到离,回风中五黄猖獗,二、八、十一月离方回气中五二、五五、五二,发病尤历害。戊辰年年星九入中,年五黄到坎方,临子向,六、九月五五、五二冲至后方,住后进者尤痛苦万状。叶老夫人介绍设法救护,嘱辛未冬季用改造宅命法,一经迁转,忽然间成了另一番气象。迁出一月,重新迁入,同时稍加刷新,改换新宅命。

七 一 / 三	三 五 / 八	五 三 / 一
六 二 / 二	八 九 / 四	一 七 / 六
二 六 / 七	四 四 / 九	九 八 / 五

↓

按:改换宅命后,四绿木当运旺

星到向,且为气口,故另是一番气象。由此三例阳宅观之,离山坎向者,不拘何方来水,何方门路,只要其路、其门、其水当生旺之气,就是吉门、吉水,反之则为衰退之门路,此乃理气之正法,绝非以吊白之法论吉凶。

也有以坐山为主,用抽爻换象之法配合形局论六十四卦吉凶得失者。法以上下卦五行生克为依据,远比本书之法合理,特将以上八卦简介如下:

离为火,离三火,离三火。(离为三数者,是以先天方位配洛书之数而论;离先天居震,洛书之数为三,故上下皆三数;后诸卦均同此理。)以火济火,烈焰腾空,家道炽盛。但纯阴,男子多夭亡,妇人持家,女多男少,小口不利,或主痰疾、眼红、瘫痪、心疼、血光、阴病、火痞、口苦。

火地晋:离三火,坤一土。火炎土燥,母女同居,纯阴无阳,男丁寿短,小儿难养。亦主妇女夭亡,久年乏嗣。易患心痛、经滞、痨疫、吐血等症。得之乘运则位崇职显,发财极速,升迁亦速。

火泽睽:离三火,兑四金。烈火铄金,伤幼妇、少女。男人短寿,邪魔缠溺,火盗官灾,田产退败,伤丁缺嗣,孀妇专权,亦主痰火、血崩、堕胎、便血等症。

火风鼎:离三火,巽二木。木火相生,妇女持家,田产丰厚,但纯阴不长,子孙稀少,家多好善,姑嫂相妒,年久不利,或主头疼、眼目昏红等疾。

火山旅:离三火,艮六土。火炎土燥,小口死亡,妇女性暴,壮男伤己,男人惧内,阴人扰家;或患头昏、瘫痪、眼疾,或大便结燥、经脉不调、聋哑等症。

火水未济:离三火,坎七水。中男中妇,夫妇正配,财帛丰,功名显,子孙满堂,但年久克妻。得运当令,发财甚速,亦主患心疼、眼疾之症。

火天大有：离三火，乾九金。火克金，先伤老翁，次损中女，自缢投河，火盗官非，邪魔作怪，惧内败财，久住乏嗣，或患眼疾、恶疮、吐血、瘫痪等症。

火雷噬嗑：离三火，震八木。青龙入宅，木火通明，招财进宝，大富大贵，出文人秀士，科甲连登，大吉之象。

以上诸卦，虽出自易理，但缺乏变通。如果与形局、元运配合，则生动活泼，灵异非常。兹将离九火与其他诸星相配吉凶之象旧纳如下：

离为火：得生旺之气时，文明兴家，出神仙圣佛或以冶金、服饰业致富；得衰死之气则丧妻、火灾，甚至自焚，家业消铄，盲目痴呆。

火山旅：得生旺之气时，财丁并茂，文章科名，经商发财，长于外交；得衰死之气则产难家退，或生愚顽之子。

火泽睽：得生旺之气时，生财有道，财大势雄，享齐人之乐，妯娌和好；得衰死之气则伤风败俗，淫荡花酒，好色痨瘵，夫妻反目或多回禄之灾。

火天大有：得生旺之气，尊荣长寿，博学多闻，文武全才，财丁两旺；得衰死之气则伤老翁或长者，妻害老夫，儿忤父意，或患吐血、肺病。

火风鼎：得生旺之气，财丁并茂，文章科名，文人出名，富贵双全；得衰死之气时，木被火焚，家业渐退，各自为政，女人不和或火灾，女人风声不雅。

火雷噬嗑：得生旺之气，主文章科名，文人声著，财丁并茂，兼出法官。得衰死之气时出聪明刻薄之人，有牢狱之灾或被动物咬伤。

火地晋：得生旺之气，主旺丁升迁，富贵双全，事业开拓，亦主出地理师；得衰死之气则有回禄之灾，出寡妇或生愚顽之子。

火水未济：得生旺之气时，坎离交媾，至尊至贵，迁升高位，喜产多男；若得衰死之气则牝鸡司晨、夫妇不和、出寡妇、遭火灾、官刑破败。

至此，八山吊白飞星及六十四卦吉凶全部论完，掩卷深思，满篇荒谬，所得甚少。三元九运是以九星入中，不断变换各方紫白以断吉凶，此是根据天星变化而来，古人云"斗转星移"，是言天星在不断变化，九星变化深合天星之理。然山头吊白则是以坐山所属九星入中飞布九星，地主静，各方各位均固定有恒，决不可能将北方之山说成中宫之山。所以，以吊白入中之法论各方吉凶，不符天动地静之理，此谬一。六十四卦，出自易经，卦卦有爻辞，爻爻有吉凶。本文即使借用六十四卦之名，或以卦义论吉凶，或以本卦上下生克论吉凶，均不应离卦理。而本文虽云论卦，却仍以紫白飞星论吉凶，六十四卦虽有其名，并无其实，不过盗用其名而已，此谬者二。惟独选择葬日一节，深合补龙、扶山、相主之义，值得借鉴，可算一得。

论　平　原

【原文】以上乃高山坡原，水国兼用之图。如平原广漠，一望千里，气何不行？理何不贯？明哲之士，胸肠洞达，一了百了，岂平原另有一种道理不可类而触之，引而伸之乎！任尔平洋陆阜，龙之屈伸变化，千态万状，莫可端倪，亦自有水路相错，棋布星分，止聚界合。但地之善者，土脉隆厚，瑞气萦霭。凶者，地气郁塞，沙碛水窠。大要于平原中细认砂水朝迎，趋吉避凶，收来水，合去水。如地局无水，以路为主。又看来脉何方来，到头合何局。如四围无水及无边靠者，亦作中宫局论。总要合三元之气数，识九星之善曜，避关杀之刑冲，斯得之矣。

【注解】止聚界合　蒋大鸿曰："山是真阳神在骨，地是纯阴

精在血,山常葬骨不离肉,地惟葬肉不离血。人言生气地中求,
岂知生气水中流,流到水边逢水界,平原灏气尽兜收。"平原大
地,如铺毡展席,一片平坦,首尾难见,不知其龙踪迹,惟有以水
认踪。水来则气来,水合则气止,水抱则气聚,水汇则气蓄,水聚
则气聚,水散则气散,水深则气厚,水浅则气薄。如果池湖荡胸
无收,水反跳而无环,则气不聚;江湖泼面而无案,则气不止。其
水易盈易涸,急来急去,倏深倏浅,或环或亘,均有盛衰之应。惟
大水内又有小水重重抱裹,方见气之藏而聚;大界之内更有微茫
隐隐分合,方见气之止。故眷、恋、廻、环、交、锁、织、结,
皆气之所在;而穿、割、牵、射、反、直、斜、冲,皆气之所离。
由此可知气之止必有水界,水之合必气之聚。知气止聚之处,则
知真龙之所在也。《人子须知》中有"以聚散定穴"一节,虽言山
龙,但与平洋龙认水之法大同小异,兹介绍如下,以供参考。

气聚者吉,气散者凶,故立穴之法,当察其气之聚处扦之。
然聚散有大势之聚散,有穴场之聚散。必须先审其大势之聚散,
然后审穴场之聚散。

所谓大势之聚散者,众山环聚,众水相汇,罗城周密,风气融
结,补缺障空,不陷不跌,有此大聚之势,则当于此审受穴之山,
观其来脉止于何所。脉之止处有宛然窝窟,或垂乳,或开口,或
吐唇,或为钳,或为泡,四山拥从,下手有力,此气之聚处也。必
有界水分明,上有分,下有合,前有应,后有乐,是为真气融结。
其明堂之水自然来会,或湖潭,或池沼,或溪涧,或田源,或非溶
注,定得特朝,是水亦从而聚矣。但真气聚处,明堂决不宽旷。
明堂旷,局势大,又须穴前有内堂,或低田,或小水,或灵泉,或池
湖注聚,方是真融聚。

又有穴星之聚散,尤宜细审。气脉聚于上则穴宜高,气脉聚
于下则穴宜低,气脉聚于中则穴宜居中,气脉聚于左则穴宜归

左,气脉聚于右则穴宜挨右,此聚散定穴之妙也。

土脉隆厚:气厚则土厚,土厚气必厚,左右界水及内堂止蓄之水必深。水深土厚,草木自然茂盛,此即生气之作用。地之薄硗,虽有善种,亦不能生万物;土之敝者,草木必不长。种植尚求吉土,葬母安穴,身系子孙休咎,亦宜求土厚气厚之处。《堪舆经》云:"盖天下者,地厚于西北,水深于东南。北方顽厚,南方流薄。"其注曰:"北方之人禀地气之厚,有所乱葬而不废,故强直而愚笃。南方之人乘土薄而流曲,稍有不葬的穴而终于败绝,英才而由此,奸才而由此。"气行于地中,而其形现于地外。凡平原之地,土隆则气必随,土厚则气必聚,故有"土有吉气,地随而起"之说,平中一突,乃贵异之处,故穴必葬于平中一突之上。突者,隆厚之意也,如江山赵都宪祖地(见下面的图)。

此地在江山县南六十里,土名石门龟山,其龙发自江郎山。落脉下平田,过阔坂一里许,复束聚结咽成芦鞭格,作银锭度脉,顿起大突,成太阴金星,连气结突穴。突上微开钳口,俗呼龟形。系巽巳丙龙入首,扦亥向兼壬,葬后出方泉公镗,登嘉靖丁未进士入翰林,官至都御史,人财叠出,富贵绵远。

收来水,合去水:收来水者,将穴之前后左右之来水收入穴前以为我用。合去水者,水之下关宜合、宜廻、宜锁、宜交。也有形法与理气之别。形法派认为,其水不论从何方来,只要屈曲之玄,绕抱有情,就是吉水。而去水不论是唇檐之前小水还是明堂内外大水,均宜相合,合则气聚。如第482面的图。

三合理气派则认为,应将来水收于坐山生旺之方,去水消于墓绝之方。如穴坐亥卯未乾甲丁木山,则来水宜收入寅、卯、甲、乙、亥生旺临官之方,消于未坤死墓之方。也有以立向三合论者。

无水局:《人子须知》中有"无水局"一节,兹介绍如下:

"无水局者,穴结干坡,山势盘聚,而不见明堂之水也。凡干

平山大突格

都宪癸酉生此峰应也

北向

田

此明堂登穴不见

大突

水来

官路

低田　低田　银田　锭田　低田　低田

田　低田　高田　低田

低田　低田

田　脉落　田

江郎　石

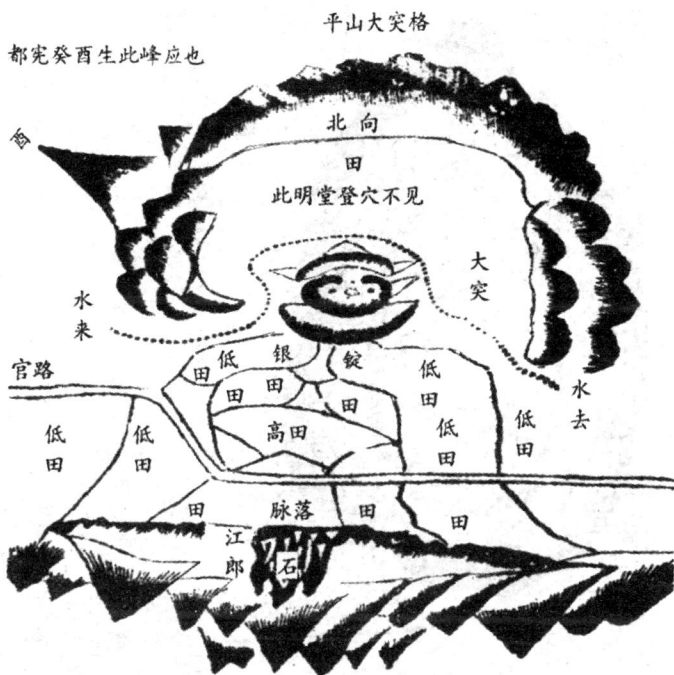

龙穴,多是左右山横拦遮却明堂,穴不见水。或穴高在半山,无
水可见,俗人不识,必谓有山无水。不知山谷以藏风为贵,只要
穴场藏聚,乘得生气,发达极快,何必拘其有水无水。但此等地
多先贵后富,或多清贵不富。若谓有砂无水不登科,则非也。然
亦有穴不见水而巨富者,要龙神带有仓库耳。董德彰云:'有人
无财,须寻仓库之龙;有财无人,莫下孤寒之穴',确论也。"

　　以上虽言山龙,平洋龙之理亦同。凡平洋之龙,略有冈垅,
四面环抱或田源墩阜,棱弦分明,或分边吊角,微露精华,开面之
处,即可立穴。经云"高一寸为山,低一寸为水",有高低之分就
是有山有水,不必计较真水与来路等。如果四周平坦,毫无低垅

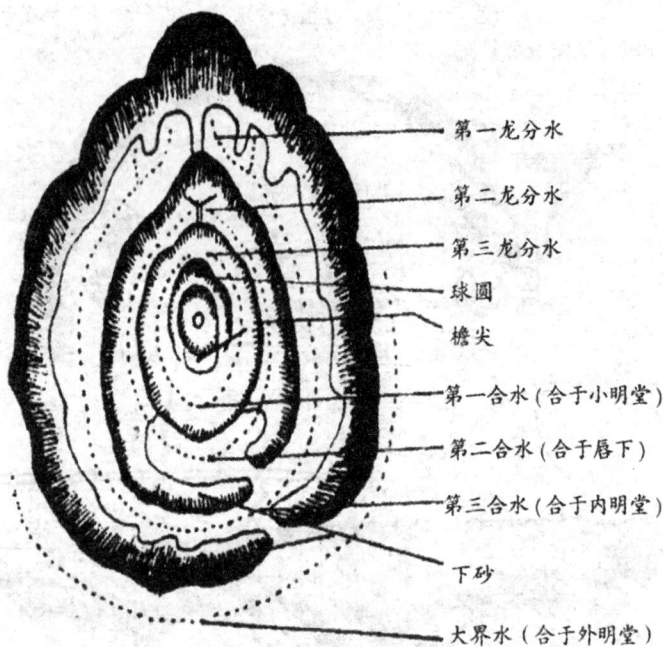

第一龙分水

第二龙分水

第三龙分水

球圆

檐尖

第一合水（合于小明堂）

第二合水（合于唇下）

第三合水（合于内明堂）

下砂

大界水（合于外明堂）

小泡等，则是一片蛮皮，不可立穴。许明《点穴大全》中"平洋不可葬例"一节中云："平洋虽无特达星辰，亦有平面星体，凡不成五行星体者，不葬；平洋一望无际，并无结咽束气者，龙脉不清，'乃蛮皮地'，不葬。"皆言此类平洋也。无水局及无边靠者为中宫之说，均不可信。

合三元之气数：三元即上元、中元、下元，每元分管六十年，一元管三运，共九运，此三元九运之真机。每年均有入中之星，以各方飞到之星与原盘山向之星论吉凶，此三元玄空之正法，但绝非本文申子辰年一白入中，寅午戌年九紫入中，亥卯未年三碧入中，巳酉丑年七赤入中之法，亦非以山头之星入中，论各方善恶之法。有兴趣者，可参考蒋大鸿《归厚录》，沈竹礽《沈氏玄空学》及杨筠松《青囊奥语》等书,即可明白。

论　建　宅

【原文】凡立宅兴造,先于杀方权盖茅屋舍宇,置立香火,暂安人眷后,好向生气吉方兴工动作。所有旧屋厨厕,尽行拆卸,不得停留。若旧屋仍在,是以旧屋为主,起造大凶。即新屋完备,其中宫并关杀凶方常宜安静,生比星方常宜动作。凡开门、行路、井、灶、床、厕,六神香火,迎宾款客,置立碓磨,事事合法,主子孙英俊良善,福寿双全。三元主龙星方不犯关杀,亦宜动用,其关煞凶方,只可安床贮货。盖房床最忌坐生向杀,为阴阳反背,凶;最喜坐杀方,向生方,大吉。

原书眉批:此论阳宅起造。即以后天吊宫论生克,分六视之兴废。

【注解】香火:家中供奉的神佛之位及祖先神主之位是。

修造之法因派系不同,宜忌亦各异。三合派是宜修生方、旺方、临官方、冠带方;忌修死方、墓方、绝方,此以三合五行论。八宅派是宜修生气、延年、天医、伏位之方,忌修五鬼、祸害、绝命等方,此以大游年论。紫白法是宜修一白、六白、八白、九紫吉方,忌修二黑、三碧、四绿、五黄、七赤之方,此以年月紫白飞星论。玄穴飞星是宜修生气方,旺气方,忌修死气方、杀气方,尤忌五黄之方(五黄为生旺则例外)。本书是以坐山九星吊白论。选择诸书是以开山立向之神杀论。诸说纷纭,此吉彼凶,相互抵触。《郭氏元经》《佐玄直指》等书中均详细论及,有兴趣者,亦可参考魏明远《象吉通书》,魏青江《阳宅集成·修方·选时》《选择宗镜》等书。

关煞之说前已详注,不可为例。其方喜静不喜动之论,亦不可为据,特举例以说明:

例 1. 上海爱多亚路华商纱布交易所五楼公利纱布号,开业于戊辰五月二十九日午时,宅形成锐三角形,坐申向寅,收足艮官旺气。演数如次。

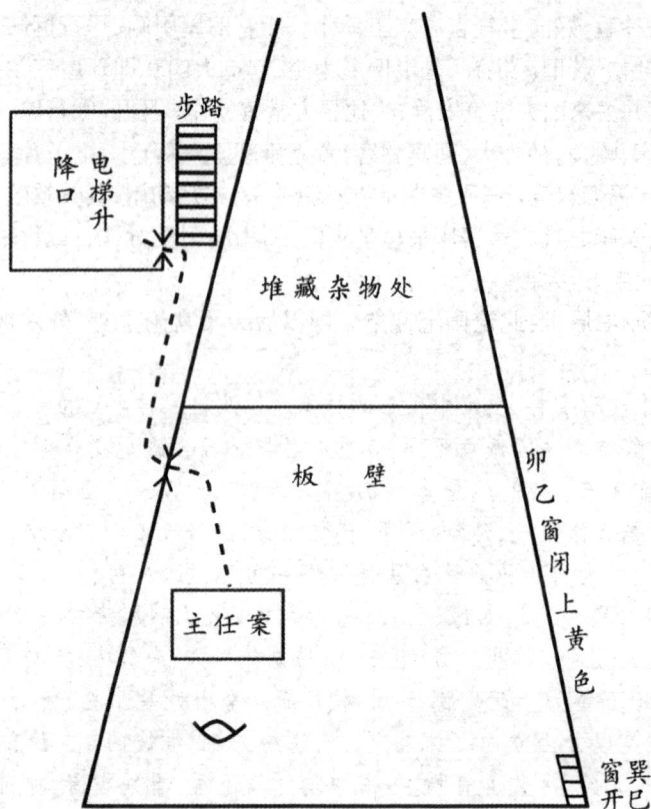

戊辰开业,当年白露、秋分及立冬、小雪期内最先收到胜利;己巳年小暑、大暑防赔累,十二月有损失,诸月吉;辛未为不幸之年,壬申、癸酉、甲戌三年均进步;丙子为大发展年,二、八、十一

二 八	六 三	四 一
三	八	一
三 九	一 七	八 五
二	四	六
七 四	五 二	九 六
七	九	五

月为胜利之期，八月白露、秋分期内，尤能一鸣惊人。

按：此宅申山寅向，寅隶艮，艮方为申宅之关杀，而此宅大门，升降口均在寅方，尽属动气。然当运旺星四绿木到向，辛未年六入中，九紫火到寅向，木生火犯生出，故不幸。癸酉年四入中，七金到向；甲戌年三入中，六金到向，均为克入，故吉。丙子年一入中，四绿令星到向，年运均旺，故能一鸣惊人，关煞方不宜动为凶之说不验矣。

例2. 年黄月黑到口，病魔缠人。见《八宅明镜》第419面所举"上海南市小南门外吴宅"例。

按：此宅大门开于巽方，中元辛未年六入中，五黄大杀到巽口。三月三入中，二黑病符到兑口，二五同宫，故病人相续不已。若以坐山酉金七赤入中论，六白金到巽口，为比旺之方，宜动主吉，以此断之，当有天渊之别矣。

宅局吊白圆图（论宅九局）

【原文】今将各宅吊白吉凶及六事宜忌，详注各局之内，以便查考。

修造年月宜利附：大雪、冬至、小寒，此四十五日坎旺，宜修造坎宅。

【注解】此以二十四山配二十四气论，冬至为子月，其方位在正北，二十四山为子山，则壬山与大雪相对，癸山与小寒相对，故云旺此三节。

【原文】坎宅吊白图。

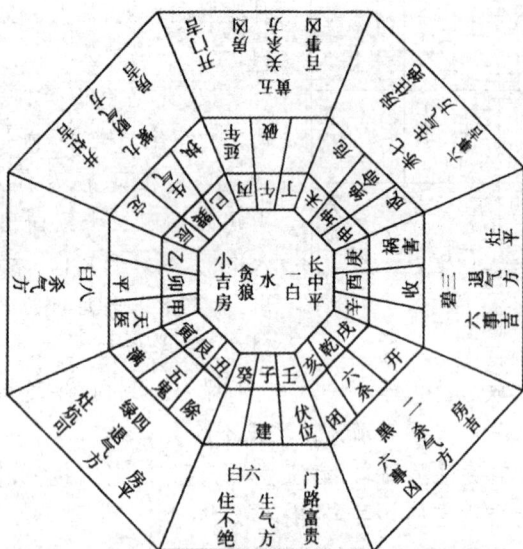

　　丙向丙位甲庚门，乙丁放水亦加官。

　　若逢卯午坤巽位，军贼加临祸千般。

　天井宜深，放丁癸艮申水，吉。井，乙方吉。申方次吉。灶宜
辰巳申酉亥方，吉，床宜坎震巽离，吉。

　　午向午门庚及丁，水流丁乙自然兴。

　　若逢坤巽行门路，人衰财散苦伶仃。

　又云，行乙丙庚门，吉。天井宜深，放申壬癸水，吉。井，乙申
方吉。余同丙向。

　　丁向丁门庚乙隆，丙乙放水亦亨通。

　　开门遇在午坤未，破尽家财事事凶。

　又云，行乙辰巽门，上吉，丙丁门次吉。天井宜浅，放巽水，上
吉，甲乙水次吉。井，申丙巽方利。灶，申亥子方利。床同丙向。

《衍义》云，离方不利，乾兑坤艮不相配。

大游年：坎伏、艮五、震天、巽生、离延、坤绝、兑祸、乾六。

一层辰，宜开巽大门，宜开坎便门，泄坎气而助离火。门户六事要合坎离震巽四吉位，莫犯乾坤艮兑四凶位。

《衍义》云：本宅坐宫全吉，但忌作房，可开门。

凡观外砂吉凶，顺用小游年。

小游年：坎伏、艮巨、震武、巽贪、离禄、坤破、兑廉、乾文。

《衍义》之震巽中吉。

原书眉批　《玉辇》开门法以坐山为主，庚辛申辰癸壬山可开门方：申酉乾亥子癸甲卯巽午丁坤。艮丙二山门可开亥子艮寅卯乙丙午坤酉辛乾辰巽。庚亥未申四山可开寅卯巽巳午丁庚酉乾子癸艮。离壬寅戌四山可开申酉辛乾亥丑艮卯巽巳午未。坤乙二山可开坎壬申卯辰巽门，未庚戌乾壬用丁巳丑三山，不可开酉戌壬子丑艮乙辰丙未坤庚。甲乾山可用巳午坤申酉辛壬子艮卯乙巽壬，可开门。《门楼经》二生法，前哲留言以足惧，主人不用。

《衍义》云：坎宅巽门生气而吊死气，坤以绝命破军而吊生星，须绕门星，草移齐之，而又不以吊白为用。

【注解】开门是以向上五行论，宜开在长生、临官之方，宜开财禄之方，宜开天干之方，使其不犯太岁，尽量避免开在地支方。如丙向开甲庚门，甲即寅，丙火长生位；庚即申，丙火财位。卯虽生丙火，但为败方，午火虽旺，但为羊刃，坤位则为衰死之方，故忌。午向开丁庚门，午为禄，庚为午财，坤未乃午火衰死之方，故忌，丁向同此理。

放水则是以坐山论，宜放坐山五行之死墓绝方，忌放在生旺之方。如子山属水，水死于卯，墓于辰，绝于巳。故不论立丙午丁何向，水皆宜流乙辰巽巳及丁方为合法。且丁为坐山之财，更吉。

开井当是以坐山或来龙论，主张从来龙生旺之方开井。然阳宅并非一家一户,居住杂乱,立向各异,故多以坐山论,宜开在坐山之生旺方。如子山属水,水长生在申,故申位宜开井。开乙方者,阳水长生于申,阴水长生于卯,乙即卯,故为上吉。

灶,宜安坐山生旺之方。坎宅安申酉之方,金生水,为生方灶。安亥子方,水临官亥,旺于子,是临官方与旺方灶。

床宜安坎震巽离四方者,是以八宅大游年论。因坎山坎方为伏位,离方为延年,震方为天医,巽方为生气,即东四宅床宜安于东四位。

大、小游年:请参阅本书下册《八宅明镜·卷上·游年歌》和本书上册第 153 面、第 277 面。

玉辇开门法:请参阅《八宅明镜·卷下·玉辇经》。

从以上内容可以看出,原书所采内容,非常杂乱,吉凶多有抵触。如以九星吊白论,坎山坤方吊七赤金,为生气吉方,但以八宅大游年却为绝命凶方。离方为关杀方,巽方为死气方,震方为杀气方,但以八宅大游年却为天医、生气、延年三吉方,此抵触者一。以大游年论,艮方为五鬼凶方,小游年却为天医吉方;离方为延年吉方,小游年却为绝体凶方,相互抵触者二。开门之方,午向开午门,丁向开丁门等,以吊白论属关杀之方,宜静不宜动,此却反以动为吉,相互抵触者三。更有伪著《门楼玉辇经》,毫无变化,呆板僵硬,反冠以经,实在误人非浅。大凡六事,不论千法万经,只要设在生气、旺气之方便以吉论,设在死气、五黄、杀气等方就以凶论。若背离此理,说得再动听亦是伪法。举例以说明:

例 1. 无锡西门外锦记丝厂西面水沟头五号庄宅,四运建筑,子山午向,为左右泻水之教堂式二层洋楼住宅一所。四开间二层,四周脱空,光气俱佳,以巽宫平房为出入口。巽口驻缉私队,有军士整日严装在门口守卫。此新式洋房之四周,环列若干小屋,并有围墙,包围甚严密。后方低空,惜无余地,致后方旺气

大门	一七 三	五三 八	三五 一
	二六 二	九八 四	七一 六
灶	六二 七	四四 九	八九 五

所在处未辟门路。壬上有小方池一口，灶间有二，一位于乾方小屋中，常用乾灶，一位于震方小屋中。演数如次。

己巳年己巳月十二日开工建筑，老主人远在哈尔滨经商，老主母心急，于当年六月望日工作未完毕时，即匆忙入宅，住于四开间大厅后东北一间。洋楼本身之出入口（即大厅中央之正门），在老主母卧室之坤方，是年年星八入中，年五黄到坤方，不到三个月，老主母不幸以医药误投，竟一病不起。时在秋分期内，四入中，月五黄到乾灶，饮食从中作祟，药物又在灶间煎，年九月五到乾灶，化为"紫黄毒药"，故老主母亡矣。

六二	二七	四九
五一	年七　月三	九五
一六	三八	八四

老主母死后不到一年，已成年少子又淹息而亡。其死期为庚午年六月二十一日，时年星七，月星三入中，试验如下：

少主以住楼上不自在，迁移至大厅之间，求光气畅适。不料病势日见增加，遂致不可救药。试看宅命中大厅内口，主星三碧木为四运衰退之气，宜生入比和，怕客星来泄，更怕二七火联星来盗泄元气，成致命伤。

按：由此宅观之，大门在巽方，以八宅大游年为生气方；灶在艮方，以八宅大游年为五鬼方。大游年之法，门宜开吉方，灶宜坐凶向吉，均为合法。以吊白论，老主母房门在坤，属生气方，亦吉。然此宅是非横祸不断，诸法皆不证验。

例 2. 居士林初创时，因管理不得法，经济窘迫，势将倒闭。问有何解救办法？答曰："第一将余屋免费供公共机关使用；第二编印宏扬佛法之经书，广为流市，传播嘉风；第三实行普利群众事业。未几借用锡金公所余屋，并得周舜钦君热心扶助，代出租金，更得诸有力居士一心扶持，诸大法师方便说法，名震遐迩。法事进展，屋宇不敷应用，谋建新林所，募到基金七万元之多，洵足为希有胜举。当居士林迁入锡金公所时，为上元三运，其宅坐壬向丙，地占该所之东北隅，来路在西南角坤宫。时当三运之末，四绿生气大有长趋直进之势，故得力宏大而发展，极速成千载一时之机遇。演数如次。

按：此宅坤方向星为四绿木，三运为生气，四运为旺气，故门路设在坤方，而得千载一时之发展良机。以本文开门论，丙午丁三向均以坤方门路为凶，亦与实不符。故凡风水，贵在懂得气机通变，绝无死法，万勿被其所误。按图索骥，反受其累。

【原文】此坎宅遇子年月日时，大利营造，主百日内君子进职，庶人进财，中男先发，遇太岁诸杀不妨。若犯无气年月日，辰巳入墓之辰，中小儿凶，申子辰年应。

生气在坎方，伏位，房忌门吉。遇子年，武曲生气到山，造大利，七八月吉。

退气在艮方，五鬼廉贞。遇丑寅年，文曲退气到山，造损宅长小口。

杀气在震方，巨门天医。遇卯年，左辅杀气到山，损中小房，诸并凶。

死气在巽方，生气贪狼。遇辰巳年右弼死气到山，修作小利，七八月吉。

巡逻在离方，武曲延年。遇午年廉贞五鬼到山，犯主瘟疫火盗，大凶。

生气在坤方，破军绝命。遇未申年，破军生气到山，修造大利，七月更利。

退气在兑方，禄存祸害。遇酉年禄存死气到山，损长房，诸并凶。

杀气在乾方，文曲六煞。遇戌亥年，文曲杀星到山，杀宅母，大凶。

【注解】此说根据山头吊白之法，配三合九星之法，二误相并，毫无应验。其一，本文自相矛盾。如死气在巽方，又云生气贪狼，先言凶而旋云吉；巡逻在离方，又云武曲延年，巡逻为凶，但本文云武曲生气到山造大利，方言大利而又言大凶；生气在坤方，后又云破军绝命，刚云吉又旋论凶；如此抵触，何能为法！其二，九星共九颗，以三合之法只有四，与九星之义不符，却又用九星之名，断章取义。其三，吊白之法与八卦之理相悖。举例说明：

例1. 文姓，壬山屋，男皆痔疮，甲子生命；妇人阴烂，卧床不起，刻刻呻吟，欲死不能。余见宅后五十余丈外当壬子间挖大方坑，丈余深，已二十余载，余据《易》坎为水、为肾、为妇女、为膀胱、为血、为臭、为悲泣之理，今犯坎煞土克，故应下烂苦楚。奈坑右半属公塘，坚执不许，只许填左半。择吉到命度一修其方，正月，忽一王公子自蜀来寓庙中，善医，延其调治颇有奇验，逾年仍发。伊夫不服，以多田易坑填满，虽小愈而终未痊，年太久耳。

按：此坎命坎宅，而得阴症，子年大利之论不能圆说。

七八 二	三三 七	五一 九
六九 一	八七 三	一五 五
二四 六	四二 八	九六 四

例 2. 福建漳州城内电厂为新办企业，创始于庚申年。厂前方为大街，入口处为瓶颈状，因沿街房屋昂贵，未易收买，故中间但求一出路，如小卷形，内部殊宽畅。该厂事业初年已得发展，近年社会颇多指责。以为发电机太陈旧，所装配电灯数量超过供给能力，故各户用电数量上甚感不足，市民希望公司添办新机。

查漳州电厂，上元三运立命，气口在正午方，年甲子后，向星三碧禄存星已变退气，现今无生旺气可得，又因被滞涩之气所包围，久已失却活泼健动之精神，欲谋发展，大有不易如愿之苦衷。

按：此局三运入宅，向星气口为三碧旺星，故初建能得发展。甲子年交四运，三碧为退气而受阻。坎宅子年大利之说亦不验。

四一 六	八六 二	六八 四
五九 五	三二 七	一四 九
九五 一	七七 三	二三 八

九九六	五五二	七七四
八八五	年星八月十一月 一　一　七	三三九
四四一	六六三	二二八

例 3. 宁波镇海境内之太白山天童寺，方丈室左间老衣钵师卧室，离路坤口，大厨房灶位及碾米作坊发动机又在离方，丁卯年五黄到离，白露秋分间月五黄又到，故发重病。大雪冬至间月

二黑又到离,二五到动处,遂致不起。子山午向,明崇祯间下元七运造。演数如次:

　　按:此局七运宅,六白退气到向,已呈衰状。再逢年月二五同到,故有损人之咎。以本文生气在坎方论,年月六白金为武曲,坐山山向为七赤金,众金生水,当是大利之年,今反应凶,是吊白之理不足为法矣。

【原文】坤宅吊白图。

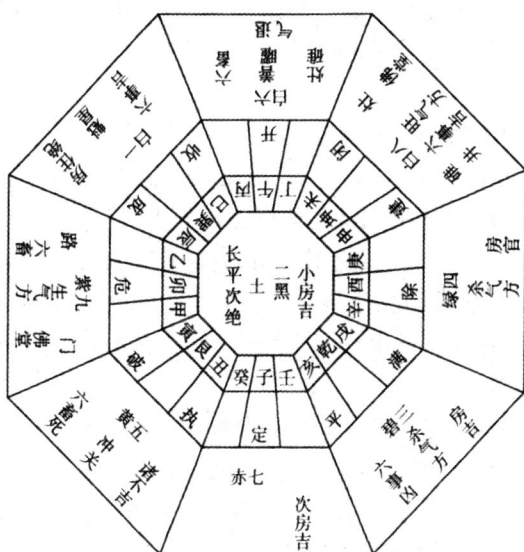

　　丑向癸戌门路吉,壬门水路可追求。
　　若开艮位颇遭祸,乾亥之方疾病愁。

　　天井宜深,放巽乙辛丙水,吉,壬八杀,申白虎。穿井辛乾申吉。作灶亥子申方,吉。安床乾兑坤艮,吉。

　　艮向癸甲赦文星,水放壬乙祸非轻。
　　子位黄泉卯位毒,人家绝嗣没人丁。

　　艮门吉。天井宜浅。放巽乙水,吉,忌甲癸黄泉、八杀,丑白虎。井,乾方吉。灶,乾亥壬子癸申庚方吉。安床同丑向。

　　　　寅向寅门壬乙强,水流壬乙亦宜塘。

　　　　再开艮巽卯亦吉,其余定主少年亡。

　　行寅巳亥门,吉。天井宜深。放丁坤巽辛水,吉,辰八杀,未白虎。井,巳癸乾方吉。灶,巳午丑寅方吉。床同丑向安,吉。

　　大游年:坤伏、兑天、乾延、坎绝、艮生、震祸、巽五、离六。

　　坤宅武曲相金乾,此一层静可,宅中艮向乃生卯宅,当门司宅,武在生,吉。大门宜开乾坎坤,门宜开在坎生,顺武金穿,土金相反生。

　　凡观外砂吉凶用小游年。

　　小游年:坤伏、兑武、乾禄、坎破、艮贪、震廉、巽巨、离文。

　　原书眉批:《门楼经》开门法以坐山为主,乾亥壬子癸丑六山,乙丙未坤戌乾子癸卯;艮寅甲三山,庚申乾戌丑艮乙卯午;卯乙震巽四山,戌乾子癸卯乙巳丙申;巳午丙三山,亥壬丑艮辰巽午丁酉;坤申庚酉四山,寅申辰巽未坤酉辛子;丁未辛戌四山,辰巽午丁酉辛亥壬寅。

　　【注解】赦文:丙丁之方放水或来水是。古人以离为君象,丙丁左右辅之为臣象。君为出令者,臣为行君之令而致之民者,故二宫之水曰赦文,主赦宥。赖氏云:"丙丁之水名赦文,永无凶祸罹家门。"但也有以庚辛丙丁为赦文者,并未见艮向以癸甲为赦文星,当是有误,与下文合断,当是甲癸二向见艮为黄泉方合义理。

　　黄泉　诀云:庚丁坤上是黄泉,乙丙须防巽水先。

　　　　　甲癸向上忧见艮,辛壬水路怕当乾。

　　金墓丑,木墓未,火墓戌,水土墓辰,叫作四墓,以此为凶。黄泉即所谓"不及黄泉毋相见"之意,如夭亡、少死等,与所葬之祖相依黄泉之下,故凶。因辰戌丑未在二十八宿中均有带金字之宿，所以又名四金，故极凶。主夭亡、孤寡、痼疾、恶死、邪淫、痨瘵等。此亦五行之墓所冲之方，义取冲墓必开而待亡人，故凶。如，庚丁墓丑，丑冲未，未隶坤，故坤上是黄泉。乙丙墓戌，戌冲辰，辰隶巽，故巽上是黄泉。甲癸墓未，未冲丑，丑隶艮，故艮上是黄泉。辛壬墓辰，辰冲戌，戌隶乾，故乾上是黄泉。未坤申山为丑艮寅向，并无黄泉，本文有误，特订正。

反复黄泉 诀云：坤向庚丁切莫言，艮逢甲癸祸连连。

巽向忌向乙丙上，乾向辛壬祸亦然。

此即前黄泉水对调之方。前黄泉水庚丁向见坤水来为黄泉，此则坤向见庚丁水去为黄泉。前乙丙向见巽水来是黄泉，此则巽向见乙丙水去为黄泉。前甲癸向见艮水来为黄泉，此则艮向见甲癸水去为黄泉。本文"艮向癸甲"即言反复黄泉，并非黄泉。黄泉水称"四路黄泉"，反复黄泉则称"八路黄泉"，二者非一，不可混淆。

八杀水：亦有八山曜水与八向曜水之分别。八山曜水诀：

坎龙坤兔震山猴，巽鸡乾马兑蛇头。

艮虎离猪为八杀，墓宅逢之立便休。

此例乃八卦五行被克之方，即鬼爻之方。如乾卦属金，鬼爻为午火，故乾山见午水为杀曜水。坎卦属水，鬼爻为辰土，故坎山见辰水为杀曜水。艮山属土，鬼爻为寅木，故艮山见寅水为杀曜水。震卦属木，鬼爻为申金，故震山见申水为杀曜水。巽山亦属木，但其鬼爻为酉金，故巽山见酉水为八杀曜水。离山属火，鬼爻为亥水，故离山见亥水为八杀曜水。坤山属土，鬼爻为卯木，故坤山见卯水，为八杀曜水。兑山属金，鬼爻为巳火，故兑山见巳火为八杀曜水。古人认为，凡八杀曜方位有水朝来流去，轻则杀伤刑拶，重则诛夷刑戮，为极凶之水。八向曜水之诀：

甲怕流寅乙怕辰，丙午丁未要伤人。

　　　　　　　　庚申辛戌宜当避,壬亥癸丑是凶神。

　　即:甲向忌水流寅去,乙向忌水流辰去,

　　　　丙向忌水流午去,丁向忌水流未去,

　　　　庚向忌水流申去,辛向忌水流戌去,

　　　　壬向忌水流亥去,癸向忌水流丑去。

　　其原因乃是冲破本向之禄旺或寄宫。如甲禄寅、丙旺午、庚禄申、壬禄亥,其方水去是流破禄旺之位。辛寄戌、丁寄未、乙寄辰、癸寄丑,其方有水去是流破寄宫,故主凶。

　　黄泉八杀与双山三合,理气一派视为精要,玄空飞星却深恶痛绝。蒋大鸿在《平砂玉尺辨伪》一书中说:"八杀黄泉,尤无根据,全然捏造,更与借用者不同。夫天地一元之气,周流八虚,八卦方位,先天后天,互为根源,环相交合,相济为用。得其气运则皆生,违其气运则皆死,但当推求卦气之兴衰以为趋避耳。亦无此卦忌见彼卦,此爻忌见彼爻之理。若失气运,则巽见辛,艮见丙,兑见丁,坤见乙,坎见癸,离见壬,震见庚,乾见甲,虽纳甲正配,亦足以兴妖发祸。若得气运,虽坎龙、坤兔、震猴、巽鸡、乾马、兑蛇、艮虎、离猪,而卦气无伤,诸祥自致。我谓推求理气者,须知有气运违时之真杀,实无卦爻配合之杀曜。今真杀之克期刻应,剥肤切骨者不知避,而拘于忌八曜之假杀,亦可悲矣!黄泉即四大水口,而强增名色者也。故又曰:'四个黄泉能杀人,辰戌丑未为破军。四个黄泉能救人,辰戌丑未为巨门。'故又文饰其名曰'救贫黄泉'。夫既重九星大玄空水法,则不当又论黄泉矣,何其自相矛盾,一至于斯哉!或一高人心知其诬,而患无以解世之惑,故别立名色巧为辟邪,未可知也。且黄泉所忌,于彼所言净阴净阳,三合生旺墓水法皆不尽合。若论阴阳,则乙忌巽是,而丙则同为纯阴;庚丁忌坤,甲癸忌艮,辛忌乾是矣,而壬则同为纯阳,何以不忌?此与净阴净阳自相矛盾。若论三合五行,则乙水向见巽，丁木向见坤，辛火向见乾，癸金向见艮，同为墓绝方忌之是也。丙火向见巽，庚金向见坤，壬水向见乾，甲木向见艮，皆临官方也，何以不忌？此与三合双山自相矛盾也。我即彼之谬者，而以证其谬中谬，虽有苏张之舌，亦无辞以复我矣。《玉尺》遂饰其说曰：'八杀黄泉，虽云恶曜，若在生方，例难同断。'此掩耳盗铃之术。既无恶曜矣，又焉重云生方？既云生矣，又焉得称恶曜。孰知恶曜固不真，而生方皆假也。或者又谓之词曰，黄泉忌水去而不忌来。或又曰，忌水来而不忌水去。总属支离，茫无一实。我谓气运乘旺，虽黄泉而但见其福；运气当衰，虽非黄泉而立见其祸。读此则知黄泉、八曜之论非矣。"

"坤宅武曲相金乾"一段，文意极不明，但细析之，当是说穿宫之法。《阳宅紫府宝鉴》云："世人论屋穿宫，以一二座为静宅，不必穿宫。三五六七八座为动宅，即论穿宫。三座成卦，五座成五行。以正门从座点至门，旁门从门点至向，看头座属何星五行，即以五行顺生入以论吉凶。吉星宜高深，宜安神。凶星宜低浅。凡安香火，固要吉之座，又要吉星与座生合为最吉，名穿宫贯井。如震兑宅正门得破金，生二座文水，水生三座贪木，吉，宜安神，宜高宜深。坎离宅正门得武曲金，生二座文水，水生三座贪木，吉，宜安神，宜高深。坤艮宅正门得贪木，生二座廉火，火生三座巨土，土生四座武金，亦宜香火，宜高深。乾巽宅正门得禄土，土生二座武金，金生三座曲水，水生四座贪木，吉，是宜香火，宜高深。此是八宅穿宫之定例也。"何以知之第一进为武曲，或为贪狼等，即从座山数到正门，或从正门数到座山，八宅游年为何星，第一进即何门。如坤宅，坤为伏位，兑为天医，乾为延年，坎为绝命，艮为生气。再以艮门为伏位，则震为六煞，巽为绝命，离为祸害，坤为生气。所以坤艮二宅第一层为生气。本文以第一层起武曲是误将坎离宅写在坤宅之方，故订正。

　　又穿官之法出自《阳宅十书》，其说并无依据，清初渐渐衰退，今已无人用之，故以后不再详注，特说明。

　　【原文】此星未申年入中宫，利申酉戌亥子年月日，有气。辰巳年月犯墓绝，凶。修造犯之，主瘟疫、官事、横死。

　　退气在坎方，破军绝命，遇子年破军到山，忌造作，下元不忌。

　　巡逻在艮方，贪狼生气。遇丑寅年廉贞五鬼到山，犯主杀孕妇，瘟火。

　　生气在震方，禄存祸害。遇卯年右弼生气到山，造作大利。

　　魁星在巽方，廉贞五鬼。遇辰巳年贪狼到山，造作利。

　　退气在离方，文曲六煞。遇午年武曲到山，造作小利。

　　旺气在坤方，伏位，六事吉。遇未申年左辅旺气到山，小利。

　　杀气在兑方，天医巨门。遇酉年文曲杀星到山，造作大凶，杀长。

　　杀气在乾方，武曲延年。遇戌亥年，禄存杀星到山，杀长房人口。

　　原书眉批：大暑、立秋、处暑，此四十五日坤旺，宜修造坤方。

　　【注解】以上论述，是根据山头吊白之方位加以三合流年九星飞星来判断。

　　吊白九星本已矛盾重重，三合九星飞星更属荒诞，二误相并，岂能为是？其一，本文自相矛盾，吉凶混淆。先是云亥子年月日为有气，既而又说子年破军到山忌造作；既云艮方为五鬼巡逻凶方，犯主杀孕妇、瘟火，又云其为贪狼生气方；先云辰巳年月犯墓绝，犯之主官事横死，既而又云魁星在巽，辰、巳年造作利；先言生气在震方，却又云禄存祸害方；先云杀气在乾方，却又云武曲延年方；前云戌亥年月日为有气，后又云戌亥到山主杀长房人口等。既云吉，就不当言凶；既为凶方，又何有吉？矛盾如此，的无真见。其二，艮向癸甲方为反复黄泉，并非赦文，艮向子位亦非黄泉。赦文为吉,黄泉为凶,吉凶颠倒。其三,既云九星,当是以九颗星辰轮流变换,而本文则只用一白、三碧、九紫、七赤四星,名曰九星,其实不符。其四,地主静,既云坎山,就在坎方,何能吊其入中宫?吊白入中,与各方卦理九星大多相悖。由此可知,本文所论之法误人深矣。举例以说明:

例1.萧姓祖茔,坤脉,癸卯年,忽在茔坤方凿一沼关鱼,犯岁墓都天杀,其家长妇老母,腹疼莫医。乙巳年丧门占方,六月建未,都天己丑岁墓到方冲动,姑媳同一丑日卒。以先天巽为长妇,后天坤为老母,俱隶西南维,坤为腹,脉受残,故终于腹疾。未坤属阴,凡丑未生男,肚腹皆有疾病。丁未年,癸丑月,七煞到太岁方位,二月都天、灾煞、月破会方,一辛未生,一癸未生,相继而亡。三月庚戌刑方,一乙未儿腹痛几死。恰逢余过,央友延余择吉扶命,取七政中恩星福曜照临并用神到度,方位修理复原,数日即痊,永保无恙矣。

按:以本文云,生气在震方,遇卯年造作大利,而此茔恰大凶,不能圆说。

二 八	六 三	四 一
三	八	一
三 九	一 七	八 五
二	四	六
七 四	五 二	九 六
七	九	五

例2.上海北京路贵州路口北京大戏院电影馆,为上海电影事业中后起之秀,生意旺盛,每日门票动至售尽,称为上海电影事业王,他家不能忘其项背也。宅坐申向寅,四运开业,演数如次。

沪西水道向西接松江之三泖,逆流而上至太湖,三百多里流神得生气。吴淞口四十里特朝之水,得旺气活动于向首,每日千人足下带进之来风,化作无数旺气、瑞气,使其事业发旺,称霸一时。

丁卯年为发展之年,辛未年为挫折之年,不幸事件,当在其时正、四、七、十月中见之,逃过辛未,岁逢丙子,又将得绝大之发展机会。

按:辛未年以本文论是旺气之年,大利,然此院却于辛未年大受挫折。其原因该年六入中,九紫火到艮口,四木生九火,犯生出之病,若以本文之论断之,大误。

例3. 上方广申山寅向兼庚甲六度,光绪六年造一天王殿,二大殿,三方丈堂,方丈后为三圣殿。后峰高展,祖堂三间,则于光绪八年造。亥壬方来路,离方来水,自右向左至亥方去。演数如次:

八五 九	三一 五	一三 七
九四 八	七六 一	五八 三
四九 四	二二 六	六七 二

壬路离水,上元一二运景况不差,向住僧众四五十人。三运住楼梯口前方者,绰有维持能力。辛亥年以来,逐步衰退,非时事使然,实宅运气数已尽。庚申年秋,怀德和尚将田卖完,甲子年自焚而死。三圣殿毁于火,已成废刹。续任主持在谋恢复,寻振作时机,若在本运中,大加刷新,重造新宅命,有望再兴旺。

庚申年八月,年星八入中,二到向,泄气;年星三,月星八到离,泄气;年星四,月星九到坎,泄气,故有倾筐倒筐,吃尽当光,四面楚歌之势。

按:此局水从离方来,向星一,一运为当旺之星。路从壬方来,向星二,二运为当旺之星,故一二运景况甚盛。一入三运,一二为死退之气,故宣告破产。以本文论未申酉年月日为有气,然此局恰败在申年酉月。

【原文】震宅吊白图。

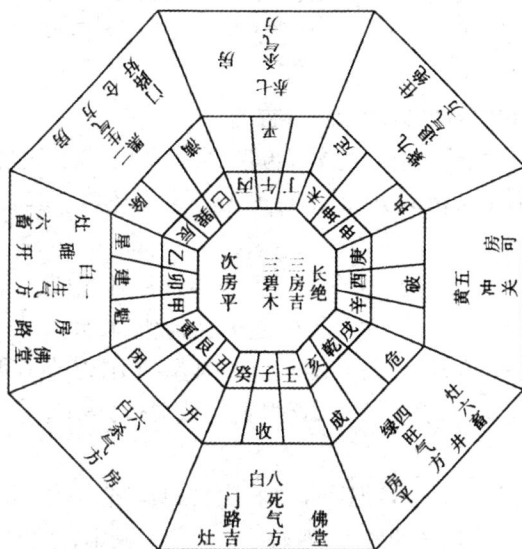

　　庚向庚壬门最吉，丙辛放水为第一。

　　酉辛二位不宜行，申犯黄泉丁不得。

　又云，丁壬向庚门吉。天井宜坦，辛癸艮乙水吉。井，宜丁丙壬方。灶，未申亥子巽方吉。床，震巽离坎吉。

　　酉向酉巳申门临，太阳拱照在庚辛。

　　放水必从丁辛去，乾坤二位祸来频。

　又云，亥壬丁酉门吉。天井宜深，放丁庚癸巽辛吉。井，亥丙丁方。灶，戌亥寅卯吉。床同庚向。

　　辛向丙辛丁与壬，正辛之位爵星临。

　　好放宅水庚壬去，乾坤酉戌祸来侵。

　又云，壬辛丁癸门吉。天井宜坦，放庚癸壬巽水。井宜甲方。

灶,戌亥寅方吉。床,震巽坤离吉。

大游年:震伏、巽延、离生、坤祸、兑绝、乾五、坎天、艮六。

震宅:大门宜离方,开便门震方,开则生贪穿宫,木火相生。坎巽便门亦吉。

凡观外砂吉凶,以小游年看吉凶。

小游年:震伏、巽禄、离贪、坤廉、兑破、乾巨、坎武、艮文。

原书眉批:《衍义》云,此宅坐宫全美,余不纯。其吉其凶,逐年按之。

此星卯年入中宫,利亥子丑寅卯年月日时,为有气。未年月入墓,修造犯之凶。五六七所在之方,且忌修造,大凶。

死气在坎方,巨门天乙,遇子年左辅星到山,修造小利。

杀气在艮方,文昌六杀,遇丑寅年武曲星到山造作,杀宅长,诸并凶。

魁星在震方,伏位,遇卯年贪狼生气到山,造作大吉。

死气在巽方,武曲延年,遇辰巳年巨门星到山,修造小利。

杀气在离方,贪狼生气,遇午年破军星到山,忌修造,犯之杀人。

退气在坤方,禄存祸害,遇未申年右弼星到山,忌修造,犯主损人口。

巡逻在兑方,破军绝命,遇酉年廉贞五鬼到山,杀孕妇,瘟灾横祸。

旺气在乾方,廉贞五鬼,遇戌亥年文曲星到山,造作大利。

原书眉批:惊蛰、春分、清明,此四十五日震旺,宜修造震宅。

【注解】庚向忌放申水,申为震山曜杀之方,又为庚向之曜水,并非犯黄泉,原文有误。辛向忌放乾水、戌水者,乾为辛向黄泉水,戌为辛向之曜杀水故。

本文所言吉凶是根据山头吊白之方位,加以三合流年九星飞星来判断。吊白飞星本已非据,三合九星飞星更属虚妄,二误相并,谬上加谬,岂能言是。其一,自相矛盾,吉凶混淆。先言杀气在离方,犯之主杀人,既而又言为生气贪狼,成为最吉之星;先言旺气在乾方,造作大利,却又云为五鬼廉贞方,成为凶方;既云死气在离方,当以凶论,却又云为武曲延年方,修造小利。刚言吉而旋云凶,实难自圆其说。其二,相互抵触。以大游年论,巽方为延年吉星,小游年却为禄存凶星;以大游年论乾方为五鬼凶方,小游年却是巨门吉方。若宅外砂水来于巽乾之方,论凶乎?论吉乎?其三,三元九星是以一白、二黑等九星入中,并非以地支入中。且九星配十二支,变化不定,并非卯年都是震三入中。本文云此星卯年入中,实为九星飞星之伪。其四,地主静,震方就是震方,不能随便换至任何方位。本文以坐山之星入中,违背地静之理,且与卦理多悖。由此,本文之法不可为据。举例说明:

　　例 1. 请参阅我社已出版的同类书《平砂玉尺经》第 399 面所举"莆田萧员外祖地"例,该局卯山酉向,水从乾方流去,本文却云"乾坤二位祸来频",实难圆说。

　　例 2. 嘉定学宫前李绅宅,上元一运初入宅,甲山庚向,宅后震宫坐汪洋湖水,艮有小水。上元一运发禄贵,三运大败,震水背时,化杀气故也。演数如次。

九　二	四　七	二　九
九	五	七
一　一	三	六　五
八	一	三
五　六	三　八	七　四
四	六	二

（大水　→）

五土虽临向,但三运末,四运初尚难得力。乙丑年三入中,五到兑,三月、六月、十二月二五土又到兑,土重患病。艮上六水独大,四运为反吟,犹为艰辛,一交五运,方许飞腾。

　　按:以本文云,魁星与生气皆在震方,主大利。然此局三运中震木当运,却大败,其说自破。大凡看宅,当以气运为主,

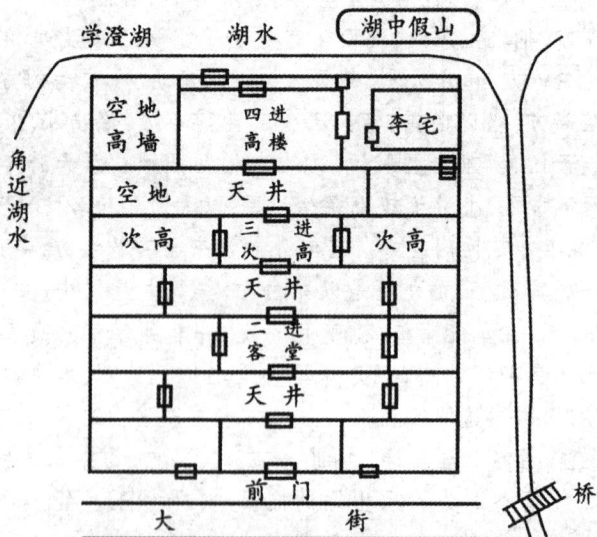

气旺则吉,气衰则败,除此外,他法皆伪。

【原文】巽宅吊白图(见下面)。

戌向行门壬癸庚,壬癸放水亦宜行。

怕逢艮乾黄泉位,遇甲子酉总堪嗔。

又,从癸丑申酉未壬戌门皆吉。天井宜深,放癸壬甲水,吉。井,申方吉。灶,申酉辰巳吉。床,震巽坎离吉。

乾向乾坤是吉神,卯门之路有庚申。

放水应宜庚癸位,壬子黄泉八杀临。

又云,乾癸艮坤门吉。天井宜深,放丁酉庚水,吉。井,卯方吉。灶,亥寅申巳吉。床与戌向同方。

亥向亥位独为佳,癸辛门水壬安排。

壬门亦得高官爵,兼壬壬杀是祸胎。

又云,癸寅壬酉亥门吉。天井宜深,放辛庚丁水吉。井,丁方吉。灶，寅卯巳方吉。床同戌向。

　　大游年：巽伏、离天、坤五、兑文、乾祸、坎生、艮绝、震延。

　　巽宅，宜开坎大门，巽便门，木气穿宫，水木相生。

　　小游年：巽伏、离武、坤巨、兑文、乾廉、坎贪、艮破、震禄。

　　此星辰巳年入中宫，利亥子丑寅卯年月日时，有气。午申次利。未年月入墓，修造犯之百祸至。

　　退气在坎方，贪狼生气，遇子年右弼到山，忌修造，犯损中房，诸皆凶。

　　杀气在艮方，破军绝命，遇丑寅年破军杀星到山，修造犯之大凶。

　　死气在震方，武曲延年，遇卯年巨门星到山，修造大利，宜二五月吉。

　　旺气在巽方，伏位，遇辰巳年禄存星到山，忌造作，犯之凶。

死气在离方,巨门天医,遇午年左辅星到山,修造大利,辰午未申月吉。

生气在坤方,廉贞五鬼,遇未申年,贪狼星到山,修造大利,宜七八月吉。

杀气在兑方,文曲六杀,遇酉年武曲星到山,忌修造,犯主杀人,凶。

巡逻在乾方,禄存祸害,遇戌亥年廉贞五鬼到山,忌修造,犯杀孕妇,瘟讼。

原书眉批:《衍义》云,此宅坎方俱吉,震是财宫,坤宫亦利井灶,余不得令。

谷雨、立夏、小满,此四十五日宜修造巽宅。

【注解】辰山戌向并无黄泉,煞位在酉,而本文言“怕逢艮乾黄泉位”是以吊白飞宫言,以四入中,五黄关杀在乾,六白金杀气在兑,七赤金杀气在艮,九紫退气在坎,故怕逢乾艮酉子位。乾向反复黄泉在壬水,子水非泉亦非煞,只是退气而已。亥向一句则有矛盾,前言“壬门亦得高官爵”,接着又言“兼壬壬杀是祸胎”,出尔反尔,如此之甚。

本文吉凶,是根据山头吊白之方位加以三合流年九星判断。吊白飞星本已非据,三合九星飞星更属虚谬,二误相并,谬上加谬,岂能为是。其一,自相矛盾,吉凶混淆。刚言退气在坎方,犯损中房,诸皆凶,旋即又有言为贪狼生气方;先云死气在震方,旋而又言延年武曲方;先云生气在坤方,修造大利,既而又云是廉贞五鬼方;先言死气在离方,又言为巨门天医吉方。其二,修造时吉凶混淆。前言子日为有气,后言子年修造损中房,诸并凶。前言寅年月日为有气,既而又云寅年破军杀星到,大凶;前言未年月为入墓,修造犯之百祸至,既而又云未年贪狼星到,修造大利。其三,大小游年吉凶冲突。大游年坤为五鬼凶方,小游年坤为巨门吉方;

大游年震为延年吉方,小游年则为禄存凶方;其四,九星入中,是
以三元九运始逆排轮流入中,并非以本年支属何星即何星入中。
且地主静,巽方即在巽方,岂能纳入中宫,故坐山地支九星入中之
法为谬。吊白之法亦误,不能为法。举例以说明:

例 1. 随手拈来之胜利。

宅　相

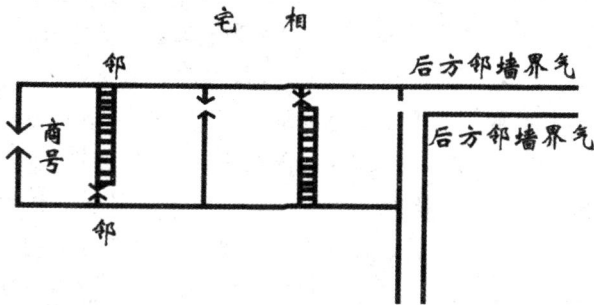

后户	四　四 三	八　九 八	六　二 一	
	五　三 二	三　五 四	一　七 六	
	九　八 七	七　一 九	二　六 五	前门

海南岛西部那大新市街
某饮食品商号,为文昌王某所
有之事业。王君手创实业有
多种,该号实为其所办事业之
大本营。坐巽向乾,单开间两
进,两层楼。二七乃先天火,
两层两进,其数均火。宅形深
长成木形,巽方于卦属木,后
方界气径直由后户输入,又成木状,木火相生。楼上三间,楼下
二大间,共五间,五数属土。木火土成环生局,店屋住宅得此,甚
吉。许其在壬申年内为第一得利之年,嘱壬申年内后方宜多行
动,并云壬申年正、七、十月内,可以名利双收。

按:此宅巽山乾向,大门开乾,后户开巽。但前门向星六白金

为四运木之杀气,故前门不吉。后门向星四绿木为当运旺气,故宜多在后门行动。壬申年五入中,四绿木旺气到后户,正月、十月二入中,一白水到后户,一白水生四绿木,且一四同宫,七月五入中,四绿木到后户,年月运三个四绿木均在后户,故主名利双收。本文云乾向乾坤是吉神,巽方忌动作,犯之凶之说误矣。

例2. 海南岛文昌市西乡蛟塘村,为蛟塘十八村邢姓开族之发祥地。内有一堂皇之第宅,坐巽向乾,建筑已百三十年以上,前清乾末嘉初之杰构。选料极佳,故屹立在白蚁繁殖之乡,未失其雄健庄重之本相。丁卯年地方混乱,不遑宁处,全村人众相率他徙,以避扰累。至翌年夏,各家陆续归来,冷灶重新举炊,全村宅舍同换新宅命。演数如次:

便门

四 四 三	八 九 八	六 二
五 三 二	三 五 四	七 六
九 八 七	七 一 九	二 六 五

便门（左侧）

大门

癸酉年正月年星四绿入中,九紫到坎;月星八白入中,四绿到坎,年月四九客星化金,生坎口主星一白水。此时吸纳坎方瑞气,主人名誉鹊起,被举为视学员,由县长委任。三月月星六入中,四绿到后侧震方之便门口,一白到左侧离方之便门口,乙间主人又被选为自治委员,定期赴省城广州自治训练所,因老母病甚剧,暂未成行。后将病母迁入震方一间,病即速愈,健康如常。乙间主人于老母康复后安然去省城应训。

按:此局巽宅坎门,依本文论,是为凶方,且为退气之方,主损中房,然此局开坎门反喜庆叠至,其说大谬。

【原文】中宫宅吊白图(见下面)。一白起贪狼入中宫。

此星主时行灾疫,遇申戌亥子年月日时为有气,营造大吉。

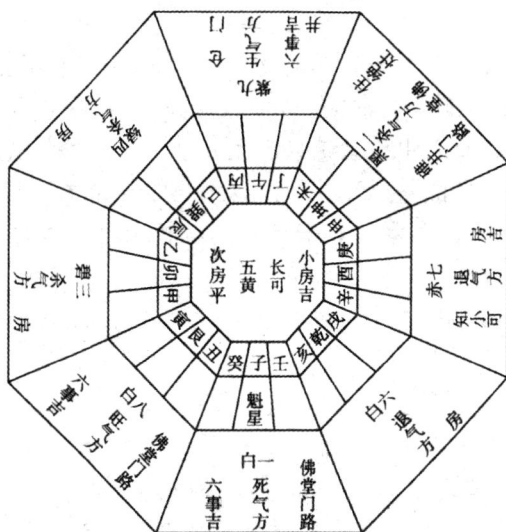

辰戌丑未年月为入墓，犯主刀兵瘟火，盗贼官刑。应五年、五月、五旬或云杀五人。此星在宫出宫皆忌犯，大凶。

子年一白入中宫，造作大利，君子加官，小人进财。

丑寅年八白入中宫，旺气到山，大利修造。

卯年三碧杀气入中，犯主飞灾横祸，长不利。

辰巳年四绿入中宫，杀气到山，犯主疯痨恶疾，先杀长，诸并凶。

午年九紫入中宫，生气到山，加官进禄，喜自南来。

未申年二黑入中宫，修造犯之，损宅母。

酉年七赤入中宫，修造犯之，主刀刃伤。

戌亥年六白入中宫，虽退气，得善曜，小利。

【注解】中宫之说不可信。其一，古人立二十四山是以八卦为基，每卦管三山合二十四山，与二十四节气相配，并无中宫之山。八宅二十四山均有坐向，中宫以何坐何向论吉凶？与古人之说有悖。其二,既云中宫,以宅言为宅之正中,即天井。以坟言,即坟之正金井者是。其宅坟正中之吉凶,宜修不宜修,均以入中之星吉凶而论,与其他八方并无关系,故各方吊白亦无作用。其三,每年入中之星是以三元九星入中挨排。以三合九星入中者非,以坐山之星入中者非,以每年流年地支所属方位之九星入中者更非。如本文云子年一白入中,而子年并非皆一白入中。甲子年上元一白入中,中元四绿入中,下元七赤入中;丙子年上元七赤入中,中元一白入中,下元四绿入中;戊子年上元四绿入中,中元七赤入中,下元一白入中;庚子年,上元一白入中,中元四绿入中,下元七赤入中;壬子年上元七赤入中,中元一白入中,下元四绿入中。三元九运一百八十年中,十五个子年,仅有五个是一白入中,余皆非。再如丑年八白入中,查三元九运一百八十年中十五个丑年,没有一个是八白入中之年。所以,其说不能成立。

但五黄为凶星,"此星在宫出宫皆忌犯,大凶"之论却深合玄空飞星之理,却也有分别。如果五黄为当运生旺之气时(四运、五运是),因五黄本为中宫之星,皇极之位,极为尊贵,故所到之处主有大吉大庆。若为衰退死绝之气时,不论到何方,均以凶论。特将五黄与其他八星相会之时的吉凶之象归纳于下:

五一或一五,得生旺之气时出文魁榜首,或生聪慧贵显之子。得衰死之气则主水肿、肾结石、阴部生疡、不孕症、子宫外孕,精神失常。

五二或二五,得生旺之气时,发田产,旺人丁,出武贵或司法之官,掌生杀大权。得衰死之气则多患疾病,出鳏夫或寡夫,易患癌症,事业则到处碰壁。

五三或三五,得生旺之气时创业兴家,骤发富贵,出高官厚禄。得衰死之气主赌博倾家、车祸、蛇咬,或魔疯、胃出血、寒户遭瘟。

五四或四五,得生旺之气时,科甲联芳,文章出名,出文豪或女文人、女强人。得衰死之气则会破产、倒闭,或患乳痈、脓血、魔疯之症。

五五:得生旺之气时,大富大贵,子孙繁衍,出帝王领袖或大人物。得衰死之气则天灾巨变,横祸破家,季子昏迷痴呆,孟仲官讼淫乱,或恶疾、死亡,连丧五人。

五六或六五,得生旺之气时,武职勋贵,官居极品,威权震世,巨富旺丁。得衰死之气则刚愎自用,导致失败,官讼刑狱或患肺癌、骨癌、脑炎等症。

五七或七五,得生旺之气时,武途发贵,财旺丁繁,或出司法之官。得衰死之气则劫盗破财,焦急失败患喉症、口腔症、吸毒、肠癌等症。

五八或八五,得生旺之气时,富贵绵远,出大忠大孝之人或出仙圣。得衰死之气则迷惑轻佻,淫荡破家或患胃癌、鼻癌、瘟疫等症。

五九或九五,得生旺之气时,乃九五至尊之象,出大富大贵之人,文章名誉,旺人丁。得衰死之气则火灾、官讼破家,再加七主吸毒,或患目疾、血癌、疯癫等症。

关于五黄另可参阅本书上册第 121 面、第 316 面。

【原文】乾宅吊白图(见下面)。

【注解】原图震方标为"杀气方",但六白金入中,四绿木到震,金克木,震方当是"死"气方,原图误,现已更正,特说明。

【原文】艮向辰门甲乙丁,流水子甲乙方荣。
　　　　卯午坤位皆有损,巽巳黄泉大不宁。

又云,行辰未丑门吉。天井宜深,癸甲丁壬水吉。井,宜申艮方。灶,辰巳申酉方吉。床,坤兑艮乾方吉。

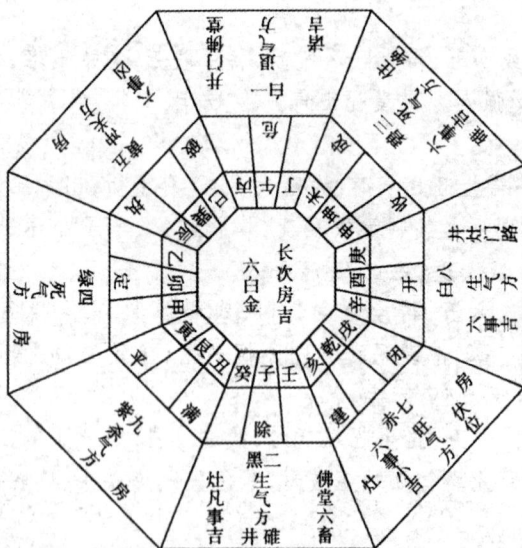

巽向巽门丁甲方，水流丁甲不宜塘。

莫逢卯午黄泉位，犯着凶灾贼盗殃。

又云，行艮巽坤门吉。天井宜浅，放丁壬水吉，坤癸申次吉。井，寅巳方吉。灶，丑寅巳午吉。床与辰向同。

巳向丙丁门最强，丙丁乙方水宜行。

巽位黄泉君莫犯，卯午坤辰莅祸灾。

又云，申寅巳门吉。天井宜深，丁辛水吉。井，申寅方吉。灶，亥子申方。床同辰向。

霜降、立冬、小雪，此四十五日宜修造乾方。

小游年：乾伏、坎文、艮武、震巨、巽廉、离破、坤禄、兑贪。

此小游年用以观外砂吉凶。

乾山静宅，禄存土司门，宅宜在坤方开大门，兑方开便门，武金主事，巨穿宫，土金相生。便门开艮方亦吉。

大游年：乾伏、坎六、艮天、震五、巽祸、离绝、坤延、兑生。

此星戌亥年入中宫，利午未申酉年月日时，为有气。逢丑寅入墓，犯主瘟夭，生子。壬酉八白生气到方，修造主异常喜庆。

生气在坎方，文曲六杀，遇子年巨门星到，修造大利。

杀气在艮方，巨门天乙，遇丑寅年右弼杀星到，忌修造，犯主杀人。

死气在震方，廉贞五鬼，遇卯年文曲星到，修造小利。候天月二德贵人到。

巡逻在巽方，禄存祸害，遇辰巳年廉贞星到，忌修造，犯主大凶。

魁星在离方，破军绝命，遇午年贪狼星到，小利。

死气在坤方，武曲延年，遇未神年禄存星到，造作利。

生气在兑方，贪狼生气，遇酉年左辅星到，大利造作。

纳气在乾方，伏位，遇戌亥年破军星到，忌修中宫。

原书眉批：《衍义》云，坤艮有疵，坎离震巽皆非吉配，惟乾辛宫及兑为吉。又云，坤艮兑可开门。

乾山巽向，静宅乃禄土门丁宅，即祸害星，土生乾金，亦发财。但乾克木向，不利陆人及兄弟，宜改大门在坤，兑方开便门，则武曲延金主事，巨门天医土穿丁财。便门开艮亦吉。

【注解】原文"逢丑寅入墓，犯主瘟夭，生子"一句，生子为吉，瘟夭为凶，不能相并，与下文"杀气在艮方，遇丑寅年忌修造，犯主杀人"句合参，"生"应是"丧"字之误，特订正。

乾山曜水在离，巽向反复黄泉在乙丙二方，余皆无黄泉及曜水。

本文吉凶是根据山头吊白方位加以三合流年九星飞星来判断。吊白飞宫本身已误，三合九星更属虚妄。二谬相并，误上加误，岂能为是。其一，吉凶混淆，自相矛盾。先说死气在坤方，本是凶方，既而又云武曲延年，造作利。既云生气在坎方，又云为文曲六杀，先言吉而后为凶。其二，大游年震方为五鬼凶方，小

游年震方是巨门吉方;大游年坤方为延年吉方,小游年坤方为禄
存凶方。其三,入中之年应以三元九星入中之星为准,何支何山
所属九星入中为伪。其四,地主静,乾山之宅坎,均以坐乾之星
为准,其星又怎能吊入中宫?与地静之理相悖。且既为乾山,当
以乾卦断吉凶,何必寻飞星,与理不符。理不足而事难应,故不
能为据。举例以说明:

例1.见本书下册第427面所举"癸亥生,乾宅"例。

按:原文云未申年修造利,辰巳年月修造主大凶。然此宅恰
在未年修造,却有大凶,酉年巳月修造大利,与本书正好相反。

例2.上海兰溪路穆宅,三运建造二层洋房,坐亥向巳。宅
外寅方总气口,癸方有后户,宅内乾兑方有二重楼梯,楼梯虽在
三四生旺方活动,而前后路气口乘七五丧死之气,内部虽行动合
宜,外气不得力,故进宅后久滞困境。至癸亥流年,五黄入中,六
白、七赤金将宅内生旺之气一齐克制,向首四绿木盗泄一白水星
之气。七八月间交立秋、处暑,月白又逢五黄客星猖獗,事业上
根本动摇。直至岁暮,小寒交进,九紫值月,一白水星到山,到后
方楼梯活动之所,旺星受克解围,方来殊遇,渐有拨云见日之象。
是年年底,经上海地理名家详细查阅,力劝封闭坎艮二口,就在
花园之巽方围墙近角处另开一气口,由此一口出入。以为当时
四运,由巽方走动,当受大益。按此宅内气口在巽方,外气口震
方,每日出入在向星一九之方行动。一九虽为中元衰死之气,然
与四运令星四一、四九互相通气,故亦有可取处。惟当时主张辟
此门者,以为向迎巽气,可以叶吉,可以久安。而此后之变化何
如则一时未曾计及。可见设计之非易,关系重大也。所谓此后
之变化者,即丁卯、丙子、乙酉、甲午、癸卯等一白值年入中时,
夏令之遭遇不幸,及秋季之元气回复,为一大升降之机。此种变
化,一切机关宅舍,行号公司,莫不有成败得失时限,惟事业及根

基大小深浅之不同,其所产生影响各有殊别。而气数之寄特灵应,人事之变化无常,殊有可以研究之价值。兹将穆宅天星图及丁卯年起落升降时期及事实,演数如次。

按:坎户七赤金为四运杀气,寅门九紫火为四运退气。向星一白水为死气,无一吉庆。癸亥年与二月均五黄入中,一白水到坎,泄后户之气;四绿木到向,泄一白水之气。六白、七赤二金克死三碧四绿生旺之气,事业根本动摇,当在气数之中。十二月九紫入中,一白水到乾,成七一四连环相生之状;八白土到向为克入,故有拨云见日之应。至于门开巽方,一白水死气未变,再逢九到向克出,故危机重重。由此例可知,原文云宜开巽门,又云开艮方便门,皆非。大凡开门除玄空飞星生气旺气之方,再无他途,万勿为其所误。

兑门	新开门 三一 二	八 六 七	一 八 七
	二 九 一	四 二 三	六 四 五
	七 五 六	九 七 八	五 三 四

后户

四四八	九九四	二二六
三三七	年七月十二月 五五 九	七七二
八八三	一一五	六六一

【原文】兑宅九星吊白图(见下面)。

甲向丙门乙癸隆,壬门一位十分荣。

放水便从癸乙出,艮丑卯辰灾患重。

又云,寅艮巳癸壬门吉。天井宜浅,放巳丁壬辛水。井,寅癸吉。灶,巳午丑寅吉。床,宜乾坤艮兑,吉。

卯向卯开申癸昌,更行辛位亦高强。

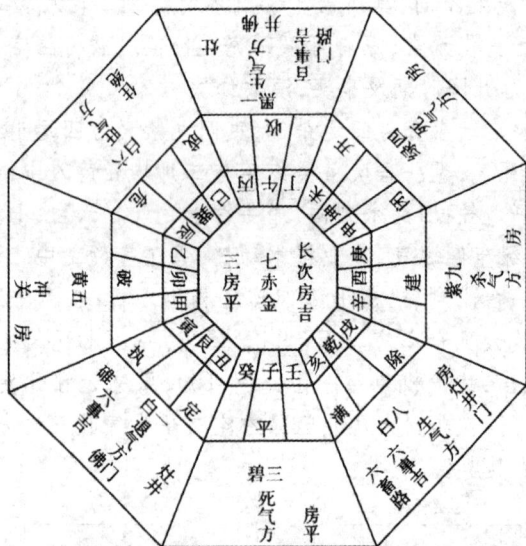

放水丙交甲乙去，巽是黄泉惹祸殃。

又云，寅丑巳丙午子门吉。天井宜深，放丁甲壬水。井，乾巳方吉。灶，辰巳申方吉。床同甲向。

乙向甲门一癸昌，水放丙甲不宜塘。

卯辰午位频频祸，巽是黄泉总不祥。

又云，丙乙丑癸丁门吉。天井宜坦，放丁壬水吉。井，卯方。灶，辰巳申酉戌方吉。床同甲向。

大游年：兑伏、乾生、坎祸、艮延、震绝、巽六、离五、坤天。

兑宅辛山乙向，大门宜开在艮，便门开在坤，便门开乾亦吉。

小游年：兑伏、乾贪、坎廉、艮禄、震破、巽文、离巨、坤武。

此星酉年入中宫，利巳午未申酉年月日时，为有气。逢丑寅年月入墓，犯之凶。如在八方亦忌犯之，杀人、刀兵、火盗。

死气在坎方，禄存祸害，遇子年禄存星到山，不利。

退气在艮方，武曲延年，遇丑寅年魁星贪狼到山，大利修作。

巡逻在震方，破军绝命，遇卯年五鬼星到山，大凶，犯主瘟讼、杀人。

旺气在巽方，文曲六杀，遇辰巳年武曲星到山，修造小利。

生气在离方，廉贞五鬼，遇午年巨门星到山，修造合天月德，大利。

死气在坤方，巨门天乙，遇未申年文曲星到山，不利。

杀气在兑方，伏位，遇酉年右弼星到山，忌造作，犯主凶灾。

生气在乾方，贪狼生气，遇戌亥年左辅星到山，修作大利。

原书眉批：白露庚旺，秋分兑旺，寒露辛旺，此四十五日宜修造兑宅。

【注解】乙向巽方为黄泉，甲向艮上是黄泉。甲向水流寅为杀曜水，乙向水流辰为杀曜水。乙向水流卯，乙禄在卯，是破了禄位，故均云凶水。

本文吉凶，是根据山头吊白方位加以三合流年九星飞星来判断。吊白飞宫本身已误，三合九星更属虚妄，二误相并，谬上加谬，岂能言是。其一，吉凶混淆，自相矛盾。先云生气在坎方，此至吉之神，又云六杀文曲在坎方，成为凶神；先云杀气在艮方，当是至凶之处，既而又云为巨门天乙吉方；先云死气在坤方，当是凶气，然又云为武曲延年方，造作利；吉凶何其不明。其二，前文云"逢丑寅年月入墓，犯之凶"，后又云"遇丑寅年魁星贪狼到山，大利修作"。前文云利未申年月日时，为有气，后又云遇未申年不利。前云酉年月日时有利，后又云酉年忌造作，犯主凶灾，均出尔反尔。其三，大游年艮方为延年吉方，小游年艮方为禄存凶方；大游年离方为五鬼凶方，小游年离方为巨门吉方。其四，原文云此星酉年入中宫，与三元九星飞星法相悖。查三元九星入中表,三元一百八十年十五个酉年中,只有上元乙酉、辛酉,中元丁酉,下元己酉、癸酉五年是七入中,余皆非,若以七入中判断则误多对少。其五,地主静,兑山即兑方,岂能将兑移入中宫?诸理皆非,故不能为据。举例以说明:

例1. 刘姓兑宅,系兑脉,来路挖塘,宅前右首巽方土台在水中,男女皆哑。《易》曰:兑为口,属金,管于肺。其家中郎肺病,先天坎在兑,为中男故。次女喑哑,先天离在向,为中女,前有枯树朝内倾倒故。少女失音,兑为少女,为声音故。辰生人哽喉结舌,先天兑在辰,巽兑为舌故。酉命哑者三,肺烂背花死者四,先天坎为背故。庚戌冬填塘平台后,永保无犯。

例2. 请参阅本书上册《郭氏元经》第319面所举"上海小南门叶宅之否泰叠见"例。

按:此局旺星到向,惜无门路行动。七赤杀气在艮,门开其方,故丁财交受其累。丙寅年五黄到艮,七月八白土还宫,助长五黄之力,土旺埋金,老主人病损。丁卯年四绿生气虽到向,但犯克出。幸二月一白水到,水能化金生木,故有小主人在地方党部一吐才华之应;然运过不能长久。原文云辛山乙向门宜开艮之说实谬。

例3. 天台下方晋昙猷尊者结庐地,清乾隆年间剎运旺盛,辛乙兼戌辰二度。后来龙坐小峰,砂左右紧护,小局面中开大道场。巽方瀑布潺潺,日夜洗涤心尘,大心人在此易入三摩地。大殿五开间,甲子年完工,中元四运立命。第二节方丈室光绪三十年造,为楼房,前后左右各设楼梯。演数如次:

巽方急流自上冲下,即悬瀑,艮方消出。巽上有方形殿宇,卯方有朝峰,乙上有笔架山,稍低,艮寅方有高峰。大殿左方屋为丙寅年造,右方屋为光绪末年造。大殿厅作间楼,东西首有两楼梯口;右九间房,东西首亦有楼梯口。灶在方丈室之右,即全

大殿

五一 三	一六 八	三八 一
四九 二	六二 四	八四 六
九五 七	二七 九	七三 五

方丈室

六二 二	一六 七	八四 九
七三 一	五一 三	三八 五
二七 六	九五 八	四九 四

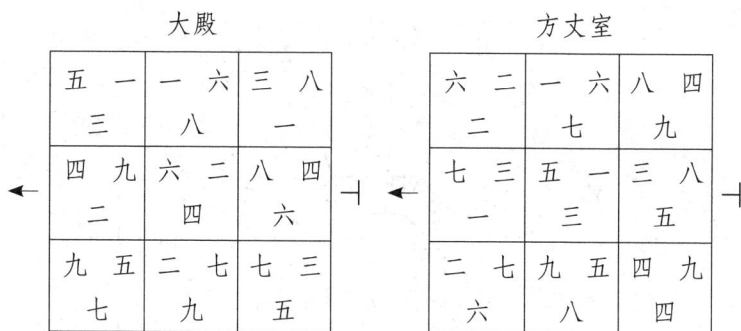

局之坤方，通常出入口在此方，即方丈室南首。

庚申年七月十五戊午日戌时，有盗匪抢劫。巽卯峰年时两重七六交剑杀，"交剑杀起兴劫掠"。方丈室南口子上，日时七三到，"七逢三到生财，那知露财被盗"。戊辰年中元节，前屋倒，压死一伙夫，闹出一场大是非，年月二三到艮方高峰上及到艮口出水上，"斗牛杀起惹官非"，惹出命案。该年九月八入中。

又是年十二月某夜，第二次被抢，可惜当家法师忘却日时，致未能察。流年七赤破军星到向到卯峰，三碧蚩尤星到艮高峰上，七逢三而招盗。又方丈室南口月七到，艮方去水处月六到，来风去水上逢七六交剑杀，故又逢劫掠。方丈室向星衰退，口子上六不当机，大殿造不合适，天星不到，宜多其故，无法抵抗。

按：该寺三运旺盛者，因当运令星到山到向，方丈室南口一六化水生木，一片吉庆者是。后连遭是非者，因四运翻造，向星九紫火泄木元之气，向上当运旺向倒装于坐山，名水里龙神上山。经曰山管人丁水管财，故有非横死人之是非。形气结合，极为清晰。再次说明门开艮方为吉之说之谬。

【原文】艮宅吊白图（见下面）。

八白土
二三房吉
三房绝

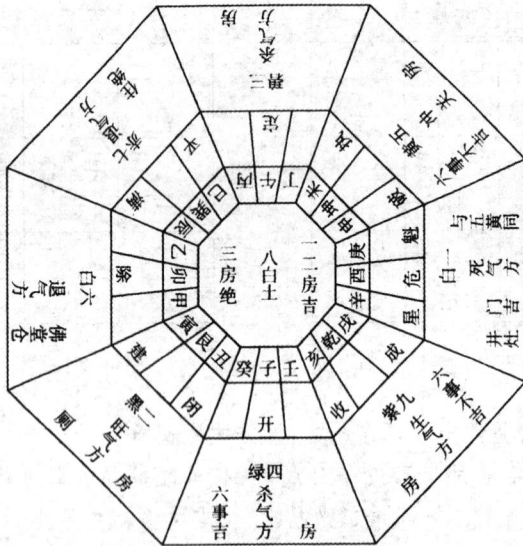

未向庚辛及丙丁，丙辛放水亦尊荣。

行门切忌坤酉午，祸属黄泉家不宁。

又云，辛戌门上吉，未庚门中吉。天井宜阔，放巽辛水，上吉，丙丁水次吉。井，庚酉方，灶，坤申亥卯辰方，吉。床，乾坤艮兑方吉。明堂宜塘，左水到右，吉。

坤向最吉丙辛门，水流丙辛亦足折。

水门当避酉及午，病讼多凶不可言。

又云，坤巽辛酉门吉。天井宜浅，放癸丙水，吉。井，辛未方吉。灶，辰申酉卯方吉。床同未向。

申向丁辛出庙郎，水流辛丙足田庄。

莫逢申酉午坤路，横事遭官多败亡。

又云，亥申门吉。天井宜深，放甲乙辛水。井，未方。灶，未申亥子寅方。床同未向。

大游年：艮伏、震六、巽绝、离祸、坤生、兑延、乾天、坎五。

艮宅寅山申向，生贪司门宅，大门宜开在兑，便门开艮，武金穿宫主事，金土相生。便门开乾方亦吉。

小游年：艮伏、震文、巽破、离廉、坤贪、兑禄、乾武、坎巨。观外砂吉凶。

此星丑寅年入中宫，利申酉戌亥子年月日时，为有气。逢辰年月入墓，犯主灾祸百出。

杀气在坎方，廉贞五鬼，遇子年文曲杀星到山，先损长，诸并凶。

旺气在艮方，伏位，遇丑寅年巨门星到山，小利修造，即天医土。

退气在震方，文曲六杀，遇卯年武曲星到山，修造欠利，即延年金。

退气在巽方，破军绝命，遇辰巳年破军星到山，忌造作，大凶，即绝命金。

杀气在离方，禄存祸害，遇午年禄存星到山，犯主损人败畜。即禄存土。

巡逻在坤方，贪狼生气，遇未申年五鬼星到山，犯主瘟讼、火盗大凶，即廉贞火。

魁星在兑方，武曲延年，遇酉年贪狼星到山，修造大利，即生气。

生气在乾方，巨门天乙，遇戌亥年右弼星到山，修造大利。

原书眉批：《衍义》云，本宫乾方俱上吉，兑方次之，坎离震巽非吉也。大寒、立春、雨水，此四十五日艮旺，宜修造艮宅。

【注解】未坤申三方无黄泉水，只有坤向见庚丁方门路放水为反复黄泉。艮山见寅方门路来水为杀曜，故忌。

本文吉凶，是根据八山吊白方位及三合流年飞星来综合判断的。吊白飞星本身已误，三合九星更属虚妄，二误相并，谬上加谬,岂能言是。其一,吉凶混淆,自相矛盾。一白水在兑方,为死气,却又云为魁星,为武曲延年,遇酉年贪狼星到,修造大利,即生气。以前开门论,未坤申三向皆以行酉门为凶,此却又云宜修造,吉凶如此反复,岂能令人信服。其二,修造吉凶颠倒,前言申年月日时为有气,宜修造;后即言申年五鬼到山,犯主瘟讼火盗,大凶。其三,大游年兑方为延年吉方,小游年兑方为禄存凶方;大游年坎方为五鬼凶方,小游年坎方为巨门吉方。其四,前刚云丑寅年此星入中官,后又云丑寅年巨门到山,查三元九星流年表,丑年绝无八白入中官,而寅年在一百八十年中,仅有上元丙寅、壬寅,中元戊寅、甲寅,下元庚寅五年是八白入中官,余十个寅年皆非。至于丑寅到坐山艮方,丑年绝无八白到坐山之时。寅年在一八十年中,仅有上元戊寅、甲寅,下元丙寅、壬寅,中元庚寅五年八白到艮官,余十个寅年皆非。由此可知,此法与三元九运飞星大相径庭,何能为据。其五,坐山主静,艮山必在艮方,岂能任人吊入中官,与理不符。由此可知,本文之理皆不能为据。举例说明:

例1.见本书下册第108面所举"张姓,庚戌生"例。

按:原文云,"生气在乾方,遇戌亥年修造大利";此例戌年修造反凶,足说明其说不可为据。

例2.福建厦门商埠,英才荟萃,仿佛为全省之首府。拥护佛教,宣扬佛文化之新青年,组织佛教协会机关于闽南,除培育昌明佛文化之新僧外,并编辑现代僧伽定期刊物,流传海内外,作法海之警钟。主编者住在卧佛楼,其期刊唤起多方面注意。普陀寺之卧佛楼为丑山未向,坐高峰而面海。三运建筑外口离方,市内香客及游人来,远从坤方绕至离方入内。演数如下:

闽南佛学院请大名鼎鼎之太虚法师为名誉长,以故远近问化。芝峰、大醒等诸师主持院务,实业界多所赞助,因口子乘旺气，虽庚午、辛未全世界经济萧条时期，亦能应付裕如。辛未年星一到离口，故有文光射斗牛之势。

外口

七 八 二	二 四 七	九 六 九
八 七 一	六 九 三	四 二 五
三 三 六	一 五 八	五 一 四

按：卧佛楼气口在离，向星四绿木在三运为生气，在四运为旺气。再加年星一白水到，不仅水生木，且一四同宫，故名利双收。本文云未坤申三向均忌开午方门、路，言主病讼，大凶，横事败亡，此局却并不如此。

例3. 苏门答腊邦家兰恩埠琼盛号，丑山未向，戊午年三运入宅，双开间楼房，全市场各路洞水、雨水一致集合于该宅之离方，然后入海。大洋中浩瀚之水特朝于该埠之兑口，坎口亦有旺水止蓄。演数如次：

七 八 二	二 四 七	九 六 九
八 七 一	六 九 三	四 二 五
三 三 六	一 五 八	五 一 四

气口

主人张诗政，海南岛文昌市人，多才能重信义，性仁厚好施与，虽在艰难时，亦能慷慨尚义，大度济人。不论亲疏，不存偏见，遇人危机，必尽力相助。见义勇为，扶持地方教育事业，始终不肯落人之后，有显著劳绩，广得人和，中外推崇。从主人住宅坐次观之，其气口一星坤二管事，一切苦乐关系，泰半因此口子。无形可见一大玄空主星，在年月客星益内益外上显露出来：

戊午年，一入中，三到口，克入，顺利。

己未年,九入中,二到口,比和,顺利。

庚申年,八入中,一到口,克出,劳而少获,以慷慨得令名。

辛酉年,七入中,九紫恩星到口,生入,得大胜利。

壬戌年,六入中,八白财帛星到口,比和,增长力量,大胜。

戊辰年,九入中,二到口,比和。琼盛号得到意外奇遇,煤油公司大经理肝胆相照,以张君之能力,多所委任,且不愿其有损失,予之其应得之利润。煤油公司铺筑新路用之大小石卵,均由张承办。张置船两艘,工人在市外招募,海滩藏石卵甚丰,仅此一项年内纯益七千余盾。煤油公司每打一口新井,职员工人均设野外作业,生活艰苦。张君对员工生活甚为体贴,供给满足,故琼盛支店星罗棋布于新油井区。当年向当地政府交息税一千六百盾,在产业界崭露头角。

己巳年,八入中,一到口,犯克出。煤油公司大经理归国,换新经理。其人忌视琼盛号,以各油井区均有琼盛分号得到了大部分权益,于是抑之,琼盛号自然遭大挫折。

庚午年,七入中,九紫火到口,生入。冬至节前,前任煤油公司荷兰经理忽致电琼盛号张诗政,约于勿劳湾海口船上相见,述其新受委任占卑埠煤油公司总经理,邀张到新地开辟新事业。十二月十八日立春以后,琼盛号闭去右间店门,开左间店门,气口在离宫,得到向星四绿旺气。辛未流年一白到离,旺木得水滋培,于事业上必有长足进步之机遇。

按:此局门开酉兑,以本文言,未坤申三向门均忌酉方,主大凶,然此号虽屡受挫,却终回天有术,仍有发展;再次说明,开门关键看向首一星是否得生旺之气,至于方位,并不很重要。

【原文】离宅吊白图(见下面)。

　　　壬向壬门庚甲开,水流辛癸得和谐。

　　　子丑艮门皆不吉,乾亥黄泉惹祸胎。

又一说，行甲辰庚癸门吉。天井宜坦，放癸巽丁庚水吉。乾黄泉，丑八杀，亥气杀，午白虎。井，甲方吉。灶，寅卯戌亥吉。

子向子门辛甲癸，辛寅水路亦佳祥。

若逢丑艮黄泉位，损害人财有祸殃。

又云，行甲壬卯子门吉。天井宜深，放癸坤子乙壬水吉。余同壬。

癸向癸门亦可宗，外门宜乙甲辛宫。

水流甲乙壬方吉，丑艮卯酉四门凶。

又云，天井平坦，放壬乙辛庚坤水，吉。其余同子。

大游年：离伏、坤六、兑五、乾绝、坎延、艮祸、震生、巽天。

离宅丁山癸向，延年武曲司门宅，大门宜开在壬戌，后门开在离，贪生主事，穿宫星壬山如必用坎正门，当开震巽便门或起高屋泄坎杀、生离火,则康宁富贵。

小游年:离伏、坤文、兑巨、乾破、坎禄、艮廉、震贪、巽武。

此星午年入中宫,利寅卯辰巳午年月日时,有气,逢戌年月入墓,忌修造,犯主瘟疫、横祸,九月、九旬、九日应。到坤艮中宫大利,获横财,吉庆。遇天月德、黄道并照,更吉。

巡逻在坎方,武曲延年,遇子年五鬼星到山,犯主瘟疫,杀孕妇。

生气在艮方,禄存祸害,遇丑寅年禄存星到山,修造大利。

死气在震方,贪狼生气,遇卯年破军星到山,修造犯主损三房丁。

善曜在巽方,巨门天乙,遇辰巳年左辅星到山,修造小利。

生气在离方,伏位,遇午年文曲星到山,更天月德并照,修造大利。

死气在坤方,文曲六煞。遇未申年武曲星到山,修造小利。

退气在兑方,廉贞五鬼,遇酉年巨门星到山,忌造作,凶。

杀气在乾方,遇戌亥年贪狼到山,忌造作,犯杀中房。

原书眉批:离山动宅正门对向,一层武金,二层文水,三层贪木,四层廉火,屋宜高大,便门巽宜改低。四层再于震方加造一楼,的主三层木气泄坎水生离,为上吉。

《衍义》云:此宅震巽二方吉,六事皆宜,坤艮虽不能配合,亦略云吉。芒种、夏至、小暑,四十五日离旺,宜修造离宅。

【注解】壬向黄泉在乾,癸向黄泉在艮,所以壬向忌开乾门,癸向忌开艮门。

本文吉凶,是根据八山吊白方位及三合流年飞星来综合判断的。吊白飞星本身已误,三合九星飞星更属支离,二误相并,谬上加谬,岂能为据!其一,吉凶混淆,自相矛盾。先云生气在艮方,当是吉方,既而又云为祸害禄存方,吉又成凶;先云死气在震方,接着又云为贪狼生气方,一生一死,何啻千里;先云巡逻在坎方，既而又云为武曲延年吉方；先云杀气在乾，却又云贪狼到山，贪狼为最吉之星也。其二，修造吉凶颠倒。先是言利寅卯辰巳午年修造，既而又云卯年破军星到山，修造犯主损三房丁。其三，大游年兑方为五鬼凶方，小游年兑方为巨门吉方；大游年坎方为延年吉方，小游年坎方为禄存凶方。其四，刚云此星午年入中宫，既而又云遇午年文曲到山。查三元九星流年表，在一百八十年中，逢午年九紫入中宫或九紫到午山者，没有一年，故与三元九星飞星大相径庭。其五，坐山主静，午即为地盘之山，只有在离方，才能称为离山，若为中宫则非离山，岂能随便由人调来吊去，与理不符。由此可知，本文诸理皆不能为据，更不能为法。举例以说明：

例1. 戊申生，住离宅，午山子向。子方暗到流通壬亥方去，后渐壅塞，应申子辰生人小便受病。戊午太岁都天占山，戊杀飞刃占向，正月游煞在子，三月月杀在子，岁破、灾杀管子方一年，申命与子方三合，小便紧塞，膀胱不能收纳，淋溺胀痛。戊申纳坎第四爻为父，子在坎，坎为水、为胃、为膀胱，并壬亥为小便。己未五黄土克坎水，时刻点滴患疼。庚申二月六白到坎，月德年禄到方，太阳太阴躔照亥壬子方，五星福曜照命度并方位，择吉修方，启淤塞而修通，小便渐愈。

按：原文云午年修造大利，此局却午年患病；原文云申年为死气，卯年月为破军星，修造大凶，此局却在申年卯日中修方而吉，说明原文之说误矣。

例2. 泰国曼谷新王宫西首，叫作斡赖契耶（译即王家寺，寺曰斡，泰王历代遗骨在该寺之狮子塔中，街以寺得名），主僧泰迈古绥敬氏，父华人而母暹产，为混血儿，故天资甚聪敏，有胆略才智。泰前王拉马第六，严格考试全国僧侣，以绥敬氏精通小乘教典，又长于讲才，拔取为僧领袖。泰国南部若干省区内寺院，悉

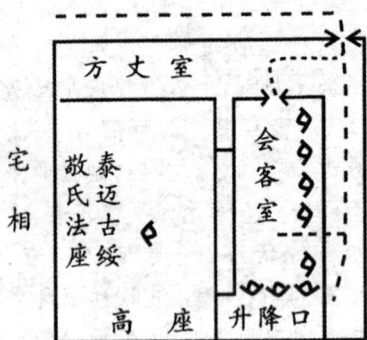

归绥敬氏一人所管,氏在全泰僧众中素有慧辨第一之称号。记者偕净侣若干人,每晚有若干座客陈白法事。岁己巳夏五月下旬某夕,中国籍寄居该市净侣中之庞老居士,有事欲返香港,予等伴往辞行,绥敬氏于会话之顷,忽云:"闻某居士通晓天星,熟知气数,本寺现在渐感经济紧促,不知前途将如何?"记者答曰:"可无虑,此寺供养不绝,尚有十四年希望。"氏更启问曰:"看我命运如何?"答曰:"主持多才干,有福可报,正在本运之中,转眼间好机会将至。"庚午二月惊蛰后,王家寺主僧泰迈古绥敬氏,得到泰王拉马第七之褒状,并连升两级居全泰僧人中之最高职位。王族男女及远近商学军政各界之到寺供奉庆祝者日若干,震动全泰。

该寺主僧方丈室建于上元三运,丁癸兼丑未两度,西首干流为世界著名之湄南河,坐后有支河一条,深深吸入到辰巽巳宫,开阔漾而止。演数如下:(下右为庚午年及其二月飞星图。)

八　七	三　三	一　五
二	七	九
九　六	七　八	五　一
一	三	五
四　二　气	二　四	六　九
六　口	八	四

六　六	二　二	四　四
五　五	年　月 七　七	九　九
一　一	三　三	八　八

　　按：庚午年二月得大名者，气口双一到，与山星四木合一四同宫故。此局丁山癸向，气口在艮，以本文之理，癸向艮门属黄泉凶方，岂有此吉？

　　例3.上海四马路与河南路交点，中华书局总发行所，自东而西约百尺，南北约五十尺，为坐南朝北而东西伸展之横阔地盘，系丙壬午子兼向，适用替星演数。乙卯年营造，丙辰年九月完成，大门向北，位于全宅之中央，转弯楼梯迎门而上，方便门在东首，与商务印书馆成一列，在商务之左方。

　　丁巳年二入中，七到向；次年戊午一入中，六到向，客星七六金泄主星二土之气，故连年不利，招重大损失。丙寅年，又二入中，七到向；丁卯年一入中，六到向，此二年又是客星七六泄主星二土之元气，但此二年仅同业竞争激烈，售价虽低，营业却增，并无重大损失。因艮方四绿旺气，正在吴淞口四十里长流水照之处，又为三叉路口，与三运中四为生气力量不同也。

　　后将坎方之门移于乾方，得一六联珠之气，楼上账房移于坤方，正收艮方四绿旺气；店长室移于乾方，开门艮方，亦收艮方四绿旺气，在四运中颇有飞黄腾达之望。五六运四十年中均吉。

　　按：此局门改乾方为壬向之黄泉；店长与账房门向艮，亦为凶位，但却发迹五十余年，黄泉之说之谬自明。

八 八 二	四 三 七	六 一 九
七 九 一	九 七 三	二 五 五
三 四 六	五 二 八	一 六 四

旧　门　新　门

【原文】以上吊白九局，专为阳宅六事，依法而行，万无一失。以结局山卦入中宫为主，顺布加临为客。又，方白为体，时白为用，体用一源，天地乃动。

原书眉批：八宅书总以大门为主，以乾向开门，则以乾六天五逐层论此。另一论非杨公法也。

【注解】至此，八宅吊白圆图已全部介绍完毕，细思其理，前八宅九星图注中，尚有造命一理可为补龙、扶山取用，而此吊白圆图却无一可取。

其一，所谓吊白入中，忽而取申子辰年一白入中，寅午戌年九紫入中，巳酉丑年七赤入中，亥卯未年三碧入中；忽而又取子年一白入中，或一白到山；未申年二黑入中或到山，卯年三碧入中或到山，辰巳年四绿入中或到山，戌亥年六白入中或到山，酉年七赤入中或到山，丑寅年八白入中或到山，午年九紫入中或到山，与三元九星飞星流年多不尽合，故不能为据。

其二，山头入中吊白之法，效三元九星入中及年月入中吊替之法。但九星为上天之行星，动而变化；年月入中亦为当年当月主管之干支入中，亦轮流变化。而坐山为地，主静不主动，其方即为某山某星，则恒定不移，强将其吊入中宫，有违天动地静之理。

其三，修方吉凶无定。忽而言某年某方宜修造，大吉大利；忽而又言该方不宜动作，犯主大凶。先言某方是杀气、死气之凶方，不宜修造；忽而又言其方为生气，最宜动作。吉凶无常，毫无章法，实难自圆其说。

其四，大游年某方为凶，小游年某方为吉；或大游年某方为吉，小游年其方反凶，相互抵触。为了自圆其说，又云小游年主观外砂。殊不知不论外砂内方，坎方就在坎方，其方吉就以吉论，凶就以凶论，岂有内外一变，吉凶随之即变之理？

其五，建除十二宫以其坐山起建，顺排建除满平、定执破危、成收开闭十二宫，与十二支相配。一则建除法乃选择之术，与风水并无干系；二则风水有二十四山，建除只有十二宫，其余十二山是无建方,况且艮乾坤巽均含二支,何以四生起建而四墓不能起建? 亦缺依据。

其六:穿宫之法,是以进深论,一进为静宅,二至五进为动宅,其宅坐山属何五行,即为何五行,即为何宅,何能以坐山与门相互游年论其五行? 况且古时多建进深数层之宅,今多盖楼房,往高层发展,穿宫之法,已失其作用。

综上所述,八宅吊白图及原注,看似旁证博引,头头是道,其实是东拼西凑,毫无主见,充其量不过是一堆大杂烩,并无可取之处。"万无一失"不过说大话罢了。

论住房主孤绝断诗

【原文】乾坎西南震绝同,坤艮东南离亦逢。

惟有巽山并兑局,东南正北绝同宫。

此大游年看宅吉凶。

乾六天五祸绝延生,巽天五六祸生绝延。

坎五天生延绝祸六,离六五绝延祸生天。

艮六绝祸生延天五,坤天延绝生祸五六。

震延生祸绝五天六,兑生祸延绝六五天。

原书眉批:一左辅、二禄存、三天医、四武曲、五文曲、六贪狼、七廉贞、八破军、九右弼。

【注解】此言八宅大游年绝命。乾中爻变为离,离中爻变为乾,离火乾金不仅相克,且老父、中女不相配。兑中爻变为震,震中爻变为兑,兑金震木不仅相克,且长男、少女不相配;巽中爻变为艮,艮中爻变为巽,巽木艮土不仅相克,且长女、少男不相配;坎中爻变为坤,坤中爻变为坎,坤土坎水不仅相克,且老母、中男不相配。由此,乾宅离方,离宅乾方,兑宅震方,震宅兑方,坎宅坤方,坤宅坎方,艮宅巽方,巽宅艮方互为绝命,若房床井门设于其方,主孤绝。

　　八宅大游年论宅吉凶,兴于明中叶,至清初已逐渐衰落,该书时署明元沙门目讲著,却有明中期及清初内容,当是托名伪著无疑。八宅断宅之法,亦多缺乏义理。可详参《八宅明镜》一书,其理自明。

卷下

论井灶厕畜栏碓磨门路

【原文】凡开池穿井，取贪狼壬癸水出文才富贵聪明之人；武曲庚申水主一家孝义，福寿双全。或就本局生气方及吉星方取水亦吉。最忌关煞方开掘池井，必主疯痨恶疾，以应关煞凶祸。

【注解】修井之法，有以形论者，有以气论者，亦有以方论者，门派甚繁，请参阅《八宅明镜·卷上·井》。

【原文】三元主龙生气方作灶，大吉。犯关煞主目疾、腹痛、刑伤、夭折。厕同。

【注解】作灶之法，因门派不同，方位亦有区别，简介几种于下：

一、八宅作灶法

八宅派把住宅分为东四宅和西四宅。东四宅安灶宜安在西四宅方位上，西四宅安灶宜安在东四宅方位上。其实就是把灶座安在本宅之凶方，灶口则向本宅之吉方。如震宅震方为伏位，巽方为延年，离方为生气，坎方为天医，是四吉方，其余乾坤艮兑四方为凶方，则灶宜安在四凶方而向四吉方。坐乾向巽，是坐五鬼向延年，故名延年灶，主夫妻和睦，福寿康宁。坐西向东，是坐绝命向伏位，主家庭和顺，人口平安。余均同此理。详参本书下册《八宅明镜·卷上》。

二、玄空飞星安灶法

如果催丁，灶宜安在本宅山星挨星之生气方。如果催财禄，则宜安在本宅向星挨星的生气方或旺气方。最忌安在五黄和二黑方，非患病即有丧亡之灾，如果二五为生旺之气则不忌。六白和七赤属金，灶为火，克金，亦宜避免安在挨星六白和七赤之方。最佳坐向是坐三向八，坐四向八，坐八向三，坐八向四，坐八向一,坐三向一,坐四向一,坐一向三,坐一向四。二黑在二运中为"天医星",主催丁、治病,出医生、法官等,可用,余运为病符,均不可用。举例以说明:

例1.某宅,子山兼壬丙,六运造。

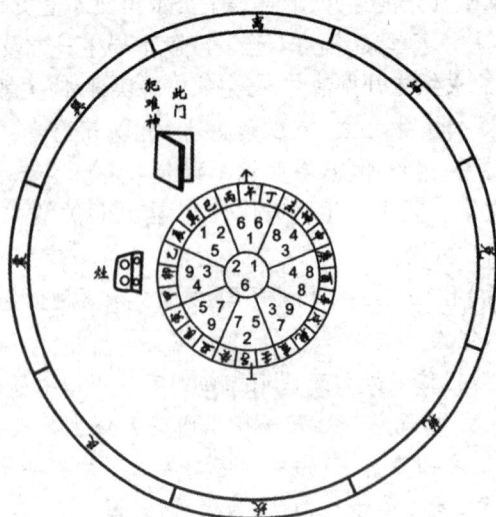

此宅向得六白,双乾到向,乾为阳首,坐子向午,为地画八卦之坎宅,阳六为坎宅生气,金生水也,且合紫微八武同道之妙。便门开震,巽方进内屋,巽方二黑为孤阴,为坎宅之难神。坎宅水也,水被土克,故为难神。再见一白同在巽宫,土克水也。一为魁星,主出读书人,今受土克,故读书将成而病生水亏之症,恐夭天年。

此宅内户门宜开离艮兑三方,合成六七八三般卦,因离得六白旺气也,艮得七赤生气也,兑得八白生气也。次走坤路亦妥,四绿门,四为文昌。切忌走巽门路,巽方是二,主病符,且克坎宅。

　　灶(灶位)为一家之主,此宅灶宜在震方,火门宜向酉,木生火,火生土也。又宜在兑方,火门向震,木生火,火生土也。又宜在坤方,火门向坎,木生火,火生土也。但巽方是宅之病符,坎方是宅之五黄,均宜避。如火门向艮,是火克兑金,主口舌,有肺病血症。如离方名火烧天,主出逆子。明此,可通诸宅之法。

　　按:大凡飞星立灶之法,当以向上飞星为主,火门最宜向木、向土、向水,忌向金、向九紫火方,二黑五黄之方亦不宜。熟读此例,可通玄空立灶之法。

　　例2. 上海小南门外适庐主人姓张,三运建造,二层楼洋房,甚雄丽,壬丙兼子午三度,离方低空,气口在艮角,向首及气口得二一衰退之气,故入宅以后,年年退败。且乾角灶位山星七赤,克山星三四生旺木星,有损丁之忧。其子于民办中学毕业后,不幸于去年病亡。演数如次。

九　六 　二	四　二 　七	二　四 　九
一　五 　一	八　七 　三	六　九 　五
五　一 　六	三　三 　八	七　八 　四　灶

　　按:七赤金在三运中为杀气,灶立杀气之方,克制三木旺气、四绿生气,生旺之气尽受克制,生气为子息,故次子亡。因三木在坎方,坎为仲子,故应次子。

　　例3. 上海老太平弄内协隆药栈,三运丙山壬向,五开间一进两层楼,楼上堆细货,楼下堆粗货,成立案式长方形。丁卯年一白入中,八月月白一入中,三十日八白入中,未时五黄入中,毁于火。该药栈备有烘箱,随时用人力烘燥含湿之药物,得以方便收藏。烘箱本置于宅之北首弄内,是日午刻下微雨,不便在露天行烘燥工作,遂移烘箱于栈之东南角烘之,未几即失火。全栈贵重药品付之一炬,良足可惜。

按：该栈向星九紫后天火到巽方，丁卯八月飞星两个九紫火星到巽方，日辰上七赤先天火又到巽方，全逢其适，火灾遂成不可扑灭之势。《易经》曰："九五穿途，常逢回禄之灾。"又曰："吉凶悔吝生乎动。"凶星所在处，静则无事，一动便凶，气数之发生关系，竟有如此。闻该药栈烘箱曾置巽角，以故往年年月火星到时，已火烧一次，此次火灾为第二遭。演数如下：

烘箱

八 七 二	三 三 七	一 五 九
九 六 一	七 八 三	五 一 五
四 二 六	二 四 八	六 九 四

九七三四	五三八九	七五一二
八六二三	年月日时 一八四五	三一六七
四二七八	六四九一	二九五六

又是日未时五入中，四绿到巽，四绿木于卦属巽，巽为风，风助火势，火借风力，宜至此时而成炎炎难制之势也。

按：烘箱与灶同义，今家多设灶箱、烤箱之类，与灶同看。

例4. 浙江鄞县东乡姜宅，近水朝于离，注于坤。宅是五开间楼房，统宅坐子向午，上元一运造，坤外口，中为堂楼，左右两弄，两部升降机，北邻为平房五间，中为天井，底部第五间最吉，为友人宝裕君住宅。昔住楼上第四间，将近十年，未甚得力，近年迁住楼下第五间，是藏风聚气处，丁禄均进步。裕宅壬申年三月受孕，癸酉年正月添男丁，正月十四日乙巳日未时生，演数如次：

裕君前住第四间楼上，将达十年。升降机在向星九上，灶在山星九上，蹉跎多时，丁禄两不得力。近年迁入下层第五间大气兜收处，既旺禄，又益丁，灶在山星四上，催丁速而子息旺。去年壬申三月,年月四九金生向上气口一六水,安然受孕。今年癸酉正月,年月三八木受向上气口一六水之生,佳儿安然出世。

癸酉正、十月须大破欢喜财。灶在妹间之艮方,宅命中二黑土掩九紫日月星,其妹目病可虑。四月年月八二到艮,妹先发眼病,传染多人。灶在裕君住所之东,宅命七金克四木,去年四月,年三月六到灶间,六金又克三木,木属肝火,肝火一动,涉及眼目,裕君之家,去年四月,有天然发生赤眼病之可能,且颇严重,以灶间一日多次发火故。照数推算,该宅次子当于丁丑正月受孕,三子辛巳三月受孕,口子上均逢联星出入,定产佳儿。

按:此局以灶间推各户吉凶,极为有理,参此可悟灶之吉凶。

此外,常见的还有幕讲大师立灶法、魏青江论厨灶方向等,请参阅本书下册《八宅明镜·卷上·作灶》。

本书云,厕所吉凶与灶吉凶相同,此论实在不敢苟同。厨灶乃最洁净之方,关乎人之生命,当宜在山向之生气方、旺气方或辅佐之方。而厕所乃最污秽之所,二者绝不能相提并论。纵观风水各派,从无一派言二者吉凶相同者。

一、八宅派论厕所吉凶

八宅派认为,厕所宜设在祸害、五鬼、绝命、六煞四凶方,这样就可以压住凶气。如乾宅,六杀在坎方,五鬼在震方,祸害在巽方,绝命在离方,厕所就设在坎震巽离四方为吉。又如坎宅,五鬼在艮方,绝命在坤方,祸害在兑方,六杀在乾方,故厕宜设在艮坤兑乾四方。总之东四宅厕宜设在西四宅之位,西四宅厕宜设在东四宅之位。

二、《阳宅撮要》安厕吉方

乾是天门莫作坑，亥壬戌位损畜牲。

甲乙丙丁辛丑吉，若安子地损田桑。

癸艮酉庚不吉利，巽辰损丁招是非。

寅卯巳未坤损女，吉地午位旺蚕桑。

申位失火休冒犯，时师仔细自推详。

三、玄空飞星法安厕

其法亦宜将厕所安在山向飞星休囚之位或凶煞之位，切忌安在当运旺气方、生气方。亦忌安在一四、四一、一六、六一之方，因一、四、六为文曲、魁星等文明之星，若秽厕安于此，会影响一个人的声誉。举例以说明：

例1. 浙江天台山万年寺，七百里来龙，三十里逆流，九龙交会，大气上蓄。该寺为培育宏化人才用之禅堂，癸丁兼丑未四度，四运修整，演数如次。

一　八 三	五　四 八	三　六 一
二　七 二	九　九 四	七　二 六
六　三 七	四　五 九	八　一 五

（厕所）

当运旺星到山到向，宅命向上，东首厕所压住二七火星，非但于禅堂无碍，且压下无名，由忍力增益定力。西首大殿太高，也有人坐禅不得法而致身弱成病。幸后有高峰，目下三年内，发大道心人，精心修持道业，当成不少望重当时之人。

按：此宅命四运立，七赤杀气到震，且二七合先天火，为至凶之方。妙在此处立厕，压下杀气，压下无明之火，既益禅堂，又益修禅之人，此厕之吉也。

例2. 无锡北乡高桥口北首，下梅泽郑巷左首巷尾，有小庵一所,名祖师庵,坐丑向未兼艮坤五度,三运立命。中元首运丁卯孟冬毁于火,村人寄存之寿器多具悉被焚毁。翌年由乐善之家施资修理,己巳年十一月又失慎起火,幸未成巨灾。演数如次。兼数过度,用替卦。

八 一 三	四 六 八	六 八 一
七 九 二	九 二 四	二 四 六
三 五 七	五 七 九	一 三 五

厕所

寺左卯乙方水口,因农田筑坝关系,来水甚急,成向右逆流之新势力,该寺火劫与水口急流上成不解缘。主僧某以一六方坑厕,致丑名远扬,遭地方上人之鄙弃,幸善交际,未遭屏逐。法嗣无人,百计设法无效,一天一走。午丁有小三叉水冲射,寺后稍远之浩大照水,望见水光。

按:此寺屡遭火劫,卯乙方水口二七九先后天火堆聚。法嗣无人者,山星旺气四绿,生气五黄方均有水聚冲射,山管人丁,山星落于水为下水故。主持丑名远扬者,厕压一六魁星之方故。此厕安之凶例。

此外,本书下册《八宅明镜》第101面和376面均论述了坑厕吉凶,请参阅。

【原文】凡造畜圈马厩,亦宜取贪狼星方与生旺星方则吉。最忌破军位与关煞方,犯主六畜贼偷、兽残、瘟耗。安碓磨亦宜吉方,忌关煞方。

【注解】六畜宜忌,古法很多,简介数种如下:

一、魏青江论六畜方位吉方

陆终子星宿论,牛忌丑方,马忌午方,猪忌亥方,羊忌未方,鸡忌酉方,犬忌戌方,因其为本命方,不可犯,犯则凶,且不利宅主。

邵康节卦象,牛属坤土,忌卯木方。马属乾金,忌午火方。驴骡属震木,忌申金方。鸡属巽木,忌酉金方。鹅鸭属坎水,忌辰戌丑未土方。羊属兑金,忌巳火方。猪属坎水,忌辰土方。猫属寅木,忌兑金方。犬为艮土,忌寅木方。鱼属离火,忌亥水方。以克制不可犯,犯则不利于本畜。乾高旺马,坤高旺牛,艮高旺犬,巽高旺鸡,坎高旺猪,离高旺鱼蚕,兑高旺羊,此二十四山皆同者,即一畜所宜,方位亦甚多,可在各宅内取用之。

生气方作栏圈,血财不旺。灶向申酉,猫犬惯走。宅水不清,猫犬不享。戌方作厕,猫犬尽亏。寅门凹风,犬疯逃走。砂赤损畜牲,气散无收拾,两边高压总无成。四墓风生,难养畜牲。步脚下再垫小石,败六畜。楼梯单步吉,双步不旺六畜。牛飞廉方犯煞,损牛畜。忌犯刀砧方,六畜尽废。血刃方安畜栏,畜必遭戮。六白离,九紫乾,犯主损马。天井聚水蚕不实。左右砂头多破缺,养蚕自消灭。

右首昂,六畜繁昌。山似鱼跳滩,牲畜旺盛。瓠瓜砂来抱向,血财年年大旺。卧蚕山见千般旺,蜂蚕六畜旺。左臂山高强,马旺,或屋、或树木亦然。右臂山高,猫犬欢,多树林,犬肥壮,恶狗盗难当。

二、郭景纯六畜金镜定局

歌曰:一德之宫宜养马,三台位上定猪方。

牛屋奇罗为上善,羊逢紫气定局强。

贪狼位上安鸡鸭,太阳六畜最宜良。

虎豹狐狸最不吉,更兼血刃大难当。

刀兵连及刀砧杀,六畜见之定灭亡。

只此便为金镜位,世人畜养自商量。

如一养鸡场,卯山酉向,下元七运造。分析:

1. 旺山旺向,坐满朝空大利。

占方　坐山　神煞	坤乙兑丁巳丑艮丙震庚亥未 十二山	乾甲申子辰癸巽辛寅午戌壬 十二山
刀兵	凶 占壬丙方	凶 占甲庚方
刀砧	凶 占子午方	凶 占卯酉方
紫气	吉 占癸丁方	吉 占乙辛方
一德	吉 占丑未方	吉 占辰戌方
虎豹	凶 占坤艮方	凶 占乾巽方
狐独	凶 占寅申方	凶 占巳亥方
贪狼	吉 占甲庚方	吉 占丙壬方
太阳	吉 占卯酉方	吉 占子午方
豹狼	凶 占乙辛方	凶 占丁癸方
三台	吉 占辰戌方	吉 占丑未方
坐山奇罗	吉 占乾巽方	吉 占坤艮方
定局血刃	凶 占巳亥方	凶 占寅申方

2. 门路水宜兑乾二方,忌离坤震坎方。

3. 巽艮二宫、山、向、运、元旦盘递生,有水最吉。

退气 六一 六	佐煞 一五 二	煞 八三 四
旺气 七二 五	生气 五九 七	旺气 三七 九
退煞 二六 一	生气 九四 三	生气 四八 八

此养鸡场后有一小溪,自巽方来,由震艮坎至乾消出。溪后是小冈埠。因鸡属巽木,最忌西金,故兑方不宜动,路宜开亥方或巽巳方,亥方为生气,巽方一六化水生巽木故。鸡栏宜分布于巽、坤方,其方挨星一六、三四、八九,均利鸡;饲料搅拌机安震方,山星七为旺气。此养鸡场基本如法配置,故每年均获利。

六畜宜忌《通书》中还有许多稀奇古怪的神煞,如前所云牛飞廉、刀砧、血刃杀、净栏杀等,简介几种如下:

净栏煞:子年巳午方,丑年午未方,寅年未申方,卯年申酉方,辰年酉戌方,巳年戌亥方,午年亥子方,未年子丑方,申年丑寅方,酉年寅卯方,戌年卯辰方,亥年辰巳方。

四季净栏煞:春巽、夏坤、秋乾、冬艮。

羊净栏煞:正、五、九月丙与壬,二、六、十月丁与癸,三、七、十一月在甲庚,四、八、十二月乙与辛。

按:以上诸杀,《通书》各有不同,且有牛、马、鸡、猪、羊之分,仅供参考。

牛飞廉:子丑年月在辰,寅卯年月在午,辰巳年月在申,午未年月在戌,申酉年月在子,戌亥年月在寅。又一说:子年在午寅,丑年在卯,寅年在子辰,卯年在酉亥,辰年在午子,巳年在卯丑,午年在子申,未年在酉,申年在午戌,酉年在卯巳,戌年在子午,亥年在酉未。

刀砧杀:寅卯辰月亥子日、方,巳午未月寅卯日、方,申酉戌月巳午日、方;亥子丑月申酉日、方。

血刃:子年在戌,丑年在酉,寅年在申,卯年在未,辰年在午,巳年在巳,午年在辰,未年在卯,申年在寅,酉年在丑,戌年在子,亥年在亥。

另还有牛胎、牛皇杀、马胎、马皇杀、羊胎、猪胎、天瘟、受死、瘟星入日、惊走日、倒栏煞等许多古怪神杀,名目达数十种,有兴趣者可参考《通书》。

至于六畜吉凶,各家有彼此相同者,亦有相互抵触者,惜古例甚少,无法考证。此外,《佐元直指·八卷·六畜栏栈厩》亦论述了六畜吉凶,可参阅。

安碓磨之法虽各书均有其方,但如今基本无用,故不注解。

【原文】凡门路开置本宅关煞凶方,祸不可言。此方或通邻人往来,主百祸相侵;或被他家门路冲射凶方,亦主灾非重叠。

【注解】所谓关煞方,以本书之理论,即朝向之方。如乾宅以巽方为关煞,坎宅以离方为关煞,艮宅以坤方为关煞,震宅以兑方为关杀煞是。因以山头之星入中,五黄必飞临向上故。但此说与前八宅吊白图所注又自相矛盾。如坎宅吊白图云,丙向宜丙门、丁门,午向宜午门、丁门,丁向宜丁门、丙门。坎宅以离方为关煞,丙午丁皆属离卦,是反宜在关煞方开置门路。又如震宅吊白图所注云,庚向庚门最吉,酉向酉门、庚门、辛门为太阳照临,辛向正辛门为爵星,均为最吉之门。余各宅均大致相同,皆出尔反尔。

宅被他家门路冲射主非祸一句,深合形法之说,理气却有区别。如果冲来之门路,在杀气、退气、死气之方,主发灾祸;若在当运旺气或生气方,反主速发富贵。《八宅明镜·卷上·门路》一节对各派门路宜忌做了详细介绍,请参阅,下面仅举一关煞例。

宅　相

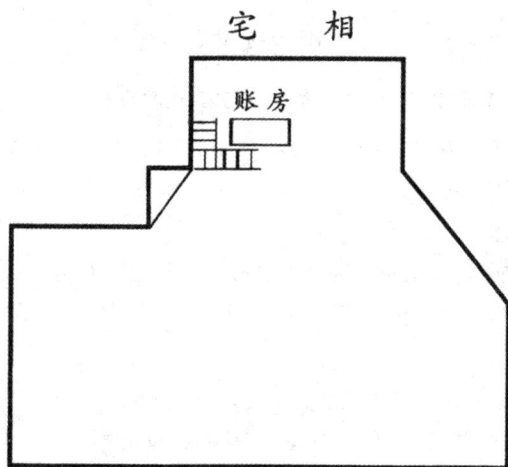

七　六 二	二　二 七	九　四 九
八　五 一	六　七 三	四　九 五
三　一 六	一　三 八	五　八 四

泰国曼谷曜华叻街道生栈，旅社中之响牌。为办理华侨入境事项有名旅社团中之一员。开业于上元三运初年，宅向坐丑向未兼癸丁五度，其宅相口窄而腹部及后部甚宽大，类乎稳瓶式。前方为二层楼，后为三楼，生意旺盛，有头二三等客房百数十间，常常住满，其水陆有两路宾至如归之盛况，演数如次。

泰国华侨以潮州人占大多数，全泰商界多在华人手中。华侨商界多经营食品和日用百货，颇受当地民众欢迎，华侨对泰国的开发和经济发展作出了巨大的贡献，道生旅社则在其中起了积极的作用。

按：此局门开正向，以本文论为关煞方，说明关煞之论无验。

论生气吉方

【原文】大要以中宫星为主，再看生克在何方，以知吉凶。生中宫为生气星方，中宫生者为退气星方，克中宫者为杀气星方，中宫克者为死气星方，与中宫比和者为助旺星方，即一气流通之说。

原书眉批：如震山宅墓，中宫不可动，或势不能已，查九紫或一白更好司局月份，便可修平。如乾兑二山以二黑为生气，殊不知吊在震土，被木克少力。凡杀退气到中宫，不可修祖茔，修中房。

【注解】原文之意，是以中宫之星与各方吊白之星的五行生克判断吉凶，即前八宅吊白图。原眉批则误解其意，注为修方中宫不可动，曰"震山宅墓，中宫不可动"。其解有误，如果住震宅，三碧木入中,三碧即震,犯中宫是犯太岁,修造动土宜慎重,尚合其意。若八白入中,一白入中,九紫入中,与震宅并无关联,何以震宅忌修?然入中之星若为当年太岁,修时必须谨慎,若犯凶煞,必主凶祸。其法各派有异,略作简介:

一、玄空飞星派认为,当运旺星、生气星入中宫,宜修作,当运辅佐之星,生中宫山向飞星入中宫,亦可以修作。当运杀气之星入中宫,泄中宫飞星之星入中忌修作,五黄大煞入中宫最忌。如果五黄为生旺星时,亦不忌。

二、天星选择修方认为,天德、月德、禄马、贵人等吉星入中可修造,若九良星、丘公杀、九良煞、戊己大煞等入中宫忌修造,真太岁入宫亦忌修作中宫。如果必须修造时,可用制伏太岁,制伏九良星等方法择吉用之。

例:己巳年,丁酉生人,以癸卯为金章、科甲、文曲、文魁、催官贵人,十一月到中宫。己巳岁君以庚午为正禄,文曲、金章、天禄、威胆星亦十一月到中宫,此为岁命禄贵两相随,共镇中宫,宜修造,且工在十一月告竣,方获吉福。若延至十二月,则戊己重刃、叠血、大小刃、夹煞都天加来,与坐山金度与主命冲克,立见灾祸。

《象吉通书》又云"八宅法山向中宫并无凶煞,惟正向大门微有凶神",是言中宫并无神煞。古时论修作吉凶,多有冲突。如有云"太岁头上不可动土",是言太岁之方绝不可修,又有专修太岁旺方一说等,故宜慎重使用。

【原文】凡人家开生气方门,行生气方路,穿生气方井,食生气方水,造生气方碓,挖生气方厕,造生气方栏,愈造愈旺,愈修愈吉,慎勿轻忽,以兹百祸。

【注解】本文所云生气方,即以坐山所属紫白之星入中飞吊九星,何方之星生中宫之星,何方就是生气方。八宅乾兑为金,震巽为木,坤艮为土,离为火,坎为水。这样乾兑之宅就有二方为生气方,离宅也有二方为生气方,坎宅也有二方为生气方。而震宅、巽宅及坤宅、艮宅均只有一方为生气方。若照本文之论,把住房、大门、路、井、灶、厕、碓磨、牛圈、马厩、羊栈、猪栏、鸭栖等均作在这个方位,而其他方空空荡荡,此宅将成何体统? 故此论不可信。至于门、路、井、灶及六畜等宜忌,可详参前注。

修造迁移论

【原文】凡迁居、葬坟、造屋,俱宜本宅生旺方,主君子加官禄,庶人进横财,或九十日、或二百日、周年应。如误犯本宅关煞凶方,主损宅长,次伤小口。更值天罡河魁关煞年月日时,其应尤速,主飞灾横祸,火盗官刑,或于关煞凶方开张市肆,亦招盗劫官非,急宜迁改。或本吉方犯年月日时之凶,急宜报工;或他家作犯本宅,亦须报工。

原书眉批:如九紫值年,离山宅墓,八白到巽泄气,用此。五黄司局,月建巽调本宫,克艮生离,大吉。余仿此。

如子山午向,坎宅,二黑到巽为杀,不可修附。若紫白得八白局,吊兑到巽,则年土生月金,反利。

【注解】迁移、修房或造房,需要离开原居处者是。此时不仅居住之人要离开原居住处,香火、灶火也须搬移,风水修造中又叫作避宅出火。其移居方向主张居于杀方,而修造之方却为生旺之方,但必须避开本命之星方。诸通书中均有避宅出火神煞宜忌及吉凶选择,可参考。

修造:修造是阳宅中非常重要的问题,因派系不同,其修方要求也有区别,这在以后诸选择书的注解中会详细论及。这里只把《钦定协纪辨方书》中有关修造的内容简介如下,使大家对修作有个简单的了解。

一、论开山立向与修山修向不同

凡鼎新开居，倒堂竖造，皆谓开山立向，则单论开山立向吉凶神，至年与月之修方凶神，俱不必论。修主原有住屋，欲于屋后修造，谓之修山，不名开山，则忌开山凶神，兼忌修方凶神也。向上凶神，除太岁、三煞二者外，其余不必论矣。住屋前修造，谓之修向，不名立向，则忌立向凶神，兼忌修方凶神也。坐山凶神，除岁破、三煞二者外，其余不必忌矣。若所修之处前后还有屋，则又兼中宫凶神论。

修山修向修方，看与修主住房利否。如于住房不利，又欲急修，则宜避宅别居，俟完工后入新宅可也。既避宅而去，则止论山向空利，而方道与中宫神煞皆可不拘。修方神煞，年家则以三煞、岁破为最，打头火、天地官符次之。月象以大月建、小儿煞为最，飞官官符、独火次之。凡修山修向者，必须兼避方煞，惟新开山立向者，不论方煞也。

修山而忌三煞在向者，盖三煞在向亦凶，必俟休囚之月乃可修山也。修向而忌三煞、岁破在山者，盖山既大不利，则向亦不利也。

二、论修山

凡修方先定中宫，于中宫下罗经，格定所修之方属何字，先查此字何年可修，次查何月可修，然后择吉日与方生合则吉。

方之必不可修者，曰本年戊己方也，岁破方也，太岁到方而带戊己、打头火、金神也。月家则大小月建、小儿煞也，此皆必不可犯者也。至月家之丙丁火及飞官之打头火、天地官符次之，有制可修。

方之可修者有三种。一曰空利方，本年无甚大凶煞占方，亦无甚吉神到方，但择吉月吉日以修之，亦自平稳。二曰修吉神方，或太岁方而带吉不带凶也（必要八节之三奇到），或三德方。如甲年六月，则岁德、天德、月德会于六甲方也，年天喜方也（子年酉,丑年申,寅年未,卯年午,辰年巳,巳年辰,午年卯,未年寅,申年丑,酉年子,戌年亥,亥年戌)。次之则年月三台土曲方也(即平字),青龙官国方也(即开字),极富谷将方也(即危字),魁罡显星方也(即定字),月家之金柜方也,本年之窍马方也,此皆年月之吉方也。又或本命之禄马贵人方也,本命食禄方也。又或本命之贵人、禄马飞到方也。此三者乃本命之吉方也,必年月之吉方又合本命之吉方,择吉日修之,则无不吉也。

择吉日之法如何?曰:吉方宜扶不宜克,扶则福大,克则无福,年家与此方或三合局,或一气局,又必此方旺相之月,则诸吉当权,修之自然发福。然修吉方必不叠紧要煞方可。盖吉不宜克,而煞又要克,二者不可并行也。若不紧要之煞,则不必论也,方吉命吉,自然降伏矣。三曰修凶煞方,除戊己、岁破及太岁带凶者不修外,其余皆可制而修也。

三、论修方兼山向及中宫

修方亦有分别。不问正向横向,但在后不作住房而止作书室下室者,则止论修方,而开山立向之吉凶不必论也。若在后欲作住房,则以开山立向为主,而兼修方论,必山向利方向又利乃可修也,此论甚确。盖虽修方而欲作正寝,则是其宅以所修之屋为主房,故即同开山论。今人修方不论后面是住屋闲屋,一概论方不论山向,大失古人之旨。

四围有屋,则中间之屋皆名中宫,太岁在向及戊己煞占山占向,则中宫终年不吉,不可修。月家大月建、小儿煞、打头火占中宫,亦不可修也。

月家飞宫天地官符入中宫,若年月紫白、三奇在中宫,或本命贵人禄马贵人飞入中宫,则可修也。

凡修中宫,忌戊己日,盖中宫本属土,又用戊己日,则助起土煞,不吉也。若辰戌丑未日,尤忌戊己日。

论　报　工

【原文】凡修造犯本山关煞及年月魁罡凶方,或他家犯凶方,必须报工。法在本家凶方,合年月飞白吉星、天月德、贵禄马、太阳、库楼,黄道诸吉并临方所报之,化凶为吉。(库楼图具《佐玄》)

【注解】飞白、天月德、太阳见前注。

贵:天乙贵人,解释见本书上册《郭氏元经·二遁贵人篇第六》。

贵人为吉神,可解诸凶。又一说,冬至后用阳贵有力,夏至后用阴贵有力。取冬至阳生,夏至阴生之意,亦合义理。

一人于甲子年六月修作坤未方,以月建辛未入中,调阴贵丁丑到方。丑冲未,未到丑,有司审判不利,后得枭救免,此贵人可解刑冲也。又一未命人,甲子年五月修作乾戌方,调辛未贵人到方,戌刑未命,后有官讼得邻眷解释,此贵人可解三刑也。

禄:十天干之禄位,临官之方者是。因临官方盛,帝旺太过,禄命家以临官为禄,帝旺为刃,是言临官吉于帝旺,因旺过则衰也。所以禄就是帝旺旺前之一位,即甲禄在寅,乙禄在卯,丙戊禄在巳,丁己禄在午,庚禄在申,辛禄在酉,壬禄在亥,癸禄在子。禄为临官之方,若近小之事,可以勿论,远大之事,必须参照。

本文所说之禄,不仅是指其方,还要明白飞天禄的取法,即以月建入中宫,顺布月令,该年之禄飞临何方,何方就是飞宫禄方。于是又有了十干飞宫禄之方。如甲年正月,丙寅入中,甲木禄在寅,中宫就是甲年正月的禄位,请参阅本书上册《郭氏元经》第213面的表。

马:驿马,请参阅《郭氏元经·年马命马篇第四十七》。

注意:贵人、禄位均从年天干看,驿马则以年支看,不要混淆。

《通书》曰:"马到山头人富贵,禄到山头旺子孙,若逢禄马一同到,千祥百福自骈臻。"《选择宗镜》曰:"禄马贵人,山方并吉。

在本遁内者有力,遁外次之。"

例1.庚申主命,以戊寅为阳贵(按:此法第一句为甲戊兼牛羊,第五句为庚辛逢马虎,即庚日以寅为阳贵,午为阴贵),正马在申。子年正月修艮方,以丙寅月建入中,调戊寅到艮,艮寅同宫,戊土长生在寅,贵马到本位,谓之守宫。月建丙寅是月德,在中宫为赦德,中宫不动土,不为克犯。修艮方,除上旬外,遇中旬修之大吉。下旬寅申相冲,停止不动作。庚命天干金旺在酉,其年八月有科甲、文曲等吉在本甲内扶助,当年登科,连捷入第。

例2.丙戌生,马丙申,于丙寅年四月初八(小满后第六日)至十八日(卯时芒种)修寅方。癸巳月建入中,丙申到艮寅方,下元寅木被申金刑冲在太岁头上,本年天金神方,四月天官符加庚寅方,虽丙申为命马,大受冲克,冲动寅方诸杀,丙申是本月劫杀、天官符,遇庚金凶神带刀,在本甲内其方受天克地冲,官非灾祸,宅主痰火咳嗽,死而复生。盖巳月丙火得令,丙以癸巳为禄,尚克制庚金之杀,丙火生于寅,故不得死。庚申金属肺,被火冲克,主咳嗽痰火。仅岁干丙与命干丙以四月癸巳为正官,癸巳长流水司令,交冬月水旺,其病始愈。若当月上中旬修丑艮方始吉,盖丙申火生丑艮土为进气。故凡寅申巳亥,处在下旬管事,选用日辰干支,不可与本方冲克,必须生助比和,兼得日时星宿得垣入庙、地德天光契合乃吉。

按:由此可知,禄马贵人亦有吉凶之分,选用时必须慎重,不可一概为吉。

库楼:下劫帝星,见《佐玄直指·库楼星定局》。

黄道:详见《郭氏元经·黄黑二道篇第六十二》。

应当强调的是,黄道本是从地球上看到的太阳运行轨道,开始并无吉凶之说,后来慢慢演变才与吉凶联系起来,至于是否真有吉凶之应,还需更多证明。

报工:误犯各类凶煞之方后,引起凶灾,重新择吉日修犯之凶方,使其由凶变吉,叫作报工。因所误犯的神煞不同,所以报工择吉亦不同,简介如下:

一、报人丁

男取报天干,女取报地支,各从《璇玑》起例,寻太阳、太阴、玉兔、金乌为旺人星,吉。其法各以命主六壬行年与太岁反复相加,求胜光、神后二星同命所在之地,择雷霆太阳,开休生三门,喜神并临,立生贵子。凡报金乌太阳方主生男,玉兔太阴方主生女。男合雷霆合气太阳,女用青龙太阴。

又法:人家频生女者,择金乌方理之,可报男也。

二、报散讼

阳官符报官人,阴官符报干德,乃天官符也,地官符报之亦可,但不及报本命官符,或阴贵阳德会合,自然散讼。本命禄马到方,因讼得财。又得阴阳各遁元官,必主灾害永息。

三、报瘟疫

应报天瘟方。其煞正、六月在坎,二、九月在震,三、五月在艮,四、十月在坤,七、十一月在乾,八、十二月在离。

凡报天瘟,须择天恩所在之处报之,亦喜天月二德及天喜报之。择天恩日,切忌本年入中,吊本命所在之方,不可轻报。

四、报金乌(修方催嗣)

人丁衰弱报金乌,贪巨文廉次第迎。

金匮行年加四吉,立生贵子绍箕裘。

金乌星例:子年贪起乙辰,丑年贪起甲卯,寅年贪起艮寅,卯年贪起癸丑,辰年贪起壬子,巳年贪起乾亥,午年贪起辛戌,未年贪起庚酉,申年贪起坤申,酉年贪起丁未,戌年贪起丙午,亥年贪起巽巳。

其法以贪狼加其位顺布,遇太阳,金乌为吉。

金乌顺序:贪狼、巨门、太阳、禄存、文曲、廉贞、武曲、玉兔、破军、金乌、左辅、右弼。

五、报鬼贼

中为鬼路鬼侵欺,报犯须当寻乙奇。

五虎符头寻克制,超神得局吉多宜。

鬼贼日:正月一日、三月三日、四月五日、五月三日、六月三日、七月五日、八月五日、九月十日、十月三日、十一月九日、十二月七日。

六、报太岁

极虐无道太岁星,犯之人物不安宁。

太阴到位君方报,岁贵加临福自增。

所谓太岁即三元紫白所轮之处,复入替宫寻之,谓真太岁,犯之大凶。如水太岁杀火命人,木太岁杀土命人等,的不虚假。他吉不能压别,报须候太阴到所犯之方,会太岁贵人诸吉修之,可转凶为吉。

太阴所临:子年戌、丑年亥、寅年子、卯年丑、辰年寅、巳年卯、午年辰、未年巳、申年午、酉年未、戌年申、亥年酉。

《郭氏元经》一书中还有"报官符""报宅灾""报火血"等篇,均可参看。金乌太阳修报之说,详见选择诸书注解。

太岁飞宫生克宜忌法

【原文】凡兴造或修中宫或方向,须以当年太岁入中顺寻八方,看太岁生气方,大利修造。如太岁辛卯,纳音木,将辛卯入中宫,壬辰乾、癸巳兑,壬辰、癸巳长流水,水能生木,乾兑二方乃太岁生方,修造大利。甲午艮、乙未离,甲午、乙未砂中金,金能克木,乃太岁杀方,凶。丙申坎、丁酉坤,丙申、丁酉火,泄太岁木,坎坤亦凶。戊戌震,己亥巽,二属木,与太岁比助,修之吉。余仿此,推生克以知吉凶。

原书眉批：以纳音生助太岁为吉。

【注解】纳音：将十天干和十二地支相配，六十次相互配完。其五行既不论天干正五行，亦不论地支正五行，或以其数相论，或论五律相生而成的五行，叫纳音五行，亦有叫六十花甲五行者，请参阅本书上册《璇玑经》第456面。以纳音五行入中之法而论飞宫，除本书外很少见他书使用。细究之，本书既用山头吊白之法，就应以紫白为主，此纳音五行，必与山头吊白相抵触。如本文所举辛卯年，辛卯木入中，壬辰、癸巳水到乾兑为生气，如果为坤宅，当以二入中，三碧木到乾，四绿木到兑，为二黑宅之杀气，是以生气论？还是以杀气论？如果合参，则是水生木，杀气益盛又何能修作乎？

大凡犯太岁之说，古时用法有二。一是以本年年支为太岁之方，子年在坎，丑寅年在艮，卯年在震，辰巳年在巽，午年在卯，未申年在坤，酉年在兑，戌亥年在乾，此地盘一定之太岁，千年不移。子年修坎，丑寅年修艮，卯年修震，就是犯太岁。由地支太岁又演变出飞宫太岁，法以月建入中，顺布月令，当年岁支之月令飞入何宫，何宫就是飞宫太岁之方。如辛卯年，以卯木为太岁，正月修造，庚寅入中，辛卯飞乾，乾方就是飞宫太岁之方，其凶与地盘一定太岁同。另一种方法是以紫白九星论。如辛卯年，年星三碧入中，三碧为震卯，震方就是当年地盘太岁。飞宫太岁则以每月月星入中，年星飞临何方，何方就是飞宫太岁之方。如辛卯年三碧入中，庚寅月修作，该月八白入中，九紫到乾，一白到兑，二黑到艮，三碧到离。离方就是辛卯年三碧入中之飞宫太岁。其凶与犯太岁同。

《选择宗镜》曰："太岁，君也，坐之吉，向之凶，冲破坐山故也。四柱八字合之吉，冲之克之凶，以臣犯君故也。叠紫白、三奇、禄马、贵人等吉星则极吉,得君行道,膏泽及民也。叠戊己、年克、阴符、大煞等凶星则又极凶,众凶有籍,依势作孽也。故太岁或在山,或在方,审其叠吉而不叠凶,则以四柱合之,或一气,或三合局,造葬移徙,其福大而且久,非诸吉星可比也。必要八节三奇,太阳紫白,诸吉同到,本命贵禄临之尤妙。曾文辿曰:'吉莫吉于修太岁,凶莫凶于犯太岁。'太岁所在宜造葬,宜移徙,宜补葺,皆修也。不可拆毁,不可挖窖开池,皆犯之。"

《通书》云,凶方怕叠太岁,怕太岁对冲,怕太岁三合其方,则皆大凶,不然不甚为祸也。盖岁君之力极大,吉星必藉其力方能作福,凶星必藉其力方能作祸。吉方宜动,不修动,决不作福。凶方宜静,不修动亦不作祸。惟年纳音所克之方,虽凶亦无害己,为太岁所制故也。

《钦定协纪辨方书》云:"太岁为岁君,吉星会于坐山乘旺固吉,然不得已而修作,葬事可也。若兴造之事,本属可缓,行险侥幸,未必得福,不如其勿犯也。《通书》有用月日纳音克太岁纳音之说,益属无理。至可坐不可向则不易论,盖向太岁则坐于岁破矣,虽有吉星不能解矣。"又按:"坐太岁固吉,而亦有不同。如子午卯酉年,太岁与大煞同位,三煞与岁破同方,则坐之亦不吉。"

按:纳音之方克太岁之方为制伏太岁之说不可信,纳音之方生太岁为吉之说亦不可信,故本文以纳音五行论风水吉凶,失其义理,不可取。

但亦有不忌太岁者。蒋大鸿《天元五歌》云:"浑天宝照候天星,此是杨公亲口诀。不怕三煞太岁神,阴符空亡俱抹杀。年克压命有何妨,退气金神皆乱发。"玄空飞星以星运为重,以神煞为轻。重视地盘一定之太岁,轻飞官之太岁。若太岁方为生旺之方,为吉,宜修作。为死气、退气之方忌修作,凶。若飞星为五黄则尤凶,万不可修。有关太岁的解说请参阅《郭氏元经·太岁一星篇第二十一》。

例 1. 见本书上册第 113 面所举"巳命,坎宅犯巽"例。

按:上元乙卯四绿入中,四绿在巽,巽方为本宫太岁。十月八白入中,九紫到乾,一白到兑,二黑到艮,三碧到离,四绿到坎,故坎方为飞宫太岁。该月动作坎巽二方,本宫与飞宫太岁均犯,故凶。

例 2. 姜姓,辛酉生,住亥山屋,震方一屋山尖冲射,余见令避之,姜弗听。到癸卯年,太岁值震,冲克本命,正月岁破辛酉临方,彼昏不知,犹在太岁头上升高屋脊。六月丙寅天官符、病符到方,三合亥卯未,白虎堆黄,土官符合冲辛酉,忽于未日亥时,本房右山壁倾倒伤足,跛不可救,悔恨何及。

按:此即犯岁支地盘太岁之方例。

例 3. 甲寅生,乙卯年,十月初八辛卯日修甲乙方催生。盖甲寅命宫取木星为禄神、福星、科名、爵星、赫文,极能催生发福,催官进禄,解散一切灾祸。修方动造,木日木星躔心五度,谓之木星镇临地盘甲上,即木星正值甲寅生命干支之上。本日太阳躔心三度,即将心三度加在地盘寅时三刻或卯时初一刻,此为木星太阳照元宫主,即于甲方修造,本月天德在乙,月德在甲,天道东行,宜修造东方,刻期取效为最速。六十一岁十月修方,六十三岁八月生子。

按:甲乙隶震,癸卯年太岁即卯震,修其方而获吉,是宜修太岁方也。

从以上例可见,均无以纳音入中论各宫相生者,其吉凶或以天星论,或以紫白飞星论,均以太岁居方吉神合局方为吉,宜修;太岁居凶煞聚集处则凶,不宜犯动。亦当灵活取用,并无死法。

天元身运起白例

【原文】欲说三元通利年,男人三九六宫迁。

女命当推二八五,男顺女逆布周天。

上元一十起三碧,二十起四绿;中元一十起九紫,二十起一白;下元一十起六白,二十起七赤;零年逐位推。如修造宅舍,先推行年值紫白,吉可兴工。再以所值之星入中宫,顺飞八方,若得三白九紫并年月日时之紫白皆到所修作之方,尤为大利。

【注解】此又一紫白入中法。男命上元甲子三碧入中顺行,女命上元甲子二黑入中逆行。

男命:

上元:一十年甲子起三碧,二十年甲戌起四绿,三十年甲申起五黄,四十年甲午起六白,五十年甲辰起七赤,六十年甲寅起八白。

中元:一十年甲子起九紫,二十年甲戌起一白,三十年甲申起二黑,四十年甲午起三碧,五十年甲辰起四绿,六十年甲寅起五黄。

下元:一十年甲子起六白,二十年甲戌起七赤,三十年甲申起八白,四十年甲午起九紫,五十年甲辰起一白,六十年甲寅起二黑。周而复始。

女命:

上元:一十年甲子起二黑,二十年甲戌起一白,三十年甲申起九紫,四十年甲午起八白,五十年甲辰起七赤,六十年甲寅起六白。

中元:一十年甲子起五黄,二十年甲戌起四绿,三十年甲申起三碧,四十年甲午起二黑,五十年甲辰起一白,六十年甲寅起九紫。

　　下元：一十年甲子起八白，二十年甲戌起七赤，三十年甲申起六白，四十年甲午起五黄，五十年甲辰起四绿，六十年甲寅起三碧。周而复始。

　　紫白年九星之法，本是上元甲子起一白，中元甲子起四绿，下元甲子起七赤，但本书又平空多出三种方法。一是三合九星入中之法，如申子辰三合水局，水为坎，为一白，故申子辰年均以一白入中，飞布九星论吉凶。二是山头吊白入中之法。如申属坤卦，为二黑，故申年以二黑入中飞布九星论各方吉凶。此则又一种方法，如上元甲申年男命以五黄入中，飞布九星论各方吉凶；女命则以九紫入中飞布九星论各方吉凶。三种方法相互抵触，彼凶此吉，实在令人无所适从。且均无义理，实属巧立名目，好事者虚撰妄造，无一可取。大凡九星入中，只以三元九运为准，余皆非。

五生命人须忌白中杀

　　【原文】金命人忌九紫火，木命忌六白金，水命忌八白土，火命忌一白水。此皆取三白吉星论之。

　　原书眉批：即三白吉星不可克命，况黄黑手。

　　【注解】麻衣先生《三元选择歌》第三十五句云："白中有杀少人知，临死却求医。"三元九运中以一白、六白、八白、九紫为吉神，所到之方宜修造兴工。但如果本命受紫白所克，吉星反变为凶星。如本命为九紫火命，逢一白水到修方，一白水克九紫火者是。由此则：

　　一白水命忌八白土到修方，三碧、四绿木命忌六白金到修方，九紫火命忌一白水到修方，六白、七赤金命忌九紫火到修方。因紫白中没有木星，故二黑、八白土并无白中杀。

年月日时白星起例（并图）

【原文】年家白星起例。

上元甲子起一白，中元四绿却为头。

下元七赤兑方是，逆寻年分顺宫游。

三元年白之图

大清康熙二十三年甲子是上元	大清乾隆九年甲子是中元	明天启四年甲子是下元									
			甲子	乙丑	丙寅	丁卯	戊辰	己巳	庚午	辛未	壬申
			癸酉	甲戌	乙亥	丙子	丁丑	戊寅	己卯	庚辰	辛巳
			壬午	癸未	甲申	乙酉	丙戌	丁亥	戊子	己丑	庚寅
			辛卯	壬辰	癸巳	甲午	乙未	丙申	丁酉	戊戌	己亥
			庚子	辛丑	壬寅	癸卯	甲辰	乙巳	丙午	丁未	戊申
			己酉	庚戌	辛亥	壬子	癸丑	甲寅	乙卯	丙辰	丁巳
			戊午	己未	亥申	辛酉	壬戌	癸亥			
一白	四绿	七赤	中	乾	兑	艮	离	坎	坤	震	巽
二黑	五黄	八白	乾	兑	艮	离	坎	坤	震	巽	中
三碧	六白	九紫	兑	艮	离	坎	坤	震	巽	中	乾
四绿	七赤	一白	艮	离	坎	坤	震	巽	中	乾	兑
五黄	八白	二黑	离	坎	坤	震	巽	中	乾	兑	艮
六白	九紫	三碧	坎	坤	震	巽	中	乾	兑	艮	离
七赤	一白	四绿	坤	震	巽	中	乾	兑	艮	离	坎
八白	二黑	五黄	震	巽	中	乾	兑	艮	离	坎	坤
九紫	三碧	六白	巽	中	乾	兑	艮	离	坎	坤	震

【注解】按：原书文与图表分开排版，为使大家容易看懂，现将文和图表排在一起，月家、日家亦如此，特说明。

三元紫白，又称"九畴遁甲"，据古人说是最具威力的一种择日法及风水吉凶判断法。唐时曾任国师的丘延翰说："诸家年月多讹舛，惟有紫白却可凭。"曾文辿说："禄到山头主进财，从外压将来。马到山头进官职，要合三元白。贵人与白同旺相，贵子入庙堂。六白属金秋月旺，紫火春夏强。一八水土旺三冬，立见福禄崇。"一行禅师云："紫白所到之方，不避太岁、将军、大小耗、官符诸凶，惟不能制大月建而已。亦不避宅长一切凶年，并不能为害，惟不能制天至四旺杀而已。"杨筠松也说："千工万工，须求年白；百工十工，须求月白。"均言紫白在修造中地位之重要。

　　古人有的认为，"紫白"是九种地磁器。有人认为，公元前一千五百年前，北斗七星共有九颗，紫白九星据此理而来。公元前一千五百年后，因地轴之偏移，其中的两颗星离开了恒星圈。也有人认为，紫白九星是根据北斗七星加上左辅、右弼二星而来，其说很难统一。但古人取紫白为吉，并非无谓。六白位乾，为天门枢纽，于时为开；一白位坎，为阳气初生之地，于时为休；八白位艮，为成始成终之方，于时为生；九紫位离，为向明出治之地，于时为景，故《奇门遁甲》以此四方为吉，而紫白之理亦同。

　　古人以六十年为一元，三元为一周。前六十年称作"上元"，中六十年称作"中元"，后六十年称作"下元"，也有称上元甲子，下元甲子者。因为星有九颗，而每元六十年，六十除以九不能除尽，而一百八十年除以九正好除尽，故以一百八十年为一周。也有认为一百八十年正好太阳系九星排成一字状，故以一百八十年为一周。

　　天启是明代皇帝熹宗的年号，康熙是清圣祖年号，乾隆是清高宗年号。该书署名为元幕讲禅师撰，却用二百余年后的年号历法，是该书为托名所著又一明证。

　　【原文】月家白星起例。子午卯酉年正月起八白，辰戌丑未年正月起五黄，寅申巳亥年正月起二黑。

　　　月家白法不难求，正月顺寻一白头。
　　　四孟巽宫四仲兑，四仲之年逐次游。

假如寅申巳亥年是四孟年,正月一白在巽,二黑在中,三碧在乾之类。二月一白在中,三月一白在乾,每月过一宫。余类推。

月白之图

子午卯酉年 正月八白 二月七赤	正月 十	二月 十一	三月 十二	四月	五月	六月	七月	八月	九月
辰戌丑未年 正月五黄 二月四绿	七月	八月	九月	十月 正	十一月 二	十二月 三	四月	五月	六月
寅申巳亥年 正月二黑 二月一白	四月	五月	六月	七月	八月	九月	十月 正	十一月 二	十二月 三
○ 一 白	兑	艮	离	坎	坤	震	巽	中	乾
● 二 黑	艮	离	坎	坤	震	巽	中	乾	兑
● 三 碧	离	坎	坤	震	巽	中	乾	兑	艮
● 四 绿	坎	坤	震	巽	中	乾	兑	艮	离
● 五 黄	坤	震	巽	中	乾	兑	艮	离	坎
○ 六 白	震	巽	中	乾	兑	艮	离	坎	坤
● 七 赤	巽	中	乾	兑	艮	离	坎	坤	震
○ 八 白	中	乾	兑	艮	离	坎	坤	震	巽
○ 九 紫	乾	兑	艮	离	坎	坤	震	巽	中

【注解】这段原文说明了求月家紫白的两种方法。第一种求每月的入中之星,法以年支分三元,子午卯酉年为上元,该年正月八白入中宫;辰戌丑未年为中元,该年正月五黄入中宫;寅申巳亥年为下元,该年正月二黑入宫。其入中之星每月递逆一位,均顺布九星。见下表:

入中之星 月令 年支	正月 十	二月 十一	三月 十二	四月	五月	六月	七月	八月	九月
子午卯酉	八白	七赤	六白	五黄	四绿	三碧	二黑	一白	九紫
辰戌丑未	五黄	四绿	三碧	二黑	一白	九紫	八白	七赤	六白
寅申巳亥	二黑	一白	九紫	八白	七赤	六白	五黄	四绿	三碧

　　第二种方法则是求每月一白所在之方，即寅申巳年正月一白在巽方，辰戌丑未年正月一白在坎方，子午卯酉年正月一白在兑方。每月递逆一位。见下表：

一白方 / 月令 / 年支	正月 十	二月 十一	三月 十二	四月	五月	六月	七月	八月	九月
子午卯酉	兑	艮	离	坎	坤	震	巽	中	乾
辰戌丑未	坎	坤	震	巽	中	乾	兑	艮	离
寅申巳亥	巽	中	乾	兑	艮	离	坎	坤	震

　　年月紫白不仅是择日的重要依据，且是玄空飞星断阳宅每年每月吉凶的重要依据，所以定要熟练掌握，万勿差误。

　　【原文】日家白星起例。

三元日白顺局图

冬至 小寒 大寒 立春	雨水 惊蛰 春分 清明	谷雨 立夏 小满 芒种									
			甲子	乙丑	丙寅	丁卯	戊辰	己巳	庚午	辛未	壬申
			癸酉	甲戌	乙亥	丙子	丁丑	戊寅	己卯	庚辰	辛巳
			壬午	癸未	甲申	乙酉	丙戌	丁亥	戊子	己丑	庚寅
			辛卯	壬辰	癸巳	甲午	乙未	丙申	丁酉	戊戌	己亥
			庚子	辛丑	壬寅	癸卯	甲辰	乙巳	丙午	丁未	戊申
			己酉	庚戌	辛亥	壬子	癸丑	甲寅	乙卯	丙辰	丁巳
			戊午	己未	庚申	辛酉	壬戌	癸亥			
一白	七赤	四绿	中	巽	震	坤	坎	离	艮	兑	乾
二黑	八白	五黄	乾	中	巽	震	坤	坎	离	艮	兑
三碧	九紫	六白	兑	乾	中	巽	震	坤	坎	离	艮
四绿	一白	七赤	艮	兑	乾	中	巽	震	坤	坎	离
五黄	二黑	八白	离	艮	兑	乾	中	巽	震	坤	坎
六白	三碧	九紫	坎	离	艮	兑	乾	中	巽	震	坤
七赤	四绿	一白	坤	坎	离	艮	兑	乾	中	巽	震
八白	五黄	二黑	震	坤	坎	离	艮	兑	乾	中	巽
九紫	六白	三碧	巽	震	坤	坎	离	艮	兑	乾	中

日家白法不难求,二十四气六宫周。

冬至雨水及谷雨,阳顺一四七中游。

夏至处暑霜降后,九六三星逆行求。

　　如冬至后甲子为上元,起一白,乙丑二黑。雨水甲子为中元,起七赤,乙丑八白。谷雨甲子为下元,起四绿,乙丑五黄。并顺布,求值日星入中宫顺行。

　　夏至后甲子为上元,起九紫,乙丑八白。处暑甲子为中元,起三碧,乙丑二黑。霜降甲子为下元,起六白,乙丑五黄。并逆布,求值日星入中逆行。

三元日白逆局图

夏至 小暑 大暑 立秋	处暑 白露 秋分 寒露	霜降 立冬 小雪 大雪									
			甲子	乙丑	丙寅	丁卯	戊辰	己巳	庚午	辛未	壬申
			癸酉	甲戌	乙亥	丙子	丁丑	戊寅	己卯	庚辰	辛巳
			壬午	癸未	甲申	乙酉	丙戌	丁亥	戊子	己丑	庚寅
			辛卯	壬辰	癸巳	甲午	乙未	丙申	丁酉	戊戌	己亥
			庚子	辛丑	壬寅	癸卯	甲辰	乙巳	丙午	丁未	戊申
			己酉	庚戌	辛亥	壬子	癸丑	甲寅	乙卯	丙辰	丁巳
			戊午	己未	庚申	辛酉	壬戌	癸亥			
九紫	三碧	六白	中	乾	兑	艮	离	坎	坤	震	巽
八白	二黑	五黄	巽	中	乾	兑	艮	离	坎	坤	震
七赤	一白	四绿	震	巽	中	乾	兑	艮	离	坎	坤
六白	九紫	三碧	坤	震	巽	中	乾	兑	艮	离	坎
五黄	八白	二黑	坎	坤	震	巽	中	乾	兑	艮	离
四绿	七赤	一白	离	坎	坤	震	巽	中	乾	兑	艮
三碧	六白	九紫	艮	离	坎	坤	震	巽	中	乾	兑
二黑	五黄	八白	兑	艮	离	坎	坤	震	巽	中	乾
一白	四绿	七赤	乾	兑	艮	离	坎	坤	震	巽	中

　　【注解】原文起例诀出自《宝海经》,较难懂,兹另介绍一诀:
修造星辰且要知,三元日白最为奇。

冬至阳生前后节,顺行甲子一官移。

雨水便复七官起,谷雨还从四绿推。

阴生夏至九宫逆,处暑前后三碧是。

霜降六宫起甲子,顺逆分明十二支。

有是何星会值日,移入中宫顺逆分。

因为冬至节一阳生,阳气顺行,所以冬至前后甲子日起一白顺行。一花甲为一元,一元为六十天,一个节气约十五天,四个节气共六十天,正好一元,所以过四个节气又是甲子,故雨水前后甲子日起七赤。再过六十天四个节气,谷雨节前后甲子日起四绿。三元均一日一宫顺推,然后将值日之星移入中宫,顺布八方,看紫白在何宫,即何方宜动作。如下元丙寅日用事,下元属谷雨前后甲子,其甲子日为四绿入中,乙丑日五黄入中,丙寅日即六白入中,则七赤到乾,八白到兑,九紫到艮,一白到离,则该日紫白居中宫、兑、艮、离四方,所以,该日修造中宫、兑方、艮方、离方为吉方。

夏至节一阴生,阴气逆行,所以夏至前后甲子日起九紫,逆行九星。一花甲为一元,一元为六十天,一个节气约十五天,四个节气共六十天,正好一元,所以过四个节气又是甲子,故处暑前后甲子起三碧。再过六十天,四个节气,霜降节前后甲子日起六白。三元均一日一宫逆推,然后将值日之星移入中宫,顺布八方,看紫白飞何宫,何方即宜动作。如夏至前后丙寅日,夏至为上元,甲子日九紫入中,乙丑日八白入中,丙寅日则七赤入中宫,八白到乾,九紫到兑,一白到艮,二黑到离,三碧到坎,四绿到坤,五黄到震,六白到巽,该日紫白居乾兑艮巽四方,所以该日宜修作此四吉方。

【原文】时家紫白起例。

时家白法更精微,须知二至与三元。

冬至三元一四七，子酉宫中须布子。

夏至九六三星逆，九星挨巽震排之。

顺逆两边如日例，戌丑亥寅一般施。

如子午卯酉日，冬至后子时起一白，丑时二黑顺行；夏至后子时起九紫，丑时八白逆行。辰戌丑未日冬至后子时起七赤，丑时八白顺行；夏至后子时起三碧，丑时二黑逆行。寅申巳亥日冬至后子时起四绿，丑时五黄顺行；夏至后子时起六白，丑时五黄逆行。

原书眉批：凡居宅不能无凶方，但使贪巨武辅四方位房屋高大为主，则禄破廉文自不能为祸。如生气降五，延制六，天欺绝，伏位压祸害，即所谓"一曜当权，群凶退避"是也。

生气降五鬼，延年制六杀，天医欺败绝，伏位压祸害。

布定年月日时白星图局于左，以便查览。

（说明：原书是将年月日时图集中排在此句话之后，为了方便阅读，本书整理者将年月日时的图没有排在一起，特说明，故此处只有时白之图。）

三元时白之图

冬至用	夏至用	子午卯酉日	子酉	丑戌	寅亥	卯	辰	巳	午	未	申
		辰戌丑未日	午	未	申	酉子	戌丑	亥寅	卯	辰	巳
		寅申巳亥日	卯	辰	巳	午	未	申	酉子	戌丑	亥寅
一白	九紫		中	巽	震	坤	坎	离	艮	兑	乾
二黑	八白		乾	中	巽	震	坤	坎	离	艮	兑
三碧	七赤		兑	乾	中	巽	震	坤	坎	离	艮
四绿	六白		艮	兑	乾	中	巽	震	坤	坎	离
五黄	五黄		离	艮	兑	乾	中	巽	震	坤	坎
六白	四绿		坎	离	艮	兑	乾	中	巽	震	坤
七赤	三碧		坤	坎	离	艮	兑	乾	中	巽	震
八白	二黑		震	坤	坎	离	艮	兑	乾	中	巽
九紫	一白		巽	震	坤	坎	离	艮	兑	乾	中

【**注解**】时紫白飞星为什么每隔三日均相同？因为一天有十二个时辰，三天共三十六个时辰。紫白只有九星，一天多三个时辰，三十六个时辰正好除尽，从第三十七个时辰开始，时辰与紫白重新相逢，所以每隔三天，紫白九星重复一次。

冬至后阳气渐生，所以甲子日子时起一白顺行。至乙丑日子时，正逢四绿，至丙寅日子时正逢七赤，所以冬至后子午卯酉日子时皆起一白，辰戌丑未日子时皆起四绿，寅申巳亥日子时皆起七赤。如大寒乙丑日丑时用事，大寒属于冬至后，丑日子时起四绿，丑时则五黄入中，六白到乾，七赤到兑，八白到艮，九紫到离，一白到坎。如此乾艮坎离四方为该日该时紫白方，修此四方主吉庆。

夏至后阴气渐生，所以甲子日子时起九紫，逆行九星。至乙丑日子时正逢六白，至丙寅日子时正逢三碧，所以冬至后子午卯酉日子时皆起九紫，辰戌丑未日子时皆起六白，寅申巳亥日子时皆起三碧。如小暑丁卯日未时用事，小暑属夏至后，故子时起九紫，丑时起八白，寅时起七赤，卯时起六白，辰时起五黄，巳时起四绿，午时起三碧，未时起二黑。故以二黑入中宫，则三碧到乾，四绿到兑，五黄到艮，六白到离，七赤到坎，八白到坤，九紫到震，一白到巽。如此离、坤、震、坎四方为该日该时紫白方，修此四方主吉庆。

紫白之法，虽为选择修方正法，但各家用法略有区别，亦有日时紫白不分阴阳遁者，不论夏至前还是夏至后，均以子午卯酉日子时起一白，辰戌丑未日子时起四绿，寅申巳亥日子时起七赤。玄空飞星的取紫白法虽与此相同，但断修方吉凶并非以三白九紫为吉，而是以当运旺气、生气方为吉，杀气、退气方为凶，特予说明。

白中杀图

【原文】凡修造必先遁紫白到其方,更须有气,则福重,无气减福。又当避入墓等杀,所谓白中有杀少人知。

杀方＼九星　杀名	九紫	一白	二黑	三碧	四绿	五黄	六白	七赤	八白
六捷杀	戌	辰	辰	未	未	辰	丑	丑	辰
暗建杀	离	坎	坤	震	巽	中	乾	兑	艮
受克杀	坎	中坤艮	震巽	乾兑	乾兑	震巽	离	离	震巽
穿心杀	坎	离	艮	兑	乾		巽	震	坤
交剑杀							兑	乾	
斗牛杀		震巽				震巽	震巽	震巽	震巽

【注解】六捷杀:九星五行入墓之方。如一白属水,水墓在辰,故一白飞入辰方为六捷杀。又如三碧为木,木墓未,所以三碧飞临未方为六捷杀。余类推。

暗建杀:九星本宫伏吟之处。如九紫到离方,八白到艮方是。《秘集》云:“犯必损人,此杀最烈,紫白、太阳、太阴俱不能解。先杀宅长,次杀子孙。”又名“大月建”。

受克杀:九星飞临所克之宫。如一白飞入离宫,水克火;六白金飞三碧之方,金克木皆是。为主弱客强之象,受其所克故也。

穿心杀:九星飞临对冲之方,又名反吟。如七赤金临三碧木方,四绿木临六白金方等皆是。

交剑杀:六白金临七赤金方,或七赤金临六白金方是。因金即剑,剑即金,二金相交,如两剑相交之状,有争锋肃杀之象。逢之多争斗、劫掠。

斗牛杀:三碧木与二黑土相逢者是,主官刑、争斗之事。

例1.右塘湾莲社,癸丁兼子午五度,照耶稣教堂式,屋顶向左右泻水,九大架进深,宽约三丈,深约八丈,中元四运建筑。演数如次,用替星推算。

↑

一 八 三	五 四 八	三 六 一
二 七 二	九 九 四	七 二 六
六 三 七	四 五 九	八 一 五

此宅向星当旺,前有横河界气,离方无直达通路,在四运中经济虽可无忧,但不大旺。后方通路,有左右房屋界气,且有一里多长来水远照,中元五运中,可许大发财禄。

庚午年清明、谷雨期内,发生冲突,闹大是非,主持易人,分裂为两派。因年星七入中,三到坎,月星六入中,二到坎,三二斗牛到后方气口及动路上、照水上。又佛座设于前三架,后方六架动力大,吃重在后方。又念佛人通常多由后方出入,故见吉见凶,越有力量。

辛未年白露、秋分期内,又在酝酿交涉。此时年星六入中,二到坎,月星七入中,三到坎,又是二三斗牛杀到后方活动处,至九月初二打佛期即发作。一死小儿,有人置社门前,地保出场,向社索重价,大费唇舌。

壬申二月初一至初八日打佛期开光,请慧融和尚主持并运动来者皈依,征取皈依费,逐日到者二三百人,初五六七尤拥,几无插脚之地,收入甚丰。此时年星五入中,一到坎,月星一入中,六到坎,一六合先天水,立法者得大名声。

例2.苏门答腊邦卡兰思思埠,为近十年内煤油源头陆续发现后之新市场。其地有琼侨陈君学锡,精于机械制造,在煤油公司中供职多年,颇尽其长,为荷人所重视。一旦起图自立,脱离关系,在新市场中谋独立自营事业,可惜机运未熟,累遭失败,但学识道德进步甚著。记者甲子秋、庚午夏两到思思,君无日不在座,倾诚问道,且时常出所闻见,贡献于记者。一日云,火水山某地有一观音寺,菩萨甚灵应,富商豪贾,为得益故,争先施资,建造庄严殿宇。寺为子山午向,上元二运创立,演数如次:

八 五 一	三 一 六	一 三 八
九 四 九	七 六 二	五 八 四
四 九 五	二 二 七	六 七 三

其地大洋水旺于艮方,香火向来不落寞,至近年益旺。但贴近有坎方来水,缠到乾坤泻去。丁卯年孟秋,寺中香火使与其地不规之友人因财起衅,口争不已,继以拳足,再后铁血相见,倾刻之间,杀伤多人,此为何因?丁卯年一入中,孟秋二入中,年二月三到乾方,年六月七到坎方,月黄月破又到艮方照水上,所以发生此项凶事。

按:斗牛杀、交剑杀为飞星玄空断宅吉凶的重要依据,生动活泼,甚合易理。但其方必须有形或动气相应方符本义,如无动气,亦为平安。此即"吉凶悔吝出乎动"之理。

修方要诀

【原文】作山不忌太岁,修方最忌太岁。凡修方先看本山命星所到方隅,切忌动作,犯主杀宅长。如坎山,吊一白到是。余仿此。

再看杀星所在方隅,切忌动作,犯主杀宅长。如坎山吊二黑、八白到方,是为土克水也。余仿此推。又看不犯本山墓绝否,犯主杀宅长。其要诀:先查山头白杀星到何方,次查三元年头白杀星到何方,又查月白杀星到何方,以知避趋。假如上元壬子年,本宅是乾,欲修离方。本年中宫起七赤,顺轮八白乾,九紫兑,一白艮,二黑离,土能生金,此方修之吉。又如九紫到离,即上文本山所到方隅。

又如上元癸丑年,中宫起六白顺轮,一白到离,二黑到坎,三碧到坤,并是杀星。(一白到离,水克火也;二黑到坎,土克水也;三碧到坤,木克土也。)离坎坤三方皆杀星吊到,切忌修造。(即上文杀星所临之方。)

原书眉批　忌修中宫年月:壬寅年正十一月,辛卯年二月,庚辰年三月,己巳年四月,戊午年五月,丁未年六月,丙申年七月,乙酉年八月,甲戌年九月,癸亥年十月,壬子年十一月,辛丑年十二月,以上皆真太岁入中宫,忌修造中宫,大凶。共十二年。

【注解】原文"九紫到离,即上文本山所到方隅"句有误。原例是举乾宅,乾方为六白,所以本山命应是六白所到之方。如壬子年七赤入中,六白到巽,巽方为本山命星所到之方,非九紫到离,故更正。

喜宜 山方	本气	进气	财气	一白	六白	八白	九紫
坎水山	冬月	秋月	夏月		秋月		夏月
坤土山	四季月	夏月	冬月		秋月		夏月
震木山	春月	冬月	四季月	冬月		四季月	
巽木山	春月	冬月	四季月	冬月		四季月	
中五土	四季月	夏月	冬月	冬月			夏月
乾金山	秋月	四季月	春月			四季月	
兑金山	秋月	四季月	春月			四季月	
艮土山	四季月	夏月	冬月	冬月			夏月
离火山	夏月	春月	秋月		秋月		

本文所举的杀星例,非以本山吊白论,而是以飞星与地盘之宫五行论生克。如一白到离,飞星一白为水,离方为火,飞星水

克地盘火是。又如二黑到坎，二黑属土，坎官属水，土克水故。即以飞星五行与本山论生克，则不必再论地盘之官五行；即以地盘五行与本山论生克，则不必论飞星五行；二者相互矛盾，致使无法取用。如上元乙丑年修离宅，该年九紫入中宫，一白到乾，二黑到兑，三碧到艮。三碧为九紫火之生气，但飞星三碧木又克地盘艮土为杀气，是生气与杀气相互矛盾，无法取用。故此法在实例中也很少见人使用。

本山墓绝方及本气、进气、财气、紫白方，详见上、下表。

避忌\山方	退气	绝气	墓气	一白	六白	八白	九紫
坎水山	春月	四季月	辰月			四季月	
坤土山	秋月	春月	辰月		秋月		
震木山	夏月	秋月	未月		秋月		夏月
巽木山	夏月	秋月	未月		秋月		夏月
中五土	秋月	春月	辰月		秋月		
乾金山	冬月	夏月	丑月	冬月			夏月
兑金山	冬月	夏月	丑月	冬月			夏月
艮土山	秋月	春月	辰月		秋月		
离火山	四季月	冬月	戌月	秋、冬		四季月	

三元按剑杀例

【原文】一白入中不作坎，二黑入中不作坤，

　　　　三碧入中不作震，四绿入中不作巽，

　　　　五黄入中，不能作乾坤艮巽，

　　　　六白入中不作乾，七赤入中不作兑，

　　　　八白入中不作艮，九紫入中不作离。

【注解】一白即坎，一白入中，一白就是当年太岁，坎方为

本宫地支太岁,所以作坎方就是犯太岁。二黑即坤,二黑入中,
二黑就是当年太岁,坤方为本宫地支太岁,所以作坤方就是犯太
岁。三碧即震,三碧入中,三碧就是当年太岁,震方为本宫地支
太岁,所以作震方就是犯太岁。余义同。此为正理,又叫暗建杀。

月建起黄道修方诀

【原文】月建属九星,以黄道为大吉,犯白虎治明堂,犯天牢
治玉堂,以此伏彼,能消灾迎福。

　　　　建为青龙用为头,除是明堂黄道游。
　　　　满为天刑平朱雀,定为金匮吉神求。
　　　　执为天德真黄道,破为白虎危玉堂。
　　　　成为天牢坚固杀,收为玄武盗贼愁。
　　　　开为司命真黄道,勾陈为闭主徒流。

【注解】司命即子,勾陈即丑,青龙即寅,明堂即卯,天刑即
辰,朱雀即巳,金匮即午,天德即未,白虎即申,玉堂即酉,天牢即
戌,玄武即亥。其中司命、青龙、明堂、金匮、天德、玉堂为
六黄道,余为六黑道。黄道方为吉,黑道方为凶。

邵泰衢曰:“黄道明星十二神,异其名为二十四龙雷一也。
一吉一凶,天狱,凶也。而字误为岳,不知即是建除满平,定执破
危,成收开闭也。今人以除危定执成开为黄道,建破平执满闭为
黑道。除即明堂黄道,破即白虎黑道,皆相合。独青龙之建以为
黑道者,雷公之凶误之也,以天岳之黑道曰黄道者,雷公之凶误
之也。”

建除十二神乃建除家择吉之法,《考原》曰:“月建十二神除
危定执成开为吉,建破平收满闭为凶,《历书》所谓建满平收黑,
除危定执黄,成开皆可用,闭破不相当。”由此可见,本书所择吉
凶乃借用历家选择之法,且不尽合,故很少见人使用。

三元选择歌（麻衣先生著）

【原文】人家起造并修作,选用须斟酌。

吉星贡福祸星灾,年月日时排。

先课行年家长命,吉凶分明定。

进宫吉宿退宫方,方见有灾殃。

【注解】家长:所谓家长者,即宅主。如果宅中老父主事,则以宅父出生年月日时为主。如果宅父去世,宅母主事,则以宅母出生年月日时为主。如果宅父去世,宅母虽在,但由长子主事,则以长子出生年月日时为主。总之以家中主掌家务之人的出生年月日时为主,其修方不能与其命相克相冲,宜取其命禄马贵人所到方修作为吉。《钦定协纪辨方书》中有“论相主”一节,即论述此义,本书下册《八宅明镜》第491面已介绍,请参阅。

按:根据家长八字选时造命,乃阴阳宅风水中最高层次,应仔细研究。但本文以家长年柱为主之说,此为古法,清时虽亦重年,但日主同重,有“造命取年干支为命主,日干支为日主,亦不可废时、月”之说,魏青江选择即年月日同重,可详参前例。

进宫:进气,亦为印绶。如坎水山,金生水,秋季过后即冬季,故以申酉年月为进宫或进气。

退宫:退气,亦为食神、伤官。如坎水山,水生木,水旺于冬季,冬季过后即春季,故以寅卯年月为退宫或退气。

【原文】天地阴阳并日月,五行分明别。

三元根本最为精,五兆要相生。

相克对冲家破败,只此为灾怪。

相生灾鬼逐爻分,父母及儿孙。

【注解】爻:《易经》中有“—”阳爻和“--”阴爻,每卦由六爻组成。每爻之五行与本卦五行论生克,即生本卦五行之爻为印绶,又称父母爻;克本卦五行之爻为官鬼爻;本卦五行所克之爻为妻财爻;本卦五行所生之爻为子孙爻;与本卦五行比和者为兄弟爻。此即本文父母、儿孙、官鬼逐爻分之意,如乾卦:

<table>
<tr><td>— 壬戌</td><td>父母</td></tr>
<tr><td>— 壬申</td><td>兄弟</td></tr>
<tr><td>— 壬午</td><td>官鬼</td></tr>
<tr><td>— 甲辰</td><td>父母</td></tr>
<tr><td>— 甲寅</td><td>妻财</td></tr>
<tr><td>— 甲子</td><td>子孙</td></tr>
</table>

乾卦属金,其卦爻应从下往上数。第一爻子水,金生水,是乾金所生,故为子孙爻。第二爻寅木,金克木,是乾金所克,故为妻财爻。第三爻辰土,第六爻戌土,土生金,生乾金本卦,故为父母爻。第四爻午火,火克乾金,故为官鬼爻。第五爻申金,与乾金比和,所以为兄弟爻。

知道了六爻中官鬼、父母、子孙、妻财、兄弟之爻,则根据其坐山立于何卦、何爻来判断何亲之吉凶,一般风水家多以二十四山之五行来与本坐山五行生克来论。如乾山,乾属金,坤艮土生金,为父母;兑金与乾金比和,为兄弟;震巽二方木被金克,为乾山之妻财;坎方之水为乾金所生,为子孙;离方之火克乾金,为官鬼。若修方宜修父母、兄弟及妻财方为吉,修官鬼及子孙方为凶。但仕途中人,修官鬼方亦吉,惟宜修正官方,忌修七杀方。

【原文】且论积算三元祖,九曜传今古。

连珠遁甲替宫飞,一一要君知。

年月日时四课上,仔细看体样。

忽然紫白一时加,方道实堪夸。

【注解】九曜:紫白九星。

连珠遁甲:并非《奇门遁甲》,而是以年、月、日、时之星入中,飞布八方,求年、月、日、时紫白飞临之方。如上元丁卯年、壬寅月、庚午日、壬午时。上元丁卯年七赤入中宫,八白至乾,九紫到兑,一白到艮,二黑到离,三碧到坎,四绿到坤,五黄到震,六白到巽。壬寅月八白入中宫,九紫到乾,一白到兑,二黑到艮,三碧到离,四绿到坎,五黄到坤,六白到震,七赤到巽。庚午日七赤入中宫,与丁卯年飞星同。壬午时亦七赤入中宫,与年日飞星同。从以上年月日时飞宫可以看出,年、月、日、时均八白至乾,九紫到兑;月令则九紫到乾,一白到兑。乾兑二方不论年月日时,均为紫白并临,所以该年、该月、该日、该时修作乾兑二方为吉。

【原文】吉时有气方为吉,九紫三白位。

凶星值旺一时凶,黄黑总皆同。

吉凶为尔分明说,切怕临墓绝。

五行中有筹箭杀,逐一要分别。

刑杀若临伤暴厄,本命为端的。

白中有杀少人知,临死却求医。

六捷杀惟看四墓,辰戌丑未处。

三年两载祸频频,退败又伤人。

【注解】筹箭杀:暗建杀,参前注。

刑杀:详见《郭氏元经·审刑害篇第八》。

【原文】太岁一星名最恶,莫教侵犯着。

破家瘟火事无休,夫妇女人忧。

【注解】太岁:有两种,以干支论,即当年流年地支之方为本宫太岁。以当年月建年入中,调当年太岁地支所临之方,为飞宫太岁。紫白法则以当年入中之星为太岁,以月建紫白调当年太岁之星所临之方为飞宫太岁。其吉凶断法诀曰:

太岁一星祸难防,诸役凶危不可当。

但把三元自推数,犯之家下有重丧。

太岁一星谁不知,逐年之内有凶期。

每月逐行方自妙,更无定准及常仪。

且如上元甲子年,一白未宫飞九天。

子上六宫重得白,再来离上不堪言。

吊宫逐月客凶期，常忌太岁又相随。

只如一白居离上，二月推来艮犯之。

水火太岁害如何，定主重丧起祸戈。

水金淫乱中房祸，杀妻损长害尤多。

太岁临方不自由，水土瘟疫的主忧。

火木相伤宁可哀，木金难产主伤胎。

火土疾病当夭死，更嫌水火损婴孤。

木水风声伤役遭，木金囚死不离牢。

木土折伤并发背，木火为害迅如刀。

金金短折多凶暴，木木瘘痦并发癫。

土土瞎盲兼哑疾，五行发病义相连。

请君更用吊宫变，凶吉悠然在眼前。

　　此诀之太岁入中，是以九星而论，九星之生克制化，不离五行八方之消息吉凶，总归一理。年日虽重，月时亦须注意。若明紫白生克玄机，再参以运气循环，配以奇门变化，风水吉凶可以掌握过半。但玄空飞星择日，并不大注重紫白及太岁，而是以当运旺星与生气之星为主，山向之五行为次，配以年月日时之客星，以生扶令星、生气星之方为吉，以泄气、克令星之方为凶。吉方则宜修动，凶方则忌造作。至于修太岁方吉凶，详参前注。

　　【原文】八白仍复审金木，三元五行足。

　　　　　　本宫是木外来金，内外有相征。

　　　　　　乾父坤母震居长，艮少坎中相。

　　　　　　巽为长女妹中宫，兑少离女中。

　　　　　　甲首乙喉丙两目，癸足丁心戊己腹，

　　　　　　庚腰辛膝颔壬居，乾首坤腹震手足。

　　【注解】乾父、坤母、甲首、乙喉等出自《易经·说卦传》，后世据易理对九星、八卦、二十四山所取之象多有论述，九星之象本书上册第 118 面已介绍，八卦取象本书下册第 38 面亦已介绍，此处仅介绍二十四山卦象所主。

亥：为头、腮、胸、膀胱、大小便、髓、涌泉。

乾：首、脑、背、言、动、金石、盔。

戌：头、面、腹。

辛：膝、肺。

酉：右胁、手膊、背、肺、口、舌、缺唇、辅颊、鼻、声、精血、肾、耳。

庚：腰、大肠。

申：头、背、大肠、膀胱、筋骨。

坤：腹、肚、胃、踝、昏迷。

未：脾、头、手、胃脘、小肠、口、舌、羊。

丁：心、命门、胞络。

午：肚腹、脐、膝、心、目、口、舌、神气、肋、鱼、马。

丙：目、肩、小肠。

巳：三焦、小肠、面、齿、唇、手、股、脾、胞、蛇。

巽：头、乳、股肱、口、绳、悬吊、槌、尺、鸡。

辰：腹腰、膝、肩、背、项、足、腿、肋、胞、命门、胃、声、皮肤。

乙：喉、肝。

卯：手、足、腋、目、筋血、肋、大肠、脾、鼻、牙、指、肝。

甲：首、颊、顶、胆、舟车、竹、鼓王。

寅：胸、胆、肺、臂、爪甲、毛发、髭须。

艮：手、鼻、指、脾、头、腰、血气、手病。

丑：腹、腰、脾、耳、肝、足、臁胫、指。

癸：足跟、脚掌、胞、肾、肠、阴私、盗贼、瞳子、水。

子：腰、脚、肘、臁、肚、背、肾、耳、液、膀胱、阴囊、胆、血、皮肤、晴、豕、酒、盐。

壬：颌、背、膀胱、臀、胫、鼠、燕、猪、狐、鸭、桎梏、目。

例1. 张姓，住辛山，屋前卯方一微凸古坟，长棘密布。癸丑，予判应长房、次房之男并各房第二女，逢亥卯未年月日时生人，遇亥卯未年月日时伤左目，其家人人点头，询问何故？予曰："卯是先天离，离为目，今棘堆在卯，即应在目。傍宅左首，故碍左眼。后天震为长男，卯建为仲，故应长房、次房。阳位属男子，先天离为中女，故应二姑娘。卯与亥未三合木局，太岁三杀金神连会，故应此年命日时。"问可救乎？曰非启除修静不可。彼延师迁改，仍不见效。恳余择吉扶命，七政恩星躔度制煞修方，轻者即愈，重者迟久稍减，最笃者终不退，以年深根老，不可挽矣。

例2. 上海老马路吉屋里底了公沪寓，三开间，壬山丙向，三运戊申秋入宅，是年十一月底，老母下元丁未生，六白命，在右厢后房患臌胀病辞世。演数如次：

九　六 二	四　二 七	二　四 九
一　五 一	八　七 三	六　九 五
五　一 六	三　三 八	七　八 四

一　八	六　四	八　六
七　七	年　月 二　九	四　二
五　三	七　五	三　一

火星六白金飞到兑官，六白金命病塌适位于全宅兑方金星受克之地。中宫二七先天火，九七后天火，更得三八木助威，又有前后弄约二百数十英尺进深，弄中震方年月九七火星，火气特旺，年五到后户及左间灶位，月五到右肩后方灶位，土逢旺火相生，土强则水弱，水不归水道而成臌胀，病势凶险，药石无灵，遂成终天之憾。土星肆虐，竟有如此。

【原文】三元互宫莫容易，五行亦同例。

　　　　金来入水必遭殃，水土主瘟疫。

　　　　木居土上多疮疖，产妇并伤折。

　　　　火入金位必红光，瘟疠及灾殃。

【注解】金来入水：主星一白水，年月日时客星六白金或七赤金飞到是，如果一白水当令或为生气，是金来生水，主金白水清，科甲及第，富贵双全，文名蜚声，名利双全，大吉大利。如果一白为死气，则是金水泛滥，主淫荡败家，男女风流或患性病，灾咎不断。如《宅运新案》"元源庄发展及破产之考察"例。

　　上海南市毛家弄西口沈宅，坐酉向卯兼庚甲二度，光绪七年上元一运翻造，楼房光绪二十三年丁酉建造，时已交进二运，演数如次：

四 七	八 三	六 五
九	五	七
五 六	三 八	一
八	一	三
九 二	七 四	二 九
四	六	二

三 一	八 五	一 三
一	六	八
二 一	四 九	六 七
九	二	四
七 六	九 四	五 八
五	七	三

　　评曰：此宅翻造于上元一运，向承乾六，旺气飞临后方，喜后方低空，一六相生，后方余屋逐步吸收。一白方来源足，在一运产业上非常活跃，故沙船事业非常发达，并出余力经营元源钱庄，在上海金融界占盛大之势力。是宅胜利之年，当以光绪十年甲申孟夏、立夏、小满期内及光绪十九年癸巳孟夏、立夏、小满期内，为发展良时。当时年月天星与是宅操持全宅命运之向星成结晶体。（按：是宅向首一白旺气飞到兑方，上海之兑方从蒲汇

塘向西接通淞江三泖，再逆流而上，直趋震泽以西之太湖，而向首之二黑生气飞到上海市贴身三叉水四十里来源之吴淞口，接连黄海，故发福三十余年。）但是财力充裕后，往往趋于堂皇、舒适一途，嫌蜗居窄狭，翻造楼房，岂知楼房翻造，宅命又是一局。查宅命第二局可知，宅命一落千丈。太湖方面三百数十里吉水与吴淞口四十里吉水，换六七衰死之气，其何以堪？光绪三十四年戊申，十月初九日，元源庄倒闭。虽曰所托非人，招此破产奇祸，而其幸运之去，则伏线于翻造楼房，改换宅命之一大动作间也。然则不翻造如何？吴淞口明明是二运吉水，一交光绪三十年，便须步步退财，暗中虽有定数，其中仍有许多次序在，不致一落千丈耳。

试将前造宅命与出事年月日比较之。坐后兑方三百余里水源上一白水，见年星四绿木为生出，月日五黄土克出变克入，成致命伤。

七 一二二	三 六七七	五 八九九
六 九一一	宅向八 年月日 二三三	一 四五五
二 五六六	四 七八八	九 三四四

艮口吴淞方面四十里流神上及附近陆路毛家弄篾竹街三叉口，向星二黑土，年五黄月日六白，六属金双到，犯生出泄气，并犯岁破。前门气七赤金，见年星一白水生出，月日二黑到，二七化火，生出变克入。

按：看此宅可知，兑方一白水当运时，得向星六白金生入，与中宫一六八成土金水一顺相生而骤发。二运后一白水变为退气，受土克木泄，反变为凶，可明飞星衰旺之理。

水土主瘟疫：主星一白水，年月日时客星二黑土、五黄土、八白土飞到是。但有分别，如果一白为当运旺星，二黑则为生气，八白为辅佐之气,一白见此二黑飞到为克入,主财源广进,骤发暴富。若一白水为衰死之气,见二黑病符,五黄瘟星飞到,主有灾病。如《宅运新案》中一例:

上海静安寺中华书局,三运壬山丙向。印刷事务所以南之办公室,系四运戊辰年翻造,部位独立,四运立命,演数如图:

	九 六 二	四 二 七	二 四 九	八 九 三	四 四 八	六 二 一
气口 / 门路	一 五 一	八 七 三	六 九 五	七 一 二	九 八 四	二 六 六
	五 一 六	三 三 八	七 八 四	三 五 七	五 三 九	一 七 五

印刷所营业部东首凹空,门路在东南面活动,庚午年年五黄临气口,二、五、十一月均不吉,二月营业部主任徐君跌伤脚部,困苦万状。印刷所长唐君,于是年三月春分期内患吐血症,危笃。今年辛未三月清明期内,东口年月四一到,为四一同宫,文光射斗,令誉腾市。

按:此局三运造,气口山星为一白水;四运造,气口向星为一白水。中元庚午年七入中,五黄到震,克一白水;二月四入中,二黑土又飞到震,二五重土克一白水,故有患病之灾。

木居土上:主星为木,年月日时客星为二黑土、五黄土、八白土是。此局木星为主,不论其木是当运生旺之星还是衰死之星,见土均为克出,主退财破耗,疾病灾咎,亦举《宅运新案》中一例为证:

苏州桃花坞东首准提寺关房,子午兼壬丙六度,庚申年上元三运底修造,兼数逾度,适用变卦推算,演数如次:

向星四绿生气飞临东北艮方,此方静而不动,在四运内常感贫困乏财用。动路坤方得向星一白水，一为坤星，在冷冷淡淡中得到文字缘及辗转传诵之虚名。

	↑	
六 八 二	二 三 七	四 一 九
五 九 一	七 七 三	九 五 五
一 四 六	三 二 八	八 六 四

宅命中三七、二八、一九、四六、五五，九宫合十，可知多方面意志融洽，有所建设，容易得到充分之赞助，若不幸有所误会及冲突，也容易调和及谅解。惟年长之老人或退职官绅及女居士中领袖人，每每因我见未破，法执未除，嗔火易动，发生平地风波。老人家易动无明之火，何处见之？以乾方四六到巽方六到，巽为长女，东南为本宫，西北为其对冲宫，今四数到其对冲宫，女居士之年事较长者，内中或有人不安分。乾为老父，又为官长，西北为本宫，东南为对冲宫，名曰反吟，容易发生冲突不安，意志不甚融洽之事。

庚午年九月十九癸亥日，为立冬后第二日，已交十月份节气。是日午时，天台山国清寺和尚来苏用功，就准提寺进华严关，修定养慧。

六七九八	二三五四	四五七六
五六八七	年月日时 七八一九	九一三二
一二三四	三四六五	八九二一

口子上七六交剑杀到，卯方塔上亦七六交剑杀到，关房附近之内路及进食处八寸经圆孔均在兑方，入关时兑方三二斗牛杀到，又午向及兑均进食口，均二黑星到，二黑为病符星，坤方来口及卯方塔上，与本宅向上均五黄土星到，五黄为行瘟使者，故关和尚如五金之在红炉烈火中锻炼。五行偏重失调，六七金重重得势，木受金克而四肢病，土受金泄而脾胃病，

水受土克,而肾脏病、耳病果然如响应弦。至十月下半年发病,来势甚烈,诸病环生,百数十天为病魔所扰。其病状为反胃,进食不受用;为四肢乏力,行动不自由。坐禅求入定,得病则为耳听失聪,并患痔疮,发病时年月星演如下:

六　六	二　二	四　四
五　五	年七　月七	九　九
一　一	三　三	八　八

卯方十丈多高之北寺塔上,完全被年月五黄土星两个行瘟使者占领,而午房本宅午方之向上,又来了年月一样、相貌一样之二黑土星,二黑一名病符星,宛如病人由彼签字用印,即须发生疾厄,令病人无从避免一般。况且外口四四,内口九九,四九作合成两重先天金,金星到门路行动处,发生不少威力。金强则木弱,土旺则肾亏,且加之中宫两个七赤与向星二黑作合,成两重二七先天火。火炎土燥,木受金刑,四肢软弱病成;土受金泄,反胃呕吐病成;火炎土燥,便结痔疮病成。入关时早已伏根,一月后,年月星诱发各病,时节气候造成当事人百苦煎熬之厄运。

按:此局三运,向星三碧木飞到,可谓旺星到向。但年月二黑病符土到为克出,故百病均发,此旺向克出变不吉之例。

火入金位:主星为金,年月日时客星为九紫火是。如六白、七赤金在向当令,逢九紫火到为克入,主得官职,财禄之喜,即使金失运,亦为克入,主有小吉小庆之喜。若六、七金居于山星,受九紫火克,轻者灾咎,重则伤身。

【原文】犯着太岁并月建,令人家破败。

时师只道白居方,到了便为殃。

生杀之宫元来吉,聪明多官职。

修营必定进田庄，牛马遍山冈。

【注解】生杀之官：坐山之财官。一白水以二黑土、八白土为杀，以九紫火为财；二黑土、八白土以三碧木、四绿木为杀，以一白水为财；三碧木、四绿木以六白金、七赤金为杀，以二黑土、八白土为财；六白金、七赤金以九紫火为杀，以三碧木、四绿木为财；九紫火以一白水为杀，以六白金、七赤金为财。至于其方修营是否吉庆，则要结合元运判断。如果其星正值旺气或生气，临向或临门路动处，主有进田庄、发财禄之喜。若其星临衰死之运，临向临门路动处反主退败，不可执一而论。举例说明：

上海闸北新民路、国庆路口世界佛教居士林，楼高三层，坐亥向巳，四运建筑，巽方低空，吸足巽气，从离口出入。丙寅首夏入宅，随请谛闲法师讲《水忏申议疏》，至六月初圆满，结果盈数千金资弥补。九月中旬又举办"水陆大斋"，结果亦有补益。冬初续募基金，结果虽未盈万，然在国家多故、百业萧条时，得此已属不易。丙寅年内星气吉，故结果佳良。丁卯年星气恶劣，二月中旬闸北之役，居士林划在火线中，流弹横飞，损坏简房三四间，尚属大幸。是年受时影响，困难之极，冬季尤感艰困，颇有濒于破产境地之象。至壬申年始进入全盛时期，正七月均胜利，大成功期当在壬申年立秋、处暑期内。演数如次：

四 四三	九 八八	二 六一
三 五二	五 三四	七 一六
八 九七	一 七九	六 二五

一九四	六五九	八七二
九八三	丙寅年丁卯年壬申年二一五	四三七
五四八	七六一	三二六

按:亥山隶乾,属金,金以木为财,向上飞星四绿木即亥山之财。四木在四运中属当运旺星,丙寅年二入中,一白水到向生入;壬申年五入中,四绿旺星到山,所以这两年中财禄富足,源源不竭。丁卯年一入中,九紫火杀到向,为生出,故困难之极。知此,便知财星到向亦有生旺衰死与生入、生出之别。

【原文】二黑凶星君莫犯,多被时师赚。
　　　　破家瘟火损其妻,水土报君知。
　　　　三碧为生发长房,福禄更难量。
　　　　若然为杀长房殃,暴死见阎王。
　　　　四绿为杀莫兴工,长子祸重重。
　　　　如作恩星福自来,长子库常开。
　　　　五黄真是凶神位,瘟病遭官鬼。
　　　　田园六畜尽皆伤,骨肉见分张。
　　　　七赤为生发少房,少女得衣粮。
　　　　如临杀地须防少,不可修方道。

【注解】九星以当运生气、旺气为吉,衰气、死气为凶,此是确论。但要注意的是玄空飞星是"山管人丁水管财",求问人丁以山上飞星为主,求财禄则从向上飞星为主。吉凶晦吝,生乎于动,山向飞星,当以坐山、向首、门路、灶间、来水等处为主,静处则不必过于计较。

例1.浙江象山县西南百里许之石浦市,为浙东有数之海市,福田庵住持为成达师太,法运隆盛。庵坐辛向乙,二运戊戌造,庵近南山,巽离坤均坐实,兑乾坎艮远山掩护,震方开面,为各路涧水合流归海之方。坤上接近电灯公司,引擎声绵密震动而柔,坤上并有电灯公司之水塔。有徒子孙三,均恳切诚笃,道业精进。演数如次:

按:此局二运造,二黑土当运旺星到向,所以法运隆盛,财源

三 一	八 五	一 三
一	六	八
二 二	四 九	六 七
九	二	四
七 六	九 四	五 八
五	七	三

不亏。此二黑为当令之时，主老母当家，出名医，家道昌盛，千万不要以病符星论。

例2．上海小南门内朱宅，二层楼，子山午向，门承巽震之气，三运入宅；入宅之初，南邻楼房未造，宅收旺气，人口安，财气旺；迫南楼邻房造成以后，年年多病退财，因坎方二黑衰死之气入宅故；东厢楼旺丁，灶压东厢楼山星四绿方之故；客堂楼宅主夫妇多疾厄，以灶在山星二黑病符星方之故。演数如次：

诗曰：宅内因何病累多，

七 八	三 三	五 一
二	七	九
六 九	八 七	一 五
一	三	五
二 四	四 二	九 六
六	八	四

灶

离上高楼惹病魔。

艮角灶头壮士势，

金星一到便安和。

按：此局三运入宅，二黑土为退气，为病符，故向上及灶间之二黑为病魔之根源。

例3．河南郑州豫丰纱厂东北隅有浩大地亩，建筑豫丰西里、豫丰东里，大半作职员室。出事之宅，为豫丰里甲、乙二宅，均坐子向午，宅于上元三运建筑。甲为该厂重要职员，乙为次要职员，均于四运入宅，故以四运立命。该两宅均门承向五生气，惟歧路成不上不下、可上可下、上下俱不全状，且作左右伸手状。住入该宅，引起贪心，吸取不义之财。若欲人不知，除非己莫为，非义而取，即犯盗罪。某甲某乙，同在辛未年中败露，被告发去职。甲事败露在辛未年立春节后惊蛰

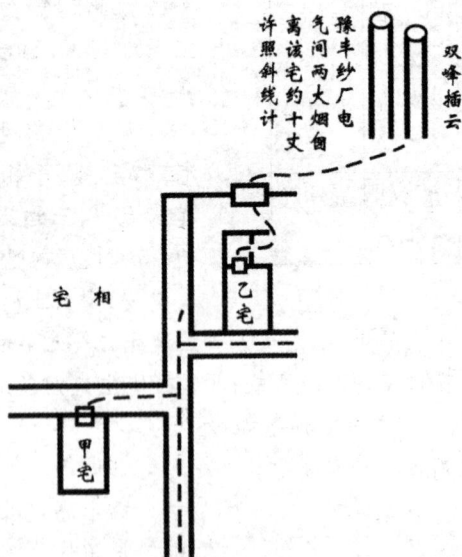

双峰插云

操丰纱厂电气间两大烟囱离该宅约十丈许照斜线计

宅相

乙宅

甲宅

以前，当农历之正月，年星六，月星五入中，年星三碧蚩尤，月星二黑母夜叉一同飞到西南角，一直冲进气口，直入私室，三二相逢，名为斗牛杀；凡斗牛杀飞临口子上及冲射于剧动处，往往招官非口舌之事。正直无私之人遇此，尚且受人攻讦，结果如真金遇烈火，倍显精神；昧良贪墨，行权恃势之人处此，罕有不遇倾覆之祸者。

　　是年立冬节后，大雪节前，当农历之十月，彼时年六白，月五黄入中央管事，三碧二黑又同飞到西南角，乙宅又被人告发掠取不义之财去职。其年月凶星二三斗牛杀，同样由西南角冲到口子中，发生事故，演数如次。

　　此时大烟囱口子中日夜腾出之黑烟，在此四星期之内，仿佛日夜将该二宅主人犯罪行为，在空际活显地描写出来，一缕缕黑

一 七 三	五 三 八	三 五 气 一 口
二 六 二	九 八 四	七 一 六
六 二 七	四 四 九	八 九 五

五 四	一 九	气 口 三 二
四 三	年 月 六 五	八 七
九 八	二 一	七 六

烟皆化作二三相斗之符号，电机间原动力机轮，日夜二十四小时中若干回旋，每一回旋拖走各机轮，仿佛由一位在平日间积有仇隙者，在若干人面前宣布罪状，致犯罪者之死命。然则发动机每分钟若干回旋，于"达达"声中，活演二三、二三、二三之恶斗状。至于各宅由各人动步间带入私室之飞尘，每飞尘皆活演二三、二三、二三之恶斗因缘，导入私室，甲乙两宅私室，于发生不幸事件之时期，各由各子吸入二三、二三无数飞尘，导致了事件之发生。

　　按：此局四运入宅，二黑土为死气，三碧木为退气，二三为斗牛杀，故有此咎。以上仅以二黑土的生旺衰死为例，余四绿、三碧、七赤等皆同此理。

【原文】三元且有暗建杀，略与时师话。
　　　　　一白二黑至中宫，坤坎却为凶。
　　　　　九星墓绝真难识，五行数中觅。
　　　　　乾坤艮巽四宫流，入着便为休。
　　　　　水浸火土黄虚肿，土木奸邪重。
　　　　　斗牛交剑煞难当，金木自刑伤。
　　　　　申子辰水居一六，土五十寻逐。

火数寅午戌为殃,二七莫商量。

木杀怕逢亥卯未,三八分明忌。

金逢四九莫匆匆,巳酉丑年凶。

奉劝时师仔细算,诀定诸星断。

但求五曜及三元,万古总流传。

【注解】 三元紫白择吉法有两种。一是以元运及年月日时紫白飞星为主,择其与本山五行生克论吉凶。其步骤如下:

1. 先查其所修之方元运及年月日时属何九星,如果生本坐山之星或为紫白之方为吉;若克本山五行,或为本山五行所克、所生之方为凶。

2. 次查该修之方犯何神煞。这里的神煞并非天星中的天德、月德等神杀,而是本文中所说的"六捷杀、斗牛杀、交剑杀,白中煞"等。

3. 再查年月日时生旺衰死及空亡。若用神旺相有力,且不逢空亡者为吉;用神衰死,或逢空亡者虽吉星亦无力。相反,忌神衰死或逢空亡则无力为害,若逢生旺则为祸愈烈。

4. 最后若能结合天星择吉,修作方为天德、月德、太阳、天恩、天乙贵人、太岁禄马及本命禄马方尤吉。

第二种则是玄空飞星法,以当运生旺之星方为吉方,衰死之方为凶方。知此,则阳宅修方无误矣!

三元兴废断诀

【原文】 凡欲知九山兴废之运,当先观本山之局势属某山,次究所作之时属某元,及所作所居之主属某命,合三者而配合之,则吉凶可知矣。

三元龙星主管九山风水,上元甲子六十年一白管,中元甲子六十年四绿管,下元甲子六十年七赤管。每一元又分作三运,各管二十年,究其获应不同而消长各别。盖虽统属龙星所管,而初二十年分属一白水,惟坎震巽三山受生旺之气,故获福。坤艮二山值死气;乾兑二山值退气,平平;离山值克杀之气,有祸。至中元二十年,属四绿木管,惟震巽离受生旺之气,为上;乾兑坎值死退之气,次之;坤艮值克杀之气,又次。下元二十年,属七赤金管,惟乾兑坎值生旺之气,为上;离坤艮值死退之气,次之;震巽二山受克杀之气,为祸。中下二元仿此推。但在本元甲子中所作之山,虽有不吉,犹未及于大祸。推移至他元甲子中,随其死退克杀之气而验其祸败,应如影响。又当观主人之年命,如值山家生旺之气则吉,值山家死退克杀之气凶。星卦比和,人地相得,方为全美。

【注解】九山:九山之意是根据九星之说而来。但风水中,有八宅之法,或坐乾向巽,坐巽向乾,坐坤向艮,坐艮向坤,坐离向坎,坐坎向离,坐震向兑,坐兑向震。均一卦统三山,有二十四山向,而中宫则是每个山向之中心点。本书将中宫例为坐山之中,与地理不符,与义理亦不符,故属妄添,例应删去。

三元龙星:三元九星风水中,以一百八十年为一轮转,其中前六十年甲子为上元,中间六十年甲子为中元,后面六十年甲子为下元。而每元又管三运,每运主事二十年。这样,上元六十年为一运、二运、三运,一白水领事,即为上元第一轮运;中元六十年为四运、五运、六运,四绿木领事,即为中元第一轮运;下元六十年为七运、八运、九运,七赤金领事,即为下元第一轮运。何运当值,何星主事。如上元三运,即三碧主事。将来之运为生气,如上元一运,二黑、三碧为将来之运,即是一运中的生气。所过之运为退气,如二运,一白水是已过之运,为退气。所以本文上元以一白水管局,中元以四绿木管局,下元以七赤金管局之说有误。为彻底清除其说之误,特将三元九运中的生旺退气及吉凶归纳于下:

一运一白水为当令旺星,二黑和三碧为将来生气,九紫火为已退之气,其余均为死杀之气。凡一白所临之方,年月客星六白金、七赤金飞到为生入,大吉,不以死气论。二黑土飞临之方,年月客星九紫火飞到为生入,大吉,亦不能以退气论。

二运二黑土为当令旺星,三碧和四绿为将来之气,一白水为已退之气,其余均为死杀之气。凡二黑土所临之方,年月客星九紫火到为生入,大吉,不以死气论。三碧木、四绿木所临之方,年月客星一白水飞到为生入,大吉,并不以退气论;年月客星六白金、七赤金飞到为克入,亦吉,并不以杀气论。

三运三碧木为当令旺星,四绿木为将来生气,五黄土虽也是生气,但宜慎用,因五黄为凶星故。二黑土为退气,其余均为死杀之气。三碧木、四绿木所临之方,年月客星一白水飞到为生入,大吉,并不以死气论;年月客星六白金、七赤金飞到为克入,亦吉,并不以杀气论。五黄土所临之方,九紫火到,虽生入,但九五为紫黄毒药,慎用。

四运四绿木为当令旺星,五黄土、六白金为将来生气,三碧木为退气,其余均为死杀之气。凡四绿所临之方,年月客星一白水到为生入,大吉,并不以死气论;年月客星三碧木到,因以木助木,增强四绿木之力,同气相连,故亦不以退气论,主吉。五黄土所临之方,喜,年月客星三碧木、四绿木到,克入吉,亦可制五黄煞气;年月客星九紫火到,虽生入,宜慎用。六白金所临之方,年月客星二黑土、八白土飞到为生入,吉,亦不以死气论。

五运五黄土为当令旺星,六白金、七赤金为将来生气,四绿木为退气,其余均为死杀之气。凡五黄飞临之方,年月客星九紫火到为生入,九五为至贵之象,故大吉,不以死气论;年月客星三碧木、四绿木到为克入,亦吉,不以杀气论。六白金、七赤金飞临之方,年月客星二黑土、八白土到为生入,主吉,不以死气论。年月客星九紫火到为克入,亦吉,不以杀气论。

六运六白金为当令旺星,七赤金、八白土为将来之气,五黄土为退气,其余均为死杀之气。凡六白金飞临之方,年月客星九紫火到为克入,主吉,不以杀气论;年月客星二黑土、八白土到为生入,不以死气论;五黄土虽亦生六白金,但因其为凶神,故慎用。七赤金飞临之方同六白金。八白土飞临之方,年月客星九紫火到为生入,吉庆,不以死气论;年月客星三碧木、四绿木到为克入,亦吉,并不以杀气论。

七运七赤金为当运旺星,八白土、九紫火为将来生气,六白金为退气,其余均为死杀之气。凡七赤金飞临之方,年月客星二黑土、八白土到为生入,大吉,不以死气论;年月客星九紫火到为克入,亦吉,不以杀气论;年月客星六白金到,因五行相比,有助七赤之功,亦吉,并不以退气或交剑杀论。八白土飞临之方,年月客星九紫火到为生入,大吉;年月客星三碧木、四绿木到为克入,亦吉,不以杀气论;年月客星二黑土到,因五行相比,有助八白土之功,亦吉,并不以衰死之气论。

八运八白土为当令旺星,九紫火、一白水为将来生气,七赤金为退气,其余均为死杀之气。凡八白土飞临之方,年月客星九紫火到为生入,大吉;年月客星三碧木、四绿木到为克入,亦吉,并不以衰死之气论;年月客星二黑土到,因与八白五行比和,有助八白之功,亦以吉论,并不以衰死之气论。九紫火飞临之方,年月三碧木、四绿木到为生入,大吉,不以死气论。年月客星一白水到为克入,亦吉,并不以杀气论。一白水所到之方,年月客星六白金、七赤金到为生入,大吉;二黑土到为克入,亦吉,并不以杀气论。

九运九紫火为当运令星,一白水、二黑土为将来生气,八白土为退气,其余均为死杀之气。凡九紫火飞临之方,年月客星三碧木、四绿木到为生入,大吉,并不以死气论。凡一白水飞临之方,年月客星六白金、七赤金到为生入,大吉,并不以死气论;二黑土、八白土到为克入，亦吉，不以杀气论。二黑土飞临之方，三碧木、四绿木到为克入，吉，不以杀气论；八白土到有助二黑土之功，吉，亦不以退气论。

　　以上为当运主星与年月日时客星生克吉凶之归纳，年月客星以前取年月日时紫白之法为主，本书所云以三合法入中取紫白，以坐山入中取紫白及以干支入中取生克均非正法，不可用。

　　【原文】凡欲知九山兴废之年，当以本年甲子随宫逆数去，数至本山，当得某干支，即杀入中宫，将干支随宫顺去，如遇生旺则吉，死退凶，克杀大凶。然必以中宫干支为本，以六甲为大本。盖中宫干支者，专临之君；六甲者，统临之君。统临专临皆善，吉不待言。如统临者不吉，而专临者善，不失为吉；统临者虽善而专临者不善，则不免于凶，然凶犹未甚也。至统临、专临皆不善焉，则凶祸之来，不可救药。凡中宫干支每十年而一易，吉凶祸福亦随而迁。以是占之，百不差一。

　　欲知六亲兴废之数，当以本宫之星合本宫之卦，察其生克之理数，以验其一定之荣枯。假如坎山为例。一白入中，二黑乾是土中纳金，为本山之杀气，主父母虽受福而带耗有灾。三碧在兑，木受金克，主长房多夭折；又为本山退气，则财亦不聚。四绿在艮，木来克土，主长妇恃强凌幼，亦为本山退气，财产不聚。六白在坎，金中纳水，主宅长初退，但为本山之生气，财常有余。七赤在坤，是金受土生，主少妇获福顺利；又为本山生气，财产谷粟常丰。八白在震，土受木克，主小房受制于长，而与长同居。九紫在巽，火受木生，主中妇遂意温裕，然为本山死气，常不免于灾。

　　【注解】此以坐山所属九星入中，以各方飞临九星五行与地盘属卦五行生克论吉凶。如坎山以一白水入中，二黑土到乾，二黑土为一白水之杀气，于人为老母，土临乾是土临金位，泄土之气，故云父母虽受福而带耗有灾。三碧飞兑，三碧为木、为长男，兑为金,木受金克,故云长房多夭折;且水又生木,为本山退气,所以财亦不聚。若以此法,十有九不验,偶有一应,亦与九星玄空飞星之法偶合。其因一,九星于人各有所象,如六白象老父,二黑象老母,三碧象长男,巽四象中女等,古人既设八卦九星,必六亲俱全,方可断六亲吉凶。但坐山九星入中,不论何星,均有一亲不入八方,是此亲吉凶失去判断依据。如一白入中,八方少中男;二黑入中,八方缺老母;三碧入中,八方无长男等,如此与古人所设八卦象六亲之义不符。其因二,既以九星五行与入中之星五行论生克,就不能以各方九星与各宫属卦五行论生克,以致与中宫五行生克错乱。如巽四木入中,五黄到乾,六白到兑,七赤到艮,八白到离,九紫到坎,一白到坤,一白水为巽四木之生气方,但受地盘二黑土克,此是生气反为死气例;又如一白水入中,九紫火到巽,九紫火为一白水之死气,但受地盘巽四木之生,此是死气反为生气例;又如二黑土入中,三碧木到乾,四绿木到兑,都是木之杀气受金之克,此是杀气方反不能为凶例;又如六白金入中,八白土到兑,土生金,此是生气反变为泄气例;诸如此类,皆是九星五行吉凶与属卦五行和本山五行生克相反,以致无法判断。

【原文】不特此也,并可以是而占病患死生焉。夫二黑在乾,是土为金耗,其生于先天正北(坤方)之位,而六白耗之;用于后天西南(坤方)之位,而七赤又耗之,且为本山杀气,主宅母有终身羸怯之疾而不能自支。三碧在兑,木受金克,长子早亡,然生于先天东北(震方)之位,而四绿辅之;用于后天正东(震方)之位,而八白反为所克,故主残疾,不能享遐龄也。四绿在艮,是木来克土,木有好争之疾,然生于先天西南(巽方)之位,而七赤铲其根;用于后天东南(巽方)之位,而九紫耗其气,故寿亦不永。六白在坎,是金为水耗,本有寒邪之疾,然生于先天正南(乾方)之位,而五黄育之,用于后天西北(乾方)之位,而二黑又生之,且为本山之生气,故宜寿弥高而福弥厚也。七赤在坤，是金受土生，又为本山生气，亦宜福寿两齐；然生于先天东南（兑方）之位，而九紫焚其身，用于后天正西（兑方）之位，而三碧受其克，虽得不死，而终不免于疾。八白在震，是土受木伤，宜早丧矣，然生于先天西北（艮方）之位，而二黑助之，用于后天东北（艮方）之位而四绿克之，又为本山杀气，主痼疾缠绵，九死一生，但赖源未断耳。九紫在巽，火受木生，本有庆而无恙，然生以先天正东（离方）之位，用于后天正南（离方）之位，而五黄又耗之，又为本山之死气，故终身有虚痨之疾，而莫可救药也。余仿此。

【注解】例1. 坎宅，巽方土地坛大树缠藤，己未年都天己巳到方，四月丁丑，乙酉岁破、岁刑、丧门凶煞会合都天、吊客到方，巽为长女，其家长妇丁丑生命，以绳系母鸡，数日未与食水，鸡将垂毙，夫以槌击妇股肱受伤，妇人闭门绞颈，掇门进观，舌已掉出，抱上解吊，以鹅唤气，一更方甦。巽为鸡为绳、为悬吊、为槌尺、为更点、为股肱，一一皆巽气所应。令除藤根，移坛去树，伤方愈。

按：此纯以八卦之象论，不言九星。

例2. 某宅，壬丙兼亥巳，五运造（图见下面）。

此局用变卦七二入中，到山之一为壬，壬挨二巨；到向之九为丙，丙挨七破；山向飞星不用一九而用二七，为替卦之法。

此屋住后，寡妇当家，如夫人主政，因二为寡宿，七五入中宫，七为少女，故主如夫人主家政是也。

按：二黑为老母，为正室；七赤为少女、为妾。此局二黑土入中生七赤金，正室生妾，故主如夫人主政，此专以九星论，不言八卦之象也。

例3. 上海县西某宅，三运子山午向，由乾方出入。宅主卧房在东厢楼，主人是上元丁卯生，四绿木命，木受乾金之克。楼

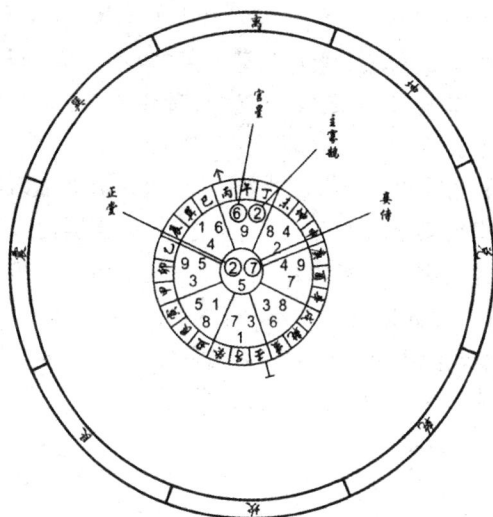

梯在二黑病符方行动,患病已二三年,丙寅起更严重,丁卯之秋半身不遂。惟灶在山星四绿之方,育有四子。令其迁住楼之西南角,或客堂楼西首一间为胜,并改由前门出入。如后户难禁,仆从出进,可用水星化之,此宅若走前门,半身不遂之病可免。

七 八 二	三 三 七	五 一 九
六 九 一	八 七 三	一 五 五
二 四 六	四 二 八	九 六 四

诗曰:金星发动,肢体受伤。

苦哉少主,淹息在床。

改行前路,转殃为祥。

移居坤角,仍得健康。

按:此局半身不遂者,运盘及本命四绿木飞临乾方,向星六白金克之;本人住震方,山星六白金到,又克之,动路与住方均六白金克四绿木故。若住坤方,向星一白水生木;或门走前方,山向均三碧旺木助四绿命,故可免此咎。此均以星论,而不论卦。

　　从以上诸例中可以看出,古人以先天为体,后天为用。判断吉凶时,或以卦象为主,或以九星为主,均不参杂。先天只可参考,而本文先天后天混杂,卦星混杂,看似博采,实为杂乱,虚妄牵强,故未见人用之。

　　【原文】凡欲知六亲兴废之年,于后天八卦之上,各加本山属卦,观其宫当得某卦,而某人是某卦之子孙,当属何五行,乃取本宫星次第加之,因其生克以得其吉凶一定之数。如星生卦则吉,星克卦则凶。盖先以此为大本,然后以《火珠林法》卦象、卦气配合六爻,将本元流年甲子逐爻推生克断之,庶祸福有准矣。

　　【注解】火珠林法:卜筮之法,首先列出六十四卦的卦爻呈象并飞神伏神。如

乾卦属金:

― 壬戌　父母
― 壬申　兄弟
― 壬午　官鬼
― 甲辰　父母
― 甲寅　妻财
― 甲子　子孙

天风姤卦属金:

― 壬戌　父母
― 壬申　兄弟
― 壬午　官鬼
― 辛酉　兄弟
伏寅财 ― 辛亥　子孙
－－ 辛丑　父母

天山遯卦属金:

― 壬戌　父母
― 壬申　兄弟
― 壬午　官鬼
― 丙申　兄弟
伏寅财 －－ 丙午　官鬼
伏子孙 －－ 丙辰　父母

　　知道了本卦六亲之位,则以何爻发动来断其六亲吉凶。如乾卦中初九甲子子孙发动,子水动可生寅木妻财,但克午火官鬼。若男命占主妻发达,吉庆,但不利求官。若女命占,古人以官鬼爻为丈夫,子水动克午火夫星,则不利丈夫,却主经商得财。若占身命则一爻管五年,何爻当令利何亲,而当令之爻所主之六亲亦吉,所冲克之爻六亲却凶。阳宅风水中用此法纯

属借用，实属牵强，更何况占身命之法在"卜筮"中亦为糟粕。野鹤老人说："诸书占身命谓妻财子禄一卦能包寿夭穷通六爻兼尽。殊不知父子财官兄弟，各有相忌相伤，若以一卦而兼断者，即如父母旺相双庆之征，又曰父母伤子，岂世之有父母者皆无子嗣之人也。又曰见兄则财莫能聚，又为克妻之神，又曰兄弟爻兴，紫荆并茂，倘值旺兄持世，克妻耶，耗财耶，手足无伤耶，《易林补遗》有曰，兄动妻亡财耗散，执此论者，世之贫人寒士，尽皆失偶之人。至于财官子孙，皆同此论。"故以此法断六亲吉凶者，实无理之极。

定局辨龙论

【原文】夫龙者，乘其所起也；局者，葬其所止也。在山之法，向坎即离，向离即坎，向兑即震，向震即兑，向巽即乾，向乾即巽，向坤即艮，向艮即坤。

【注解】龙之起止：龙之起者曰行龙，龙之止者谓尽龙。行龙乃龙之发端、开幛、过峡、剥换等，龙之止则是山缠水绕，朝案拱伏止足之处。《人子须知》中有"论龙行止"一节，介绍如下：

《紫琼》云："山去水去随送去，此是龙行犹未住。山走斜飞水不停，不是真龙作穴处。"诚以龙行未止，不可寻穴，谓之行龙，又谓之过龙。《葬书》云"气以势止，而过山不可葬"也。盖龙源其所，起穴乘其所止，必须辨认龙止处方可求穴。《青囊奥语》云："第一义，要识龙身行与止。"故凡山势奔走不停，水势峻急不环，门户不阖，罗城不卫，山水不团聚，皆是龙行之处，未有止息，虽有奇巧形穴，而山水无情，亦不可顾。

若其龙之止，则玄武顶自尊重不动。《葬书》云"其止如尸"。下手山则自逆水回拦，左右随从之山则自枝枝齐止，不敢他往，前朝之山迢迢远来，则自止于穴前，如拜如伏。诀云：止之中有大止者，谓诸山诸水皆无不止也。其水必数源齐会，或汇为深潭，或折如之玄，或弯如绕带，或聚如锅底掌心，融注不散，无泻漏倾倒牵拽直去之患。《葬书》云"洋洋悠悠，顾我欲留"是也。见众山咸止，诸水咸聚，是山水大会处，必有真龙融结，宜于此处寻觅真龙受穴之山。

若大地止聚之处，犹必有北辰、华表、捍门、游鱼、禽曜、罗星等众列于水口，必内宽外窄，堂局广而水口狭，重重关锁，方是大地规模。若山水虽有团聚之状，而门户不关，或有关而低小，或一重远一重，一山低一山，大象似关而实则旷阔无交锁，则亦无大融结。纵有小可结作，亦易衰败，不足取也。故审山水之止聚，于水口即可见之。盖水口关锁，则内气融聚。故论龙之行止于水即可得其大情焉。

按：知龙之行止，则知取穴之法。

在山之法，向坎即离：此是言朝向与坐山，如向坎，必离山，向离必坎山，向巽必乾山，向乾必巽山等是。如果言龙，却并非皆对。因龙分直受、耳受与腰受三种。立穴直对来脉者为直受。但恐来气直冲脑散，所以耳受为上，腰受次之。所谓耳受者，离本脉左右三位以内是。如子龙来脉，穴坐癸丑艮三位为左耳受，穴坐壬亥乾三位为右耳受。偏来脉四、五、六位为腰受。如子脉穴坐寅甲卯为左腰受，穴坐戌辛酉则为右腰受。多出六位者为出脉，则不可取。由此可知，子龙入脉并非一定坐坎向离，但若朝向为离却一定坐坎。所以本文云在山之法，并非全对。

【原文】而泽国之阡，大有异于山者。大抵以山之朝绕为山之到头，故兑山坎作，乾山坎作，离山坎作，震山坎作，巽山坎作，艮山坎作，坤山坎作；兑山离作，坎山艮作，乾山艮作，巽山艮作。惟四正之地，近南水即坎，北水即离，东水即兑，西水即震，东南水即乾，西北水即巽，西南水即艮，东北水即坤，皆以先到水际取局也。若系四隅之地，偏左为坤，偏右为艮，近前为乾，近后为巽。

其法先看龙、砂、水三美,殊无走窜缺陷。然后看水自何方来,砂自何方起。假如坎之生气在坤,艮之关煞在坤,今水自西南来,砂自西南起,而寺观楼台之类亦在西南,则作坎不作艮。又如巽水来朝,艮砂高峙,是兑所喜而乾所畏,则作兑不作乾。如兑水到来,坎砂昂起,是乾所乐而兑所恶,则作乾不作兑。如丙丁为水来堂,乾亥高峰昂耸,则作乾兑不作坎巽。如午方砂水相朝,丑寅冈泉并茂,则作离兑而不作乾坤。要之避杀就生,变凶为吉,迎官取禄,脱龙就局之妙法也。

原书眉批:穴顶消砂,穴中乘气,向上纳水。

【注解】此即所谓消煞拨水、趋吉避凶之法。其坐山之生气方、旺方之山宜高耸,水宜朝入。而杀气、退气、死气之方则山宜低伏,宜有水流出。如一局,坤方兑山高耸入云,且有水朝入,而坤方则为坎山和巽山之生气方,震山之退气方,兑山、乾山及离山之死气方,所以此局宜立坎山离向或巽山乾向,是生气山高耸及生水朝入为吉。若立兑山震向、乾山巽向等则是死气水朝入及死气方高耸,主凶。又如巽方水朝,艮方山高耸。艮方为坎山、兑山退气方,巽方为坎山、坤山、震山死气方;艮方为艮山旺气方,离山生气方;巽方为巽山、兑山旺气方。所以此局,宜立兑山震向,离山坎向,为吉;立其他山向则非杀气,即死气、退气,主凶。

此说不可信。若以形论,山为自然之山,向有自然之向,形局既成,何能随意舍取。我社已出版的同类书《平砂玉尺经》第196面举有"刘汉四祖地"例,很能说明这一点,请参阅。

按:乡传金精为刘氏卜将军大座形,幞头案地,庚脉扦卯向,幞头山不正对,刘氏贪其端正,遂扦辰向兼乙,不用金精言,且失葬法,果应金精"我作出将军,他作出贼军"之语。

由此可见,穴当以乘龙纳气为主,其向必合龙气为美,其次为立向以纳堂案之秀,即所谓:"内藏黄金斗,外掩时师口。四势

任君谈,五行当自守。"又如浮梁李八方寿域:

真武仗剑形，剑上七星穴

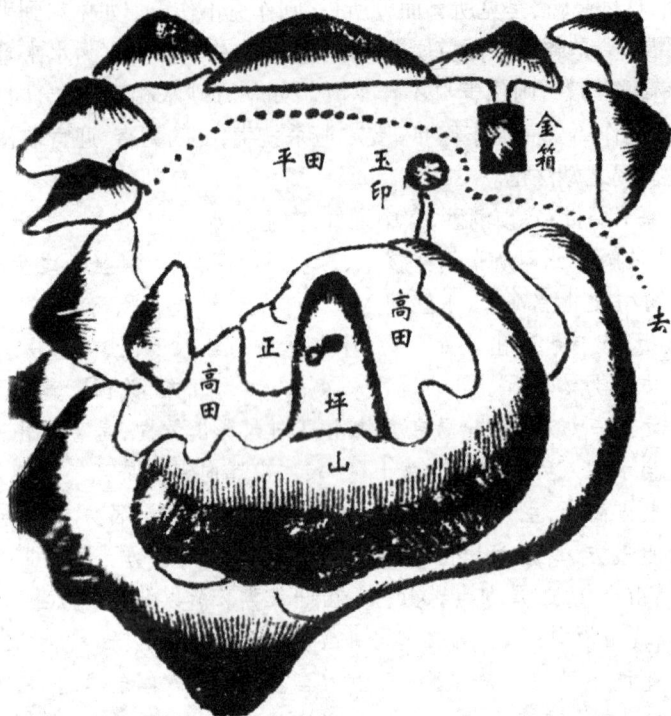

上地在浮梁东乡,其龙来远不详述。入局开帐过峡,顿跌数节起高金,复断再起金水星,落平坡结穴。穴前吐出长舌剪木锹皮,取倚穴,呼作真武仗剑形,剑把穴。明堂、前案、下关俱有情,水口金箱玉印交固,亥龙入首,扦丙向,葬后李氏出四神童、三学士、侯二、侍郎五,开国食邑者一,科第数十人,封荫、应例、登仕版者百余人,自宋至今,世宦未艾。

　　据说浮果界田李八公德鸿与乐平洪士良舒南二长老同受业于德兴国师吴公仲祥。八公择地葬亲及营寿域，皆所自卜。癸未岁至其里，宿其裔平甫家，历观其寿藏在东乡，真武仗剑形（见上图），剑把穴，亥山一脉直垂而下，扦二穴，相隔五尺，同向丙。一穴偏左，而案与明堂皆不正；一穴居中，而朝案明堂皆端正。水居庚兑，田心二墩，一方一圆，为金箱玉印。询其所由，系觅里中人地，里人阻之。公曰："山有两穴，吾出赀营造，任尔拣一穴，吾取一穴为寿域。里人择明堂、案山端正者，是不明受脉乘气为急务，而徒以堂局案对所眩耳。"咫尺之间，侯虏有间，李氏享数百年富贵，里人泯灭无闻。穴法乘气之妙，至人夺神功，改天命，其机在此矣。

　　由是例可知，受脉乘气，乃择地最要，而本文却主张"脱龙就局"，是舍本求末，无理之论。

　　【原文】其向则朝来水而背去水，其坐则饶下砂而减上砂，到头一节，乃是真踪。故曰"众山止处为真穴，众水会处是明堂"，此言局而龙在其中矣。不则高山隆耸，认脉何难。而平洋水砂荡荡，田墩之类相杂而陈，有何起伏桡棹，知过峡东西？不过取其地之远而长者。命之曰龙，如扦巽，则曰龙自东南，扦乾则龙自西北，以至扦艮则龙自东北，扦离则龙自正南，坎兑震坤莫不皆然。则此一区之土耳，而龙头龙尾，东窜西奔，有是理哉？书云："来不来，只要金鱼水荫腮；落不落，细看交襟与合角。"又曰："有分无合成虚穴（其止不真），有合无分必有来（其末不明）。"噫，得之矣，此吊白之法所以穷山川之妙也。

　　原书眉批：无蝉翼以蔽后则气寒，无牛角以抱于下则气散。上不分便有淋头，下无合则患割脚。

　　【注解】明堂：有小明堂、中明堂、大明堂之分。小明堂在圆晕之下，最为立穴紧要，见此小明堂平正，可容人侧卧，则真穴居此，不可左右上下，如误扦则为失穴。中明堂是龙虎里，立穴要使交会，否则失消纳。大明堂在案山内，立穴要向融聚处为真，否则非为失穴，恐结作非真。故有诀云："大明堂在案山内，必须四水会。""大堂水口要关拦，真气聚其间"。此即本文"众水会处是明堂"之义。

桡棹：龙之分气即枝脚桡棹，也是观龙贵贱善恶的重要部分。徐善述弟兄云："龙之长远者，其枝脚桡棹亦长远；龙之短小者，其枝脚桡棹亦短小；龙之吉者，其发为枝脚亦起星辰，带贵气；龙之凶者，其见于枝脚亦丑陋、凶恶。盖龙气吉凶不同，故进露发泄于枝脚桡棹间，美恶情状亦自不可掩耳。如枝脚之山广袤起伏，蕃衍拥从，或如仓如库，或如剑如印，或如旗如鼓，或成天乙、太乙而峙立两边；或成御屏展幪而盖乐于后；或带金箱玉印，或带简笏牙刀，或结天关地轴，或如武将文官，或类天马贵人，或类龟蛇狮象，或如玉带金章，或拔若文笔，如连如串珠，或圆如覆釜顿钟，或方若列屏贮柜，或森若排衙唱喏，或拥如队伏仪从，或济济如子孙丁壮之繁，或簇簇如奴仆畜养之众，云从雾集，侍卫森严，护定我身，不敢他往，此皆吉气发见者也。"又云："龙无枝脚桡棹者谓之奴，虽有枝脚不踊跃拔卓者谓之弱；散漫委靡而无收拾者谓之虚，反背无情而不顾本身者谓之逆，凶恶尖利而反射本身者谓之杀，拖拽太重而奔走东西者谓之劫，有枝脚不均、或边有边无、边长边短、边顺边逆、边美边恶者谓之病。又或两边重落如抛枪插竹，卧尸提箩，如绳如刀，如斩指断头，如菜叶之乱，死蛇之靡，鹅头鸭颈，种种不吉之形，皆凶气之发见者也。此龙神纵有形穴，皆不为吉。若误下之，主长病痨瘵而枉死少丁，或瘟癀灾火而莫可援救，或官讼连年而田产退尽，或淫乱风声而败坏人伦。"（见第 603 面至第 605 面图）

过峡：龙跌断、剥换的过程，乃龙之真情表现处。未有龙真

龙身枝脚带诸贵图式

而无美峡,未有峡美而不结地者。所以审峡之美恶,则可知龙脉
之吉凶,概括起来,有以下几点:

一、龙愈真而过峡愈多。经云:"一断二断断了断,鹤膝蜂腰
真吉地。""十条九条乱了乱,若是真龙断了断。"卜则巍云:"一起
一伏断了断,到头定有奇踪。"

龙身枝脚带诸凶图式

断头

逆

射

素

逆

烟包

射

木杓

刀

投筭

重尸

二、过峡有吉有凶。过峡之脉逶迤嫩巧,活动悠扬,如梭带丝,如针引线,如蜘蛛过水,如跃鱼上滩,如马迹渡河,如藕断丝连,如草蛇灰线,且有送有迎,有扛有夹,护从周密,分水明白,不被风吹水劫为之吉。若有迎而无送,或边有边无,或长而直硬,

枝脚美恶不均图
此 龙 凶

枝脚对节均匀之图

名梧桐枝龙格

两边又无护从,被风吹水劫,或虽有护从而形如流尸,逆反斜窜等均为之凶。

三、穴随峡出。峡正则穴亦正,峡左出则穴居左,峡右出则穴居右。正出而斜过者,穴亦正出而斜倒;有侧出而正过者,穴亦侧出而正倒。子午卯酉山脉者,必作子午卯酉之向;乾坤巽艮山脉者,必作乾坤艮巽之向,总不离四字之中。

四、过峡之格。有穿田过、渡水过、平地过、池湖过、双脉过、边池过、阴过、阳过、高过、低过、长过、短过、阔过、狭过、曲过、直过、明过、暗过等。但高过不孤露,低过不伤残,长过有包裹,短过不粗蠢,阔过不懒散,直过不死硬,穿过无水劫,渡水过有石梁等,方为美峡。

关于"峡",我社已出版的同类书《平砂玉尺经·卷四·三关三峡本气入首式》一节论述甚详,且附图示,请参阅。

合角:左右之砂抱穴弯如牛角,相互交合曰合角。

交襟分合:两山两水两边相离者为分;两山两水相互交合者为合,为交襟。穴后宜分不宜合,分则顽气自脱;穴前宜合不宜分,合则砂水自向,门户自闭。《家宝经》曰:"大凡点穴,先看大'八'字下有小'八'字,两边有虾须水送气脉下来,交到三叉尽处必开口,然如是又要辨认上分下合分晓,方知真假。若上面有分,下面有合,阴阳交度,乃为真穴。或上面有分,下面无合,则是阴阳不交度,乃是假穴。分合之法有三:其一乃球檐水分来下合为第一合,其二乃小八字水分来下合为第二合,其三乃大八字水分来下合为第三合。"《人子须知》云:"有合无分,则其来不真,内无生气可接;有分无合,则其止不明,外无界脉可证,皆非真结作也。故分合证穴,最为的切,不可不察。"

周景一在《山洋指迷》中说:"合者,真地有两水合,假地亦有两水合,合固不可无水,亦不可全凭水之合也。只要两砂兜收为合,但真地有两砂兜收,假地亦有两砂兜收,合固不可无砂,亦不可全凭砂之合也。惟有圆唇之兜收,乃可称合之真。盖分合乃气之行止,非中圆背上两边拖下之分气,胡为而行;非中圆背下两角之合气,胡为而止。分如上弦之月魄,合如下弦之月魄;分如鼻旁之法令,合如口下之下颔;分如脐上之胸肋,合如脐下之小腹。而月之心,腹之脐,面之人中,是分合之中心,为生气聚处。故穴旁隐砂,两角拖下而未收上,是气行而未止;两角收上而不拖下,是气止而不行。但圆唇之内要平如掌心而可坐匜水,圆唇之边要有弦棱方平而不削水。设如龟背、牛鼻,两水分削,虽两角收上,亦非真全。然有圆唇之合,而兜抱其唇之两砂又不可少,不然大界水扣割而来,谓之有唇无襟。故论合者,当以圆唇之合为主,次及砂之合、水之合可也。但水有三合。一名三叉水,球檐之前,圆晕之旁,有隐隐水痕合于小明堂者为第一合水;半山金鱼砂之胁下,分小"八"字水,绕穴腮旁而合于唇下为二合水;山顶前,蝉翼胁下分大"八"字水,绕金鱼砂外合小"八"字水,绕穴腮外而共合于内明堂者为三合水。此三合水虽无水长流,均有隐隐薄迹,龙虎兜收者必有交襟之水,其合易见。龙虎绰开与无龙虎者,山麓一片坦平,又无交襟之沟,惟有明堂低处可意会其合。三合水之起沟处即是三分水流注之源;故有三分水必有三合水,不必定有明水之交处方为合也。其有明水交者,除本身有龙虎外,惟随龙大界水合于明堂,然此水横局合于左右,逆局合于背后,顺局合于穴前,本身有余枝数里者,其水合于数里之外,不可以两水大合处为正龙尽结也。"

　　古有三分三合图(见第608面),沈六圃认为:"此世俗所论三分三合图,果如此,亦作一穴,但龙直水直,不甚发福。又恐脊强面硬,还是虚花,并不作穴。"此论确有理,若直受之,必有冲脑之患。沈六圃又附大分大合之图(见第609面)。

分合俗图

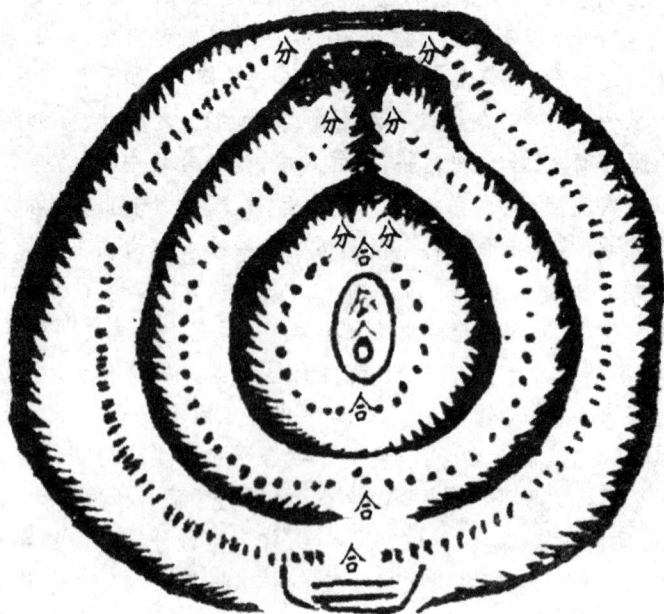

注云:此大分大合之式也。真龙曲折,真穴窝藏,有认城为龙者,有认屏脚为龙者,有认帐角为龙者,有认龙虎为龙者,有认案山拦砂为龙者。或于砂头求穴,或于杀曜、官星、罗星求穴,或于山脚折皱中求穴。世俗分合之法,何处无之。独大分大合,真晕真窝而懵然不晓,奈何!

分合之说,乃求穴之正论,故宜重之。

本段中所介绍的"明堂、桡棹、过峡、分合"等均是风水地理学中的重要术语,我社已出版的《平砂玉尺经》和《水龙经》中均有详细论述,可对照阅读。此外,原文提到的"金鱼水",请参阅《水龙经》第55面。

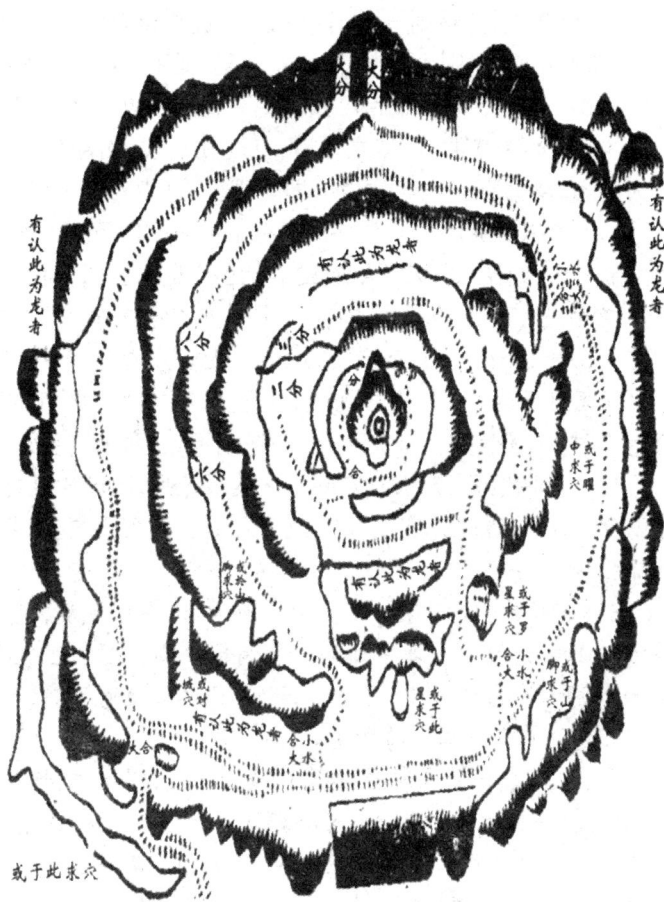

论三元龙运生克之数

【原文】上元甲子得一白贪狼，则震巽得生气，乾兑得退气，艮坤得克气，离得杀气（败绝）。中元甲子起四绿，离得生气，震得旺气，乾兑得鬼气，坤艮得克气，坎得退气。下元甲子起七赤，坎得生气,乾得旺气,离得财气,坤艮得退气,震巽得杀气。生则主渐发,旺则主并盛,财则主骤起,鬼则主败绝,退则主冷消,此大略也。然亦有不同者,生之福壮于旺,而退之祸减于鬼。体之真者,其施生也厚,而受克也深;体之杂者,其受伤也浅,而滋生也微。如震为真木,离为真火,坎为真水,坤为真土,兑为真金。以坎克离,以兑克震,以震克坤,三元之中,靡有不尽。而艮乃生木之土,巽乃生金之土,如艮值九六(火金)之吉,无三四五之凶;巽得一八(水土)之利,无五六七之冲,即在中下二元发福不减。如坎有六七之朝,无二五八之煞;乾有二八之生,无五九之克,即在中上二元兴旺无息。若少善曜而多恶星,虽逢生旺之际,福祸相参;一遇杀退之时,必无噍类。惟兑金之气,纯刚不毁,西东安妥,三元如一日矣。善择地者,先求龙穴砂水之美以定形,次就生旺退杀之方以合局,卒之循三元吉星,取六秀以乘运。虽羲禹复生,郭杨再起,能易我言乎!

【注解】羲禹:伏羲与大禹。伏羲即太昊,亦作包羲,风姓,有圣德。史载先天八卦即其所画。大禹即夏禹,姒姓,名文命。受命治水,开九州,通九道,居外十三年,三过家门而不入,卒平洪水。相传九州即其据九畴所定。

郭杨:郭璞与杨筠松。郭璞是东晋闻喜人,字景纯,博学有高才,词赋为东晋之冠,妙于阴阳历算及五行卜筮之术,著有《葬书》,被风水家尊为祖师。杨筠松讳益,原籍山东窦州,十七岁登第入朝,官授金紫光禄大夫,掌守琼林御库。后因黄巢之乱,窃御库天书数卷而隐遁,学成后游历山川,世称救贫先生。所著有《撼龙经》《疑龙经》《青囊奥语》《都天宝照经》等书,风水中形气两家均尊之。

本文所说的生气、旺气、杀气、退气等,是以三元领首之星与各山正五行论生克,如一白属水,乾兑为金,金生水,泄金之气,故为退气;震巽为木,水生木,故为生气;坤艮为土,土克水,故为克气;离为火,水克火,故为杀气。然此说不妥。古人既立九运,运运皆有主旺之星,如此则二黑、三碧、五黄、六白、八白、九紫无当值乘旺之时,此其一。古人既立二十四山,山山均有吉庆之时,山山亦有衰败之时。若以此论,坤艮离三山在九运中是无旺、无生,只有克杀退气,与古人之意不符。所以,此法误人甚深。何运何星为主,何星为旺,何星为杀,何星为死,详参前注。

体之真,体之杂:震卦统甲卯乙三山,正五行皆木;兑卦统庚酉辛三山,正五行皆金;坎卦统壬子癸三山,正五行皆水;离卦统丙午丁三山,正五行皆火。此四卦居四正之位,五行纯一,所以为五行体之真。而乾卦统戌乾亥三山,正五行戌为土,乾为金,亥为水;坤卦统未坤申三山,未坤为土,申为金;艮卦统丑艮寅三山,丑艮为土,寅为木;巽卦统辰巽巳三山,辰为土,巽为木,巳为火。此四卦中皆含有两种或三种正五行,故为体之杂。然二十四山,立向只取其一,皆从本山正五行取,故体之真与体之杂,在风水中并无实际意义。而兑金三元不败之说更属妄谈。兑即为纯金,离亦为纯火,坎亦为纯水,震亦为纯木,何以震、坎、离皆有兴衰之时惟兑金无衰败之期? 皆与理不符,万不可信。如七运戌山辰向与乾山巽向(图见下面)。

虽均为七运造,均隶乾卦,但因坐山不同,飞星逆顺有别,故吉凶大异。辰山戌向,八六逆布,山上旺星到山,向上旺星到向,若坐满朝空,门开向首,纳入旺气,为七运中最吉之宅,但一入八运,七星为退气,宅运即衰。乾山巽向则八六顺布,山上旺星到向,向上旺星到山,叫作"上山下水",主破财伤丁。若坐满朝空,门路开向首主退败损人,灾祸不断。同一运中,因山向不同,吉凶尚有天渊之别,何况入他运乎! 知此理则知本书之谬。

九 七 六	四 二 二	二 九 四
一 八 五	八 六 七	六 四 九
五 三 一	三 一 三	七 五 八

七 五 六	三 一 二	五 三 四
六 四 五	八 六 七	一 八 九
二 九 三	四 二 三	九 七 八

形气：阴阳二宅前后左右山水砂路为形，而所乘元运为气。玄空飞星以形恋为体，理气为用。形吉、气吉者为上吉，形凶、气凶者为大凶。若形吉而气凶，其吉不应，若为动处反有凶咎。然形凶气吉，其凶不验，若为动处，亦有小吉。此形气结合之正论，并非以坐山入中吊白及三元领元之星论吉凶。

三吉地论

【原文】凡山前更有吉星，朝顾水路到局，潺湲不绝，为一吉。地有车马往来朝顾，草木丛茂，瑞气温暖为二吉。地山前吉星方近庵观寺院，闻鼓钟声为三吉。地得三吉者，一遇山开运利，不避将军、太岁诸煞，便可兴工营建。若在本山关煞方，神前佛后，鸣钟击鼓，主亡人不稳，忧惊失道，因气受病，子孙痴狂，恶疾缠身，破耗没灭，不可枚举。

【注解】将军：请参阅《郭氏元经·将军修方第二十六》。

本文之说亦有矛盾之处。前言近庵观寺院，闻钟鼓声为吉，旋而又言居神前佛后，鸣钟击鼓，主亡人不稳，忧惊失道，而诸灾并生，自相矛盾，其妄可知。

水路朝顾，虽为吉庆，亦有分别。水路如果屈曲之玄，环抱朝入为吉。若直射斜冲,反跳背局,却为凶恶。玄空飞星则认为,水路直冲,若逢生旺,发极迅速。旺运一过,败亦迅速。此形法与理气两派的分别之处。

例1.无锡石塘湾孙姓祖墓,子山午向,二运扦。

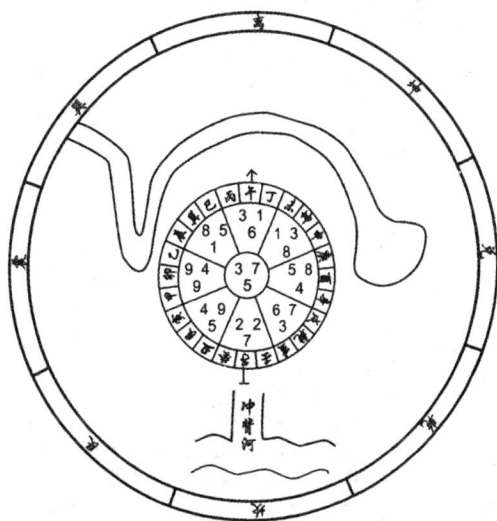

此局庚酉辛河水大荡,由坤离巽震,复从艮方消去,坎方有大河,并有一直滨,当背冲于穴后。

仲山曰:"此坟扦后,已合元运,理当速发,坎方之水取其特也。但形峦不美,一失元运,即财丁两退。"主人曰:"我祖葬此坟时,卖糖度日,葬后本身发有十余万,下至数世犹有五六万,惟丁则大减。"

沈注:葬后大发财丁者,因两盘旺星到后,坎方有水特大,名曰"倒潮",其发最速。天玉经云"吉神先入家富贵",其余诸水皆收不起,故仅一水得元。然坎水虽特大,而当背冲来,故一交六运即大败。

此宅二黑特旺,因坎方水里龙神见水,而此水为大河冲来,其势甚强,故特旺。

三运坤向见旺水,四运震方见旺水,五运巽方见旺水,但水势总不如坎方之强。六运时,水里龙神六白星及七赤星皆不见水,自然衰败。

按:此局背后有水直冲,但为当运旺星,故骤发。运过即败者,形凶也。

例2. 黄姓祖墓,癸山丁向,四运扞。

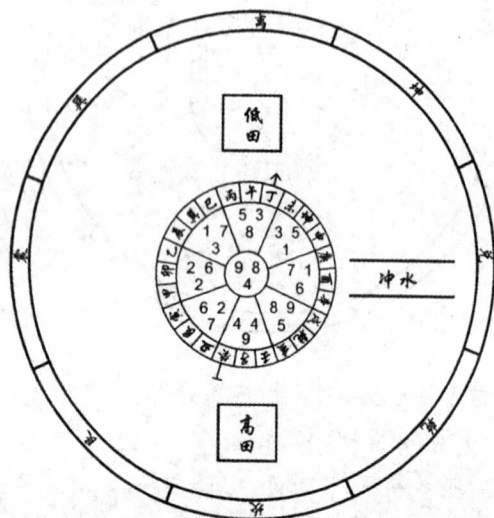

此地坎方高田落脉,面前低田,兑方有直水来。

仲山曰:扞后十余年,财丁不利,长房尤甚,且犯血症。一交七运,有服毒身死之人。

沈注:此局四绿上山,长房不利。

兑方七一同到,直水冲腰,血症不免。且兑方运星六白,水上一白,山上七赤,七运九到兑,并将山上四绿带来,木生火,火克金,金为石,即服砒霜之类。

书云"我克彼,而竟遭其辱,因财帛以伤身",四九克六金,是以服毒身死也!

兑方见直水相冲,经云"一条直是一条枪",此坟犯枪杀,而这个方位星辰失令,作大凶之论。

例3. 万姓,祖坟艮山,后有大路从艮上叉分歧路,故主两手皆颤,万亦丑生人,丑年得此疾,深不可救,改歧路免患。

《人子须知》中载"穴有三吉",与本书有异。曰:天光下临,地德上载,藏神合朔,神迎鬼避,一吉也。——范氏曰:"天有一星,地有一穴,天星地形,上下相应。"张燕公曰:"神谓人之神,藏神合朔谓岁月日时,主藏神合夫吉朔也。神迎鬼避亦年月得吉之义。"

阴阳冲和,五土四修,二吉也。——孤阳不生,独阴不成,二五感合,乃能冲合,乃刚柔相济之处,是谓吉穴。《中庸》曰"致中和天地位焉,万物育焉",其斯之谓欤。五土四修黑不修焉,红黄为上也。

目力之巧,工力之具,趋全避缺,增高益下,三吉也。——目力巧则能趋全避缺,工力具则能增高益下,是故裁成辅相在人。大凡作用之法,随宜料理,千变万化,本无定式,全在心目灵巧而相度之。蔡牧堂所谓"善者尽其当然,而不害其为自然;不善者泥乎自然,而卒不知其所当然。道不虚行,存乎人耳。"

大凡阴阳二宅,宜者甚多,吉者亦甚多,宁要概括三吉,上述皆有所偏,试以古法总结之。

其一曰"穴的"。立宅之法与葬法,千言万语,千经万典,不过求"穴的"二字。龙不真则穴不的,砂不护则穴不的,案山不朝拜则穴不的,水不缠绕或不屈曲朝入则穴不的,水口无关拦则穴不的。只要穴的，种种吉象皆有者是。

其二曰"气旺"。此气旺非言龙穴本身之聚气，非言三合派生沐旺衰死墓之气，非言坐山吊白生气、旺气、退气，非言八卦相互生比克制之气，而是玄空挨星生旺之气。其立向必使山星生旺之气到坐，向星生旺之气临向。如现今正当七运，七为旺气，八、九为生气。山上飞星七、八、九应到坐，向上飞星七、八、九宜临向。如此方有门路、水朝、水聚，主收生旺之气，故吉。

其三曰"择吉"。其立宅，安葬之日，应以宅长或亡命为主，年月日时柱或择禄马贵人，或择财官印食，或天地同气，或两干不杂等，总以补龙、扶山、相主为要，再配天星之太阳、天德、月德、天乙贵人、天恩、天嗣、天财等吉星，则大吉大利。

十恶地论

【原文】一、被霹雳，龙神涣散。二、流水冲破，流作坑坎。三、穷山独峰，四畔深陷，案山险恶，临大江无回顾，隔水案山。四、八风交吹，四兽不附，坐穴处高，四边低破。五、明堂窄狭，不容人存立。六、受死地，堂中浊水江涌，四时湿烂。七、天囚地，明堂深坑，天井损陷。八、天隔地，地深一尺有石，案山逼近反高，左右龙虎高于本主。九、天都地，土色焦枯，不生草木。十、天魔地，掘深一尺，即是湿泥，土色黑烂不干。

此十恶地，造之即凶。凡葬童子，新地上吉，或值旧地，不宜仍在穴上，或上或下相去丈余。如穴在此中，不可上下，亦须尽去旧物，四围低下，削见新土方妙。

【注解】八风：乾、坎、艮、震、巽、离、坤、兑八方凹陷，有风吹入者是。《吕氏春秋·有始》曰："东北风曰炎风，东风曰滔风，东南风曰薰风，南风曰巨风，西南风曰凄风，西风曰飂风，西北风曰厉风，北风曰寒风。"但山有二十四山，各方有风射入，均有其应。二十四风吹入所应请参阅本书下册《八宅明镜》第313面。

四兽:古时称穴东方为青龙,右方为白虎,前方朱雀,后方为玄武,合称四兽。四兽不附,即青龙背反、案山不朝、玄武拒尸,为凶。

青乌仙有"十不相",与此论有同工异曲之美,可作为对"十恶"的补充,特录于下:

一不相粗顽丑石。顽石粗丑,形类凶恶者,不可相也。亦有龙身及穴星左右龙虎皆粗石而穴间不见,且穴星纯土者吉。如沐国公地,来龙纯石,拔耸入云,近而视之,巉岩峻峭可惊,及临穴左右皆石,只是当穴纯土,光彩明白,所以吉也。

二不相急水争流。急水交剑争流,穴前见之极凶,不可相也。

三不相穷源绝境。卜氏云:"穷源僻坞,岂有真龙。"诚以穷僻水尾乃龙脉发身处,不可相也。有等大龙,翻身入源,奔至坞底而结穴者,不以此拘。

四不相单独龙头。单山独垄,孤寒无奇,不可相也。洪氏曰:"独当作露,不露不忌。"亦有大龙独行而至结穴处开窝钳,有龙虎者不忌。

五不相神前佛后。卜氏云"神前佛后,忌闻钟鼓之声"是也。然予兄弟多见美地,不以此拘。如福建建宁杨文敏公祖地在白鹤山者,弋阳汪尚书祖地在叫岩寺者,皆切近禅室。又如廖金精扦张少保,寿基神庙,先除去其庙而立穴。若此之类,莫能殚举,然则神前佛后似亦不足忌欤。窃谓神庙寺观,多是孤阴寡阳,单独龙神或水口之山,故在不相。偶有结吉地者,则龙有台屏帐盖,而非单独之比,有阴有阳,有拥从侍卫而非水口用神之属,特其龙甚旺,故山川灵气所召,未下之前而有神灵依栖者,或余气发泄而为神庙寺观者,若此之类,何神前佛后之足畏哉!

六不相墓宅休囚。墓宅休囚，气运衰败，纵有吉穴，亦不发福，不可相也。盖地之气运有盛有衰，当其盛时，虽小结作亦能发福，当其衰败，则虽有上吉，亦不发越。古今一洛邑也，古今一长安也，昔为繁华之地，而今为草莽荆棘之场，非陵谷变迁，亦气运使之耳。

七不相山冈潦乱。山势冈龙，走乱条条，无情之处，龙穴不聚，不可相。

八不相风水悲愁。风水悲愁者，山粗雄而不媚，水峻急而有声，风交吹如号如泣，或湖泊之间，或渺茫之坂，或山乡之处，风水悲愁多为战斗之场，每数十年必有一次争战杀伐，或贼寇所过，或剿灭强梁之类，此必然之应也。

九不相坐下低软。凡主山宜盛旺高明，若坐下低软则无气脉，多为软弱荡皮，死气之地，不可相也。

十不相龙虎尖头。龙虎尖头相斗乃凶。若尖而不射不斗，多是曜星发露为贵地之证，又未可尽为凶。杨公云："或斗射，尖如针，两边相指穴前寻，非惟子息多清贵，更须金玉与堆金。"盖此等龙虎，若龙穴真，乃为明曜，主贵尤显。

按:《人子须知·卷十七》还收有"廖金精六戒"，"杨公三不葬"，"廖金精穴星八病，穴面四病"，"泓师三十六绝穴"，"李淳风论脉八病"，"刘白头十般无脉绝"，"洪悟斋二十四杀穴"，"紫琼张真人穴法三十六怕"等，可供大家参考。

三瑞五不祥论

【原文】青乌白鹤云："若迁改坟墓，如见三瑞则不可移，移即受殃。一见龟蛇生气，二见温暖如雾，三见紫藤交合棺木，急止弗改。"

五不祥者:一、冢无故土自陷。二、冢上草木自死。三、家有淫乱风声。四、男女忤逆，颠痴为盗，被劫刑伤讼夭。五、田蚕六畜无收,家产退败,鬼怪见形。并宜改之。

【注解】例1.见《平砂玉尺经》第523面所举"贵溪夏阁老父地"例。

按:此因欲迁坟开矿时其地瑞气漏泄故。

例2.见《平砂玉尺经》第80面所举"江山王上舍祖地"例。

按:此地前有文星近拜,外有远秀特朝,龙开大帐,穴枕禄储,不仅当富而已。

至于穴有龟蛇者一二为吉,多则阴气过重,并非为吉。

三吉六秀与九星相参有用不用

【原文】大三吉六秀之原,起于地母卦。其说于七星之中,取贪狼为生气,巨门为天医,武曲为福德。贪狼居艮而艮纳丙,巨门居巽而巽纳辛,武曲居兑而兑纳丁,故以贪巨武为三吉,而以艮丙巽辛兑丁为六秀,夫所属各居一行。如属木者,则火所乐而土所忌;属水者,则木所喜而火所忧,金火与土莫不皆然。

是六秀固为吉曜,而要之各有攸用。即如九星坤局,则喜巽丙丁而恶艮兑辛,巽局则喜丙丁而恶艮兑辛,中宫局则喜艮丙丁而恶巽,乾局则恶艮巽而喜丙丁兑辛,兑局则恶兑辛而喜丙丁艮巽,艮局则恶丙丁而喜辛兑,离局则恶所无而喜丙丁艮巽。恶者犯之,即得六秀,其祸立至;喜者就之,秀与星合,其福倍隆。即震坎二局,有恶无喜而大发财禄,斯可镜矣。

今人见三吉六秀,甘之如饴;见三煞退气,远之如敌。而不问喜忌,不辨生克,于古人立法之意毫不相参,则三尺童子,市书熟读,亦能朝诵暮言,口耳相传,亦能道听途说,何难之有。按图索骥,执簿呼名,乃有当避不避,而反避其不当避,误人多哉!

【注解】地母卦:请参阅本书上册《郭氏元经》第293面。

《青囊经》太元终易图以坤为本宫说云:"坤为地母,诸山所托,三吉六秀,势定于此。"《卦例诀》曰:"经云,'三吉只求本势好,但以地母卦为主。'求其艮丙巽辛兑丁巳丑震庚亥未十二阴龙,诸山所托之故也。"《青囊》卦例三吉注曰:"三吉来山,阳山阴落,阴山阳落,上吉;阳山阳落而阴水朝,阴山阴落而阳水朝,次吉。然山不皆阴,第以与水相配为吉。所谓地母卦者,特举坤以见例耳。如坤为本龙,艮为贪狼,巽为巨门,兑为武曲,故以艮丙兑为三吉。艮纳丙,巽纳辛,兑纳丁,故以丙辛丁并三吉为六秀。又艮巽震兑四卦抽去中爻,余上下二爻,皆阴阳得配,谓之九六冲和。震卦廉贞虽凶,而以得配为吉,震纳庚,故以震庚并三吉六秀为八贵。又兑之三合为巳丑,震之三合为亥未,故以巳丑亥未并八贵为十二吉。"

又一说以天星论之,认为艮为天市垣,为天之赀财之府,艮纳丙,所以地下艮丙亦为赀财之府,亦主贵。其位山峦高大,为财帛丰,若散乱凹缺名财帛散。巽方在天为太微垣,为文章之府,巽纳辛,在地亦为文章之府,其方有尖峰朝,名文笔秀;若低陷,名文星低。兑方在天为少微垣,主富贵荣显。兑纳丁,丁又为南极老人星,所以其方高名寿星荣,若凹陷名寿星倾。故艮丙、巽辛、兑丁合称为六秀。见本社已出版的《水龙经》第82面所举"泉州黄榜眼祖地"例。

按:此局坐庚向甲,艮丙巽丁兑辛诸峰均起,故云三吉六秀咸集。以本书论,兑局喜巽艮丙丁而恶兑辛,而此局兑辛之方连起三座冲天木星为吉,依本书则凶。细思本书,自相矛盾处甚多,如巽局喜丙丁而恶艮兑辛;以卦论,巽纳辛,纳甲之方为合卦,何以言忌? 以正五行论,兑与辰合,亦与巳合,何忌之有? 又如坤喜艮丙丁而恶艮兑辛,坤喜丙丁者,火能生土,恶兑辛者,土可泄金,然巽为木,阴木克阴土为杀,其喜又不合五行生克。

吉凶相反论

【原文】所喜者行凶坐善,所忌者行善坐凶。凡山冈水路,在关煞方发来,在生煞方结作,名行凶坐善。此地营居作穴,逢凶化吉,遇难呈祥有救,险中得财,患中成事遇喜,出外招忧,在家无事,此谓短中求长,然终非久远富厚之地。若山冈水路在生气方来,却在关煞方结作,名行善坐凶。此地营作,必主好事多磨,弄巧成拙,利客害主,变祥为祸,惹事兴非,不足忧愁,无端灾变,终难受福。

【注解】所谓行者,是言龙之起伏、跌断、剥换、行走的过程。所谓坐者是言龙入首后落脉结穴之处。行龙吉者,两旁护送拥从,过峡跌断,由老变嫩,由凶变吉者是。坐穴吉者,主山尊贵,护从缠护,朝案拱伏,水口关拦,真气完固者是。行龙凶者,主山粗硬丑陋,委靡无力,无跌断剥换,或护从背反,或山水斜飞,不顾主龙者是。坐穴凶者,龙虎不抱,送水反跳,案山硬迫,或背反不拜,明堂倾斜,水口无关者是。大凡看龙,以入首一节为重,只要入首一节开帐,落脉尊贵,四面有情即吉,详参前"入首"注解。

所谓行者,是言正龙,即风水中所说的结穴之龙,又称为"主"。而两旁护送之砂水及结穴处之案山、朝山等为"从"或为"用"。本文把山冈、水路等叫作行,是"主从"混淆,特此更正。

本文所说的吉凶,仍是以坐山入中,吊白飞星,并非真正的行龙与结作,前已详注,可参考。

择　日　法

【原文】太岁、三杀、退气、值杀、值恩之论。

太岁乃一年管领诸杀、诸恩之尊神。而三杀、退气、金神诸杀之属,皆以年次居方,各得五行之一气。九局既属五行,则有

所喜,有所忌。喜者,生我则趋之;忌者,克我则避之。奈何拘
老生之常谈,而一切指为尤物哉。故善选择者,不泥其所当然,
而直原其所以然,则趋避皆得其宜矣。盖古人立法,自有深意,
要知一以生克为主,故君子未尝不恶其仇,盗贼未尝不爱其子,
克与生尽之矣。顾生克之理,具于五行,而五行之理,根于阴阳。
自古谈阴阳者,莫辨于《易》;叙五行者,莫悉于《书》。故曰八卦
九章,相为表里;"河图""洛书",相为经纬。即不言地理而惟曰
仰观俯察,则地理之原实肇于此。循是杨、郭、曾、廖之著述,吕
才、一行、淳风、天罡之选择,岂能有出于阴阳五行之外者乎? 则
知"河洛"者,四书五经也;后世之作述者,汉、宋儒之训诂也,互
有得失矣。

【注解】易、书:易是指"周易",以八卦生克论吉凶。书是
"洛书",配九星于八方,以九星生克论吉凶。

杨、郭:杨是指杨筠松,唐末风水名家。郭是指郭璞,东晋时
风水名家。详参前注。

曾:指曾文辿,江西雩都人,其父曾求己,号公安,著《青囊
序》。文辿于黄庭、内景之书无所不究,尤精地理,著《寻龙记》、
《阴阳问答》等书。相传于后梁贞明年间(915—920 年),游至袁
州府万载县(今江西卢陵),爱其县北西山之丘,谓其徒曰:"死后
葬我于此。"及卒,葬此;后其徒又在江西豫章(今南昌)忽见之,
骇然而归;启其坟墓视之,乃空棺也,人以为尸解。

廖:廖瑀,号金精。

吕才:(600—665 年)唐博州青平(今山东聊城)人,少好学,
善阴阳方技之术,官至太常博士、太常丞。

一行:(683—727 年)唐开国名臣张公谨之孙,俗名张遂,生
于公元 683 年,自幼颖悟过人,因避武三思的拉拢而出家为僧。
晓阴阳,通风水,尤精历法,著名的《大衍历》即其所著。相传《铜

函经》为其所作,世代风水家称其为伪书、伪诀。但依其行言之,为有道高僧,且精于天文,毫发尚不差,何肯随便著此伪书,必后人所托其名耳。

淳风:李淳风,唐岐州雍人,幼通群书,明步天历算,制浑天仪,太宗时累迁太史令,凡占候吉凶,若符契然,著有《开元占经》等书。

天罡:即袁天罡,又名天钢。唐益州成都人,善相术,史载武则天在襁褓中时袁天罡便断其将来"为天下之主"。贞观八年(634),唐太宗曾将其召至九成宫为马周、岑文本等看过相,皆中其言。但其精通风水选择却未见载于史册,多属妄传。

【原文】且如三煞之说,退气之论,原出理气,申子辰年煞在南,巳酉丑年煞在东,而亥卯未,寅午戌之年煞在西北者,何也?则以木火春夏发生之气,其时阳舒,主于受克;金水秋冬之令,其气阴惨,主于施克。故申子辰、巳酉丑之煞在东南,而亥卯未、寅午戌之煞居西与北也。乃若申子辰年,则退天之水气以生东方之木,亥卯未年则退天之木气以生南方之火,巳酉丑年则退天之金气以生北方之水。至于寅午戌年而退气反在西北者,正于夏秋相接,金火参商,而赖火以生土,土以生金也。不然巳,火也,何以长生金耶。故必取九星为主,分九局以定五行,而以生克制化之法,运量其间。假如坎山一局,东方及西北为坐山之煞,万世不改。而八白、二黑有流年之煞及五黄所归之方,决不能轻动矣。其六白、七赤所值方位,因年求月,因月求日,必务查太阳、黄道、天月二德诸许吉辰,及《通书》入选十全之吉与其横历禁忌之神,然后因日求时。亦须黄道、四大吉时与本山六七生气相合。如原坐恩方,流年恩到,万分之利。即遇太岁,谓之填恩,若星家所云"日犯岁君,五行有救"者也。即值三煞,谓之化难,若星家所云"煞旺生印"者也。即逢退气,谓之制杀,若星家所云"食神生财"者也。如在本山之关煞，而年月恩旺适到，修之无疑。如即本山之生旺，而年月仇难来填，断不可动。至于开山立局，则当据本山之纳音，看年月中宫有何恩难，太岁所临是何生杀，而又证之五山墓运之法，合则开之，否则止之，则九星理气体用兼该龙局水砂首尾照应，即尽黜诸家不经之论可也。彼区区神杀，即一三奇，一太阳亦能制之，而况众美交集，群吉皈依也哉。此生克制化之妙，万古不传之秘也。

【注解】 三煞：劫煞、灾煞、岁煞之合称。《神枢经》曰："劫煞者，岁之阴气也，主有杀害，所理之方忌有兴造犯之，主有劫盗伤杀之事"。李鼎祚曰："寅午戌岁在亥，亥卯未岁在申，申子辰岁在巳，巳酉丑岁在寅是也"。《神枢经》曰："灾煞者，五行阴气之位也。常居劫前一辰，主灾兵疾厄之事。所理之方不可抵向营造，犯之者当有疾患"。《洞源经》曰："劫煞起于绝，灾煞起于克。假令申子辰年合水局，水绝于巳，故劫煞在巳。胎于午，又水与午火相克，故灾煞在午也。巳酉丑年合金局，金绝于寅，故劫煞在寅；胎于卯，又金与卯相克，故灾煞在卯也。余仿此"。《神枢经》又曰："岁煞者，阴气尤毒，谓之煞也，常居四季，谓四季之阴气能游天上"。李鼎祚曰："寅午戌煞在丑，巳酉丑煞在辰，申子辰煞在未，亥卯未煞在戌"。《广圣历》曰："岁煞之地，不可穿凿、修营、移徙，犯之者伤子孙、六畜"。由此成三煞图如下：

方位 凶星 ＼ 年支	子	丑	寅	卯	辰	巳	午	未	申	酉	戌	亥
劫煞	巳	寅	亥	申	巳	寅	亥	申	巳	寅	亥	申
灾煞	午	卯	子	酉	午	卯	子	酉	午	卯	子	酉
岁煞	未	辰	丑	戌	未	辰	丑	戌	未	辰	丑	戌

从上图可以看出，三煞即三合五行的绝、胎、养三位。如申

子辰旺于北方,南方其冲也,故巳午未为三煞方;亥卯未旺于东方,西方其冲也,故申酉戌为三煞方;寅午戌旺于南方,北方其冲也,故亥子丑为三煞方;巳酉丑旺于西方,东方其冲也,故寅卯辰为三煞方。而本书却以对冲之方为三煞,是将"灾煞"与"三煞"混淆,特此更正。

金神:请参阅《郭氏元经·金神七杀篇第三十八》。

停丧捷径论

【原文】凡人家停丧,不宜久远,久则以阴住阳,灾咎百出。自汉以来,天子七月,诸侯五月,大夫三月,士逾月,况以庶人,岂可久停。但得吉地,山开运利,金鸡鸣,玉犬吠,天牛吼,即横历诸星不利,亦可安葬。《青乌经》云:"好年不如好月,好月不如好日,好日不如好时,好时不如好地。"盖时为果,地为根,故不避诸凶也。

原书眉批　斗首五行:乾亥丙午癸丑火,辛戌巽巳壬子土,庚酉乙辰元属金,坤申甲卯成水母,丁未艮寅作木神,先天真气无差误。

【注解】金鸡鸣即辛酉日,玉犬吠即庚戌日,天牛吼即癸丑日。如死者在旬日之内择日安葬,名曰"盗葬",不忌年月诸凶,此即本文"诸星不利,亦可安葬"之义。如果属普通安葬,则须依《安葬全章》之例避凶煞,以扶龙补山,相主造命,择天星禄马贵人,三元紫白,大六壬等吉日迎祥催福。

玄空飞星安葬法以紫白为主,以补龙扶山造命为主,并不太注重天星。

斗首五行　《魁鉴》云:"此十干化气所生也。其法用五子元遁,视化气天干所加之支,即为同气,而同官之干维随之。如甲己化土,依五子元遁得甲子、己巳、甲戌,故子巳戌属土,而壬与子,巽与巳,辛与戌俱同官,故六山俱属土。乙庚化金,依五子元遁得庚辰、乙酉,故辰酉属金,而乙与辰,庚与酉同官,故四山俱属金也。余仿此。"凡斗首,俱以坐山所属五行为主、为我、为元辰,我生者为廉贞、为子孙;生我者为贪狼、为官星;我克者为武曲、为妻财;克我者为破军、为鬼贼。

《钦定协纪辨方书》云:"斗首五行,不知其所自起,为其说者皆托之杨筠松。及观筠松所著诸篇,绝无一语论及斗首,其为伪托可知。今台本亦不载,而四方术士多挟之以为秘诀,举世莫能别其是非,不知其说则固支离之甚者也。如甲己化土,遂以甲己遁出之甲己二干所临之支及其同宫干维皆属土,而甲己反不属土,其大旨已离其宗。而廉贞、贪狼诸名,又非变卦本义。由兹而推衍之,别为吉凶格局,更不可问。故撮其大要而辨之,观者知其无稽,自不惑于其说,而好奇以自逞者,其亦可息矣。"清时魏青江等均卑"斗首",且有实例。

诸穴避忌论

【原文】凡择地,即得十吉,若其地有伏尸旧冢者,泄气莫用,用此立见家道萧索,人丁夭丧。且如四畔有旧穴在关煞方,亦宜避之。大概得童子新地,即七分地亦作十分。旧冢之地,直待几百年后开集尽绝,地此用也。然或虽在旧坟之旁,而其地正得元运,则宜择其旁之差可者,但不在穴之中可也。

【注解】凡择吉地,其地已有旧坟,或开圹后见伏尸棺木,均为其地气已泄,发越已过。若再葬之,为无气之地,必主家道萧索,人丁夭丧。但也要灵活观看。或其地虽有穴坟,但其穴并未立在正穴之位,而是立于旁穴,甚至立于脱气之位,其正穴仍留待有缘之人,故仍可立穴。或其为并窝之穴,或一局数穴,真穴仍在,亦可立穴。或龙带杀气,前葬为凶而扦,行龙已入吉处,亦

干支	上元		中元		下元		干支	上元		中元		下元	
	明黄	暗黄	明黄	暗黄	明黄	暗黄		明黄	暗黄	明黄	暗黄	明黄	暗黄
甲子	离	坎	乾	巽	震	兑	甲午	震	兑	离	坎	乾	巽
乙丑	坎	坎	兑	兑	巽	巽	乙未	巽	巽	坎	坎	兑	兑
丙寅	坤	艮	艮	艮	中	中	丙申	中	中	坤	艮	艮	坤
丁卯	震	震	离	离	乾	乾	丁酉	乾	乾	震	震	离	离
戊辰	巽	乾	坎	离	兑	震	戊戌	兑	震	巽	乾	坎	离
己巳	中	中	坤	坤	艮	艮	己亥	艮	艮	中	中	坤	坤
庚午	乾	巽	震	兑	离	坎	庚子	离	坎	乾	巽	震	兑
辛未	兑	兑	巽	巽	坎	坎	辛丑	坎	坎	兑	兑	巽	巽
壬申	艮	坤	中	中	坤	艮	壬寅	坤	艮	艮	艮	中	中
癸酉	离	离	乾	乾	震	震	癸卯	震	震	离	离	乾	乾
甲戌	坎	离	兑	震	巽	乾	甲辰	巽	乾	坎	离	兑	震
乙亥	坤	坤	艮	艮	中	中	乙巳	中	中	坤	坤	艮	艮
丙子	震	兑	离	坎	乾	巽	丙午	乾	巽	震	兑	离	坎
丁丑	巽	巽	坎	坎	兑	兑	丁未	兑	兑	巽	巽	坎	坎
戊寅	中	中	坤	艮	艮	坤	戊申	艮	坤	中	中	坤	艮
己卯	乾	乾	震	震	离	离	己酉	离	离	乾	乾	震	震
庚辰	兑	震	巽	乾	坎	离	庚戌	坎	离	兑	震	巽	乾
辛巳	艮	艮	中	中	坤	坤	辛亥	坤	坤	艮	艮	中	中
壬午	离	坎	乾	巽	震	兑	壬子	震	兑	离	坎	乾	巽
癸未	坎	坎	兑	兑	巽	巽	癸丑	巽	巽	坎	坎	兑	兑
甲申	坤	艮	艮	艮	中	中	甲寅	中	中	坤	艮	艮	坤
乙酉	震	震	离	离	乾	乾	乙卯	乾	乾	震	震	离	离
丙戌	巽	乾	坎	离	兑	震	丙辰	兑	震	巽	乾	坎	离
丁亥	中	中	坤	坤	艮	艮	丁巳	艮	艮	中	中	坤	艮
戊子	乾	巽	震	兑	离	坎	戊午	离	坎	乾	巽	震	兑
己丑	兑	兑	巽	巽	坎	坎	己未	坎	坎	兑	兑	巽	巽
庚寅	艮	坤	中	中	坤	艮	庚申	坤	艮	艮	艮	中	中
辛卯	离	离	乾	乾	震	震	辛酉	震	震	离	离	乾	乾
壬辰	坎	离	兑	震	巽	乾	壬戌	巽	乾	坎	离	兑	震
癸巳	坤	坤	艮	艮	中	中	癸亥	中	中	坤	坤	艮	艮

可葬之。如前举永康徐侍郎祖地，其地明堂倾泻，虽龙真穴的亦为带杀，故刘永太课云："一代伶仃二代贫，三代颇有读书声，四代为官常近帝，五代六代榜联登。"其穴先一家葬而退败迁去，刘永太复为徐氏指葬旧穴，徐氏曰："彼既不吉，何可葬旧穴？"刘曰："深浅不同，乘气有异，且此地本主先凶后吉。今彼已退败一代，而君葬则凶气已去，吉气将来。"徐如其言，葬后果出侍郎，又科第数人，富贵绵远。此又说明旧穴可覆矣，所以一定要灵活通变，万勿拘泥。

暗　黄　法

【原文】名飞天大煞。

其法以中元甲子起一白，法徒顺飞，甲丙戊庚壬阳年在对冲，乙丁己辛癸阴年在同宫。其所到之方，犯之则祸烈于明黄。或九局之中关煞之方，有物冲射，此星一到，便通发祸，其验如神，不可不晓也。

【注解】《宅经》云："暗五黄名飞天大煞，作火星论，其祸烈于明黄，若其方修动，主立发火灾。"本书所云的对冲是指五黄煞的对冲方，并非太岁地支对冲方。同宫是指与五黄同宫，并非与太岁同宫。法以年九星入中顺布，先找出明五黄方，即可找出暗黄之方。据此成第627面的表。关于五黄，还可参阅本册第510面及本书上册《郭氏元经》第318面。

癸未年四月初六未时

定稿于海口